Till Lorenzen
BMW als Flugmotorenhersteller

Perspektiven

Schriftenreihe der
BMW Group – Konzernarchiv

Band 2

R. Oldenbourg Verlag München 2008

Till Lorenzen

BMW als Flugmotorenhersteller 1926–1940

Staatliche Lenkungsmaßnahmen und unternehmerische Handlungsspielräume

Im Auftrag von
MTU Aero Engines und BMW Group

R. Oldenbourg Verlag München 2008

Bibliografische Information Der Deutschen Nationalbibliothek
Die Deutsche Nationalbibliothek verzeichnet diese Publikation in der Deutschen Nationalbibliografie; detaillierte bibliografische Daten sind im Internet über <http://dnb.d-nb.de> abrufbar.

Rosenheimer Straße 145, D-81671 München
Internet: oldenbourg.de

Gedruckt auf säurefreiem, alterungsbeständigem Papier (chlorfrei gebleicht).
Umschlagentwurf: Dieter Vollendorf
Satz: Typodata GmbH, München
Druck: Memminger MedienCentrum, Memmingen
Bindung: Buchbinderei Klotz, Jettingen-Scheppach

ISBN: 978-3-486-58155-3

150 Jahre
Wissen für die Zukunft
Oldenbourg Verlag

Inhaltsverzeichnis

Vorwort

Im Jahr 1999 begann die MTU Aero Engines GmbH mit der Aufarbeitung ihrer Unternehmensgeschichte im „Dritten Reich". Die MTU wurde erst nach dem Zweiten Weltkrieg gegründet und ist Rechtsnachfolgerin der BMW Flugmotorenbau GmbH. Für das Forschungsprojekt wurden zwei Historikerinnen beauftragt, die verfügbaren Quellen aus den Archiven im In- und Ausland zusammenzutragen. Das Ziel war, eine Grundlage für eine Vorstudie zur Zwangsarbeit im BMW Flugmotorenbau im Werk München-Allach während des Nationalsozialismus zu erarbeiten.

Ab 2001 beteiligte sich die BMW Group an dem Projekt „Gemeinsames Erinnern". Zugleich wurde die Untersuchung auf alle damaligen Werke des BMW Konzerns ausgedehnt.

Nach Veröffentlichung des Buches von Constanze Werner: „Kriegswirtschaft und Zwangsarbeit bei BMW" über den Zeitraum 1939–1945 erscheint nun von Till Lorenzen der zweite Band innerhalb dieses Projektes. Diese Studie konzentriert sich auf die Zeit von 1926–1940 und stellt die Frage nach der rüstungswirtschaftlichen Bedeutung des BMW Flugmotorenbaus und der Unternehmensentwicklung im Spannungsfeld von privatwirtschaftlichem Autonomiestreben und staatlicher Wirtschaftslenkung im Nationalsozialismus.

Till Lorenzen hat sich auf breiter Quellengrundlage mit diesem Teil der Geschichte der beiden Unternehmen befasst und sie in den historischen Kontext und den aktuellen wirtschaftshistorischen Forschungsstand eingebettet. Dafür wurden ihm von den beiden Unternehmen alle vorhandenen Unterlagen zur Verfügung gestellt. Seine Erkenntnisse und Bewertungen wurden zu keinem Zeitpunkt von den beauftragenden Unternehmen beeinflusst. Ein wissenschaftlicher Beirat begleitete seine Arbeit und stellte sicher, dass der Autor seine Studie unabhängig erarbeiten konnte.

Wir freuen uns, dass Till Lorenzen mit dieser Arbeit an der Universität Konstanz promoviert wird.

Die beiden Publikationen zur Unternehmensgeschichte von MTU und BMW im Dritten Reich werden demnächst durch einen dritten Band ergänzt, in dem die Beiträge des wissenschaftlichen Symposiums „Rüstung, Kriegswirtschaft und Zwangsarbeit im ‚Dritten Reich'" dokumentiert sind, das am 15. und 16. März 2007 im Deutschen Museum in München stattfand.

Mit diesem Projekt haben die beiden Unternehmen intensive Anstrengungen unternommen, ihre eigene Geschichte während der Zeit des Nationalsozialismus zu rekonstruieren, einzuordnen und auf der Grundlage wissenschaftlicher Standards bewerten zu lassen. Beide Unternehmen sind sich ihrer historischen Verantwortung bewusst und sehen in der geschichtlichen Aufarbeitung einen notwendigen und sinnvollen Schritt, um die Erfahrung von

Machtmissbrauch, totalitärer Unterdrückung, von Entrechtung, Ausgrenzung und Mord auch für kommende Generationen festzuhalten. In einer besonderen Verpflichtung stehen beide Unternehmen gegenüber ihren Mitarbeiterinnen und Mitarbeitern. Diese haben einen Anspruch auf eine glaubwürdige und historische Selbstwahrnehmung ihrer Unternehmen. Dazu gehört auch, sich vorbehaltlos zu den schwierigen und schmerzhaften Kapiteln der eigenen Unternehmenshistorie zu bekennen.

München, im Januar 2008

MTU Aero Engines GmbH

Eckhard Zanger

Eva Melzer-Hollederer

BMW Group

Maximilian Schoeberl

Dr. Florian Triebel

Machtmissbrauch, totalitärer Unterdrückung, von Entrechtung, Ausgrenzung und Mord auch für kommende Generationen festzuhalten. In einer besonderen Verpflichtung stehen beide Unternehmen gegenüber ihren Mitarbeiterinnen und Mitarbeitern. Diese haben einen Anspruch auf eine glaubwürdige und historische Selbstwahrnehmung ihrer Unternehmen. Dazu gehört auch, sich vorbehaltlos zu den schwierigen und schmerzhaften Kapiteln der eigenen Unternehmenshistorie zu bekennen.

München, im Januar 2008

MTU Aero Engines GmbH	BMW Group
Eckhard Zanger	Maximilian Schoeberl
Eva Melzer-Hollederer	Dr. Florian Triebel

Vorwort

Im Jahr 1999 begann die MTU Aero Engines GmbH mit der Aufarbeitung ihrer Unternehmensgeschichte im „Dritten Reich“. Die MTU wurde erst nach dem Zweiten Weltkrieg gegründet und ist Rechtsnachfolgerin der BMW Flugmotorenbau GmbH. Für das Forschungsprojekt wurden zwei Historikerinnen beauftragt, die verfügbaren Quellen aus den Archiven im In- und Ausland zusammenzutragen. Das Ziel war, eine Grundlage für eine Vorstudie zur Zwangsarbeit im BMW Flugmotorenbau im Werk München-Allach während des Nationalsozialismus zu erarbeiten.

Ab 2001 beteiligte sich die BMW Group an dem Projekt „Gemeinsames Erinnern“. Zugleich wurde die Untersuchung auf alle damaligen Werke des BMW Konzerns ausgedehnt.

Nach Veröffentlichung des Buches von Constanze Werner: „Kriegswirtschaft und Zwangsarbeit bei BMW“ über den Zeitraum 1939–1945 erscheint nun von Till Lorenzen der zweite Band innerhalb dieses Projektes. Diese Studie konzentriert sich auf die Zeit von 1926–1940 und stellt die Frage nach der rüstungswirtschaftlichen Bedeutung des BMW Flugmotorenbaus und der Unternehmensentwicklung im Spannungsfeld von privatwirtschaftlichem Autonomiestreben und staatlicher Wirtschaftslenkung im Nationalsozialismus.

Till Lorenzen hat sich auf breiter Quellengrundlage mit diesem Teil der Geschichte der beiden Unternehmen befasst und sie in den historischen Kontext und den aktuellen wirtschaftshistorischen Forschungsstand eingebettet. Dafür wurden ihm von den beiden Unternehmen alle vorhandenen Unterlagen zur Verfügung gestellt. Seine Erkenntnisse und Bewertungen wurden zu keinem Zeitpunkt von den beauftragenden Unternehmen beeinflusst. Ein wissenschaftlicher Beirat begleitete seine Arbeit und stellte sicher, dass der Autor seine Studie unabhängig erarbeiten konnte.

Wir freuen uns, dass Till Lorenzen mit dieser Arbeit an der Universität Konstanz promoviert wird.

Die beiden Publikationen zur Unternehmensgeschichte von MTU und BMW im Dritten Reich werden demnächst durch einen dritten Band ergänzt, in dem die Beiträge des wissenschaftlichen Symposiums „Rüstung, Kriegswirtschaft und Zwangsarbeit im ‚Dritten Reich‘“ dokumentiert sind, das am 15. und 16. März 2007 im Deutschen Museum in München stattfand.

Mit diesem Projekt haben die beiden Unternehmen intensive Anstrengungen unternommen, ihre eigene Geschichte während der Zeit des Nationalsozialismus zu rekonstruieren, einzuordnen und auf der Grundlage wissenschaftlicher Standards bewerten zu lassen. Beide Unternehmen sind sich ihrer historischen Verantwortung bewusst und sehen in der geschichtlichen Aufarbeitung einen notwendigen und sinnvollen Schritt, um die Erfahrung von

Geleitwort des Wissenschaftlichen Beirats

In ihrer Arbeit über „Kriegwirtschaft und Zwangsarbeit bei BMW" (Band 1 der Schriftenreihe) hat Constanze Werner nachgezeichnet, wie sich der Münchner Konzern im Spannungsfeld von unternehmerischer Interessenwahrnehmung, politischer Anpassung und Beteiligung an der nationalsozialistischen Vernichtungspolitik in der NS-Zeit bewegte. Während bei Werner der Fokus auf den Kriegsjahren 1939 bis 1945 und insbesondere auf dem Einsatz von Fremd- und Zwangsarbeitern lag, untersucht Till Lorenzen in der vorliegenden Arbeit das Zusammenspiel von staatlichen Lenkungsmaßnahmen und unternehmerischen Handlungsspielräumen der BMW AG in der Phase von 1926 bis 1940. Auch wenn die Studie mit Rücksicht auf Untersuchungszeitraum und Fragestellung einem eigenen konzeptionellen Ansatz folgt, sind ihre Ergebnisse doch eine komplementäre Fortschreibung der bislang vorliegenden Erkenntnisse.

Die Bayerischen Motoren Werke waren in den 1920/30er Jahren einer der wichtigsten Flugmotorenproduzenten in Deutschland. Dementsprechend hatten die für die Rüstung zuständigen Ministerien ein erhebliches Interesse am Unternehmen und seinen Produkten. Schon die Bedingungen des weitgehend politisierten Luftfahrtmarktes der Weimarer Republik setzten den Spielräumen des BMW-Managements enge Grenzen. Nach 1933 beschnitt das mächtige Reichsluftfahrtministerium unter Hermann Göring die Entscheidungsmöglichkeiten des Unternehmens weiter. Lorenzen zeigt jedoch, dass die BMW-Geschäftsführung in den einzelnen Handlungsfeldern des Flugmotorenbaues unterschiedlich große Spielräume hatte. Auch wenn die Behörden auf der operativen Ebene der Flugmotorenfabrikation – d. h. vor allem im Entwicklungs- sowie im Produktionssektor – zum Teil tief in die industrielle Selbständigkeit eingriffen, befand sich das Unternehmen in den 1920/30er Jahren in keinem einseitigen Abhängigkeitsverhältnis. Die ausgesprochen hohe Rentabilität der Flugmotorenbau-Aktivitäten zeigt, dass sich das Management auch unter der Ägide der nationalsozialistischen Wirtschafts- und Rüstungspolitik in wichtigen Kernbereichen des Konzerns Entscheidungsräume bewahren konnte, die sich an der wirtschaftlichen Handlungsrationalität der Gewinnmaximierung und des Überlebens am Markt orientierten.

Dabei wird deutlich, dass die industriellen Handlungs- und Verhandlungsspielräume selbst im zentralen rüstungswirtschaftlichen Sektor der Luftfahrt bei weitem nicht so stark eingeschränkt waren, wie es die politische Rhetorik des Nationalsozialismus nahe legte und wie von vielen Industriellen nach 1945 aus apologetischen Gründen immer wieder behauptet wurde. Damit reiht sich die Studie von Lorenzen in die neuere wirtschafts- und unternehmenshistorische Forschung ein, die im Rahmen der Leitfrage des Verhältnisses von Wirtschaft und Staat im NS-Regime Existenz und Umfang unternehmenspolitischer Handlungsspielräume betont hat.

Nach 1945 konzentrierte BMW sich vor allem auf die Produktion von Motorrädern und Automobilen. Das ehemalige Kerngeschäft des Flugmotorenbaus wurde gemeinsam mit dem Werk in Allach in zwei Schritten an die MAN übertragen, die es ihrerseits in die 1969 neu zu gründende MTU einbrachte. Die Flugmotorenproduktion verschwand fast völlig aus der Selbstwahrnehmung des Unternehmens und der Fremdwahrnehmung durch die Öffentlichkeit. Einzig die in den 1930er Jahren entwickelte Marketing-Strategie, das BMW Logo von einem Propeller abzuleiten, erinnert an die Geschichte des Konzerns als Flugmotorenproduzent.

Mit dem Projekt „Gemeinsames Erinnern“ haben BMW und MTU die Voraussetzung für die wissenschaftliche Aufarbeitung und Aufbereitung der eigenen Vergangenheit geschaffen, zumal es unserer Überzeugung nach für moderne, global agierende Konzerne wie MTU und BMW unverzichtbar ist, sich gegenüber ihren MitarbeiterInnen, ihren KundInnen und der allgemeinen Öffentlichkeit zur Gesamtheit der eigenen Geschichte zu bekennen.

Der Wissenschaftliche Beirat hat die vorliegende Studie in ihrer Konzeption und Realisierung beratend begleitet und dafür Sorge getragen, dass sie in voller wissenschaftlicher Freiheit und unter Offenlegung sämtlicher relevanten Quellenbestände entstehen konnte.

München, im November 2007

Helmuth Trischler
Andreas Heusler
Mark Spoerer

1. Einleitung

Heute stehen die Bayerischen Motoren Werke (BMW) für Motorräder und vor allem Automobile des Premiumsegments. Gegründet wurde die Firma während des Ersten Weltkriegs jedoch als Flugmotorenunternehmen. Erstmalige Verwendung fand der Name „Bayerische Motoren Werke GmbH" bei der Umfirmierung der bereits 1913 in München-Milbertshofen gegründeten Flugmotorenfirma Rapp Motorenwerke GmbH am 21.07.1917.[1] Das Unternehmen erweiterte seine Produktpalette im Jahre 1923 mit dem Motorradbau und stieg erst 1928 in den Automobilbau sowie den Heeresgerätebau ein. Das unternehmenstragende Kerngeschäft von BMW blieb allerdings bis 1945 der Flugmotorenbau. Erst am Ende des Zweiten Weltkrieges, der für BMW Zerstörung, Enteignung, Demontage und Produktionsverbot bedeutete, entschied sich die Unternehmensleitung, das Produktportfolio der Bayerischen Motoren Werke grundsätzlich umzustellen und in Zukunft vorrangig auf das Produkt zu setzen, für das der Konzern heute bekannt ist: das Automobil. Das ehemalige Kerngeschäft des Flugmotorenbaus wurde gemeinsam mit dem Zweigwerk München-Allach von 1960 bis 1965 stufenweise an die MAN übertragen, die es ihrerseits in die 1969 neu gegründete Motoren und Turbinen-Union München GmbH – die heutige MTU Aero Engines (MTU) – einbrachte.

Mit dem Flugmotorenbau verband sich in den 1920er und 1930er Jahren der Aufstieg von BMW von einem mittelständischen Unternehmen zu einem der bedeutendsten deutschen Industrieunternehmen. BMW entwickelte sich ab 1926 schnell zu einem Schlüsselunternehmen für die staatlichen Bestrebungen, sowohl eine eigenständige zivile als auch eine militärische deutsche Luftfahrt aufzubauen. Hauptsächlich der Flugmotorenbau war es auch, der dem Unternehmen in den 1920er und vor allem den 1930er Jahren geradezu eine Explosion in der Belegschaftsentwicklung sowie im Umsatz bescherte. Beschäftigte BMW 1926 1080 Mitarbeiter, waren es 1942 bereits 47423. 1926 erwirtschaftete das Unternehmen 9,1 Mio. RM Umsatz. 16 Jahre später setzte BMW mit 558,5 Mio. RM mehr als 60 mal so viel um.

Die gewaltige Expansion des BMW-Konzerns fand überwiegend im von der restlichen Industrie lange Zeit weitgehend abgeschotteten Luftfahrtsektor statt. Durch die rüstungswirtschaftliche Bedeutung von Flugmotoren, die Schlüsselstellung einer eigenständigen Luftwaffe in den Aufrüstungsbestrebungen der Reichsbehörden sowie die eingeschränkte Zahl von einschlägigen

[1] Ein Jahr später überführte man das Unternehmen in eine Aktiengesellschaft. Hauptaktionär war der Spekulant und Finanzmagnat Camillo Castiglioni. Erster technischer Geschäftsführer wurde 1917 der spätere Generaldirektor und Vorstandsvorsitzende bis 1942 Franz Josef Popp. Die komplizierte Gründungsgeschichte des Unternehmens wird Gegenstand einer zurzeit in Arbeit befindlichen komplementären Untersuchung von Christian Pierer. Daher wird auf die Darstellung der frühen Jahre von BMW an dieser Stelle verzichtet.

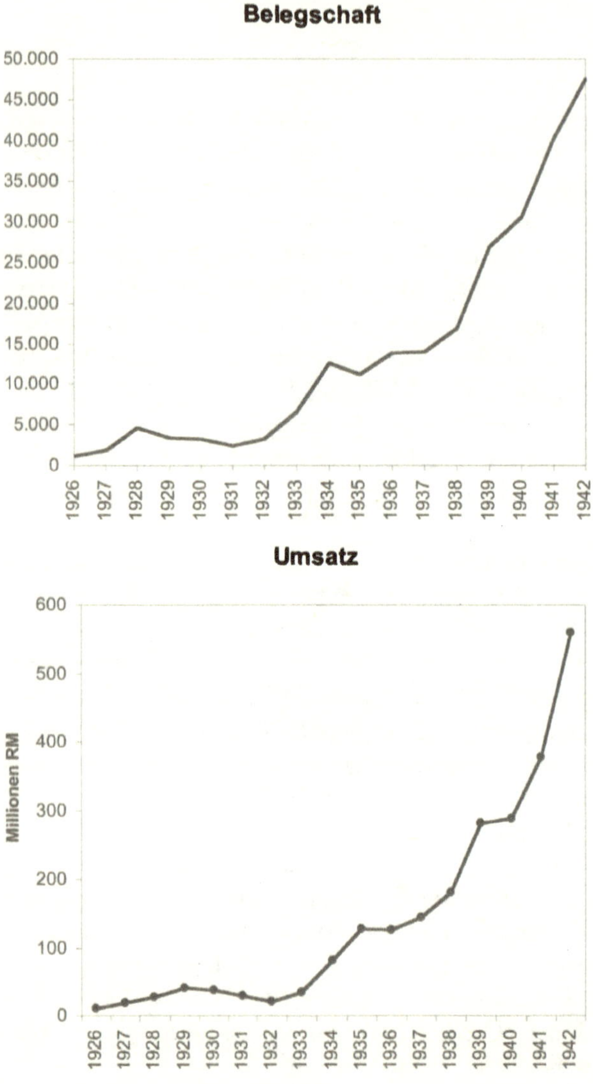

Grafik 1: Belegschafts- und Umsatzentwicklung des BMW-Konzerns 1926–1942

Quelle: Aufstellung der Belegschaftszahlen und der Unternehmensumsätze von 1924–1944 in der „Geschichte des BMW-Konzerns“, in: BMW-Arch UA 15.

Marktteilnehmern war der deutsche Luftfahrtmarkt in den Aufbau- und Expansionsjahren von BMW hoch politisiert. Die unternehmerischen Aktivitäten und Interessenlagen des Münchener Unternehmens waren wie wohl bei sonst nur wenigen anderen Firmen durchgehend von den Zwängen und Handlungsspielräumen dieser traditionell subventionsabhängigen Branche bestimmt. Über weite Strecken der 1920er und 1930er Jahre waren die staatlichen deutschen Beschaffungsstellen die wichtigsten Abnehmer der BMW-Flugmotoren. Daher war das Unternehmen in seiner Entstehung und Entwicklung den jeweiligen ordnungspolitischen Bemühungen der staatlichen Stellen und damit einer starken Politisierung unterworfen.

Auf Grund dieser branchenspezifischen Rahmenbedingungen erscheint BMW als ein Unternehmen, bei dem man annehmen könnte, dass die behördliche Einflussnahme besonders unter NS-Herrschaft, aber auch bereits in der Weimarer Zeit besonders hoch war und dass Druck und Zwang in der Interaktion von Staat und Unternehmen eine besondere Rolle spielten. Immerhin ist die These, dass die Nationalsozialisten die makroökonomischen Rahmenbedingungen in Deutschland ab 1933 derart beeinflussten, dass den Unternehmen prinzipiell nichts anderes übrig blieb, als sich den Wünschen des Regimes[2] zu fügen, immer noch weit verbreitet. In den Fällen, in denen die Firmen den staatlichen Vorgaben nicht entsprachen, mussten sie, so die These, mit Verstaatlichung oder Zwangsmaßnahmen rechnen.[3] Dieses Szenario würde bedeuten, dass die privatwirtschaftlichen Entscheidungsspielräume und Handlungsoptionen beispielsweise des BMW-Konzerns durch die Machtposition der Reichsbehörden in den 1930er Jahren auf ein Minimum zusammengeschmolzen wären. Da die Frage der unternehmerischen Handlungsspielräume nicht zuletzt auch die Frage nach der Verantwortung für das jeweilige wirtschaftliche und politische Handeln zur Zeit des Nationalsozialismus impliziert, wurde die These der staatlich geschaffenen Zwangslagen von Wirtschaftsfunktionären nach dem Krieg lange Zeit vehement vertreten. Die vorliegende Arbeit hinterfragt diese vielfach aus apologetischen Gründen angeführte Interpretation am Beispiel der Flugmotorensparte der Bayerischen Motoren Werke. Dabei werden sowohl die wirtschaftlichen Interessen der BMW-Verantwortlichen als auch deren unternehmerische Handlungsspielräume und Zwangslagen in der Interaktion mit den jeweiligen Staatsbehörden beleuchtet.

1.1. Forschungsstand

Die Zeit des Nationalsozialismus gehört heute zu der am intensivsten erforschten Epoche in der Unternehmensgeschichtsschreibung des 20. Jahrhunderts.[4] Seit 1945 wurden wiederholt Debatten über die Verantwortlichkeit

[2] Wenn im Folgenden von „Regime", der „politischen Führung" oder von „Staatsführung" die Rede ist, soll dabei nicht übersehen werden, dass die NS-Herrschaftsstruktur keineswegs monolithisch ausgerichtet war, sondern im Gegenteil einen ausgesprochen polykratischen Charakter hatte. So einflussreich Hitlers Meinung letzten Endes auch war, so blieb doch Raum für die Auffassungen und Initiativen vieler Personen aus u. a. der Parteiführung, den Ministerien und den militärischen Dienststellen.

[3] Vgl. hierzu z. B. Temin, Peter: Soviet and Nazi Economic Planing in the 1930s. In: Economic History Review 44 (1991), S. 573–593.

[4] Aufschlussreiche Überblicke über den jüngsten Forschungsstand geben v. a.: Großbölting, Thomas/Schmidt, Rüdiger: Unternehmerwirtschaft in Deutschland zwischen 1930 und 1960 – Stand und Perspektiven der Forschung. In: Dies. (Hrsg.): Unternehmerwirtschaft zwischen Markt und Lenkung. Organisationsformen, politischer Einfluß und ökonomisches Verhalten 1930–1960. München 2002, S. 9–38; Plumpe,

von Industriellen in und gegenüber der Politik sowie das Verhältnis von Wirtschaft und Politik im Rahmen der nationalsozialistischen Wirtschaftssteuerung intensiv und engagiert geführt. Allerdings waren insbesondere die frühen historischen Diskussionen hochgradig politisiert und wurden von pauschalen Urteilen und Deduktionen geprägt.[5] Daher ist der unternehmenshistorische Ertrag dieser frühen Debatten eher gering geblieben.

Hinsichtlich der Verantwortung der Unternehmer[6] dominierte beispielsweise lange die Frage, ob und inwieweit die deutschen Industriellen Hitler und seine NS-Bewegung bei der Machtübernahme und Machtkonsolidierung unterstützt haben. Nur langsam setzte sich die Erkenntnis durch, dass die Verantwortung der Großindustrie weniger in der direkten Finanzierung der NSDAP lag.[7] Vielmehr haben Vertreter der Großindustrie ein antidemokratisches, auf Überwindung des politischen Systems von Weimar gerichtetes Klima gefördert und damit zum Scheitern der ersten deutschen Republik sowie zum Aufstieg des Nationalsozialismus beigetragen.[8]

In der neueren Forschung wandelte sich das erkenntnisleitende Interesse der Untersuchungen. Im Zentrum stehen nun die Fragen, inwieweit das NS-Regime das industrielle Potenzial kontrollieren und für seine Zwecke einsetzen konnte, wie weit Industrie und Unternehmerschaft dem nationalsozialistischen Staat gegenüber ihre Autonomie wahren konnten, wie anfällig sich die Wirtschaftseliten in Deutschland gegenüber dem nationalsozialistischen Gedankengut zeigten und warum so viele Unternehmer bereitwillig am NS-

Werner: Unternehmen im Nationalsozialismus. Eine Zwischenbilanz. In: Abelshauser, Werner/Hesse, Jan-Otmar/Plumpe, Werner (Hrsg.): Wirtschaftsordnung, Staat und Unternehmen. Neue Forschung zur Wirtschaftsgeschichte des Nationalsozialismus. Essen 2003, S. 244–266 und Buchheim, Christoph: Unternehmen in Deutschland und NS-Regime 1933–1945. Versuch einer Synthese. In: Historische Zeitschrift 282 (2006), S. 351–390.

5 Für einen kurzen Überblick über diese Debatten siehe: Kershaw, Ian: Der NS-Staat. Geschichtsinterpretationen und Kontroversen im Überblick. Reinbek 1999, S. 90–123.

6 In der vorliegenden Arbeit wird ein funktionaler Unternehmerbegriff verwendet. Als „Unternehmer" werden demnach nicht nur die klassischen „Eigentümer-Unternehmer" bezeichnet, sondern auch leitende Angestellte des oberen Managements eines Unternehmens, d. h. die „Angestellten-Unternehmer". Zu den Unternehmer-Begriffen vgl. Kaelble, Hartmut: Soziale Mobilität in Deutschland, 1900–1960. In: Ders./Matzerath, Horst/Rupieper, Hermann-Josef: Probleme der Modernisierung in Deutschland. Sozialhistorische Studie zum 19. und 20. Jahrhundert. Opladen 1978, S. 235–329, hier S. 296 und Redlich, Fritz: Der Unternehmer. Wirtschafts- und Sozialgeschichtliche Studie. Göttingen 1964, S. 180–181.

7 Vgl. hierzu v. a. Falter, Jürgen W.: Hitlers Wähler. München 1991.

8 Vgl. Hayes, Peter: Industry under the Swastika. In: James, Harold/Tanner, Jakob (Hrsg.): Enterprise in the Period of Fascism in Europe. Aldershot 2002, S. 26–40, hier S. 27 und Feldman, Gerald D.: The Economic Origins and Dimensions of European Fascism. In: ebd., S. 3–13, hier S. 11. Triebel verdeutlicht, dass diese Geisteshaltung nicht nur bei Vertretern der Schwerindustrie anzutreffen, sondern auch in anderen Unternehmen verbreitet war. Vgl. Triebel, Florian: Der Eugen Diederichs Verlag 1930–1949. Ein Unternehmen zwischen Kultur und Kalkül. München 2004, S. 298–301.

Wirtschaftssystem partizipierten. Aus dieser Diskussion kristallisierte sich vor allem folgendes Ergebnis heraus: In den Reihen der Wirtschaftseliten lässt sich die gesamte Bandbreite individuellen politischen Verhaltens dokumentieren, von der professionellen Selbstmobilisierung über opportunistische Anpassung und verantwortungslose Nutznießerschaft bis hin zu Fällen aktiver Systemgegnerschaft und Unterstützung des politischen Widerstands. Vor allem Mark Spoerer, Christoph Buchheim und Jonas Scherner haben in den letzten Jahren nachgewiesen, dass in erster Linie ein längerfristiges Gewinn- und Wachstumsinteresse sowie die Beobachtung der wirtschaftlichen Wettbewerber maßgeblich zur Bereitschaft vieler Unternehmer in der NS-Zeit führte, sich an der Rüstungsproduktion zu beteiligen.[9] Gerade diese primäre Orientierung an der wirtschaftlichen Zweckrationalität brachte jedoch auch die Verstrickung vieler Unternehmer in die Verbrechen des NS-Regimes mit sich.

Bezüglich des Verhältnisses von Wirtschaft und Politik im Rahmen der nationalsozialistischen Wirtschaftssteuerung wurden bis in die 1980er Jahre polarisierende Diskussionen über den „Primat der Politik" bzw. „Primat der Wirtschaft" kontrovers geführt, wobei die wissenschaftlichen Positionen vor allem aus politisch-ideologischen Gründen stark divergierten.[10] Dabei engte die Reduzierung der Alternativen auf „Politik" und „Wirtschaft" den Diskurs in unzulässiger Weise ein und ging von einer irreführenden Dichotomie zwischen „Staat" und „Gesellschaft" aus.[11]

Neuere Forschungsarbeiten zur NS-Wirtschaft lassen tendenziell darauf schließen, dass die eng miteinander verknüpften Ziele und Interessen der nationalsozialistischen Führung und der deutschen Unternehmerschaft sich aufeinander auswirkten und gegenseitig beeinflussten. Hans-Erich Volkmann

[9] Vgl. Spoerer, Mark: Von Scheingewinnen zum Rüstungsboom. Die Eigenkapitalrentabilität der deutschen Industriegesellschaften 1925–1941. Stuttgart 1996; Buchheim, Christoph/Scherner, Jonas: Anmerkungen zum Wirtschaftssystem des „Drittes Reichs". In: Abelshauser, Werner u.a. (Hrsg.): Wirtschaftsordnung 2003, S. 81–97; Buchheim, Christoph: Das Verhältnis von Staat und Wirtschaft in der NS-Zeit. In: Siegenthaler, Wirtschaftsgeschichte 2004, S. 237–239; Ders.: Unternehmen 2006, S. 351–390; Ders./Scherner, Jonas: The Role of Private Property in the Nazi Economy: The Case of Industry. In: Journal of Economic History 2 (2006), S. 390–416 und Scherner, Jonas: Das Verhältnis zwischen NS-Regime und Industrieunternehmen – Zwang oder Kooperation? In: Zeitschrift für Unternehmensgeschichte 2 (2006), S. 166–190.

[10] Vgl. hierzu beispielhaft Mason, Tim: Der Primat der Politik – Politik und Wirtschaft im Nationalsozialismus. In: Das Argument 8 (1966), S. 473–494 und Eichholtz, Dietrich/Gossweiler, Kurt: Noch einmal: Politik und Wirtschaft 1933–1945. In: Das Argument 10 (1968), S. 210–227.

[11] Vgl. zu dieser Diskussion auch Overy, Richard J.: The Nazi Economic Recovery 1932–1938. London 1982, S. 58; Bracher, Karl-Dietrich: Die deutsche Diktatur. Entstehung, Struktur, Folgen des Nationalsozialismus. Köln 1993, S. 364; Turner, Henry: Unternehmen unter dem Hakenkreuz. In: Gall, Lothar/Pohl, Manfred: (Hrsg.): Unternehmen im Nationalsozialismus. München 1997, S. 15–25 und Hildebrand, Klaus: Das Dritte Reich. München 62003, S. 160–161.

wies bereits 1979 die Frage nach dem „Primat“ als überflüssig zurück und sprach stattdessen von einer „Interessenkongruenz“, von einer engen Verflechtung von Politik und Wirtschaft im NS-Staat und von einer „wechselseitigen Abhängigkeit“ der politischen Führung und der Industrie.[12] Die massive Aufrüstung wurde zum Hauptkatalysator, der die dynamische Verschmelzung der Interessen von Wehrmacht, Industrie und nationalsozialistischer Führung sicherstellte. Es lässt sich jedoch beobachten, dass an den entscheidenden Entwicklungsschritten im Dritten Reich die politischen und ideologischen Forderungen der Nationalsozialisten gegenüber den Unternehmerinteressen bei wirtschaftspolitischen Entscheidungen eine zunehmend dominierende Rolle spielten. Mittlerweile hat sich demnach eine gemäßigte Variante vom „Primat der Politik“ durchgesetzt.

Angestoßen durch die einsetzenden Diskussionen um die „Arisierung“ und „Entjudung“ der deutschen Wirtschaft[13], die Beschäftigung von Zwangsarbeitern[14] in deutschen Großunternehmen sowie deren Entschädigung kam es seit den 1990er Jahren zu einem regelrechten Boom der wissenschaftlichen Unternehmensgeschichtsschreibung. Konfrontiert mit der Gefahr einer Schädigung ihrer Geschäftsinteressen durch drohende Sammelklagen gegen ein-

[12] Volkmann, Hans-Erich: Politik, Wirtschaft und Aufrüstung unter dem Nationalsozialismus. In: Funke, Manfred (Hrsg.): Hitler, Deutschland und die Mächte. Materialien zur Außenpolitik des Deutschen Reiches. Kronberg 1978, S. 269–291.

[13] Vgl. u. a. Barkai, Avraham: Vom Boykott zur „Entjudung“. Der wirtschaftliche Existenzkampf der Juden im Dritten Reich 1933–1943. Frankfurt am Main 1988; Ders.: Die deutschen Unternehmer und die Judenpolitik im Dritten Reich. In: Geschichte und Gesellschaft 15 (1989), S. 227–247; Hayes, Peter: Big Business and Arianisation in Germany 1933–1939. In: Jahrbuch für Antisemitismusforschung 3 (1994), S. 254–181; Feldman, Gerald D.: Unternehmensgeschichte des Dritten Reichs und Verantwortung der Historiker. Raubgold und Versicherungen, Arisierung und Zwangsarbeit. Bonn 1999.

[14] Der am intensivsten diskutierte Gesichtspunkt deutscher Beteiligung an den Verbrechen des nationalsozialistischen Regimes ist neben dem Holocaust zweifellos der Einsatz von Zwangsarbeitern. Stellvertretend für eine Vielzahl von Publikationen sei hier verwiesen auf: Herbert, Ulrich: Fremdarbeiter. Politik und Praxis des ‚Ausländereinsatzes‘ in der Kriegswirtschaft des Dritten Reiches. Bonn 1999, 11985; Spoerer, Mark: Zwangsarbeit unter dem Hakenkreuz. Ausländische Zivilarbeiter, Kriegsgefangene und Häftlinge im Deutschen Reich und im besetzten Europa 1939–1945. Stuttgart/München 2001; vgl. auch die Literaturdatenbank in der Virtuellen Allgemeinbibliothek zum Thema Zwangsarbeit / Drittes Reich, die von Ingrid Strauch, Dipl.-Bibl. gepflegt wird. In: Virtuelle Allgemeinbibliothek [Ersterstellung: 22.08.1999, letzte Aktualisierung: 16.01.2007], URL: http://www.virtuelleallgemeinbibliothek.de (01.02.2007). Zur Frage, ob die Unternehmen von der Zwangsarbeit profitiert haben, vgl. grundlegend: Spoerer, Mark: Profitierten Unternehmen von KZ-Arbeit? Eine kritische Analyse der Literatur. In: Historische Zeitschrift 268 (1999) S. 61–95; Rauh-Kühne, Cornelia: Hitlers Hehler? Unternehmerprofite und Zwangsarbeiterlöhne. In: Historische Zeitschrift 275 (2002), S. 1–55; Abelshauser, Werner: Rüstungsschmiede der Nation? Der Kruppkonzern im Dritten Reich und in der Nachkriegszeit 1933–1951. In: Gall, Lothar (Hrsg.): Krupp im 20. Jahrhundert. Die Geschichte des Unternehmens vom Ersten Weltkrieg bis zur Gründung der Stiftung. Berlin 2002, S. 400–431.

zelne Unternehmen vor amerikanischen Gerichten und dem durch dieses Szenario hervorgerufenen erheblichen Medienecho waren es insbesondere die Großunternehmen, die – um ihre weltweite Reputation bemüht – eine Vorreiterrolle in der Aufarbeitung ihrer Geschichte während der NS-Zeit übernahmen.[15] Zugleich nahm die Zahl der einschlägigen unabhängigen Unternehmens- und Branchengeschichten, in Folge der Öffnung der Archive, stark zu, wodurch das Bild der Forschung erheblich differenziert wurde.[16]

Eine umfassende Gesamtbeurteilung des nationalsozialistischen Wirtschaftssystems steht allerdings noch aus und ist auf Grund der großen Heterogenität der einzelnen Unternehmen und Branchen auch schwierig. Insbesondere hat sich bezüglich der hier interessierenden Frage nach dem Verhältnis

[15] Aus der Vielzahl der auf diese Weise entstandenen Arbeiten seien exemplarisch für einige Branchen genannt: Banken: Harold, James: Die Deutsche Bank und die Diktatur. In: Gall, Lothar u. a. (Hrsg.): Die Deutsche Bank 1870–1995. München 1995, S. 315–408; Ders.: Die Deutsche Bank und die „Arisierung". München 2001; Ders.: The Nazi dictatorship and the Deutsche Bank. Cambridge 2004. Steinberg, Jonathan: Die Deutsche Bank und ihre Goldtransaktionen während des Zweiten Weltkrieges. München 1999. Siehe auch: Herbst, Ludolf (Hrsg.): Die Commerzbank und die Juden 1933–1945. München 2004 und Henke, Klaus-Dietmar (Hrsg.): Die Dresdner Bank im Dritten Reich. München 2006; Automobilindustrie: Hopmann, Barbara/Spoerer, Mark/Weitz, Birgit/Brüninghaus, Beate: Zwangsarbeit bei Daimler-Benz. Stuttgart 1994; Mommsen, Hans/Grieger, Manfred: Das Volkswagenwerk und seine Arbeiter im Dritten Reich. Düsseldorf 1996 und Heyl, Bernd/Neugebauer, Andrea (Hrsg.): „...ohne Rücksicht auf die Verhältnisse". Opel zwischen Weltkrise und Wiederaufbau. Frankfurt am Main 1997; elektrotechnische Industrie: Feldenkirchen, Wilfried: Siemens 1918–1945. München/Zürich 1995; chemische Industrie: Stokes, Raymond G.: Von der I.G. Farbenindustrie AG zur Neugründung der BASF (1925–1952). In: Abelshauser, Werner (Hrsg.): Die BASF. Eine Unternehmensgeschichte. München 2002, S. 221–358; Lindner, Stephan H.: Hoechst. Ein I.G. Farben Werk im Dritten Reich. München 2005 und zur Versicherungswirtschaft: Feldman, Gerald D.: Die Allianz und die deutsche Versicherungswirtschaft 1933–1945. München 2001.

[16] Vgl. u. a. folgende Unternehmensgeschichten: Hayes, Peter: Industry and Ideology. IG Farben in the Nazi Era. Cambridge 1987; Mollin, Gerhard T.: Montankonzerne und „Drittes Reich". Der Gegensatz zwischen Monopolindustrie und Befehlswirtschaft in der deutschen Rüstung und Expansion 1936–1944. Göttingen 1988; Plumpe, Gottfried: Die I.G. Farbenindustrie AG. Wirtschaft, Technik und Politik 1914 bis 1945. Berlin 1990; Gregor, Neil: Stern und Hakenkreuz. Daimler-Benz im Dritten Reich. Berlin 1997 und Pophanken, Hartmut: Gründung und Ausbau der „Weser" Flugzeugbau GmbH 1933 bis 1939. Unternehmerisches Entscheidungshandeln im Kontext der nationalsozialistischen Luftrüstung. Bremen 2000. Vgl. auch folgende Branchengeschichten: Kopper, Christopher: Zwischen Marktwirtschaft und Dirigismus. Bankenpolitik im ‚Dritten Reich' 1933–1939. Bonn 1995; Gehrig, Astrid: Nationalsozialistische Rüstungspolitik und unternehmerischer Entscheidungsspielraum. Vergleichende Fallstudie zur württembergischen Maschinenbauindustrie. München 1996; Bräutigam, Petra: Mittelständische Unternehmer im Nationalsozialismus. Wirtschaftliche Entwicklungen und soziale Verhaltensweisen in der Schuh- und Lederindustrie Badens und Württembergs. München 1997; Budraß, Lutz: Flugzeugindustrie und Luftrüstung in Deutschland 1918–1945. Düsseldorf 1998 und Höschle, Gerd: Die deutsche Textilindustrie zwischen 1933 und 1939. Staatsinterventionismus und ökonomische Rationalität. Stuttgart 2004.

von Wirtschaft und Staat in der NS-Wirtschaftsordnung mit ihrem Kernproblem der unternehmerischen Handlungsspielräume im Dritten Reich noch keine einheitliche wissenschaftliche Linie herauskristallisiert.[17]

1.2. Fragestellung

In unserem heutigen marktwirtschaftlich geprägten System gilt grundsätzlich das Prinzip des ökonomisch neutralen Tauschs für alle Unternehmen. Der Markt fungiert in diesem System als „eine Form der Verhaltenssteuerung durch positive und negative Sanktionen, durch Belohnung und Bestrafung in Form von Gewinn und Verlust, finanziellem Erfolg und Misserfolg, durch Verdienst oder der Gefahr der Unversorgtheit".[18] Von der politischen und wirtschaftlichen Verfasstheit des Systems hängt unter anderem ab, inwieweit der einzelne Unternehmer über Produktionsmittel und Eigentum verfügen und in welchem Rahmen er die Ergebnisse seiner Arbeit am Markt positionieren kann.

In Deutschland nach 1933 war der Markt als das zentrale Umfeld eines Unternehmens stark politisch geformt. Die neue Reichsregierung ging nach der Machtübernahme Anfang 1933 mit enormer Dynamik daran, den institutionell-politischen Rahmen des aus der Weimarer Zeit übernommenen Wirtschaftssystems zu verändern. Da eine spezifisch nationalsozialistische Wirtschaftslehre allenfalls in rudimentärer Form vorhanden war und ein geschlossenes ordnungspolitisches Konzept nicht existierte, erfolgten ordnungsverändernde Eingriffe meist punktuell je nach Bedarf und Opportunität. Die nationalsozialistische Wirtschaftspolitik war dadurch gekennzeichnet, dass sie liberale, planwirtschaftliche und etatistische Tendenzen gleichermaßen in sich trug. Zugleich bewirkte nicht zuletzt die massive Aufrüstung einen grundlegenden Wandel der Wirtschaftsordnung. Wenn viele Veränderungsansätze in der Praxis auch auf halbem Weg stecken blieben, hatten die vielen Eingriffe in das privatwirtschaftliche System Ende der 1930er Jahre eine andere Wirtschaftsordnung geschaffen. Es war in weiten Bereichen eine Art Lenkungswirtschaft entstanden, die mit der Marktwirtschaft am Ende der

[17] Zur Diskussion der politischen Ökonomie Nazideutschlands vgl. z.B. Richard, Overy J.: War and Economy in the Third Reich. Oxford 1994; Barkai, Avraham: Das Wirtschaftssystem des Nationalsozialismus. Ideologie, Theorie und Politik. Frankfurt am Main 1988; Buchheim, Christoph/Scherner, Jonas: Anmerkungen zum Wirtschaftssystem des „Dritten Reichs". In: Abelshauser, Werner u..a. (Hrsg.): Wirtschaftsordnung 2003, S. 81–97 und Tooze, Adam: Ökonomie der Zerstörung. Die Geschichte der Wirtschaft im Nationalsozialismus. München 2007.

[18] Heinemann, Klaus: Elemente einer Soziologie des Marktes. In: Kölner Zeitschrift für Soziologie und Sozialpsychologie 28 (1976), S. 48–69, hier S. 55. Bei Zitaten aus den Quellen und der Literatur wird im Folgenden die Originalschreibweise unkorrigiert übernommen.

1920er Jahre nur noch wenig gemein hatte. Gleichzeitig veränderte sich das Umfeld für unternehmerisches Handeln in der dem nationalsozialistischen System eigenen Gemengelage von Ideologie und Pragmatismus, von bewusstem Gestalten und Improvisation, von parteipolitischer Einflussnahme und privatwirtschaftlicher Eigenständigkeit, von Markt und Plan, von unternehmerischer Autonomie und bürokratischer Lenkung, von offensiven Profitinteressen und opportunistischer Anpassung erheblich. Das NS-Regime schaffte die Privatwirtschaft zwar nicht ab. Es setzte jedoch dem wirtschaftlichen Handeln durch seinen ineffizienten, aber umfassenden Planungs- und Steuerungsanspruch neue Rahmenbedingungen. Dies bedeutete für viele Unternehmer und Manager eine erhebliche Einschränkung ihrer unternehmerischen Handlungsspielräume.

Jahrelang wurden eben diese Handlungsspielräume der Unternehmen unter den Rahmenbedingungen des Nationalsozialismus in den zahlreichen mikro-ökonomischen Studien zur Unternehmensgeschichte von 1933 bis 1945 nur als Nebenaspekt erörtert. Erst in jüngster Zeit erschienen Untersuchungen, die unternehmerische Handlungsspielräume explizit thematisierten.[19] Konkret geht es dabei um die Frage, in welchem Maße Unternehmer unter den Bedingungen der Diktatur unabhängig handeln und inwieweit sie es umgehen konnten bzw. ob sie es vermeiden wollten, sich in die Verbrechen des nationalsozialistischen Regimes zu verstricken. Bedeutsam ist dabei allerdings nicht nur, ob ein Unternehmer nachweislich Gelegenheiten nutzte, um sich nicht in die Taten des Regimes zu verstricken. Vielmehr gilt es auch zu prüfen, ob sich die wirtschaftlichen Akteure aktiv bemühten, Vorteile aus den Gelegenheiten zu ziehen, die das nationalsozialistische Regime ihnen anbot und ob dabei gegebenenfalls ethische und moralische Grenzen überschritten wurden. Inwieweit waren Unternehmer bereit, Gewinnchancen, die die nationalsozialistische Politik offerierte, nicht zu nutzen?

Hinsichtlich der Frage nach unternehmerischen Handlungsspielräumen nach 1933 ist die Unternehmensgeschichtsschreibung auch weiterhin auf einschlägige Einzelfallstudien angewiesen, die bestehende Wissenslücken in Bezug auf die Interdependenz zwischen den Reichsbehörden und den einzelnen Unternehmen schließen helfen. Blickt man genauer in die internen unternehmenspolitischen Abläufe und Entwicklungen, so wird die große Bandbreite und Ambivalenz der Handlungsspielräume sowie der Zwangsläufigkeiten unternehmerischer Entscheidungsprozesse und Verhaltensweisen deutlich. Dies betrifft insbesondere die Unternehmen der Rüstungswirtschaft. Abhängig von der jeweiligen Positionierung ergaben sich für die einzelnen Unternehmen einerseits verschiedene rüstungswirtschaftliche Anpassungszwänge und staatliche Eingriffe andererseits jedoch auch Gewinnchancen mit entspre-

[19] Vgl. z.B. Erker, Paul: Industrieeliten in der NS-Zeit. Anpassungsbereitschaft und Eigeninteressen von Unternehmern in der Rüstungs- und Kriegswirtschaft 1936–1945. Passau 1993; Gehrig, Rüstungspolitik 1996 und Lorentz, Industrieelite 2001.

chenden Auswirkungen auf die Struktur und die Strategie der Unternehmen.[20] Daher greift die vorliegende Arbeit sowohl das Verhältnis der Bayerischen Motoren Werke zur Politik im Rahmen der nationalsozialistischen Wirtschaftssteuerung als auch die Verantwortlichkeiten der handelnden Industriellen auf. Ziel ist es, am Beispiel des BMW-Flugmotorenbaus auszuloten, welche Handlungsspielräume dem Management für eine eigenständige Unternehmenspolitik und die Entwicklung einer autonomen Konzernstrategie unter den gegebenen politischen und materiellen Sachzwängen verblieben und ob und wie das Management sie nutzte.

Dabei wird zunächst die vielschichtige Beziehung zwischen den staatlichen Dienststellen und dem Unternehmen untersucht. Da im Reichsluftfahrtministerium (RLM) analog zur fehlenden konsistenten nationalsozialistischen Wirtschaftspolitik kein geschlossenes Luftrüstungskonzept existierte, erfolgten auch die Eingriffe in unternehmensinterne Belange meist punktuell je nach Bedarf und Opportunität. Gleichzeitig waren die BMW-Verantwortlichen konsequent darauf bedacht, auch unter nationalsozialistischer Herrschaft ihre privatwirtschaftliche Eigenständigkeit zu bewahren. Daher gestaltete sich die Interaktion mit dem RLM in allen relevanten Unternehmensbereichen als „ständiger Aushandlungsprozess"[21]. Dabei gilt es zu prüfen, ob die Behördenvertreter dem Münchener Flugmotorenbauer in den verschiedenen staatlichen Lenkungsbereichen unterschiedliche Entscheidungs-, Handlungs- und Implementierungsspielräume gewährten und inwiefern das RLM über die Jahre hinweg gegebenenfalls verschiedene Kontroll-, Steuerungs-, Sanktions- und Druckmittel nutzte.

Auf der Basis des aktuellen Forschungsstandes hat sich mittlerweile herauskristallisiert, dass der Handlungsrahmen der Unternehmen im Dritten Reich nicht mehr nur auf die Formel von actio (Staat) und reactio (Unternehmen) reduziert werden kann.[22] Das Regime setzte auf die weitverbreitete Interessenskongruenz zwischen den politischen Institutionen und den beteiligten Wirtschaftseliten und versuchte, das Eigeninteresse der Unternehmer für eigene Zwecke zu instrumentalisieren. Umgekehrt waren auch die staatlichen Dienststellen auf die Partizipation der Unternehmen angewiesen, so dass Letztere nicht ohne weiteres und rigoros in die Pflicht genommen werden konnten. Um daher die unternehmerischen Handlungsspielräume und Zwangslagen von BMW in der Zeit des Nationalsozialismus zu untersuchen, bedarf es neben der Analyse der Beziehungen zwischen dem Münchener Unternehmen und den staatlichen Behörden auch der Untersuchung des

[20] Vgl. Erker, Industrieeliten NS-Zeit 1993, S. 41.

[21] Werner, Constanze: Kriegswirtschaft und Zwangsarbeit bei BMW. BMW Perspektiven Bd. 1. München 2006, S. 2.

[22] Vgl. hierzu Bähr, Johannes: „Corporate Governance" im Dritten Reich. Leitungs- und Kontrollstrukturen deutscher Großunternehmen während der nationalsozialistischen Diktatur. In: Abelshauser, Werner u. a. (Hrsg.): Wirtschaftsordnung 2003, S. 61–80 und Buchheim, Unternehmen 2006, S. 351–390.

komplexen Gefüges von Kontroll-, Lenkungs-, Leitungs- und nicht zuletzt Machtstrukturen sowie der Interessenlagen innerhalb des Unternehmens. Für die vorliegende Untersuchung wird daher ein integrierter Ansatz verwendet, der das aktive Handeln der BMW-Verantwortlichen und ihre Reaktionen auf das politische Umfeld in die makroökonomischen und politisch-institutionellen Rahmenbedingungen der nationalsozialistischen Herrschaft einordnet. All dies umfasst das der Analyse zugrunde liegende Konzept der „Corporate Governance".[23]

Ausgangsidee des Konzeptes der Corporate Governance ist die Frage, wie die Eigentümer eines Unternehmens dafür sorgen können, dass die von ihnen beauftragten Manager tatsächlich ausschließlich in ihrem Interesse das Unternehmen leiten.[24] Ausgehend von der Trennung von Eigentum und operationeller Geschäftsführung in Aktiengesellschaften gibt es in der Regel ein grundlegendes Prinzipal-Agent-Problem zwischen Aktionären der Gesellschaft, den Prinzipalen, und ihren Managern, den Agenten. An die Manager wird die klar umrissene Aufgabe delegiert, die ihnen von den Kapitalgebern zur Verfügung gestellten Mittel einer profit- respektive unternehmenswertmaximierenden Verwendung zuzuführen. Sie erfüllen das ihnen vom Prinzipal zugewiesene Mandat allerdings nicht immer effektiv. Mit zunehmender Zeit und Autonomie erweist sich ein Agent in der Regel als strategischer Akteur und handelt nicht nur gemäß der Präferenzen und Intentionen des Prinzipals, sondern in erster Linie der eigenen. Das Agency-Problem zu lösen bzw. zumindest zu verringern, ist das Ziel einer guten Corporate Governance, d.h. der Führung und Kontrolle eines Unternehmens.[25] Das Konzept der Corporate Governance basiert in dieser Arbeit auf einer relativ weit gefassten und geläufigen Definition als: „the system by which companies are directed and controlled".[26]

Das Leitungsmodell deutscher börsennotierter Gesellschaften berücksichtigt vor allem folgende Share- bzw. Stakeholder: die Eigentümer, das Management, die Gläubiger, die Arbeitnehmer und die Kunden.[27] Innerhalb dieses

[23] Vgl. zu dem Konzept u.a.: Bähr, Corporate Governance 2003; Shleifer, Andrei/ Vishny, Robert W.: A survey of corporate governance. In: The Journal of Finance 52 (1997), S. 737–778; Helmis, Sven: Corporate Governance in Deutschland. Eigentums- und Kontrollstrukturen und rechtliche Rahmenbedingungen in der „Deutschland AG". Witten 2002 und Nippa, Michael/Grigoleit, Jens: Corporate Governance ohne Vertrauen? Ökonomische Konsequenzen der Agency-Theorie. In: Freiberger Arbeitspapiere 1 (2006).

[24] Zum Folgenden vgl. Helmis, Corporate Governance 2002, S. 1–5.

[25] Vgl. ebd., S. 3.

[26] Berrar, Carsten: Die Entwicklung der Corporate Governance in Deutschland im internationalen Vergleich. Baden-Baden 2001, S. 25.

[27] Vgl. Horn, Norbert: Aktienrechtliche Unternehmensorganisation in der Hochindustrialisierung (1860–1920). Deutschland, England, Frankreich und die USA im Vergleich. In: Ders./Kocka, Jürgen (Hrsg.): Recht und Entwicklung der Großunternehmen im 19. und 20. Jahrhundert. Göttingen 1979, S. 123–189.

Systems müssen die unterschiedlichen Interessen der einzelnen Gruppen ausbalanciert werden. Eine gute Corporate Governance dient demnach dazu, Interessenkonflikte dieser Parteien innerhalb und außerhalb des Unternehmens zu lösen.[28] Die Leistungsfähigkeit eines Leitungssystems hängt dabei entscheidend von seiner Glaubwürdigkeit ab. Glaubwürdigkeit und Vertrauen können jedoch auf Dauer nur mit wirksamen Kontrollmechanismen gewährleistet werden.

Corporate Governance umfasst eine Vielzahl von Elementen, die zu einer effizienten Kontrolle und Überwachung der Leitung von Unternehmen beitragen. In Deutschland liegt der Fokus in der Regel auf den internen Kontrollmechanismen, die auf der engen Interaktion der Unternehmen mit ihren Stakeholdern beruhen.[29] Besondere Bedeutung erfüllen im Corporate Governance-System sowohl der Aufsichtsrat als auch die Kapitalgeber, d.h. Aktionäre und Gläubiger. Der Aufsichtsrat ist das durch das deutsche Aktienrecht institutionalisierte Aufsichtsorgan einer Aktiengesellschaft, dessen Aufgabe die Kontrolle des Managements ist.[30] Dem Aufsichtsrat obliegt es, das Interesse von Share- und Stakeholdern gegenüber der Unternehmensleitung zu vertreten. Die wichtigste Kompetenz des Aufsichtsrats ist, neben seinem Mitsprache- und Entscheidungsrecht in wichtigen strategischen Fragen, die Bestellung und Abberufung des Vorstandes. Damit ist er dazu berufen, eine unmittelbare und effektive Monitoring-Funktion zu erfüllen, denn er kann die ultimative Sanktion gegen die Manager aussprechen – die Entlassung aus dem Amt. Auch die Anteilseigner sind, sobald ihre Beteiligung an dem Unternehmen ausreichend groß ist, über den Aufsichtsrat und die Hauptversammlung zu einer durchgreifenden Überwachung in der Lage. Bei BMW kam es hier seit Mitte der 1920er Jahre zu einer Interessenakkumulation, da der größte Anteilseigner des Unternehmens, die Deutsche Bank, zeitweise auch einer der größten Gläubiger war. Auf Grund dieser Konstellation fungierte sie nicht nur als Überwachungsorgan, sondern stellte von 1926 bis 1945 jeweils den Aufsichtsratsvorsitzenden und war somit in strategische Entscheidungen des Unternehmens eingebunden. Die Deutsche Bank verließ sich als Anteilseigner und Gläubiger des Münchener Unternehmens am Ende der Weimarer Republik und unter nationalsozialistischer Herrschaft vollständig auf die BMW-Aufsichtsratsvorsitzenden und Deutsche Bank-Direktoren Emil Georg von Stauß und Hans Rummel. Ihnen fiel daher hinsichtlich der Corporate Governance des Unternehmens eine große Bedeutung zu. Da das Corporate Governance-System eines Unternehmens wesentlich die Rahmenbedingungen, unter denen das Management seine Entscheidungen trifft, mit beeinflusst, untersucht diese Arbeit auch die Interaktionen des BMW-Managements und des Aufsichtsrats.

[28] Vgl. Bähr, Corporate Governance 2003, S. 62.
[29] Vgl. Helmis, Corporate Governance 2002, S. 28.
[30] Ebd., S. 13.

Der zweite ausschlaggebende Akteur, der die Corporate Governance der Bayerischen Motoren Werke entscheidend mitbestimmte, war der Staat über das Reichsluftfahrtministerium. Diese Behörde war nicht nur Hauptkunde des BMW-Flugmotorenbaus. Gleichzeitig war das Reichsluftfahrtministerium zeitweise auch Hauptgläubiger des Münchener Flugmotorenherstellers und ab 1936 vorübergehend Anteilseigner an der Flugmotorenfabrik Eisenach und temporär Eigentümer des Flugmotorenwerkes Allach. Als Monopsonist nahm das RLM mit seinen umfassenden Programmplanungen erheblichen Einfluss auf die Produktionsplanungen und Absatzerwartungen der gesamten deutschen Luftfahrtindustrie. Das weitreichendste Macht- und Einflusspotenzial lieferte dem Ministerium jedoch seine Stellung als Teil der Exekutive mit diktatorischen Vollmachten. Die NS-Behörden und Parteiorgane wurden in den 1930er Jahren zwar nicht zu institutionellen Einflussgruppen innerhalb des Leitungssystems privater Unternehmen. Letztere konnten auch weiterhin die Form ihrer Corporate Governance bis zu einem gewissen Grad selber beeinflussen. Diese Entscheidungen waren ebenso Teil der verbliebenen unternehmerischen Autonomie wie die Besetzung der Leitungsgremien, die in der Regel ohne Einmischung des Staates erfolgte.[31] Allerdings machte sich der informelle Einfluss des RLM auf die Corporate Governance der einzelnen Unternehmen in der Luftfahrtbranche immer stärker bemerkbar. Laut geändertem Aktiengesetz von 1937 war der Vorstand von BMW verpflichtet, das Unternehmen so zu leiten, „wie das Wohl des Betriebs und seiner Gefolgschaft und der gemeine Nutzen von Volk und Reich es erfordern".[32] Den „gemeinen Nutzen von Volk und Reich" definierten dabei jedoch die RLM-Vertreter. Mit seiner zunehmenden Akkumulation von Einflusspositionen auf die Corporate Governance-Strukturen der deutschen Flugmotorenhersteller wurde das Reichsluftfahrtministerium in den 1930er Jahren immer mehr zum ausschlaggebenden Kontrollelement auch der BMW-Geschäftsleitung.

Auf Grund ihrer herausragenden Bedeutung für die Corporate Governance der Bayerischen Motoren Werke in den 1930er Jahren gilt es, insbesondere die Interaktionen zwischen dem Management, dem Aufsichtsrat und dem RLM in dieser Arbeit systematisch zu analysieren. Dabei muss die Untersuchung der unternehmerischen Handlungsspielräume auch die unterschiedlichen Unternehmerpersönlichkeiten, ihre divergierenden Unternehmensphilosophien und Konzernstrategien, die innerbetrieblichen Machtstrukturen sowie die vielschichtigen persönlichen Entwicklungen der Protagonisten unter der nationalsozialistischen Herrschaft berücksichtigen.

Der Grad der unternehmerischen Autonomie wird in der vorliegenden Arbeit anhand von vielen einzelnen Entscheidungssequenzen der BMW-Unternehmensleitung sichtbar. Für den BMW-Konzern ist das Thema der Hand-

[31] Vgl. Bähr, Corporate Governance 2003, S. 71–73.

[32] Vgl. § 70 des Gesetzes über Aktiengesellschaften und Kommanditgesellschaften auf Aktien vom 30. 01. 1937, RGBl. I 1937, S. 107–165, hier S. 120, zitiert nach: ebd., S. 70.

lungsspielräume im Nationalsozialismus, das auch die Grenzen totalitärer Herrschaft berührt, auf fundierter Quellenbasis bislang noch nicht systematisch untersucht worden. Die Publikation von Horst Mönnich stellt Ereignisse und Abläufe im Unternehmen in einer nach heutigem wissenschaftlichem Standard anachronistischen Form dar und ist eher eine Art Industrieroman.[33] Die vielfach unkritische und deskriptive Darstellung der Unternehmenspolitik des BMW-Managements durch Mönnich bedarf daher kritischer Ergänzung auf der Basis des Quellenmaterials. In ihrer 2006 publizierten Arbeit konzentriert sich Constanze Werner im Wesentlichen auf das Problem der Fremd- und Zwangsarbeit bei BMW und untersucht unter diesem Blickwinkel vor allem die Zeit nach 1939. Daher thematisiert sie den BMW-Konzern in den frühen Jahren des Nationalsozialismus lediglich überblicksartig.[34]

Mit der Publikation von Lutz Budraß liegt seit 1998 eine detaillierte Untersuchung des komplexen Rüstungsprozesses in der Flugzeugindustrie vor.[35] Budraß, der auf breiter Quellenbasis gearbeitet hat, fokussiert hauptsächlich auf die staatliche Luftrüstungspolitik, d. h. die politische Geschichte der Flugzeugindustrie. Seine Ergebnisse stellen daher für das hier vorliegende Forschungsprojekt einen wichtigen und hilfreichen Bezugsrahmen dar. Budraß konzentriert sich jedoch in erster Linie auf die Flugzeugzellenindustrie und weniger auf die besonderen Verhältnisse der Flugmotorenbranche in Deutschland. Die Technikgeschichte des Flugmotoren- und Triebwerkbaus ist dagegen relativ weitreichend erforscht.[36] In der vorliegenden Arbeit wird daher auf eine erneute Darstellung der BMW-Flugmotorentechnik verzichtet.

Die vorliegende Arbeit untersucht folgende Leitfragen:

1. Inwieweit veränderten sich die Rahmenbedingungen unternehmerischen Handelns für den BMW-Flugmotorenbau? Wie verwandelten sich die unternehmerischen Handlungsspielräume in einer Firma, die von zunehmendem

[33] Mönnich, Horst: BMW. Eine deutsche Geschichte. Wien/Darmstadt 1989.

[34] Werner, Zwangsarbeit 2006.

[35] Budraß, Flugzeugindustrie 1998.

[36] Vgl. u. a. Lange, Karlheinz: Geschichte des Motors Motor der Geschichte 1916–1945. München 1999; MTU (Hrsg.): Erinnerungen. 1934–1984. Flugtriebwerksbau in München, München 1984; Ittner, Stefan: Dieselmotoren für die Luftfahrt. Innovation und Tradition im Junkers-Flugmotorenbau bis 1933. Oberhaching 1996; Gersdorff, Kyrill von/Grasmann, Kurt: Flugmotoren und Strahltriebwerke. Entwicklungsgeschichte der deutschen Luftfahrtantriebe von den Anfängen bis zu den europäischen Gemeinschaftsentwicklungen. München 1981; Lange, Bruno: Typenhandbuch der deutschen Luftfahrttechnik. Ein Nachschlagewerk über die deutschen Motorflugzeuge, Luftschiffe, Flugmotoren, Turbo- und Raketentriebwerke, Flugkörper, Luftschrauben, Bordinstrumente, Bordfunkanlagen und Bordwaffen von den Anfängen bis heute. Koblenz 1986; Schubert, Helmut: Deutsche Triebwerke, Flugmotoren und Strahltriebwerke von 1934 bis 1999. München 1999; Kay, Antony L.: German Jet Engine and Gas Turbine Developement 1930–1945. London 2002 und Constant, Edward W.: The Origins of the Turbojet Revolution. Baltimore/London 1980.

Interventionismus der Rüstungsbürokratie geprägt wurde? Welche Möglichkeiten verblieben dem BMW-Management, die eigene Produktivität und Profitabilität sowie die eigene Strategiefähigkeit unabhängig vom staatlichen Regulierungsanspruch und -druck zu sichern?
2. Wie veränderte sich das unternehmerische Verhalten der Protagonisten im BMW-Konzern unter dem Einfluss nationalsozialistischer Funktionszuweisung sowie im komplexen Wechselspiel von privatwirtschaftlichen Handlungsspielräumen und rüstungspolitischen Entscheidungszwängen? Welche Entwicklungen bzw. Veränderungen löste das neue politische und wirtschaftliche Umfeld im BMW-Management und bei den einzelnen Verantwortungsträgern aus? Inwieweit veränderten sich die innerbetrieblichen Machtstrukturen und damit auch die Corporate Governance-Verfassung unter dem wachsenden Druck der Rüstungskontrollbehörden?
3. War das Verhältnis des BMW-Konzerns zu den einschlägigen Reichsbehörden unter nationalsozialistischer Herrschaft repräsentativ für die gesamte deutsche Flugmotorenindustrie? Oder steht das Beispiel BMW eher für eine spezifische, nicht charakteristische Sonderentwicklung?

Es liegt in der Natur dieses Erkenntnisinteresses, dass die vorliegende Arbeit im Wesentlichen auf die Beweggründe, Motivationen und Entscheidungsspielräume der obersten Leitungsebene von BMW fokussiert, im vollen Bewusstsein, dass ein Unternehmen nicht nur aus dem Vorstand bzw. dem oberen Management besteht. Die Kontakte zu den staatlichen Dienststellen, die die unternehmerischen Handlungsspielräume determinierten, waren jedoch fast ausschließlich dem erweiterten Kreis der Unternehmensleitung vorbehalten. Aspekte des Unternehmens als soziale Körperschaft wie z.B. Belegschaftsstrukturen, Arbeitsbeziehungen im Wandel, Mitarbeiter- und Arbeitskultur, die aus sozialgeschichtlicher Perspektive sicherlich ein interessanter Untersuchungsgegenstand wären, sind für die Fragestellung nach dem Grad des unabhängigen unternehmerischen Handelns unter nationalsozialistischer Herrschaft lediglich sekundär bedeutsam. Orientiert am zentralen Erkenntnisinteresse wird in dieser Arbeit daher auf die Darstellung der sozialen Gesichtspunkte, die im Übrigen unter einer mangelhaften Quellenlage leiden würde, weitgehend verzichtet.

Der Untersuchungszeitraum der Arbeit erstreckt sich von 1926 bis in die Anfangsphase des Zweiten Weltkriegs. Um die Frage nach den Handlungsspielräumen der Unternehmer im Dritten Reich angemessen beantworten zu können, ist es notwendig, nicht nur die Entwicklung von BMW während der NS-Zeit zu betrachten, sondern sich auch die Geschichte vor dem Machtantritt der Nationalsozialisten zu vergegenwärtigen. In der Regel entstanden Entscheidungen und Reaktionen der Unternehmer aus der jeweiligen ökonomischen Situation ihrer Firmen heraus oder sind nur aus der historischen Entwicklung der Unternehmen zu verstehen. Bereits zu Weimarer Zeiten gab es das charakteristische Abhängigkeitsverhältnis der deutschen Luftfahrtindustrie von den staatlichen Behörden und einem weitgehend politisierten

Markt, das auch die Zeit nach 1933 prägte. Um die Frage nach Kontinuitäten in den wechselseitigen Beziehungen der Bayerischen Motoren Werke zum Staat analysieren zu können, bedarf es zunächst einer Untersuchung der Jahre vor der Machtübernahme der Nationalsozialisten. Das Jahr 1926 bietet sich als Anfangspunkt der Untersuchung an, da 1926 die im Versailler Vertrag enthaltenen weitgehenden Beschränkungen der deutschen Luftfahrtindustrie endgültig aufgehoben wurden, so dass nach dem Ersten Weltkrieg erstmals wieder ein freier Flugmotorenbau möglich wurde. Sowohl für BMW als auch für die staatlichen Luftrüstungsplanungen bedeutete dieses einschneidende Ereignis eine Veränderung, die nicht zuletzt auch die Beziehung des Unternehmens zu den Reichsbehörden berührte.

Endpunkt der Arbeit ist nicht der Ausbruch des Zweiten Weltkrieges, sondern das Jahr 1940. Das Datum des Kriegsausbruches 1939 ist für die Fragestellung der Arbeit weitgehend irrelevant, da sich im Verhältnis Staat – Unternehmen nur wenige Änderungen ergaben und der vom Reich geforderte Konzernausbau unverändert anhielt. Erst die im Jahre 1940 vollzogene umfangreiche Konzernumstrukturierung bildete unternehmensgeschichtlich einen deutlichen Schnitt, da die 1933 einsetzende dynamische Phase der Konzernerweiterungen mit dieser gesellschaftsrechtlichen Neuordnung vorerst sein Ende fand. In der Zeit nach 1940 wird lediglich die für die zugrunde liegende Fragestellung essenziell wichtige so genannte Popp-Krise als Ausblick schlaglichtartig beleuchtet und die Arbeit somit auch in Hinsicht auf die unternehmensinternen Machtstrukturen abgerundet. Der Untersuchungszeitraum der vorliegenden Arbeit schlägt somit eine Brücke zur komplementären und sich zeitlich anschließenden Studie von Constanze Werner über die BMW-Unternehmensgeschichte in den letzten Jahren des Nationalsozialismus.[37]

Während des gesamten Untersuchungszeitraums der Arbeit blieb der Flugmotorenbau das Kerngeschäft der Bayerischen Motoren Werke. Alle anderen Geschäftsfelder galten in der Unternehmensführung jahrelang als Nebenprodukt im eigentlich unternehmenstragenden Produktportfolio. Auch die vorhandene Quellenlage spiegelt im Übrigen dieses Bild: Während der Flugmotorenbau sehr ausführlich und qualitativ zum Teil sehr tiefgehend dokumentiert ist, tauchen Motorrad-, Automobil- und Heeresgerätefertigung im Überlieferungsmaterial über Jahre hinweg zum Teil gar nicht auf. Dies zeigt die nachrangige Bedeutung, die die Konzernleitung diesen Produktionsbereichen eingeräumt hatte. Analog zu dieser Tatsache fokussiert die vorliegende Arbeit ausschließlich auf den Flugmotoren- und Triebwerksbau. Eine Analyse der Handlungsspielräume und Entscheidungszwänge der BMW-Verantwortlichen erscheint in diesem Produktionsbereich am vielversprechendsten.

Die Konzentration auf den BMW-Flugmotorenbau impliziert zwei weitere Vorgehensweisen der Untersuchung. Erstens wird bewusst der Blick auf die

[37] Vgl. Werner, Zwangsarbeit 2006.

polykratischen Strukturen des NS-Systems, „das auch auf der Mittel- und Unterebene als Konglomerat unterschiedlicher Bewusstseins- und Interessenlagen, widerstreitender und gegensätzlicher Zielsetzungen, rivalisierender Machtgruppen und konkurrierender Entscheidungsträger anzusprechen ist“[38], ausgeklammert, da sämtliche Kontakte der deutschen Luftfahrtindustrie zum wirtschaftlichen und politischen Umfeld über das RLM liefen. Der gesamte Industrieausbau im Luftfahrtwesen stand im Zeichen einer weitgehenden Abschottung von der restlichen deutschen Industrie. Mit dem RLM existierte im Luftfahrtsektor anders als in anderen Branchen eine zentrale staatliche Wirtschaftslenkungsinstanz, die z.B. auch Preisfragen der Luftfahrtindustrie regulierte, obwohl in der Vierjahresplanbehörde für Preisangelegenheiten eigens eine Geschäftsgruppe bestand. Auch wenn das RLM innerhalb der Verwaltungsstrukturen des Dritten Reichs kein hermetisch abgegrenztes Ministerium war, wurde der Aufbau einer leistungsfähigen deutschen Luftfahrtindustrie in den 1930er Jahren nur rudimentär vom allgemeinen Verwaltungswirrwarr des NS-Staates berührt. Das Planungschaos innerhalb des RLM und seine Auswirkungen auf die deutsche Flugmotorenindustrie werden in der vorliegenden Arbeit jedoch explizit thematisiert.

Aus dem gleichen Grund klammert die Arbeit zweitens einen regional- bzw. lokalhistorischen Ansatz aus. BMW war für die Region Oberbayern und den Wirtschaftsstandort München während der Zeit der nationalsozialistischen Herrschaft als größter Rüstungskonzern und bedeutendster regionaler Arbeitgeber zweifellos ein wichtiges Unternehmen. Umgekehrt war der Konzern in vielfältiger Hinsicht abhängig von den Standortfaktoren der Landeshauptstadt München sowie seines ländlich geprägten oberbayerischen Umlandes. Da die regionalen Institutionen auf Grund der Machtakkumulation im RLM jedoch lediglich rudimentären Einfluss auf die deutsche Luftfahrtindustrie hatten, konzentriert sich die Arbeit im Wesentlichen auf die Interaktion der Unternehmensführung mit den Reichsbehörden. Daher ist die Verortung des BMW-Konzerns in seinem regionalen Umfeld für die hier untersuchte Fragestellung von lediglich sekundärer Bedeutung.[39]

1.3. Die Vergleichswerke

1.3.1. Junkers

Kernstück des Ausbaus der deutschen Luftrüstung ab 1933 waren die Junkers-Flugzeugwerke in Dessau, die das Reich mit der Ausschaltung und Ent-

[38] Heusler, Andreas: Ausländereinsatz. Zwangsarbeit für die Münchener Kriegswirtschaft 1939–1945. München 1996, S. 10. Vgl. hierzu auch Rebentisch, Dieter: Führerstaat und Verwaltung im Zweiten Weltkrieg. Stuttgart 1989.

[39] Gleiches gilt für die Standorte Eisenach und Berlin-Spandau.

eignung des bisherigen Firmeninhabers, Hugo Junkers, unter seinen Einfluss brachte. Die Expansion des Junkers-Konzerns wurde von dem Ende 1933 eingesetzten Aufsichtsrats- und Vorstandsvorsitzenden, Heinrich Koppenberg, organisiert. Unter seiner Führung machte Junkers in den 1930er und 1940er Jahren die dynamischste Entwicklung aller Unternehmen der deutschen Luftfahrtindustrie durch und wurde zu einem der größten und wichtigsten Industrieunternehmen in Deutschland.[40] Koppenberg entsprach zunächst weitgehend den Vorstellungen des RLM. Jedoch legte das Unternehmen eigene Expansionspläne vor, die über die Vorhaben des Ministeriums hinausgingen und die von den zuständigen Ämtern nur teilweise akzeptiert wurden. Waren bis 1933 der Flugzeug- und Motorenbau des Junkers-Konzerns allein in Dessau ansässig gewesen, wurde nach der Einsetzung Koppenbergs an der Planung mehrerer weiterer Werke gearbeitet. In Dessau, Köthen, Magdeburg und Breslau entstanden neue Motorenwerke und in Aschersleben, Halberstadt und Staßfurt-Leopoldshall Werke für die Fertigung von Zellenbaugruppen. Im Sommer 1936 machten sich Koppenberg und die RLM-Verantwortlichen an eine Konsolidierung der Konzernstruktur. Sie fusionierten die bisherige Muttergesellschaft, die Junkers Flugzeugwerk AG (IFA) und die Tochtergesellschaft, Junkers-Motorenbau GmbH (Jumo) zur neu gegründeten Junkers-Flugzeug- und -Motorenwerke AG (JFM).[41] Bis Mitte 1937 gehörten schließlich elf Werke des Flugzeugzellen- und Flugmotorenbaus zum Junkers-Konzern, in denen rund 40 000 Personen beschäftigt waren.

In den Jahren zwischen 1938 und 1941 dominierte die JFM die deutsche Luftrüstung. Das staatliche Luftrüstungsprogramm vom März 1938 erhob die Ju 88 zum zukünftigen Standardbomber der deutschen Luftwaffe. Dementsprechend ernannte Göring Koppenberg am 30.09.1938 zum „Sonderbevollmächtigten für die Herstellung der Ju 88".[42] Damit war der Weg frei für eine privatwirtschaftliche, von einem Konzernmanager gelenkte Rüstungssteuerung. Koppenberg übernahm durch seine von Göring übertragenen Vollmachten nicht nur maßgebliche Funktionen der Rüstungsbürokratie, sondern organisierte sie analog zur Struktur eines Großkonzerns. Durch die gute persönliche Beziehung Koppenbergs zu Göring und die daraus resultierende teilweise Ausschaltung des RLM gewannen die Junkers-Konzernmanager Ende der 1930er Jahre außerordentlich weitreichende unternehmerische Handlungsspielräume.

40 Vgl. Budraß, Flugzeugindustrie 1998, S. 423–430.

41 Vgl. ebd., S. 432–436.

42 Vgl. Budraß, Lutz: Unternehmer im Nationalsozialismus: Der Sonderbevollmächtigte des Generalfeldmarschalls Göring für die Herstellung der Ju 88. In: Plumpe, Werner/Kleinschmidt, Christian (Hrsg.): Unternehmen zwischen Markt und Macht. Aspekte deutscher Unternehmens- und Industriegeschichte im 20. Jahrhundert. Essen 1992, S. 74–89.

1.3.2. Daimler-Benz (DB)

Am 01.05.1924 schlossen sich die Daimler-Motoren-Gesellschaft (DMG) und Benz & Cie in einem Interessengemeinschaftsvertrag zu einer wirtschaftlichen Einheit zusammen. Als langfristiges Ziel wurde die Fusion beider Gesellschaften angestrebt, die am 29.06.1926 erfolgte.[43] Die Vereinigung der DMG und Benz & Cie sollte der erste Schritt zur Gründung eines großen süddeutschen Automobilkonzerns sein, der sich nach dem Muster der General Motors Corporation gliedern und alle Fahrzeugklassen aus einer Hand anbieten sollte. Deshalb wurden die Bayerischen Motoren Werke bereits in die gemeinsamen Planungen miteinbezogen, als Daimler und Benz noch in einer lockeren Interessengemeinschaft verbunden waren. BMW war als Abrundung eines gemeinsamen Verkaufsprogramms für die unteren Fahrzeugklassen vorgesehen. Eine Verbindung zwischen BMW und der DMG bestand bereits in der Person ihres gemeinsamen Aufsichtsratsvorsitzenden, von Stauß, der schon länger die Bildung eines mächtigen nationalen Auto-Trustes in Süddeutschland plante.[44]

Die Generaldirektoren beider Unternehmen, Franz Josef Popp (BMW) und Wilhelm Kissel (DB), hatten am 15.04.1926 als Voraussetzung eines Zusammenschlusses nach Art der Interessengemeinschaft zwischen Daimler und Benz grundlegende Absprachen bezüglich der Produktionsaufteilung getroffen. Außerdem gewährte man sich gegenseitig Einblicke in die Geschäftsabläufe und verabredete einen Personenaustausch.[45] Popp wurde nach der Fusion der DMG mit der Firma Benz & Cie. Mitglied des neuen Aufsichtsrates, während Kissel erst 1932 in den BMW-Aufsichtsrat eintrat. Das langfristige Ziel der Absprachen zwischen Kissel und Popp war eine Fusion der BMW AG mit dem neu entstandenen Stuttgarter Konzern, die nach der Daimler-Benz-Fusion verwirklicht werden sollte.[46] Von Stauß hatte mit dem Hauptaktionär von BMW, Camillo Castiglioni, als ersten Schritt in Richtung Zusammenschluss bereits einen Aktientausch von einer Mio. BMW-Aktien gegen 1¾ Mio. Daimler-Aktien vereinbart.[47] Über die künftige Behandlung der gegenseitigen Interessen sollte ein Freundschaftsvertrag entworfen wer-

[43] Vgl. Interessengemeinschaftsvertrag von Daimler und Benz vom 01.05.1924, in: BMW-Arch UA XA 21.

[44] Vgl. hierzu u. a. Feldman, Gerald D.: Die Deutsche Bank vom Ersten Weltkrieg bis zur Weltwirtschaftskrise. In: Gall u. a., Deutsche Bank 1995, S. 138–314, hier S. 245.

[45] Vgl. Roth, Karl Heinz/Schmid, Michael: Die Daimler-Benz AG 1916–1948. Schlüsseldokumente zur Konzerngeschichte. Nördlingen 1987. Dok-Nr. 10, Endnote 8, S. 412.

[46] Vgl. Popps Denkschrift: Zur Geschichte der Interessengemeinschaft Daimler-Benz – BMW. Erinnerungen an Dr. Wilhelm Kissel und Dr. Wilhelm Haspel 1922–1952 vom Mai 1953, in: DAG/HIC Kissel Fremdfirmen 11.3.

[47] Vgl. Protokoll der Sitzung Nr. 15 des I.G.-Ausschusses vom 11.05.1926; Protokoll der Aufsichtsratssitzung vom 01.06.1926 und Protokoll der Sitzung des Gesamtvorstandes vom 29.06.1926, alle in: DAG/HIC Kissel Protokolle 1926 I/1.

den.[48] Die langwierigen Verhandlungen hierüber wurden jedoch ergebnislos abgebrochen, da das BMW-Management unmittelbar vor Unterzeichnung des ausgearbeiteten Vertrages die Bedingung stellte, dass Daimler-Benz die Fabrikation von Flugmotoren zukünftig vollständig aufgeben sollte.[49] Auf diese Bedingung ließ sich der Daimler-Benz-Vorstand jedoch nicht ein. Letztendlich wurde zwischen den beiden Automobil- und Flugmotorenbauern lediglich ein loses Abkommen über die Ausschaltung der gegenseitigen Konkurrenz im Fahrzeugbau eingegangen und der bereits eingeleitete Aktientausch rückgängig gemacht.[50] Das Scheitern des formellen Freundschaftsvertrages schloss allerdings eine enge Zusammenarbeit der beiden Unternehmen in den folgenden Jahren nicht aus. Die Kooperation beider Unternehmen beschränkte sich jedoch im Wesentlichen auf den Automobilsektor und ist daher in Bezug auf den Fokus der vorliegenden Arbeit nur sekundär interessant.

Im Flugmotorenbau traten BMW und Daimler-Benz insbesondere in den 1930er Jahren in einen hart geführten Wettbewerb um die lukrativen Serienbestellungen der staatlichen Beschaffungsdienststellen. Während die beiden Unternehmen DMG in Stuttgart-Untertürkheim und die Benz & Cie in Mannheim im Ersten Weltkrieg die beiden größten deutschen Flugmotorenbauer gewesen waren, hatten sie ihre Aktivitäten auf diesem Produktionsgebiet auf Grund der Beschränkungen des Versailler Vertrages zunächst fast vollständig eingestellt. Dadurch waren sie gegenüber anderen Flugmotorenbauern wie BMW, Siemens und Junkers ins Hintertreffen geraten. Als jedoch 1926 die im Versailler Vertrag festgelegten Beschränkungen der deutschen Luftfahrt weitgehend aufgehoben wurden, griff der mittlerweile fusionierte Daimler-Benz-Konzern auf seine Erfahrungen im Flugmotorenbau zurück und begann mit der Neuentwicklung von Flugmotorenprototypen.[51]

Bereits Anfang der 1930er Jahre konnte das Unternehmen dem Reichsverkehrsministerium (RVM) und den Militärbehörden einen neuen Mehrzweckmotor, den DB F4, präsentieren. Der Vorstand erkannte Anfang 1933 schnell, welches Potenzial die nationalsozialistische Machtübernahme für die Rüstungsproduktion mit sich brachte. Angesichts ihrer früheren Stellung und im Hinblick auf künftig zu erwartende Rüstungsaufträge war die Unternehmensleitung von Anfang an entschlossen, im Flugmotorenbau wieder eine führende Position zu erobern.[52] Daimler-Benz begann Ende 1933 zunächst

[48] Vgl. Protokoll der Sitzung des I.G.-Ausschusses vom 01.06.1926, in: ebd.

[49] Vgl. Protokoll der Gesamt-Vorstandssitzung der DB AG vom 02.08.1926, in: DAG/HIC Kissel Protokolle 1926 I/2.

[50] Vgl. die Protokolle der Sitzungen des Verwaltungsausschusses vom 18.10.1926 und 12.11.1926, in: ebd. und die Notiz von Paul Siebertz betr. der gemeinsamen Verkaufsorganisation von BMW und DB vom 20.11.1951, in: DAG/HIC Fremdfirmen Inland 13–14 BMW 1224–40.

[51] Vgl. Gregor, Stern 1997, S. 88.

[52] Vgl. Bericht an den Vorstand der Daimler-Benz AG vom 02.08.1934 über die vom RLM erteilte Richtlinie zur Entwicklung der Flugmotoren-Fabrikation sowie der

im Werk Untertürkheim und anschließend im reaktivierten Werk Berlin-Marienfelde mit der Produktion von BMW-Motorenteilen. Das Unternehmen nutzte diese Aufträge nicht nur zur Ausbildung einer neuen Flugmotorenbau-Stammbelegschaft, sondern auch dazu, so schnell wie möglich eine eigene Flugmotoren-Serienproduktion aufzubauen.

Bereits im Juli 1934 forderte das RLM Daimler-Benz auf, eine neue Fabrik für die Massenproduktion von Flugmotoren zu errichten.[53] Daraufhin wurde im Herbst 1935 der Bau des neuen Großserienwerks Genshagen bei Berlin beschlossen, im Frühjahr 1936 begonnen und nach einer Rekordbauzeit von etwas mehr als einem halben Jahr im Herbst 1936 beendet. Während das Werk Untertürkheim als Konstruktions- und Entwicklungszentrale für alle DB-Großmotoren und Marienfelde als Vorserienwerk fungierte, schuf der Konzern mit dem Werk Genshagen die Voraussetzungen, sich in der Flugmotoren-Serienproduktion neben Junkers und BMW die Position als einer der wichtigsten Flugmotorenproduzenten für die deutsche Luftwaffe zu erobern.

1.3.3. Mitteldeutsche Motorenwerke (Mimo)

Die rüstungswirtschaftlichen Planungen des RLM sahen seit Beginn des Jahres 1934 den Bau eines Flugmotorenwerkes in Leipzig vor.[54] Nach den Planungen des RLM sollten in dem zu schaffenden Werk Junkers-Flugmotoren produziert werden. Für die Regie des Werkes gab es zwei Optionen: entweder den Junkers-Motorenbau selbst oder den Lizenzbau im Rahmen eines anderen Unternehmens mit entsprechender Kompetenz im Fahrzeug- oder Maschinenbau. Am 10.11.1934 stellte einer der Vorstände der Auto Union AG (AU), Carl Hahn, im RLM Pläne für ein Großserien-Flugmotorenwerk vor. In Verhandlungen mit Vertretern von Junkers und dem RLM einigte sich die Auto Union-Unternehmensleitung Ende 1934 schließlich darauf, dass die Auto Union das Motorenwerk in Leipzig unabhängig von den Ausbaumaßnahmen des Junkers-Konzerns in eigener Regie betreiben würde. Baldmöglichst sollte mit der Serienfertigung des Jumo 205 begonnen werden. Noch bevor nach langwierigen und aufwändigen Vorbereitungen ein neues Flugmotorenwerk bei Leipzig in Betrieb gehen konnte, musste ein Weg zur schnellen Ingangsetzung der Produktion gefunden werden. Daher begann die Auto Union im März/April 1935 auf dem Gelände ihres Horch-Werkes in Zwickau als Zwischenlösung mit den Bauarbeiten für die Flugmotorenfertigung. Parallel zu diesen Arbeiten gründete die Auto Union am 29.06.1935 die Mittel-

Daimler-Benz erteilten Projektierungsaufgabe, in: Pohl/Habeth/Brüninghaus, Daimler-Benz AG 1987, Dok.-Nr. 39, S. 272–281, hier S. 272.

[53] Vgl. Schreiben der Daimler-Benz Direktion, Kissel und Hoppe, an Milch vom 04.09.1934, in: DAG/HIC Kissel 9.35 Behörden und Institutionen.

[54] Zur Entwicklung der Mitteldeutschen Motorenwerke vgl. Kohl, Peter/Bessel, Peter: Auto Union und Junkers. Die Geschichte der Mitteldeutschen Motorenwerke GmbH Taucha 1935–1948. Stuttgart 2003, S. 22–61.

deutschen Motorenwerke GmbH und fing in Taucha bei Leipzig mit den Bauarbeiten des neuen eigenständigen Flugmotorenwerks an. Der schrittweise Umzug der Mimo von Zwickau nach Taucha begann im März 1937. Nach den Planungen des RLM wurde das neue Flugmotorenwerk bei Leipzig sukzessive weiter ausgebaut. Die Mitteldeutschen Motorenwerke zählten während des Zweiten Weltkrieges zu einem der größten deutschen Flugmotorenhersteller, vergleichbar mit dem Daimler-Benz-Werk in Genshagen. Im Unterschied allerdings zur Flugmotorenproduktion bei Daimler-Benz war die Mimo als Nachbaufirma in allen technischen Fragen auf das Engste an den Junkers-Motorenbau als Lizenzgeber gebunden.

Als Vergleichsperspektive zu den Verhältnissen im BMW-Flugmotorenbau fungieren demnach ein reichsbeteiligtes Unternehmen (Junkers), ein privatwirtschaftliches Unternehmen (Daimler-Benz) und ein Nachbauunternehmen von Junkers-Motoren (Mimo).

1.4. Quellenlage

Die Fragestellung der vorliegenden Arbeit beschäftigt sich in erster Linie mit der Unternehmenspolitik der BMW-Geschäftsführung bzw. den Strategieplanungen des BMW-Managements. Leider existiert im BMW-Konzernarchiv hinsichtlich der Akten dieser Personengruppe für den hier zugrunde liegenden Untersuchungszeitraum kein geschlossener Bestand. Auf Grund der zersplitterten Quellenlage mussten zahlreiche bestehende Materialdefizite durch Parallel- und Ergänzungsüberlieferungen ausgeglichen werden. Die relevanten Quellen, auf denen die Untersuchung basiert, befinden sich im Konzernarchiv der BMW Group in München, im Bundesarchiv Berlin, im Bundesarchiv-Militärarchiv Freiburg, im Bayerischen Hauptstaatsarchiv München, im Staatsarchiv München, in den Archiven des Deutschen Museums und des Instituts für Zeitgeschichte in München sowie den Unternehmensarchiven der MTU Aero Engines GmbH in München und der Daimler AG in Stuttgart. Der durch die umfangreichen Recherchen zusammengetragene Quellenfundus erwies sich zwar quantitativ und qualitativ unterschiedlich dicht, deckte aber insgesamt alle wesentlichen Untersuchungsaspekte ausreichend ab. Letztendlich ließ sich damit mosaikartig ein Gesamtbild des BMW-Konzerns in der Endphase der Weimarer Republik und im Nationalsozialismus nachzeichnen.

Der einschlägige Quellenbestand im Konzernarchiv der BMW Group in München enthält hinsichtlich der Akten der Werksleitung und Konzernspitze verhältnismäßig wenig Überlieferungsmaterial. Er basiert vor allem auf den Geschäftsberichten der Jahre 1928 bis 1942. Trotz der Lücken im BMW-Archivbestand ist die Zusammenarbeit von BMW und staatlichen Institutionen relativ gut dokumentiert. Einige Schriftwechsel zwischen der BMW-Geschäftsführung mit Reichsbehörden, insbesondere dem RLM, sind im BMW-

Archiv vorhanden. Außerdem bietet das Unternehmensarchiv umfangreiches Material zur Chronologie der Konzernentwicklung, zu der schon 1933 einsetzenden Ausweitung der einzelnen Produktionsstandorte, den einzelnen Arbeitsabläufen, Zuständigkeiten und Kommunikationsflüssen innerhalb des BMW-Konzerns sowie der technischen Entwicklung der Produktpalette.

Die im Bundesarchiv Berlin lagernden Akten der obersten Reichsbehörden, insbesondere des Reichsfinanzministeriums, des Reichswirtschaftsministeriums, des Reichsministeriums für Rüstung und Kriegsproduktion und den Wirtschaftsgruppen, lieferten brauchbares Ergänzungsmaterial zu den BMW-internen Quellen. Für Überlieferungen zu den BMW-Flugmotorenbau-Gesellschaften ist der Aktenbestand der Deutschen Bank im Bundesarchiv Berlin besonders wichtig. Vom 21.05.1926 bis zum 11.12.1942 war der Deutsche Bank-Direktor Emil Georg von Stauß Vorsitzender des Aufsichtsrates der BMW AG. Er hinterließ eine umfangreiche Sammlung seiner Handakten, die für die vorliegende Untersuchung wertvolles Material beinhaltet.[55] Vor allem sind die Hintergründe der Expansion und der Umstrukturierungen des Konzerns sowie Personalfragen und Geschäftsbeziehungen mit anderen Firmen in diesem Material dokumentiert. Außerdem gewähren die Akten von von Stauß interessante Einblicke in das Verhältnis der Konzernführung zum RLM. Die Dokumente des ehemaligen BMW-Aufsichtsrates im Bestand der Deutschen Bank umfassen den gesamten Untersuchungszeitraum und waren somit für die Beantwortung der Forschungsfragen der Arbeit von erheblichem Quellenwert.

Als ergiebig erwiesen sich auch die Recherchen im Freiburger Militärarchiv. Dort befinden sich Schriftwechsel zwischen der BMW-Konzernspitze und den für die Luftrüstung zuständigen staatlichen Stellen. Dazu gehören unter anderem der Generalluftzeugmeister, das Wehrwirtschafts- und Rüstungsamt, das Heereswaffenamt sowie die Rüstungsinspektionen. Außerdem gibt es einen umfangreichen Bestand von Berichten und Besprechungsniederschriften des RLM über Strategie und Programme der Luftrüstung in Deutschland.

Ergänzt wurde das Quellenmaterial aus dem BMW-Archiv und den staatlichen Archiven durch Überlieferungen aus verschiedenen bayerischen und Münchener sowie mehreren Unternehmensarchiven, die weitere Teilaspekte abdeckten. Gemessen an der regionalen Bedeutung der Bayerischen Motoren Werke war der Ertrag in den bayerischen Archiven spärlich. Dies liegt vor allem daran, dass die zuständigen Reichsrüstungsbehörden während des gesamten Untersuchungszeitraums die absolute Entscheidungsgewalt über Fragen und einschlägige Firmen der Luftrüstung beanspruchten. Zudem unterlagen die Behörden in den Jahren vor der Enttarnung der deutschen Luftrüstung

[55] Die Originalablage von von Stauß befindet sich im Besitz der Deutschen Bank in Frankfurt. Für die vorliegende Arbeit wurden die im Bundesarchiv Berlin lagernden Kopien der Staußschen Dokumente eingesehen.

strenger Geheimhaltung, auf Grund der möglichst wenige Dienststellen in die Materie eingeweiht wurden. Allerdings lieferten die Spruchkammerakten aus dem Staatsarchiv München – bei aller gebotenen quellenkritischen Vorsicht – wertvolle Einblicke in das Selbstverständnis und die politische Einstellung der BMW-Unternehmensleitung.

1.5. Gliederung

Für die Arbeit wurde eine sachthematische Gliederung einem chronologischen Zugang vorgezogen, um die Fragestellungen jeweils anhand einzelner Teilaspekte systematisch aufzuarbeiten. Dabei lässt auch dieser sachliche Aufbau ausreichend Raum für die Berücksichtigung des Zeitfaktors. Grundsätzlich ist die Arbeit in zwei Abschnitte unterteilt. Teil A untersucht die Zeit der Weimarer Republik, während Teil B die Zeit des Nationalsozialismus behandelt. Am Ende jedes Teils werden die Ergebnisse im Hinblick auf den Aspekt der unternehmerischen Handlungsspielräume zusammengefasst.

Im ersten Teil ist den drei Kraftfeldern – die internationale Politik, die nationale Luftfahrtpolitik inklusive aller wichtigen einschlägigen Akteure in ihrem Zusammenspiel mit BMW und die unternehmensinterne Verfassung von BMW –, die von 1926 bis 1933 auf die BMW-Unternehmensleitung einwirkten, je ein Kapitel gewidmet. Die Intention ist, zunächst jeweils die Einflussfaktoren und Abhängigkeiten der Unternehmensführung zu skizzieren, um in einem zweiten Schritt die Entscheidungen und Handlungen der Akteure sowie deren Auswirkungen auf das Unternehmen herauszuarbeiten. Dass die BMW-Produkte in Kapitel 3.1. thematisiert werden, liegt an der zugrunde liegenden Argumentationslogik. Bevor die staatliche Politik analysiert werden kann, muss erklärt werden, warum und auf der Basis welcher Fabrikate BMW in der Weimarer Zeit eine herausragende Stellung bei den deutschen Behörden genoss. Ohne diese einführenden Erklärungen sind die staatliche Politik und die privilegierte Position des Unternehmens in der deutschen Luftfahrtindustrie der 1920er Jahre nicht zu verstehen.

In der so genannten gelenkten Marktwirtschaft unter den Nationalsozialisten wirkten die für die Weimarer Zeit beschriebenen Kraftfelder in anderer Intensität auf die Unternehmen als in der relativ liberalen Marktwirtschaft der Weimarer Republik. Die internationalen politischen Rahmenbedingungen, die den BMW-Konzern in der Weimarer Zeit erheblich prägten, spielten nach dem Machtwechsel 1933 keine wesentliche Rolle mehr. Der Anteil der Flugmotorenausfuhren am Gesamtumsatz von BMW war unter der nationalsozialistischen Herrschaft weitgehend unbedeutend. Daher fällt die internationale Sphäre im NS-Teil aus dem Fokus der Betrachtung heraus.

Alle wichtigen Entscheidungen wurden nach Gründung des Reichsluftfahrtministeriums in Absprache mit bzw. in Abhängigkeit vom RLM getroffen. Selbst die Kontakte zu Konkurrenten liefen meist über die Vermittlung des RLM. In der Zeit des Nationalsozialismus dominierte demnach in erster Linie die nationale Politik die Rahmenbedingungen und Handlungsspielräume von BMW. Die staatlichen Behörden traten nicht mehr nur vorrangig als Auftraggeber und Abnehmer auf, sondern griffen dezidiert in alle wichtigen Unternehmensbereiche ein. Gleichzeitig waren der staatliche und der unternehmensinterne Bereich im komplexen Aushandlungsprozess des Nationalsozialismus in wechselseitiger Abhängigkeit miteinander verwoben, so dass sie in Teil B parallel analysiert werden. Die Frage nach unternehmerischen Handlungsspielräumen lässt sich nur in der direkten Zusammenschau der staatlichen Regulierungen und der Entscheidungen des BMW-Konzerns beantworten. Die veränderten Einflussfaktoren auf BMW in den 1920er und den 1930er Jahren spiegeln sich in der Gliederung dieser Arbeit wider. Während für die Weimarer Zeit drei Kraftfelder separat voneinander untersucht werden, nehmen die nationale Politik und die Antworten von BMW darauf in der Zeit des Nationalsozialismus den prominentesten Raum ein. Teil B ist in zwei Kapitel unterteilt. Kapitel 6. untersucht die Entwicklung der BMW-Konzernstruktur unter den neuen staatlichen und wirtschaftlichen Rahmenbedingungen und berücksichtigt dabei auch die Veränderungen der Corporate Governance sowie die unterschiedlichen Managerpersönlichkeiten und die politischen Einstellungen der BMW-Geschäftsführung. Kapitel 7. analysiert die Auswirkungen der staatlichen Regulierungen auf den BMW-Konzern in den folgenden Lenkungsbereichen: Entwicklungslenkung, Produktionsplanungen, Finanzierung des Flugmotorenbaus, Rohstoffbewirtschaftung, Regulierung der Zulieferkontakte, Arbeitsmarktregulierung, Personalwesen sowie Preispolitik und Gewinnregulierung. Diese einzelnen Untersuchungsaspekte sind nach dem unternehmerischen Produktionsprozess geordnet. In jedem dieser Bereiche wird untersucht, wie die staatliche Politik aussah und welche Entscheidungen die BMW-Geschäftsleitung in Abhängigkeit von den behördlichen Regulierungen traf bzw. welche Auswirkungen sie auf das Unternehmen hatten. Insbesondere in den Kapiteln 6. und 7. ordnen Vergleiche zu anderen einschlägigen Unternehmen die BMW-Spezifika immer wieder in den Gesamtzusammenhang der Flugmotorenbranche im Nationalsozialismus ein.

Am Ende eines jeden sachthematischen Abschnitts sind Zwischenfazits eingefügt. Diese sollen nicht nur die Leserfreundlichkeit der Arbeit erhöhen, indem sie die Teilergebnisse in einer Art Standortbestimmung zusammenfassen und die zentralen Fragestellungen nach den unternehmerischen Handlungsspielräumen immer wieder aufgreifen, sondern ziehen noch einmal explizit den Vergleich zu anderen deutschen Flugmotorenwerken, um charakteristische Entwicklungen in der Flugmotorenindustrie zu beleuchten.

Die BMW AG in der Weimarer Republik

2. Auswirkungen der internationalen politischen Rahmenbedingungen auf die Neuausrichtung von BMW in den 1920er Jahren

Im Folgenden wird kurz der Werdegang der Bayerischen Motoren Werke von einer kleinen regionalen Flugmotorenbau-Werkstatt zu dem in den 1920er Jahren bedeutendsten deutschen Flugmotorenbauer skizziert. Dabei wird insbesondere die Verengung der unternehmerischen Handlungsspielräume herausgearbeitet, die durch internationale Vorgaben bestanden. Elementare Grundkonstanten, die die Beziehung zwischen den staatlichen Institutionen und BMW während der 1920er und 1930er Jahre prägten, konstituierten sich bereits Ende des Ersten Weltkriegs. In der Nachkriegszeit beeinflussten in erster Linie alliierte Verbote und Einschränkungen die Handlungsspielräume des Münchener Unternehmens. Sie zwangen BMW zu einer umfangreichen Neuausrichtung seines Produktportfolios und behinderten die technische Weiterentwicklung der Kernprodukte der Firma, der Flugmotoren.

2.1. Versailler Vertrag, „Begriffsbestimmungen“ und Pariser Luftfahrtabkommen 1926

Laut Budraß wurde der deutsche Flugzeugbau wie keine zweite Industrie durch die politischen Umbrüche in der ersten Hälfte des zwanzigsten Jahrhunderts geprägt.[1] Die Branche entwickelte sich während des Ersten Weltkrieges zur Großindustrie, wurde in den 1920er Jahren durch die Niederlage Deutschlands jedoch erheblich eingeschränkt. Den maßgebenden Rahmen für die Beschränkungen bildete der Versailler Vertrag, in dem die Siegermächte die weitgehende Abrüstung Deutschlands festschrieben.[2]

Folgenschwer für die Entwicklung der militärischen und zivilen Luftfahrtindustrie war vor allem Artikel 198 des Vertrages, der Deutschland auf unbestimmte Zeit den Unterhalt jeglicher Luftstreitkräfte verbot. Da im Zentrum der alliierten Nachkriegsbestrebungen die Zerschlagung des deutschen Kriegspotenzials stand, bildete dieses Verbot den Kern der alliierten Luftfahrtpolitik gegenüber dem Kriegsgegner. Um die Durchführung der die Militärluftfahrt betreffenden Bestimmungen des Friedensvertrages besser überwachen zu können, verhängten die Alliierten im Artikel 201 ein totales Herstellungs- und Einfuhrverbot von „Luftfahrzeugen, Teilen von Luftfahr-

[1] Vgl. Budraß, Flugzeugindustrie 1998, S. 21.

[2] Vgl. RGBl. 1919, S. 687. Alle Bestimmungen des Versailler Vertrages sind im Folgenden entnommen aus: Haffner, Sebastian (Hrsg.): Der Vertrag von Versailles. München 1978.

zeugen, Motoren für Luftfahrzeuge und Teilen von Motoren für Luftfahrzeuge im ganzen deutschen Gebiet".[3] Per Gesetz war die Herstellung von Luftfahrzeugen und Flugmotoren in Deutschland zwischen dem 10.01.1920 und dem 10.07.1920 und zwischen dem 29.06.1921 und dem 05.05.1922 nicht erlaubt, wobei die deutschen Behörden im Allgemeinen nur wenig Interesse zeigten, eventuellen Verstößen gegen diese Bestimmungen nachzugehen.[4]

Das Kriegsende, die Demobilisierung der Streitkräfte, seine politischen und wirtschaftlichen Folgen und das totale Bauverbot trafen die deutsche Luftfahrtindustrie schwer und brachten die Flugmotorenproduktion in den ersten Jahren nach dem Ersten Weltkrieg fast vollständig zum Erliegen.[5] Die Flugzeug- und Flugmotorenfirmen waren während des Krieges in vollem Umfang zu Rüstungsunternehmen geworden und besaßen kaum eine Tradition der Fertigung von Friedensgütern. Artikel 198 bewirkte nun den vollständigen Verlust des Inlandsmarktes und Artikel 170 verbot die Einfuhr ebenso wie den Export jeglichen Kampfgeräts. Gefordert war jetzt, die Firmen schnellstmöglich auf die Fertigung von zivilen Gütern umzustellen, möglichst ohne dabei Angestellte oder Arbeiter zu entlassen.

Die harten Waffenstillstands- und Friedensbedingungen der Siegermächte hatten große Auswirkungen auf die Bayerischen Motoren Werke. Das Unternehmen wurde vom Bayerischen Demobilmachungskommissar vom 6.12.1918 bis 1.2.1919 zunächst vollständig geschlossen.[6] Der Flugmotorenbau bei BMW blieb als Reaktion auf das Bauverbot des Versailler Vertrages auch nach der Wiedereröffnung im Februar 1919 weiter eingestellt. Auf Grund der durch die alliierten Bestimmungen „erzwungenen Untätigkeit"[7] auf dem Gebiet des einzigen Kernproduktes der BMW war der Münchener Flugmotorenbauer bis zum Frühjahr 1922 von internationalen Geschäftspartnern und somit auch der internationalen Entwicklung im Flugmotorenbau weitgehend abgeschnitten.

[3] Eine Umsetzung in deutsches Recht fand das Bauverbot durch §24 des Ausführungsgesetzes zum Friedensvertrag vom 31.08.1919. RGBl. 1919, S. 1530–1538.

[4] Vgl. Bach, Martin: Luftfahrtindustrie im Ersten Weltkrieg. Mobilisierung und Demobilisierung der britischen und der deutschen Luftfahrtindustrie im Ersten Weltkrieg. Allershausen 2003, S. 276. Siehe hierzu auch: Hansen, Ernst W.: Reichswehr und Industrie. Rüstungswirtschaftliche Zusammenarbeit und wirtschaftliche Mobilmachungsvorbereitungen 1923–1932. Boppard 1978, S. 37 und Völker, Karl-Heinz: Die Entwicklung der militärischen Luftfahrt in Deutschland 1920–1933. Planung und Maßnahmen zur Schaffung einer Fliegertruppe in der Reichswehr. In: Militärgeschichtliches Forschungsamt (Hrsg.): Beiträge zur Militär- und Kriegsgeschichte, Band 3. Stuttgart 1962, S. 121–292, hier S. 128.

[5] Vgl. Braun, Hans-Joachim: Aero-engine Production in the Third Reich. In: Hollister-Short, Graham/James, Frank A.: History of Technology. London/New York 1992, S. 2.

[6] Vgl. BMW-Geschäftsbericht über das Jahr 1918. In: BMW-Arch UU 1059.

[7] Del Fabbro, René: Internationaler Markt und nationale Interessen. Die BMW AG in der Ära Castiglioni 1917–1930. In: Sozial.Geschichte 2 (2003), S. 41.

Für die BMW-Führung galt es nun, vor allem das Überleben des Unternehmens zu garantieren. Im Verlauf des Jahres 1919 hielt sich BMW zunächst mit Übergangsmaßnahmen, wie beispielsweise dem Bau von Motorpflügen, Schiffsmotoren und Werkzeugen wie Bohrern und Fräsen, der Produktion von hochwertigen Aluminiumgussteilen für Fremdfirmen, der Reparatur von Kraftwagen und der Bearbeitung von Maschinenteilen über Wasser.[8] Um eine dauerhafte und gewinnbringende Beschäftigung zu gewährleisten und es dadurch zu ermöglichen, einen Stamm von eingearbeiteten Fachkräften in eine bessere Zeit hinüber zu retten, übernahm der Generaldirektor Franz Josef Popp die Fertigung von jährlich 10000 Eisenbahnbremsen in Lizenz der Knorr-Bremse AG. Der Vertrag mit der Knorr-Bremse AG sicherte das Unternehmen mittelfristig ab, da die lange Laufzeit von zehn Jahren zumindest bis ins Jahr 1930 regelmäßige Einnahmen garantierte.[9] Außerdem verlegten sich die vom Flugmotorenbau durch den Chefkonstrukteur Max Friz bestens geschulten Konstrukteure und Entwicklungsingenieure auf Kleinmotoren für Krafträder sowie Lastwagen- und Bootsmotoren, die dem Unternehmen seinen durch den am Ende des Krieges entwickelten BMW-Höhenmotor begründeten guten Ruf erhielten. Zusätzlich stieg das Unternehmen im Jahre 1923 mit dem Motorradbau in eine neue Produktionssparte ein.

Die alliierten Regierungen erlaubten die Wiederaufnahme des Baus und Imports von Zivilflugzeugen im Mai 1922 unter dem Vorbehalt, dass Deutschland eine Reihe von so genannten Begriffsbestimmungen anerkennen würde.[10] Die ersten drei Bestimmungen richteten sich im Wesentlichen gegen klassische Militärmaschinen, ferngesteuerte Flugobjekte und Raketen. Die Regeln vier bis sieben bezogen sich nicht nur auf militärische, sondern auch auf zivile Flugzeuge. Sie begrenzten Flugzeuge in Deutschland auf eine Fluggeschwindigkeit von 170 km/h in einer Flughöhe von 2000 Metern, die maximale Steighöhe bei voller Belastung auf 4000 Meter, eine Nutzlast von 600 kg und eine anhand der mitzuführenden Höchstmenge an Öl und Kraftstoffen zu berechnenden Reichweite.[11] Zweck der Begriffsbestimmungen war es, die

[8] Vgl. Pierer, Christian: BMW als Produzent wassergekühlter Flugmotoren. Der BMW VI. Ein Fallbeispiel zur Unternehmensgeschichte der Weimarer Republik. Passau 2004, S. 31.

[9] Vgl. Vertrag zwischen BMW und der Knorr-Bremse AG vom 18.06.1919, nach Pierer, BMW 2004, S. 32. Vgl. hierzu auch Jakobs, Fred: Motorräder aus München 1923–1969. BMW Profile Bd. 1. München 1997, S. 10.

[10] Vgl. Bach, Luftfahrtindustrie 2003, S. 224.

[11] Vgl. Gersdorff von/Grasmann, Flugmotoren 1981, S. 42. Obwohl die Ständige Botschafterkonferenz zugesagt hatte, die Begriffsbestimmungen alle zwei Jahre zu überprüfen und dem technischen Fortschritt anzupassen, erfuhren die Regeln erst 1925 eine Überarbeitung. In einer am 25.06.1925 übermittelten Note wurden die maximale Fluggeschwindigkeit auf 180 km/h angehoben, die mitzuführende Betriebstoffmenge vergrößert und die Nutzlast auf 900 kg erhöht. Vgl. Bach, Luftfahrtindustrie 2003, S. 227 und Bartz, Werner: Deutsche Luftrechtspolitik seit Versailles. Berlin 1927, S. 11–22 und S. 31.

erlaubte zivile Luftfahrt von der auch weiterhin untersagten Militärluftfahrt zu unterscheiden.

Die Siegermächte ermöglichten in Deutschland demnach einerseits wieder die Entwicklung und den Bau von Sportflugzeugen und kleineren Verkehrsflugzeugen und bewirkten somit eine gewisse Stabilisierung der Lage der Luftfahrtindustrie.[12] Andererseits bedeuteten die erheblichen Einschränkungen von Höchstgeschwindigkeit, Steigleistung, Nutzlast und Reichweite solch große Hemmnisse für die deutschen Flugzeuge, dass sie in den kommenden Jahren weit hinter die technischen Entwicklungen der internationalen Luftfahrt zurückfallen sollten. Den Flugmotorenherstellern schadeten die Begriffsbestimmungen in weit stärkerem Maße als der Zellenindustrie. Sie kamen z.B. einem Verbot des im Ersten Weltkrieg erfolgreichen Höhenmotors gleich. Außerdem limitierten sie die Leistung der Flugmotoren. Beide Einschränkungen hatten erhebliche Auswirkungen auf die technische Weiterentwicklung des erfolgreichsten BMW-Produktes, den Flugmotor BMW IIIa.[13] Durch das im Versailler Vertrag kodifizierte Bauverbot und die Begriffsbestimmungen des Jahres 1922 geriet BMW wie die gesamte deutsche Flugmotorenindustrie für viele Jahre gegenüber der ausländischen Konkurrenz ins Hintertreffen.[14]

Infolge des Bauverbots und der Begriffsbestimmungen waren in der Luftfahrtindustrie nach dem Ersten Weltkrieg eine starke Reduzierung der Firmenzahl und eine erhebliche Drosselung der Produktion zu konstatieren. Einen offenen militärischen Inlandsmarkt konnte es in Deutschland aus politischen Gründen auch nach der Aufhebung des Bauverbots nicht geben. Die Kontakte der Reichswehr zur Luftfahrtindustrie nahmen zwar durch die Intensivierung der geheimen Luftrüstungsbemühungen zu. Die verdeckten Aufträge des Heeres und der Marine blieben jedoch bis in die 1930er Jahre hinein auf marginale Entwicklungsverträge und Bestellungen über kleine Serien von Militärmaterial beschränkt. Der drastische Auftragsrückgang zwang viele Firmen zur Aufgabe bzw. wie BMW zum Umstieg auf andere Produktpaletten. Ittner resümierte daher, dass von 1920 bis etwa 1923 faktisch keine Luftfahrtindustrie in Deutschland bestand.[15]

[12] In deutsches Recht umgesetzt wurden die Begriffsbestimmungen durch die Verordnung über den Luftfahrzeugbau vom 05.05.1922. RGBl. 1922, Teil I, S. 476f.

[13] Dass die Münchener Firma den Ersten Weltkrieg mit einem eigenständigen Flugmotoren-Fertigungsprogramm überlebte und im Jahre 1918 zu einem der wichtigsten deutschen Flugmotorenbauer aufstieg, verdankte sie im Wesentlichen dem neu entwickelten Höhenmotor BMW IIIa. Die weltweite Anerkennung dieses Motorentyps sollte der Ausgangspunkt der lange währenden hervorragenden Reputation von BMW auf dem Gebiet des Motorenbaus werden.

[14] Vgl. Heinkel, Ernst: Stürmisches Leben. Stuttgart/Zürich/Salzburg 1955, S. 204 und Boelcke, Willi A.: Stimulation und Verhalten von Unternehmern der deutschen Luftrüstungsindustrie während der Aufrüstungs- und Kriegsphase. In: Boog (Hrsg.), Luftkriegsführung 1993, S. 85.

[15] Vgl. Ittner, Dieselmotoren 1996, S. 120.

Der Flugmotorenbau kam nur sehr langsam und zögerlich wieder in Gang. Nach dem Krieg hatten sämtliche Firmen den Bau von Flugmotoren zunächst einstellen müssen. Die ersten beiden Firmen, die ihn wieder aufnahmen, waren die Bayerischen Motoren Werke und Siemens & Halske.[16] Siemens fertigte anfangs jedoch lediglich luftgekühlte Flugmotoren mit sehr niedrigen Leistungen hauptsächlich für sportliche Zwecke, die nicht für den regulären Luftverkehr mit großen Maschinen geeignet waren.[17] Daher betonte Popp im Jahre 1928 nicht ganz unberechtigt, dass BMW die einzige Firma in Deutschland gewesen sei, die es gewagt hatte, „in den völlig undurchsichtigen und schweren Zeiten der Nachkriegszeit" das Risiko der Wiederaufnahme des Flugmotorenbaus auf sich zu nehmen.[18] BMW war in den frühen 1920er Jahren das erste und einzige Unternehmen in Deutschland, das relativ leistungsfähige wassergekühlte Motoren herstellte und damit einen zivilen Linienverkehr mit deutschen Flugmotoren ermöglichte.[19]

Es ist nicht überliefert, wann genau BMW die Fertigung von Flugmotoren wieder aufnahm. Es gilt heute jedoch als gesichert, dass das Unternehmen bereits 1922 die Fortsetzung seiner alten Flugmotorentradition einleitete. Zwar schrieb Popp am 31.01.1928, dass BMW schon seit mehr als sechs Jahren Flugmotoren in die Tschechoslowakei sowie nach Holland und Dänemark verkauften.[20] Nach dieser Aussage hätte BMW bereits vor der Einführung der Begriffsbestimmungen Flugmotoren produziert. Wahrscheinlicher ist allerdings, dass BMW mit dem Wiedereinstieg in den Flugmotorenbau direkt auf die neuen Möglichkeiten reagierte, die die Begriffsbestimmungen in der Luftfahrtindustrie ab Mai 1922 boten.[21] Zuerst wurde in München eine kleine Stückzahl des BMW IIIa gefertigt. Parallel dazu befasste man sich mit der Weiterentwicklung des Baumusters BMW IV, das noch im letzten Kriegsjahr aus dem BMW IIIa entstanden war. Der erste Auftrag, den der Münchener Flugmotorenbauer aus Deutschland erhielt, ist aus dem Sommer 1923 überliefert. Die Junkers-Flugwerk AG in Dessau bestellte 100 Motoren des Baumusters BMW IIIa.[22] Die große Nachfrage des sich neu konstituierenden zivilen deutschen Luftverkehrs konnte von BMW allerdings nicht allein gedeckt

[16] Vgl. Ministerialdirigent im RVM, Brandenburg, in der Haushaltsausschuss-Sitzung (HAS) am 03.02.1928, in: BArch R 101/1404, Bl. 303.

[17] Vgl. Gersdorff von/Grasmann, Flugmotoren 1981, S. 44–47.

[18] Popp an die Redaktion des „Vorwärts" vom 31.01.1928, in: DMM/ASD JA 0021.

[19] Vgl. Brandenburg in der Haushaltsausschuss-Sitzung am 27.02.1928, in: BArch R 101/1406, Bl. 100.

[20] Vgl. Popp an die Redaktion des „Vorwärts" vom 31.01.1928, in: DMM/ASD JA 0021.

[21] Vgl. Lange, Geschichte 1999, S. 138. Auch Kyrill von Gersdorff/Kurt Grasmann und Stefan Ittner geben für die Wiederaufnahme der BMW Flugmotorenaktivitäten das Jahr 1922 bzw. 1922/23 an. Vgl. Gersdorff von/Grasmann, Flugmotoren 1981, S. 57; Ittner, Dieselmotoren 1996, S. 121.

[22] Vgl. Junkers-Bestellung von 100 BMW IIIa am 04.06.1923, in: DMM/ASD JA 0019.

werden. Die Firma Junkers hatte zunehmend Schwierigkeiten, ihre Flugzeuge mit geeigneten Motoren auszustatten. Diese Motorenknappheit führte schließlich dazu, dass Junkers die Flugmotorenfertigung Ende 1923 mit der Gründung der Junkers-Motorenbau GmbH (Jumo) selber aufnahm.[23]

Während der 1920er Jahre nahmen lediglich fünf Hersteller die Produktion von Flugmotoren wieder auf. Zu den etablierten Firmen, Bayerische Motoren Werke AG, München, Junkers Flugwerk AG, Dessau, Argus Motorengesellschaft mbH, Berlin, und Siemens & Halske, Berlin, kam 1927 die Hirth-Motoren GmbH, Stuttgart-Zuffenhausen, hinzu.[24] Die drei Letzteren fertigten in den 1920er Jahren vor allem Flugmotoren für Sportflugzeuge, d.h. ihre Produkte rangierten alle in einer niedrigen Leistungsklasse.[25] Lediglich Siemens & Halske versuchte, mit dem Lizenzbau des luftgekühlten englischen 9-Zylinder Bristol-Jupiter-Motors in höhere Leistungsklassen zu wechseln.[26]

Die geographische Lage Deutschlands galt den deutschen Behörden als wichtigstes Druckmittel in den Bemühungen, die Anschaffung leistungsstarker ziviler Flugzeuge zu erreichen und die Beschränkungen der Zivilluftfahrt bzw. die Begriffsbestimmungen aufzuheben.[27] Als am 01.01.1923 die Rechte der Siegerstaaten auf Freiheit des Überfluges und der Landung mit zivilen Flugzeugen im Gesamtgebiet des Deutschen Reichs gemäß des Versailler Vertrages außer Kraft traten, begann Deutschland, die Verordnung über den Luftfahrzeugbau vom 05.05.1922[28] auch auf die Flugzeuge ausländischer Luftverkehrsgesellschaften anzuwenden, die Ziele in Deutschland anflogen bzw. das Reichsgebiet überflogen. Flugzeuge durften in Deutschland nur noch dann verkehren, wenn sie den Begriffsbestimmungen entsprachen, da sie sonst als Kriegsgerät eingestuft wurden. Mit Hinweis auf diese Vorschrift kündigten die deutschen Behörden an, man würde fremde Verkehrsflugzeuge, die die Begriffsbestimmungen nicht erfüllten, beschlagnahmen, sobald sie auf deutschem Territorium landeten.[29] Die Maßnahmen der Reichsbehörden stellte eine nicht unerhebliche Beeinträchtigung des internationalen Luftverkehrs zwischen Zielen in West- und Osteuropa dar, denn die Flugzeuge mussten das zentral gelegene Deutschland ohne Zwischenstopp überqueren oder

[23] Zu den Beweggründen des Junkers-Konzerns, den Flugmotorenbau im Jahre 1923 aufzunehmen, vgl. Rechtsanwalt Gottschalk an das Hauptbüro der Junkerswerke in Dessau vom 25.06.1928, in: DMM/ASD JA 0021.

[24] Vgl. Gersdorff von/Grasmann, Flugmotoren 1981, S.42.

[25] Anfang der 1930er Jahre lag die Leistung ihrer Motoren jeweils unter 110 PS. Vgl. ebd.

[26] Vgl. Kohl/Bessel, Auto Union 2003, S.19.

[27] Vgl. Bach, Luftfahrtindustrie 2003, S.228.

[28] Vgl. Verordnung über den Luftfahrzeugbau vom 05.05.1922, die die Begriffsbestimmungen in deutsches Recht umsetzte. In: RGBl. 1922, Teil I, S.476f.

[29] Vgl. Bartz, Luftrechtspolitik 1927, S.20–22 und Hildebrandt, Alfred: Die Begriffsbestimmungen für die Luftfahrt. In: Fischer von Poturzyn, Friedrich A./Jurinek, Josef M. (Hrsg.): Jahrbuch für Luftverkehr 1924. München 1924, S.129–138, hier S.136.

kostspielig und zeitraubend um das deutsche Hoheitsgebiet herum geführt werden.

Vor dem Hintergrund der allgemeinen Entspannung der gesamteuropäischen Lage nach der Konferenz von Locarno kam 1925 Bewegung in die Verhandlungen über Luftfahrtfragen. Am 21.05.1926 fanden die Gespräche zwischen der Ständigen Botschafterkonferenz und Repräsentanten des Deutschen Reichs einen Abschluss in der Unterzeichnung des Pariser Luftfahrtabkommens.[30] Die Übereinkunft hob alle technischen Leistungsbeschränkungen für Flugzeuge und Flugmotoren auf. Verboten blieben lediglich die Herstellung, die Einfuhr und der Betrieb führerloser, gepanzerter und bewaffneter Flugzeuge. Mit spezieller Genehmigung des Reichsverkehrsministeriums durften nun sogar Flugzeuge mit den technischen Merkmalen neuzeitlicher Jagdflugzeuge gebaut werden, solange sie nicht in Deutschland bewaffnet wurden und sich nicht im Besitz der Reichswehr befanden. Geflogen werden durften solche Jagdmaschinen nur von Piloten, denen das RVM eine besondere Genehmigung erteilt hatte. Sie durften in Fliegerschulen für Ausbildungs- und Übungsflüge auch weiterhin nicht eingesetzt werden. Mit dieser Anordnung wollten die Siegermächte verhindern, dass „verdeckte" Militärpiloten auf Flugzeugen ausgebildet wurden, die technisch und hinsichtlich der Flugleistungen modernen Jagdflugzeugen entsprachen. Das Pariser Abkommen war für die Reichsregierung ein großer Erfolg. Sämtliche Einschränkungen für den zivilen Flugzeug- und Motorenbau fielen weg. Selbst der Bau von unbewaffneten Militärflugzeugen war ab 1926 gestattet, so dass dieser Zukunftstechnologie wieder alle Entwicklungsmöglichkeiten offen standen.

2.2. Zwischenfazit: Handlungsspielräume von BMW unter internationalen politischen Rahmenbedingungen

Die Handlungsspielräume von BMW wurden nach dem Ersten Weltkrieg in erster Linie von den internationalen politischen Rahmenbedingungen beeinflusst, die die alliierten Ententemächte dem Deutschen Reich mit dem Versailler Vertrag und den Begriffsbestimmungen im Luftfahrtsektor auferlegten. Das im Versailler Friedensvertrag kodifizierte Bauverbot von Luftfahrtgerät

[30] Siehe den umfangreichen Notenwechsel zwischen dem deutschen Botschafter in Paris und dem Präsidenten der Botschafterkonferenz, betr. der Pariser Vereinbarungen über Luftfahrt inklusive den zahlreichen Anlagen, in: BayHStA MWi 8170 und die Denkschrift zum gleichen Notenwechsel, in: ebd.; vgl. auch Busse, Rudolf: Luftrecht. Einschließlich Luftverkehrsgesetz und Pariser Luftverkehrsabkommen. Berlin 1928; Bartz, Luftrechtspolitik 1927, S.35–49; Verordnung über Luftfahrzeugbau vom 13.07.1926 und Verordnung über führerlose Flugzeuge und über Flugzeuge mit technischen Merkmalen neuzeitlicher Jagdflugzeuge vom 13.07.1926. RGBl. 1926, Teil I, S. 436f.

zwang das Münchener Unternehmen zu einer vollständigen Neuausrichtung des BMW-Produktportfolios. Die alliierten Leistungseinschränkungen der Begriffsbestimmungen hemmten die technische Weiterentwicklung der BMW-Flugmotoren so stark, dass das Münchener Unternehmen wie die gesamte deutsche Flugmotorenindustrie gegenüber der ausländischen Konkurrenz für viele Jahre ins Hintertreffen geriet. Umfassende eigenständige Handlungsspielräume für unabhängige Entscheidungen im Flugmotorenbau existierten für die BMW-Verantwortlichen in den ersten Jahren nach dem Ersten Weltkrieg nicht.

Mit der Verabschiedung des Pariser Luftfahrtabkommens 1926 fielen sämtliche internationale Einschränkungen für den zivilen Flugmotorenbau weg. Die Befreiung von technischen Leistungsbeschränkungen eröffnete BMW neue Möglichkeiten zur innovativen Weiterentwicklung der eigentlichen Kernprodukte. Allerdings werden die folgenden Kapitel dieser Arbeit zeigen, dass sich das BMW-Management auch nach dem 21.05.1926 vielfältigen politischen und finanziellen Zwängen unterordnen musste, die die Entscheidungsoptionen der BMW-Verantwortlichen zum Teil erheblich einengten. Die Überwachung des Verbots einer militärischen deutschen Luftfahrt ging mit der internationalen Einigung in Luftfahrtfragen auf die Reichsregierung über. Dadurch bekamen die Beziehungen des Münchener Flugmotorenbauers zu den deutschen Reichsbehörden, die die Handlungsspielräume des Unternehmens zum Teil entscheidend beeinflussten, große Bedeutung.

3. Abhängigkeit der Bayerischen Motoren Werke von staatlichen und staatlich beeinflussten Akteuren

3.1. Bedeutung der marktbeherrschenden Stellung der BMW-Produkte für die staatlichen Planungen

Die Bayerischen Motoren Werke stiegen während des Ersten Weltkrieges von einer kleinen regionalen Flugmotorenwerkstatt zu einem der bedeutenden deutschen Flugmotorenbauer auf. Die BMW-Ingenieure legten mit der Entwicklung des Höhenmotors BMW IIIa die Grundlage für ihr technisches Know-how im internationalen Flugmotorenbau. Außerdem konstituierten sich mit dem Erfolg dieses Motorenmodells der gute Ruf des Münchener Unternehmens und infolgedessen die herausragenden Beziehungen zu den staatlichen und militärischen Institutionen des deutschen Reiches. Das folgende Kapitel analysiert die Bedeutung der Produkte des BMW-Flugmotorenbaus für die wechselseitige Beziehung des Unternehmens zu den deutschen Behörden. Neben der Darstellung der Entwicklungstraditionen im BMW-Flugmotorenbau, die vom Ersten Weltkrieg bis weit in die 1930er Jahre reichen, steht die Frage nach den Auswirkungen der BMW-Flugmotorenentwicklung auf die Beziehungen zu den zuständigen staatlichen Institutionen im Vordergrund. Konnten Entwicklungserfolge der deutschen Flugmotorenhersteller die unternehmerischen Handlungsspielräume in der Weimarer Zeit entscheidend beeinflussen?

3.1.1. Die flüssigkeitsgekühlten Flugmotoren von BMW

In den meisten Darstellungen über die Geschichte der Luftfahrt stehen die Flugzeugzellen im Mittelpunkt. Flugmotoren werden oft weitgehend ignoriert. Diese geringe Beachtung ist jedoch unbegründet, da gerade der Motor den entscheidenden Beitrag zur Leistungsfähigkeit und Zuverlässigkeit eines Flugzeuges liefert. In den 1920er und 1930er Jahren waren die Veränderungen und Leistungssteigerungen der Flugmotoren sicherlich das wichtigste und entscheidende Moment für die Entwicklung der internationalen Luftfahrt. Ein typischer militärischer Flugmotor des Jahres 1935 brachte eine Leistung in der Marge von 500 bis 900 PS. Die größten Motoren, die Ende des Ersten Weltkrieges eingebaut wurden, erreichten höchstens 250 PS.[1] Diese erheblichen Verbesserungen beruhten vor allem auf Fortschritten in der Metallurgie und der verbesserten Qualität der Werkzeugmaschinen. Mit den verfüg-

[1] Edgerton, David: England and the Aeroplane: An Essay on a Militant and Technological Nation. Houndmills/Basingstoke/Hamshire/London 1992, S. 33.

baren Präzisionsmaschinen konnte die Fertigungsqualität der Motoren und damit auch ihre Lebensdauer und Zuverlässigkeit deutlich gesteigert werden. Hochfeste Materialien gestatteten eine höhere Dauerbelastung sowie eine Verbesserung des spezifischen Leistungsgewichts der Flugmotoren.

Mit der Entwicklung des so genannten Höhenflugmotors BMW IIIa gelang BMW Ende des Krieges der entscheidende Durchbruch in der Flugmotorenindustrie. Das Unternehmen befreite die Luftwaffe mit diesem Entwicklungsschritt aus einer prekären Situation. Die alliierten Luftstreitkräfte waren im Jahre 1917 quantitativ und qualitativ, vor allem Dank stärkerer Motoren, den deutschen Verbänden deutlich überlegen. Daher galt die Entwicklung des Höhenmotors als das vornehmliche Entwicklungsziel des ganzen Industriezweiges.[2]

Von den zahlreichen Höhenmotoren, die in Deutschland ab 1917 erprobt wurden, erreichte der BMW IIIa die beste Betriebsleistung.[3] Der Flugmotor wurde zum ersten großen Verkaufserfolg der noch jungen Münchener Motorenfabrik. Der wirtschaftliche Erfolg von BMW beruhte auf der bei den Militärbehörden als bestmöglich geltenden und entsprechend honorierten technischen Lösung des Luftdruckproblems. BMW konnte auf Grund des erfolgreichen Höhenmotors BMW IIIa seine Position in der deutschen Motorenindustrie begründen. Die Höhentauglichkeit, die Zuverlässigkeit und die im Vergleich zu den Konkurrenzmotoren ausgezeichneten Flugergebnisse an der Front etablierten insbesondere bei der Reichswehr den herausragenden Ruf von BMW als äußerst verlässlicher Flugmotorenhersteller mit sehr leistungsfähigen und innovativen Produkten. Das positive Image, das sich BMW am Ende des Ersten Weltkriegs erarbeitet hatte, sicherte dem Unternehmen in den wirtschaftlich schwierigen Zeiten der Weimarer Republik das Wohlwollen der staatlichen und militärischen Stellen.

[2] Bei der Leistungsabnahme von Verbrennungsmotoren in Abhängigkeit von der Höhe, d.h. dem äußeren Luftdruck, handelte es sich um ein im Motorenbau schon um die Jahrhundertwende bekanntes Phänomen. Die Reduzierung des Luftdrucks und damit der Dichte wirkt sich auf die Leistung von Verbrennungsmotoren insofern aus, als mit der kleineren Menge der zugeführten Luft auch weniger Kraftstoff-Luft-Gemisch verbrannt werden kann. Die Motorenleistung sinkt etwa linear mit der abnehmenden Dichte der zur Verfügung stehenden Luft. Der höhenabhängige starke Leistungsabfall konnte dadurch verringert werden, dass Flugmotoren ein größeres Verdichtungsverhältnis („Überverdichtung") und zum Teil zusätzlich ein größeres Hubvolumen („Überbemessung") erhielten. Bei der „Überverdichtung" wurde der Kompressionsraum auf das Geringste verkleinert, also die denkbar höchste Kompression angewendet, indem man bis an die Grenze geht, die durch Selbstentzündung des Gasgemisches durch die Kompressionswärme gegeben ist. Die Bezeichnung „Überbemessen" ergibt sich aus dem im Verhältnis zu den anderen Triebwerkskomponenten übergroßen Hubraum. Vgl. Ittner, Dieselmotoren 1996, S. 98 und 108; Gersdorff von/Grasmann, Flugmotoren 1981, S. 35 und Lange, Geschichte 1999, S. 28–29.

[3] Zu den technischen Eigenschaften des BMW IIIa vgl. Lange, Geschichte 1999, S. 30–39.

Ironischerweise stammte die Idee für den erfolgreichen Höhenmotor BMW IIIa ursprünglich von einem Konstrukteur der Daimler-Motoren-Gesellschaft, Max Friz. Seine Konstruktionsidee war bei seinem ehemaligen Arbeitgeber als nicht umsetzbar abgelehnt worden. Popp erkannte das Innovations- und Erfolgspotenzial, das in dem Frizschen Konzept steckte und engagierte 1917 den damals noch unbekannten Ingenieur. In München wurde die Konstruktion des Höhenmotors sofort in Angriff genommen. Der Entwurf, mit dem BMW hinsichtlich der Höhenmotoren so erfolgreich wurde, stammte demnach ursprünglich nicht aus dem Hause BMW.[4]

Max Friz begann noch im Frühjahr 1918 aus dem BMW IIIa mit 185/240 PS den 6-Zylinder BMW IV mit 20% größerem Hubvolumen und 250/300 PS zu entwickeln.[5] Diese Arbeiten mussten allerdings auf Grund des Kriegsendes zunächst aufgegeben werden. Mit der Wiederaufnahme des Flugmotorenbaus bei BMW im Jahre 1922 wurde auch der BMW IV wieder in das Fertigungsprogramm aufgenommen, weiterentwickelt und 1924 als BMW IVa in die Serienfertigung übernommen. In seiner konstruktiven Ausführung entsprach dieser Flugmotor weitestgehend dem erfolgreichen BMW IIIa. Der BMW IVa wurde in großen Stückzahlen gefertigt und u. a. von den Flugzeugherstellern Albatros, Arado, Caspar, Dornier, Fokker, Heinkel, Junkers und Rohrbach verwendet.[6]

Zur weiteren Leistungssteigerung gingen die BMW-Konstrukteure um Max Friz auf die doppelte Zylinderzahl in V-förmiger Anordnung im Gegensatz zu den bisherigen Reihenmotoren über. So entstand der BMW VI als Verdoppelung des BMW IV. Im Jahre 1924 hatte BMW einen Entwicklungsauftrag der Reichswehr für einen 12-Zylinder-Flugmotor bekommen[7], 1925 konnten die ersten Muster gebaut werden, 1926 erfolgte bei der Deutschen Versuchsanstalt für Luftfahrt (DVL) in Berlin die Musterprüfung und anschließend in München die Serienproduktion.

Nach Unterzeichnung des Pariser Luftfahrtabkommens stand ab 1926 einer Verwendung des BMW VI-Flugmotor mit seiner Leistung von 580/700 PS nichts mehr im Wege.[8] Dieser Motortyp wurde für die nächsten zehn Jahre von besonderer Bedeutung für das Münchener Unternehmen. Der zuverlässige und unempfindliche 12-Zylinder BMW VI-Motor wurde in sehr großen Stückzahlen bis Mitte der 1930er Jahre hergestellt und war mit Abstand der erfolgreichste Flugmotor der Firma.[9] In Deutschland stand bis weit in die

[4] Vgl. Notiz des Junkers-Büro in Berlin an das Hauptbüro von Junkers in Dessau vom 23.02.1928 und Justizrat Gottschalk an die Junkerswerke, Hauptbüro Dessau vom 25.06.1928; beide in: DMM/ASD JA 0021.

[5] Die erste Zahl bei allen PS-Angaben der BMW-Flugmotoren in dieser Arbeit bezieht sich auf die Dauerleistung, die zweite auf die kurzzeitige Spitzenleistung. Vgl. Lange, Geschichte 1999, S. 40, 316 und 319.

[6] Vgl. Gersdorff von/Grasmann, Flugmotoren 1981, S. 58.

[7] Vgl. Pierer, BMW 2004, S. 42.

[8] Vgl. Lange, Geschichte 1999, S. 142.

[9] Vgl. Pierer, BMW 2004, S. 51.

1930er Jahre hinein kein vergleichbar leistungsstarker und zuverlässiger flüssigkeitsgekühlter Flugmotor zur Verfügung. Er bildete die Grundlage für den Aufbau des Luftverkehrs sowie später der Luftwaffe. Die lange Produktionsdauer machte es erforderlich, dass BMW diesen Motor ständig weiterentwickelte.

Die flüssigkeitsgekühlten Flugmotoren BMW IIIa, BMW IV und BMW VI waren wirtschaftlich alle sehr erfolgreich und begründeten den guten Ruf der Bayerischen Motoren Werke als einziger wirklich leistungsfähiger und konkurrenzfähiger deutscher Flugmotorenhersteller bis Mitte der 1920er Jahre. Bei der Entstehung all dieser Motoren existierte jedoch das Problem, dass sie aus der Not heraus geboren wurden, einen dringenden Sofortbedarf decken zu müssen.[10] Gerade weil BMW nach dem Ersten Weltkrieg mehrere Jahre lang der Monopolhersteller leistungsstarker Flugmotoren war, stand die Produktionstätigkeit der Firma permanent unter Zeit- und Erfolgsdruck. Die hohe Erwartungshaltung der Behörden vertrug sich nicht mit langwierigen Neuentwicklungen, sondern lediglich mit Konzepten, die in enger Anlehnung an die bisherigen Bauarten und unter Anwendung der bereits vorliegenden Erfahrungen rasch umgesetzt und gebaut werden konnten.

Die Verkaufserfolge des BMW VI täuschen leicht über bereits in den 1920er Jahren bestehende Entwicklungsdefizite hinweg. Gepaart mit den ohnehin existierenden Rückständen im deutschen Flugmotorenbau führte die sparsame Bedarfsentwicklung beim BMW VI dazu, dass der Motor nicht mehr dem neuesten Stand moderner Flugmotorenentwicklung entsprach, der beispielsweise in den USA, Großbritannien und Frankreich in der Zwischenzeit mit erheblichen finanziellen Mitteln geschaffen worden war. In zwei wesentlichen Punkten unterschied sich der BMW VI von internationalen Entwicklungstendenzen. Er besaß einzeln stehende geschweißte Stahlzylinder, während die modernen Auslandsmotoren mittlerweile überwiegend in Leichtmetall-Blockbauweise ausgeführt waren. Außerdem war er mit großem Hubraum ausgestattet, während die internationale Konkurrenz zwecks Verkleinerung des Stirnwiderstandes und leichter Gewichte, auch bei der Blockbauart mit kleinem Hubraum baute. Auch BMW experimentierte mit der Leichtmetall-Blockbauweise. Auf Grund erheblicher Schwierigkeiten mit dieser Bauart kehrten die BMW-Ingenieure jedoch zur bewährten Bauweise zurück.[11] Der große Bedarf an BMW-Flugmotoren bedeutete für BMW demnach einerseits einen hohen Absatz. Er bewirkte andererseits jedoch auch, dass das Unternehmen notwendige langwierige Entwicklungsschritte aus Zeit- und Finanzgründen nicht vollziehen konnte, so dass man international langfristig den Anschluss an wichtige technische Entwicklungen verlor.

[10] Vgl. Wunibald Kamm, Professor für Kraftfahrwesen und Fahrzeugmotoren an der Technischen Hochschule Stuttgart an von Stauß vom 10.09.1935, in: BArch R 8119 F/P 3123, Bl. 250–255, hier Bl. 250–251.
[11] Vgl. ebd., Bl. 251–252.

Die BMW-Ingenieure arbeiteten zur weiteren Leistungssteigerung an der Fortentwicklung der Grundkonzeption des BMW VI. Jedoch gelang es keinem nach 1926 gebauten wassergekühlten Flugmotorenmodell mehr, sich technisch durchzusetzen. Die letzten neu entwickelten wassergekühlten Motoren wiesen alle beträchtliche Mängel auf, die einen Serienanlauf erschwerten oder gar unmöglich machten. Es entstanden die Motoren BMW VII, BMW VIII und BMW IX, die jedoch alle nur in geringer Stückzahl gefertigt wurden.[12]

Im Jahre 1929 schrieben Heer und Marine gemeinsam die Entwicklung neuer wassergekühlter Flugmotoren der 20-Liter- bzw. 30-Liter-Hubraumklasse aus. Diese Motoren sollten für die zivile und die militärische Luftfahrt gleichermaßen geeignet sein. Man sprach daher von so genannten Mehrzweckmotoren. Neben den Firmen Daimler-Benz und Junkers entwarf auch BMW in den Jahren 1930 bis 1932 unter der Bezeichnung BMW XII und BMW XV je einen 12-Zylinder Motor. Die endgültigen Ausführungen, die erst nach 1933 konstruktiv ausgearbeitet wurden, erhielten die Bezeichnungen BMW 116 (20,7 Liter Hubraum) und BMW 117 (36 Liter Hubraum).[13] Der BMW 116 war für 620/750 PS, der BMW 117 für 905/1100 PS ausgelegt. Doch lediglich der kleinere Motor wurde fertig entwickelt und 1936 der Abnahmeprüfung unterzogen.[14] Zum Jahreswechsel 1936/37 wurden die Entwicklung und der Bau von wassergekühlten Flugmotoren bei BMW auf Wunsch des RLM gestoppt. Damit war die Geschichte dieser vom ersten wassergekühlten Motor BMW IIIa weiterentwickelten BMW-Flugmotoren beendet.

Die Motorenentwicklung von BMW wurde in der Weimarer Zeit durch eine Vielzahl von Aufträgen der Reichsbehörden angestoßen und unterstützt. Dieser Umstand wirft die Frage nach dem Einfluss des Staates auf die Entwicklungsarbeiten von BMW auf. Als gesicherte Tatsache erscheint, dass die Flugmotorenfirmen letztendlich selbst die Verantwortung für Erfolg oder Misserfolg der Entwicklungsstufen sowie Mängel und Problemen an den Flugmotoren tragen mussten, auch wenn das Reichsverkehrsministerium oder das Reichswehrministerium (RWM) vereinzelt Einfluss auf die technische Entwicklung nahmen. Letztendlich blieben die Flugmotorenkonstrukteure die bestimmenden Herren des eigentlichen Entwicklungsprozesses. Sie konnten Ideen und Anregungen zwar aufnehmen, am Ende mussten sie jedoch allein die Verantwortung für das übernehmen, was sie im technischen

[12] Vgl. u. a. Bericht der Technischen Entwicklung der Deutschen Luft Hansa AG über das Verhältnis zwischen DLH und BMW vom 02.06.1931, in: BArch R 8119 F/P 3071, Bl. 1, S. 1–9, hier S. 4; Gersdorff von/Grasmann, Flugmotoren 1981, S. 60 und Lange, Geschichte 1999, S. 146–149.

[13] Mit dem Wiederaufbau der Luftwaffe ab 1933 wurden die Motorenbezeichnungen einheitlich vom RLM vorgeschrieben. BMW erhielt dabei die Einhunderter-Nummernreihe. Der noch in Serie laufende BMW VI hieß ab 1933 BMW 106. Vgl. Gersdorff von/Grasmann, Flugmotoren 1981, S. 60.

[14] Vgl. Lange, Geschichte 1999, S. 150.

Bereich initiierten. Nur selten übten Ministerien während der Weimarer Zeit direkten Druck auf die Entwicklungsabteilungen der Flugmotorenhersteller aus. Als eines von wenigen Beispielen forderte das RVM von BMW, den BMW VI-Motor mit Vergasern der Firma Zenith umzurüsten, nachdem Tests der Deutschen Versuchsanstalt für Luftfahrt ergeben hatten, dass der Motor mit diesen Vergasern bessere Flugleistungen erzielte.[15]

Interessant wird die Frage nach dem Einfluss des Staates im Entwicklungssektor, vergegenwärtigt man sich die Stellung der staatlichen Behörden als einer der wichtigsten Kunden in einem hoch politisierten deutschen Luftfahrtmarkt und gleichzeitig als wichtigster Subventionsgeber der Flugmotorenhersteller sowie der Verkehrsgesellschaften. In dieser Hinsicht nahmen die Bauvorschriften und Leistungsanforderungen der Militärbehörden und der unter deren Einfluss stehenden Deutschen Luft Hansa (DLH)[16] einen normativen Charakter an, der die Zahl der tatsächlich in Flugzeugzellen eingebauten Motorenmuster in engen Grenzen hielt. Die einzelnen Entwicklungswerkstätten konnten zwar auf der einen Seite offiziell frei über ihre Entwicklungstätigkeiten entscheiden, jedoch mussten sie andererseits die notwendige Finanzierung für Neukonstruktionen aufbringen. Hierbei kam den staatlichen Institutionen eine entscheidende Rolle zu. Fast alle Entwicklungsarbeiten im Flugmotorenbereich der 1920er Jahre wurden vom RWM und vom RVM aus dem laufenden Haushalt bezuschusst bzw. vollständig bezahlt.[17]

Diese Finanzierungspraxis führte sogar dazu, dass sich die Entwicklungsabteilung von BMW nicht mehr berufen fühlte, Entwicklungen aus eigener Initiative anzustoßen. Reichsverkehrminister Theodor von Guérard beschwerte sich im November 1930 bei Popp: „...für die Weiterentwicklung ihrer wassergekühlten Motoren haben Sie aber aus Eigenem nichts wesentliches getan. Denn alle von Ihnen auf diesem Gebiet in Angriff genommenen Aufgaben beruhen auf Entwicklungsaufträgen, die Ihnen durch mein Ministerium erteilt worden sind.“[18] Popp antwortete mit der Versicherung, dass man für „neuzeitliche Konstruktionen“ jederzeit zur Verfügung stände, allerdings keine klaren Aufträge erhalten habe. Er fuhr fort: „Die Flugmotorenfabrikation ist in allen Ämtern ein militärisches Spezialgebiet, so daß nur nach den Aufträgen und Wünschen der zuständigen Behörden gearbeitet werden kann.

[15] Vgl. Beilage zum Schreiben der BMW an das RVM vom 22.11.1930, in: BArch R 8119 F/P 3070, Bl. 216.

[16] Die Schreibweise „Deutsche Lufthansa“ ist erst seit 1933 gebräuchlich. In dieser Arbeit wird daher im Einklang mit den damaligen Geflogenheiten beim Verweis auf die Fluggesellschaft vor dem Jahr 1933 der ursprüngliche Terminus „Deutsche Luft Hansa“ und ab 1933 „Deutsche Lufthansa“ verwendet.

[17] Vgl. z. B. Aufstellung des Oberkommandos des Heeres/Generalstab des Heeres: Versuchs-Entwicklungen im laufenden Etatjahr 1927/28 (o.D.), in: BA-MA RH 2/2228, Bl. 6–8.

[18] Reichsverkehrsminister von Guérard an die Direktion der BMW AG vom 22.11.1930, in: BArch R 8119 F/P 3070, Bl. 214, S. 1–5, hier S. 5.

Daher sind allein diese Stellen für die Entwicklung verantwortlich, der Fabrikant nur insoweit, als er eine ihm gestellte Aufgabe nach dem jeweiligen Stand der Technik nicht zu lösen imstande ist."[19] Popp vertrat die Ansicht, dass man von keiner nach den Grundsätzen eines ordentlichen Kaufmannes geführten deutschen Fabrik verlangen könne, dass sie die notwendigen hohen Kosten für die Entwicklung neuer Flugmotoren aus eigenen Mitteln aufbrächte, wenn ihr nicht durch dauernde Serienbestellung die Möglichkeit gegeben würde, diese Aufwendungen zu decken. Popp offenbarte mit seinen Aussagen den tatsächlich gravierenden Einfluss des Staates auf die Flugmotorenentwicklung in den 1920er Jahren. Außerdem gewährte Popp Einblicke in seine Haltung gegenüber dem Entwicklungssektor des eigenen Unternehmens, die seine Handlungen als BMW-Generaldirektor[20] bis in die 1940er Jahre hinein prägte. Popps Prioritäten lagen in erster Linie im Produktionsbereich. Eine funktionierende und erfolgreiche Serienfertigung war für ihn die finanzielle Grundvoraussetzung für jegliche Entwicklungsaktivitäten. Popp bewertete daher auch die Übernahme der Lizenz eines fremden Herstellers, die rasch zu einer aussichtsreichen Serienproduktion führte, wesentlich höher als die innovative und prestigeträchtige, aber kostenintensive Neuentwicklung eines Flugmotors. Selbstverständlich war sich Popp bewusst, dass BMW ganz ohne erfolgreiche Eigenentwicklungen im schnelllebigen Flugmotorengeschäft langfristig nicht überleben konnte. Sie blieben im Poppschen Selbstverständnis während seiner aktiven Zeit bei BMW allerdings immer nur Mittel zum Zweck.

Die Flugmotorenhersteller waren gezwungen, ihre fertigen Produkte auf einem politisierten Markt unterzubringen, den die staatlichen Akteure durch ihre Stellung und ihre Subventionen weitgehend beherrschten. Sowohl das RWM als auch das RVM steuerten durch die Festlegung bestimmter Spezifikationen bei der Auftragsvergabe trotz der Überlassung der formellen Konstruktions- und Entwicklungsfreiheit maßgeblich die Disposition der entstehenden Flugmotoren. Schlüssel für diese starke Einflussnahme waren die Finanzierung der Entwicklungsaufträge und die Position als Hauptkunde.

3.1.2. Qualitäts- und Entwicklungsprobleme bei BMW

Spätestens Ende der 1920er Jahre gab es erhebliche Probleme im BMW-Entwicklungssektor. Sie traten am auffälligsten im Linienflugbetrieb der Fluggesellschaften zu Tage. Für BMW scheint vor allem das Jahr 1927 ein Unglücksjahr gewesen zu sein. Es waren nicht weniger als 46 Kurbelwellenbrüche bei

[19] BMW an Reichsverkehrsminister vom 01.12.1930, in: BArch R 8119 F/P 3070, Bl. 215, S. 1–14, hier S. 3–5.

[20] Popp stand seit dem 18.07.1922 die Alleinvertretung des BMW-Konzerns zu. In der Aufsichtsratssitzung am 11.05.1925 erhielt er den Titel Generaldirektor. Vgl. Bericht von Maier „Die gesellschaftsrechtliche Entwicklung der Bayerische Motoren Werke Aktiengesellschaft", 1. Version (o. D., wahrscheinlich 1938), in: BMW-Arch UA 15, S. 1–17, hier S. 10–11.

BMW-Motoren vorgekommen.[21] Diese Unglücksserie verursachte in der deutschen Öffentlichkeit erhebliche Unruhe und führte schließlich sogar dazu, dass mehrere Abgeordnete die Probleme im Reichstag auf die Tagesordnung setzten und BMW öffentlich massiv angriffen.[22] BMW stand auf Grund seiner Vormachtstellung im Bereich leistungsstarker Flugmotoren und der Tatsache, dass man unter den Flugmotorenproduzenten jahrelang die meisten staatlichen Hilfsgelder bekommen hatte, besonders exponiert in der öffentlichen Kritik.

Der Leiter der Gruppe Luftfahrt im RVM, Ministerialdirigent Ernst Brandenburg, versuchte zwar wiederholt, den Haushaltsausschuss zu beschwichtigen, indem er darauf hinwies, dass BMW alle seine Kurbelwellen von der Firma Krupp in Essen bezog und somit dem Münchener Flugmotorenbauer kein Vorwurf zu machen sei. Im Übrigen sei nicht nur BMW von den Problemen betroffen, sondern alle anderen Flugmotorenhersteller auch.[23]

Allerdings musste die BMW-Geschäftsführung selber einräumen, dass sie in dem Streben, die Materialpreise zu drücken, verschiedene Materialien besonders bei Ventilen und Pleuelstangen zwar sehr billig, aber in ungenügender Qualität eingekauft hatte. Die Betriebsschwierigkeiten seien auf die Verwendung fehlerhafter Werkstoffe zurückzuführen. Durch die Einführung einwandfreier Materialien schienen die Schwierigkeiten zunächst behoben.[24] Sie traten allerdings Anfang der 1930er Jahre erneut massiv auf und führten zu erheblichen Verstimmungen zwischen BMW und der Deutschen Luft Hansa. Die Fluggesellschaft sah sich 1931 gezwungen, für ihre Flugzeuge, mit denen die DLH damals die Alpen überquerte, in nur sechs Wochen 14 BMW-Flugmotoren durch Junkers-Motoren auszutauschen. Die Verantwortlichen der DLH informierten Popp, dass die BMW-Motoren den außerordentlichen Beanspruchungen der Alpen-Flüge nicht gewachsen seien.[25] BMW sei dabei, sämtliches Vertrauen in die Technik und die unternehmerische Zuverlässigkeit von BMW zu verspielen.[26]

21 Vgl. Angaben von Gustav Schumann (SPD) in der 322. HAS vom 27.02.1928, in: BArch R 101/1406, Bl. 99.

22 Vgl. u. a. ebd. und Josef Dietrich (NSDAP), in: ebd., Bl. 100.

23 Vgl. z. B. die Erklärungen von Brandenburg in der 322. HAS vom 27.02.1928, in: BArch R 101/1406, Bl. 99 und in der 323. HAS vom 28.02.1928, in: BArch R 101/1406, Bl. 194.

24 Vgl. Hergt an von Stauß vom 20.11.1930, in: BArch R 8119 F/P 3070, Bl. 199–200 und Exposé über Luftfahrtfragen aus dem Junkers-Büro Berlin vom 29.02.1928, in: DMM/ASD JA 0021.

25 Vgl. Franz Hailer, Direktor der Süddeutschen Luft Hansa, an Popp vom 30.05.1931, in: BArch R 8119 F/P 3071, Bl. 226 und Popp an von Stauß vom 01.06.1931, in: ebd., Bl. 224, S. 1–4.

26 Vgl. Bongers, Deutsche Luft Hansa, an BMW vom 16.05.1931, in: BArch R 8119 F/P 3071, Bl. 157–159, hier Bl. 158; Deutsche Luft Hansa an Popp vom 18.05.1931, in: ebd., Bl. 155; Bericht der Technischen Entwicklung der DLH über die Erfahrungen mit BMW Motoren vom 02.06.1931, in: ebd., Bl. 2, S. 1–7, hier S. 2; vgl. auch DLH-Bericht

Im Sommer 1931 stellte die Technische Entwicklungsabteilung der DLH den BMW-Entwicklungstätigkeiten ein vernichtendes Urteil aus. Die DLH-Ingenieure vertraten die Meinung, dass der einzige zur Zeit seines Entstehens wirklich ausreichend ausgereifte Flugmotor, den der Münchener Flugmotorenbauer herausgebracht hatte, der BMW IIIa gewesen war. Alle weiteren Motorenmuster hätten nicht mehr die überragende Stellung gegenüber dem jeweiligen Stand der Technik erreicht. Mit ungewöhnlich hohem Aufwand mussten alle weiteren BMW-Flugmotoren modernisiert werden, ohne dass am Ende ein wirklich befriedigendes Ergebnis hätte erzielt werden können. Diese Entwicklung führten die DLH-Ingenieure in erster Linie darauf zurück, dass sich die Serienfertigung bei BMW auf Muster aufbaute, die technisch nicht genügend vorbereitet waren.[27] Es hatte sich bei BMW eingebürgert, die vorbereitenden Versuchsarbeiten eines neuen Musters auf ein Minimum herabzudrücken. Dies ging sogar so weit, dass notwendige Werksläufe der Flugmotoren vor den Musterprüfungen zum Teil nicht mehr vorgenommen wurden.

Fazit der Deutschen Luft Hansa über die BMW-Entwicklungsstrukturen war, dass Aktivitäten bei BMW immer erst dann einsetzten, wenn sich Mängel an den sich bereits im Betrieb befindlichen Flugmotoren herauskristallisierten. In der Entwicklungsabteilung der BMW wurde nach Ansicht der DLH-Ingenieure über lange Jahre hinweg Stückwerk geleistet. „Wir stehen unter dem Eindruck, daß bei den BMW die Entwicklung von außen diktiert wird und werden muß. Ein solches Diktat kann sich stets nur dann durchsetzen, wenn im Werk selbst die Kraft zur eigenen Entwicklung nicht vorhanden ist […]". Bei der DLH betrachtete man die Entwicklung eines vollständig neuen Motorenmusters bei BMW im Sommer 1931 „nach der ganzen heutigen Zusammensetzung und nach dem ganzen Werdegang des Werkes fast als eine Unmöglichkeit […]".[28] Die Entwicklungsabteilung der Luft Hansa legte dem Direktor der DLH, Erhard Milch, nahe, ernsthaft zu erörtern, ob nicht als Ersatz für die BMW-Modelle ausländische Motoren herangezogen werden sollten. Wie bedrohlich diese Einschätzungen für die Münchener Gesellschaft waren, verdeutlicht die Tatsache, dass sie von Reichsverkehrsminister, von Guérard, weitgehend geteilt wurden. Er warnte BMW in einem Schreiben vom Oktober 1930, dass eine nennenswerte Anhebung der Aufträge an BMW „erst wieder möglich sein wird, wenn Sie Erzeugnisse anbieten können, die neuzeitlichen Ansprüchen in jeder Hinsicht genügen".[29] Diese Ankündigung des RVM hatte für BMW durchaus existenzbedrohende Züge.

über die Beanstandungen an Ersatzteilen aus den Ersatzteilabkommen mit BMW vom 30.10 und 14.11.1930 vom 27.05.1931, in: ebd., Bl. 3, S. 1–5.

[27] Vgl. Bericht der Technischen Entwicklung der Deutschen Luft Hansa AG über das Verhältnis zwischen DLH und BMW vom 02.06.1931, in: ebd., Bl. 1, S. 1–9, hier S. 3.

[28] Ebd., Bl. 1, S. 1–9, hier S. 6.

[29] Reichsverkehrsminister, von Guérard, an BMW vom 25.10.1930, in: BArch R 8119 F/P 3070, Bl. 221–222, hier Bl. 221.

BMW versuchte sich zu rechtfertigen, indem man als Hauptursache der technischen Probleme den Dualismus zwischen ziviler und militärischer Luftfahrt kritisierte.[30] Das Dilemma der Fluggesellschaften war, dass sie auf Grund der Eingriffe der Reichswehr in die Materialbeschaffung mit militärischem Gerät zivile Luftfahrt betreiben und dadurch die Motoren über Gebühr beanspruchen mussten. Popp erklärte die erheblichen Probleme, die die Luft Hansa mit den BMW-Motoren hatte, vor allem damit, dass die Motoren auf Grund ihres militärischen Charakters nicht für die Vollbeanspruchung der Luft Hansa ausgelegt seien.[31] Die konträren Vorgaben der zivilen und militärischen Nutzung konnte kaum ein Flugmotor erfüllen.

Die laufenden technischen Probleme der BMW-Flugmotoren Ende der 1920er und Anfang der 1930 Jahre basierten allerdings auch auf tieferen Ursachen als dem militärischen Charakter der Motoren. Popp hatte dafür gesorgt, dass das Flugmotorenwerk in München vollständig auf Serienfabrikation eingestellt wurde. Als wesentliche Teile der staatlichen Bestellungen mit der Einschränkung des Reichsluftfahrtetats im Jahre 1929 ausblieben, erweiterte BMW gerade die eigenen Werksanlagen. Man baute jedoch keine neuen Entwicklungseinrichtungen, sondern erweiterte ganz im Sinne des BMW-Generaldirektors die Serienfabrikation. BMW versäumte dadurch, am Vorabend der Weltwirtschaftskrise eine längst überfällige Umorientierung zu Gunsten einer gezielten Entwicklungsarbeit zu initiieren.

Popp stellte sich sogar auf den Standpunkt, dass die Industrie an der eigenständigen Entwicklung von Flugmotoren kein Interesse haben könne. Unter Berücksichtigung des militärischen Charakters der Motoren müsse, Popps Meinung nach, die Initiative bei den Behörden liegen. Die Industrie könne für die Wünsche der Behörden lediglich Produktionsstätten bereithalten.[32] Dementsprechend beklagte auch Wilhelm Hoff von der Deutschen Versuchsanstalt für Luftfahrt Anfang 1931, dass es bei BMW noch nicht einmal eine eigentliche Versuchswerkstatt gebe und das Unternehmen die Entwicklung

[30] Die Anforderungen an ziviles und militärisches Luftfahrtgerät unterschieden sich erheblich. Militärische Flugmotoren mussten einfach, schnell und billig gebaut werden. Eine lange Lebensdauer war nicht notwendig. Die entscheidenden Kriterien waren Gewicht, Spitzenleistungen sowie Steig- und Höchstgeschwindigkeiten. Bei zivilen Flugmotoren standen hingegen Wirtschaftlichkeit, Lebensdauer und Sicherheit im Vordergrund. Vgl. Budraß, Flugzeugindustrie 1998, S. 51; Bach, Luftfahrtindustrie 2003, S. 261 und Lahs an von Stauß vom 04. 06. 1931, in: BArch R 8119 F/P 3071, Bl. 241, S. 1–4, hier S. 3.

[31] Vgl. Hergt an von Stauß vom 20. 11. 1930, in: BArch R 8119 F/P 3070, Bl. 200–201; Milch an Popp vom 29. 12. 1930, in: BArch R 8119 F/P 3070, Bl. 254; Popp an Milch vom 05. 01. 1931, in: BArch R 8119 F/P 3070, Bl. 261; Popp an von Lewinski vom 13. 01. 1931, in: BArch R 8119 F/P 3070, Bl. 272 und Niederschrift über die Besprechung mit der DLH und dem RVM von Schwierigkeiten und Meinungsverschiedenheiten in der BMW-Flugmotorenerzeugung am 22. 12. 1930 vom 02. 01. 1931, in: BArch R 8119 F/P 3070, Bl. 266, S. 1–19, hier S. 5.

[32] Vgl. ebd., Bl. 266, S. 1–19, hier S. 14.

mittlerer und schwerer flüssigkeitsgekühlter Motoren vernachlässigt habe. Die einseitige Ausrichtung der BMW auf die Produktion wirkte sich somit sowohl wirtschaftlich als auch technisch verhängnisvoll aus. Fertig konstruierte Teile galten bei BMW per Definition als auf dem jeweiligen Stand der Technik. Damit wurde die Ansicht verknüpft, dass von diesem Augenblick an Weiterentwicklungen dieser Teile nicht mehr notwendig seien. Von BMW gelieferte Teile entsprachen demnach oft nicht dem aktuellen Stand der Technik. Sie waren oft vor langer Zeit in Serie hergestellt worden und hatten lange auf Lager gelegen. Zum Teil wurden sogar Ersatzteile ausgeliefert, bei denen – obwohl es sich um Neukonstruktionen handelte – keine Probemontage der einzelnen Teile stattgefunden hatte.[33]

Popps Motivation zur Bevorzugung der Fertigung auf Kosten der Entwicklung wird deutlich, wenn man die Verteilung der Reichsmittel zur Förderung der Luftfahrt betrachtet. Die staatlichen Gelder flossen während der gesamten Zeit der Weimarer Republik vor allem in die fabrikatorischen Aufgaben der Luftfahrtindustrie. Etatmittel zur Förderung entwicklungstechnischer Projekte der Luftfahrtindustrie waren lediglich in beschränktem Umfang vorgesehen. Im Vergleich zu den Mitteln, die der Industrie direkt bzw. durch den subventionierten Luftverkehr für produktionstechnische Zwecke zugeleitet wurden, sind die für Entwicklung in Frage kommenden Beträge nach Auskünften von Otto Julius Merkel, bis 1928 kaufmännischer Direktor der DLH, gering gewesen.[34] Die vernachlässigten Entwicklungsarbeiten bei BMW hatten demnach unter anderem eine direkte Ursache in der Mittelverteilung der zuständigen staatlichen Behörden. Die Tatsache, dass der Flugmotorenindustrie für ihre Entwicklungstätigkeiten wesentlich weniger öffentliche Gelder zuflossen als für eine funktionierende Serienproduktion, schuf keine Anreize, Entwicklungsaktivitäten zu forcieren. Große Renditechancen lockten vor allem in der Serienproduktion und nicht im Entwicklungsbereich. Popp, der ohnehin skeptisch gegenüber einer ausgedehnten Entwicklungstätigkeit eingestellt war, die sich nur rudimentär an den Bedürfnissen der Produktion orientierte, passte seine Unternehmenspolitik dem staatlichen Anreizsystem an und setzte fast ausschließlich auf die Erweiterung der Produktion.

Die BMW-Führung machte es sich bei ihrer Rechtfertigung der vielen technischen Probleme der BMW-Flugmotoren mit dem Rückzug auf die aus ihrer Sicht ungenügenden öffentlichen Entwicklungsbeihilfen jedoch zu leicht. Dies verdeutlicht die Tatsache, dass das Unternehmen gleichzeitig zum Auf-

[33] Vgl. Bericht der Technischen Entwicklung der DLH über das Verhältnis zwischen DLH und BMW vom 02.06.1931, in: BArch R 8119 F/P 3071, Bl. 1, S. 1–9, hier S. 7–8 und Bericht des selbständigen Beraters in Sachen Betriebsorganisation Otto Max Müller über die BMW AG vom 30.12.29, in: BArch R 8119 F/P 3080.

[34] Vgl. Notiz von Otto Julius Merkel zur Verteilung der öffentlichen Mittel für die Luftfahrt vom Jan. 1933, in: BArch R 2/5412, Bl. 207–210, hier Bl. 207.

treten der immensen technischen Schwierigkeiten genügend Gelder zur Verfügung hatte, um die Fahrzeugfabrik Eisenach zu kaufen, eine eigene Gießerei zu bauen, in den USA die Lizenz für luftgekühlte Flugmotoren zu erwerben sowie hohe Dividenden an die Aktionäre auszuschütten.[35] Diese umfangreichen Mittel fehlten letztendlich bei der Entwicklung wassergekühlter Flugmotoren. Analog zum staatlichen Anreizsystem setzte Popp ganz bewusst andere Prioritäten.

Dass die Interessen der staatlichen Dienststellen und die der BMW-Geschäftsführung hinsichtlich der Bevorzugung der Produktion weitgehend kongruent verliefen, darf außerdem nicht darüber hinwegtäuschen, dass die beiden Hauptkonkurrenten Junkers und Siemens & Halske trotz gleicher monetärer Anreize Entwicklungsarbeiten in wesentlich größerem Umfang als BMW leisteten.[36] Auf Grund dessen verlor BMW beim Bau wassergekühlter Flugmotoren während der 1920er und 1930er Jahre gegenüber der deutschen Konkurrenz sukzessive an Boden und wurde schließlich von der führenden Position verdrängt.[37]

3.1.3. Lizenzerwerb von Pratt & Whitney 1928

Kolbenmotoren werden anhand ihres Kühlsystems in zwei Kategorien eingeteilt. Man unterscheidet wasser- bzw. flüssigkeits- und luftgekühlte Motoren. Während bei den wassergekühlten Motoren die Wärme mittels einer Flüssigkeit abgeführt wird, geschieht dies bei den luftgekühlten Motoren durch den direkten Kontakt der heißen Bauteile mit der Kühlluft. Da sich bei der Kühlung mit der Luft die Reihenbauweise der Flugmotoren als nachteilig erwies, ordnete man die Zylinder kreisförmig an. Die dabei entstehende charakteristische Form brachte den luftgekühlten Flugmotoren den Beinamen Sternmotor ein.[38]

Der Durchbruch dieser neuen Kühlungstechnologie bei Kolbenflugmotoren erfolgte in den Vereinigten Staaten ab 1925. Auf Grund ihrer Erfahrungen mit den Mustern „Whirlwind“ der Wright Aeronautical Corporation und „Wasp“ von Pratt & Whitney kaufte die US-Navy ab 1927 ausschließlich

[35] Vgl. Tabelle 10, S. 113.
[36] Vgl. Hergt an von Stauß vom 20.11.1930, in: BArch R 8119 F/P 3070, Bl. 203-207, hier Bl. 204.
[37] Das Ausmaß des mit dieser Entwicklung einhergehenden Prestigeverlustes von BMW verdeutlichen Kommentare der Flugmotorenbau-Konkurrenz. Vgl. Protokoll der Arbeitsausschusssitzung der Daimler-Benz AG vom 06.06.1932, in: DAG/HIC Kissel Protokolle 1/6 1931-31; Veiel, Junkers, an Joseph W. Hambuechen, Bankhaus A.E. Wassermann, vom 21.07.1931, in: DMM/ASD JA 0021; Notiz des Hauptbüros Junkers an Professor Junkers vom 03.06.1931, in: ebd. und Niederschrift über eine Besprechung bei Junkers am 08.06.1931 betr. des Zusammengehens mit BMW vom 12.06.1931, in: ebd.
[38] Vgl. Pierer, BMW 2004, S. 66.

luftgekühlte Flugmotoren. Diese Entscheidung beeinflusste die weitere Motorenentwicklung der amerikanischen Flugmotorenhersteller zugunsten luftgekühlter Motoren. Auch die US-Army gab ihre anfänglichen Vorurteile gegenüber den luftgekühlten Sternmotoren auf und stellte ihre Beschaffungspolitik entsprechend um. Diese Präferenz von militärischer Seite war der Ausgangspunkt für die Monopolstellung der luftgekühlten Flugmotoren in der amerikanischen Luftfahrt.[39] Auch in England setzte sich der luftgekühlte Sternmotor – insbesondere der Bristol-Jupiter-Motor – mit einer gewissen zeitlichen Verzögerung im militärischen Verwendungsbereich weitgehend durch.[40]

In Deutschland war man den Sternmotoren gegenüber deutlich skeptischer eingestellt als in den angelsächsischen Ländern. Sowohl die Industrie als auch die staatlichen Behörden setzten bei leistungsstarken Produkten in erster Linie auf wassergekühlte Flugmotoren. Eine bedeutende Rolle spielte hierbei die weit verbreitete Ansicht, dass luftgekühlte Motoren die vor allem im Luftkampf erforderlichen großen Spitzenleistungen nicht erreichen würden. Daher wies die deutsche Luftfahrtindustrie auf dem vernachlässigten Gebiet der luftgekühlten Flugmotoren einen erheblichen Entwicklungsrückstand gegenüber den USA auf.[41] Bis Ende der 1920er Jahre blieb Siemens & Halske die einzige Firma, die qualitativ hochwertige, jedoch relativ leistungsschwache luftgekühlte Sternmotoren baute.[42]

Im Reichsverkehrsministerium plante die Abteilung Luftfahrt, die drei großen Flugmotorenhersteller auf je ein Spezialgebiet zu konzentrieren.[43] Ein Exposé über Luftfahrtfragen aus dem Hause Junkers vom 29.02.1928 fasste die vom RVM gewünschte Aufteilung des Flugmotorenbau-Programms wie folgt zusammen. Die Luftfahrt habe zurzeit einen Bedarf an 300 und 500–600 PS starken wassergekühlten sowie 100 PS und neuerdings auch 450–500 PS starken luftgekühlten Flugmotoren. Für die Lieferung der 300 PS Motoren kämen die Firmen BMW und Junkers, der 500–600 PS Motoren nur BMW und für die Lieferung der luftgekühlten Motoren nur die Firma Siemens & Halske in Frage.[44] Mit dieser Aufteilung hofften die Behörden, dass alle drei

[39] Vgl. Ittner, Dieselmotoren 1996, S. 117.

[40] Die Popularität der Sternmotoren erklärt sich durch die kompakte Bauweise und den durch den Fortfall der Wasserkühlung bedingten Gewichtsvorteil. Die gegenüber den Reihenmotoren größere Stirnfläche und damit der höhere Luftwiderstand wurde durch den Verzicht auf herkömmliche Kühler teilweise wieder ausgeglichen. Verbesserte Gusstechniken erlaubten die Herstellung von stark verrippten Zylindern, die für die Gewährleistung einer ausreichenden Kühlung notwendig waren. Die in den 1920er Jahren entwickelten, strömungsgünstigen Verkleidungen für Sternmotoren reduzierten die Luftwiderstandswerte beträchtlich.

[41] Vgl. BMW an Reichsverkehrsminister vom 01.12.1930, in: BArch R 8119 F/P 3070, Bl. 215, S. 1–14, hier S. 10.

[42] Vgl. Gersdorff von/Grasmann, Flugmotoren 1981, S. 43.

[43] Admiral Lahs an von Stauß vom 04.06.1931, in: BArch R 8119 F/P 3071, Bl. 241.

[44] Exposé über Luftfahrtfragen aus dem Hause Junkers vom 29.02.1928, in: DMM/ASD JA 0021.

Flugmotorenbauer genügend Aufträge erhielten, um überleben zu können.[45] Die zuständigen Sachverständigen erkannten jedoch auch, dass der immense entwicklungstechnische Vorsprung des Auslandes im Flugmotorenbereich durch Eigenkonstruktionen nur schwer und langsam aufzuholen war. Daher wurden Mitte der 1920er Jahre eine Reihe ausländischer Flugmotoren zu Studienzwecken eingeführt und geprüft, darunter auch luftgekühlte Sternmotoren. Schließlich einigten sich die Behördenvertreter im Frühjahr 1927 darauf, die Herstellungsrechte für den luftgekühlten Flugmotor Jupiter der englischen Firma Bristol zu erwerben. Das RVM drängte Siemens & Halske dazu, die Lizenz zu übernehmen und auf der Basis des englischen Vorbildes einen eigenen Motor herauszubringen.[46] Die Mittel für den Lizenzerwerb des Bristol-Jupiter-Motors kamen aus dem laufenden Haushalt des RVM.[47]

Popp hatte den Erfolg der luftgekühlten Flugmotoren in den angelsächsischen Ländern beobachtet und glaubte, eine grundsätzliche Überlegenheit gegenüber der wassergekühlten Reihenmotoren-Technologie zu erkennen. Er folgerte daraus, dass die Entwicklungs- und Verkaufsmöglichkeiten der Sternmotoren auch in Deutschland außerordentlich groß sein müssten.[48] Popp war der Überzeugung, dass BMW auf diese Entwicklung aufspringen müsse, um hinsichtlich des technischen Know-hows international nicht weiter an Boden zu verlieren. Auf Popps Initiative hin nahm BMW daher luftgekühlte Sternmotoren Ende der 1920er Jahre zweigleisig in ihr Produktportfolio auf. In der kleinen Leistungsklasse für die Sportluftfahrt begannen die Münchener Konstrukteure 1929 mit der Eigenentwicklung eines 5-Zylinder-Sternmotors, der 50/71 PS leistete. Von diesem BMW X wurden lediglich Versuchsmotoren gebaut. Der verbesserte BMW Xa leistete 68 PS. Erstlauf, Musterprüfung und Beginn der Serienfertigung erfolgten im Jahr 1931.[49] Allerdings wurde auch von diesem Flugmotorenmuster nur eine kleine Stückzahl gebaut. Die Entwicklung von kleinen luftgekühlten Sternmotoren wurde bei BMW im Jahr 1932 wieder eingestellt.[50]

In der Leistungsklasse ab 500 PS initiierte Popp mit Rücksicht auf den Mangel erfahrener heimischer Fachleute den Import der luftgekühlten Flugmotorentechnologie aus den angelsächsischen Ländern. Eine Eigenentwick-

[45] Vgl. Aufstellung des Oberkommandos des Heeres/Generalstab des Heeres: Versuchs-Entwicklungen im laufenden Etatjahr 1927/28 (o.D.), in: BA-MA RH 2/2228, Bl. 6–8.

[46] Vgl. Niederschrift des Junkers-Büro Berlin über eine Besprechung mit dem Direktor des Siemens Flugmotorenwerkes, Becker, vom 03.02.1928, in: DMM/ASD JA 0021 und Popp an von Stauß vom 19.12.1932, in: BArch R 8119 F/P 3073, Bl. 27.

[47] Vgl. Aufstellung des Oberkommandos des Heeres/Generalstab des Heeres: Versuchs-Entwicklungen im laufenden Etatjahr 1927/28 (o.D.), in: BA-MA RH 2/2228, Bl. 6.

[48] Vgl. Popp an Udet vom 29.10.1936, in: BArch R 8119 F/P 3075, Bl. 92–103, hier S. 94.

[49] Vgl. Lange, Geschichte 1999, S. 162 und 319.

[50] Vgl. Gersdorff von/Grasmann, Flugmotoren 1981, S. 53.

lung wäre für das Unternehmen auf Grund des vollständigen Fehlens jeglicher Erfahrungen bei der Konstruktion von leistungsstarken luftgekühlten Flugmotoren zu teuer und zu zeitintensiv gewesen. Wahrscheinlich spielten bei der Entscheidung für eine Lizenznahme auch die damaligen großen technischen Probleme mit der Entwicklung der wassergekühlten Flugmotoren eine Rolle. Im Einklang mit der Poppschen Unternehmensstrategie erwarb BMW lieber eine Lizenz für die neue Flugmotorentechnologie, als dass man die bestehenden Schwierigkeiten im Entwicklungsbereich wassergekühlter Flugmotoren analysierte, sich konstruktiv auf eine einzige Kühlungstechnik konzentrierte und die Probleme dadurch abstellte.

Zunächst bemühte sich BMW, anstelle von Siemens & Halske die Lizenz des Bristol-Jupiter-Flugmotors zu bekommen. Die zunehmende Dominanz der luftgekühlten Flugmotoren in der angelsächsischen Luftfahrtindustrie ließ vermuten, dass das Monopol von BMW in der Produktion leistungsstarker Flugmotoren ab 450 PS ohne den Bau luftgekühlter Motoren langfristig nicht fortbestehen würde. Die BMW-Geschäftsführung versuchte deshalb durch die Übernahme der Bristol-Jupiter-Lizenz zu verhindern, dass ein anderer Flugmotorenbauer ihre Monopolstellung auf dem heimischen Markt gefährdete. Das RVM dagegen betrieb die Lizenzvergabe an Siemens vor allem mit dem Ziel, den Flugmotorenmarkt mit Hilfe gesunder Konkurrenzverhältnisse zu befruchten.[51] Dementsprechend intervenierte das Ministerium und veranlasste, dass Siemens den Zuschlag für die Lizenz des Bristol-Jupiter-Flugmotors bekam.

Nachdem die direkte Übernahme der Bristol-Jupiter-Lizenz für BMW gescheitert war, versuchte Popp, von Siemens die Lizenz für die Fabrikation luftgekühlter Flugmotoren zu kaufen.[52] Siemens weigerte sich jedoch, auf das BMW-Kaufangebot einzugehen, da das Unternehmen ansonsten das eigene Entwicklungspotenzial im luftgekühlten Flugmotorenbereich gefährdet hätte.

Trotz der Rückschläge beim Einstieg in die luftgekühlte Flugmotorentechnologie hielt Popp an dem einmal als richtig und für die Entwicklung von BMW wichtig erkannten Projekt fest und erwarb auf einer Amerikareise von Pratt & Whitney schließlich die Rechte zum Nachbau der 9-Zylinder-Sternmotoren Wasp und Hornet A. Der Lizenzvertrag vom Januar 1928 sicherte BMW die exklusiven Vertretungsrechte dieser beiden Motorentypen für Kontinentaleuropa über eine Laufzeit von sechs Jahren.[53] Doch lediglich der größere Hornet-Motor mit 450/525 PS wurde von BMW gebaut.[54] Für die zur

[51] Vgl. Aktenvermerk Abteilung Wa.Prw8 des Heereswaffenamtes betr. der Schließung der Flugmotorenabteilung der Siemens & Halske AG vom 01.09.1931, in: BA-MA RH 12-1/40, Bl. 297-301.

[52] Vgl. BMW an Reichsverkehrsminister vom 01.12.1930, in: BArch R 8119 F/P 3070, Bl. 215, S. 1-14, hier S. 10.

[53] Vgl. Lizenzvertrag mit Pratt & Whitney vom 03.01.1928, in: BMW-Arch FA 4.

[54] Vgl. Lange, Geschichte 1999, S. 167.

Aufnahme der luftgekühlten Flugmotoren bei BMW notwendigen umfangreichen Fertigungseinrichtungen genehmigte die BMW-Generalversammlung am 07.07.1928 eine Kapitalerhöhung von 10 auf 16 Mio. RM.[55] Die Fabrikation der luftgekühlten Flugmotoren wurde in München mit einem Aufwand von fast 2 Mio. RM eingerichtet.

BMW ging mit der Lizenz von Pratt & Whitney ein beträchtliches Risiko ein. Gleichzeitig eröffnete sie jedoch auch erhebliche Zukunftschancen. Popp kaufte 1928 mit dem Hornet-Motor die Technologie eines noch keineswegs erprobten und bewährten Motors. Er war sich auch bewusst, dass Siemens & Halske große Probleme mit dem Jupiter-Motor hatte und dass es demnach auch bei BMW Schwierigkeiten mit der Produktion von luftgekühlten Flugmotoren geben könnte.[56]

Popp erkannte jedoch auch die großen technischen Möglichkeiten, die die luftgekühlten Flugmotoren boten. Er bewies in Bezug auf diese Technologie in Deutschland einen ausgesprochenen Weitblick. Er dachte seiner Zeit in dieser Hinsicht technisch weit voraus. Der 1928 aus den USA übernommene Lizenzbau bildete die Grundlage sämtlicher BMW-Sternmotoren-Entwicklungen bis zum Ende des Zweiten Weltkrieges. Popp überzeugte vor allem, dass die Militärbehörden der Länder, die Ende der 1920er Jahre in der Flugmotorenkonstruktion weltweit tonangebend waren, Großbritannien und die USA, fast ausschließlich auf luftgekühlte Flugmotoren setzten. Er war der Meinung, dass die Nachahmung dieser angelsächsischen Tendenz auch in Deutschland nur noch eine Frage der Zeit sein müsse. In Folge dessen vermutete er große Absatzchancen für BMW, wenn man es schaffte, die bisherige Monopolstellung für leistungsstarke wassergekühlte Flugmotoren auch auf die neue Technologie auszudehnen. Anlass zu Popps Optimismus war sicherlich auch die Tatsache, dass die zuständigen Behörden die Lizenznahme des Bristol-Jupiter-Motors durch Siemens intensiv unterstützt hatten. Dies deutete Popp als den Beginn der Abkehr von der bisherigen ausschließlich wassergekühlten Beschaffungspraxis des RVM und RWM. Diesen vermeintlichen Stimmungswandel der Ministerien gedachte der BMW-Generaldirektor an vorderster Front mitzugestalten und auszunutzen.

Popp hatte sich jedoch hinsichtlich der progressiven Haltung der zuständigen Stellen im RWM und des damals die zivile Luftfahrt betreuenden RVM getäuscht. Als im Jahre 1929 die ersten Vorarbeiten für eine zukünftige militärische Luftflotte getroffen wurden, stießen die Behörden die Entwicklung des 30-Liter-Motors und kurze Zeit später des 20-Liter-Motors an. Dabei erklärten sie, dass lediglich die wassergekühlten Flugmotoren von militärischer Be-

[55] Vgl. Artikel „BMW in voller Entwicklung“ vom 09.07.1928, in: DAG/HIC Fremdfirmen Inland 13–14 BMW 1224–40.

[56] Popp betonte 1932, dass hinsichtlich des Jupiter-Motors bei Siemens immer noch kein Erfolg erzielt worden sei, obwohl mittlerweile Millionen für diesen Motor ausgegeben wurden. Vgl. Popp an von Stauß vom 19.12.1932, in: BArch R 8119 F/P 3073, Bl. 27.

deutung seien. Auch die zivile Luftfahrt müsse sich diesen Prioritäten unterwerfen. Der luftgekühlte Motor wurde als wenig vielversprechend deklariert. Außerdem sei man der Meinung, dass die Entwicklung der luftgekühlten Flugmotoren bei Siemens & Halske allein ausreiche. Popp intervenierte wiederholt beim RWM und RVM und beklagte die technisch konservative Haltung der Ministerien, die er für dogmatisch und rückständig hielt. Jedoch wurde seiner grundsätzlich divergierenden Anschauung kein Gehör geschenkt und erklärt, dass der Hornet-Motor in Militärmaschinen nicht in Frage käme, sondern nur der Siemens-Motor.[57] Diese Haltung konstituierte letztendlich einen gravierenden Rückschlag für die Produkt- und Entwicklungspolitik von BMW.

Entsprechend der ablehnenden Haltung der einschlägigen staatlichen Dienststellen erhielt BMW die erste nennenswerte Bestellung über 30 Hornet-Flugmotoren erst im Jahre 1930 durch die Deutsche Luft Hansa. Entgegen Popps ursprünglich optimistischen Prognosen musste BMW mit dem Pratt & Whitney-Nachbauvertrag in den ersten Jahren insgesamt sogar Verluste hinnehmen.[58] Lukrative Aufträge auf luftgekühlte Flugmotoren erhielt BMW erst nach 1933. Popp hatte zwar die technische Leistungsfähigkeit der luftgekühlten Flugmotorentechnologie richtig eingeschätzt. Allerdings war der Absatzmarkt in Deutschland, der weitgehend vom RVM und RWM beeinflusst wurde, noch nicht reif für diese Innovation. Da die großen Hoffnungen, die Popp in den Bau luftgekühlter Flugmotoren gesetzt hatte, weitgehend enttäuscht wurden, vereinbarte BMW im Sommer 1931 mit Pratt & Whitney eine vorzeitige Lösung des Lizenzvertrages. Das Münchener Unternehmen sicherte sich allerdings das Recht, den Hornet-A-Motor ohne Lizenzgebühr auch weiterhin für den deutschen Bedarf, nicht jedoch für den Export, bauen zu dürfen.[59]

Bei den zuständigen militärischen Stellen reagierte man äußerst verärgert auf den Lizenzerwerb von BMW.[60] Der Poppsche Alleingang durchkreuzte

[57] Vgl. Popp an Udet vom 29.10.1936, in: BArch R 8119 F/P 3075, Bl. 92-103, hier Bl. 94.

[58] In der Lizenzvereinbarung vom 03.01.1928 hatte sich BMW verpflichtet, ab dem zweiten Jahr Lizenzzahlungen für mindestens 25 Stück und für die Jahre drei bis sechs der Laufzeit des Vertrages für mindestens 50 Flugmotoren der Marken Hornet und Wasp zu zahlen. Die äquivalenten Summen wurden auch fällig, sollte BMW nicht die vereinbarte Anzahl an Flugmotoren absetzen können. Vgl. Lizenzvertrag mit Pratt & Whitney vom 03.01.1828, in: BMW-Arch FA 4.

[59] Vgl. Popp an von Stauß vom 05.09.1931, in: BArch R 8119 F/P 3072, Bl. 47–50, hier S. 49 und Lizenzvertragskündigung zwischen Pratt & Whitney und BMW vom 05.09.1931, in: ebd., Bl. 51–53.

[60] Vgl. eidesstattliche Erklärung von Waldemar von Buttlar, Geschäftsführer der BMW-Niederlassung in Berlin, vom 09.05.1946, in: StAM SpKa Karton 1341: Popp; vgl. auch Popp an Udet vom 29.10.1936, in: BArch R 8119 F/P 3075, Bl. 92-103, hier Bl. 94 und Popp an von Stauß von 19.12.1932, in: BArch R 8119 F/P 3073, Bl. 26–27, hier Bl. 27.

vor allem die Planungen, die drei bedeutenden deutschen Flugmotorenhersteller auf jeweils ein technisches Spezialgebiet zu konzentrieren. Die Planungen des Heereswaffenamtes für den so genannten A-Fall[61] sahen im Sommer 1931 auf Grund des Mangels an Alternativen zwar erstmals den Einsatz auch luftgekühlter Flugmotoren für den Kriegsfall vor[62], die militärischen Stäbe planten jedoch lediglich mit dem damals noch nicht einsatzbereiten Bristol-Jupiter-Motor.[63] Der nicht abgestimmte Lizenzerwerb von Pratt & Whitney war Popp auch drei Jahre, nachdem BMW die Fertigung der Sternmotoren aufgenommen hatte, noch nicht verziehen worden. Dass Popp mit der Übernahme der US-Lizenz im Jahre 1928 bewusst gegen die Interessen der Reichsbehörden gehandelt hatte, wurde von diesen nicht nur scharf verurteilt,[64] sondern auch mit Nichtberücksichtigung von BMW bei der Auftragsvergabe luftgekühlter Flugmotoren bestraft. Reichsverkehrsminister von Guérard kritisierte in diesem Zusammenhang vor allem den autokratischen und unkooperativen Entscheidungsstil von Popp. „So haben Sie mich vor Erwerb der Lizenz nicht unterrichtet, insbesondere sich nicht vergewissert, wie

[61] Der Begriff A-Fall war eine Stufe der Mobilmachung, bei der vor 1939 drei Stufen unterschieden wurden: 1. Spannungszeit, in der unter möglichster Vermeidung jeder außenpolitischer Belastung die Grundlagen für den zuverlässigen Ablauf der eigentlichen Mobilmachung geschaffen und Einzelmaßnahmen der Mobilmachung vorausgenommen werden sollten. 2. Mobilmachung ohne öffentliche Verkündung (X-Fall). Sie diente unter weitmöglichster Tarnung ihres Zwecks der planmäßigen Mobilmachung der Wehrmacht, sowie eventuell der getarnten Mobilmachung von Staat, Wirtschaft und Volk. 3. Allgemeine Mobilmachung mit öffentlicher Verkündung (Mob-Fall oder A-Fall). Sie schloss die Mobilmachung der Wehrmacht und des Staates, der Wirtschaft wie des gesamten Volkes ein, sofern nicht in dem Mobilmachungsbefehl besondere Einschränkungen (z.B. örtliche Begrenzungen) befohlen wurden. Vgl. Angaben aus dem Mobilmachungsbuch für die Zivilverwaltungen (Neudruck 1939), in: Aktennotiz aus dem Archiv des ehemaligen RFM vom 29.07.1948, in: BArch R 2 Anh./79, Bl. 123–124.

[62] Diese Planungen widerlegen auch Popps spätere apologetische Behauptungen, dass der luftgekühlte Flugmotor ausschließlich für die zivile Luftfahrt bestimmt war. Vgl. z.B. Popps Rechtfertigungsdenkschrift „Zur Geschichte der Bayerischen Motoren Werke“ aus dem Jahr 1947, in: BMW-Arch UA 138 und den von Popp verfassten Lebenslauf, in: StAM SpKa Karton 1341: Popp, S. 1–23, hier S. 6–7. Die luftgekühlten Flugmotoren wurden im Ausland schon seit langem als Rüstungstypen eingesetzt. U.a. auf Grund dieser Erkenntnis erwarb Popp die Pratt & Whitney-Lizenz. Popps Kommentar zu einer der ersten größeren Bestellungen von Hornet-Motoren durch die Luft Hansa im Jahre 1932 verdeutlicht seine tatsächliche Ansicht: „Dieser Auftrag ist aber nach einer anderen Richtung hin ein großer Erfolg, da nämlich das Reichswehrministerium nunmehr den Hornet-Motor als Militärmotor anerkannt hat, worum ich seit vier Jahren gekämpft habe.“ Popp an von Stauß von 19.12.1932, in: BArch R 8119 F/P 3073, Bl. 26–27, hier Bl. 27.

[63] Vgl. Aktenvermerk Abteilung Wa.Prw8 betr. der Schließung der Flugmotorenabteilung der Siemens & Halske AG vom 01.09.1931, in: BA-MA RH 12-1/40, Bl. 297–301.

[64] Vgl. Popp an Udet vom 29.10.1936, in: BArch R 8119 F/P 3075, Bl. 92–103, hier Bl. 94.

die Erwerbung dieser Nachbaurechte wirtschaftlich zu beurteilen ist."[65] Mit ihrer Reaktion auf den Kauf der Pratt & Whitney-Lizenz offenbarten die Reichsbehörden, dass sie die letztendliche Entscheidungsgewalt über die Modellpolitik der einzelnen Flugmotorenhersteller für sich beanspruchten. Der Poppsche Alleingang verstieß ihrer Meinung nach gegen die vermeintlichen ministeriellen Kompetenzen. BMW stellte sich mit dem Lizenzerwerb ausdrücklich außerhalb des von den Ministerien gezielt forcierten Systems der weitgehenden Abhängigkeit der Luftfahrtindustrie vom Reich sowie der dadurch bedingten produktionstechnischen Kontrolle durch staatliche Agenturen. Das aktive Hineinregieren der Behörden in die Firmenpolitik bedeutete für die Flugmotorenindustriellen eine erhebliche Begrenzung der eigenen Handlungsspielräume.

Neben den deutschen Behörden reagierte auch die Konkurrenz im Hause Siemens & Halske negativ auf die BMW-Aktivitäten im luftgekühlten Flugmotorenbereich. Bei Siemens war man Anfang 1928, als BMW die Pratt & Whitney-Lizenz erwarb, gerade damit beschäftigt, mit dem Sh 20 einen eigenen luftgekühlten Flugmotor mit 600 PS Spitzenleistung zu konstruieren.[66] Durch den BMW-Hornet-Motor erwuchs dem Siemens-Flugmotorenwerk eine unerwartete Konkurrenz im Bereich luftgekühlter Motoren, in dem sich Siemens in einer exklusiven und abgesicherten Position wähnte.

Allerdings hatte auch Popp großen Respekt vor der Siemens-Konkurrenz. Daher griff er im Frühjahr 1930, kurz nachdem Siemens seinen neuen luftgekühlten Sternmotor herausbrachte, seine Initiative eines Zusammengehens mit Siemens wieder auf. Seiner Meinung nach würde keine der beiden Firmen während der Weltwirtschaftskrise von den bescheidenen Aufträgen im luftgekühlten Sektor leben können. Aus dem gleichen Grund plante er 1930 auch nicht mehr, den Siemens-Flugmotorenbau ins eigene Unternehmen zu übernehmen. Er versuchte in den Jahren 1930/31 vielmehr, Siemens zur Stilllegung seines Flugmotorenbaues zu überreden.[67] Seine Ziele, einerseits die Konkurrenz von Siemens auszuschalten und andererseits BMW im wasser- sowie im luftgekühlten Flugmotorensektor wieder als Monopolisten zu etablieren, scheiterte jedoch letztendlich am Widerstand der Militärs. Diese verhinderten gezielt eine neuerliche Monopolstellung von BMW. Als sich Carl Friedrich von Siemens im September 1931 dazu entschied, die eigene Flugmotorenabteilung stillzulegen, mit der Siemens seit dem Ersten Weltkrieg rund 8 Mio. RM Verluste gemacht hatte, verhinderten die Planungsstellen des Militärs eine Fusion mit BMW und überredeten Siemens zum Durchhalten.[68]

65 Von Guérard an Popp vom 22.11.1930, in: BArch R 8119 F/P 3070, Bl. 214.

66 Vgl. Niederschrift des Junkers-Büro Berlin über eine Besprechung mit Becker vom 03.02.1928, in: DMM/ASD JA 0021.

67 Vgl. Popp an von Stauß vom 06.03.1930, in: BArch R 8119 F/P 3069, Bl. 107-108.

68 Aktenvermerk Abteilung Wa.Prw8 betr. der Schließung der Flugmotorenabteilung der Siemens & Halske AG vom 01.09.1931, in: BA-MA RH 12-1/40, Bl. 297-301.

3.1.4. Das Auslandsgeschäft mit BMW-Flugmotoren

Um das totale Bauverbot nach dem Ersten Weltkrieg und die alliierten Begriffsbestimmungen des Jahres 1922 zu umgehen und größere Verkehrsflugzeuge mit leistungsstärkeren Motoren sowie Flugzeuge militärischen Charakters anbieten und fertigen zu können, verlegte eine ganze Reihe deutscher Luftfahrtfirmen ihre Fertigung ins Ausland. Bei großzügiger Auslegung untersagte der Artikel 201 des Versailler Vertrages zwar die Fabrikation von Militärflugzeugen in Deutschland, nicht jedoch deren Entwicklung. Dies ermöglichte es, ein Konstruktionsbüro in Deutschland zu betreiben und die darin entworfenen Flugzeuge und Flugmotoren im Ausland zu fertigen. Zahlreiche Luftfahrtfirmen verstießen auf diesem Weg zumindest gegen die Intention des Versailler Vertrages sowie der Begriffsbestimmungen.[69]

Aus wirtschaftlichen und militärischen Erwägungen begrüßten sowohl das Reichsverkehrsministerium als auch das Reichswehrministerium das Auslandsengagement der Luftfahrtindustrie. Die Gründung und der Betrieb von Zweigwerken kamen dem Bestreben der Ministerien entgegen, eine deutsche Luftfahrtindustrie mit Innovationspotenzial und der Fähigkeit zur Fertigung moderner Kampfflugzeuge zu erhalten. Welche Bedeutung das RVM den Auslandsaktivitäten zur Umgehung der von den Siegermächten auferlegten Beschränkungen zumaß, zeigte sich bereits Anfang 1922 in der Diskussion um die zukünftige Luftfahrtpolitik. Man zog im RVM ernsthaft in Erwägung, Beihilfen für Flugzeugfirmen davon abhängig zu machen, dass sie Fertigungsbetriebe im Ausland einrichteten, sich jedoch gleichzeitig verpflichteten, die Produktion sobald wie möglich wieder nach Deutschland zu verlegen und im Ausland nur noch das zu fabrizieren, was im Reich weiterhin nicht hergestellt werden durfte.[70]

Auch BMW bemühte sich ab 1922 intensiv darum, die Fabrikation seiner Flugmotoren teilweise ins Ausland zu verlegen, um nicht vollständig vom internationalen Markt abgeschnitten zu sein. Das Unternehmen veranlasste zunächst die Gewährung einer Lizenz zum Bau von BMW-Flugmotoren an die Automobilfabrik Arbenz in Zürich. Die Arbeiten waren dort nach nur kurzer Anlaufzeit aufgenommen worden. Jedoch trieben laut Popp „die katastrophalen wirtschaftlichen Verhältnisse der Schweiz diese Firma kurze Zeit darauf in Liquidation“, so dass der Bau von Flugmotoren eingestellt werden

[69] Zu den Auslandsaktivitäten der Dornier-Metallbauten GmbH in der Schweiz, Italien und Japan vgl. beispielsweise Dornier, Claude: Aus meiner Ingenieurslaufbahn. Zug 1966, S. 113–183. Auch der Heinkel-Konzern ließ in Schweden und Japan und die Rohrbach Metallflugzeugbau GmbH in Dänemark produzieren. Vgl. dazu u. a. Heinkel, Leben 1955, S. 118–200; Bach, Luftfahrtindustrie 2003, S. 297. Den Weg ins Ausland wählten auch Rüstungsbetriebe anderer Branchen, um die Beschränkungen des Friedensvertrages zu unterlaufen. Vgl. Hansen, Reichswehr 1978, S. 35–37.

[70] Vgl. Appel, Bernd-Marian: Entwicklungsbedingungen für Luftfahrtunternehmen in Deutschland 1919–1926. Frankfurt am Main 1993, S. 56f.

musste.[71] Daraufhin schloss BMW am 15.02.1922 mit der tschechoslowakischen Regierung einen Lizenzvertrag über den Bau von BMW IIIa und BMW IV Flugmotoren.[72] BMW entschied sich nach langwierigen Verhandlungen für die Automobilfabrik Walter in Jinonice bei Prag als endgültigen Lizenznehmer. BMW nutzte in der Folgezeit die tschechoslowakischen Beziehungen, um Flugmotoren ins europäische Ausland zu liefern.

Die wohl umfangreichsten Auslandsaktivitäten betrieb die Junkers Flugzeugwerk AG in der Sowjetunion.[73] Ende 1923 bemängelte die Reichswehr jedoch, die an dem Junkers-Projekt im Moskauer Vorort Fili im Rahmen ihrer geheimen Luftrüstungspläne großes Interesse hatte, insbesondere die ungenügenden Vorbereitungen für die Produktion von Flugmotoren. Sie forderte daher im November 1923 die Einschaltung der Bayerischen Motoren Werke in das Projekt. Im März 1924 reiste Popp erstmalig in die Sowjetunion, um die Motorenproduktion in der Junkers-Fabrik Fili zu begutachten.[74] Er lehnte daraufhin ein BMW-Engagement in der Sowjetunion zwar ab, konnte während dieser und nachfolgender Reisen jedoch gute Kontakte zu sowjetischen Funktionären knüpfen. Die Sowjetunion avancierte daraufhin seit 1924 zum größten Auslandskunden der BMW AG und wurde somit über Jahre hinweg zum insgesamt wichtigsten Geschäftspartner des Unternehmens.[75]

Bis Mitte 1931 setzte BMW Flugmotoren im Wert von sieben Mio. US-Dollar, umgerechnet rund 24 Mio. RM, in die Sowjetunion ab.[76] Pierer errechnete, dass rund 45% der gesamten Flugmotorenproduktion von BMW in den Jahren 1924 bis 1932 in die Sowjetunion exportiert wurden. Nach BMW-Angaben entfielen von 1925 bis 1928 etwa 66% des gesamten Flugmotoren-

71 Popp an Staatsministerium für Handel, Industrie und Gewerbe vom 24.02.1923, in: BayHStA MWi 6886.

72 Vgl. Lizenzvertrag zwischen BMW und dem Ministerium für Nationale Verteidigung der Tschechoslowakischen Republik vom 15.02.1922, in: BayHStA MWi 6886.

73 Vgl. hierzu u. a. Schmitt, Günter: Hugo Junkers. Ein Leben für die Technik. Planegg 1991, S. 197–264; Ders.: Hugo Junkers und seine Flugzeuge. Berlin 1986, S. 130–145; Wagner, Wolfgang: Hugo Junkers, Pionier der Luftfahrt – seine Flugzeuge. Bonn 1996, S. 185–229, S. 252–261; Budraß, Flugzeugindustrie 1998, S. 101–128; Müller, Rolf-Dieter: Das Tor zur Welt. Die Bedeutung der Sowjetunion für die deutsche Wirtschafts- und Rüstungspolitik zwischen den Weltkriegen. Boppard 1984, S. 99–148, S. 170–173, S. 209–222; Zeidler, Manfred: Reichswehr und Rote Armee 1920–1933. Wege und Stationen einer ungewöhnlichen Zusammenarbeit. München 1993, S. 54–59, S. 89–97; Sobolew, Dimitri A.: Deutsche Spuren in der sowjetischen Luftfahrtgeschichte. Die Teilnahme deutscher Firmen und Fachleute an der Luftfahrtentwicklung in der UdSSR. Hamburg 2000.

74 Budraß, Flugzeugindustrie 1998, S. 127.

75 Vgl. Liste aller Bestellungen der sowjetischen Handelsvertretung in Deutschland bei BMW vom 05.06.1924–23.09.1929, in: BArch R 8119 F/P 3125, Bl. 127. Vgl. hierzu auch Del Fabbro, BMW AG 2003, S. 43.

76 Vgl. Bestellungen der sowjetischen Handelsvertretung, in: BArch R 8119 F/P 3125, Bl. 127; P 3102, Bl. 229 und P 3070, Bl. 113.

Exportgeschäfts des Unternehmens auf die Sowjetunion. Außerdem schloss BMW am 14.10.1927 mit der Sowjetunion einen Lizenzvertrag über die Produktion des BMW VI-Motors. Der Vertrag mit einer Laufzeit von fünf Jahren war vergleichsweise günstig für BMW. Man erhielt für jeden Motor, den die Sowjets herstellten, 7,5% des Verkaufspreises als Lizenzgebühr, mindestens jedoch 50000$ jährlich.[77] Bei Aufträgen, die das RVM an BMW vergab, hatte sich in der Regel eine Gewinnspanne von rund 10% eingebürgert.[78] Somit verdiente BMW mit den Lizenzzahlungen der Sowjets nicht wesentlich weniger als in der Eigenproduktion.

Der Verkauf von Flugmotoren war ein politisch geprägtes Geschäft, da Flugmotoren überwiegend als Rüstungsprodukte galten. Es war den BMW-Managern daher von Anfang an klar, dass hinsichtlich der Kontakte zur Sowjetunion eines Tages politische Momente eine bedeutende Rolle spielen könnten. Auch in der Sowjetunion standen die Luftfahrtindustrie und der private Luftverkehr in mehr oder weniger enger Abhängigkeit von den Militärbehörden. Hauptabnehmer der BMW-Flugmotoren in der Sowjetunion war die Luftwaffe der Roten Armee. Daher war das Bestreben der Sowjetunion, eine eigene Luftfahrtindustrie aufzubauen, verständlich.[79] Nur auf diesem Weg konnten sie im Kriegsfall unabhängig von ausländischen Lieferungen bleiben. Daher konnten die Sowjetuniongeschäfte der BMW langfristig lediglich eine Episode bleiben. Nachdem die Sowjets eine eigene Flugmotorenproduktion aufgebaut hatten, endeten die Bestellungen bei BMW. Im Jahre 1931 erhielt BMW nur noch befristet laufende Aufträge auf Ersatzteile, Werkzeuge und Vorrichtungen zur Eigenfabrikation von Flugmotoren, jedoch keine Serienbestellungen mehr.[80] Es fehlte dem Münchener Unternehmen an attraktiven Nachfolgemodellen, die man den Sowjets hätte anbieten können. Sie stellten den BMW VI in Lizenz selbst her. Die übrigen BMW-Flugmotoren waren für die Sowjetunion nicht von Interesse, da sie entweder technische Mängel aufwiesen oder wie die luftgekühlten Hornet-Motoren nicht in das Rüstungskonzept der Roten Armee passten.[81]

[77] Vgl. Zusammenfassung des Lizenzvertrages vom 10.10.1932, in: BArch R 8119 F/P 3102, Bl.326. Der Lizenzvertrag mit der tschechoslowakischen Regierung vom 15.02.1922 sicherte BMW dagegen nur 5% des Stückpreises zu. Vgl. Lizenzvertrag zwischen BMW und dem Ministerium für Nationale Verteidigung der Tschechoslowakischen Republik vom 15.02.1922, in: BayHStA MWi 6886.

[78] Vgl. u.a. Treuhandbericht über die bei der BMW AG vorgenommene Preisprüfung von elf Versuchsmotoren vom 10.10.1932, in: BArch R 8135/5247.

[79] Vgl. Pierer, BMW 2004, S.56. Das Streben nach einer eigenen Flugmotorenproduktion bestand laut Popp aus militärischen Gründen in allen Ländern, selbst in den kleinsten wie Schweden, der Schweiz, Jugoslawien, Rumänien, usw. Vgl. BMW an Reichsverkehrsminister vom 01.12.1930, in: BArch R 8119 F/P 3070, Bl.215, S.1–14, hier S.14.

[80] Vgl. auch von Buttlar an Oberstleutnant Hellmut Felmy im Truppenamt des RWM vom 23.12.1931, in: BA-MA RH 12-1/40, Bl.121–122, hier Bl.122.

[81] Vgl. Pierer, BMW 2004, S.59–60. Vgl. hierzu jedoch auch die Auseinandersetzungen von BMW mit der sowjetischen Handelsvertetung. Vgl. Kapitel 4.3., ab S.127.

Neben dem Export in die Sowjetunion belieferte das Münchener Unternehmen eine Reihe anderer kleinerer und größerer ausländischer Kunden. Die längsten Geschäftsbeziehungen pflegte man mit der Tschechoslowakischen Republik. Obwohl der BMW IV-Motor gemessen an internationalen Standards bereits veraltet war, bestellte das tschechoslowakische Verteidigungsministerium noch 1927/28 125 Motoren dieses Typs bei der Lizenzfabrik von BMW in der Tschechoslowakischen Republik, Walter.[82] Zum drittwichtigsten ausländischen Geschäftspartner entwickelte sich Japan. Seit 1924 stellte das japanische Unternehmen Kawasaki Dockyard Company in Kobe die BMW-Flugmotoren BMW IIIa, IV und VI in Lizenz her. Ein zweiter Lizenzvertrag über die Motorenmuster IX und IXa wurde mit der langen Laufzeit von 10 Jahren am 15.04.1932 geschlossen.[83] Dieser Lizenzvertrag war für den Münchener Flugmotorenbauer von besonderer Bedeutung, da er in eine Zeit fiel, als das europäische Auslandsgeschäft für BMW sehr schlecht lief. Allerdings erwarben die Japaner einen Flugmotor, der gravierende technische Mängel hatte und der bei BMW nur in geringen Stückzahlen gebaut wurde.[84]

Neben den drei großen Auslandskunden von BMW – der Tschechoslowakei, Japan und der Sowjetunion – importierte eine Reihe anderer Länder BMW-Flugmotoren. Hierzu zählten unter anderem die Niederlande, Dänemark und Jugoslawien.[85] Außerdem bemühte man sich intensiv darum, mit der französischen Luftfahrtindustrie Geschäfte zu machen. Die französische Regierung kaufte 1928 die wichtigsten internationalen Flugzeug- und Flugmotorentypen zu Studienzwecken. Auch in Deutschland bestellte man bei den Rohrbach-Werken auf Reparationskosten ein Flugzeug, das mit drei BMW VIIa Motoren ausgestattet war. Popp vermutete, dass die französische Regierung kein Interesse an direkten intensiven Geschäften mit der deutschen Luftfahrtindustrie hatte, und versuchte daher, durch die Lieferung interessanter Versuchsobjekte, doch noch Erfolg zu haben. Außerdem verhandelte BMW mit der Firma Farman, bei der Popp die Hornet-Lizenz unterbringen wollte. Im Übrigen unterhielt BMW in Frankreich einen Vertreter, über den man über alle Verhältnisse der französischen Luftfahrtindustrie gut orientiert war.[86]

Insgesamt gesehen war die BMW-Flugmotorenproduktion während der 1920er Jahre weitgehend von Auslandsaufträgen abhängig. Rückblickend re-

[82] Vgl. Artikel „Große Anerkennung der BMW Flugmotoren im Ausland", in: Münchener Zeitung vom 19.04.1928.

[83] Vgl. Zusammenfassung der Lizenzverträge mit Japan, in: BArch R 8119 F/P 3075, Bl. 40–41.

[84] Vgl. Lange, Geschichte 1999, S. 149.

[85] Vgl. Popp an die Redaktion des Vorwärts vom 31.01.1928 mit einer Abschrift an die DLH und das RVM, in: DMM/ASD JA 0021; vgl. auch die Bemerkungen von Brandenburg in der 312. HAS am 03.02.1928, in: BArch R 101/1404, Bl. 303.

[86] Vgl. Popp an von Stauß vom 10.07.1930, in: BArch R 8119 F/P 3070, Bl. 27–28.

Tabelle 1: Umsatz des Werks München 1927–1933 (in RM)

	1927	1928	1929	1930	1931	1932	1933
Flugmotoren	7594822	13359013	6203224	8731921	2776600	2584500	8200969
– davon Absatz im Inland		43,90%	41,40%	11,10%	90,70%		
– davon Absatz im Ausland		56,10%	58,60%	88,90%	9,30%		
Ersatzteile für Flugmotoren	3519948	2222785	2977212	2964191	3980300	1388100	1233962
Motorräder*	7955177	8330000	8970000	6900000	7555000	5477500	5955501
Gesamt Werk München	19069947	23911798	18150436	18550560	14311900	9450100	15390432

* Die Umsätze für Motorräder umfassen den In- und Auslandsumsatz inklusive Ersatzteile. Vgl. Anlage I des Berichts der Deutschen Revisions- und Treuhand AG über BMW, BArch R 8135/5013.

Quelle: Produktionsstatistiken der Jahre 1927–1933, BArch R 8119 F/P 3092, P 3099, P 3100, P 3102 und P 3103 sowie Anlage I des Berichts der Deutschen Revisions- und Treuhand AG über BMW, BArch R 8135/5013. Übernommen aus: Pierer, BMW 2004, S. 52.

sümierte Popp 1931: „Wir haben in den letzten Jahren nur existieren können infolge der Auslandsaufträge.“[87] In einem Schreiben an Reichsverkehrsminister von Guérard Ende 1930 präzisierte Popp, dass nicht nur BMW, sondern auch das Reich von den umfangreichen Auslandslieferungen des Unternehmens profitiert hatte. „Unsere Umsätze an Flugmotoren in den Nachkriegsjahren betrugen bis heute rund RM 50 Millionen, wovon nur ca. RM 10 Millionen auf Inlandsaufträge entfallen. Die Steuerleistung aus den RM 40 Millionen Auslandsaufträgen beträgt schätzungsweise mindestens etwa RM 10 Millionen. Wir haben also dem Reiche aus den Auslandslieferungen etwa den gleichen Betrag durch Steuern zugeführt, den die gesamten Inlandsaufträge an Flugmotoren bei uns ausmachen.“[88]

Die Angabe Popps, dass von den in den Jahren 1922–1930 im Flugmotorenbereich erwirtschafteten 50 Mio. RM Umsatz rund 80 Prozent durch Auslandsaufträge erreicht wurden[89], erscheint angesichts der Angaben in Tabelle 1 recht übertrieben. Er scheint in seinem Bestreben, die Bedeutung der In-

[87] Popp an Milch vom 22. 12. 1931, in: BArch R 8119 F/P 3072, Bl. 170.
[88] Popp an von Guérard vom 01. 12. 1930, in: BArch R 8119 F/P 3070, Bl. 215, S. 1–14, hier S. 12–13.
[89] Eine ähnliche Angabe macht Popp aus Rechtfertigungsgründen in seinem Schreiben an die Redaktion des Vorwärts vom 31. 01. 1928, in: DMM/ASD JA 0021.

landsaufträge für BMW beim Reichsverkehrsminister herunterzuspielen, die Umsatzzahlen des Jahres 1930 auf die Gesamtperiode hochgerechnet zu haben. Allerdings liegen die Umsätze des Auslandsgeschäftes bis zum Jahre 1931 deutlich über den Inlandsumsätzen.[90] Erst 1931 schrumpften die Flugmotoren-Exportumsätze von BMW erheblich und erreichten fortan nur noch maximal 10% des Gesamtumsatzes.

Die erfolgreichsten Jahre lagen für BMW im Flugmotorensektor vor 1933 zwischen 1927 und 1930. BMW setzte seine Flugmotoren in diesen Jahren vor allem an zwei Hauptkunden ab, an das RVM, das auch die Interessen der Reichswehr vertrat, und an die Sowjetunion.[91] Vergleicht man die In- und Auslandsumsätze dieser Jahre, wird deutlich, dass BMW in erster Linie die Luftstreitkräfte der Roten Armee belieferte.

Der Umsatzrückgang des Jahres 1929 erklärt sich aus Auftragseinbrüchen seitens des RVM. Der Inlandsabsatz blieb auch 1930 in Folge der Haushaltskürzungen im RVM verschwindend gering. Der in diesem Jahr erwirtschaftete Flugmotorenumsatz von 8,7 Mio. RM basierte fast ausschließlich auf Großaufträgen der Sowjetunion. Dieser Auslandskontakt zögerte die Auswirkungen der Weltwirtschaftskrise auf den BMW-Konzern somit um fast zwei Jahre hinaus. 1931 blieben auch die ausländischen Aufträge bei konstant niedrigen Inlandsbestellungen aus, so dass der BMW-Flugmotorenbau in die Krise geriet. Der letzte große Flugmotorenauftrag war den Sowjets 1930 ausgeliefert worden. 1931 bestellte die Sowjetunion noch eine große Menge an Flugmotorenersatzteilen. Dies erklärt, dass der Ersatzteilumsatz in diesem Jahr sogar über dem des Flugmotorenumsatzes lag.[92] Im Jahre 1932 konnte ein größerer Verlust in der seit 1924 erfolgreichsten Unternehmenssparte nur auf Grund von Sondergewinnen aus Lizenzverkäufen verhindert werden.[93] Auch die Jahresgewinne stammten bis 1930 im Wesentlichen aus dem Flugmotorengeschäft mit dem Ausland.[94] Das bedeutete, dass das Unternehmen nur gesund war, solange der Flugmotorenbau erfolgreich war. Die Tatsache, dass die Weltwirtschaftskrise BMW erst im Jahre 1931, zeitgleich mit dem Wegbrechen der wichtigen Auslandsaufträge, erreichte, verdeutlicht die Bedeutung des Exportes im Flugmotorenbau der BMW.

90 Leider liegen für die Jahre 1922 bis 1927 und 1932 bis 1933 keine nach In- bzw. Auslandsumsatz aufgeschlüsselten Daten vor. Es kann jedoch angenommen werden, dass die Auslandsumsätze die Inlandsnachfrage bis 1925 auf Grund der Beschränkungen auf dem deutschen Flugmotorenmarkt wesentlich überstiegen und für die Jahre 1926 und 1927 in etwa den Werten der Jahre 1927 und 1928 glichen.

91 Vgl. Pierer, BMW 2004, S. 52.

92 Vgl. von Buttlar an Felmy vom 23. 12. 1931, in: BA-MA RH 12-1/40, Bl. 121–122, hier Bl. 121.

93 Vgl. Zwischenbericht der Geschäftsleitung für das Geschäftsjahr 1932, in: BArch R 8119 F/P 3087, Bl. 369.

94 Allein im Jahr 1928 erzielte man mit dem Flugmotorenbau einen Gewinn von 3,5 Mio. RM. Vgl. Bericht die finanzielle Entwicklung des BMW-Konzerns (o. D.), in: BMW-Arch UA 2 und Bilanz zum 30. 06. 1929, in: BArch R 8119 F/P 3099, Bl. 100.

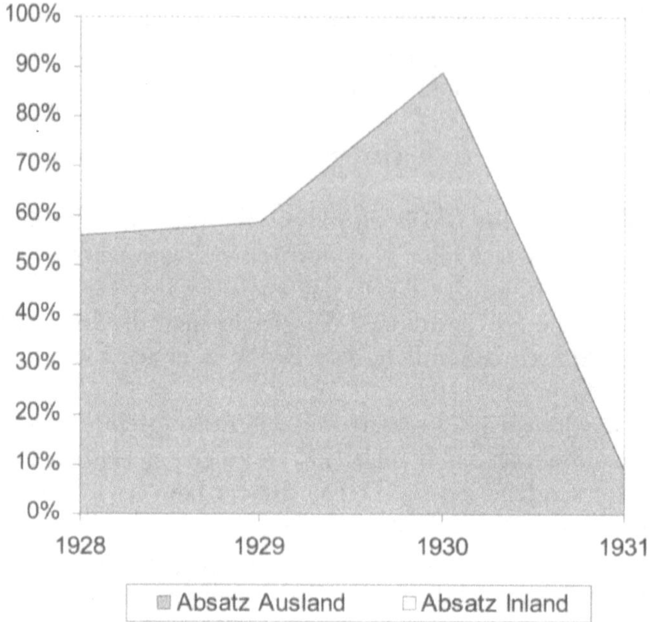

Grafik 2: Anteiliger Absatz an Flugmotoren im Inland und ins Ausland

Quelle: Vgl. Tabelle 1, S.60.

Neben der Tatsache, dass der Export die Auswirkungen der Weltwirtschaftskrise auf ein für den BMW-Konzern erträgliches Maß begrenzte, fiel den Auslandskontakten eine weitere nicht minder wichtige Funktion zu. Sie machten den Münchener Flugmotorenbauer gegenüber den Reichsministerien wesentlich unabhängiger als andere Luftfahrtfirmen. BMW konnte sich bis ins Jahr 1930 auf regelmäßige gewinnbringende Großaufträge aus dem Ausland verlassen. Dies verschaffte dem Unternehmen eine relative Emanzipation von staatlichen Inlandsaufträgen, die die unternehmerischen Handlungsspielräume erheblich erweiterte. BMW hing nicht wie die meisten anderen Unternehmen der Luftfahrtindustrie ausschließlich am Tropf staatlicher Subventionen und Aufträge. Folglich war auch das Einfluss- und Druckpotenzial der zuständigen staatlichen Stellen nicht ganz so ausgeprägt wie gegenüber anderen Unternehmen. Popps Entscheidung, gegen den erklärten Willen der Militärs und des RVM in die luftgekühlte Flugmotorentechnologie einzusteigen, kann vor diesem Hintergrund erklärt werden. Dass er das damit einhergehende Risiko bewusst in Kauf nahm, zeugt von seiner relativ großen finanziellen und auftragsmäßigen Unabhängigkeit gegenüber dem Reich. Andere Luftfahrtindustrielle mussten in ihren Beziehungen mit den staatlichen Auftraggebern vorsichtiger agieren.

3.2. Einfluss der Reichswehr auf den Flugmotorenbau

Nach den Bestimmungen des Versailler Vertrages durfte das Deutsche Reich keine Luftstreitkräfte besitzen. Es gab in der Reichswehr allerdings eine Reihe kleinerer Stäbe, die sich bereits Mitte der 1920er Jahre intensiv mit der konkreten Luftrüstung auseinandersetzten. Dabei bildete sich eine spezifische Doppelung der Zuständigkeiten in der deutschen Luftrüstung heraus.[95] Geplant wurde die neue Luftwaffe in den Stäben des Reichswehrministeriums und den Planungsreferaten des Heereswaffenamtes. Die außenpolitisch empfindlichen, materiellen Vorarbeiten, die Sammlung von Ausbildungsflugzeugen, die Erkundung der Industrie, die ersten Beschaffungsvorhaben und nicht zuletzt die Lenkung der Luftfahrtforschung übernahmen jedoch Institutionen des zivilen Sektors: das Reichsverkehrsministerium, die Deutsche Versuchsanstalt für Luftfahrt, die Luft Hansa und der Reichsverband der Deutschen Luftfahrtindustrie (RDLI).[96]

Ab 1926 entstand eine Art Interessenkoalition zwischen der Abteilung Luftfahrt im RVM und dem Heereswaffenamt.[97] Die Luftfahrtindustrie wurde in der Weimarer Republik sukzessive in ein „informelles Rüstungskartell"[98] gezwängt, in dem Reichsverkehrsministerium und Reichswehr – teils unmittelbar, teils mittels der ihnen unterstehenden bzw. von ihnen beeinflussten Stellen, wie z.B. DVL, RDLI und DLH – die Beschaffung, die Produktion und den Absatz der Firmen zu beeinflussen und zu steuern suchten. Die Schlüssel für ihren Zugriff auf die Luftfahrtindustrie bildeten die weitgehende Verfügungsgewalt über den innerdeutschen Absatzmarkt sowie der wachsende Subventionsetat.

Die Reichswehr und mit ihr im Verbund das RVM trachteten seit dem Ende des Ersten Weltkriegs danach, die Luftfahrtindustrie und die Fluggesellschaften als stille materielle und personelle Reserve für eine in Zukunft zu schaffende Luftwaffe zu erhalten. Dieses Ziel verband die militärische mit der industriellen Sphäre. Nach dem Pariser Luftfahrtabkommen 1926 blieb der Bau von Kriegsflugzeugen zwar verboten, die Formung der Luftfahrtindus-

[95] Vgl. Budraß, Lutz: Zwischen Unternehmen und Luftwaffe. Die Luftfahrtforschung im „Dritten Reich". In: Maier, Helmut (Hrsg.): Rüstungsforschung im Nationalsozialismus. Organisation, Mobilisierung und Entgrenzung der Technikwissenschaften. Göttingen 2002, S. 142–182, hier S. 142.

[96] Zum Konzept der materiellen Rüstung in der Weimarer Republik siehe: Völker, Karl-Heinz: Die Entwicklung der militärischen Luftfahrt in Deutschland 1920–1933. Planung und Maßnahmen zur Schaffung einer Fliegertruppe in der Reichswehr. In: Militärgeschichtliches Forschungsamt (Hrsg.): Beiträge zur Militär- und Kriegsgeschichte, Band 3. Stuttgart 1962, S. 121–292; Thomas, Georg: Geschichte der deutschen Wehr- und Rüstungswirtschaft (1918–1943/45). Boppard 1966; Geyer, Michael: Das Zweite Rüstungsprogramm (1930–1934). In: Militärgeschichtliche Mitteilungen 17 (1975), S. 125–172.

[97] Vgl. Budraß, Flugzeugindustrie 1998, S. 168.

[98] Ebd., S. 288 und S. 230f.

trie zu einer potenziellen Waffenschmiede war jedoch denkbar geworden. Die durch die fortschreitende Technisierung und Motorisierung des Militärwesens hervorgerufene wachsende Abhängigkeit von materiellen Gegebenheiten machte die Neugestaltung der Kriegsvorbereitung notwendig. Die nicht zu überschätzende Rolle einer funktions- und leistungsfähigen Wirtschaft für die militärische Schlagkraft fand in den militärischen Planungen im Reichswehrministerium daher zunehmend Berücksichtigung.

Im September 1925 legte der Nachschubstab des Waffenamtes ein „Rüstungshandbuch für die industrielle Mobilisierung" vor.[99] Hierin wurde die Erkenntnis der immanent wichtigen Bedeutung der materiellen Rüstung das erste Mal zur konzeptionellen Grundlage der militärischen Planung in Deutschland. Die Autoren des Rüstungshandbuches zogen aus der Analyse des Ersten Weltkrieges die Schlussfolgerung, dass die von der Reichswehr anzustrebende materielle Rüstung vorwiegend in der Vorbereitung der Industrie auf die Massenfertigung von Rüstungsgütern bestehen musste. Diese Abkehr vom lange vorherrschenden Prinzip der Bevorratung und der Hinwendung zur so genannten „fabrikatorischen Vorbereitung"[100] bedeutete eine wichtige Innovation in der militärischen Planung. Es war auf Grund der alliierten Kontrollen nach dem Ersten Weltkrieg unmöglich, die erforderlichen Mengen an Kriegsgerät für einen eventuellen Kriegsfall zu tarnen, zu lagern und modern zu halten. Dagegen bot die fabrikatorische Vorbereitung den Vorteil einfacher Tarnung und garantierte bleibende Werte. Beschaffte die Reichswehr Werkzeugmaschinen statt Waffen, sorgte sie nicht nur für den ersten Kriegsbedarf, sondern gleichzeitig für den Nachschub während des Krieges. Vor allem war die fabrikatorische Vorbereitung der Industrie weitaus preiswerter als die Hortung und kostenintensive Lagerung von empfindlichen Rüstungsgütern.

Bedeutend an der Konzeption der Reichswehr war, dass das Militär bereits 1925 die weitgehende Kontrolle und Steuerung des gesamten rüstungswirtschaftlichen Prozesses in Deutschland beanspruchte. Daher verlagerte sich der Schwerpunkt der rüstungswirtschaftlichen Planungen auf die Beschaffungsstellen und Inspektionen des Heereswaffenamtes. Hier entstanden ab 1925/26 die Feinplanungen der Rüstung.[101] Das Waffenamt war auf dem „Sprung von der bloßen Beschaffungspolitik zum Rüstungsmanagement"[102] und strebte in der militärisch-industriellen Beziehung eine durchgängige militärische Kontrolle von Konstruktion und Produktion der einzelnen Unternehmen an.

[99] Rüstungshandbuch für die industrielle Mobilisierung, versandt am 12.09.1925, in: BA-MA RH 8/I/918. Der Nachschubstab war 1925 die zentrale rüstungswirtschaftliche Instanz im Heereswaffenamt.

[100] Ebd. Vgl. zu diesem Konzept auch die Notiz „Industrie-Programm" aus dem Truppenamt (o.D., wahrscheinlich 1929 oder Anfang der 1930er Jahre), in: BA-MA RH 8/I/897, Bl. 45–46, hier Bl. 45 und Fischer, Luftverkehr 2003, S. 165.

[101] Vgl. Budraß, Flugzeugindustrie 1998, S. 150.

[102] Geyer, Rüstungsprogramm 1975, S. 125.

Der weitgehende Anspruch der zuständigen militärischen Stellen hatte auf Grund des militärischen Charakters ihrer Produkte immense Auswirkungen auf die deutschen Flugmotorenhersteller. Nach Abschluss des Pariser Luftfahrtabkommens im Jahre 1926 hatten sich die Möglichkeiten des Reiches, auf die Produzenten einzuwirken, schlagartig ausgeweitet. De facto stand die gesamte innerdeutsche Nachfrage nach Fluggerät unter der Aufsicht des Reichsverkehrs- und des Reichswehrministeriums. Die Nachfrage vom Reich und der von den Behörden in Beschaffungsfragen dominierten Luft Hansa umfasste rund 95% des innerdeutschen Absatzes.[103]

Bereits Anfang 1926 beschäftigte sich eine als Wa.1. bezeichnete Beschaffungsdienststelle des Heereswaffenamtes[104] intensiv mit der Frage, unter welchen Voraussetzungen und mit welchen Fabriken die Luftrüstung durchgeführt werden konnte. Der Leiter der Abteilung, Hauptmann Leopold Vogt, verfolgte bereits Anfang 1926 vor allem mit den Bayerischen Motoren Werken konkrete Ziele in der Luftfahrtindustrie. Das Münchener Unternehmen sollte als damaliger Monopolhersteller leistungsstarker Flugmotoren in der zukünftigen Rüstungsplanung des Heereswaffenamtes eine bedeutende Rolle spielen. Für BMW bedeutete diese exponierte Stellung immer wieder Aufträge der militärischen Beschaffungsstellen. So bestellte die Wa.1. z.B. Ende 1925 50 BMW IV Motoren, was auf Wunsch der Firma in eine Bestellung der moderneren BMW VI Motoren umgewandelt wurde.[105]

Das enge Verhältnis zu den militärischen Dienststellen bedeutete für den Münchener Flugmotorenbauer gleichzeitig jedoch auch, dass das Militär sich massiv in firmeninterne Belange einmischte. Vogt setzte sich beispielsweise vehement dafür ein, den BMW-Hauptaktionär, Castiglioni, zu veranlassen, sein Aktienpaket zu verkaufen.[106] Um in diesem Sinne ein Druckmittel gegen BMW und Castiglioni in die Hände zu bekommen, wurde der erwähnte Auftrag formell über das Reichsverkehrsministerium abgewickelt. Das RVM sollte bei Nichtberücksichtigung der Wünsche der Reichswehr erklären, dass es keine weiteren militärischen und zivilen Aufträge an BMW mehr vergeben würde, ein drastisches Sanktionsmittel, das die Wa.1. auf Grund ihrer relativ bescheidenen eigenen Bestellungen nicht besaß.

Castiglioni wurde von den Militärs in militärischer und kaufmännischer Hinsicht für BMW als Risikofaktor gewertet. Er war italienischer Staatsbürger mit engen Verbindungen zu italienischen Behörden, was die Geheimhal-

103 Vgl. Fischer, Luftverkehr 2003, S. 165 und 167.

104 Die Arbeiten auf dem Gebiet der industriellen Mobilmachung im Sinne des Konzeptes der fabrikatorischen Vorbereitung waren die wichtigsten Aufgaben der Abteilung Wa.1. Vgl. Vogt an Volkmann vom 29.01.1926, in: BA-MA RH 8/I/3604, Bl. 87–98, hier Bl. 89. Leopold Vogt übergab die Leitung der Wa.1. im Winter 1925/26 an seinen Nachfolger Hellmuth Volkmann.

105 Vgl. Vogt an Volkmann vom 29.01.1926, in: BA-MA RH 8/I/3604, Bl. 87–98, hier Bl. 93–94.

106 Ebd., Bl. 96.

tung deutscher Rüstungsaufträge in Frage stellte. Außerdem warf man ihm vor, BMW-Gewinne von mehreren Mio. Reichsmark verspekuliert zu haben. Überdies hatte das RVM beim BMW IV-Flugmotor auf der Basis einer eingehenden staatlichen Preiskalkulation eine erhebliche Preissenkung von 20000 RM auf 12000 RM diktiert.[107] Man warf dem BMW-Hauptaktionär eine falsche Preispolitik vor und befürchtete, dass das Unternehmen auf Grund überteuerter Preise Aufträge aus der Sowjetunion verlieren könnte. Um dies zu verhindern, informierten Mitarbeiter der Wa.1. die sowjetischen Vertragspartner, über die gesenkten Preise des BMW IV, ohne vorher die Unternehmensleitung zu informieren. Da BMW eine bedeutende Säule der Rüstungspläne der Reichswehr war, wollte man das Unternehmen in solideren Händen wissen und machte bewusst Druck auf den Absatzmarkt von BMW.[108]

Das Militär scheute auch nicht davor zurück, in die gesellschaftsrechtliche Unabhängigkeit der Flugmotorenfirmen einzugreifen. Vogt bewertete den Umstand, dass sich der Junkers-Motorenbau im Wesentlichen mit dem Nachbau von BMW-Motoren beschäftigte, als sehr unzweckmäßig.[109] Um eine Änderung dieses Zustandes herbeizuführen, forderte er Anfang 1926, dass Junkers entweder zukünftig nur noch eigene Neukonstruktionen baute oder dass beide Firmen eine Interessengemeinschaft eingingen. Er schlug die Gründung einer Dachgesellschaft für den Flugmotorenbau vor, in der BMW als der bedeutendere Flugmotorenhersteller die Leitung erhalten müsste.[110] Popp wäre, so Vogt, auf Grund seiner langjährigen Erfahrung die geeignete Persönlichkeit für die Leitung einer solchen Dachgesellschaft.[111] Junkers entzog sich dem Verlust der Eigenständigkeit im Flugmotorenbau letztendlich durch die Weiterentwicklung der BMW-Motoren zu eigenen Flugmotorenkonstruktionen. Allerdings verdeutlichen die Vogt'schen Vorschläge, dass BMW bei den militärischen Dienststellen besonderes Ansehen genoss. Der Münchener Flugmotorenbauer war auf Grund mangelnder Alternativen aus den Rüstungsplanungen einer zukünftigen deutschen Luftwaffe nicht mehr wegzudenken.

[107] Vgl. BMW an den Reichsverkehrsminister vom 01.12.1930, in: BArch R 8119 F/P 3070, Bl. 215, S. 1–14, hier S. 8.

[108] Vgl. Vogt an Volkmann vom 29.01.1926, in: BA-MA RH 8/I/3604, Bl. 87–98, hier Bl. 95–96.

[109] Bei der Gründung der Jumo 1923 stand dem Unternehmen kein fertig entwickelter leistungsstarker Flugmotor zur Verfügung. Daher baute die Jumo in den Anfangsjahren BMW-Motoren nach. Die Motorenmuster L2, L5 und L55 waren im Wesentlichen Plagiate des BMW IIIa, BMW IV und BMW VI. Vgl. hierzu vertrauliche Aktennotiz der Firma Junkers über den Nachbau von BMW-Motoren vom 02.05.1928, in: DMM/ASD JA 0021.

[110] Vogt unterbreitete seine Vorschläge Anfang 1926 zu einer Zeit, als die technischen Probleme an den BMW Flugmotoren noch nicht außergewöhnlich gravierende Ausmaße angenommen hatten.

[111] Vgl. Vogt an Volkmann vom 29.01.1926, in: BA-MA RH 8/I/3604, Bl. 87–98, hier Bl. 97–98.

Andererseits verdeutlichten die Eingriffe der militärischen Dienststellen in privatwirtschaftliche Entscheidungen auch, dass das Militär uneingeschränkte unternehmerische Unabhängigkeit mit seinen Rüstungsplanungen nicht für vereinbar hielt. Die Unternehmen, die von den militärischen Beschaffungsstellen mit Aufträgen versorgt wurden, mussten im Sinne des Konzeptes der fabrikatorischen Vorbereitung erhebliche Eingriffe in ihre Handlungsspielräume akzeptieren. Diese staatlichen Interventionen beschränkten sich nicht auf die Überwachung betrieblicher Konstruktions- und Produktionsprozesse. Sämtliches unternehmerisches Handeln wurde auf seine Konformität mit den Rüstungsplanungen der zuständigen militärischen Behörden überprüft. Bei Missachtung von Vorgaben des Militärs drohte den Flugmotorenbauern der Entzug von Aufträgen und Subventionen.

Im Frühjahr 1927 konkretisierten sich die Luftrüstungsprogramme der Reichswehr. Im Mai des Jahres genehmigte der Chef der Heeresleitung die erste „Flieger-Rüstungsperiode 1927/32".[112] Die in diesem Programm festgelegten Ziele der materiellen Rüstung einer zu schaffenden „schwarzen Friedensluftwaffe"[113] lauteten: erstens friedensmäßige Aufrüstung und zweitens die Sicherstellung des Nachschubs im A-Fall.[114] Dem ersten Rüstungsabschnitt sollte eine zweite „Rüstungsperiode 33/37" folgen, deren Planungen bereits im Jahre 1929 begannen.[115] Zur Erweiterung der industriellen Fertigungskapazitäten stützte sich das zur Jahrewende 1928/29 neu entstandene Luftdepartement[116] auf zwei Hilfs- und Tarnorganisationen. Über beide Organisationen nahm das Militär direkt Einfluss auf die einzelnen Unternehmen in der Rüstungsbranche.

1926 hatte das Heereswaffenamt die Stahl- und Maschinenbau GmbH (Stamag) gegründet, um die Gelder für die geheimen Industriebeziehungen zu verwalten. Das Tarnunternehmen verhinderte, dass die Geldquellen der

[112] Vgl. Hansen, Reichswehr 1978, S. 125 und Protokoll über die am 26. und 27.02.1931 gehaltenen Vorträge über das Arbeitsgebiet der Wa.Prw8, in: BA-MA RH 8/I/991, Bl. 263–286, hier Bl. 273–274.

[113] Vortrag Wegner (Wa.Prw8) „Fabrikatorische Rüstungsvorbereitungen der Luftwaffe", gehalten im Febr. 1931 vor dem Amtschef des Waffenamtes, in: BA-MA RL 3/2290, Bl. 1–40, hier Bl. 1.

[114] Vgl. Protokoll über die am 26. und 27.02.1931 gehaltenen Vorträge über das Arbeitsgebiet der Wa.Prw8, in: BA-MA RH 8/I/991, Bl. 263–286, hier Bl. 263.

[115] Vgl. ebd., Bl. 280. Allerdings verschoben sich die Beschaffungsprogramme auf Grund der schlechten Haushaltslage des Reiches im Wesentlichen um zwei Jahre, nach dem Amtsantritt der nationalsozialistischen Regierung unter Hitler erhielt das Rüstungsprogramm 33/37 ein vollkommen anderes Gesicht. Vgl. Hansen, Reichswehr 1978, S. 146–151.

[116] Zur effizienteren Durchführung der fabrikatorischen Vorbereitung der Luftfahrtindustrie vereinigte das Heereswaffenamt alle Fliegerdienststellen. Das so entstandene Luftdepartement repräsentierte das erste Mal seit dem Ersten Weltkrieg alle Stellen der militärischen Rüstung der Luftstreitkräfte. Vgl. Budraß, Flugzeugindustrie 1998, S. 206.

diversen Rüstungsunternehmen bis in den Bendlerblock[117] zurückverfolgt werden konnten. Die Stamag prüfte im Bedarfsfall die Bonität der Unternehmen, die Kredite vom Reich erhalten sollten. Das Militär verschaffte sich mit der Stamag in verschleierter Form eine Regie über die Industrie, da die Organisation bei Bedarf uneingeschränkte Einblicke in sämtliche Bücher und Korrespondenzen der Unternehmen, die Reichsaufträge ausführten, forderte.[118] Rüstungsforderungen der Reichswehr wurden den Firmen nicht einfach aufgezwungen. Das Ziel des Heereswaffenamtes war vielmehr so definiert, zum Zwecke der Rüstung eine dauerhafte kaufmännische Kontrolle über die Firmen auszuüben und sich dafür Instrumente und Qualifikationen anzueignen, die über die klassische militärischen Aufgabenerfüllung hinausgingen. Die Stamag als ausführendes Organ spielte dabei die zentrale Rolle.[119]

Die zweite Organisation, auf die sich das Luftdepartement bei der Durchführung der fabrikatorischen Vorbereitungen stützte, war die als Tochter der Stamag gegründete „Fertigungs-GmbH". Diese Organisation lieferte ein anschauliches Beispiel dafür, wie weit das Militär beabsichtigte, in die jeweiligen Fertigungsabläufe der einzelnen Hersteller des Rüstungsgeräts einzugreifen. Als zentrale Aufgabe der Fertigungs-GmbH nannte ihr Leiter Max Heinrich Bauer die Einführung des Reihenbaus und der Fließfertigung in der Luftfahrtindustrie.[120] Nach Ansicht des Militärs verlangte in erster Linie der Flugmotorenbau nach der Serienfertigung, um mit ausländischen Konkurrenten Schritt halten und im eventuellen A-Fall die notwendigen Lieferleistungen erreichen zu können.[121] Bauers Fertigungs-GmbH kontrollierte die Konstruktion und den Bau jedes Fluggerätes, das mit Mitteln des RWM oder RVM entstand. Firmen, die wie BMW Reichswehraufträge übernahmen, mussten „Richtlinien zur Fertigung" unterschreiben, die der Fertigungs-GmbH zugestanden, die obligatorische Reihenfertigung zu überwachen und jederzeit in den Bau und die Konstruktion von militärischem Luftfahrtgerät einzugreifen.[122] Die Vorschriften der Fertigungs-GmbH machte das betriebliche Wirtschaften der einzelnen Luftfahrtunternehmen in einem Maße transparent, wie dies für keine andere Industrie galt. An der Messlatte der effizientesten Flug-

[117] Der Bendlerblock wurde 1911–1914 für das Reichsmarineamt erbaut. In der Zeit der Weimarer Republik fungierte das Gebäude als Dienstsitz des Reichswehrministeriums und der Heeresleitung.
[118] Vgl. Budraß, Flugzeugindustrie 1998, S. 200–204.
[119] Ebd., S. 204.
[120] Vgl. Vortragsentwurf von Bauer: Flugzeugherstellung vom 26.02.1932, in: BA-MA RL 3/276, die Manuskripte Bauers in BA-MA RL 3/1789 und den Bericht: Die Arbeit der Fertigungs-GmbH vom 08.07.1927, in: BA-MA RH 8/I/908.
[121] Vgl. u.a. den Volkmann-Entwurf betr. der Rationalisierung der Flugzeugindustrie vom 27.09.1929, in: BA-MA RH 8/I/893, S. 127–129, hier S. 128.
[122] Vgl. Richtlinien zur Fertigung (o.D.), in: BA-MA RL 3/2279; Vgl. auch Lieferbedingungen der Fertigungs-GmbH, in: BA-MA RL 3/2276.

motorenproduktion, die die Fertigungs-GmbH anlegte, entschieden sich die weitere finanzielle Bezuschussung eines Unternehmens und damit seine Existenz. Damit fungierte die Organisation Bauers als entscheidende Rationalisierungsinstitution der Luftfahrtindustrie.[123]

Als wichtigstes Instrument der Firmenerkundung reaktivierte das Luftdepartement die bereits im Ersten Weltkrieg eingerichteten ständigen Bauaufsichten in den Unternehmen. Sie existierten seit 1928 auch bei den Flugmotorenbauern BMW und Siemens.[124] Hauptmann Hellmuth Volkmann beschrieb den Auftrag der Bauaufsichten am 24.02.1928 treffend: „[Das] Heer hat bei den einzelnen Firmen eine so genannte ‚Bauaufsicht' eingerichtet, die nicht nur die militärischen Aufträge kontrollieren sondern offen gesprochen bei den Firmen Handelsspionage treiben und das Wa. [Waffenamt] in die Lage versetzen sollen, aufs Genaueste über die Leistungsfähigkeit und Erweiterungsmöglichkeiten unterrichtet zu sein, um im A-Falle über die Werke sofort sachgemäss disponieren zu können [...].“[125] Neun Monate später referierte Volkmann, dass sich die Bauaufsichten in der Luftfahrtindustrie gut bewährt hätten und wertvolles Material zur Beurteilung der Bau- und Betriebsverfahren liefern konnten. Die erweiterten Kenntnisse über die Verhältnisse bei den einzelnen Luftfahrtunternehmen, wie z.B. BMW, hätten in materieller, technischer und personeller Hinsicht gleichzeitig auch die Einflüsse der Reichsstellen erhöht.[126] Auf der Basis der Datenerhebung des Luftdepartements wurden bevorzugt diejenigen Firmen mit Rüstungsaufträgen belegt, die zur serienmäßigen Umstellung von der Friedens- auf die Kriegsfertigung in der Lage waren.

Trotz des weitreichenden Einflusses der militärischen Dienststellen in den einzelnen Unternehmen der Luftfahrtindustrie machten die innerbetrieblichen fabrikatorischen Vorbereitungen bis 1932 nur mäßige Fortschritte.[127] Dies lag in erster Linie daran, dass dem Militär nicht die notwendigen Gelder zur Verfügung standen. In der Mehrzahl der Fälle mussten die Unternehmen die Erweiterung und Umstellung der Fertigungskapazitäten auf den Serienbau mit eigenen technischen und finanziellen Mitteln durchführen.[128] BMW reagierte im Jahr 1928 auf die staatlichen Anforderungen. Während man bis-

[123] Vgl. Budraß, Flugzeugindustrie 1998, S.215.

[124] Vgl. Bericht „Organisations-Kriegsspiel“ von Volkmann über die Tätigkeit der Beschaffungsdienststelle im Heereswaffenamt (Wa.B.6) im Dienstjahr 1927/28 vom 30.11.1928, in: BA-MA RH 2/2228, Bl.178-196, hier Bl.194.

[125] Niederschrift einer Besprechung am 24.02.1928 über die Zusammenarbeit zwischen Heer und Marine mit Vertretern des Heereswaffenamtes und des Allgemeinen Marineamtes vom 27.02.1928, in: BA-MA RH 8/I/908, S.2.

[126] Vgl. Bericht „Organisations-Kriegsspiel“ von Volkmann über die Tätigkeit der Wa.B.6 im Dienstjahr 1927/28 vom 30.11.1928, in: BA-MA RH 2/2228, Bl.178-196, hier Bl.181-182 und 193.

[127] Vgl. Völker, Luftfahrt 1962, S.184f.

[128] Vgl. Hansen, Reichswehr 1978, S.141.

her teilweise noch in provisorischen Holzbauten aus der Zeit des Ersten Weltkrieges gearbeitet hatte[129], modernisierte und vergrößerte BMW nun seine Fertigungsanlagen. Der Münchener Flugmotorenbauer wurde dadurch partiell auf Serienfertigung von Flugmotoren umgestellt.[130]

Trotz der Bemühungen um die fabrikatorische Vorbereitung blieb die deutsche Flugmotorenproduktion wie schon im Ersten Weltkrieg während der ganzen Weimarer Zeit die größte Sorge des Luftdepartements. Im Frühjahr 1931 betonte z.B. der Mitarbeiter der Abteilung Prüfwesen im Heereswaffenamt, Wa.Prw8, Wegner, dass die Fabrikation von Triebwerken im Gegensatz zu der Produktion der Flugzeugzellenindustrie in „Innerdeutschland" außerordentliche Schwierigkeiten bereite.[131] Dies liege in erster Linie nicht an den Flugmotorenherstellern selbst, sondern an den mangelnden Fabrikationsmöglichkeiten von Zulieferteilen wie Kurbelwellen, Flugmotorenmagneten, Zenithvergasern und zum Teil der Gehäuse. Wichtige Teile mussten teilweise sogar aus dem Ausland bezogen werden.[132]

Wie dramatisch die mangelnden Kapazitäten im deutschen Flugmotorenbau Anfang der 1930er Jahre waren, zeigt eine Gegenüberstellung der militärischen A-Fall-Nachschubforderung und eine Einschätzung der tatsächlichen Liefermöglichkeiten der Flugmotorenindustrie. Die Inspektion 1 der Reichswehr (In 1) und die Marine planten für den Mobilmachungsfall (Mob-Fall)[133] mit monatlich mindestens 180 Motoren, die die Flugmotorenhersteller ab dem achten Mobilmachungsmonat liefern sollten. Tabelle 2 zeigt, dass der Motorenbestand bis in den elften Mobilmachungsmonat erheblich hinter den militärischen Soll-Vorgaben zurückbleiben würde. Notwendig wäre allerdings, dass die Motorenproduktion der Zellenproduktion etwa einen Monat vorauseilte, da die Zeit für den Transport zur Flugzeugfirma, für Abnahme, Einbau und Probeläufe berücksichtigt werden musste.

Um die zu erwartenden Lieferrückstände der Flugmotorenfirmen in akzeptablen Grenzen zu halten, plante das Waffenamt eine Bevorratung von Flugmotoren-Engpassteilen bei den Unternehmen für vier Monate.

[129] Vgl. Popp an Milch vom 10.11.1933, in: BA-MA RL 3/280, Bl. 3–11, hier Bl. 3.

[130] Vgl. Vorstandsbericht zum Geschäftsjahr 1928 vom 29.05.1929, in: BArch R 8119 F/P 3080, Bl. 20–25.

[131] Grob wurde jenes Gebiet als Innerdeutschland bezeichnet, welches durch die Oder im Osten und die Linie von der Wesermündung über Kassel und Ulm bis zum Bodensee im Westen begrenzt wurde. Zu dem Begriff Innerdeutschland vgl. Thomas, Rüstungswirtschaft 1966, S. 55 und 59.

[132] In den Flugmotoren BMW VI und Bristol-Jupiter waren ausländische Zenith-Vergaser verbaut. Vgl. Vortrag Wegner (Wa.Prw8) „Fabrikatorische Rüstungsvorbereitungen der Luftwaffe", gehalten im Febr. 1931 vor dem Amtschef des Waffenamtes, in: BA-MA RL 3/2290, S. 1–40, hier S. 34.

[133] Im Folgenden wird die damals gebräuchliche Abkürzung für Mobilmachung „Mob" verwendet, z.B. bei Mobilmachungsfall – Mob-Fall, Fertigung des Betriebes im Mobilmachungsfall – Mob-Fertigung.

Tabelle 2: Liefermöglichkeiten der deutschen Flugmotorenfirmen im A-Fall (Stand April 1931)

Monate nach Auslösung des A-Falls	1.	2.	3.	4.	5.	6.	7.	8.	9.	10.	11.	12.
Liefermöglichkeiten der deutschen Flugmotorenfirmen* (Anzahl Motoren)	3	15	30	–**	–	–	–	–	40***	100	190	200
Sollforderungen der Reichswehr im A-Fall (Anzahl Motoren)	11	–	–	–	11	28	77	180	180	180	180	180

* Die Wa.Prw8 ging bei ihren Berechnungen davon aus, dass die Flugmotorenfirmen wegen der damaligen schlechten Beschäftigungslage in der Weltwirtschaftskrise einen gewissen Werkstoff-, Kurbelwellen-, Magnetapparate- usw. Vorrat hatten.

** Die Wa.Prw8 rechnete für den vierten bis achten Mobilmachungsmonat auf Grund von fehlenden Kurbelwellen, Magnetapparaten und Zenithvergaser mit einem totalen Ausfall der Flugmotorenlieferungen.

*** Die Lieferangaben der Flugmotorenfirmen für die Monate neun bis zwölf waren sehr zweifelhaft. Sie waren davon abhängig, dass es gelingen würde, im Krieg in Innerdeutschland eine Kurbelwellen und Magnetfabrikation bis zum sechsten Mobilmachungsmonat in Gang zu bringen.

Quelle: Vortrag Wegner (Wa.Prw8) „Fabrikatorische Rüstungsvorbereitungen der Luftwaffe", gehalten im Februar 1931 vor dem Amtschef des Waffenamtes, in: BA-MA RL 3/2290, S. 1–40, hier S. 36.

Wie Tabelle 3 ausweist, reichten die Liefermöglichkeiten der Flugmotorenindustrie trotz der Bevorratung von Engpassteilen nicht aus, um den Sollbedarf an Flugmotoren für die Ausrüstung der Luftwaffe im A-Fall zu gewährleisten.

Tabelle 3: Liefermöglichkeiten der deutschen Flugmotorenfirmen im A-Fall nach Durchführung der Bevorratung der Flugmotoren-Engpassteile (Projektion für April 1933)

Monate nach Auslösung des A-Falls	1.	2.	3.	4.	5.	6.	7.	8.	9.	10.	11.	12.
Liefermöglichkeiten der deutschen Flugmotorenfirmen (Anzahl Motoren)	3	15	65	121	–*	–	–	–	40**	100	190	200
Sollforderungen der Reichswehr im A-Fall (Anzahl Motoren)	14	32	82	159	180	180	180	180	180	180	180	180

* Das vollständige Aussetzen der Lieferungen in den Monaten fünf bis acht konnte auch durch eine Bevorratung von u. a. Kurbelwellen, Magnetapparaten und Zenithvergaser nicht verhindert werden.

** Die Lieferungen der Flugmotorenfirmen in die Monaten neun bis zwölf blieben zweifelhaft. Siehe Tabelle 2.

Quelle: Vortrag Wegner (Wa.Prw8) „Fabrikatorische Rüstungsvorbereitungen der Luftwaffe", gehalten im Februar 1931 vor dem Amtschef des Waffenamtes, in: BA-MA RL 3/2290, S. 1–40, hier S. 37.

Bereits in den ersten vier Monaten fehlten in den Planungen 83 Motoren. In den Monaten fünf bis acht rechnete man mit einer vollständigen Produktionslücke, d.h. dem Fehlen von weiteren 720 Flugmotoren. Eine Überbrückung einer derartigen Lücke durch Motorenreserven wurde auf Grund der hohen Kosten ausgeschlossen.[134] Auch eine weitere Kurbelwellenbevorratung über vier Monate hinaus wurde als zu teuer verworfen.[135] Bis in den Zweiten Weltkrieg sollten die einschlägigen militärischen Dienststellen die ungenügende Fertigungskapazität der Flugmotorenhersteller nicht in den Griff bekommen.

3.3. Bedeutung des Reichsverkehrsministeriums für die Flugmotorenindustrie

Da das Reichswehrministerium wegen des Verbots einer deutschen Luftwaffe in seinen Bemühungen um den Aufbau einer effizienten Luftrüstung nicht offen agieren konnte, bediente es sich der Mithilfe anderer Reichsstellen und einer Reihe ziviler Agenturen. Besondere Bedeutung kam dabei dem Reichsverkehrsministerium zu, da es als einzige Institution des Reiches Subventionen an die Luftfahrtindustrie vergab. Bestellungen der Reichswehr wurde ein ziviler Charakter gegeben, indem das RVM als Auftraggeber auftrat.[136] Das militärische Moment spielte in der Politik des RVM in der Weimarer Zeit eine wesentliche, wenn auch verdeckte Rolle.

Auch wenn sich der Leiter der Abteilung Luftfahrt im RVM, Brandenburg, den Belangen der Reichswehr gegenüber weitgehend aufgeschlossen zeigte, handelte das Verkehrsministerium nicht nur auf Wunsch und Anweisungen aus dem Reichswehrministerium. Beide Behörden arbeiteten auf Grund ähnlicher Interessenlagen seit etwa 1926 gut zusammen. Volkmann drängte mit seiner Beschaffungsdienststelle im Heereswaffenamt (Wa.1.) darauf, die Produktionsbedingungen in den Unternehmen im Sinne einer leistungsfähigen und effizienten Rüstung zu beeinflussen. Und Brandenburg steuerte mit seiner Dienststelle die zivile Produktgestaltung und den zivilen Absatz der Flugzeugindustrie, um einen Zustand zu erreichen, in dem die Firmen durch den Serienbau von exportfähigem und technisch hochwertigem Luftfahrtgerät so weit kostendeckend arbeiten konnten, dass sich die hohen Industriesubventionen verringerten. Dieses Konzept des RVM beinhaltete zwar durchaus den Blickwinkel, dass eine sich auf diese Weise selbst-

[134] Der Preis eines durchschnittlichen leistungsstarken Flugmotors belief sich auf durchschnittlich rund 35 000 RM. Allein um die vollständige Produktionslücke der Monate fünf bis acht zu schließen, hätte man 25 200 000 RM aufwenden müssen.

[135] Vgl. Vortrag Wegner (Wa.Prw8) „Fabrikatorische Rüstungsvorbereitungen der Luftwaffe", gehalten im Febr. 1931 vor dem Amtschef des Waffenamtes, in: BA-MA RL 3/2290, S. 1–40, hier S. 38–39.

[136] Vgl. Befehl des Chefs der Heeresleitung zur Fliegerrüstung 1931–37 vom 19. 05. 1930, in: Völker, Dokumente 1968, S. 110–111.

tragende Industrie dereinst die Anforderungen des Rüstungsmarktes würde bedienen können. Zunächst ging es aus Sicht des RVM allerdings darum, neue Märkte zu erschließen und die Leistungsfähigkeit der Luftfahrtfirmen zu erhöhen. Brandenburg erkannte die immensen Zukunftschancen, die ein ziviler Luftverkehr bot, und setzte daher alles daran, um die aus eigener Kraft nicht lebensfähigen Unternehmen modern und wettbewerbsfähig zu machen.[137] Hier griffen die Ziele einer zivilen und einer militärischen Beeinflussung der Flugzeugindustrie ineinander.

Die Flugmotorenbauer waren sich der engen Symbiose der militärischen und zivilen Luftfahrtbehörden durchaus bewusst. Popp schrieb beispielsweise Ende 1931 an Brandenburg, dass sich der „Aufwand von jährlich ca. RM 50 Millionen aus dem Reichsetat für die deutsche Luftfahrt [...] letzten Endes nur aus Gründen der Landesverteidigung rechfertigen" ließe.[138] Während der BMW-Generaldirektor den militärischen Einfluss im Großen und Ganzen sowohl als Herausforderung als auch als Chance für sein Unternehmen auffasste, war man bei Junkers wesentlich reservierter. In einer Aktennotiz vom 05.06.1931 analysierte der Junkers-Mitarbeiter Dr. Georg Veiel, dass das Flugmotorengeschäft in Deutschland bis auf weiteres hoch politisiert bleiben werde. Das hieße, dass die Hauptabnehmer letzten Endes fast ausschließlich die staatlichen Stellen sein würden. Das bedeutete für die Produzenten die totale Abhängigkeit von den Reichsbehörden. Veiel beklagte, dass dieser Produktionszweig dadurch „ein ganz ungewöhnliches, unsachliches, weder technisch noch kaufmännisch korrigierbares Risiko" beinhalte.[139]

Auf Grund der großen Bedeutung von BMW als Flugmotorenproduzent manifestierte sich das staatliche Interesse auch gegenüber dem Münchener Unternehmen. Es war dabei auch bei BMW von zentraler Bedeutung, dass alle Reichsaufträge des Münchener Flugmotorenbauers aus Steuermitteln bezahlt wurden.[140] Auf Grund der Tatsache, dass BMW von 1924 bis 1930 in erster Linie die Rote Armee und nicht die deutschen Luftstreitkräfte mit Flugmotoren belieferte, gelang es dem Unternehmen jedoch, gegenüber dem Ministerium ein relativ großes Maß an unternehmerischer Freiheit zu bewahren. Dies offenbarte sich u.a. im eigenständigen Lizenzerwerb von Pratt & Whitney. Das RVM blieb jedoch auch für BMW trotz der erfolgreichen Auslandsgeschäfte auf lange Sicht der wichtigste Partner. Die Aufträge der Sowjetunion brachten BMW zwar Gewinne, das langfristige Überleben des Flug-

[137] Zu den Auswirkungen der vom RVM und RFM vorgesehenen Rationalisierungsmaßnahmen in der deutschen Luftfahrtindustrie vgl. auch die Stellungnahme Volkmanns betr. der Rationalisierung der Flugzeugindustrie vom 27.09.1929, in: BA-MA RH 8/I/893, Bl. 127-129.

[138] Popp an Brandenburg vom 21.12.1931, in: BA-MA RH 12-1/40, Bl. 114-120, hier Bl. 115.

[139] Aktennotiz Veiel betr. einer Kombinationsmöglichkeit mit BMW vom 05.06.1931, in: DMM/ASD JA 0021.

[140] Vgl. Del Fabbro, BMW AG 2003, S. 55.

motorenbaus hing allerdings vom RVM ab. So schrieb Popp im Mai 1928 an von Stauß, dass das Exportgeschäft ein derart fluktuierendes sei, dass die Auslandsbestellungen für den wirtschaftlichen Erfolg des Unternehmens lediglich eine sekundäre Rolle spielen durften.[141]

Mit seinen Bestellungen wollte das RVM vor allem sicherstellen, dass genügend Luftfahrtfirmen überlebten. Die Qualität der Produkte spielte dabei eine eher untergeordnete Rolle. Vielmehr kam bei der Kontingentverteilung der Rüstungsaufträge dem Verhältnis des Unternehmens zu den Behördenvertretern eine entscheidende Bedeutung zu.[142] Für die Fabrikanten galt es, ein Unterstützernetzwerk aufzubauen, das vor allem in die genehmigenden Behörden hinein reichte.

Die Kontakte, die BMW zu wichtigen Entscheidungsträgern in allen bedeutenden Reichsbehörden pflegten, müssen außerordentlich gut gewesen sein. Ausgangspunkt dieser Beziehungen war die Tatsache, dass BMW der deutschen Luftwaffenführung mit der Entwicklung des Höhenmotors BMW IIIa bereits während des Ersten Weltkrieges in einer äußerst prekären Situation geholfen hatte. BMW hatte es geschafft, in kürzester Zeit einen dringend benötigten Motor zu konstruieren und zu produzieren, der sofort fronttauglich war und den Piloten an der Front wieder ein gewisses Vertrauen in deutsche Flugmotoren vermittelte.

Auch die Nachfolgemodelle, die BMW IV und BMW VI-Motoren, waren wirtschaftlich sehr erfolgreich. Sie festigten den Ruf von BMW als innovatives und sehr zuverlässiges Unternehmen im Flugmotorenbau. Die gravierenden technischen Mängel traten gehäuft erst Ende der 1920er Jahre auf. Sicher spielte die Tatsache, dass BMW nach der Niederlage im Ersten Weltkrieg die erste Firma war, die noch während der schwierigen Verhältnisse der alliierten Begriffsbestimmungen die Herstellung von leistungsstarken wassergekühlten Flugmotoren wieder aufnahm, eine bedeutende Rolle für das Image, das BMW sich bei den deutschen Behörden schaffen konnte. Ohne die Produkte aus den Münchener Werkstätten war es in Deutschland lange Zeit undenkbar, die zivile und die militärische Luftfahrt wieder aufzubauen. Außerdem verschaffte dem Unternehmen auch die Poppsche Strategie, so schnell wie möglich den dringenden Sofortbedarf in der deutschen Luftfahrt zu decken, Respekt bei den zuständigen staatlichen Dienststellen. BMW war in den 1920er Jahren in Deutschland das einzige Flugmotorenunternehmen, das zügig und zuverlässig liefern konnte. Siemens baute vor allem kleinere und zudem luftgekühlte Motoren, deren Leistungsfähigkeit jahrelang nicht anerkannt war. Und Junkers musste sich mangels geeigneter Eigenkonstruktionen auf den Nachbau von BMW-Modellen verlassen. Wäh-

141 Vgl. Popp an von Stauß vom 08.05.1928, in: BArch R 8119 F/P 3130, Bl. 1, S. 1–7, hier S. 5; vgl. auch Pierer, BMW 2004, S. 75.

142 Vgl. Lahs an von Stauß vom 04.06.1931, in: BArch R 8119 F/P 3071, Bl. 241, S. 1–4.

Bild Nr. 1: Luftbild der Bayerischen Motoren Werke an der Neulerchenfeldstraße, München-Milbertshofen (1930)

rend dieser Jahre konstituierte sich bei den einschlägigen Behörden das Bild, dass BMW mit seinen qualitativ hochwertigen Produkten für die heimische Luftfahrt unverzichtbar sei. Sowohl im RVM als auch in der Reichswehr übersah man dabei, dass BMW mit der einseitigen Bevorzugung der Produktionstätigkeit die Entwicklung neuer Flugmotoren weitgehend vernachlässigte. Auch die Ende der 1920er Jahre auftretenden technischen Probleme der BMW-Motoren wurden in den Ministerien zunächst nicht als Alarmsignale aufgefasst.

Bezeichnend für BMWs außerordentliche Reputation der Unersetzbarkeit waren die Umstände der Neuentwicklung eines vom RVM in Auftrag gegebenen 800 PS Motors. Von Stauß unterrichtete im Sommer 1930 den stellvertretenden Vorsitzenden des Aufsichtsrates der BMW AG, Raimund Hergt[143], im RVM sei man der Ansicht, BMW hätte für den neuen Motor keine gleichwertige Konstruktion wie andere Firmen, die damit befasst sind, insbesondere Daimler-Benz. „Gleichwohl will man der B.M.W. den Auftrag geben, da die Herren [...] der Ansicht sind, dass man B.M.W. als das Rückgrat der deutschen Flugmotorenindustrie betrachten muss. Man will also die guten Ideen von anderen fruktifizieren und möglicherweise Zeichnungen von Daimler gegen Lizenzabgabe an letztere bei der B.M.W. ausführen lassen."[144]

[143] Hergt war von 1923 bis 1930 Mitglied und von 1928 bis 1930 stellvertrender Vorsitzender des Aufsichtsrates der BMW AG. Gleichzeitig war er Filialdirektor der Deutschen Band und Diskonto-Gesellschaft in München.

[144] Von Stauß an Hergt vom 10.07.1930, in: BArch R 8119 F/P 3070, Bl. 18.

Auf Grund ihres ausgezeichneten Ansehens müssen die Bayerischen Motoren Werke sehr einflussreiche Förderer sowohl im Heereswaffenamt als auch im RVM gehabt haben. Vor allem die Beziehung des BMW-Managements zum Leiter der Abteilung Luftfahrt im RVM, Brandenburg, scheint außerordentlich gut gewesen zu sein. In einem Gespräch mit Hergt soll Brandenburg z.B. bemerkt haben, „er schätze Herrn Popp besonders hoch, weil in ihm technische und kaufmännische Fähigkeiten in seltener Weise vereint seien. Er könne sich die BMW ohne Herrn Popp nicht gut denken."[145] Brandenburg war als Leiter der Abteilung Luftfahrt derjenige, der die zivile Luftfahrtpolitik in Deutschland in den 1920er Jahren maßgeblich gestaltete. Außerdem fungierte er als Bindeglied zu den militärischen Planungsstellen und hatte in dieser Funktion auch im Heereswaffenamt erheblichen Einfluss. Sein engagiertes öffentliches Eintreten für den Münchener Flugmotorenbauer ging weit über einen Freundschaftsdienst hinaus.[146] Insbesondere seine Auftritte im Reichstag verdeutlichen, dass er von der Bedeutung und Unersetzbarkeit von BMW für die Luftfahrtindustrie überzeugt war.[147]

3.3.1. Die Deutsche Luft Hansa

Die Herausbildung der Interessenkoalition zwischen der Reichswehr und dem Reichsverkehrsministerium wurde durch den Versuch ergänzt, den zivilen Luftfahrteinrichtungen Funktionen in der Industrie- bzw. Rüstungsvorbereitung zuzuweisen. Der Luft Hansa fiel im ministeriellen Streben nach Einflussnahme und Kontrolle der Luftfahrtindustrie in den späten 1920er Jahren die bedeutendste Rolle zu.[148]

Die Deutsche Luft Hansa wurde 1926 aus einem Zusammenschluss der Junkers Luftverkehrs-AG und dem Deutschen Aero-Lloyd gegründet. Die neue Fluggesellschaft konstituierte eine Einheitsgesellschaft für den deutschen Luftverkehr und schuf damit in Deutschland eine Monopolsituation im grenzüberschreitenden Luftverkehr.[149] Die Marktmacht der DLH sowie deren Verbindungen zu Reichsstellen hatte auf BMW beträchtliche Auswirkungen, da der bayerische Flugmotorenbauer lange Zeit als einer der Haupt-

[145] Notiz Hergt betr. der BMW AG vom 14.06.1929, in: BArch R 8119 F/P 3080, Bl. 71–72, hier Bl. 71.

[146] Vgl. Brandenburgs Ausführungen u.a. in der 312. HAS am 03.02.1928, in: BArch R 101/1404, Bl. 303; der 322. HAS am 27.02.1928, in: BArch R 101/1406, Bl. 99–101 und der 323. HAS am 28.02.1928, in: BArch R 101/1406, Bl. 194.

[147] Weitere Gründe – neben den hier dargelegten – für die große Verbundenheit Brandenburgs mit BMW bleiben auf der Basis des vorhandenen Überlieferungsmaterials leider bis auf weiteres eine offene Forschungsfrage. Auch konnte auf Grund der Materialdefizite nicht rekonstruiert werden, welche Personen in den einschlägigen Behörden neben Brandenburg den Münchener Konzern in der Weimarer Zeit unterstützen.

[148] Vgl. Budraß, Flugzeugindustrie 1998, S. 225.

[149] Vgl. Appel, Entwicklungsbedingungen 1993, S. 126–129.

ausrüster der DLH fungierte. Da die deutschen Flugmotorenbauer ohne die Aufträge der Luft Hansa nicht bestehen konnten, war es der DLH-Führung während der Weltwirtschaftskrise möglich, die eigene Machtstellung bei den Bestellungen, die die Fluggesellschaft unabhängig vom Einfluss der staatlichen Dienststellen tätigte, zu einer rigiden Preispolitik zu nutzen.[150] Popp warf der Luft Hansa Ende 1931 z.B. Preisdiktat vor. Er beschwerte sich bei von Stauß, der seit 1926 nicht nur bei BMW, sondern auch bei der DLH Aufsichtsratsvorsitzender war[151], dass die Fluggesellschaft die schlechte Marktsituation der Motorenproduzenten während der Weltwirtschaftskrise ausnutzte.[152]

Auch die für die Luftfahrtindustrie zuständigen staatlichen Dienststellen, bedienten sich der Marktmacht der deutschen Einheitsfluggesellschaft, um die Flugmotorenbauer zu kontrollieren. Die Monopolstellung der Luft Hansa konstituierte einen erheblichen Reiz für die Reichsbehörden, auf und über die Luftverkehrsgesellschaft maßgeblichen Einfluss auszuüben. Den Schlüssel hierfür boten das deutsche Luftverkehrsgesetz, vor allem jedoch die Subventionsbedürftigkeit des Luftverkehrs.[153] Angesichts des technischen Entwicklungsstandes von Zellen und Motoren war ein rentabler Flugbetrieb noch nicht möglich. Ohne Beihilfen der öffentlichen Hand konnten Fluggesellschaften in Deutschland in den 1920er Jahren nicht existieren. Das RVM und die Reichswehr nutzten diesen Umstand für ihre Zwecke der Fortentwicklung des Luftverkehrs, des Erhalts einer leistungsfähigen Luftfahrtindustrie und der Schaffung eines Nukleus für eine spätere Luftwaffe. In diesem Sinne sicherte sich die öffentliche Hand die überwiegende Mehrheit des Grundkapitals der DLH. Ihre Betriebsmittel erhielt die Luft Hansa neben den Passageeinnahmen zu etwa 70% vom Reich und zu rund 30% von Ländern und Kommunen.[154]

150 Ende des Jahres 1931 kaufte die DLH bei BMW beispielsweise 30 Hornet-Motoren für einen Stückpreis von 20000 RM. Der Normalpreis für diesen Flugmotor betrug laut Popp allerdings 30–33000 RM. Popp hatte nach langen Verhandlungen mit dem RVM durchgesetzt, dass für alle Aufträge, die BMW von den Behörden erteilt wurden, in der Regel die Selbstkosten plus einen Nutzen von 10% anerkannt wurden. Vgl. Popp an von Stauß vom 30.11.1931, in: BArch R 8119 F/P 3071, Bl.128, S.1–5, hier S.1–2. Am 21.11.1932 legte die Deutsche Treuhand einen Untersuchungsbericht zu den angeblichen Verlusten der BMW aus der Lieferung der 30 Hornet-Motoren vor und bestätigte, dass dem Unternehmen tatsächlich ein Schaden von rund 250000 RM entstanden war. Vgl. Treuhand-Stellungnahme zu der Verlust-Angabe der BMW aus der Lieferung von 30 Hornet-Motoren an die DLH vom 21.11.1932, in: BArch R 8135/5247, S.1–5.

151 Vgl. Killy, Walther/Vierhaus, Rudolf: Deutsche Biographische Enzyklopädie. Band 9. München 1998, S.460.

152 Vgl. Popp an von Stauß vom 30.11.1931, in: BArch R 8119 F/P 3071, Bl.128, S.1–5, hier S.1–4.

153 Vgl. Fischer, Luftverkehr 2003, S.320.

154 Vgl. Reichsverkehrsminister Koch in der 312.HAS am 03.02.1928, in: BArch R 101/1404, Bl.301.

Indem sie zum Aufbau, zur Sicherung und zur Vergrößerung des Absatzmarktes beitrug, sollte die Förderung der Handelsluftfahrt indirekt auch die Flugmotoren- und Flugzeugfirmen unterstützen und so Entwicklungs- und Fertigungskapazitäten in Deutschland erhalten.[155] Die Luft Hansa schuf somit die Grundlage für die dauernde Erhaltung eines Stammes von Luftfahrtfirmen. Außerdem gewährte die deutsche Verkehrsluftfahrt eine Möglichkeit, intensiv in den Flugmotorenbau einzugreifen. Auf Grund der technischen Probleme der wassergekühlten BMW-Flugmotoren Ende der 1920er Jahre gab es massive Verstimmungen zwischen der DLH und BMW. Die Luft Hansa drohte nicht nur, künftig Konkurrenz-Motoren einzusetzen, sondern baute einige BMW-Flugmotoren tatsächlich aus ihren Flugzeugen aus und schaltete das Ministerium ein. Gefährlich wurde die Situation für den Münchener Flugmotorenbauer dadurch, dass sich das Ministerium uneingeschränkt auf die Seite der Fluggesellschaft stellte und damit drohte, BMW erst wieder mit nennenswerten Aufträgen zu versorgen, sobald BMW Erzeugnisse auf dem neuesten Stand der Technik liefern könne.[156] Erst eine Krisensitzung mit Vertretern der Luft Hansa, von BMW, des RVM, des RWM und der DVL am 22.12.1930 konnte die Meinungsverschiedenheiten beseitigen. BMW wurde eindringlich dazu angehalten, sich wieder verstärkt auf die mittleren und schweren wassergekühlten Flugmotoren zu konzentrieren.[157]

Die Abteilung Luftfahrt des RVM gewährte der DLH einen Teil der Luftverkehrssubventionen in Form von Materialbeihilfen. Das hieß, dass Brandenburg und seine Mitarbeiter Luftfahrtgerät nach eigenem Ermessen auf Rechnung des Subventionstitels „Luftverkehr“ direkt bei der Industrie orderten und das Material anschließend der Luft Hansa zur Verfügung stellten. Laut Gerhard Voss machten die Materialbeihilfen durchschnittlich etwa 30% der jährlichen Luftverkehrssubventionen aus.[158] Letztendlich entschieden somit die zuständigen Vertreter des RVM, Albert Mühling-Hoffmann und Adolf Baeumker, zu großen Teilen darüber, mit welchem Material die Luft Hansa flog, erst in zweiter Linie der eigentlich zuständige Technikverantwortliche im DLH-Vorstand, Erhard Milch.[159]

Die Reichsstellen konnten auf diesem Wege die Struktur der Industrie bis hin zum Produktionsvolumen eines jeden einzelnen Werkes, die technische Entwicklung der Flugmotoren, die Produktionsverfahren sowie den Markterfolg der einzelnen Motoren mit beeinflussen. Budraß nennt die Luft Hansa

[155] Vgl. Bach, Luftfahrtindustrie 2003, S. 286–287.

[156] Von Guérard an BMW vom 29.10.1930, in: BArch R 8119 F/P 3070, Bl. 221.

[157] Vgl. Niederschrift über die Besprechung von Meinungsverschiedenheiten in der Flugmotorenerzeugung bei BMW am 22.12.1930 vom 02.01.1931, in: BArch R 8119 F/P 3070, Bl. 266, S. 1-19.

[158] Voss, Gerhard: Die Subventionierung des deutschen Luftverkehrs. Königsberg 1934, S. 32f.

[159] Vgl. hierzu Fischer, Luftverkehr 2003, S. 63 und 167 und Budraß, Flugzeugindustrie 1998, S. 226.

daher einen „Transmissionsriemen" für die Ansprüche des RVM und der Reichswehr an die technische Entwicklung des Flugzeug- und Flugmotorenbaus.[160] Die DLH definierte Leistungsklassen für Flugmotoren und bestimmte damit den Rahmen, innerhalb dessen die Flugmotorenbauer aktiv wurden. Sie war bestrebt, ihren Motorenbestand aus Gründen der Ersatzteilhaltung und der Mechanikerschulung auf möglichst wenige Typen zu beschränken. Den Vorgaben der DLH kam neben denen der Reichswehr folglich eine maßgebliche Rolle hinsichtlich der Konfiguration moderner Motorenmuster zu. Die Luft Hansa machte ihren Einfluss geltend, indem sie bei den Herstellern ihre Vorstellungen über die Auslegung der Motoren bzw. die Ausstattung einzelner Flugzeugtypen mit bestimmten Motorenmustern durchsetzte. Einer solchen Präferenz des DLH-Direktors Milch musste sich schließlich auch Hugo Junkers beugen und sein verbreitetes Verkehrsflugzeug Ju 52 entgegen der ursprünglichen Konzeption mit BMW-Sternmotoren ausrüsten.[161]

Die Reichswehr benutzte die Luft Hansa teils direkt und teils mittels des RVM für ihre Interessen. Der Wert der DLH bestand für das Militär darin, dass sie die Luftfahrtindustrie mit einem System von Kontrollen überzog. Neuentwicklungen wurden im Verkehr umfassend erprobt. Die Fluggesellschaft erstattete stets Bericht an die Industrie und die Reichswehr und unterbreitete Verbesserungsvorschläge. Somit ermöglichte die DLH einen dauernden Leistungsvergleich, dessen Ergebnisse beliebig abgerufen werden konnten. In Zusammenarbeit mit der Deutschen Versuchsanstalt für Luftfahrt forcierte die DLH die Entwicklung von Vorschriften für die Lieferqualität, die Erprobung und die Überholung von Flugmotoren und richtete bei den Unternehmen Bauaufsichten und Abnahmestellen ein.[162] Diese Maßnahmen beförderten einerseits die Sicherheit des Luftverkehrs, konnten allerdings gleichzeitig auch dazu benutzt werden, die technische Handlungsfreiheit der einschlägigen Unternehmen einzuschränken. Die Kooperation mit Milch verlief, so das Urteil der Militärs, „sehr eng und verständnisvoll".[163] Ziel des Heereswaffenamtes war es, Kriegsflugzeuge und -motoren zu konstruieren und sie bereits im Frieden im zivilen Luftverkehr zu testen. Danach hatte sich die zivile Luftfahrt zu richten, denn „wenn der Staat subventioniert, dann muß er Forderungen stellen können", wie der Chef des Heereswaffenamtes Alfred von Vollard-Bockelberg klarstellte.[164]

160 Vgl. ebd.

161 Vgl. Zindel, Ernst: Die Geschichte und Entwicklung des Junkers Flugzeugbaus von 1910 bis 1945 und bis zum endgültigen Ende 1970. Köln 1979, S. 58ff und Ittner, Dieselmotoren 1996, S. 122.

162 Vgl. Fischer, Luftverkehr 2003, S. 167–168.

163 Zitiert nach: Völker, Karl-Heinz: Die deutsche Luftwaffe 1933–1939. Aufbau, Führung und Rüstung der Luftwaffe sowie die Entwicklung der deutschen Luftkriegstheorie. Stuttgart 1967, S. 153. Vgl. auch Protokoll über den am 18.02.1932 von Major Wilhelm Wimmer, ab 1929 Nachfolger Volkmanns, gehaltenen Vortrag über das Arbeitsgebiet der Wa.Prw8, in: BA-MA RL 3/2290, S. 1–13, hier S. 2.

164 Generalleutnant von Vollard-Bockelberg, in: ebd.

Bezeichnend für die Beeinflussung der DLH-Beschaffungspolitik durch das Militär war Popps Kommentar zu einer der ersten größeren Bestellungen von Hornet-Flugmotoren durch die Luft Hansa. Er schrieb Ende 1932 an von Stauß: „Dieser Auftrag ist aber nach einer anderen Richtung hin ein sehr großer Erfolg, da nämlich das Reichswehrministerium nunmehr den Hornet-Motor als Militärmotor anerkannt hat, worum ich seit vier Jahren gekämpft habe."[165] Popps Genugtuung offenbart, dass nicht Milch die letztendliche Entscheidung zu Gunsten der BMW-Hornet-Flugmotoren traf, sondern die Reichswehr. Auf Grund des Verbots militärischer Luftstreitkräfte in Deutschland diente die Fluggesellschaft mit ihrem Flugzeugpark den Militärs überdies als materielle Reserve für einen eventuellen Kriegsfall. Hauptmann Volkmann berichtete erstmals Ende 1928, dass die DLH zur Tarnung als Materiallager verwendet wurde.[166]

Es wäre allerdings verfehlt, ein absolutes Primat des Militärischen zu konstatieren. Das militärische Moment verkörperte ein wesentliches, aber nur eines unter mehreren. Weder agierte das RVM als bloßer Handlanger der Reichswehr, noch ließ sich die DLH-Leitung zur willenlosen Stabseinheit degradieren.[167] Beide verstanden den Aufbau einer modernen, wettbewerbsfähigen Industrie unabhängig vom rüstungspolitischen Kontext als bedeutsames Ziel. Es gab im Verhältnis zwischen der Luft Hansa und der Reichswehr durchaus auch Konfliktpotenzial. Die DLH war in ihrem Geschäftsgebaren auf Sicherheit und Wirtschaftlichkeit eingestellt. Die Flugmotoren sollten, solange es die Sicherheit erlaubte, in Betrieb gehalten und geflogen werden. Dies widersprach der militärischen Konzeption der Materialreserve des DLH-Fluggeräteparks. Die Möglichkeit der Verwendung der Triebwerke an der Front wurde durch deren starke und dauerhafte Beanspruchung im täglichen Luftverkehr in Frage gestellt. Man war sich jedoch auch im Heereswaffenamt klar darüber, dass das Einspannen der DLH in militärische Belange nur eine Behelfsmaßnahme sein könne. Der zivile Luftverkehr konnte kein vollwertiger Ersatz für die Erprobung von reinen Kriegsflugzeugen sein.[168] Obwohl seit etwa 1930 die militärischen Ansprüche auch bei zivilen Konstruktionen berücksichtigt wurden, blieb es ein unerfülltes Wunschdenken militärischer Beschaffungspolitik, den deutschen Luftverkehr ausschließlich mit Flugzeugen zu betreiben, die besser Bomben abwerfen als Passagiere transportieren konnten. Jedoch kooperierten die Reichswehr, das RVM sowie die DLH in den 1920er Jahren vor allem deshalb so weitgehend, weil sich ihre Interessen in erheblichem Maße deckten.

[165] Popp an von Stauß vom 19.12.1932, in: BArch R 8119 F/P 3073, Bl. 26–27.

[166] Vgl. Bericht „Organisations-Kriegsspiel" von Volkmann über die Tätigkeit der Wa.B.6 im Dienstjahr 1927/28 vom 30.11.1928, in: BA-MA RH 2/2228, Bl. 178–196, hier Bl. 196.

[167] Vgl. Fischer, Luftverkehr 2003, S. 170.

[168] Vgl. Protokoll über den am 18.02.1932 von Wimmer gehaltenen Vortrag über das Arbeitsgebiet der Wa.Prw8, in: BA-MA RL 3/2290, S. 1–13, hier S. 2.

3.3.2. Subventionierter Serienbau

Die finanzielle Unterstützung der Luftfahrtindustrie ist der Bereich, in dem sich die Macht des RVM bzw. die Abhängigkeit der einzelnen Luftfahrtunternehmen vom Staat während der Weimarer Zeit am deutlichsten manifestierte. Ohne gewinnträchtige Staatsaufträge, ohne Bestellungen von Fluggerät durch RVM, Militär und staatliche Luftverkehrsgesellschaften, ohne staatliche bzw. staatlich verbürgte Darlehen und ohne öffentliche Hilfsgelder gab es für die deutsche Luftfahrtindustrie von ihrer Geburt an keine Zukunft.[169] Dem Flugmotor sowie dem Flugzeug eröffnete sich kein großer Markt privater Nachfrage, so dass es stets des zahlungskräftigen öffentlichen Auftraggebers bedurfte. Das Bild dieser Industrie wurde Ende der 1920er Jahre immer noch primär von Flugtagen, waghalsigen Expeditionen und Rekordversuchen bestimmt und nicht von großen Werkshallen mit Fließ- und Reihenfertigung. Weder BMW noch der Junkers-Konzern zählten 1927 zu den hundert größten deutschen Industrieunternehmen. Einzig bei Siemens war der Flugmotorenbau an ein renommiertes Großunternehmen angebunden, besaß bei Carl Friedrich von Siemens allerdings nur geringen Stellenwert.[170] Wenn es um die volkswirtschaftliche Bedeutung der Luftfahrtindustrie ging, zeigten sich viele zeitgenössische Publikationen über den Aufwand besorgt, der um diese Marginalie getrieben wurde, beispielsweise in der Frage der hohen Verkehrs- und Industriesubventionen.

Auch hinsichtlich der staatlichen Finanzhilfen für die Luftfahrtindustrie existierte in den 1920er Jahren eine eng vernetzte Zusammenarbeit des RVM mit der Reichwehr. Letztere initiierte die systematische Auftragsvergabe an die Luftfahrtunternehmen, die an klare Auflagen gebunden war. Volkmann ging davon aus, dass es notwendig sei, die Firmen der Flugmotoren- und Flugzeugindustrie die Techniken des Serienbaus ständig trainieren zu lassen. Den Firmen seien „dauernd scharf beaufsichtigte festumrissene kleinere Reihenaufträge" zu geben, um sie daran zu „gewöhnen", auch für kleinste Serien Vorrichtungen zu bauen und sie zu zwingen, „leistungssteigernde Arbeitsmethoden" einzuführen, die Verbesserung des Maschinenparks voranzutreiben sowie eine Trennung der Entwicklungs- und Produktionsabteilungen vorzunehmen.[171] Jede Firma sollte so viele Aufträge erhalten, dass sie die Beschäftigung einer kritischen Anzahl an produktiven Arbeitskräften nicht dauerhaft unterschritten.

Dieses Konzept eines „subventionierten Serienbaus" erfüllte mehrere Funktionen. Mit ihm wurde der wichtigste Schritt getan, um die Unterneh-

[169] Vgl. Boelcke, Stimulation 1993, S. 81.

[170] Vgl. Siegrist, Hannes: Deutsche Großunternehmen vom späten 19. Jahrhundert bis zur Weimarer Republik, in: Geschichte und Gesellschaft 6 (1980), S. 60–102.

[171] Stellungnahme der Wa.B.6 betr. des technischen Arbeitsprogramms für 1927 vom 05.03.1927, in: BA-MA RH 8/I/908, Bl. 2.

men auf die fabrikatorische Vorbereitung zu verpflichten. Eine dauerhafte, zielgerichtete Subventionierung, die ein System wirtschaftlicher und technischer Kontrolle der Flugzeugfabriken ermöglichte, sollte als Bindeglied zwischen den einzelnen Luftfahrtfirmen und dem Staat funktionieren. Die Aufträge des subventionierten Serienbaus waren letztendlich staatliche Rationalisierungsinvestitionen. Ziel war es, die Industrie über entsprechende finanzielle Anreize zu rationeller und sorgfältiger Arbeit und solidem Wirtschaften, d. h. zum Serienbau, zu bewegen.[172]

Auf Grund der internationalen politischen Rahmenbedingungen der Weimarer Republik standen dem RVM wesentlich mehr Mittel zur Verfügung als den zuständigen militärischen Dienststellen. Seit 1926 lag allein der Betrag der Industriesubventionen, den das RVM vergab, über jenen durchschnittlich 10 Mio. RM, die das Truppenamt für den gesamten Luftbereich ausschütten konnte.[173] In der Regel wurden in den 1920er und Anfang der 1930er Jahren etwa zwei Drittel der gesamten Industriesubventionen aus dem RVM zumindest in Abstimmung mit dem Luftdepartement vergeben.[174] Die der Luftfahrtindustrie, -forschung und dem Luftverkehr zugeflossenen öffentlichen Hilfsgelder summierten sich von 1926 bis 1932 laut Edward Homze auf über 321 Mio. RM.[175] Die militärischen Dienststellen verknüpften mit diesen enormen finanziellen Ressourcen sowie der staatlich dominierten Auftragspolitik die Einflussnahme auf die Luftfahrtindustrie im Sinne einer auf rüstungstechnische Prioritäten ausgerichteten Fertigung. Langfristiges Ziel von Brandenburg und dem RVM war es dagegen, durch eine dauerhafte Stabilisierung der einschlägigen Unternehmen auf dem internationalen Markt und durch eine Konzentrationsbewegung bei den heimischen Herstellern einen Zustand zu erreichen, in dem der zivile Markt die Beschäftigung der Kernindustrie bei sinkenden öffentlichen Geldern garantierte.[176]

Die staatlichen Gelder waren daher auch im Sinne des RVM mit dem Zwang verbunden, Techniken des Serienbaus anzuwenden. Gleichzeitig schirmten sie die Firmen gegen die großen Schwankungen des Flugmotorenmarktes ab. Im Gegensatz zu den Exportaufträgen, die in der Regel schubweise bei BMW eingingen, vergab das RVM regelmäßig Aufträge. So war die Flugmotorenfertigung des Unternehmens durch die staatlichen Bestellungen

[172] Vgl. Budraß, Flugzeugindustrie 1998, S. 155 und Fischer, Luftverkehr 2003, S. 29.

[173] Die Verkehrs- und die Industriesubventionen machten den überwiegenden Teil des Lufthaushalts des RVM aus. Vgl. Notiz des Truppenamtes betr. der Flieger-Rüstungsperiode 1927/31 vom 25. 05. 1927, in: BA-MA RH 8/I/893, Bl. 36. Vgl. auch Appel, Entwicklungsbedingungen 1993, S. 86f.

[174] Vgl. Budraß, Flugzeugindustrie 1998, S. 212 und Bericht aus dem Heereswaffenamt „Die Erhaltung und Fortentwicklung der Luftfahrtindustrie" (o. D., Anfang 1927), in: BA-MA RH 2/2187, Bl. 40.

[175] Vgl. Homze, Edward L.: Arming the Luftwaffe. The Reich Air Ministry and the German Aircraft Industry. 1919–1939. Lincoln/London 1976, S. 29–32.

[176] Vgl. Erläuterungen zu Kap. 15, Titel 31 des Haushalts des RVM. Nach Budraß, Flugzeugindustrie 1998, S. 167.

Tabelle 4: Industriesubventionen des RVM nach Firmen und Arten der Vergabe 1924–1928 (Stand 1929, in 1000 RM, gerundete Werte)

Jahr	Art der Vergabe	BMW	Siemens	Junkers	Rohrbach	Dornier	Udet / BFW*	Albatros	Heinkel	Focke-Wulf	Arado	Summe
1924	Darlehen	–	–	–	–	–	–	–	–	–	–	–
	Beihilfe	–	–	500	500	–	50	–	50	–	–	1100
	Aufträge	1140	93	1650	–	300	60	–	–	–	–	3243
	gesamt	1140	93	2150	500	300	110	0	50	0	0	4343
1925	Darlehen	–	–	–	–	–	–	280	–	–	–	280
	Beihilfe	–	–	16265	600	200	–	61	40	–	–	17166
	Aufträge	3090	251	1530	–	200	200	213	327	165	–	5976
	gesamt	3090	251	17795	600	400	200	554	367	165	0	23422
1926	Darlehen	–	–	–	–	–	–	180	–	–	–	180
	Beihilfe	600**	–	2654	1600	254	1000	–	–	–	–	6108
	Aufträge	2892	451	3791	750	1201	202	525	299	65	165	10341
	gesamt	3492	451	6445	2350	1455	1202	705	299	65	165	16629
1927	Darlehen	–	–	–	5	801	–	284	150	–	–	1240
	Beihilfe	–	500	–	1164	446	148	–	–	–	–	2258
	Aufträge	2422	840	919	2181	751	711	524	744	110	263	9465
	gesamt	2422	1340	919	3350	1998	859	808	894	110	263	12963
1928	Darlehen	–	–	–	650	–	–	–	–	–	–	650
	Beihilfe	–	–	–	–	–	–	–	–	–	–	–
	Aufträge	2334	1639	3471	2985	1405	1087	893	1232	312	422	15780
	gesamt	2334	1639	3471	3635	1405	1087	893	1232	312	422	16430
Summe	Darlehen	–	–	–	655	801	–	744	–	–	–	2350
	Beihilfe	600	500	19419	3864	900	1198	61	90	–	–	26632
	Aufträge	11878	3274	11361	5916	3857	2260	2155	2602	652	850	44805
	gesamt	12478	3774	30780	10435	5558	3458	2960	2692	652	850	73787

* Im Jahre 1926 wurde die Udet Flugzeugbau GmbH mit dem Messerschmitt-Flugzeugbau zusammengeschlossen und es entstand die Firma Bayerische Flugzeugwerke in Augsburg.

** In der Originaltabelle sind 60000 RM angegeben, es muss sich dabei um einen Tippfehler handeln (vgl. Gesamtsummen).

Quelle: Übersicht des Reichsverkehrsministeriums zur Aufschlüsselung der 9 Mio. RM Anleihe (o.D., 1929), in: BA-MA RH 12-1/39, Bl. 54.

kontinuierlich gewährleistet. Die Bedeutung der Subventionen und Aufträge des RVM ist für die gesamte Luftfahrtindustrie und BMW im Besonderen nicht zu überschätzen. Die inländische Nachfrage bildete für alle Produzenten von Luftfahrtgerät auf Grund ihrer Kontinuität das Basisgeschäft.

Zehn Unternehmen, darunter mit BMW, Junkers und Siemens drei Flugmotorenbauer, profitierten in den 1920er Jahren von den Leistungen des RVM.[177] Die Auflistung der Industriesubventionen des RVM in Tabelle 4 veranschaulicht eindrücklich die herausragende Sonderstellung von BMW in der deutschen Luftfahrtindustrie während der 1920er Jahre. Das RVM vergab an BMW in erster Linie hoch dotierte Produktionsaufträge. Lediglich im Jahre 1926 erhielt BMW eine zusätzliche Beihilfe von 600 000 RM. Darlehen wurden an BMW von 1924–1928 nicht vergeben. Insgesamt bekam der Münchener Flugmotorenhersteller im gleichen Zeitraum fast 12,5 Mio. RM vom RVM, davon Aufträge im Wert von knapp 12 Mio. RM. BMW erhielt somit vom RVM wesentlich mehr Auftragsgelder als sämtliche anderen Unternehmen der deutschen Luftfahrtindustrie.

Auch im Vergleich mit dem Junkers-Konzern schnitt die Münchener Firma hervorragend ab, man erhielt insgesamt mehr Aufträge als der Junkers-Flugzeug- und der Junkers-Flugmotorenbau zusammen.[178] Gegenüber dem zweiten großen Konkurrenten auf dem Flugmotorenmarkt, der Siemens & Halske AG, konnte sich BMW sogar rund 3½-mal so viele öffentliche Auftragsgelder sichern. Diese Zahlen verdeutlichen das Ausmaß der Ausnahmestellung von BMW.[179] Die prozentualen Gesamtanteile von BMW bei der Ausschüttung der RVM-Industriesubventionen – d.h. inklusive Beihilfen und Darlehen (Tabelle 5) – zeigen ein ähnliches Bild.

BMW kassierte zwischen 1924 und 1928 durchschnittlich 18,7% der gesamten Industriesubventionen des RVM. Von den zehn Luftfahrtunternehmen, die vom RVM begünstigt wurden, übertrafen lediglich die Junkers-Motorenbau GmbH und die Junkers Flugzeugwerk AG mit zusammen 38,5% den BMW-Anteil. Der Junkers-Konzern war in der Weimarer Republik der größte deutsche Flugzeughersteller und damit zu Beginn der 1920er Jahre zunächst der wichtigste Kunde von BMW. Als sich Hugo Junkers 1923 entschloss, den Flugmotorenbau aufzunehmen, avancierte seine Firma zum

[177] Zum Folgenden vgl. Tabelle 4, S. 83.

[178] Bei diesem Vergleich handelt es sich lediglich um Auftragszahlen ohne Beihilfen und Darlehen. Leider existieren für den Junkers-Konzern keine aufgeschlüsselten Subventionszahlen nach dem Flugzeug- und Flugmotorenbau. Daher ist auch kein direkter Vergleich zwischen BMW und der Jumo möglich. Allerdings verdeutlicht Tabelle 4, dass der Junkers-Flugmotorenbau hinsichtlich der staatlichen Auftragsgelder deutlich hinter BMW zurück blieb.

[179] Vgl. hierzu auch den Redebeitrag von Carl Jahr, Rheinische Creditbank und Aufsichtsratsmitglied von Benz & Cie, im DB-Interessengemeinschaftsausschuss vom 11.05.1926, in: Protokoll der Sitzung Nr. 15 des I.G.-Ausschusses vom 11.05.1926, DAG/HIC Kissel Protokolle 1/1 1926 und von Guérard an die BMW AG vom 22.11.1930, in: BArch R 8119 F/P 3070, Bl. 214, S. 1–5, hier S. 5.

Tabelle 5: Prozentuale Anteile der Firmen bei der Ausschüttung der Industriesubventionen des RVM (Stand 1929; in Prozent)

Jahr	BMW	Siemens	Junkers*	Rohrbach	Dornier	Udet/ BFW	Albatros	Heinkel	Focke-Wulf	Arado
1924	26,30	2,13	49,48	11,50	6,90	2,54	–	1,15	–	–
1925	13,20	1,07	75,95	2,56	1,71	0,86	4,24	1,57	0,71	–
1926	21,00	2,71	38,75	14,15	8,75	7,22	6,25	1,80	0,39	0,99
1927	18,70	10,35	7,09	25,75	15,45	6,64	5,60	6,90	0,85	2,02
1928	14,30	10,00	21,30	22,10	8,60	6,80	6,70	7,60	1,90	1,80
Ø	18,70	5,25	38,51	15,21	8,28	4,81	4,56	3,80	0,77	0,96

* Die Angaben zu Junkers beziehen sich auf die Junkers-Motorenbau GmbH und die Junkers Flugzeugwerk AG zusammen. In den Angaben der prozentualen Anteile der Firmen bei der Ausschüttung der Industriesubventionen des RVM sind hier nicht mehr nur Aufträge enthalten, sondern auch Darlehen und Beihilfen, von denen Junkers wesentlich mehr benötigte als der BMW-Konzern.

Quelle: Übersicht des Reichsverkehrsministeriums zur Aufschlüsselung der 9 Mio. RM Anleihe (ohne Datum, 1929), in: BA-MA RH 12-1/39, Bl. 54.

größten Konkurrenten der Münchener. Allerdings konnte der Junkers-Konzern in den 1920er Jahren mehrere Male lediglich durch die Gewährung öffentlicher Hilfsgelder überleben, der Junkers-Zellen- und Flugmotorenbau erhielt in diesem Zeitraum zusammen rund 73% der gesamten RVM-Beihilfen. Im Vergleich der prozentualen Auftragsanteile teilten sich BMW und Junkers zusammen rund 53,2% aller zwischen 1924 und 1928 vom RVM an die Luftfahrtindustrie vergebenen Aufträge. BMW lag dabei mit 27,2% vor dem Junkers-Zellen- und -Motorenbau, die gemeinsam auf 26% kamen.

Wie sehr die Luftfahrtindustrie auf das Reich angewiesen war, zeigte sich, als die staatlichen Luftfahrtgelder im Jahr 1929 auf Grund umfangreicher Sparmaßnahmen radikal gekürzt werden mussten. Die Luftverkehrssubventionen wurden um rund ein Drittel verringert. Und der ohnehin gegenüber 1928 um zwei Mio. RM reduzierte Etatansatz für die Luftfahrtindustrie von rund 15 Mio. RM wurde nach Debatten im Haushaltsauschuss des Reichstages noch einmal um zwei Drittel gekürzt. Die verbliebenen fünf Mio. RM waren nur noch für die Entwicklung von Motoren, Flugzeugen und Instrumenten vorgesehen.[180] Die bisher allgemein zur wirtschaftlichen Förderung der Industrie ausgewiesenen Mittel verschwanden vollständig.[181]

Um die Folgen der drastischen Kürzungen für die Industrie zu mildern, beschloss der Reichstag die Aufnahme garantierter Anleihen, die der Hälfte

180 Vgl. Budraß, Flugzeugindustrie 1998, S. 252.

181 Vor allem die Beträge, die für die Zwecke der Reichswehr vorgesehen waren, entfielen. Im Febr. 1929 teilte das RVM dem Luftfahrtdepartement mit, dass von den für die Luftrüstung vorgesehenen 9,75 Mio. RM lediglich 1,8 Mio. RM übrig blieben. Vgl. Luftdepartement an Truppenamt vom 09. 02. 1929, in: BA-MA RH 8/I/893, Bl. 112.

der Kürzungen entsprachen. Laut Gesetz vom 29.06.1929 sollten die Anleihe-Mittel in Höhe von neun Mio. RM den Unternehmen der Flugmotoren- und Flugzeugindustrie die Gelegenheit geben, sich auf die Eigenwirtschaftlichkeit umzustellen.[182] Die Aufteilung der Industrieanleihe wurde einer so genannten Schlüsselkommission übertragen.[183] Diese ließ sich bei der Aufteilung der Neun-Millionen-Anleihe von dem Grundgedanken leiten, „denjenigen Firmen ausreichende Mittel zukommen zu lassen, die an Hand ihres technischen Hochstandes und produktiven Schaffens, ihres In- und Auslandsabsatzes und ihrer kaufmännischen Auffassung und Geschäftslage die Gewähr dafür bieten, dass sie im wirtschaftlichen und nationalen Interesse auch für die Zukunft wertvolle und gesunde Unternehmen bleiben werden".[184] Die Kommission nutzte ihren Auftrag dazu, Firmen, die vermeintlich unwirtschaftlich arbeiteten, vom staatlichen Subventionstopf abzukoppeln. Sie vertrat die Ansicht, dass die Zahl und die Kapazitäten in der Luftfahrtindustrie zu groß und eine Neuordnung daher unabdingbar sei. Durch den weitgehenden Wegfall der öffentlichen Aufträge würde sich das Ende einiger Firmen automatisch vollziehen, so hoffte man. Keine Spezialindustrie in Deutschland sei so reif, neugegliedert und zusammengefasst zu werden wie die Luftfahrtindustrie.

Ohne dass es im Gesetz vorgesehen war, wurde aus der Anleiheverteilung ein Programm zur Rationalisierung der Industrie. Die Firma Rohrbach beispielsweise, die bisher zu den großen Firmen gehörte, erhielt nur noch Mittel, um ihre Auflösung abzuwickeln. Die Bezeichnung von fünf Unternehmen als „kleine Firmen" und die dazu gehörigen Schlüsselanteile wiesen den Weg, wie sich eine Rationalisierung der Branche durchführen ließ. Diese fünf Firmen bekamen zusammen nur den achten Teil der Anleihe zugebilligt.[185] Das RVM vertrat die Meinung, dass sich die Auslese der Firmen durch die Verteilung der Gelder von selber ergeben würde. Da sich die Aufnahme einer Anleihe

[182] Vgl. Gesetz vom 29.06.1929, RGBl. 1929 II; vgl. auch Bericht der Schlüsselkommission vom 20.08.1929, in: BA-MA RH 12-1/39, Bl. 37–43.

[183] In der Kommission saßen der ehemalige Minister Koch, der an der Junkers-Sanierung beteiligte Bruno Heck und der Leiter der staatlichen Deutschen Revisions- und Treuhandgesellschaft, Wilhelm Adler. Vgl. Entwurf der Niederschrift über eine Besprechung betr. Aufbringung und Verschlüsselung der 9 Millionen-Industrieanleihe vom 19.08.1929, Anlage zum Schreiben RVM an RFM vom 21.08.1929, in: BA-MA RH 12-1/39, Bl. 56–64, hier Bl. 56.

[184] Bericht der Schlüsselkommission vom 20.08.1929, in: ebd., Bl. 37–43, hier Bl. 38. Basis der Entscheidung der Kommission war die Zahl der Arbeiter, Umsätze im In- und Ausland, die Wertigkeit der Fabrikation vom Standpunkt der Volkswirtschaft aus gesehen, das investierte Kapital, die Leistung im Bereich Forschung und Entwicklung, die Summe der bisher aus Reichsmitteln gewährten Beträge, die Höhe der bisherigen öffentlichen Aufträge, die technische Einrichtung der Anlagen, die wirtschaftliche Gestaltung und die Leitung der geschäftlichen Organisation.

[185] Vgl. auch RVM an RFM betr. der Schlüsselkommission vom 31.08.1929, in: BA-MA RH 12-1/39, Bl. 45–70.

Tabelle 6: Aufteilung der 9 Mio. Umstellungsanleihe nach den Beschlüssen der Schlüsselkommission des Reichstages für das Jahr 1929

Firmen		erhaltene Subventionen (in RM)	Anteil an den insgesamt zu verteilenden Subventionen (in Prozent)
Motorenfirmen	BMW	1100000	12,2
	Siemens & Halske	900000	10,0
	Junkers-Motorenbau	750000	8,3
Große Zellenfirmen	Junkers	1600000	17,8
	Dornier	1600000	17,8
	Rohrbach	300000	3,3
Mittlere Zellenfirmen	Heinkel	900000	10,0
	BFW	700000	7,8
Kleine Zellenfirmen	Albatros	400000	4,4
	Focke-Wulf	300000	3,3
	Arado	250000	2,8
	Klemm	150000	1,7
	Raab-Katzenstein	50000	0,6
Summe		9000000	100,0

Quelle: Bericht der Schlüsselkommission vom 20.08.1929, in: BA-MA RH 12-1/39, Bl. 37–43, hier Bl. 43.

für die Luftfahrtindustrie auf Grund der angespannten Lage auf dem Kapitalmarkt nicht ermöglichen ließ, musste das RVM die für die Umstellung der Unternehmen auf Eigenwirtschaftlichkeit notwendigen Mittel von neun Mio. RM jedoch mit Hilfe eines Nachtragshaushalts zur Verfügung stellen. Trotzdem blieb es bei der verordneten Rationalisierung und der Konzentration der öffentlichen Mittel auf einige wenige Firmen.[186]

BMW erhielt wie schon bei der Auftragsverteilung der Jahre 1924 bis 1928 einen deutlich größeren Betrag der staatlichen Umstellungshilfen als die inländische Flugmotorenkonkurrenz. Mit 12,2% der Gesamtsumme bekam BMW den drittgrößten Einzelposten nach den beiden großen Flugzeugzellenproduzenten Junkers und Dornier. Äußerst bedeutend für das Münchener Unternehmen wurden die Vorschläge der Kommission allerdings vor allem dadurch, dass sich auf deren Grundlage eine Art Bewertungsschlüssel herausbildete, nach dem das RVM bis 1933 die jährlichen Aufträge an die Industrie verteilte. Die Arbeit der Schlüsselkommission zementierte somit die heraus-

[186] Vgl. hierzu RVM an RWM vom 01.09.1929, in: BA-MA RH 12-1/39, Bl. 34; Antrag Preußens betr. des Nachtrages zum Haushalt des RVM für das Rechnungsjahr 1929 vom 06.02.1930, in: BArch R 2/5406, Bl. 3–4. und Vortrag: Vertragliche und geschäftliche Beziehungen zwischen dem Deutschen Reich und der Rohrbach Metallflugzeugbau GmbH vom 31.10.1931, in: BA-MA RH 12-1/40, Bl. 30.

ragende Stellung von BMW in der deutschen Luftfahrt für die nächsten vier Jahre.[187]

Die privilegierte Position des Münchener Flugmotorenbauers hielt demnach trotz zunehmender technischer Probleme auch Anfang der 1930er Jahre weiter an, wenn auch nicht exakt analog zu dem Verteilungsschlüssel der Kommission. So berichtete Popp Anfang 1931 beispielsweise an von Stauß: „Ich erhalte soeben die vertrauliche Nachricht, dass in der Verteilung der Etatmittel für 1931 des RVM wir ganz besonders bevorzugt behandelt werden. Es ist vorgesehen, uns Aufträge in Höhe von RM 3½ Mio. zu erteilen. Junkers erhält nur RM 1,2 Mio., Siemens RM 1 Mio., Argus RM 0,7 Mio."[188] Nachdem BMW 1931 demnach 55% aller Flugmotorenaufträge bekommen hatte, bestellten die Bedarfsstellen auch im Haushaltsjahr 1932 rund 46% aller Flugmotoren bei BMW.[189] Und obwohl die Flugmotorenhersteller für rund 1,5 Mio. RM weniger Aufträge als die Zellenproduzenten bekamen, lag BMW mit rund 20% der gesamten Luftfahrtindustrieaufträge des Reichs deutlich an der Spitze vor den Flugzeugzellenbauern Dornier mit 13% und Junkers Flugzeugwerk AG mit 12%.[190]

Die umfangreiche Beschaffung von BMW-Flugmotoren für den staatlichen Bedarf und als Materialbeihilfe für die Luft Hansa ließ es dem RVM sogar zweckmäßig erscheinen, für diese Motoren ein besonderes Ersatzteillager einzurichten.[191] Der „Flugmotorenkonsument", der es mit Ersatzteilen am eiligsten hatte, war der öffentliche Luftverkehr. In diesem Bereich waren hauptsächlich BMW-Motoren in Gebrauch. Daher war der Zweck des Ersatzteillagers, den Bedarf an Ersatzteilen auf schnellstem Wege ohne Inanspruchnahme der Lieferfirma zu decken und somit Störungen im Flugverkehr durch ausfallende Flugmotoren möglichst einzuschränken.[192] Mit der Beschaffung und Verwaltung des Ersatzteillagers wurde die DVL betraut, da diese Anstalt über den entsprechenden Verwaltungsapparat verfügte. Das Lager

[187] Vgl. Lahs an von Stauß vom 04.06.1931, in: BArch R 8119 F/P 3071, Bl. 241, S. 1–4, hier S. 1–2.

[188] Popp an von Stauß vom 17.02.1931, in: BArch R 8119 F/P 3070, Bl. 314.

[189] Vgl. auch Aufstellung des RVM über die reichseigenen Motoren, die diese Auftragszahlen bestätigt, in: BArch R 2/5407, Bl. 70–71.

[190] Erteilt wurden im Jahr 1932 von den staatlichen Bedarfsstellen Aufträge an Flugzeugzellenfirmen in Höhe von 5,8 Mio. RM und an Flugmotorenfirmen in Höhe von 4,4 Mio. RM. Davon erhielten: BMW 2,015 Mio. (46,1% der Motorenaufträge/19,8% der gesamten Luftfahrtaufträge), Argus 0,885 Mio. RM (20,2%/8,7%), Jumo 0,685 Mio. RM (15,7%/6,7%), Siemens 0,54 Mio. RM (12,3%/5,3%), andere 0,25 Mio. RM (5,7%/2,5%). Vgl. Bewirtschaftungsplan des Reichsverkehrsministers für die Mittel des Kapitels 7, Titel 2 für das Jahr 1932, übersandt an das RFM am 06.06.1932, in: BArch R 2/5408, Bl. 137–141.

[191] Vgl. Aktenvermerk des RVM betr. des Ersatzteillagers für BMW-Flugmotoren vom Dez. 1932, in: BArch R 2/5412, Bl. 180–183, hier Bl. 180.

[192] Vgl. Brandenburg in der 312. HAS am 03.02.1928, in: BArch R 101/1404, Bl. 303; und Ders. in der 322. HAS am 27.02.1928, in: BArch R 101/1406, Bl. 99–100.

wurde aus Mitteln der Haushaltsjahre 1925 und 1926 aufgebaut. Die Abgabe der Ersatzteile erfolgte im Rahmen der von BMW festgesetzten Listenpreise. Reichseigene Ersatzteillager der Produkte anderer Flugmotorenhersteller existierten nicht. Sie waren auf Grund ihrer geringeren Verbreitung im deutschen Luftverkehr laut RVM nicht notwendig.[193]

Letztendlich blieben alle Interventionen der Luftfahrtindustrie, die auf eine Erhöhung des Luftfahrtetats zielten, folgenlos. Das RVM, das sich den Forderungen der Luftfahrtindustrie anschloss, da es sich eine Ausdehnung des eigenen Machtbereiches versprach[194], stieß auf vehementen Widerstand des Reichsfinanzministeriums (RFM) und des Rechnungshofes. Erst im Jahre 1932 genehmigten RFM und RVM eine Erhöhung der Industriebeihilfen im Luftfahrthaushalt von ca. 12 Mio. RM auf ca. 16 Mio. RM.[195] Außerdem wurden die Entwicklungsgelder 1932 von der Zellen- auf die Motorenentwicklung moderat umgeschichtet.[196] Eine immense Steigerung gegenüber den Ausgaben des Vorjahres erfuhr der Luftfahrthaushalt im Jahre 1933. Die Gelder für die Luftfahrtindustrie wurden in diesem Haushalt gegenüber dem Vorjahr von ca. 16 Mio. RM auf 34 Mio. RM mehr als verdoppelt.[197] Begründet wurden diese hohen Zuwächse mit dem stark gewachsenen Aufgabenbereich des neuen Reichskommissars für die Luftfahrt gegenüber der bisherigen Luftfahrtabteilung des RVM.

3.3.3. Kritik an der privilegierten Stellung von BMW im deutschen Flugmotorenbau

Das enge Verhältnis von BMW zum RVM sowie die exponierte Stellung des Münchener Flugmotorenherstellers wurden im Reichstag und von Teilen der Presse immer wieder misstrauisch verfolgt und kritisiert und weckten bei der Konkurrenz Begehrlichkeiten.

Während der Etatberatungen des Reichstages der Jahre 1928/29 übten verschiedene Abgeordnete im Haushaltsausschuss sowie im Plenum heftige Kritik am Engagement des Reiches in der Luftfahrtindustrie im Allgemeinen und

[193] Im Laufe des Jahres 1932 wurde auch das BMW-Ersatzteillager bei der DVL abgebaut und deren Reste der Luft Hansa übergeben. Vgl. Aktenvermerk des RVM betr. des Ersatzteillagers für BMW-Flugmotoren vom Dez. 1932, in: BArch R 2/5412, Bl. 180–183, hier Bl. 183.

[194] Vgl. z. B. Brandenburg an das RFM vom 16. 06. 1930 und vom 30. 06. 1930, beide in: BArch R 2/5406, Bl. 83 und 84.

[195] Vgl. Ordentlicher Haushalt des RVM, in: BArch R 2/5406, Bl. 309–311 und Haushalt des RLM für das Rechnungsjahr 1933 (Einzelplan XVI), in: BArch R 2/5407, Bl. 209–228; vgl. auch Nachtragshaushalt des Reichskommissars für die Luftfahrt im Rechnungsjahr 1932, in: BArch R 2/5408, Bl. 77 und Reichsverkehrsminister an Reichsfinanzminister vom 28. 01. 1932, in: BArch R 2/5407, Bl. 2–4, hier Bl. 2.

[196] Vgl. Brandenburg an RFM vom 15. 04. 1932, in: BArch R 2/5407, Bl. 7.

[197] Vgl. Göring an RFM vom 13. 02. 1933, in: ebd., Bl. 143 und Haushalt des RLM für das Rechnungsjahr 1933 (Einzelplan XVI), in: ebd., Bl. 209–228.

an der aus Sicht unter anderem der SPD-, der KP- und der NSDAP-Fraktionen einseitigen und ungerechtfertigten Auftragsvergabe zugunsten von BMW im Besonderen. Es wurde vor allem bemängelt, dass kein anderer Flugmotorenhersteller mit solch umfangreichen Zahlungen bedacht würde wie BMW. Gleichzeitig schütte die Münchener Gesellschaft ihren Anteilseignern Jahr für Jahr Dividenden zwischen 12% und 14% aus, was sich kein anderes Luftfahrtunternehmen leisten könne. Die Abgeordneten forderten einen gesunden Wettbewerb in der Flugmotorenindustrie.[198]

Reichsverkehrsminister Wilhelm Koch (DNVP) und Ernst Brandenburg verteidigten die Politik des Ministeriums im Reichstag. Die großzügige Unterstützung der Luftfahrtindustrie sei insofern notwendig, als es sich hier um einen Industriezweig handelte, bei dem man auch in den kommenden Jahren nicht mit großer Rentabilität aus der produktiven Arbeit werde rechnen können. Von einer Bevorzugung von BMW bei der Auftragsvergabe könne zudem keine Rede sein. BMW sei einer der besten Industrieunternehmen in Deutschland.[199] Der deutsche Luftverkehr werde in erster Linie mit leistungsstarken Flugmotoren dieses Herstellers betrieben. Brandenburg betonte, er wisse nicht, „an welche Firmen unter den obwaltenden Verhältnissen sonst Aufträge größeren Umfangs hätten vergeben werden sollen".[200] Andere Flugmotorenwerke würden ebenso wie BMW bei der Vergabe von Serienaufträgen berücksichtigt, sobald sie gleichwertige bzw. überlegene Motoren bauten.

Die Skepsis gegenüber der Sonderrolle von BMW und die Angriffe gegen das Unternehmen hielten im Parlament jedoch an. Im Sommer 1929 versuchte der Reichstagsabgeordnete und leitende Angestellte von Junkers, Gotthard Sachsenberg (WP), im Rechnungsprüfungsausschuss des Reichstages eine Untersuchung der hohen Preise durchzusetzen, die das RVM für BMW-Flugmotoren zahlte.[201] Koch versicherte zwar immer wieder, dass die Luftfahrtindustrie und damit auch BMW vom RVM in der Weimarer Zeit keine Subventionen, sondern lediglich Aufträge erhielt.[202] Allerdings verdeutlichte bereits Pierer, dass der Verdacht des Abgeordneten Sachsenberg, dass das RVM deutlich überhöhte Preise zahlte, nicht unbegründet war. So zahlte beispielsweise die Sowjetunion bei ihrer letzten großen Bestellung für jeden Flugmotor des

[198] Vgl. Gustav Schuhmann (SPD) in der 310. HAS am 01.02.1928, in: BArch R 101/1404, Bl. 78; Ders. in der 322. HAS am 27.02.1928, in: BArch R 101/1406, Bl. 99; Dietrich (NSDAP) in der 323. HAS am 28.02.1928, in: ebd., Bl. 194–195; Richard Krüger (SPD) in der 312. HAS am 03.02.1928, in: BArch R 101/1404, Bl. 302; Ders. in den VDR, in: Protokoll der 397. SPR am 09.03.1928, Bl. 13333 und Philipp Wieland (DD) in der 310. HAS am 01.02.1928, in: BArch R 101/1404, Bl. 81.

[199] Vgl. u.a. Koch in der 323. HAS am 28.02.1928, in: BArch R 101/1406, Bl. 192. Vgl. hierzu auch Johannes Groß (Z) in der 323. HAS am 28.02.1928, in: ebd., Bl. 191 und in den VDR, in: Protokoll der 397. SPR am 09.03.1928, Bl. 13320.

[200] Brandenburg in der 323. HAS am 28.02.1928, in: BArch R 101/1406, Bl. 195.

[201] Notiz Hergt über eine Besprechung mit Brandenburg betr. der BMW AG vom 14.06.1929, in: BArch R 8119 F/P 3080, Bl. 71–72, hier Bl. 72.

[202] Vgl. z.B. Koch in der 312. HAS am 03.02.1928, in: BArch R 101/1404, Bl. 302.

Typs BMW VI 25 273 RM. Das RVM bestellte jedoch etwa zeitgleich 13 Flugmotoren des gleichen Typs zu einem Stückpreis von 35 522 RM. Im Juni 1931 einigten sich das RVM und BMW sogar auf einen Kaufpreis von 41 558 RM bei einem Lieferumfang von 35 BMW VI-Motoren.[203] Diese erheblichen Preisdifferenzen sind nur teilweise durch die höheren Herstellungskosten bei kleinen Bestellserien zu erklären. Vielmehr schienen die Vermutungen der Abgeordneten, dass das RVM dem Münchener Unternehmen versteckte Subventionen über den Preis zukommen ließ, den Tatsachen zu entsprechen.[204] Dass BMW hinsichtlich versteckter Subventionszahlungen des RVM anders behandelt wurde als ihre Konkurrenten, erscheint allerdings unwahrscheinlich. Jedoch profitierte der Münchener Flugmotorenbauer von dieser Praxis überproportional, da er von allen Flugmotorenfirmen in den 1920er Jahren mit Abstand die meisten RVM-Aufträge bekam.

Das RVM hatte vor allem über die amtlich vorgeschriebene Preisprüfung maßgeblichen Einfluss auf die Preise und damit auch auf die Erträge der Luftfahrtunternehmen. Dass das Ministerium diese Machtposition nicht nur zur Auszahlung versteckter Subventionen nutzte, zeigte sich z. B. an der diktierten Preissenkung des BMW IV-Flugmotors. Auch wenn die Flugmotorenhersteller in den 1920er Jahren vom staatlichen Einfluss im Bereich der Preisbildung auf Grund der überhöhten Preise des RVM in der Regel profitierten, machten sich die Industriellen Sorgen darüber, dass sie diese essenzielle unternehmerische Kernaufgabe nicht autark bestimmen konnten. Der Junkers-Mitarbeiter Veiel beschrieb im Sommer 1931 z. B. sein Unbehagen darüber, dass die ministerielle Preisprüfung eines Tages die überdurchschnittliche Rentabilität eines Fabrikats feststellen könnte und infolgedessen niedrigere Preise von Amts wegen festgesetzt werden könnten, wie es beim BMW IV tatsächlich geschehen war. Da die Behörden Hauptabnehmer seien, hätten sie es in der Hand, die Gewinne des Flugmotorenbaus jederzeit größtenteils zu beseitigen.[205] Durch den maßgeblichen Einfluss der Ministerien in die Preismechanismen der Luftfahrtfirmen wurden bereits zu Zeiten der Weimarer Republik wesentliche Mechanismen einer freien Privatwirtschaft in der Luftfahrtindustrie außer Kraft gesetzt.

Etwa zeitgleich mit der Kritik im Reichstag erschien im sozialdemokratischen „Vorwärts“ ein Artikel, in dem der Journalist und Pilot Walter Binder die willkürliche Verteilung von Reichsgeldern in der Luftfahrtindustrie und besonders die vermeintlich ungerechte Bevorzugung von BMW heftig an-

203 Vgl. Auftragsbestände der BMW-Flugmotorensparte für Okt. 1930 und Juni 1931, in: BArch R 8119 F/P 3100, Bl. 31 und 181. Beispiele übernommen aus Pierer, BMW 2004, S. 63–64.

204 Vgl. hierzu auch Krüger (SPD) in der 312. HAS am 03.02.1928, in: BArch R 101/1404, Bl. 302.

205 Vgl. Notiz Veiel betr. der finanziellen Verhältnisse bei BMW vom 12.06.1931, in: DMM/ASD JA 0021.

prangerte.[206] Binder forderte vom RVM eine detaillierte Rechnungslegung über die Verteilung der bisherigen Subventionen. Öffentliche Gelder sollten in Zukunft „ohne Rücksicht darauf, ob das Gesicht des Produzenten dem zuständigen Herrn Ministerialrat gefällt oder nicht" gezahlt werden.[207]

Auf Binders Generalangriff gegen BMW reagierte Popp in seiner gewohnt aufbrausenden und undiplomatischen Art. Er antwortete in einem öffentlichen Brief an die Redaktion des „Vorwärts", den er in Abschriften an verschiedene politische und luftfahrttechnische Stellen sandte.[208] Hierin stellte er sämtliche Vorwürfe gegen BMW als haltlos dar und sprach Binder die notwendigen Fachkenntnisse ab, um die Situation in der Luftfahrtindustrie beurteilen zu können. Vielmehr habe sich BMW in seiner Pioniertätigkeit ohne „einen Pfennig Subventionen" große Verdienste um den deutschen Flugmotorenbau erworben. Popp ging sodann zur Vorwärtsverteidigung über und klagte seinerseits den Junkers-Konzern der unrechtmäßigen Annahme von hohen Subventionen an. Junkers habe „ohne jede Erfahrung und eigene Konstruktion im Flugmotorenbau unseren Motor [...] vollständig kopiert". Erfahrungen und Erfolge habe Junkers lediglich auf Grund der Millionensubventionen, „zum Schaden des Reiches und der ganzen Luftfahrt".[209] Anstatt die Diskussion um die öffentlichen Gelder der BMW möglichst rasch zu beenden, goss Popp mit seiner heftigen Replik Öl ins Feuer. Er erregte mit dem öffentlich ausgetragenen Streit großes Aufsehen, nicht zuletzt da Binder seine Kritik an der „höchst eigenartigen Verteilung von Reichsgeldern" in einem weiteren polemischen Artikel konkretisierte.[210]

Zwischen dem Junkers-Konzern und den Bayerischen Motoren Werken lösten Popps Beschuldigungen einen monatelangen Streit aus. Beide Unternehmen warfen sich gegenseitig unlauteren Wettbewerb vor. Bei Junkers erwog man sogar ein gerichtliches Vorgehen gegen die von Popp erhobenen Vorwürfe.[211] Angesichts der wiederholten Angriffe von Popp erwog man, einen „energischen reinigenden Schlag" gegen BMW zu führen.[212] Allerdings war man sich bei Junkers der Tatsache bewusst, damit rechnen zu müssen, dass BMW vom RVM „in der weitgehendsten Weise" unterstützt werden

[206] Vgl. Artikel „Luftgelder. Bürokratische Subventionen – eine Fesselung der Luftfahrt" von Walter Binder, in: Vorwärts, Abendausgabe Nr. 38 vom 23. 01. 1928.

[207] Ebd.

[208] Vgl. Popp an die Redaktion des „Vorwärts" vom 31. 01. 1928, in: DMM/ASD JA 0021, S. 1–5.

[209] Beide Zitate in: ebd., S. 1–5, hier S. 2 und 5.

[210] Vgl. Artikel „Dicke Luft in der Luftfahrt. Der Spekulant Castiglioni als Nutznießer der deutschen Luftfahrtgelder" von Binder, in: Vorwärts, Abendausgabe vom 24. 02. 1928.

[211] Vgl. Gottschalk an das Hauptbüro der Junkerswerke in Dessau vom 25. 06. 1928, in: DMM/ASD JA 0021 und Entwurf einer Unterlassungsklage von Hugo Junkers gegen BMW vom 17. 04. 1928, in: ebd.

[212] Vgl. Aktennotiz von Jansen aus dem Hauptbüro von Junkers betr. des evt. Vorgehens gegen BMW vom 11. 05. 1928, in: ebd.

würde. Dies und der Umstand, dass der Arbeitsaufwand für eine entsprechende gerichtliche Auseinandersetzung in keinem Verhältnis zu dem zu erwartenden Nutzen gestanden hätte, bewog Hugo Junkers letztendlich im Juli 1928 dazu, die Angelegenheit auf sich beruhen zu lassen.

Das Zögern von Junkers, gegen BMW vorzugehen, veranschaulicht erneut eindrucksvoll, dass das BMW-Management hervorragende Beziehungen zu den Beamten im RVM hatte. In Dessau hielt man es für selbstverständlich, dass sich die Abteilung Luftfahrt im Ministerium im Zweifelsfall auf die Seite der Münchener stellen würde.[213]

Der Konflikt zwischen Junkers und BMW zeigt symptomatisch, welche Bedeutung die öffentlichen Gelder des RVM für das Überleben der Flugmotorenhersteller in der Weimarer Zeit hatten. Ohne die kontinuierliche staatliche Unterstützung in Form von Aufträgen, Beihilfen und versteckten Subventionen war es ihnen nicht möglich, die Flugmotorenproduktion aufrechtzuerhalten. Aus diesem Grund wurden die jeweiligen Beziehungen der Mitkonkurrenten zum RVM misstrauisch verfolgt und wenn nötig desavouiert. Für die drei Flugmotorenbauer, Junkers, Siemens und BMW, gestaltete sich das Buhlen um die eng begrenzten Reichsgelder als Nullsummenspiel, in dem einer nur gewinnen konnte, wenn ein anderer etwas verlor. Typisch für das ausgeprägte Konkurrenzdenken im Flugmotorenbau war die Reaktion des Direktors des Siemens-Flugmotorenwerkes, Becker, als Popp im Jahr 1928 von Pratt & Whitney die Lizenz auf luftgekühlte Flugmotoren erwarb. Becker zeigte sich auf Grund der unerwartet neuen Konkurrenzsituation in einer Besprechung mit Junkers-Vertretern in Berlin sehr aufgebracht und erkundigte sich bei ihnen nach Material über die angeblich „üblen Subventionsmethoden“ zu Gunsten der BMW, um gegen den Münchener Flugmotorenbauer vorzugehen.[214] Auch wenn der Siemens-Manager sein Vorhaben auf Grund fehlenden Beweismaterials nicht umsetzen konnte, dokumentiert seine Intention die aufgeheizte, aggressive Stimmung unter den Flugmotorenfirmen, die Ende der 1920er Jahre um die sehr begrenzten öffentlichen Aufträge wetteiferten.

Popp machte sich bei seinen Kollegen vor allem dadurch unbeliebt, dass er aus einer gesicherten Position der Stärke Ende der 1920er und Anfang der 1930er Jahre immer wieder die rigorose Konzentration der Luftfahrtindustrie auf wenige Hersteller forderte. Er versuchte seiner Forderung durch regelmäßige Interventionen bei den zuständigen Behörden Gehör zu verschaffen. Im Mai 1930 beschwerte sich BMW z. B. bei der Industrie- und Handelskammer München und der bayerischen Regierung gegen eine öffentliche Stützungs-

213 Vgl. Adolf Kottmeier, Junkers-Mitarbeiter und Rechtsanwalt, an Rechtsanwalt Riemeyer vom 24.07.1928, in: ebd.

214 Vgl. Niederschrift des Junkers-Büro Berlin über eine Besprechung mit Becker vom 03.02.1928, in: DMM/ASD JA C021.

aktion des Reichs zugunsten des Junkers-Konzerns.[215] Solch einseitige Subventionen seien eine Wettbewerbsverzerrung und eine unfaire Stärkung der außerbayerischen Unternehmen im freien Konkurrenzkampf und müssten daher aufhören. Die staatliche bayerische Wirtschaftsstelle in Berlin intervenierte daraufhin beim RVM, allerdings ohne erkennbaren Erfolg.[216]

Popp forderte immer wieder, endlich die „kümmerlichen Verhältnisse in der deutschen Luftfahrt" zu beseitigen.[217] Es sei an der Zeit, so mahnte der BMW-Generaldirektor, Verhältnisse zu schaffen, die das Überleben wenigstens einer bzw. zwei Serienfabriken für Flugmotoren während der Weltwirtschaftskrise gewähren könnten.[218] Popp war sich sehr wohl bewusst, dass BMW auf Grund seiner herausragenden Position im deutschen Flugmotorenbau und seiner guten Beziehungen zu Vertretern des RVM unter den höchstens zwei Firmen sein würde, die der Staat seiner Meinung nach in Zukunft mit Aufträgen und Beihilfen fördern sollte.

Mit offensichtlichem Bezug auf den Junkers-Konzern beklagte Popp das „Fortschleppen von lebensunfähigen Betrieben [...], die alle Jahre mehr oder weniger saniert werden müssen".[219] Als das Reich durch eine erneute Stützungsaktion bei Junkers zum Großaktionär wurde, nutzte Popp die Gelegenheit und plädierte für die vollständige Zerschlagung des Unternehmens. Popp schlug eine Kapitalerhöhung bei BMW vor, die vom Reich übernommen werden sollte. Mit dem neuen Geld plante Popp, die Aktien der Junkers-Motorenbau GmbH zu übernehmen. Gleichzeitig sollte die Luft Hansa in einem ähnlichen Vorgang den Junkers-Flugzeugbau übernehmen.[220] Die von Popp angestrebte Transaktion hatte für BMW den doppelten Reiz, dass man mit dem Reich einen mächtigen Partner dauerhaft an sich gebunden hätte und dass Junkers als direkter Konkurrent ausgeschaltet worden wäre. Das Vorhaben scheiterte allerdings an der Skepsis des RVM und des Militärs gegenüber einem Monopol-Flugmotorenhersteller sowie am Widerstand von Junkers.

[215] Vgl. Präsident der IHK München an das Bayerische Staatsministerium des Äußeren vom 24.05.1930, in: BayHStA MWi 6886.

[216] Vgl. Staatliche Bayerische Wirtschaftsstelle an das Bayerische Staatsministerium des Äußeren vom 18.07.1930, in: ebd.

[217] Popp an von Guérard vom 29.10.1930, in: BArch R 8119 F/P 3070, Bl. 223, S. 1–4, hier S. 4. Vgl. u. a. auch BMW an den Reichsverkehrsminister vom 01.12.1930, in: ebd., Bl. 215, S. 1–14, hier S. 6 und Popp an Brandenburg vom 21.12.1931, in: BA-MA RH 12-1/40, Bl. 115–120, hier Bl. 115–116.

[218] Vgl. BMW an den Reichsverkehrsminister vom 01.12.1930, in: BArch R 8119 F/P 3070, Bl. 215, S. 1–14, hier S. 14.

[219] Vgl. Artikel „Zweierlei Wirtschaftspolitik im Reichsverkehrsministerium", in: Kölnische Volkszeitung vom 21.10.1928. Der Artikel ist von keinem Autor unterzeichnet. Auf Grund des Insiderwissens des Autors aus der Flugmotorenindustrie, dem inhaltlichen Grundtenor und dem Stil nach stammt er sehr wahrscheinlich aus der Feder von Popp. Zu der Reaktion der Wa.B.6 auf den Artikel siehe: Bemerkungen der Wa.B.6 vom 30.10.1928, in: BA-MA RH 8/I/3593.

[220] Vgl. Popp an von Stauß vom 08.05.1928, in: BArch R 8119 F/P 3130, Bl. 1, S. 1–7.

Popps Appelle für eine Konzentration in der Flugmotorenindustrie kulminierten im September 1930 in der dramatischen Ankündigung, dass BMW unmittelbar vor der vollständigen Stilllegung ihres Flugmotorenbaus stehen würden, wenn nicht durch Hilfe des Reichs im letzten Moment eingegriffen werde. Das Wegbrechen der Auslandsaufträge, mit denen sich das Unternehmen über Wasser habe halten können, habe BMW ans Ende seiner Kräfte gebracht. Nur ein sofortiger Auftrag von 50 Hornet-Motoren könnte noch verhindern, dass BMW sich im Verlauf der Weltwirtschaftkrise auf andere Fabrikationszweige umstellen müsste.[221] Popp forderte vom RVM vor allem Planungssicherheit für sein Unternehmen. Er beanspruchte wesentlich mehr und regelmäßigere Aufträge, als das Reich in Zeiten der konjunkturellen Krise garantieren konnte. Popp artikulierte seine hohen Bedürfnisse angesichts der angespannten öffentlichen Finanzlage auf Kosten der anderen Flugmotorenhersteller. Seine Haltung kam gewissermaßen der Forderung nach einer Zementierung der Monopolstellung der BMW gleich.[222]

Der BMW-Generaldirektor trat gegenüber den staatlichen Dienststellen im Allgemeinen äußerst selbstbewusst auf. Er verlangte nicht weniger, als dass das RVM für die Überlebensfähigkeit des Münchener Unternehmens garantieren solle.[223] Popps Einstellung resultierte vor allem aus dem Bewusstsein, dass die Beziehung von BMW zu den Ministerien der Weimarer Zeit kein eindimensionales Abhängigkeitsverhältnis darstellte. Die BMW-Spitze war sich sehr wohl im Klaren darüber, dass die staatlichen Beschaffungsstellen im gleichen Maße auf die BMW-Fabrikate angewiesen waren wie der Münchener Konzern auf die regelmäßigen staatlichen Aufträge. Ohne die BMW-Flugmotoren hätten sämtliche zivilen und militärischen Planungen einer deutschen Luftfahrt in Ermangelung adäquater Ersatzprodukte ad acta gelegt werden müssen. Das Bewusstsein, nicht nur für das Streben der Reichswehr nach einer eigenständigen Luftwaffe, sondern auch für den zivilen Flugverkehr in Deutschland unverzichtbar zu sein, gewährte der BMW-Geschäftsführung gegenüber den Ministerien ein erhebliches Druckpotenzial. Auf Grund der herausragenden Stellung im Flugmotorenbau genoss das Unternehmen während der Weimarer Republik demnach Handlungsspielräume, die anderen Unternehmen der Branche nicht zur Verfügung standen. Und wie die Tabelle 4 verdeutlicht, verstand es Popp, diese relative Machtposition in regelmäßige staatliche Aufträge für BMW umzumünzen.

Im Herbst 1930 lehnte von Guérard die Forderung des BMW-Generaldirektors nach einem Sonderlieferauftrag auf 50 Hornet-Motoren mit der Begründung jedoch ab, dass kein Bedarf bestehe und man keinen Vorrat anlegen

[221] Vgl. Popp an die Luftfahrtabteilung des RVM vom 16.09.1930, in: BArch R 8119 F/P 3070, Bl. 219–220.
[222] Vgl. Popp an Brandenburg vom 21.12.1931, in: BA-MA RH 12-1/40, Bl. 115–120, hier Bl. 119.
[223] Vgl. ebd.

wolle.[224] Popp reagierte auf diesen negativen Bescheid aus Berlin in seiner aufbrausenden Art „zutiefst verschnupft" und „aufs schwerste verletzt" und warf dem Ministerium Versagen in der Industriepolitik vor.[225]

Die jahrelange Monopolstellung von BMW im Bereich des leistungsstarken wassergekühlten Flugmotorenbaus führten bei Popp dazu, dass er sich und sein Unternehmen für vollkommen unentbehrlich hielt und seinen Gesprächspartnern diese Haltung deutlich zu verstehen gab. Dabei merkte Popp nicht, dass er mit seinem patriarchalischen Habitus das Klima zu seinen Kunden zunehmend belastete. Oft wirkten seine umfangreichen Appelle an Politiker, Beamte und Kollegen kontraproduktiv. Die Verkehrsfliegerschulen beschwerten sich beispielsweise, dass BMW die einzige Firma sei, mit der sie grobe Briefe wechselten.[226] Ähnliche Klagen gab es in der Armee, der Marine und dem RVM. Der Mitarbeiter Brandenburgs in der Abteilung Luftfahrt des RVM, Albert Mühlig-Hoffmann, hatte sogar jeden persönlichen Verkehr mit Popp aufgegeben.[227] Auch Erhard Milch, Technischer Direktor der Luft Hansa und damit eines einflussreichen Großkunden von BMW, stellte dem Münchener Unternehmen und Popp ein ähnlich schlechtes Zeugnis aus. Er erläuterte von Stauß, dass das ganze Geschäftsverhältnis zur BMW unglücklich sei und wohl nicht besser werde, solange Popp sich nicht ändere, wozu er offensichtlich nicht zu bringen sei. Milch erklärte, dass er keine Hoffnungen mehr habe, wieder in ein vernünftiges Verhältnis mit Popp zu gelangen. Er habe seinem Personal im Übrigen wiederholt verboten, auf den groben Ton der Poppschen Briefe einzugehen.[228]

Auch wenn Popps wiederholte Interventionen bei vielen Gesprächspartnern auf Grund der undiplomatischen Vorgehensweise des BMW-Generaldirektors ablehnende Reaktionen provozierte, befand er sich inhaltlich auf einer Linie mit den Rationalisierungsexperten der Schlüsselkommission des Jahres 1929. In der Flugmotorenindustrie war eine dauerhafte Konsolidierung laut Schlüsselkommission nur auf dem Wege einer Fusion oder einem ähnlichen Arrangement möglich. Konkret schlugen die Mitglieder der Schlüsselkommission ein Zusammengehen von Siemens & Halske mit BMW vor.[229] Letztendlich scheiterten Unternehmenskonzentrationen im Flugmotorenbereich jedoch an den vielschichtigen Interessen der beteiligten Institutionen.[230] Die

[224] Vgl. von Guérard an BMW vom 25.10.1930, in: BArch R 8119 F/P 3070, Bl. 221-222.

[225] Popp an von Guérard vom 29.10.1930, in: ebd., Bl. 223, S. 1–4, hier S. 3–4.

[226] Vgl. Notiz von Stauß an Max H. Schmid, Vorstandsvorsitzender der Zellstofffabrik Waldhof, vom 25.06.1931 bis zum 08.05.1945 Aufsichtsratsmitglied von BMW und von 1931 bis 1933 stellvertretender Vorsitzender des Aufsichtsrates, vom 20.07.1932, in: BArch R 8119 F/P 3072, Bl. 308–310.

[227] Vgl. ebd.

[228] Vgl. ebd.

[229] Vgl. Bericht der Schlüsselkommission vom 20.08.1929, in: BA-MA RH 12-1/39, Bl. 37–43, hier Bl. 40.

[230] Vgl. Aktenvermerk der Wa.Prw8 über Siemens, in: BA-MA RH 12-1/40, Bl. 302; Entwurf von Volkmann betr. der Rationalisierung der deutschen Flugzeugindustrie

unternehmerischen Verhältnisse im deutschen Flugmotorenbau änderten sich durch die von der Schlüsselkommission des Reichstages geforderten Rationalisierungs- und Konzentrationsmaßnahmen nicht wesentlich. Abgesehen von der Tatsache, dass seit 1929 wesentlich weniger öffentliche Gelder zur Verfügung standen und diese über einen festgelegten Bewertungsschlüssel verteilt wurden, produzierten alle Flugmotorenhersteller weiter wie bisher. Es fanden 1929 und in den Jahren danach keine Fusionen oder Stilllegungen statt.[231]

3.3.4. Auswirkungen der Weltwirtschaftskrise auf den BMW-Konzern

Nach dem Versailler Vertrag und der Inflationszeit, die das politische Verhalten weiter Kreise der deutschen Gesellschaft in unverkennbarer Weise prägte, war die Weltwirtschaftskrise wohl das am tiefsten und nachhaltigsten in das öffentliche Bewusstsein gedrungene Ereignis der Weimarer Republik. Von allen europäischen Industrienationen wurde Deutschland weitaus am schwersten von der Weltwirtschaftskrise betroffen. Hier traten sehr spezifische Probleme auf, die sich zwischen 1929 und 1932 durch das Aufeinandertreffen zweier Phänomene ergaben: der Krise des kapitalistischen Wirtschaftssystems und der u. a. daraus resultierenden Vertrauenskrise des demokratischen Staatsgedankens sowie der parlamentarischen Regierungsform.[232] In Deutschland bedeutete die Weltwirtschaftskrise letztendlich eine Nagelprobe für die Demokratie, was ihr zusätzlich zu den wirtschaftlichen Auswirkungen Gewicht gab.

Die konjunkturelle Krise traf BMW mitten in einer Phase entscheidender Veränderungen, die alle in das Jahr 1928 fielen. Seit 1924 hatte das Unternehmen in den Sektoren Flugmotoren- und Motorradbau Jahr für Jahr hervorragende Geschäftsergebnisse erzielt. Damit der Kapitalbestand der Gesellschaft mit den Umsatzsteigerungen korrespondierte, hatte die BMW-Hauptversammlung das Grundkapital in den Jahren 1925 von 3 Mio. RM auf 5 Mio. RM und 1927 auf 10 Mio. RM erhöht. 1928 beschloss die Generalversammlung eine weitere Kapitalerhöhung auf 16 Mio. RM.[233] Mit dieser erneuten Kapitalerhöhung und neuen Bankkrediten finanzierte BMW einen großen Ausbau der Fabrikationsanlagen des Motorrad- sowie des Flugmotorenbaus. Im Flugmotorenbau fabrizierte BMW in München-Milbertshofen zum Teil noch in veralteten Hallen aus dem Ersten Weltkrieg. Im Kernbereich des Un-

vom 27.09.1929, in: BA-MA RH 8/I/893, Bl. 127–129 und Popp an von Stauß vom 19.06.1931, in: BArch R 8119 F/P 3071, Bl. 310.

231 Hinsichtlich der Auswirkungen der Schlüsselkommission auf die Rationalisierung und Konzentration im deutschen Flugzeugzellenbau vgl. Budraß, Flugzeugindustrie 1998, S. 256–266.

232 Vgl. Feldman, Gerald D.: Vom Weltkrieg zur Weltwirtschaftkrise. Studien zur deutschen Wirtschaft- und Sozialgeschichte 1914–1932. Göttingen 1984, S. 221–222.

233 Vgl. Geschichte des BMW-Konzerns – Die finanzielle Entwicklung. In: BMW-Arch UA 2, S. 60–70, hier S. 64.

ternehmens war die Gesellschaft bis zur Grenze der Leistungsfähigkeit ausgelastet.[234] Im Jahre 1928 entschloss sich die BMW-Verwaltung im Einklang mit dem Konzept der fabrikatorischen Vorbereitung schließlich, die Anlagen modern auszubauen und auf Großproduktion umzurüsten.[235] Mit den neuen Fabrikationseinrichtungen reagierte die Unternehmensführung auch auf den Lizenzerwerb von Pratt & Whitney vom Januar des Jahres und die dadurch erwartete Produktionsausweitung.

Außerdem hatte sich BMW schon seit mehr als zwei Jahren mit der Entwicklung eines eigenen Kleinwagens beschäftigt. Als sich dem Münchener Unternehmen jedoch die Gelegenheit bot, die Fahrzeugfabrik Eisenach von der Gothaer Waggonfabrik AG zu kaufen, verzichtete man zunächst auf eine eigene Konstruktion.[236] Mit dem Werk in Eisenach übernahm BMW 1928 gleichzeitig die Lizenz der englischen Austin Motor Company auf den 3/15 PS Kleinwagen Austin Seven mit dem deutschen Namen Dixi.[237] Allerdings entwickelte sich das Automobilgeschäft in den Anfangsjahren hochgradig defizitär. Der Betrieb des Automobilwerkes bedeutete zusammen mit den großen Investitionen, die in Eisenach erforderlich waren, für BMW in den vier Jahren von 1928 bis 1932 einen Verlust von mehreren Mio. Reichsmark.[238] Angesichts der schlechten Ergebnisse des Automobilgeschäftes wertete Popp den Kauf der Fahrzeugfabrik Eisenach im Nachhinein als unternehmerischen Fehler.[239] Und der Aufsichtsratsvorsitzende sprach im Hinblick auf die übernommenen Bankschulden und die laufenden Verluste sogar davon, dass der Erwerb von Eisenach die Gesellschaft als Ganze krank gemacht habe.[240] Der defizitäre Automobilbau wurde für die Bayerischen Motoren Werke während der Weltwirtschaftskrise zunehmend zur Belastung. Daher bemühte sich die Unternehmensführung in den Krisenjahren 1929–1932 intensiv darum, einen geeigneten Käufer zu finden, um Eisenach so schnell wie möglich wieder abstoßen zu können. Mitten in der weltweiten konjunkturellen Krise war es allerdings unmöglich, ein Unternehmen zu finden, das liquide und gleich-

[234] Vgl. Bericht des Vorstandes auf der Generalversammlung der BMW AG im April 1929, in: BArch R 8119 F/P 3080, Bl. 35, S. 1–5, hier S. 3.

[235] Vgl. Notiz von Veiel über BMW vom 05. 06. 1931, in: DMM/ASD JA 0021.

[236] Vgl. Kaufvertrag der Fahrzeugfabrik Eisenach von der Gothaer Waggonfabrik AG vom 14. 11. 1928, in: BMW-Arch UA 743.

[237] Vgl. Bericht des Vorstandes über das Geschäftsjahr 1928 vom 29. 05. 1929, in: BArch R 8119 F/P 3080, Bl. 20–23, hier Bl. 20.

[238] Vgl. BMW AG an Ludwig Weil, Direktor der Deutschen Bank und Disconto Gesellschaft, Filiale München und vom 25. 06. 1931 bis zum 17. 05. 1934 Aufsichtsratsmitglied der BMW AG, vom 28. 07. 1931, in: BArch R 8119 F/P 3072, Bl. 18 und von Stauß an den Oberbürgermeister von Eisenach, Friedrich Janson, vom 20. 02. 1932, in: BArch R 8119 F/P 3072, Bl. 203–205, hier Bl. 203–204.

[239] Vgl. Theodor Frank, Journalist, an Popp vom 06. 11. 1930, in: BArch R 8119 F/P 3070, Bl. 174–175.

[240] Vgl. Aktenvermerk von Stauß vom 17. 02. 1932, in: BArch R 8119 F/P 3127, Bl. 96–97, hier Bl. 97.

Bild Nr. 2: Luftbild des BMW-Werkes Eisenach (um 1929/30)

zeitig risikofreudig genug war, in eine Automobilfabrik zu investieren, die seit Jahren Verluste machte.[241]

Neben der Automobilproduktion, das den Hauptfertigungszweig des Werkes Eisenach darstellte, gingen 1928 moderne Fertigungseinrichtungen für die Erzeugung verschiedener Heeresausrüstungsartikel in den Besitz der BMW über.[242] BMW stieg somit in einen vierten Produktionszweig ein. Im Gegensatz zum chronisch defizitären Automobilbau in Eisenach entwickelte sich der Heeresgerätebau während der konjunkturellen Krise auf niedrigem Niveau zu der am rentabelsten und zuverlässigsten arbeitenden Abteilung des BMW-Konzerns.

Ende 1928 waren die Bayerischen Motoren Werke mit ihrer Produktpalette – verteilt auf zwei Standorte – somit wesentlich diversifizierter aufgestellt als noch zu Beginn des Jahres. Im Flugmotorenbau produzierte man nicht mehr

241 Vgl. Aktennotiz von Popp betr. Eisenacher Automobilfabrikation vom 10.07.1931, in: BArch R 8119 F/P 3205, Bl. 12-15, hier Bl. 12; Popp an von Stauß vom 13.06.1931, in: BArch R 8119 F/P 3124, Bl. 75-76, hier Bl. 76 und Aktennotiz von Lewinski über eine Besprechung mit Popp vom 20.01.1931, in: BArch R 8119 F/P 3070, Bl. 278-282, hier Bl. 282.

242 Im Heeresgerätebau in Eisenach fertigte BMW bis in die 1940er Jahre u.a. Militärfahrzeuge, Seitenwagen für Motorräder, Notstromaggregate und Geschütze. Vgl. hierzu u.a. die Aktenvermerke zur Entwicklung des Werkes Eisenach vom 19.07.1949, 14.02.1951 und 16.06.1951, in: BMW-Arch UA 701/1.

Grafik 3: Auswirkungen der Weltwirtschaftskrise auf die Umsatzstruktur des BMW-Werkes München 1927–1933

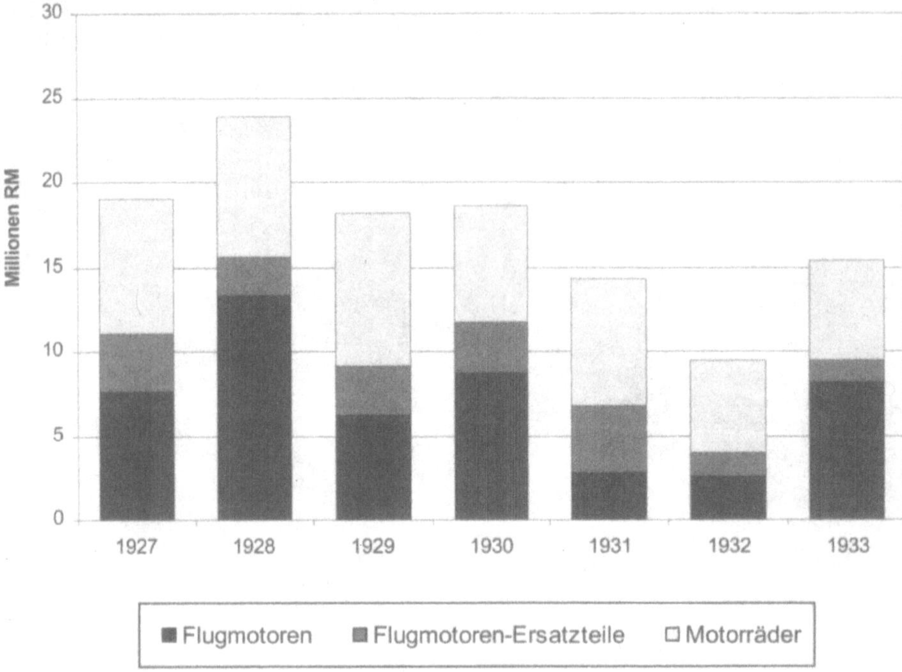

Quelle: Vgl. Tabelle 1, S. 60.

nur wassergekühlte, sondern auch luftgekühlte Motoren. Außerdem ergänzten die Münchener ihre Motorradproduktion um einen Kleinwagen. Die Fabrikation von Heeresgeräten sicherte dem Unternehmen auf Grund langer Lieferverträge schließlich dauerhaft stabile Beziehungen zur Reichswehr und sichere Erträge. Die beträchtliche Expansion von BMW des Jahres 1928 führte auch dazu, dass die Belegschaft im Laufe des Jahres deutlich verstärkt wurde. Beschäftigte BMW im Jahr 1927 noch 1804 Mitarbeiter, so waren es 1928 bereits 2594 Personen allein im Werk München. Hinzu kamen 2082 Arbeiter und Angestellte im neuen Eisenacher BMW-Werk, so dass das Unternehmen Ende 1928 insgesamt 4676 Personen beschäftigte.[243]

Die hohen Investitionssummen und vor allem der Kauf der Fahrzeugfabrik Eisenach veränderten allerdings auch das Bild der BMW-Bilanz. Die Gesellschaft galt vor den einschneidenden Veränderungen immer als überaus liquides Unternehmen. Die Zwischenbilanz per 31.07.1928 wies noch Bankguthaben von rund 11 Mio. RM aus.[244] Diese Guthaben waren zum Jahresabschluss

243 Vgl. Tabelle 8, S. 3.

244 Vgl. Artikel „Bankschulden bei B.M.W.", in: Berliner Börsen Kurier Nr. 202 vom 02.05.1929.

1928 vollständig aufgebraucht. Das Unternehmen hatte mittlerweile Schulden und Verbindlichkeiten von über 17 Mio. RM angehäuft.[245] Der Kauf und die Weiterführung der Eisenacher Fabrik hatte außerordentliche Beträge verschlungen, so dass die Zahlen der Bilanz Ende 1928 den sehr positiven Geschäftsverlauf des Jahres 1928 nicht widerspiegelte.[246]

Die großen Investitionen des Unternehmens erwiesen sich retrospektiv im Hinblick auf die Weltkonjunktur als problematisch, da die Weltwirtschaftskrise BMW genau in dieser Umbruchsphase traf. Allerdings entfalteten die staatlichen Etatkürzungen und die Auswirkungen der Weltwirtschaftskrise ihre Wirkungen auf die Münchener Gesellschaft mit voller Intensität nicht wie bei anderen Unternehmen bereits 1929, sondern erst 1931.

Zunächst brach durch den staatlichen Sparhaushalt Anfang 1929 der Inlandsabsatz für Flugmotoren ein.[247] Der Nachtragshaushalt des RVM, aus dem die BMW 1,1 Mio. RM erhielten, federte die Folgen zunächst noch rudimentär ab. Im Jahr 1930 sank jedoch der Flugmotorenumsatz von BMW in Deutschland von 2 883 000 RM 1929 auf 940 000 RM. BMW konnte diese Verluste im Inlandsgeschäft der Jahre 1929 und 1930 durch die Exporte in die Sowjetunion noch weitgehend kompensieren.[248] 1930 wurde dann jedoch der letzte große Auftrag an die Sowjetunion ausgeliefert, so dass ab 1931 auch der Export von Flugmotoren fast vollständig zum Erliegen kam. 1931 brach der BMW-Flugmotorenumsatz im Ausland von rund 7,5 Mio. RM 1930 auf 250 000 ein.[249] Auch die Absatzzahlen der BMW-Flugmotoren verdeutlichen, dass die konjunkturelle Problemlage im In- und Ausland die BMW-Flugmotorenabteilung erst in den Jahren 1931 und 1932 stark beeinträchtigte.

Tabelle 7: Flugmotorenabsatz von BMW 1927–1933

	1927	1928	1929	1930	1931	1932	1933
Absatz in Stück*	300	ca. 435	266	335	ca. 70	ca. 90	204

* Einige Absatzzahlen basieren auf Schätzungen anhand von Umsatz und Auftragsbeständen. Sie sind mit dem Zusatz „ca." gekennzeichnet. Die Produktionszahlen der einzelnen Motoren für das Jahr 1931 liegen nur bis Juni vor. Daher wurde auch hier die Gesamtzahl geschätzt.

Quelle: Produktionsstatistiken der Jahre 1927–1933, BArch R 8119 F/P 3092, P 3099, P 3100; P 3073, Bl. 77 und P 3102, Bl. 457, Übernommen aus: Pierer, BMW 2004, S. 51.

245 Vgl. Bericht des Vorstandes der BMW AG über das 3. Vierteljahr 1932 vom 24. 10. 1932, in: DAG/HIC Kissel Fremdfirmen 11.3.

246 Vgl. Bericht des Vorstandes über das Geschäftsjahr 1928 vom 29. 05. 1929, in: BArch R 8119 F/P 3080, Bl. 20-23, hier Bl. 21.

247 Vgl. ebd., Bl. 20–23, hier Bl. 22.

248 Vgl. u. a. Bericht des Vorstandes auf der Generalversammlung der BMW AG im April 1929, in: BArch R 8119 F/P 3080, Bl. 35, S. 1–5, hier S. 5.

249 Vgl. für diese Zahlen Pierer, BMW 2004, S. 64–65.

Tabelle 8: Entwicklung der Belegschaftszahlen von BMW 1926–1933

Jahr	München	Eisenach	Niederl. Berlin u. Wien	Insgesamt
1926	1 080	–	–	1 080
1927	1 804	–	–	1 804
1928	2 594	2 082	–	4 676
1929	1 467	1 842	–	3 309
1930	1 606	1 544	–	3 150
1931	1 462	908	–	2 370
1932	1 671	1 398	79	3 148
1933	3 634	2 786	94	6 514

Seit 1931 war die Flugmotorensparte von BMW chronisch unterbeschäftigt, was Popp zu seinen dramatischen Appellen an die zuständigen staatlichen Dienststellen veranlasste, die deutsche Flugmotorenherstellung nicht vollständig zusammenbrechen zu lassen. Die Umsatz- und Absatzzahlen lassen erkennen, dass Popps Warnung, dass BMW kurz vor der Stilllegung des Flugmotorenbaus stand, nicht übertrieben war.[250] Ohne staatliche Hilfen hätte kein Flugmotorenproduzent einen solch immensen Rückgang im Flugmotorenabsatz längere Zeit verkraften können.[251]

Der BMW-Vorstand reagierte auf die Krisenjahre wie so viele andere Unternehmen auch mit einem massiven Arbeitsplatzabbau.[252] Allein im Werk München wurden 1929 43% der Belegschaft entlassen, während in Eisenach rund 12% der Mitarbeiter ihren Arbeitsplatz verloren. Ende 1931 erreichte das Unternehmen mit insgesamt 2370 Mitarbeitern seinen Beschäftigungstiefpunkt, rund 50% des BMW-Personals war in den Krisenjahren entlassen worden.

Von Stauß bezeichnete den Beschäftigungsabbau als „gewaltige Leistung" und einzig richtige Reaktion des Vorstandes auf die Krise. Lediglich die Maßnahme, schnell massiv Leute zu entlassen, habe die Auswirkungen der Weltkonjunktur auf BMW begrenzen können.[253] Die Geschäftsführung konnte allerdings nicht verhindern, dass das Unternehmen auf Grund der großen Werksausbauten des Jahres 1928 in Zeiten der Weltwirtschaftskrise eine erhebliche Überkapazität aufwies. Nach Angaben des Vorstandes der BMW

[250] Vgl. Popp an die Luftfahrtabteilung des RVM vom 16.09.1930, in: BArch R 8119 F/P 3070, Bl. 219–220.

[251] Vgl. Popp an Milch vom 22.03.1932, in: BArch R 8119 F/P 3072, Bl. 239.

[252] Da es damals keinen Kündigungsschutz im heutigen Sinne gab, war die Reaktion der BMW-Führung, in Krisenzeiten Arbeitsplätze abzubauen, in Industrieunternehmen weit verbreitet. Vgl. Hachtmann, Rüdiger: Industriearbeit im Dritten Reich. Untersuchungen zu den Lohn- und Arbeitsbedingungen 1933–1945. Göttingen 1989, S. 24 und 30–36.

[253] Vgl. von Stauß an Castiglioni vom 07.11.1929, in: BArch R 8119 F/P 3130, Bl. 332, S. 1–5, hier S. 3–4.

Grafik 4: Belegschaft des BMW-Konzerns 1926–1933

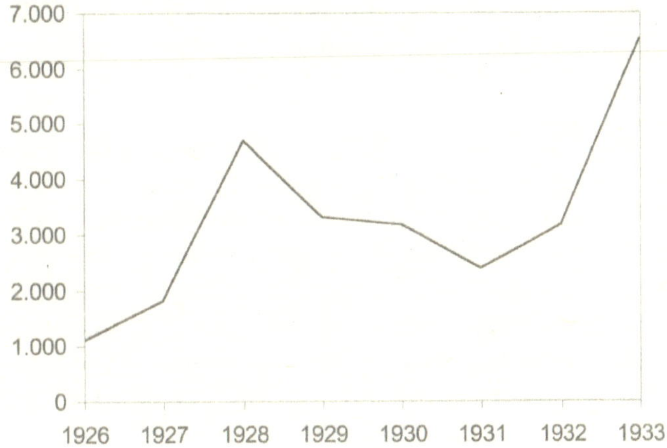

Quelle: Aufstellung der Belegschaftszahlen von 1924–1944 in der „Geschichte des BMW-Konzerns", in: BMW-Arch UA 15.

AG waren die Fertigungsmöglichkeiten im Jahre 1929 beispielsweise nicht mehr als zu 25% ausgenutzt.[254]

Die großen Überkapazitäten in der Fabrikation von BMW in München wurden Anfang der 1930er Jahre zunehmend zu einem massiven Problem. Die Belastungen des Flugmotorenbaus mit festen Betriebskosten waren außerordentlich hoch.[255] Beamte des RVM warfen dem Unternehmen Anfang 1931 eine verfehlte Investitionspolitik vor. BMW habe sich fälschlicherweise jahrelang vor allem am umfangreichen Auslandsumsatz der 1920er Jahre orientiert und dabei verdrängt, dass lediglich der Inlandsabsatz ein verlässlicher und solider Grundstock der Flugmotorenindustrie sein könne. Die Überkapazitäten von BMW seien demnach durch fahrlässiges Eigenverschulden der BMW-Geschäftsführung entstanden.[256] Da Erhöhungen im Luftfahrtetat generell nicht zu erwarten seien, müsste die Hauptaufgabe der Gesellschaft in der Reduzierung der Fixkosten des Flugmotorenbaus liegen.

BMW erklärte seine hohen Fixkosten in erster Linie damit, dass jeder Arbeitsprozess in einer modernen Flugmotorenfabrik ein Spezialwerkzeug erfordere. Daraus ergebe sich zwangsläufig ein sehr großer Maschinenpark, dessen Fertigungskapazität einen hohen Mindestumsatz im Flugmotorenbau erfordere. Bei BMW müssten beispielsweise jährlich rund 4 Mio. RM Betriebskosten auf die Produktion von Flugmotoren und Motorräder umgelegt werden. Diese Kosten setzten sich zusammen aus Abschreibungen, Steuern,

[254] Vgl. Bericht des Vorstandes der BMW AG über das zweite Quartal 1932 vom 20.07.1932, in: DAG/HIC Kissel Fremdfirmen 11.3.

[255] Vgl. Bericht der Deutschen Revisions- und Treuhand AG, Berlin, über die bei der BMW AG vorgenommene Sonderprüfung vom 05.03.1932, in: BArch R 8135/5013, S.1–11, hier S.7.

[256] Vgl. Ministerialrat Walter Panzeram in einer Besprechung mit der DLH und dem RVM über Meinungsverschiedenheiten in der Flugmotorenerzeugung bei BMW am 22.12.1930 vom 02.01.1931, in: BArch R 8119 F/P 3070, Bl.266, S.1–19, hier S.18.

Betriebskosten[257] und Handlungskosten[258]. Etwa 77% der Betriebskosten in der BMW-Flugmotorenproduktion galten Anfang der 1930er Jahre als fix.[259] Die Deutsche Revisions- und Treuhand AG bewertete dies als äußerst ungesundes und unproduktives Verhältnis.[260]

Popp erklärte zwar Ende 1931 selbstbewusst, „dass in keiner Fabrik der Welt ein Flugmotor billiger hergestellt werden kann als bei uns".[261] Abgesehen von der Tatsache, dass eine solche Behauptung nicht verifizierbar war, hätte sich die Aussage Popps lediglich in sehr großen Produktionsserien bewahrheiten können. Popp forderte daher immer wieder, dass zur Erhaltung einer modernen Flugmotorenfabrik jährliche Aufträge von mindestens sechs Mio. RM erforderlich seien.[262] Eine Untersuchung der Treuhand AG aus dem Jahr 1932 verdeutlicht, wie entscheidend sich die Gesamtsumme der staatlichen Aufträge auf die Fixkostenstruktur der BMW AG auswirkte. Die Berliner Prüfgesellschaft errechnete, wie viele Flugmotoren BMW bei unterschiedlichen RVM-Auftragsgesamtsummen liefern konnte. Die Berechnungen ergaben, dass der Münchener Flugmotorenbauer bei einem Auftragsvolumen von 5,75 Mio. RM 140 Motoren à 30350 RM herstellen könnte. Bei einem RVM-Auftragsvolumen von 5 Mio. RM könnten dagegen nur 90 Motoren à 39000 RM und bei lediglich 4 Mio. RM Auftragssumme nur 26 Motoren à 96000 RM hergestellt werden. Bei einem Auftragsbestand von 3 Mio. RM würde laut Untersuchungsbericht theoretisch noch nicht einmal die Lieferung eines einzigen Motors kostendeckend möglich sein, da allein die Fixkosten des Werkes in München für einen solchen Auftrag rund 1,9 Mio. RM betragen würden. Das Gesamtauftragsvolumen beinhaltete jeweils einen als Standardwert angenommenen Betrag für die Durchführung von Versuchsaufträgen im Wert von 1,5 Mio. RM und einen 10%igen Gewinnaufschlag bezogen auf die Selbstkosten.

[257] Die Deutsche Revisions- und Treuhand AG, Berlin, definierte Betriebskosten als u. a. Gehälter, Garantiearbeiten, Ausschuss, Versuche, Betriebsmaterial, Licht, Energie, Unterhaltung von Gebäuden, Maschinen und sonstigen Anlagen.

[258] Als Handlungskosten galten u. a. Versicherungen, Reklamekosten, das BMW-Büro in Berlin, Verkaufsbüros für die Krafträder, Inserate, Reisespesen, Wettfahrten im Motorradbereich. Für beide Definitionen siehe: Bericht der Deutschen Revisions- und Treuhand AG über die bei der BMW AG vorgenommene Sonderprüfung vom 05. 03. 1932, in: BArch R 8135/5013, S. 1–11, hier S. 8.

[259] Vgl. Aufstellung Kosten der Flugmotorenproduktion der BMW AG, Anlage zum Schreiben BMW an von Guérard vom 13. 12. 1930, in: BArch R 8119 F/P 3070, Bl. 230–232.

[260] Vgl. Bericht der Deutschen Revisions- und Treuhand AG über die bei der BMW AG vorgenommene Preisprüfung von 11 Versuchsmotoren vom 10. 10. 1932, in: BArch R 8135/5247, S. 14–18, hier S. 17; siehe auch: Treuhand-Stellungnahme zu der Angabe der BMW AG wegen eines Verlustes von RM 432000 aus der Lieferung von 30 Hornet-Motoren an die Deutsche Luft Hansa vom 21. 11. 1932, in: BArch R 8135/5247, S. 1–5.

[261] Popp an Milch vom 22. 12. 1931, in: BArch R 8119 F/P 3072, Bl. 166–171, hier Bl. 170.

[262] Vgl. u. a. Popp an Brandenburg vom 21. 12. 1931, in: BA-MA RH 12-1/39, Bl. 115–120, hier Bl. 117–119.

Tabelle 9: Kennzahlen der BMW AG 1926–1933

Jahr	Umsatz (in RM)	Gewinn* (in RM)	Umsatzrendite (in Prozent)	„Eigenkapitalrendite (in Prozent)
1926	9100000	725956	7,98	13,57
1927	17700000	1911925	10,80	17,51
1928	27200000	2809384	10,33	15,27
1929	40000000	1321547	3,30	7,07
1930	36500000	683345	1,87	3,65
1931	27500000	747541	2,72	4,22
1932	19700000	812255	4,12	4,59
1933	32600000	1089334	3,34	6,15

* Ausgewiesener Bilanzgewinn

Quelle: Zusammengestellt aus: Spezial-Archiv der deutschen Wirtschaft – Verlag Hoppenstedt & Co. (Hrsg.): Handbuch der deutschen Aktiengesellschaften. Berlin 1926-2 – 1942-5; den Bilanzen in: BArch R 8119 F/P 3131, P 3102 und P 3104 und Aufstellung der Unternehmensumsätze von 1924–1944 in der „Geschichte des BMW-Konzerns", in: BMW-Arch UA 15.

Zieht man 1,5 Mio. RM für die notwendigen Versuchsaufträge von der Auftragssumme von 3 Mio. RM ab, stünden lediglich 1,5 Mio. RM zur Verfügung, die nicht ausreichten, um die Fixkosten der BMW AG zu decken.[263]

BMW konnte im Haushaltsjahr 1932 jedoch lediglich mit Aufträgen von rund drei Mio. RM rechnen. Nicht umsonst bezeichnete der BMW-Generaldirektor das Jahr 1932 für den Flugmotorenbau des Unternehmens als das schlechteste, das er in den wechselvollen Jahren seit der Gründung des Unternehmens erlebt hatte.[264] Die Überdimensionierung des BMW-Produktionsapparates im Flugmotorenbau war für das Unternehmen in der Konjunkturkrise Anfang der 1930er Jahre zur Existenzbedrohung geworden. Insgesamt überstand der BMW-Konzern die Weltwirtschaftskrise im Vergleich zu anderen Unternehmen der Luftfahrtindustrie jedoch relativ unbeschadet. Dies hatte das Münchener Unternehmen vor allem seiner Produkt-Diversifikation zu verdanken. Letztendlich brachten vor allem zwei Sparten das Unternehmen erfolgreich durch die Weltwirtschaftskrise. Der Motorradbau kompensierte vor allem in den Jahren 1931 und 1932 die Umsatzeinbrüche im Münchener Flugmotorenbau und der Eisenacher Heeresgerätebau schaffte einen moderaten Ausgleich für die Verluste des Automobilbaus.[265] Sowohl der Kraftradbau als auch der Heeresgerätebau verschafften den Bayerischen Motoren Werken in den Krisenjahren somit ein solides Gesamtergebnis (Vgl. Tabelle 9).

263 Vgl. Bericht der Deutschen Revisions- und Treuhand AG über die bei der BMW AG vorgenommene Sonderprüfung vom 05.03.1932, in: BArch R 8135/5013, S. 1–11, hier S. 11.

264 Vgl. Popp an Milch vom 09.06.1933, in: BArch R 8119 F/P 3128, Bl. 17–21, hier Bl. 17. Vgl. hierzu auch Tabelle 1, S. 60.

265 Vgl. Mitteilung von Stauß betr. der Aufsichtsratssitzung am 10.09.1931 vom 11.09.1931, in: BArch R 8119 F/P 3072, Bl. 62.

Selbst in den Jahren 1931 und 1932 wies BMW noch moderate Gewinne aus, wobei allerdings zu berücksichtigen ist, dass in Folge der stark gesunkenen Warenvorräte stille Reserven aktiviert wurden.[266] Für die Jahre 1930 und 1931 gab es keine Dividendenausschüttung. Während der Weltwirtschaftskrise entwickelte sich die Liquidität der Gesellschaft äußerst günstig. Trotz der wirtschaftlichen Tiefstände war es durch Freisetzung von Mitteln, besonders in den Warenvorräten und durch großzügige Abschreibungssätze, möglich, bis Mitte 1932 die im Jahre 1928 angehäuften Verbindlichkeiten und Bankschulden von über 17 Mio. RM vollständig zu tilgen.[267] Darüber hinaus konnte BMW in der Bilanz Ende 1932 bereits flüssige Mittel von 2,4 Mio. RM ausweisen und für das Jahr 1932 die Wiederaufnahme der Dividendenzahlung von 5% auf das auf 15 Mio. RM ermäßigte Grundkapital vornehmen.[268] BMW geriet mit einem großen Schuldenberg in die Weltwirtschaftskrise, konnte seine innere Lage erstaunlicherweise jedoch mitten in der Krisenzeit konsolidieren und wies Ende 1932 eine sehr liquide Bilanz aus.[269] Einen kleinen Beitrag zu dieser Entwicklung leistete die Herabsetzung des Aktienkapitals. Die Gesellschaft kaufte im Laufe des Jahres 1932 eine Mio. Aktien zu einem Durchschnittskurs von rund 34% zurück und strich dadurch einen Buchgewinn von ca. 660000 RM ein.[270]

Ende 1932 setzte bei BMW dann eine Geschäftsbelebung ein.[271] Kurz vor der Ernennung Hermann Görings zum Reichskommissar für die Luftfahrt hatte die deutsche Luftfahrtindustrie als eine der ersten Branchen die Weltwirtschaftskrise überwunden. Sie war sogar auf dem besten Wege in absehbarer Zeit selbst ohne staatliche Subventionen die Grenze zur Rentabilität zu überschreiten.[272]

Abschließend wird kurz die Frage nach der Hierarchie der vier Produktionsstandbeine bei BMW beleuchtet, da die Darstellung der Auswirkungen der Weltwirtschaftskrise auf den Münchener Konzern in dieser Hinsicht zu schiefen Auslegungen führen könnte und auch in der neuesten Literatur über das Unternehmen diesbezüglich einige Fehlinterpretationen vorkommen. Popp selber schrieb dazu im Sommer 1946: „Automobilbau, Motorradbau und Flugmotorenbau wurden von mir allmählich so ausgebaut und abge-

[266] Vgl. Notiz von Lewinski an von Stauß vom 03.02.1931, in: BArch R 8119 F/P 3070, Bl. 300.

[267] Vgl. Bericht des Vorstandes der BMW AG über das 3. Vierteljahr 1932 vom 24.10.1932, in: DAG/HIC Kissel Fremdfirmen 11.3.

[268] Vgl. Tabelle 10, S. 113.

[269] Vgl. Artikel „Bayerische Motoren Werke“, in: Münchner Neueste Nachrichten Nr. 157 vom 10.06.1933.

[270] Vgl. Aktenvermerk von Stauß vom 17.02.1932, in: BArch R 8119 F/P 3127, Bl. 96 und Artikel „Bayerische Motoren Werke“, in: Münchner Neueste Nachrichten Nr. 74 vom 16.03.1932.

[271] Vgl. Notiz an von Stauß betr. neuer Aufträge für die BMW vom 15.12.1932, in: BArch R 8119 F/P 3073, Bl. 25.

[272] Vgl. Budraß, Flugzeugindustrie 1998, S. 291.

stimmt, dass das Werk sicher auf drei Beinen ruhte und gegen Konjunkturschwankungen damit weitestgehend gesichert war."[273] An anderer Stelle protokollierte der ehemalige BMW-Generaldirektor: „Meine grundsätzliche Einstellung war es immer gewesen, die drei Produktionsgebiete [Flugmotoren-, Motorrad- und Automobilbau] in einem gesunden gegenseitigen Verhältnis zu halten, um allen Konjunkturschwankungen erfolgreich begegnen zu können."[274] Er versicherte weiter, dass er von Anfang an eine Bevorzugung des Flugmotorenbaues bei BMW, der in den 1920er und 1930er Jahren vor allem als Rüstungsproduktion galt, entschieden abgelehnt habe.

Angesichts der Tatsache, dass beide Zitate aus der Zeit des Poppschen Entnazifizierungsverfahrens nach 1945 stammen, müssen deren Aussagen auf ihren Wahrheitsgehalt überprüft werden. Es drängt sich förmlich die Frage auf, ob es die von Popp beschworenen drei bzw. vier gleichberechtigten Produktionsstandbeine bei BMW jemals tatsächlich gab.

Es war Castiglioni, der neben dem Flugmotoren- und dem Motorradbau in den Führungsgremien des Unternehmens für ein zusätzliches konjunkturelles Ausgleichsprodukt im BMW-Portfolio kämpfte.[275] Das Geschäft mit Krafträdern lief in den 1920er Jahren einerseits zwar sehr gut. Castiglioni war sich andererseits jedoch bewusst, dass die schweren Motorräder hochgradige Sportartikel waren und damit eigenen, unter Umständen harten Konjunkturgesetzen unterlagen. Auch der Verkauf von Flugmotoren wies seiner Meinung nach auf Grund des hoch politisierten Marktes und der engen Abhängigkeit von der militärischen Luftfahrt im In- und Ausland gewisse Risiken auf. Castiglioni verfolgte für BMW daher eine bewusste Diversifikationsstrategie. Es gelang ihm schließlich, seine Kollegen im Aufsichtsrat und im Vorstand zu überzeugen, das BMW-Produktprogramm um die Automobilfertigung zu ergänzen.

Popp machte keinen Hehl daraus, dass er Castiglionis Diversifikationsstrategie skeptisch gegenüber stand und ihr nur widerwillig folgte. Der Einstieg

[273] Zitat aus dem von Popp im Zusammenhang mit seinem Entnazifizierungsverfahren verfassten Lebenslauf vom 13.05.1946, in: StAM SpKa Karton 1341: Popp, S. 1-23, hier S. 6.

[274] Popps Rechtfertigungsdenkschrift „Zur Geschichte der Bayerischen Motoren Werke" aus dem Jahr 1947, in: BMW-Arch UA 138.

[275] Popp stand dem Automobilbau bei BMW im Allgemeinen wesentlich skeptischer gegenüber als Castiglioni. Bereits 1924 hatte er sich in einem Artikel zu den Erfolgsaussichten des Autogeschäfts sehr vorsichtig geäußert. Eine „Massenautomobilisierung" im amerikanischen Sinne sei in Deutschland auf Grund der fehlenden Kaufkraft nicht möglich. Vgl. Popp, Franz Josef: Die Automobilisierung Deutschlands. In: Motor 12 (1924), S. 192 und 220, hier S. 192; auch in: BMW-Arch UA 924. Seine späteren Bemerkungen über das „Automobilabenteuer" machen deutlich, dass er die Autofertigung bei den Bayerischen Motoren Werken weniger als Chance, denn als Risiko eingeschätzt hatte. Vgl. Popp an von Stauß vom 13.06.1931, in: BArch R 8119 F/P 3124, Bl. 75-76, hier Bl. 76. Siehe auch: Popp an von Stauß vom 19.02.1930, in: BArch R 8119 F/P 3069, Bl. 75; von Stauß an Popp vom 13.07.1929, in: BArch R 8119 F/P 3080, Bl. 116 und Del Fabbro, BMW AG 2003, S. 53-54.

in die Motorradherstellung war für Popp nach dem Ersten Weltkrieg weniger ein Bekenntnis zur Partizipation an der Motorisierung in Deutschland als vielmehr eine durch die Alliierten erzwungene Maßnahme des unternehmerischen Überlebens. Immerhin waren die Bayerischen Motoren Werke ursprünglich als Flugmotorenproduzent gegründet worden. Der BMW-Generaldirektor erklärte wiederholt, dass „ich mit Herz und Seele nur Flugmotorenbauer bin und nur einen Wunsch hätte, mich mit anderen industriellen Problemen nicht beschäftigen zu müssen."[276] Der Motorradbau galt bei BMW trotz der Erfolge der Abteilung bis weit in die 1930er Jahre hinein lediglich als Hilfs- und Ergänzungsaktivität, um die Anlagen und das Personal des Flugmotorenbaus besser auslasten zu können.[277] Motorräder wurden in den Münchener Werkstätten daher jahrelang auf Maschinen produziert, die für den Kraftradbau im Grunde viel zu teuer waren. Im Frühjahr 1932 stellte die Berliner Treuhand Gesellschaft bei Prüfung der BMW-Verhältnisse erstaunt fest, dass BMW seit der Aufnahme des zweiten Produktionsstandbeines im Jahr 1923 keine Trennung der Aufwendungen nach den Kosten des Flugmotorenbaus einerseits und des Kraftradbaus andererseits in ihren Abrechnungen vorgenommen hatte.[278]

Die gleiche Motivation veranlasste Popp dazu, dem Drängen Castiglionis zur Aufnahme eines weiteren serienreifen Massenartikels nachzugeben. Popp versicherte in diesem Zusammenhang: „Die Expansion der BMW durch Aufnahme des Motorradbaues [... und] des Kleinkraftwagenbaues sei lediglich erfolgt, um für den Flugmotorenbau die notwendige Basis zur Stützung zu erhalten."[279] Auch der Heeresgerätebau interessierte Popp nur rudimentär. Der Vorstand wurde zunehmend skeptischer gegenüber dem Produktionsstandort Eisenach, den Popp ohnehin nicht für expansionsfähig hielt. Als Konsequenz dieser Einstellung plädierte Popp nach dem Kauf von Eisenach auch dafür, die Automobilfabrikation nach München zu verlegen, um die Zukunft des Werkes in München sicherzustellen.[280] Wie die Fertigungsprioritäten bei BMW spätestens nach dem Ausscheiden von Castiglioni aus dem Unternehmen im Jahre 1929 gelagert waren, lässt sich in der Zeit unmittelbar

[276] Vgl. Popp an Milch vom 09.06.1933, in: BArch R 8119 F/P 3128, Bl. 17-21, hier Bl. 19.

[277] Vgl. Treuhandbericht über die bei der BMW AG vorgenommene Preisprüfung von elf Versuchsmotoren vom 10.10.1932, in: BArch R 8135/5247.

[278] Vgl. Bericht der Deutschen Revisions- und Treuhand AG über die bei der BMW AG, München, vorgenommene Sonderprüfung vom 05.03.1932, in: BArch R 8135/5013, S. 1-11, hier S. 3.

[279] Vgl. Niederschrift über die Besprechung mit der DLH und dem RVM von Schwierigkeiten und Meinungsverschiedenheiten in der Flugmotorenerzeugung bei BMW am 22.12.1930 vom 02.01.1931, in: BArch R 8119 F/P 3070, Bl. 266, S. 1-19, hier S. 15; vgl. auch Bericht von Popp und Hille auf der BMW-Hauptversammlung über das Geschäftsjahr 1940 vom 30.07.1941, in: BArch R 8119 F/P 3131, Bl. 14.

[280] Vgl. Popp an von Stauß vom 15.11.1929, in: BArch R 8119 F/P 3080, Bl. 323, S. 1-10, hier S. 2.

nach dem Machtwechsel 1933 erkennen, als die staatliche Nachfrage nach Flugmotoren wieder deutlich anzog. Viele Fertigungsmaschinen, die bisher dem Motorrad- und dem Kleinwagenbau gedient hatten, wurden freiwillig für den Flugmotorenbau frei gemacht.[281]

Die These der drei bzw. vier gleichberechtigten Produktionsstandbeine bei BMW basierte vor allem auf dem gezielten Versuch von Popp, nach 1945 seine Rolle als Rüstungsproduzent im Flugmotorensektor zu bagatellisieren. Den Tatsachen entsprach sie nicht. Das Unternehmen verstand sich unter Popps Ägide während der 1920er und 1930er Jahre, spätestens nach dem Ausscheiden Castiglionis aus dem Unternehmen 1929, in erster Linie als Flugmotorenfabrik. Der Motorrad-, der Automobil- und der Heeresgerätebau wurden lediglich als Absicherung des Werkes München gesehen. Das Kerngeschäft bildete bereits in der Weimarer Zeit die Flugmotorenproduktion. Nach dem politischen Machtwechsel Anfang 1933 verstärkte sich diese Tendenz durch die Partizipation von BMW am staatlich induzierten Rüstungsboom erheblich. Betrieb die BMW-Unternehmensführung beispielsweise Lobbyarbeit bei den Reichsbehörden, so bezog sich diese Tätigkeit fast ausschließlich auf den Flugmotorenbau.

3.3.5. Zwischenfazit: Handlungsspielräume von BMW bei der Interaktion mit staatlichen Institutionen

BMW erarbeitete sich mit seinen Flugmotorenmodellen Ende des Ersten Weltkrieges und in den 1920er Jahren einen international anerkannten Ruf. Die technischen und wirtschaftlichen Erfolge und die Tatsache, dass BMW jahrelang als einziger wirklich leistungsfähiger und konkurrenzfähiger deutscher Flugmotorenhersteller galt, garantierten BMW eine herausragende Stellung bei den Reichsbehörden. BMW galt während der Weimarer Republik auf Grund seiner Monopolstellung viele Jahre als das „Rückgrat der deutschen Flugmotorenindustrie". Während dieser Jahre konstituierte sich bei den deutschen Behörden das Bild, dass die Produkte von BMW für den Aufbau der zivilen und militärischen Luftfahrt unverzichtbar seien. Auf Grund dieser Stellung gelang es der Unternehmensleitung, außerordentlich gute Kontakte zu den Entscheidungsträgern in allen bedeutenden Reichsbehörden aufzubauen. Dieses Netzwerk von Förderern sicherte dem Unternehmen während der Weimarer Zeit nicht nur mehr Auftragsgelder des Reiches als sämtlichen anderen Unternehmen der Luftfahrtindustrie, sondern garantierte der Münchener Firma auch die nötige Rückendeckung gegenüber externen Kritikern. Somit gewann BMW durch seine technischen Entwicklungen erhebliche Handlungsspielräume gegenüber den zuständigen staatlichen Institutionen.

Fast alle Neuentwicklungen der 1920er Jahre wurden vom Reich finanziert. Außerdem trat der Staat als einer der wichtigsten Auftrag- und alleiniger Subventionsgeber der Flugmotorenindustrie in einem hoch politisierten Luft-

[281] Vgl. Popp an von Stauß vom 13.09.1933, in: BArch R 8119 F/P 3073, Bl. 230.

fahrtmarkt auf. Daher hatten die einschlägigen Ministerien einen gravierenden Einfluss auf die Entwicklungen in der Flugmotorenindustrie. Durch die Festlegung bestimmter Bauvorschriften und Leistungsanforderungen bei der Auftragsvergabe steuerten das RVM und das RWM trotz der Überlassung der formellen Konstruktions- und Entwicklungsfreiheit die Disposition der entstehenden Flugmotoren.

BMW versuchte jahrelang, die große Nachfrage der deutschen Luftfahrt nach leistungsstarken Flugmotoren zu befriedigen. Vor dem Hintergrund dieser Prioritäten vernachlässigte man die Entwicklungsarbeit. Entwicklungstätigkeiten wurden häufig erst dann geleistet, wenn sich Mängel an den im Betrieb befindlichen Flugmotoren herauskristallisierten. Die Zurückstellung von Entwicklungsarbeiten bei BMW hatte eine direkte Ursache auch in der Mittelverteilung der zuständigen staatlichen Stellen. Die öffentlichen Fördermittel flossen während der gesamten Zeit der Weimarer Republik vor allem in die Produktion und lediglich in beschränktem Umfang in Entwicklungsprojekte der Luftfahrtindustrie. Der BMW-Vorstand passte seine Unternehmenspolitik dem staatlichen Anreizsystem an und bevorzugte die Produktion gegenüber notwendigen Entwicklungsarbeiten. Diese einseitige Ausrichtung des Konzerns bewirkte, dass die Münchener Firma beim Bau wassergekühlter Flugmotoren während der 1920er und 1930er Jahre gegenüber der Konkurrenz sukzessive an Boden verlor, eine Entwicklung, die sich auch nach 1933 fortsetzten sollte.

Mit der Lizenznahme von Pratt & Whitney bewies der BMW-Konzern ein erstaunliches Maß an Selbstständigkeit gegenüber den staatlichen Dienststellen. Man erwarb die Technologie luftgekühlter Flugmotoren entgegen den expliziten Planungen und Wünschen von RVM und RWM. Dies konnte sich BMW nur leisten, da das Unternehmen Ende der 1920er Jahre durch lukrative Auslandsaufträge im Vergleich mit den Konkurrenten im deutschen Flugmotorenbau eine relativ große unternehmerische Freiheit genoss. Da der Münchener Flugmotorenbauer von 1924 bis 1930 vorrangig die Rote Armee und nicht die deutschen Luftstreitkräfte belieferte, war das Unternehmen nicht ausschließlich auf die Subventionen und Aufträge der deutschen Behörden angewiesen. Die Pratt & Whitney-Transaktion verdeutlicht jedoch auch, dass die Vernachlässigung der BMW-Entwicklung in den 1920er Jahren nicht allein dem staatlichen Anreizsystem und der Sorge, bei Missachtung der staatlichen Wünsche mit Auftragsentzug rechnen zu müssen, geschuldet war. Beim Kauf der luftgekühlten Motorentechnologie widersetzte sich Popp ganz bewusst den Reichsbehörden und nutzte so seine unternehmerischen Handlungsspielräume. Dies lässt vermuten, dass Popp gemäß seines unternehmerischen Selbstverständnisses ganz bewusst auf die Produktion unter Vernachlässigung der Entwicklung bei BMW setzte. Dabei hatte Popp die Absatzmöglichkeiten luftgekühlter Flugmotoren und den dogmatischen Konservativismus der militärischen Planungsstellen in Deutschland gegenüber innovativen Motorenkonstruktionen falsch eingeschätzt. Trotz des Umstandes, dass BMW mit dem Hornet-Motor bis 1933 keine nennenswerten Umsätze erwirtschaftete, sollte sich die Investition in die luftgekühlte Flugmotorentechnologie für das Unternehmen langfristig jedoch lohnen. BMW entwickelte alle seine luftgekühlten Nachfolgemodelle auf Basis der amerikanischen Lizenz und stieg zum bedeutendsten deutschen Hersteller von luftgekühlten Sternmotoren auf. Beim forcierten Aufbau der Luftwaffe in den 1930er und 1940er Jahren profitierte BMW erheblich von dieser Sonderstellung.

Die Aktivitäten des Heereswaffenamtes hatten während der Weimarer Zeit für die Entwicklung der Luftfahrtindustrie im Allgemeinen und des Flugmotorenbaus im Besonderen eine überragende Bedeutung. Planmäßige Mobilmachungsvorbereitungen waren seit 1925 fester Bestandteil des Kalküls der Reichswehrführung. Seit etwa 1926 entwickelte sich im Hinblick auf die Luftfahrtpolitik eine enge Interessenkoalition zwischen dem RVM und dem Heereswaffenamt. Ende der Weimarer Republik war ein „informelles Rüstungskartell" unter der Führung einer staatlichen Holding entstanden, in der das Luftdepartement, das Truppenamt, die Marine und die Abteilung Luftfahrt des RVM die Angelegenheiten der Luftfahrtindustrie und des Luftverkehrs treuhänderisch zu verwalten suchten. Diese Institutionen teilten ursprünglich unternehmerische Funktionen auf verschiedene, vom Staat bereitgestellte Institutionen auf und verfolgten dabei als wichtigstes Ziel, die Luftrüstung durch eine staatlich gelenkte Rationalisierung der Fluggeräteproduktion zu garantieren. Verortet man die Luftfahrtindustrie während der Weimarer Zeit zwischen den Polen Markt und Staat, so ist eine zunehmende Nähe zum Letzteren zu konstatieren.

Die Reichswehr und im Verbund mit ihr das RVM trachteten seit dem Ende des Ersten Weltkriegs danach, die Luftfahrtindustrie und die Fluggesellschaften als stille materielle und personelle Reserve für eine neu zu schaffende Luftwaffe zu erhalten. Die Reichsbehörden beanspruchten mit dem Konzept der fabrikatorischen Vorbereitung Einfluss auf die Festlegung sämtlicher Arbeitsgänge von der Entwicklung bis zur Produktion der einzelnen Flugmotorenhersteller zu bekommen. Um die Luftfahrtindustrie jedoch „fabrikatorisch vorzubereiten" und zur Serienfertigung zu veranlassen, bedurfte es einer umfassenden Steuerung und Kontrolle seitens der zuständigen staatlichen Dienststellen. Mittels der ständigen Bauaufsichten wurden die Konstruktion und der Bau jedes Fluggerätes überwacht. Heereswaffenamt und RVM mischten sich dabei massiv in firmeninterne Angelegenheiten ein. Beispielsweise verschafften sich die zuständigen staatlichen Dienststellen bei den Unternehmen, die Reichsaufträge ausführten, uneingeschränkte Einblicke in sämtliche Bücher und Korrespondenzen. Außerdem nahmen die Reichsbehörden über die amtlich vorgeschriebene Preisprüfung bereits in den 1920er Jahren maßgeblichen Einfluss auf die Preise und damit die Erträge der Luftfahrtunternehmen. Beispielsweise diktierte das Reich die Preissenkung des BMW IV-Flugmotors von 20000 RM auf 12000 RM. Auch wenn die Flugmotorenhersteller in den 1920er Jahren vom staatlichen Einfluss im Bereich der Preisbildung auf Grund der in der Regel gezahlten überhöhten Preise des

RVM profitierten, machten sich die Industriellen über mögliche zukünftige staatliche Eingriffe in die Preisgestaltung Sorgen.

Während der Zeit der Weimarer Republik befanden sich demnach die meisten Unternehmen der Luftfahrtindustrie in einer beträchtlichen Abhängigkeit von den staatlichen Behörden. Den Schlüssel für den Zugriff auf die einschlägigen Unternehmen bildeten im Zusammenspiel mit der Einheitsfluggesellschaft DLH die weitgehende Verfügungsgewalt über den Absatzmarkt sowie der wachsende Subventionsetat. De facto stand die gesamte innerdeutsche Nachfrage nach Fluggerät unter der Aufsicht des Reichsverkehrs- und des Reichswehrministeriums.

Letztendlich bedeutete die Einflussnahme der Behörden in die unternehmerischen Belange der Flugmotorenindustrie während der Weimarer Zeit auch für den BMW-Vorstand eine erhebliche Einschränkung seines Aktionsradius. Die vielfältigen Abhängigkeiten von staatlichen Dienststellen in einem sehr politisierten Markt ließen freie privatwirtschaftliche Entscheidungsfindungen bei BMW nur in begrenztem Umfang zu. Allerdings bedeuteten die wechselseitigen Beziehungen zu den Reichsministerien für das Münchener Unternehmen nicht nur eingeschränkte unternehmerische Handlungsspielräume. Gleichzeitig garantierten das von der BMW-Führung geknüpfte Netzwerk mit wichtigen staatlichen Entscheidungsträgern sowie die eigene Ausnahmestellung im Flugmotorenbau dem Unternehmen auch während der Weltwirtschaftskrise noch regelmäßige staatliche Serienaufträge und machtpolitische Unterstützung gegenüber Kritikern und Konkurrenten. BMW konnte sich in der Regel auf seine herausragenden Beziehungen zu den Behörden verlassen und auf deren Rückendeckung bauen.

Die Beziehungen von BMW zu den staatlichen Dienststellen waren in der Weimarer Zeit nicht einfach nur ein eindimensionales Abhängigkeitsverhältnis. Die BMW-Spitze war sich sehr wohl im Klaren darüber, dass die staatlichen Beschaffungsstellen im gleichen Maße auf die BMW-Fabrikate angewiesen waren wie der Münchener Konzern auf die regelmäßigen staatlichen Aufträge. Ohne die BMW-Flugmotoren hätten sämtliche zivilen und militärischen Planungen einer deutschen Luftfahrt in Ermangelung adäquater Ersatzprodukte ad acta gelegt werden müssen. Das Bewusstsein, nicht nur für das Streben der Reichswehr nach einer eigenständigen Luftwaffe, sondern auch für den zivilen Flugverkehr in Deutschland unverzichtbar zu sein, gewährte der BMW-Geschäftsführung gegenüber den Ministerien ein erhebliches Druckpotenzial. Auf Grund der herausragenden Stellung im Flugmotorenbau genoss das Unternehmen während der Weimarer Republik demnach Handlungsspielräume, die anderen Unternehmen der Branche nicht zur Verfügung standen. Daher trat der BMW-Generaldirektor gegenüber den Reichsministerien in der Regel sehr selbstbewusst auf. Er verlangte nicht weniger, als dass diese die Überlebensfähigkeit des Münchener Unternehmens garantieren sollten.

4. Unternehmensinterne Handlungsspielräume

4.1. „Gewinnabsaugung" des Anteilseigners Camillo Castiglioni

Die Handlungsspielräume der Bayerischen Motoren Werke wurden in der Weimarer Zeit nicht nur von den politischen Rahmenbedingungen und den vielfältigen Abhängigkeiten von staatlichen und staatlich gelenkten Akteuren beeinflusst. Auch ihr Hauptanteilseigner, der Italiener Camillo Castiglioni, begrenzte mit seinem finanziellen Einfluss seit Mitte der 1920er Jahre die Entscheidungsoptionen des BMW-Managements zum Teil erheblich.

Castiglioni war vor allem durch Kriegsgewinne und Finanzspekulationen während der Inflation zu enormem Reichtum gelangt.[1] Die territoriale Neuordnung im Gefolge des Versailler Vertrages ermöglichte es dem in Triest geborenen Castiglioni, die italienische Staatsbürgerschaft – die einer Siegermacht – zu erlangen, was dem in Wien Ansässigen auch wirtschaftliche Vorteile brachte.[2] An den Bayerischen Motoren Werken beteiligte er sich erstmalig im Jahr 1918 und übte bis Ende 1929 in wechselnden Konstellationen als Allein- und Minderheitsaktionär entscheidenden Einfluss auf das Unternehmen aus.[3] Von 1922 bis 1926 war Castiglioni Alleineigentümer von BMW.

Tabelle 10: Kapital- und Dividendenentwicklung von BMW 1924–1932

Jahr	1924	1925	1926	1927	1928	1929	1930	1931	1932
Grundkapital (in Mio. RM)	3	5	5	10	16	16	16	15	15
Dividende (in Prozent)	10	10	12	14	14	7	0	0	5
Durchschnittliche Dividendenausschüttungen deutscher Aktiengesellschaften* (in Prozent)	3,8	4,3	5,2	6,2	6,6	6,4	5,6	3,7	2,7

* Ab 1925/26 nur AGs, deren Aktien an deutschen Börsen zugelassen waren oder die ein Aktienkapital von mindestens 1 Mio. RM besaßen.

Quelle: Geschichte des BMW-Konzerns – Die finanzielle Entwicklung. In: BMW-Arch UA 2, S. 60–70, hier S. 64 und 67 und Statistisches Reichsamt (Hrsg.): Statistisches Jahrbuch für das Deutsche Reich 1935. Berlin 1935, S. 385.

[1] Vgl. hierzu u. a. Ufermann, Paul/Hüglin, Carl: Stinnes und seine Konzerne. Berlin 1924, S. 138.

[2] Vgl. Pinner, Felix: Camillo Castiglioni. In: Ders.: Deutsche Wirtschaftsführer. Berlin 1924, S. 217–223, hier S. 218; vgl. auch Zorn, Wolfgang: Unternehmer und Unternehmensverflechtungen in Bayern im 20. Jahrhundert. In: Zeitschrift für Unternehmensgeschichte 3 (1979), S. 180–188, hier S. 181.

[3] Vgl. Del Fabbro, BMW AG 2003, S. 36; Del Fabbro gewährt auch eine Übersicht über die Literatur zu Camillo Castiglioni. Vgl. ebd. Fußnote 6.

Bild Nr. 3: Camillo Castiglioni (um 1920)

Der Wiener Finanzmagnat zog über Jahre hinweg erhebliche Kapitalmengen aus dem Unternehmen ab. Er erreichte dies in erster Linie durch hohe Dividendenausschüttungen, die er in seiner Eigenschaft als Alleineigentümer und ab 1926 als Großaktionär und stellvertretender Vorsitzender des Aufsichtsrates bis zum Jahre 1929 maßgeblich mitbestimmte (Vgl. Tabelle 10).

Besonders in den Weimarer Boomjahren 1926–1928 korrespondierten die hohen Dividendenzahlungen von BMW mit den sehr hohen Eigenkapital- und Umsatzrenditen des Unternehmens.[4] 1927 wurde beispielsweise mehr als das Doppelte der Dividendensumme des Vorjahres an die Anteilseigner ausgeschüttet, da gleichzeitig das Grundkapital von 5 auf 10 Mio. RM erhöht wurde.[5] Die Dividenden von BMW lagen über Jahre hinweg im Durchschnitt deutlich höher als bei vergleichbaren inländischen Industrieunternehmen.[6] BMW setzte seine hohen Ausschüttungen an die Aktionäre selbst in Geschäftsjahren fort, in denen sich das Unternehmen verschuldete. Die 14%ige Dividende des Jahres 1928 wurde von Banken- und Börsenkreisen trotz der hohen Jahresgewinne angesichts der angespannten finanziellen Lage des Unternehmens z.B. als „erhebliches Opfer" gewertet.[7] Die BMW-Ge-

[4] Vgl. Tabelle 20, S. 451 und Tabelle 25, S. 482.

[5] Vgl. Artikel „Bayerische Motoren Werke AG, München", in: Deutsche Bergwerkszeitung, Essen-Ruhr vom 12.01.1928.

[6] Vgl. Artikel „Die Scheu vor der Publizität. Bayerische Motoren Werke / Frankfurter Gas", in: Neue Badische Landes-Zeitung vom 09.06.1929 und Tabelle 10.

[7] Artikel „Bankschulden bei B.M.W.", in: Berliner Börsen Kurier Nr. 202 vom 02.05.1929.

schäftsführung erklärte, dass fast die gesamte Dividendenzahlung durch neue Bankkredite finanziert werden musste. Auch wenn die Eigenkapital- und Umsatzrenditen im Jahre 1928 sehr positiv ausfielen, hatte BMW mit dem Erwerb der Pratt & Whitney-Lizenz, dem Einstieg in das Automobilgeschäft und der umfangreichen Werkserweiterung gleichzeitig schwebende Verbindlichkeiten und Bankschulden über 17 Mio. RM angehäuft.[8] Fachkreise werteten es auf Grund dieser Zahlen als sehr bedenklich, dass die Unternehmensleitung und der Aufsichtsrat die Höhe der Dividende nicht reduzierten.[9]

Es war in erster Linie Camillo Castiglioni, der die hohen Ausschüttungen bei BMW forderte. Dem Finanzspekulanten kam der kontinuierliche Zufluss von erheblichen Barmitteln aus dem Münchener Unternehmen auf Grund seiner chronischen finanziellen Probleme sehr gelegen.[10] In der publizistischen Öffentlichkeit wurde daher sogar von „Prestige-Dividenden“ der Zeit Castiglioni[11] gesprochen und davon, dass dem notleidenden Großaktionär durch die Dividendenausschüttungen quasi Beihilfen gewährt wurden.[12] Im Allgemeinen genoss Castiglioni in der Öffentlichkeit auf Grund seiner Finanzmethoden keinen Vertrauen erweckenden Ruf. In einer Sitzung des Interessengemeinschaftsausschusses von Daimler und Benz im Mai 1926 wurde z. B. ausdrücklich darauf hingewiesen, dass „eine Zusammenarbeit mit Herrn Castiglioni gewisse Gefahren in sich schließt.“[13]

Castiglionis Ansprüche trafen in Kreisen des BMW-Managements zum Teil auf erhebliche Widerstände, da seine Dividendenpolitik Reservestellungen des Unternehmens in wirtschaftlich guten Jahren unmöglich machte.[14] Daher war man in der Unternehmensleitung erleichtert, dass Castiglioni beim Börsengang des Münchener Unternehmens Mitte 1926 seine Stellung als Al-

[8] Vgl. Bericht des Vorstandes der BMW AG über das 3. Vierteljahr 1932 vom 24. 10. 1932, in: DAG/HIC Kissel Fremdfirmen 11.3. Andere Quellen gaben die Verbindlichkeiten sogar mit rund 23 Mio. RM an. Vgl. Artikel „Dividende aus Bankkrediten“, in: Neue Badische Landes-Zeitung Nr. 269 vom 30. 05. 1929.

[9] Im Hause Junkers vermutete man, dass BMW das Objekt einer Finanzspekulation geworden sei. Vgl. Notiz für Professor Junkers über BMW-Bilanzen, in: DMM/ASD JA 0021.

[10] Castiglionis Wirtschaftsimperium hatte bereits Anfang 1924 einen Rückschlag erlitten. Er hatte sich bei Währungsgeschäften verspekuliert und verlor fast sein gesamtes Vermögen. In schwierigen Verhandlungen wurde im Nov. 1924 schließlich erreicht, dass Castiglioni weiterhin alleiniger BMW-Eigentümer blieb. Vgl. Hergt an Stauß vom 25. 10. 1929, in: BArch R 8119 F/P 3080, Bl. 284; vgl. auch Del Fabbro, BMW AG 2003, S. 55.

[11] Artikel „Die Beruhigungspille der BMW“, in: Der Metallmarkt Nr. 219 vom 08. 11. 1929.

[12] Vgl. Artikel „Bayerische Motorenwerke“, in: Berliner Tageblatt Nr. 306 vom 02. 07. 1929.

[13] Protokoll der Sitzung Nr. 15 des I.G.-Ausschusses vom 11. 05. 1926, in: DAG/HIC Kissel Protokolle 1/1 1926.

[14] Vgl. Hergt an von Stauß vom 20. 11. 1930, in: BArch R 8119 F/P 3070, Bl. 203–207, hier Bl. 205.

leineigentümer verlor. BMW gelang es, die Deutsche Bank als neuen Mehrheitseigner zu gewinnen, Castiglioni hielt seit 1926 nur noch 40% der BMW-Anteile.[15]

Waldemar von Buttlar, Geschäftsführer der Berliner BMW-Niederlassung, berichtete zu den Ereignissen des Jahres 1926, dass vor allem das massive Eingreifen des RVM Castiglioni dazu veranlasst hätte, einen Teil seines BMW-Besitzes abzutreten.[16] Erst die Drohung Brandenburgs vom 27.05.1926, dass das RVM dem Unternehmen keine weiteren Aufträge erteilen könne, solange die Mehrheit des Aktienkapitals von BMW nicht in deutschen Händen sei, bewegte Castiglioni dazu, seinen Mehrheitsanteil an die Deutsche Bank abzutreten.[17] Brandenburgs Handeln offenbart, dass die zuständigen Behörden bereits in den 1920er Jahren jeder Zeit bereit waren, ihren Einfluss auf die Luftfahrtindustrie in ihrem Sinne zu nutzen. Als Mittel zum Zweck diente ihnen hierbei in erster Linie die finanzielle Abhängigkeit der Luftfahrtfirmen. Drehte das RVM den Geldhahn zu und vergab an einen bestimmten Flugmotorenproduzent keine Aufträge mehr, konnte er nicht überleben. Wie das Beispiel BMW im Jahre 1926 zeigt, scheute Brandenburg auch vor tiefen Eingriffen in die Besitzstrukturen eines Luftfahrtunternehmens nicht zurück.

4.2. Neue Besitzverhältnisse bei BMW

Obwohl Castiglioni nach dem Börsengang von BMW im Juni 1926 nicht mehr Alleineigentümer war, ließ der öffentliche Druck, der auf eine endgültige Ausschaltung von Castiglioni bei BMW zielte, nicht nach. Sowohl in der Presse als auch im Reichstag wurden jahrelang immer wieder lebhafte Debatten über die Zustände und Besitzverhältnisse bei BMW geführt.[18] Der Name Castiglioni wurde immer häufiger im direkten Zusammenhang mit den staatlichen Auftragsgeldern genannt. Die Kritik an BMW spitzte sich zu, als eine in ihrer Zusammensetzung erstaunliche Koalition der Fraktionen von SPD und NSDAP im Februar 1928 genaue Aufklärung über die behördliche Zu-

[15] Teile des ehemaligen Castiglioni-Anteilspakets wurden an der Börse eingeführt und gingen in Streubesitz über. Es ist nicht zu rekonstruieren, wie viele Anteilsscheine die Deutsche Bank selber behielt, jedoch wird allgemein davon ausgegangen, dass die Bank ab 1926 der größte und nicht zuletzt auf Grund der Besetzung des Aufsichtsrats-Vorsitzes einflussreichste Anteilseigner war.

[16] Zu den Ereignissen, die zum Macht- und Anteilsverlust von Castiglioni bei BMW führten siehe: Del Fabbro, BMW AG 2003, S.55–57. Del Fabbro stützt sich im Wesentlichen auf die von von Buttlar im Jahre 1933 verfasste ausführliche Retrospektive, die er quellenkritisch aufarbeitet. Siehe: Bericht von Buttlar vom 31.07.1933, in: BArch R 8119 F/P 3073, Bl.213, S.1–14.

[17] Vgl. hierzu auch Kapitel 3.2.

[18] Vgl. z.B. Artikel „Dicke Luft in der Luftfahrt. Der Spekulant Castiglioni als Nutznießer deutscher Luftfahrtgelder" von Binder, in: Vorwärts, Abendausgabe vom 24.02.1928.

sammenarbeit mit BMW und damit auch dem Spekulanten Castiglioni forderte.[19] Konkret warf man Castiglioni vor, die öffentlichen Auftragsgelder und den damit bei BMW erwirtschafteten Profit in Form von hohen Dividenden, Bezugsrechten und Tantiemen abzuschöpfen.

Die Reichstagsdebatten des Frühjahrs 1928 zeigten, dass die Beteiligung Castiglionis an BMW mittlerweile eine reale Gefahr für die Berücksichtigung bei der öffentlichen Auftragsvergabe darstellte. Angesichts der Castiglionikritischen Stimmung in der breiten deutschen Öffentlichkeit sah sich Reichsverkehrsminister Koch zum Eingreifen gezwungen, auch um weitere Kritik an seinem Ministerium zu verhindern. Er nutzte das gleiche Druckmittel, das schon Brandenburg im Jahre 1926 gegen BMW und Castiglioni eingesetzt hatte.[20] Indem er die allgemeine Stimmung im Land aufgriff, setzte er die Unternehmensleitung mit der direkten Drohung des Auftragsentzuges erneut massiv unter Zugzwang. Wollten die BMW-Verantwortlichen ihre Existenz nicht gefährden, blieb ihnen nichts anderes übrig, als einen Weg zu finden, den Großaktionär Castiglioni aus der Firma herauszudrängen.

Eine günstige Gelegenheit, die Ära Castiglioni im Unternehmen zu beenden, bot sich der BMW-Unternehmensleitung und der Deutschen Bank, als sich im Laufe des Jahres 1929 zwei Entwicklungen überlappten: die Aufdeckung eines unrechtmäßigen Provisionsgeschäftes und die sich zur Krise ausweitenden Finanzprobleme Castiglionis. Beide Ereignisse hatten ursprünglich nur indirekt etwas miteinander zu tun, kumulierten allerdings 1929 durch ihre gleichzeitige Zuspitzung auf eine für den Wiener Spekulanten verhängnisvolle Weise und führten letztendlich dazu, dass Castiglioni seinen gesamten BMW-Aktienbesitz im Herbst des Jahres abtreten musste.

Camillo Castiglioni hatte die umfangreichen Auslandsgeschäfte von BMW genutzt, um neben den Dividendenzahlungen weitere hohe Geldbeträge am Fiskus vorbei aus dem Unternehmen in sein Finanzimperium zu transferieren. Er hatte die Zahlungsverträge mit BMW so eingerichtet, dass ihm selbst für die durch ihn vermittelten Auslandsgeschäfte hohe Provisionen gezahlt werden mussten.[21] Auf Castiglionis Veranlassung schloss BMW mit der International Investment Company, Zürich (IIC) am 03.06.1925 ein Abkommen, das der IIC 10% Vermittlungsprovision des Bruttopreises von jedem ins Ausland gelieferten Flugmotor zusicherte.[22]

Die Tatsache, dass BMW eine ausländische Stelle mit der Wahrnehmung ihrer gesamten Auslandsinteressen betraute, war in den Jahren nach Ab-

[19] Vgl. die Protokolle der 322. HAS, am 27.02.1928, in: BArch R 101/1406, Bl. 99-100; der 323. HAS, am 28.02.1928, in: BArch R 101/1406, Bl. 191-196 und VDR, Protokoll der 397. SPR am 09.03.1928, Bl. 13309-13337, hier Bl. 13320-13333.

[20] Vgl. Koch an von Stauß vom 17.03.1928, in: BArch R 8119 F/P 3072, Bl. 159-160.

[21] Vgl. Artikel „Was bei den Bayerischen Motoren-Werken vorging", in: Der Metallmarkt Nr. 225 vom 18.11.1929.

[22] Vgl. BMW an Staatsanwaltschaft München I vom 14.02.1930, in: BArch R 8119 F/P 3125, Bl. 190.

schluss des Versailler Vertrages in der deutschen Luftfahrtindustrie durchaus üblich. Zahlreiche Firmen hatten dies getan. Anrüchig war dies nur insoweit, als Castiglioni veranlasst hatte, dass die Provisionsverträge mit einer von ihm beherrschten Gesellschaft getätigt wurden. Die IIC gehörte zu 100% zur Castiglioni-Gruppe. Die Provisionsregelungen brachten ihm somit große finanzielle Vorteile und stellten für den Alleineigentümer der BMW eine verdeckte Gewinnausschüttung zu Lasten des Vorsteuergewinns dar.[23] In der Zeitschrift „Der Metallmarkt" wurden Castiglionis Finanzgeschäfte pointiert beschrieben: „Er [Castiglioni] schloß sozusagen als ‚General' von BMW mit dem Heeresgruppenkommandanten Popp (Generaldirektor von BMW) einen Vertrag, der ihm, dem General Castiglioni, für Auslandsgeschäfte, die er ‚brachte', Provisionen gab."[24]

Rechtlich problematisch wurden die verdeckten Gewinnausschüttungen an Castiglioni erst dadurch, dass sie, nachdem er seine Aktienmehrheit beim Börsengang von BMW im Juni 1926 an die Deutsche Bank verloren hatte, weiter an den Wiener gezahlt wurden. Das Vertragsverhältnis zur IIC wurde am 17.09.1926 auf die Bank voor Handel en Credit, Amsterdam, übertragen.[25] Auch die holländische Bank gehörte Castiglioni, der, ohne dass die Deutsche Bank von den Zahlungen wusste, weiterhin 10% des Bruttopreises von jedem ins Ausland gelieferten Flugmotor kassierte. Er bezog auf diese Weise Unternehmensgelder in Millionenhöhe, ohne dass der neue Mehrheitseigner bei BMW diese verdeckten Gewinnausschüttungen abgesegnet hatte.[26]

Castiglionis Provisionsgeschäfte wurden aufgedeckt, als sich der Ingenieur Joseph Steinberg, der die ersten Geschäfte mit der Sowjetunion vermittelt hatte und seither Provisionen zunächst von BMW und später von der Bank voor Handel en Credit bezogen hatte,[27] bei BMW über die schlechte Zahlungsmoral Castiglionis beschwerte.[28] Die Deutsche Bank ließ rückwirkend alle Bücher prüfen.[29] Man konnte jedoch die Summe des veruntreuten Geldes nicht mehr exakt feststellen. Sie lag offenbar in der Größenordnung von rund 2 Mio. RM.[30] Von Stauß gelang es im Laufe des Jahres 1929, die Rückgabe

[23] Vgl. Popp an von Stauß vom 17.02.1930, in: BArch R 8119 F/P 3069, bl. 75–78, hier Bl. 76.

[24] Vgl. Artikel „Was bei den Bayerischen Motoren-Werken vorging", in: Der Metallmarkt Nr. 225 vom 18.11.1929.

[25] Vgl. BMW an Bank voor Handel en Credit vom 17.09.1926, in: BArch R 8119 F/P 3125, S. 137.

[26] Vgl. Bericht Hans Meyer „Münchener Industriefragen. Drohende und vermiedene Prozesse" vom Anfang März 1930, in: BArch R 8119 F/P 3069.

[27] Vgl. Popp an Steinberg vom 25.07.1924, in: BArch R 8119 F/P 3125, Bl. 133.

[28] Vgl. Hergt an von Stauß vom 28.08.1929, in: BArch R 8119 F/P 3130, Bl. 216, S. 1–4 und Fritz Blumenfeld an Popp vom 24.10.1929, in: ebd., Bl. 290–291.

[29] Bilanzprüfungsberichte der Revisions- und Treuhand AG für die Geschäftsjahre 1926–1928, in: BArch R 8119 F/P 3102.

[30] Vgl. BMW an Regierungsrat Dr. Quaatz vom 22.01.1930, in: BArch R 8119 F/P 3125, Bl. 107.

der unrechtmäßig gezahlten Provisionen zumindest teilweise zu erzwingen. Da jedoch sowohl die BMW-Geschäftsleitung als auch Castiglioni kein Interesse an einem öffentlichen Prozess hatten, verständigte man sich im Mai 1929 nach der Gewährung eines Rabattes für zügige Zahlung schließlich auf die Rückerstattung von rund einer Mio. RM.[31]

Ende April 1929 waren die Verträge mit der Bank voor Handel en Credit hinsichtlich der Generalvertretung der BMW-Auslandsgeschäfte gekündigt worden.[32] Infolge seiner mangelnden Liquidität versuchte Castiglioni wenige Monate später, die Übereinkunft über die Rückzahlung der Provisionen anzufechten.[33] Seine Unterhändler scheiterten jedoch mit ihrem Versuch, den bestehenden Vertrag zu revidieren. Vertreter von BMW und der Deutschen Bank machten unmissverständlich klar, dass sie zu keinerlei Zugeständnissen an Castiglioni, dem sie aktienrechtliche Untreue und Diebstahl vorwarfen, bereit waren.[34] Castiglioni war auf Grund dieser unverrückbaren Haltung schließlich gezwungen, seine Verpflichtungen aus den Provisionszahlungen vorbehaltlos zu akzeptieren.[35]

Schwerer noch als die finanziellen Verluste, die BMW durch ihren früheren Eigentümer erlitt, wog allerdings der starke Imageschaden, den Castiglioni der Gesellschaft mit seinen Geschäftsmethoden zufügte. Eine ganze Reihe von Leitartikeln in der Presse äußerten großes Befremden, Unverständnis, Hohn und Spott darüber, dass es sowohl der BMW-Geschäftsführung als auch dem Aufsichtsrat über Jahre hinweg nicht gelungen war, den Einfluss des Italieners im Unternehmen zu beschränken.[36] BMW sei dominiert von der „Spekulationslüsternheit der Nachkriegsfinanziers", denen unter anderem auch Popp seine Position verdanke, war der einheitliche Tenor einschlägiger publizistischer Reaktionen.[37]

Wie schädlich der Verbleib Castiglionis für den Münchener Flugmotorenbauer geworden war, zeigt die Tatsache, dass BMW dabei war, ihren guten

[31] Vgl. Bericht Hans Meyer „Münchener Industriefragen. Drohende und vermiedene Prozesse" vom Anfang März 1930, in: BArch R 8119 F/P 3069.

[32] Vgl. Bank voor Handel en Credit an BMW vom 29.04.1929, in: BArch R 8119 F/P 3125, Bl. 140.

[33] Vgl. Bericht Hergt vom 12.10.1929, in: ebd., Bl. 231, S. 1–4; Notiz Hergt und Popp betr. der Verhandlungen mit Castiglioni vom 17.10.1929, in: ebd., Bl. 242, S. 1–4 und Notiz Hergt betr. BMW – Castiglioni vom 24.10.1929, in: BArch R 8119 F/P 3080, Bl. 275–278.

[34] Rudolf Weydenhammer betonte, dass Castiglioni auf Grund der von ihm begangenen Untreue nach deutschem Recht sogar eine Gefängnisstrafe drohte. Vgl. Weydenhammer an von Stauß vom 26.07.1929, in: ebd., Bl. 142; Vgl. auch Hergt an von Stauß vom 13.09.1929, in: ebd., Bl. 172–173.

[35] Vgl. Del Fabbro, BMW AG 2003, S. 59.

[36] Vgl. z.B. Artikel „Was bei den Bayerischen Motoren-Werken vorging", in: Der Metallmarkt Nr. 225 vom 18.11.1929 und Artikel „Dicke Luft in der Luftfahrt. Der Spekulant Castiglioni als Nutznießer deutscher Luftfahrtgelder" von Binder, in: Vorwärts, Abendausgabe vom 24.02.1928.

[37] Vgl. z.B. Artikel „Zum BMW-Skandal", in: Motor-Kritik Nr. 3, Febr. 1930, S. 57.

Ruf und das Vertrauen in die Firma auch in maßgeblichen Industrie- und Finanzkreisen zu verspielen. Der Direktor der Deutschen Bank-Filiale in München, Rudolf Weydenhammer, der von 1926 bis 1930 im Aufsichtsrat der BMW AG saß, berichtete in diesem Zusammenhang z. B. im Sommer 1929 an von Stauß, dass er binnen kurzer Zeit von mehreren „hochangesehenen, allgemein bekannten Industriellen“ unter dem Ausdruck des „allerhöchsten Erstaunens“ gefragt worden sei, ob es tatsächlich wahr sei, dass sich „dieser Mann“ noch immer im Aufsichtsrat der Gesellschaft befinde.[38] Frustriert konstatierte Hergt nur wenig später: „Bei jedem Versuch, BMW-Aktien zu platzieren, bekommt man zu hören, die Aktie sei uninteressant, solange Herr Castiglioni an dem Werk beteiligt sei. Auch die Hereinbringung von Reichsaufträgen wird uns erschwert, wenn behauptet wird, Herr Castiglioni sitze unverrückbar fest bei BMW.“[39]

Castiglioni, der das Unternehmen während und nach dem Ersten Weltkrieg maßgeblich mit aufgebaut hatte, war für das Unternehmen im Laufe der 1920er Jahre durch seine riskanten und spekulativen Finanz- und Geschäftspraktiken mehr und mehr zur Belastung geworden. Auf Grund des wachsenden Misstrauens in der deutschen Öffentlichkeit gegenüber Castiglioni und damit gleichzeitig gegenüber BMW schrumpften die unternehmerischen Handlungsspielräume der Geschäftsleitung. Castiglioni gefährdete schließlich sogar die Existenz der Firma, als die einschlägigen staatlichen Beschaffungsstellen 1928/29 seinetwegen mit dem Abbruch der Beziehungen drohten.

In der Führungsetage des Mehrheitseigners erkannte man den schleichenden Prestigeverlust von BMW als erstes. Außerdem zeigte man sich bei der Deutschen Bank zunehmend besorgt, mit den Machenschaften des Wiener Spekulanten in Verbindung gebracht zu werden. In der Öffentlichkeit könnte ein weiteres Zögern in dieser Angelegenheit dahingehend gedeutet werden, dass man sich mit den unredlichen Handlungen Castiglionis einverstanden erklärte, oder, was noch schlimmer wäre, dass die Deutsche Bank über den BMW-Aufsichtsrat in die Geschäfte Castiglionis verstrickt sei und ihn daher nicht abschütteln könnte.[40] Für die Deutsche Bank wie für die BMW-Führung wurde Castiglioni als Mitglied des Aufsichtsrates damit untragbar. Von Stauß nutzte schließlich die dauerhaften Finanzprobleme Castiglionis, die sich 1929 dramatisch zuspitzten, um die Ära Castiglionis bei BMW endgültig zu beenden.

Castiglioni besaß eine Reihe großer Aktien-Engagements, die Ende der 1920er Jahre erhebliche Kursverluste erlitten. In Folge dieser Wertpapierverluste war Castiglionis Finanzimperium illiquide geworden.[41] Dies zwang

[38] Weydenhammer an von Stauß vom 26.07.1929, in: BArch R 8119 F/P 3080, Bl. 142-143.

[39] Hergt an von Stauß vom 13.09.1929, in: ebd., Bl. 173.

[40] Vgl. die Warnungen Weydenhammers in seinem Schreiben an von Stauß vom 16.07.1929, in: ebd., Bl. 134.

[41] Vgl. Artikel „Castiglionis Position“, in: Vossische Zeitung vom 05.06.1929.

Grafik 5: Börsenkursentwicklung der Bayerischen Motoren Werke 1926–1933

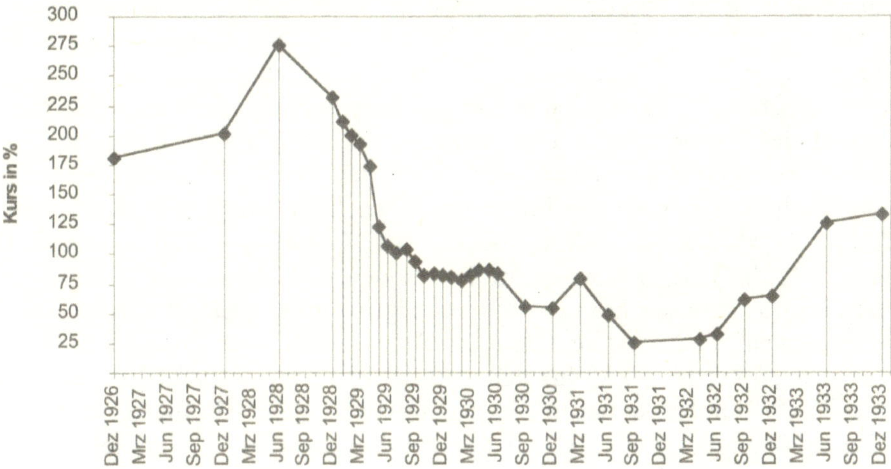

Quelle: Vgl. Tabelle 22, S. 479.

ihn, auf seinen BMW-Aktienbesitz in Höhe von fünf Mio. RM bei den Großbanken Lombardkredite aufzunehmen.[42] Da Castiglioni an dem schnellen Zufluss von erheblichen Barmitteln gelegen war, verpfändete er sein BMW-Aktienpaket bei einem Kurswert von etwa 250% für den wesentlich niedrigeren Kurs von 180%.

Im Laufe des Jahrs 1929 geriet der BMW-Kurs an Deutschlands Börsen stark unter Druck und stürzte von 232% am 31.12.1928 auf 81% am 31.12.1929 ab.

Ursache für diese Kursentwicklung, die viel Kapital der Anleger vernichtete, war ein Bündel verschiedener Ursachen. Sicher spielte Castiglioni als psychologisch belastender Faktor eine gewisse Rolle.[43] Auch wenn sein Aktienpaket bei den Großbanken lombardiert war, blieb der Italiener weiter der Eigentümer der Aktien.[44] Hinzu kam, dass Castiglioni noch immer im BMW-Aufsichtsrat saß und in den Augen der interessierten Öffentlichkeit über die Geschicke des Unternehmens mitentschied. Außerdem sickerten kontinuierlich Informationen über Castiglionis Geschäftpraktiken und Finanzspekulationen, wie z. B. des BMW-Provisionsgeschäftes, an die Presse durch, so dass der BMW-Aktienkurs kontinuierlich mit schlechten Nachrich-

[42] Vgl. Artikel „Ausscheiden Castiglionis aus BMW", in: Berliner Tageblatt Nr. 512 vom 30. 10. 1929.

[43] Vgl. Artikel „BMW. Neuer Kursrückgang bei Aktien", in: Münchener Zeitung Nr. 179 vom 01. 07. 1929.

[44] Vgl. Artikel „Bayerische Motorenwerke", in: Berliner Tageblatt Nr. 306 vom 02. 07. 1929.

ten belastet wurde.[45] Gleichzeitig waren durch die Insolvenz des Budapester Bankhauses Simon von Krauß, dessen Besitzer zu den engen Freunden Castiglionis gehörte, größere Posten BMW-Aktien in den Handel gekommen. Diese Aktien drückten zusätzlich auf den Markt und verhinderten eine höhere Notierung.[46] Überdies war man auf dem Börsenparkett nach der Halbierung der Dividende von 14% im Jahr 1928 auf 7% 1929 gegenüber der BMW-Geschäftsführung misstrauisch geworden. Die Börsianer befürchteten schließlich, dass es nach den hohen von Castiglioni geforderten Dividenden der letzten Jahre, die den Aktienkurs von BMW enorm in die Höhe getrieben hatten, für das Jahr 1930 zu einem Dividendenausfall bzw. sogar einem Verlustabschluss kommen konnte.[47] Diese Sorgen wurden genährt durch die allgemeine weltwirtschaftliche Konjunkturlage und die Streichung öffentlicher Haushaltsmittel des RVM für den Ankauf von Flugmotoren.[48] Außerdem hatte BMW durch den Einstieg in das Kleinwagengeschäft, den Erwerb der Pratt & Whitney-Lizenz und den Werksausbau im Jahre 1928 für das Unternehmen ungewöhnlich hohe Schulden angehäuft, die nun die Kursentwicklung zusätzlich belasteten.

Bei einem Aktienkurs von 134% verlangte die Deutsche Bank von Castiglioni Nachzahlungen für sein lombardiertes Aktienpaket. Castiglioni musste hierfür 1,8 Mio. RM aufwenden. Diese Nachforderungen bedeuteten für ihn eine hohe Belastung, da sein verbliebenes Vermögen im Wesentlichen in Grundstücken festlag.[49]

Die BMW-Verantwortlichen und die Deutsche Bank nutzten Castiglionis finanzielle Schwierigkeiten, um ihn ganz aus dem Unternehmen herauszudrängen. Im Juni 1929 übernahm Raimund Hergt Castiglionis Position als stellvertretender Aufsichtsratsvorsitzender.[50] Außerdem versorgte man den ehemaligen Eigentümer im Aufsichtsrat offenbar nicht mehr mit Informationen und Bilanzunterlagen.[51] Castiglioni sah sich schließlich gezwungen,

[45] In den Jahren 1928 bis 1930 berichteten die meisten Tageszeitungen sehr detailliert und häufig über Castiglioni und seinen Einfluss auf bzw. seine Geschäfte mit BMW. Vgl. z. B. das Zeitungsarchiv in: DAG/HIC Fremdfirmen Inland 13-14 BMW 1224-40 und die vielen Artikel, die in der Ablage von von Stauß überliefert sind, in: BArch R 8119 F/P passim.

[46] Vgl. Artikel „Castiglionis Position", in: Vossische Zeitung vom 05.06.1929.

[47] Vgl. Artikel „Was geht bei den B.M.W. vor?", in: Der Metallmarkt (o. D., wahrscheinlich Okt. 1930), in: BArch R 8119 F/P 3070, Bl. 238-239.

[48] Vgl. BMW AG an Bankdirektor der Dresdner Bank, Kurt Gröger, vom 29.07.1929, in: BArch R 8119 F/P 3080, Bl. 147-148. Vgl. hierzu auch Kapitel 3.3.2.

[49] Vgl. Artikel „Die Scheu vor der Publizität. Bayerische Motoren Werke / Frankfurter Gas", in: Neue Badische Landes-Zeitung vom 09.06.1929 und Artikel „Castiglioni zwischen B.M.W. und Gotha", in: Berliner Börsen Kurier Nr. 256 vom 05.06.1929.

[50] Vgl. Notiz Hergt über eine Besprechung mit Brandenburg am 12.06.1929 vom 14.06.1929, in: BArch R 8119 F/P 3080, Bl. 71-72.

[51] Castiglioni beschwerte sich hierüber in einem Brief an Fehr vom 17.07.1929, in: ebd., Bl. 136-137. Vgl. auch die Reaktion auf Castiglionis Schreiben: Weydenhammer an von Stauß vom 26.07.1929, in: ebd., Bl. 142-143.

seine verbliebenen BMW-Aktien an die Deutsche Bank abzutreten. In einem Communiqué, das in diesem Zusammenhang publiziert wurde, hieß es nur kurz: „Ein Bankenkonsortium hat das bisher im Besitze Castiglionis befindliche Paket B.M.W.-Aktien in Höhe von rund 5 Mill. RM übernommen."[52] Für BMW hatte die Ära Castiglioni im Herbst 1929 ihr Ende gefunden. Gleichzeitig schieden auch seine Vertrauensmänner Eduard Nelken und Berthold Schweiger aus dem Aufsichtsrat der BMW AG aus.

Als die Deutsche Bank verstärkt Druck auf Castiglioni ausübte, hatte Popp Glück, dass nicht auch er auf Grund der Geschäftspraktiken der Castiglioni-Zeit seine Position im Unternehmen verlor. Die Untersuchungen der Deutschen Bank hatten ergeben, dass auch der BMW-Generaldirektor an den Provisionsgeschäften Castiglionis partizipiert hatte.[53] Die „Gewinnabsaugung" durch die Provisionszahlungen an Castiglioni hatten den BMW-Gewinn offiziell gemindert.[54] Dadurch verringerten sich gleichzeitig auch Popps Tantiemenbezüge. Diese Einkommensverluste des Vorstandsvorsitzenden wurden durch regelmäßige Zuwendungen der Bank voor Handel en Credit kompensiert. Auf diese Weise besserte sich der BMW-Konzernchef mit Hilfe des italienischen Finanzspekulanten jahrelang unrechtmäßig und hinter dem Rücken des Mehrheitseigners seine Tantieme auf. Die Deutsche Bank fand bei der Bank voor Handel en Credit, über die die Castiglioni-Geschäfte abgewickelt wurden, ein Konto des Generaldirektors über 250000 RM. Die holländische Bank gab außerdem an, dass sie dem BMW-Generaldirektor mit Hilfe dieses Depots Wertpapiere in Höhe von rund 400000 RM gekauft hatte, von denen bereits viel verloren gegangen war.[55] Castiglionis Hausbank hatte demnach für Popp hohe Summen an unversteuerten Geldern des Konzerns verspekuliert.

Erst als abzusehen war, dass die Stellung Castiglionis bei BMW und damit auch die unzulässigen Zahlungen an den Generaldirektor akut in Gefahr gerieten, versuchte Popp, bei der Amsterdamer Bank die regelmäßigen Buchungen zu seinen Gunsten zu stornieren. Die Tatsache, dass Popp letztendlich selbst die Initiative ergriff, um die schädigenden Verträge zu beseitigen, noch bevor der Aufsichtsrat über den Charakter der Zahlungen volle Klarheit gewonnen hatte, rettete ihm offenbar sein Verbleiben im Unternehmen.[56] Er musste eine Summe zwischen 150000 und 250000 RM zurückvergüten[57] und darüber

[52] Vgl. Artikel „Ausscheiden Castiglionis aus B.M.W.", in: Berliner Tageblatt Nr. 512 vom 30. 10. 1929.

[53] Vgl. Artikel „Was bei den Bayerischen Motoren-Werken vorging", in: Der Metallmarkt Nr. 225 vom 18. 11. 1929.

[54] Vgl. Popp an von Stauß vom 17. 02. 1930, in: BArch R 8119 F/P 3069, Bl. 76–78.

[55] Vgl. Notiz über BMW, in: Motor-Kritik Nr. 23/24, Dez. 1929, S. 508.

[56] Bericht Hans Meyer „Münchener Industriefragen. Drohende und vermiedene Prozesse" vom Anfang März 1930, in: BArch R 8119 F/P 3069.

[57] Vgl. Artikel „Was bei den Bayerischen Motoren-Werken vorging", in: Der Metallmarkt Nr. 225 vom 18. 11. 1929.

hinaus akzeptieren, dass sein mehrjähriger Vorstandsvertrag stark beschnitten wurde. Die Kündigungsfrist wurde auf Grund seiner Verfehlungen auf sechs Monate herab gesetzt und das Gehalt um etwa die Hälfte reduziert.[58]

Trotz der Poppschen Wiedergutmachungsbestrebungen blieb das Verhältnis zwischen dem Vorstandsvorsitzenden und dem Aufsichtsratsvorsitzenden zunächst zerrüttet. In den Folgejahren warf von Stauß Popp eine selbstgerechte Amtsführung und oberflächliche Informationspolitik vor. Im Sommer 1931 beispielsweise beschwerte sich von Stauß, dass der Vorstand unrichtige Bilanzen vorgelegt habe.[59] Außerdem machte er Popp persönlich für die existenzbedrohenden technischen Mängel der BMW-Flugmotoren verantwortlich und beklagte, vom Vorstand nicht wahrheitsgemäß und rechtzeitig informiert worden zu sein.[60] Popps Stellung bei BMW schien akut gefährdet und sein Ausscheiden aus dem Unternehmen nur noch eine Frage der Zeit zu sein, da von Stauß seinem Generaldirektor nicht mehr voll vertraute.[61] Nur die Interventionen von Weydenhammer, Hergt und vor allem Brandenburg, die Popp für das Unternehmen für unentbehrlich hielten und vehement in seinem Sinne Stellung bezogen, verhinderten, dass Popp in den Jahren 1930/31 seinen Posten verlor.[62] In erster Linie war es das erhebliche behördliche Einflusspotenzial, das von Stauß dazu bewegte, Popp entgegen der ursprünglichen Intention zu halten und ihm trotz seiner engen Verbindung zu Castiglioni und seiner schwierigen Persönlichkeit eine weitere Chance zu ermöglichen.

Popp hatte das Unternehmen bereits während des Ersten Weltkrieges und in der direkten Nachkriegszeit trotz vielfältiger Krisen und Probleme von einem kleinen unbedeutenden und leistungsschwachen Regionalbetrieb zum wichtigsten deutschen Flugmotorenhersteller ausgebaut. Damit machte er BMW und gleichzeitig sich selber in den Planungen der Reichswehr und des RVM für die Luftfahrt unersetzbar. Daher drängte Brandenburg den Aufsichtsrat, Popp als Generaldirektor im Unternehmen zu halten. BMW war in seinen Entscheidungsstrukturen von Anfang an stark zentralisiert und auf die Führungspersönlichkeit Popp zugeschnitten. Brandenburg machte daher keinen Hehl aus seiner Einstellung, dass er sich „BMW ohne Herrn Popp nicht gut denken" könne.[63] In den einschlägigen Reichsbehörden wollte man während der Weltwirtschaftskrise vor allem ein aus der Situation eines „kopf-

[58] Vgl. Artikel „Zum BMW-Skandal", in: Motor-Kritik Nr. 3, Febr. 1930, S. 57.

[59] Vgl. Bericht Hergt über eine Unterredung mit dem Handelsredakteur der Münchener Zeitung, Krieger, vom 02.06.1931, in: BArch R 8119 F/P 3071, Bl. 232–233, hier Bl. 232.

[60] Vgl. Popp an von Stauß vom 01.06.1931, in: ebd., Bl. 224, S. 1–4 und die Erwiderung von von Stauß an Popp vom 11.06.1931, in: ebd., Bl. 263.

[61] Vgl. Bericht Hergt über eine Unterredung mit Krieger vom 02.06.1931, in: ebd., Bl. 232–233, hier Bl. 232.

[62] Vgl. Weydenhammer an von Stauß vom 16.07.1929, in: BArch R 8119 F/P 3080, Bl. 134.

[63] Notiz Hergt betr. einer Unterredung mit Brandenburg am 12.06.1929 vom 14.06.1929, in: ebd., Bl. 71–72, hier Bl. 71.

losen" Unternehmens resultierendes Führungschaos bei dem für den Aufbau der Luftfahrtindustrie so bedeutenden Münchener Flugmotorenproduzenten unter allen Umständen verhindern.

Für BMW bedeuteten Brandenburgs Einmischungen im Personalbereich auf der einen Seite eine deutliche Beschränkung der eigenen Handlungsspielräume. Von Stauß musste an Popp festhalten, der sich seine Tantieme jahrelang unrechtmäßig aufbessern ließ und damit Gelder von BMW veruntreute. Auf der anderen Seite verschafften die herausragenden Beziehungen zu den einschlägigen Entscheidungsgremien in den Reichsministerien dem Unternehmen Aufträge und in der Öffentlichkeit und der Luftfahrtindustrie weitgehende Rückendeckung, auf die kein anderer Flugmotorenproduzent in diesem Maße bauen konnte.

Brandenburg hatte jedoch kaum seine Genugtuung darüber zum Ausdruck gebracht, dass es endlich gelungen war, „dieses für die deutsche Luftfahrt so wertvolle Unternehmen ganz in deutsche Hände zu bringen"[64], als er sogleich wieder Alarm schlug, da Gerüchte kursierten, denen zufolge die Mehrheit der BMW-Aktien an Pratt & Whitney verkauft werden sollte.

Die Informationen Brandenburgs entsprachen den Tatsachen. Die Deutsche Bank empfand den großen Bestand an BMW-Aktien, den man von Castiglioni übernahm, als Belastung. In der Folge bemühte sich die Bank, einen Großinvestor für die Beteiligung an BMW zu finden. Bei dessen Auswahl traten die nationalstaatlichen Befindlichkeiten, die gegen Castiglioni seit 1926 ins Feld geführt worden waren, bemerkenswerterweise in den Hintergrund.[65] Die Sondierungen der Bank offenbarten, dass nicht in erster Linie Castiglionis Eigenschaft als Staatsbürger eines ehemaligen Feindstaates, sondern seine Finanzpolitik, die die Möglichkeiten des Systems bis an die Grenzen ausschöpften, die Bank zu ihrem Vorgehen gegen Castiglioni veranlasst hatte.

Die Verhandlungen über eine Beteiligung bei BMW wurden überwiegend auf internationaler Ebene geführt. Anlässlich der Lizenzverhandlungen mit Pratt & Whitney 1927/28 gelang es, die Amerikaner ernstlich für eine Beteiligung an BMW zu interessieren und eingehende Verhandlungen einzuleiten.[66] Das Interesse der Vertreter von Pratt & Whitney hielt auch an, als der amerikanische Flugmotorenbauer Anfang 1929 in die United Aircraft Corporation, einem breit gefächerten Luftfahrt-Trust unter der Führung der National City Bank, integriert wurde.[67] Popp und Weydenhammer boten dem von Pratt & Whitney kommenden Vizepräsident des amerikanischen Luftfahrt-Trustes,

[64] Brandenburg an von Stauß vom 18.11.1929, in: ebd., Bl. 328.

[65] Vgl. Del Fabbro, BMW AG 2003, S. 59–60.

[66] Vgl. Aktennotiz betr. BMW-Verhandlungen mit der American Aircraft Corporation vom 19.09.1929, in: BArch R 8119 F/P 3080, Bl. 176–177.

[67] An dem Trust United Aircraft Corporation beteiligten sich Anfangs folgende Firmen: Pratt & Whitney (Flugmotorenbau), die Boeing Aeroplane Company (Flugzeugbau und Luftverkehr), die Chance Vought Airplanes Company (Flugzeugbau und die Hamilton Aero Manufacturing Company (Propellerhersteller).

George Mead, ein großes Aktienpaket zum Kauf an.[68] Es handelte sich um das Aktienpaket von Castiglioni und sonstige Bank-Bestände, so dass die Mehrheit des 16 Mio. RM betragenden Aktienkapitals erreicht worden wäre. Sie versuchten, es den Amerikanern mit dem Hinweis schmackhaft zu machen, dass sich Pratt & Whitney im Falle einer Verbindung mit BMW eine ähnliche Chance in Europa bieten würde, wie sie die General Motors Corporation im Automobilsektor bei der Adam Opel AG bereits ergriffen hatten.

Die Verhandlungen zwischen BMW und dem amerikanischen Luftfahrt-Trust waren im Herbst 1929 so weit fortgeschritten, dass sich die BMW-Verantwortlichen ernsthaft Hoffnungen machten, das Unternehmen in naher Zukunft auf eine neue gesicherte finanzielle Basis mit weitgehender Unabhängigkeit von den deutschen Behörden stellen zu können.[69] Verhandlungsgegenstand waren auch bereits mögliche Erweiterungen der BMW-Anlagen sowie Ausdehnungsmöglichkeiten auf andere Gesellschaften. Mead vertrat in den Besprechungen die Ansicht, dass „in einer späteren Entwicklung eine ähnliche Konzernbildung, nämlich Motor-Bau, Flugzeug-Bau und Luftverkehr in einer Hand, wie mit so großem wirtschaftlichen Erfolg in Amerika getätigt, erstrebenswert sei".[70] Vertreter der National City Bank sollten im Herbst 1929 zur Fortsetzung der Verhandlungen über den Kauf von BMW-Aktien im Wert von zunächst 6 Mio. RM seitens der „Gruppe Mead" in Deutschland eintreffen.[71] Was für Opel 1929 Realität wurde, stand für BMW im selben Jahr ebenfalls zur Debatte, die Eingliederung in einen amerikanischen Konzern. Letztlich verhinderte Castiglionis Festhalten an seiner Beteiligung bis in die beginnende Wirtschaftskrise hinein diese Option.[72] Die amerikanischen Kaufinteressenten hatten unmissverständlich klar gemacht, dass sie mit dem Wiener Finanzmann „nichts zu tun haben wollten"[73], so dass die Verhandlungen erst an Substanz gewinnen konnten, als Castiglioni bei BMW endgültig ausgeschaltet war.

Nach den Kurseinbrüchen an den Weltbörsen wurden die Verhandlungen jedoch ergebnislos abgebrochen.[74] Anfang 1930 teilte Frederick B. Rentsch-

[68] Vgl. Weydenhammer an von Stauß vom 12.06.1929, in: BArch R 8119 F/P 3080, Bl. 61–62.

[69] Vgl. Aktennotiz betr. BMW-Verhandlungen mit der American Aircraft Corporation vom 19.09.1929, in: ebd., Bl. 176–177, hier Bl. 177.

[70] Vgl. Weydenhammer an von Stauß vom 12.06.1929, in: ebd., Bl. 61–62, hier Bl. 62. Vgl. auch Artikel „Amerikanisches Interesse für BMW – Deutsche Motoren für USA", in: Frankfurter Zeitung Nr. 832 vom 07.11.1929.

[71] Vgl. von Stauß an Otto Abshagen, stellvertretendes Vorstandsmitglied der Deutschen Bank, vom 28.08.1929, in: BArch R 8119 F/P 3130, Bl. 205.

[72] Vgl. Del Fabbro, BMW AG 2003, S. 62.

[73] Notiz Hergt betr. BMW – Castiglioni vom 24.10.1929, in: BArch R 8119 F/P 3080, Bl. 275–278, hier Bl. 278. Siehe auch: Weydenhammer an von Stauß vom 12.06.1929, in: ebd., Bl. 61–62, hier Bl. 62.

[74] Vgl. Aktenvermerk über die BMW AG vom 12.03.1931, in: BArch R 8119 F/P 3071, Bl. 32.

ler, Gründer von Pratt & Whitney, der Deutschen Bank mit, dass seinem Unternehmen angesichts der schwierigen wirtschaftlichen Verhältnisse in der US-Flugzeugindustrie eine größere Interessennahme an BMW momentan unmöglich sei.[75] Zwar bekundete die Pratt & Whitney-Holdinggesellschaft United Aircraft Corporation in den Jahren 1930 und 1931 wiederholt ihr Interesse an einer Beteiligung bei BMW, „wenn die allgemeine Lage in den Vereinigten Staaten sich bessert".[76] Die Verhandlungen wurden jedoch nicht wieder aufgenommen.

4.3. Die Spätfolgen von Castiglionis Engagement bei BMW

Ende 1929 begannen sozusagen als Spätfolge von Castiglionis Geschäftspraktiken bei BMW heftige Auseinandersetzungen zwischen dem Unternehmen und der „Handelsvertretung in Deutschland der Union der sozialistischen Sowjet-Republiken"[77]. Ihr Verlauf verdeutlicht erneut, dass der Münchener Flugmotorenhersteller auf weitgehende Unterstützung der staatlichen Stellen in Deutschland bauen konnte.

Die sowjetische Handelsvertretung in Berlin hatte von den Konfrontationen bei BMW um die Provisionszahlungen an Castiglioni erfahren. Aus Sicht der Sowjets hatte man für die BMW-Flugmotorenlieferungen jahrelang 10% zu viel bezahlt. Daher beanstandete die sowjetische Handelsvertretung die Provisionszahlungen als vertragswidrig. Verhängnisvoll für BMW war eine Vorschrift in den seit 1927 geschlossenen Verträgen, nach der „der Lieferer versichert, dass keinerlei Provisionen oder Zuwendungen für irgendwelche Vermittlungen oder Beeinflussung für dritte Personen und Firmen [...] gezahlt werden, oder in die Bestellung der gewährten Preise auch nur einkalkuliert" werden.[78] Angesichts der an Castiglioni abgeführten Exportprovisionen machte die sowjetische Handelsvertretung Ende 1929 als Konventionalstrafe den Höchstbetrag von 12 Mio. RM geltend.[79] Die Höhe der geforderten Summe bedrohte in letzter Konsequenz den Fortbestand des Unternehmens.[80]

[75] Vgl. Rentschler an von Stauß vom 03.01,1930, in: BArch R 8119 F/P 3069, Bl. 2 und National City Company an Popp vom 11.01.1930, in: ebd., Bl. 25.

[76] Aktenvermerk über die BMW AG vom 12.03.1931, in: BArch R 8119 F/P 3071, Bl. 32. Siehe auch: Hergt an von Stauß vom 04.07.1930, in: BArch R 8119 F/P 3070, Bl. 4.

[77] Im Folgenden sowjetische Handelsvertretung genannt.

[78] § 10 der allgemeinen Lieferbedingungen aus den Verträgen mit der UdSSR, in: BArch R 8119 F/P 3125, Bl. 17.

[79] Vgl. Sowjetische Handelsvertretung an die BMW AG vom 23.12.1929, in: ebd., Bl. 6.

[80] Das BMW-Management war sich der Gefahr, die die sowjetischen Vertragsbedingungen für das Unternehmen bedeuteten, durchaus bewusst. Popp und Klopfer schrieben am 20.01.1930 an Willi Meinhardt, dass die Einziehung der Strafe zur wirtschaftlichen Vernichtung von BMW führen musste. In: ebd., Bl. 121–126.

Tatsache war, dass BMW in den 1920er Jahren für sämtliche Auslandslieferungen Provisionen an Castiglionis Finanzinstitute IIC und der Bank voor Handel en Credit gezahlt hatte. Als Mittelsmann in den Beziehungen zur sowjetischen Handelsvertretung in Berlin fungierte der Ingenieur Joseph Steinberg, ein ehemaliger russischer Staatsbürger und Industrieller mit guten Kontakten in der sowjetischen Handelsvertretung. Ein kleiner Teil der Gelder, die BMW an die holländische Bank zahlte, war für seine Dienste auch an Steinberg geflossen.[81] Als Reaktion auf die Anschuldigungen der sowjetischen Handelsvertretung versicherte BMW, dass Steinberg lediglich Informationen beschaffen und dahin wirken sollte, dass BMW aus dem Geschäft mit der Sowjetunion nicht ausgeschaltet würde. Vermittlungstätigkeiten, die gemäß den Verträgen rechtswidrig gewesen wären, habe Steinberg im Namen des Münchener Unternehmens nicht durchgeführt.[82]

Brisant wurde die Angelegenheit für BMW unter anderem dadurch, dass Popp bei einem Besuch der sowjetischen Handelsvertretung in Berlin nichts übrig geblieben war, als „eine Generalbeichte abzulegen", da die Sowjets inzwischen über die Provisionszahlungen an Castiglionis Amsterdamer Bank und Herrn Steinberg detaillierte Kenntnisse erhalten hatten.[83] Dabei hatte Popp offenbar eingeräumt, der Bank voor Handel en Credit 10% Provision von sämtlichen ausländischen Aufträgen für Informationen und „Schmiergelder" zu zahlen.[84] Vertreter der Deutschen Bank versetzte in Sorge, dass Popp gegenüber den Sowjets offen über Provisionen gesprochen habe und dabei das Wort „Schmiergelder" benutzt haben soll, anstatt die Angelegenheit in eine „sorgfältig überlegte diplomatische Form zu kleiden".[85]

In der Tat sind wohl Beträge gezahlt worden, die man als Schmiergelder bezeichnen muss. Steinberg hatte versucht, Geschäfte mit der sowjetischen Handelsvertretung über illegale Schmiergelder abzuwickeln.[86] Ihr Empfänger war allerdings bereits aus dem Dienst der sowjetischen Handelsvertretung entfernt worden, bevor die Vertragsstrafe Mitte 1927 in die Lieferverträge aufgenommen wurde.[87] Allerdings vertraten Popp und der im BMW-Vorstand für Rechtsangelegenheiten zuständige Fritz Klopfer vehement die Auffassung, dass die Beziehung zwischen BMW und Castiglionis Bank voor

[81] Vgl. Notiz Klopfers über eine Besprechung Hergt, Popp und Klopfer mit Steinberg am 08.11.1929, in: BArch R 8119 F/P 3130, Bl. 337, S. 1–7 und BMW an die Handelsvertretung vom 31.12.1929, in: BArch R 8119 F/P 3125, Bl. 114–115.
[82] Vgl. BMW an Staatsanwaltschaft München I vom 14.02.1930, in: ebd., Bl. 188–193.
[83] Notiz von Lewinski an von Stauß vom 24.10.1929, in: BArch R 8119 F/P 3080, Bl. 270.
[84] Bericht Finkel, Handelsvertretung, über die Unterhaltung mit Popp vom 04.11.1929, in: BArch R 8119 F/P 3125, Bl. 111–112, hier Bl. 111.
[85] Von Lewinski an von Stauß vom 14.01.1930, in: ebd., Bl. 83.
[86] Vgl. Leopold Pruss, Geschäftsvermittler der Abteilung XY der Handelsvertretung, an Popp vom 26.05.1930, in: ebd., Bl. 415–423.
[87] Vgl. Bericht Hans Meyer „Münchener Industriefragen. Drohende und vermiedene Prozesse" vom Anfang März 1930, in: BArch R 8119 F/P 3069.

Handel en Credit einen rein internen Charakter hatte: „...wir hätten auch unsere eigene Auslandsabteilung ausbauen und deren Beamten Prämien oder Provisionen zuweisen können, ohne dass der russischen Handelsvertretung dadurch irgendeinen Anspruch gegen uns erwachsen wäre. Auch waren wir zweifellos berechtigt, uns gegen Entgeld Informationen und dergleichen zu beschaffen, zumal die Verhältnisse in Rußland sehr undurchsichtig sind und man nicht ohne weiteres und von jeder zuständig erscheinenden Stelle die erforderlichen Aufschlüsse und Auskünfte erhalten kann."[88] Die sowjetischen Ansprüche wären Popps Meinung nach nur dann gerechtfertigt gewesen, wenn Geldbeträge tatsächlich zu Bestechungszwecken oder als echte Provisionen für Vermittlungen gezahlt worden wären. Hierüber besäße das BMW-Führungspersonal keinerlei Kenntnisse.

Das BMW-Management hatte zwar die Flugmotoren-Lieferverträge mit der Sowjetunion selber ausgehandelt[89], jedoch hatte man die gesamte Informationsbeschaffung der Bank voor Handel en Credit überlassen und ihr im Zuge dieser Regelung auch die Verbindungen mit Steinberg überantwortet.[90] Die Bank kümmerte sich jedoch in erster Linie um die Provisionszahlungen an Castiglioni. Bei Licht betrachtet, bekommt man den Eindruck, dass die BMW-Geschäftsführung mit den Operationen der Bank und Steinbergs nichts direkt zu tun haben wollten, um somit gleichzeitig jegliche Verantwortung für eventuell nicht vertragskonforme Maßnahmen wegzuschieben. Popp gab zwar auf der einen Seite an, nicht zu wissen, ob die Bank und Steinberg Provisionen bzw. Schmiergelder an Mitarbeiter der sowjetischen Handelsvertretung gezahlt hätten. Er hielt dies jedoch für durchaus möglich bzw. ging sogar davon aus. Seiner Meinung nach hätten sich allerdings nur die Bank und Steinberg sittenwidrig verhalten. BMW verstieß mit dieser Haltung klar gegen die eigene Aufsichtspflicht. Es erscheint als sehr wahrscheinlich, dass das Unternehmen Schmiergeldzahlungen an die Sowjets bewusst in Kauf genommen hatte, da dies der gängigen Geschäftspraxis der damaligen Geschäfte mit der Sowjetunion entsprach.[91] Das BMW-Management ging demnach ganz bewusst das Risiko ein, eine Konventionalstrafe zu provozieren.[92]

Bei BMW hoffte man, eine Einigung mit den Sowjets noch vor der Eröffnung eines offiziellen Schiedsgerichtsverfahrens erzielen zu können. Die

[88] Popp und Klopfer an Willi Meinhardt vom 20.01.1930, in: BArch R 8119 F/P 3125, Bl. 121–126, hier Bl. 122.

[89] BMW an Quaatz vom 29.01.1930, in: ebd., Bl. 154–157, hier Bl. 155.

[90] Vgl. Bericht Finkel, Handelsvertretung, über die Unterhaltung mit Popp vom 04.11.1929, in: ebd., Bl. 111–112, hier Bl. 111.

[91] Vgl. hierzu Popp und Klopfer an Willi Meinhardt vom 20.01.1930, in: ebd., Bl. 121-126, hier Bl. 125 und BMW an Quaatz vom 29.01.1930, in: BArch R 8119 F/P 3125, Bl. 154–157, hier Bl. 156.

[92] Vgl. BMW an Justizrat Pinner vom 03.03.1930, in: ebd., Bl. 211–221, hier Bl. 211 und § 10 der allgemeinen Lieferbedingungen aus den Verträgen mit der UdSSR, in: ebd., Bl. 17.

Münchener mussten sehr sensibel und vorsichtig agieren, da der ungünstige Ausgang eines Verfahrens, den vollständigen Verlust des Geschäftes mit der Sowjetunion und damit des größten Kunden bedeuten konnte.[93] Die sowjetische Handelsvertretung reichte am 19.03.1930 jedoch offiziell Klage gegen BMW bei dem für Streitfälle vorgesehenen Schiedsgericht ein.[94]

Die BMW-Verantwortlichen griffen angesichts der für das Unternehmen sehr gefährlichen Situation auf ihre hervorragenden Beziehungen zu den deutschen Behörden zurück. Brandenburg wurde von Popp bereits in einem sehr frühen Stadium der Auseinandersetzungen eingeweiht und um staatliche Unterstützung gebeten.[95] Ende Januar 1930 berichtete Popp, dass sein Hilfsersuchen im RVM auf volle Unterstützung gestoßen sei.[96] Beamte des RVM vermittelten dem Unternehmen beispielsweise Regierungsrat Dr. Reinhold Quaatz, der für das Unternehmen die juristische Betreuung im Streitfall mit der Sowjetunion übernahm.[97]

Außerdem empfahl Brandenburg die Verantwortlichen von BMW seinen Kollegen im Auswärtigen Amt. Bis zur endgültigen Beilegung der Rechtsstreitigkeit fanden regelmäßige Treffen vor allem mit Generalkonsul Schlesinger von der Ost-Abteilung des Auswärtigen Amtes statt, der BMW aktiv beriet und unterstützte.[98] Er legte die Angelegenheit dem Außenminister vor, damit dieser die deutsche Position in seinen regelmäßigen Besprechungen mit der Gegenseite vorbringen konnte.[99] Es war auch Schlesinger, der die Vorgehensstrategien entwickelte, die zur einvernehmlichen Beilegung des Konfliktes führten.

Die Hauptschwierigkeit, die einer gütlichen und außergerichtlichen Einigung mit den Sowjets im Wege stand, war, dass sie immer wieder auf einer Barzahlung bestanden. BMW war jedoch nicht bereit, eine solche zu leisten. In diesem Zusammenhang folgte BMW nun den Ratschlägen des Auswärtigen Amtes. Das Unternehmen nutzte seine hervorragenden Kontakte zu den staatlichen Dienststellen und veranlasste, dass vom Fremdenamt des Berliner Polizeipräsidiums, vom Finanzamt Charlottenburg-Ost und der bayerischen Einwanderungsbehörde auf Steinberg massiver behördlicher Druck ausgeübt

[93] Vgl. Notiz von Lewinski an von Stauß vom 18.01.1930, in: ebd., Bl. 95 und BMW an Quaatz vom 22.01.1930, in: ebd., Bl. 107–109, hier Bl. 109.

[94] Vgl. Klageschrift der Handelsvertretung vor dem Schiedsgericht vom 19.03.1930, in: ebd., Bl. 317–320; vgl. auch Antrag von BMW auf Abweisung der Klage eingereicht am 08.04.1920, in: ebd., Bl. 369–383.

[95] Vgl. Aktenvermerk über eine Unterredung im RVM vom 08.01.1930, in: ebd., Bl. 32.

[96] Vgl. BMW an Quaatz vom 29.01.19230, in: ebd., Bl. 154–157, hier Bl. 156.

[97] Vgl. BMW an Justizrat Albert Pinner vom 03.02.1930, in: ebd., Bl. 169.

[98] Vgl. z. B. Aktenvermerk über eine Unterredung im RVM vom 08.01.1930, in: ebd., Bl. 32; Notiz von Lewinski an von Stauß vom 27.02.1930, in: ebd., Bl. 200 und Müller-Jabusch, Pressechef der Deutschen Bank, an von Stauß vom 24.03.1930, in: ebd. Bl.343.

[99] Vgl. ebd.

wurde.[100] Gelegenheit zu einem solchen Vorgehen gegen Steinberg gaben die von ihm und seiner Frau beantragten Einbürgerungsverfahren.[101] Die Beamten des Fremdenamtes machten Steinberg unmissverständlich klar, dass er sich Verdienste um die deutsche Wirtschaft erwerben müsse. Nur in diesem Fall würde die bayerische Regierung den gegen seine Einbürgerung erhobenen Widerspruch zurückziehen, widrigenfalls müsse er ausgewiesen werden.[102] Steinberg sah schließlich ein, dass er gegen den behördlichen Druck nicht bestehen konnte und erklärte sich bereit, die geforderte Barleistung aus eigener Tasche aufzubringen.[103]

Auch in der für den 11.06.1930 anberaumten Schiedsgerichtsverhandlung wendete sich die Stimmung zu Gunsten von BMW. Man einigte sich schließlich auf einen Vergleich. BMW musste zwar keine Vertragsstrafe zahlen, dafür jedoch die Gebühr, die man aus dem Lizenzvertrag von 1927 erhalten sollte, erheblich senken. Die Sowjets bezahlten fortan keine Stücklizenzen mehr. Man einigte sich auf eine pauschale Abfindung von 650000 RM.[104] Raimund Hergt erklärte von Stauß am 12.06.1930, dass BMW mit dem schiedsgerichtlichen Gutachten im Endeffekt sehr zufrieden sein könnte.[105] Schon einen Monat vorher hatte er seine Erleichterung über die sich abzeichnende Einigung mit der sowjetischen Handelsvertretung eindrücklich dokumentiert. Er schrieb an den persönlichen Sekretär von von Stauß, von Lewinski: "Es geht uns wie einem Mann, der glaubt sterben zu müssen und nun erfährt, dass ihm nur ein Zahn gezogen wird."[106]

100 Vgl. Notiz Klopfer vom 04.04.1930, in: ebd., Bl. 367.

101 Steinberg hatte laut der Akten des Polizeipräsidiums zu Beginn des Ersten Weltkriegs – noch als ein russischer in Deutschland wohnender Staatsangehöriger – für militärische Zwecke wichtige Patente nach Russland verkauft bzw. verraten. Seine beiden Komplizen wurden wegen dieser Sache zu je einem Jahr Gefängnis verurteilt. Steinberg selbst entkam ins Ausland. Nach dem Frieden von Brest-Litowsk nach Berlin zurückgekehrt, konnte er infolge der Amnestiebestimmungen des Friedensvertrages nicht mehr verfolgt werden. Die von ihm beantragte Einbürgerung wäre von Preußen genehmigt worden, Bayern lehnte dieselbe im Hinblick auf die früheren Vorkommnisse jedoch ab. Inzwischen hatte Steinberg die russische Staatsbürgerschaft verloren und konnte jederzeit, ebenso wie seine Frau, ausgewiesen werden. Vgl. Notiz Klopfer an von Lewinski vom 29.03.1930, in: ebd., Bl. 358-360, hier Bl. 358-359.

102 Vgl. Aktenvermerk Hergt über die Verhandlungen mit der Handelsvertretung vom 09.05.1930, in: ebd., Bl. 403–406, hier Bl. 404.

103 Die Sowjets forderten eine Mindestzahlung von 150000 RM. Da es Steinberg unmöglich war, den vollen Betrag aus eigenen Mitteln zu beschaffen, einigte man sich, dass Steinberg 65000 RM aufbringen sollte, während BMW ihm ein Darlehen von 85000 RM gewährte. Vgl. ebd.

104 Vgl. Notiz Hergt betr. des Schiedsgerichtsgutachtens vom 11.06.1930, in: ebd., Bl. 429 und Hergts Bericht über die Sitzung des Schiedsgerichts am 11.06.1930 vom 18.06.1930, in: ebd., Bl. 445–450.

105 Vgl. Hergt an von Stauß vom 12.06.1930, in: ebd., Bl. 434.

106 Hergt an von Lewinski vom 09.05.1930, in: ebd., Bl. 402.

Zwar stand nach dem Schiedsspruch ein weiterer Flugmotoren-Großauftrag der Sowjetunion in Höhe von 9 Mio. RM in Aussicht.[107] Er wurde allerdings nicht mehr abgeschlossen. BMW erhielt lediglich Aufträge über Ersatzteile.[108] Die Lieferungen von BMW in die Sowjetunion endeten 1931, was BMW während der allgemeinen konjunkturellen Krise hart traf. Welche Rolle die Provisionsstreitigkeiten und die Schiedsgerichtsentscheidung vom 11.06.1930 bei dieser Entscheidung Moskaus spielten, kann auf der Basis der vorhandenen Quellenlage nicht erschöpfend geklärt werden. Von Buttlar beschrieb das Verhältnis zwischen der sowjetischen Handelsvertretung und BMW als „etwas gespannt".[109] Popp betonte jedoch gegenüber von Stauß, dass das Ende der Lieferungen in die Sowjetunion in erster Linie mit dem sowjetischen Bestreben zusammen hing, auf dem Gebiet des Flugmotorenbaus vom Ausland unabhängig zu werden und eine eigene Produktion aufzubauen.[110] Für die Interpretation Popps spricht, dass, die Sowjets eine Flugmotorenlizenz von BMW erwarben und in Rybinsk eine eigene große und moderne Flugmotorenfabrik errichteten.

BMW agierte im Streitfall mit der sowjetischen Handelsvertretung Hand in Hand mit den jeweiligen Landes- und Reichsbehörden. Angesichts des Präzedenzfallcharakters und der Stellung von BMW für den Aufbau der Luftfahrt halfen die staatlichen Dienststellen bereitwillig, sich gegen die extrem hohen Forderungen der sowjetischen Handelsvertretung zur Wehr zu setzen. In Berlin und München war man sich gleichermaßen bewusst, dass das Durchsetzen der sowjetischen Forderungen sehr wahrscheinlich das wirtschaftliche Aus des Münchener Flugmotorenherstellers bedeutet hätte. Die bedingungslose Rückendeckung von Brandenburg bedeutete für BMW auch in dieser brisanten Angelegenheit die entscheidende Unterstützung, die weitere bedeutende Hilfestellungen bei anderen staatlichen Dienststellen, wie dem Auswärtigen Amt, veranlasste. Während die Einflussnahme der Behörden bei BMW in der Affäre Castiglioni eher eine Einschränkung der unternehmerischen Handlungsspielräume und einen tiefen Eingriff in interne Personalfragen bedeutet hatte, erweiterte die behördliche Rückendeckung gegen die sowjetische Handelsvertretung und gegen Steinberg die Handlungsoptionen des Unternehmens erheblich und gestattete, Druckmittel einzusetzen, die der Gesellschaft ansonsten nicht zur Verfügung gestanden hätten. Somit hatten die staatlichen Institutionen beträchtlichen Anteil daran, dass die gerichtliche Auseinandersetzung mit den Sowjets für BMW im Endeffekt glimpflich ausging.

[107] Vgl. Bericht von Stauß für die BMW-Generalversammlung am 30.06.1930 über den Abschluss per 31.12.1929 vom 16.06.1930, in: BArch R 8119 F/P 3087, Bl. 37, S. 1–4, hier S. 1.

[108] Vgl. von Buttlar an Felmy vom 23.12.1931, in: BA-MA RH 12-1/40, Bl. 121–122, hier Bl. 121.

[109] Ebd.

[110] Vgl. Popp an von Stauß vom 19.06.1931, in: BArch R 8119 F/P 3071, Bl. 307, S. 1–7, hier S. 3.

4.4. Zwischenfazit: Abhängigkeiten von internen Akteuren

Nicht nur die vielfältigen Abhängigkeiten von staatlichen und staatlich gelenkten Akteuren beeinflussten die Entscheidungsoptionen des BMW-Managements in der zweiten Hälfte der 1920er Jahre. Auch Strategiedifferenzen zwischen dem ehemaligen Hauptanteilseigner, Castiglioni, dem neuen Mehrheitseigner, der Deutschen Bank, sowie der BMW-Geschäftsführung engten unternehmerische Handlungsspielräume erheblich ein. Mittels seiner Dividenden- und Provisionspolitik zog der Wiener Finanzmagnat auch nachdem er im Jahre 1926 seine Position als Alleineigentümer eingebüßt hatte, große Kapitalsummen aus dem Unternehmen ab und verhinderte dadurch, dass BMW für konjunkturell schlechtere Zeiten Reserven und Rücklagen bilden konnte.

Schwerer noch als die finanziellen Verluste wog allerdings der starke Imageschaden, den der in der Öffentlichkeit als leichtsinniger Spekulant verrufene Castiglioni der Gesellschaft mit seinen Geschäftsmethoden zufügte. BMW war dabei, seinen guten Ruf und das Vertrauen in die Firma nicht nur in der breiten Öffentlichkeit, sondern auch in maßgeblichen Industrie- und Finanzkreisen zu verspielen. Castiglioni, der das Unternehmen während und nach dem Ersten Weltkrieg mit aufgebaut hatte, war für das Unternehmen besonders nach dem Börsengang im Jahre 1926 durch seine riskanten und spekulativen Finanz- und Geschäftspraktiken mehr und mehr zur Belastung geworden.

Castiglioni wurde besonders von der Reichswehr als Risikofaktor für BMW gewertet. Die Konflikte um Castiglioni veranlassten die Reichsbehörden, wiederholt in unternehmensinterne Entscheidungen der Bayerischen Motoren Werke einzugreifen. Brandenburg setzte dabei gezielt die staatliche Stellung als einer der wichtigsten Abnehmer ein, um die BMW-Geschäftsführung und den Aufsichtsrat massiv unter Druck zu setzen. Castiglioni gefährdete somit sogar die Existenz der Firma, da sowohl die Reichswehr als auch das RVM seinetwegen mit dem Abbruch der Geschäftsbeziehungen drohten. Daher standen die BMW-Verantwortlichen so sehr unter Zugzwang, dass ihnen nichts anderes übrig blieb, als den Großaktionär Castiglioni letztendlich ganz aus der Firma herauszudrängen.

Für BMW bedeutete die ministerielle Einflussnahme in unternehmensinterne Personalentscheidungen in erster Linie eine deutliche Beschränkung der eigenen Handlungsspielräume. Brandenburgs Handeln offenbart, dass die zuständigen staatlichen Behörden bereits in der zweiten Hälfte der 1920er Jahre jeder Zeit bereit waren, ihren Einfluss auf die Luftfahrtindustrie in ihrem Sinne zu nutzen. Als Mittel zum Zweck diente ihnen hierbei in erster Linie die finanzielle Abhängigkeit der Luftfahrtfirmen. Stoppten sie die Aufträge an einen bestimmten Flugmotorenproduzenten, konnte er nicht überleben. Wie das Beispiel BMW zeigt, scheute das RVM auch vor Eingriffen in die Besitzstrukturen der Luftfahrtunternehmen nicht zurück. Außerdem musste von Stauß an Popp als BMW-Vorstandsvorsitzenden festhalten, der sich seine Tantieme jahrelang ohne das Wissen des Mehrheitsanteilseigners und damit unrechtmäßig aufbessern ließ. Dies bedeutete eine teilweise Entmachtung der Corporate Governance-Organe des Unternehmens. Der BMW-Aufsichtsrat als zentrale Kontroll- und Sanktionsinstitution des Unternehmens musste sich der staatlichen Machtstellung beugen und verlor dadurch erheblich an Einfluss. Interessant ist, dass diese Machtverschiebung innerhalb der Corporate Governance von BMW nicht erst nach der nationalsozialistischen Machtübernahme erfolgte, sondern von den Reichsbehörden bereits zu Zeiten der Weimarer Republik erzwungen wurde.

Auf der anderen Seite verschafften die herausragenden Beziehungen zu einschlägigen Entscheidungsgremien in den Reichsministerien dem Unternehmen Auftragsgarantien und in der Öffentlichkeit sowie innerhalb der Luftfahrtindustrie weitgehende Rückendeckung, auf die sich kein anderer Flugmotorenproduzent in Deutschland in diesem Maße verlassen konnte. Wie wertvoll die engen Verbindungen zu den Reichsministerien waren, offenbarte sich insbesondere im Streitfall mit der sowjetischen Handelsvertretung, in dem die BMW-Unternehmensleitung Hand in Hand mit den jeweiligen Landes- und Reichsbehörden agierte. Während die Einflussnahme der Behörden bei BMW in der Affäre Castiglioni eher eine Einschränkung der unternehmerischen Handlungsspielräume und einen tiefen Eingriff in interne Personalfragen bedeutet hatte, erweiterte die behördliche Rückendeckung gegen die sowjetische Handelsvertretung die Handlungsoptionen des Unternehmens erheblich und gestattete, Druckmittel einzusetzen, die der Firma ansonsten nicht zur Verfügung gestanden hätten.

5. Fazit: Abhängigkeiten und Handlungsspielräume der BMW AG während der Weimarer Republik

In seiner grundlegenden Studie zur Geschichte der Flugzeugindustrie hat Lutz Budraß festgestellt, dass der deutsche Flugmotoren- und Flugzeugbau durch die politischen Umbrüche in der ersten Hälfte des zwanzigsten Jahrhunderts wie keine zweite Industrie geprägt wurde.[1] Nach dem Ende des Ersten Weltkrieges schrumpfte die Luftfahrtindustrie auf Grund der alliierten Bauverbote und -beschränkungen erheblich. Zahlreiche einschlägige Firmen gaben ihre ursprüngliche Produktion auf, andere suchten sich vorübergehend Ersatzproduktionen. Auch BMW sah sich nach 1918 gezwungen, den Flugmotorenbau ganz einzustellen und die Fertigung von Eisenbahnbremsen und Motorrädern aufzunehmen. Das Münchener Unternehmen war nach dem Auslaufen des Bauverbots jedoch das erste Luftfahrtunternehmen, das die Produktion von Flugmotoren wieder aufnahm. Allerdings litt man noch bis 1926 unter den Beschränkungen, die die Alliierten der deutschen Luftfahrt auferlegten, und fiel dadurch mit der Konstruktionstätigkeit hinter das technische Niveau der internationalen Konkurrenz zurück. Erst die Luftrüstung der Nationalsozialisten sollte die junge Industrie wieder mit großen Aufträgen versorgen und ließ sie zu einer der bedeutendsten und größten Industrien im Dritten Reich wachsen.[2]

Nicht nur die internationalen Rahmenbedingungen prägten die Neuausrichtung und Handlungsspielräume der Bayerischen Motoren Werke in den 1920er und Anfang der 1930er Jahre. Die bereits während des Ersten Weltkrieges entstandene enge Verbindung bzw. Abhängigkeit der jungen Luftfahrtindustrie vom Staat bestand auch nach dem Ende des Krieges fort. Der Münchener Flugmotorenbauer war seit dem Krieg eingebunden in eine Art „informelles Rüstungskartell“[3], in dem die militärischen Planungsstellen in einer Interessenkoalition mit der Abteilung Luftfahrt des Reichsverkehrsministeriums sämtliche Angelegenheiten der Luftfahrtindustrie treuhänderisch verwalteten. Sowohl das Militär als auch das RVM teilten ursprünglich unternehmerische Funktionen auf verschiedene, vom Staat bereitgestellte bzw. beeinflusste Institutionen auf mit dem Ziel, die Fähigkeit einer leistungsstarken Luftrüstung durch ein umfassendes Netzwerk staatlicher Steuerung und Kontrollen sicherzustellen.

Der Schlüssel der staatlichen Behörden zur Einflussnahme auf die einzelnen Luftfahrtunternehmen war deren Abhängigkeit von staatlichen Aufträ-

[1] Vgl. Budraß, Flugzeugindustrie 1998, S. 21.

[2] Overy, Richard J.: Luftmacht im Zweiten Weltkrieg: historische Themen und Theorie. In: Boog (Hrsg.), Luftkriegsführung 1993, S. 23–50, hier S. 29.

[3] Budraß, Flugzeugindustrie 1998, S. 288.

gen, Subventionen und Beihilfen. Der deutsche Markt für Luftfahrtgerät wurde weitgehend von den staatlichen bzw. staatlich dominierten Institutionen beherrscht. Die Reichswehr und das RVM nutzten, zusammen mit der von ihnen beeinflussten Deutschen Luft Hansa, ihre Rolle als Hauptabnehmer und überzogen die Flugzeugunternehmen mit einem Netz strategischer Vorgaben und Lieferbedingungen. In den Genuss des staatlich subventionierten Serienbaus sollten ausschließlich die Unternehmen kommen, die im Sinne des Konzeptes der fabrikatorischen Vorbereitung zu einer rationellen und schnell auszuweitenden Massenfertigung in der Lage waren. Unter anderem mittels der Bauaufsichten und Abnahmekontrollen, die in den Unternehmen installiert wurden, griffen die Reichsbehörden zum Teil detailliert in unternehmerische Entwicklungs- und Produktionsabläufe ein.

Den einzelnen Luftfahrtfirmen blieb in ihrer wechselseitigen Beziehung zum RVM zwar grundsätzlich die unternehmerische Autonomie, zum Beispiel im Hinblick auf die Festlegung der Konstruktionsarbeit im Einzelnen. Das Modell der genau definierten Rahmenvorgaben, innerhalb derer sich die Unternehmen formell frei bewegen konnten, ließ den Unternehmen jedenfalls die Möglichkeit, selbst Initiativen vorzunehmen. Allerdings bedeutete der hoch politisierte deutsche Luftfahrtmarkt mit dem Reich als Hauptabnehmer eine erhebliche Einschränkung der unternehmerischen Handlungs- und Entscheidungsoptionen. Sowohl RVM als auch Reichswehr waren in der komfortablen Lage, praktisch sämtliche unternehmerischen Entscheidungen auf ihre Konformität mit den staatlichen Zielen und die Kompatibilität mit der fabrikatorischen Vorbereitung überprüfen zu können.

Bei der Verteilung der Rüstungsaufträge kam dem Verhältnis des Unternehmens zu den Behördenvertretern eine entscheidende Bedeutung zu. Für die Fabrikanten galt es, ein Unterstützernetzwerk aufzubauen, das in die genehmigenden Behörden hinein reichte. BMW genoss in den 1920er Jahren ein herausragendes Ansehen beim Militär sowie im RVM. Die unerschütterlich gute Einstellung der zuständigen staatlichen Stellen gegenüber dem Münchener Flugmotorenbauer ist vor allem zu erklären durch die jahrelange exklusive Zuverlässigkeit des Unternehmens in der konstituierenden Phase der deutschen Luftfahrt nach dem Krieg. BMW war bis weit in die 1920er Jahre hinein der erste und einzige Flugmotorenbauer, der leistungsstarke Motoren liefern konnte. Popps Unternehmensstrategie, den dringenden Sofortbedarf an brauchbaren Flugmotoren so schnell wie möglich und wenn nötig auf Kosten der Entwicklungstätigkeit des Unternehmens zu bedienen, spielte für das Image von BMW bei den Behörden eine entscheidende Rolle. Während dieser Jahre konstituierte sich im RVM und im Heereswaffenamt das Bild, dass die Bayerischen Motoren Werke mit ihrer Monopolstellung bei qualitativ hochwertigen Produkten für die deutsche Luftfahrt unverzichtbar seien.

Die guten Beziehungen zu wichtigen Akteuren der staatlichen Institutionen verschafften dem Münchener Unternehmen in der Öffentlichkeit weitgehende Rückendeckung. Beispielsweise agierte BMW im Streitfall mit der sowjetischen Handelsvertretung Hand in Hand mit den jeweiligen Landes- und Reichsbehörden. Die staatliche Unterstützung erweiterte in diesem Fall die Handlungsoptionen des Unternehmens. Die herausragende Sonderstellung von BMW während der 1920er Jahre zahlte sich für das Unternehmen auch finanziell aus. Das RVM vergab an BMW in erster Linie hoch dotierte Produktionsaufträge. BMW erhielt vom RVM in den 1920er Jahren insgesamt wesentlich mehr Auftragsgelder als sämtliche Konkurrenten.

Allerdings nutzten die Reichsbehörden ihre Rolle als Finanzier der deutschen Luftfahrt auch, um zum Teil maßgeblichen Einfluss auf unternehmerische Entscheidungen zu nehmen. Interessanterweise gab es in diesem Zusammenhang von der Weimarer Republik zu den Verhältnissen unter nationalsozialistischer Herrschaft vielfältige Kontinuitäten. Hinsichtlich der politischen Interventionen waren viele Maßnahmen, die das Reichsluftfahrtministerium nach 1933 zur Beeinflussung, Steuerung und Kontrolle der einschlägigen Luftfahrtunternehmen ergriff, bereits zur Zeit der Weimarer Republik erprobt worden. Beispielhaft dafür stand der Anspruch der militärischen und zivilen Reichsbehörden, mittels der staatlichen Bedarfsplanung sowohl die Entwicklungsaktivitäten als auch die Produktion der einschlägigen Firmen in die gewünschte Richtung zu lenken, zu kontrollieren und gegebenenfalls durch massiven staatlichen Druck zu sanktionieren. Sowohl vor als auch nach dem politischen Machtwechsel im Jahre 1933 manövrierte die finanzielle Angewiesenheit der Flugmotorenbauer und die Bedingungen eines hoch politisierten Luftfahrtmarktes die Unternehmen gegenüber den jeweiligen staatlichen Dienststellen in eine z.T. stark ausgeprägte Abhängigkeit. Bereits im Jahr 1926 machte Brandenburg unmissverständlich deutlich, dass das RVM nicht davor zurückschreckte, die eigene Machtposition bei mit den staatlichen Zielen nicht zu vereinbarendem Verhalten der BMW-Geschäftsleitung durch Auftragsentzug zu nutzen. Die BMW-Verantwortlichen konnten daher bereits in der Weimarer Zeit keine wichtige Entscheidung treffen, ohne sie mit staatlichen Repräsentanten bzw. politisch beeinflussten Institutionen absprechen bzw. sich gegenüber diesen rechtfertigen zu müssen. Sehr ähnliche Sanktionsmechanismen beschränkten die Handlungsspielräume der Flugmotorenindustrie auch unter dem Reichsluftfahrtministerium nach 1933. Die massiven Eingriffe des RLM in die Souveränität der Unternehmen unter nationalsozialistischer Herrschaft, z.B. mittels der Bauaufsichten, standen in direkter Kontinuität zu den Verhältnissen in der Weimarer Republik.

Auch beanspruchte das Reich über die amtlich vorgeschriebene Preisprüfung nicht erst nach 1933 maßgeblichen Einfluss auf die Preise und damit die Erträge der Flugmotorenhersteller. Selbst wenn die einschlägigen Unternehmen vom staatlichen Einfluss im Bereich der Preisbildung in den 1920er Jahren auf Grund der überhöhten Preise des RVM in der Regel profitierte, verdeutlichte z.B. die vom Ministerium diktierte Preissenkung des BMW IV-Flugmotors, dass die Reichsbehörden ihre Machtposition nicht nur zur Auszahlung versteckter Subventionen zu nutzen gedachten. Auch Brandenburgs

Eingriffe im Personalbereich der Bayerischen Motoren Werke konstituierten für Aufsichtsrat und Vorstand deutliche Beschränkungen der unternehmerischen Handlungsspielräume. Sie bedeuteten gleichzeitig eine teilweise Entmachtung der klassischen Corporate Governance-Organe des Unternehmens. Der Aufsichtsrat verlor durch Brandenburgs Einmischung in firmeninterne Angelegenheiten zentrale Kernkompetenzen und Sanktionsmöglichkeiten gegenüber dem BMW-Vorstand.

Gleichzeitig dokumentiert vor allem Popps selbstbewusstes Auftreten gegenüber den staatlichen Dienststellen, dass die Beziehung von BMW zu den Behörden der Weimarer Zeit kein eindimensionales Abhängigkeitsverhältnis darstellte. Das Verhältnis der einschlägigen Entscheidungsgremien beim RVM und im Heereswaffenamt zum BMW-Generaldirektor war nicht immer spannungs- und konfliktfrei. Popps undiplomatischer und selbstgerechter Interventionsstil bei seinen Geschäftspartnern strapazierte die gegenseitigen Interaktionen oft erheblich. Außerdem nahm sich Popp unternehmerische Freiheiten, die sich andere Luftfahrtunternehmen nicht hätten leisten können, ohne um die staatlichen Aufträge und Zuschüsse fürchten zu müssen. Beispielsweise bewies Popp bei der Entscheidung, die Pratt & Whitney-Lizenz auf luftgekühlte Flugmotoren zu erwerben, ein erstaunliches Maß an Eigenständigkeit gegenüber den staatlichen Institutionen. Dass BMW diesen Schritt entgegen den expliziten Planungen der Reichsbehörden vollziehen konnte, lag nicht nur daran, dass umfangreiche lukrative Auslandsaufträge dem bayerischen Flugmotorenbauer gegenüber staatlichen Institutionen über Jahre hinweg eine vergleichsweise große unternehmerische Freiheit gewährten. Vielmehr hatte BMW den Behörden leistungsstarke Produkte zu bieten, auf die die staatlichen Beschaffungsstellen beim Aufbau der deutschen Luftfahrt dringend angewiesen waren. Das Bewusstsein, sowohl für den zivilen Flugverkehr als auch für eine eigenständige Luftwaffe unverzichtbar zu sein, verlieh der BMW-Geschäftsführung gegenüber den Ministerien eine vergleichsweise starke und gesicherte Verhandlungsposition. Auf Grund der exklusiven Stellung im Flugmotorenbau genoss das Unternehmen in der Weimarer Zeit Handlungsspielräume, die anderen Unternehmen der Branche nicht zur Verfügung standen.

Der Aktionsradius von BMW wurde nach 1926 nicht nur von den politischen Rahmenbedingungen und den vielfältigen Abhängigkeiten von staatlichen und staatlich gelenkten Akteuren beeinflusst. Auch die Strategiedifferenzen zu Finanz- und Geschäftspraktiken zwischen den großen Shareholdern und der Geschäftsführung begrenzten die Entscheidungsoptionen des BMW-Managements zum Teil erheblich. Castiglioni, der auch nach dem Verlust seiner Alleineigentümerschaft noch ein einflussreicher Anteilseigner war, entzog dem Unternehmen durch seine Dividenden- und Provisionspolitik erhebliche Summen und verhinderte dadurch, dass BMW für konjunkturell schlechtere Zeiten Reserven und Rücklagen bilden konnte. Gleichzeitig wuchs das Misstrauen in der interessierten Öffentlichkeit gegenüber dem italienischen Finanzier. Da sich das Unternehmen nach Ansicht vieler externer Beobachter anscheinend dem immer noch starken Einfluss des als riskanten Spekulanten verrufenen Castiglioni nicht entziehen konnte bzw. wollte, wurde es verstärkter Beobachtung durch Geschäftspartner und Behörden ausgesetzt. Zur untragbaren Belastung für BMW wurde der ehemalige Hauptanteilseigner Castiglioni schließlich, als das Reich seinetwegen mit dem Abbruch der Geschäftsbeziehungen drohte. Nicht zuletzt lösten Castiglionis Geschäftspraktiken die für die Existenz des Unternehmens gefährlichen Vertragsstreitigkeiten mit dem sowjetischen Handelspartner aus.

Entwicklung des BMW-Konzerns im Nationalsozialismus

6. Entwicklung der BMW-Konzernstruktur: Vom mittelständischen Unternehmen zum international agierenden Großkonzern

Im Folgenden wird die Frage untersucht, inwieweit der BMW-Unternehmensleitung unter den wirtschaftlichen Rahmenbedingungen des Nationalsozialismus freie unternehmerische Handlungsspielräume zur Verfügung standen, um den sukzessiven Konzernausbau auf der Basis einer eigenständigen Unternehmenspolitik selbstständig zu planen und zu steuern. Dabei gilt es zunächst zu prüfen, welche Motive, Erwartungen, Anreize und Interessen den BMW-Vorstand zu der starken Expansion der eigenen Produktionskapazitäten veranlassten und warum das Management wie so viele Kollegen am Wirtschaftssystem der Nationalsozialisten partizipierten. Wandte das Regime Zwang an oder drohte es mit Gewaltmaßnahmen für den Fall, dass sich der BMW-Vorstand seinen Wünschen widersetzte? Oder waren es andere Faktoren, die dem BMW-Management letztlich ein freiwilliges Engagement nahelegten?

6.1. Erste Erweiterungsplanungen unter der nationalsozialistischen Herrschaft

Es gilt heute als weitgehend anerkannt, dass der Einfluss und Anteil der Wirtschaft an der nationalsozialistischen Machtübernahme in erster Linie indirekt war.[1] Vielmehr standen die meisten Wirtschaftsvertreter in Deutschland vor 1933 der Republik skeptisch gegenüber und verteidigten sie keineswegs energisch. Dies folgte keiner besonderen Affinität zum Nationalsozialismus, der sich betont antikapitalistisch gab, sondern hatte seine tieferen Ursachen in den historischen Umständen der 1920er Jahre.

In diesem Zusammenhang ist die häufig aggressive Reaktion auf die Niederlage des Ersten Weltkrieges und deren Folgen wichtig.[2] Viele Deutsche sahen sich nach dem Krieg als Opfer und verstanden es als ihre vorrangige Aufgabe, die als Versailler „Diktatfrieden“ empfundene Ordnung mit allen Mitteln zu korrigieren. Zu diesem weit verbreiteten diffusen Gefühl der ungerechten Behandlung seitens der Siegermächte kam Ende der 1920er Jahre die Weltwirtschaftskrise hinzu. Je länger die wirtschaftliche Depression anhielt, umso mehr setzte sich in Kreisen der Wirtschaft die Überzeugung durch, dass es sich hier nicht um eine konjunkturelle, sondern um eine strukturelle Erscheinung handeln müsse. Anfang 1931 schrieb Popp beispielsweise,

[1] Vgl. Hayes, Industry 2002, S. 27 und Plumpe, Unternehmen 2003, S. 250.
[2] Vgl. Feldman, Economic Origins 2002, S. 3–13, hier S. 11.

dass die schwere Wirtschaftskrise in Deutschland sicherlich noch viele Jahre andauern würde.[3]

Aus dieser Überzeugung heraus wuchs die Bereitschaft in den Wirtschaftseliten, die Gültigkeit der bestehenden Weltwirtschaftsordnung auf Dauer in Frage zu stellen. So artikulierte sich auch immer häufiger der Wille, sie durch eine andere nationale Ordnung zu ersetzen. Der spätere BMW-Vorstand Hille erklärte dazu in seinem Entnazifizierungsverfahren: „Die von Amerika ihren Ausgang nehmende Weltwirtschaftskrise [...] bewies das Versagen des international kapitalistischen Systems [...]. Als Wirtschaftler hatte ich das System der liberalistisch-kapitalistischen Ordnung als überholt erkannt [...]".[4] Es ist ein nicht zu übersehendes Phänomen, dass sich der Aufstieg der NSDAP von einer rechtsradikalen Splittergruppe zu einer regierungsfähigen Partei umgekehrt proportional zum Niedergang der Wirtschaft in der Weimarer Republik vollzog.[5] Wenn man aus dieser unbestrittenen Tatsache auch nicht auf eine ausschließlich ökonomische Ursächlichkeit des Nationalsozialismus schließen darf, so lagen doch in den Krisenjahren Ende der Weimarer Republik wesentliche Voraussetzungen für das NS-Regime mitbegründet.

Viele industrielle Unternehmer verloren während der Weltwirtschaftskrise den Glauben an die Lösung der ökonomischen Probleme allein mit wirtschaftlichen Mitteln und entfremdeten sich daher seit Anfang der 1930er Jahre zunehmend vom demokratischen Staat.[6] Auch Hille klagte über das vermeintliche Versagen des Parlamentarismus bei der Bekämpfung der ökonomischen Krise.[7] Je länger die Rezession anhielt, desto mehr nahm unter den führenden Industriellen die Bereitschaft zu, eine Regierungsbeteiligung der Nationalsozialisten zu akzeptieren, um auf diese Weise einen politischen Rahmen zu erhalten, in dem sich das kapitalistische System wieder erholen konnte. Auffällig waren in diesem Zusammenhang die weit verbreitete politische Passivität und das eher defensive Verhalten der meisten Unternehmer.[8]

[3] Vgl. Denkschrift Popp „Das Automobil als volkswirtschaftliche Frage" vom 28.02.1931, in: BArch R 8119 F/P 3124, S. 6.

[4] Hilles schriftliche Stellungnahme zur Klageschrift bei der Spruchkammer Starnberg vom 15.10.1946, in: StAM SpKa Karton 4589: Hille. Eine sehr ähnliche Haltung dokumentierte Gregor z.B. auch im Vorstand des Daimler-Benz-Konzerns. Vgl. Gregor, Stern 1997, S. 85.

[5] Vgl. Volkmann, Hans-Erich: Die NS-Wirtschaft in Vorbereitung des Krieges: Von der Weltwirtschaft zur Großraumwirtschaft. In: Chiari, Bernhard (Hrsg.): Ökonomie und Expansion. Grundzüge der NS-Wirtschaftspolitik. Ausgewählte Schriften von Hans-Erich Volkmann. München 2003, S. 45.

[6] Vgl. ebd., S. 45–46 und Hayes, Industry 2002, S. 27.

[7] Vgl. Hilles schriftliche Stellungnahme zur Klageschrift bei der Spruchkammer Starnberg vom 15.10.1946, in: StAM SpKa Karton 4589: Hille. Im vorhandenen Quellenmaterial sind lediglich Informationen über die frühen politischen Einstellungen von Popp und Hille überliefert. Trotz der Tatsache, dass Hille erst im Jahre 1935 zu BMW kam, werden hier angesichts seiner späteren Bedeutung für den BMW-Konzern auch seine Erinnerungen berücksichtigt.

[8] Vgl. Hayes, Industry 2002, S. 39 und Kershaw, NS-Staat 1999, S. 90 und Feldman, Weltkrieg Weltwirtschaftkrise 1984, S. 219.

In weiten Kreisen der deutschen Industrie wie auch in der Führungsebene von BMW herrschte bis Ende 1932 jedoch auch ein tiefes Misstrauen gegenüber dem Nationalsozialismus vor. Die verbreitete Skepsis gegenüber der NSDAP resultierte in erster Linie aus der Furcht vor den mit ihrer proklamierten Wirtschaftspolitik verbundenen planwirtschaftlichen Tendenzen. Befürchtet wurden ihre vermeintliche Sozialisierungs- und Verstaatlichungsabsichten.[9] Trotz des bei vielen Industriellen tief sitzenden Argwohns gegenüber den Nationalsozialisten erzeugten sowohl die tiefe Rezession als auch die erkennbare Krise des Parlamentarismus der Weimarer Republik und seiner vermeintlichen Hilflosigkeit gegenüber den sozialen und ökonomischen Strukturkrisen eine Ablehnung der Republik, die es den Nationalsozialisten relativ leicht machte, sich als Alternative darzustellen.[10] Popp scheint z.B. in Ansprachen vor Werksangehörigen das durch die Nationalsozialisten beendete politische System der Weimarer Republik immer wieder scharf verurteilt zu haben.[11]

Die These, dass lediglich ein starker Staat eine gesunde Wirtschaft garantieren konnte, war unter deutschen Industriellen weit verbreitet. Hille z.B. offenbarte, dass er sich damals für „eine in ihren Aufgaben und Zielsetzungen übergeordnet gelenkte, in sich aber vor allem von Staats- und Parteibürokratie frei auf sich selbst gestellte Wirtschaft" einsetzte.[12] Es ging den meisten Unternehmern vor allem um Ruhe, Ordnung, die Beseitigung der bürgerkriegsähnlichen Zustände und die dadurch wiederzugewinnende Planungssicherheit. Hayes fasste die damalige Arglosigkeit und in der Retrospektive Naivität der deutschen Wirtschaftsvertreter wie folgt zusammen: „Not readiness to back Hitler, but readiness to play into his hands, not political zealotry but political myopia, constitute the real industrial contribution to the Nazi triumph."[13] Auf diese Weise band sich die industrielle Führungsschicht – wenn anfangs auch nur auf negative Weise – an den NS-Staat und die neue politische Elite erhielt dadurch einen Spielraum für politische Initiativen.

Die Unterstützung der NSDAP durch deutsche Unternehmer und Manager setzte im Wesentlichen erst nach dem nationalsozialistischen Machtantritt ein und war auch dann noch meist opportunistisch motiviert.[14] Dass die Gleichschaltung wichtiger Teilbereiche des alltäglichen Lebens durch den

[9] Vgl. z.B. Hilles schriftliche Stellungnahme zur Klageschrift bei der Spruchkammer Starnberg vom 15.10.1946, in: StAM SpKa Karton 4589: Hille.

[10] Vgl. Plumpe, Unternehmen 2003, S.249.

[11] Vgl. eidesstattliche Erklärung des BMW-Betriebsrates (Denk, Hauch, Höhn und Kaiser) vom 25.03.1947, in: StAM SpKa Karton 1341: Popp.

[12] Hilles schriftliche Stellungnahme zur Klageschrift bei der Spruchkammer Starnberg vom 15.10.1946, in: StAM SpKa Karton 4589: Hille.

[13] Hayes, Industry 2002, S.28.

[14] Vgl. Turner, Henry A.: Faschismus und Kapitalismus in Deutschland. Studien zum Verhältnis zwischen Nationalsozialismus und Wirtschaft. Göttingen 1971, S.25ff. und 145ff.

neuen Führerstaat es tatsächlich zuwege brachte, die deutsche Gesellschaft in ihrer Mehrheit dahin zu bringen, dass sie das neue Regime gewähren ließ und sich ihm in der Mehrheit konformistisch ein- und unterordnete, lag entscheidend an den anfänglichen Erfolgen der nationalsozialistischen Wirtschaftspolitik. Hille repräsentierte die Auffassung weiter Kreise der damaligen Wirtschaftselite, wenn er in seinem Spruchkammerverfahren Sympathie dafür offenbarte, dass nach der nationalsozialistischen Machtübernahme „eine aktive Wirtschaftspolitik mit dem Ziel der Behebung der Arbeitslosigkeit in Angriff genommen wurde [...]. Diese aktive Wirtschafts- und vor allem Geld- und Außenhandelspolitik haben mir immer eine gewisse Anerkennung abgenötigt und ich habe immer wieder betont, dass ich es sehr bedaure, dass diese Mittel, die ja nichts spezifisch Nazi-Partei-mässiges hatten, nicht schon von den früheren politischen Verantwortungskreisen angewandt worden waren.“[15] An anderer Stelle berichtete er, dass er sich vom Kampf gegen die Arbeitslosigkeit habe „blüffen“ lassen.[16] Die meisten Wirtschaftsvertreter überzeugte vor allem, dass Deutschland sich am Schnellsten von allen großen Industrienationen von der schweren wirtschaftlichen Depression erholte.[17] Sie erwarteten eine Belebung des Binnenmarktes durch die Vergabe von größeren Staatsaufträgen unter anderem im Rahmen der von Hitler in Aussicht gestellten Aufrüstung. Daher nahm die Mehrheit der Unternehmer nach dem Machtantritt der Nationalsozialisten letztlich eine opportunistische politische Haltung ein. Die NSDAP versprach, die für viele Firmen existenzgefährdende Rezession und überkommenen ökonomischen Probleme aus der Weimarer Zeit endgültig zu lösen. Und da sich bereits nach kurzer Zeit erkennbare Erfolge einstellten, machten es sich viele Industrielle zur Aufgabe, ihr Engagement zur nationalen Einheit zu dokumentieren und die neue Regierung in ihren ökonomischen Bemühungen zu unterstützen. So befürwortete Popp im Juli 1933 z. B. den Bau eines neuen Wirtschafts- und Wohlfahrtsgebäudes in München unter anderem mit der Begründung, „dass man neben den rein wirtschaftlichen Erwägungen doch auch in besonderem Maße die Regierung insofern unterstützen soll, als jede Firma, soweit es in ihren Kräften steht, heute Neuinvestitionen vornehmen soll, um am Wiederaufbau der Wirtschaft besonders mitzuwirken.“[18]

[15] Hilles schriftliche Stellungnahme zur Klageschrift bei der Spruchkammer Starnberg vom 15. 10. 1946, in: StAM SpKa Karton 4589: Hille.

[16] Vgl. Protokoll der öffentlichen Sitzung der Spruchkammer Starnberg im Entnazifizierungsverfahren von Hille am 02. 04. 1947, in: ebd.

[17] Vgl. Hayes, Industry 2002, S. 30.

[18] Popp an von Stauß vom 18. 07. 1933, in: BArch R 8119 F/P 3073, Bl. 193. Popps Erklärung war sicherlich auch der Tatsache geschuldet, dass von Stauß zu den Förderern der Nationalsozialisten gehörte, für die er seit 1933 im Reichstag saß. Jedoch dokumentiert Popps Äußerung auch die in Wirtschaftskreisen weit verbreitete Aufbruchstimmung sowie die Bereitschaft vieler Unternehmer, sich den Terminologien der neuen Machthaber nicht nur anzupassen, sondern sie sich zu Eigen zu machen.

Mit ihrem Bekenntnis zur Unterstützung der neuen Regierung verbanden viele Unternehmer und Manager allerdings auch die Hoffnung, sie von wirtschaftshemmenden Maßnahmen abhalten zu können.[19] Hille schrieb, dass er und viele seiner Kollegen sehr positiv bewerteten, dass die neue Regierung von kollektivistischen Maßnahmen der Wirtschaft gegenüber letztendlich Abstand nahm und dass das Privateigentum der Produktionsmittel verbunden mit der Möglichkeit des Gewinnstrebens formal unangetastet blieb.[20] Persönlichkeiten wie Reichsbankpräsident Hjalmar Schacht und Reichswirtschaftsminister Kurt Schmitt galten in Wirtschaftskreisen als Garanten, dass das kapitalistische System auch unter den Nationalsozialisten erhalten blieb.

Auch das BMW-Management reagierte positiv überrascht auf die wirtschaftlichen Erfolge der neuen Regierung, vor allem auf die Reduzierung der Arbeitslosigkeit, die z.T. gewaltsame Wiederherstellung des Arbeitsfriedens und die Belebung der Binnennachfrage. Die nationalsozialistische Aufrüstungspolitik eröffnete dem Unternehmen neue Perspektiven im Flugmotorenbau, der seit Beginn der Weltwirtschaftskrise und vor allem nach dem Wegbrechen der lukrativen Auslandsaufträge ein Schattendasein geführt hatte. Nachdem auch der BMW-Automobilbau die hochgesteckten Erwartungen nicht erfüllen konnte, sondern über Jahre hinweg hohe Verluste erwirtschaftete, war das Münchener Unternehmen während der Rezessionsjahre in eine gefährliche Schieflage geraten. Nach der nationalsozialistischen Machtübernahme erkannte die Unternehmensleitung schnell die Zeichen der Zeit und beschloss, zu handeln. Der staatlichen Wiederaufrüstung konnte und wollte man sich nicht entziehen, da die im Hauptgeschäftszweig absehbaren gewinnträchtigen Umsatzsteigerungen dem Unternehmen nach den bitteren Erfahrungen der jüngsten Vergangenheit erfolgversprechende Wachstumschancen eröffneten. Popp, der den Aufstieg der Bayerischen Motoren Werke von einer unbedeutenden Werkstatt zu dem wichtigsten deutschen Flugmotorenhersteller zu Zeiten der Weimarer Republik als seine persönliche Lebensleistung betrachtete und dadurch auch die schwierigen Krisenjahre besonders schmerzlich erlebt hatte[21], war im Jahr 1933 gerne bereit, die neuen Chancen zu ergreifen, um das Unternehmen zu konsolidieren. Dass BMW unter den Nationalsozialisten an einem bis dato beispiellosen und im Sinne des Versailler Friedensvertrages unzulässigen Aufrüstungsprogramm partizipierte, nahmen die BMW-Verantwortlichen ohne Zögern in Kauf. Immerhin hatte das Unternehmen

[19] Unmittelbar nach der Machtübernahme drohte den Unternehmern zunächst Gefahr von Seiten des antikapitalistischen Flügels der NSDAP. Vgl. Blaich, Fritz: Die bayerische Industrie 1933–1939. Elemente von Gleichschaltung, Konformismus und Selbstbehauptung. In: Broszat, Martin/Fröhlich, Elke (Hrsg.): Bayern in der NS-Zeit II. Herrschaft und Gesellschaft im Konflikt. Teil A. München/Wien 1979, S. 237–281, hier S. 274–276.

[20] Vgl. Hilles schriftliche Stellungnahme zur Klageschrift bei der Spruchkammer Starnberg vom 15. 10. 1946, in: StAM SpKa Karton 4589: Hille.

[21] Vgl. Carl Schramm, Anwalt von Popp, an Sonderspruchkammer für Industrielle, München, vom 01. 08. 1946 in: StAM SpKa Karton 1341: Popp.

seit seinem Bestehen schon immer Flugmotoren produziert, über deren potenziell militärischen Charakter sich die Unternehmensführung auch bisher keine Illusionen gemacht hatte.

Bereits durch die ersten großen Flugmotorenbestellungen des neu geschaffenen Reichsluftfahrtministeriums im Frühling 1933 waren die Produktionskapazitäten der Bayerischen Motoren Werke voll ausgelastet. Das Ministerium drängte den BMW-Vorstand bereits im Mai 1933, die Münchener Flugmotorenanlagen rasch erheblich zu erweitern.[22] Popp versicherte der Behörde, alles tun zu wollen, „um auf dem Gesamtgebiet des Flugmotorenbaues vorwärtszukommen“ und die behördlichen Wünsche zu erfüllen. Jedoch legte der BMW-Generaldirektor gleichzeitig auch großen Wert darauf, die eigene Selbständigkeit und Initiative zu erhalten.[23]

Angesichts der zu erwartenden großen staatlichen Aufträge stand das Unternehmen nun vor der Alternative, entweder seine eigenen Fabriken auszubauen oder ein anderes Werk zu erwerben, um so die Kapazität für den Flugmotorenbau schlagartig zu vergrößern. Da der BMW-Aufsichtsrat dem plötzlich einsetzenden, staatlich entfachten Boom wesentlich skeptischer gegenüberstand als der BMW-Vorstand, lehnte er den Ausbau der eigenen Werke zunächst ab. Im Mai 1933 nahm Popp Verhandlungen mit Karl Maybach zwecks Übernahme der Maybach Motorenbau GmbH in Friedrichshafen auf.[24] Popp befürwortete den Erwerb von Maybach in erster Linie auf Grund der in diesem Unternehmen vorhandenen allgemeinen Erfahrung auf dem Gebiet des hochwertigen Motorenbaus[25], die für BMW „eine ganz ungewöhnlich günstige und absolut organische Ergänzung bilden würde“.[26] In der Hoffnung auf umfangreiche Serienaufträge bat Popp um eine Stellungnahme des RLM und versicherte dem mittlerweile für die Industriekontakte zuständigen Erhard Milch[27], dass er keine weiteren Schritte in diese Richtung unter-

[22] Vgl. Aktenvermerk von Lewinski an von Stauß vom 20.10.1933, in: BArch R 8119 F/P 3128, Bl. 49–50, hier Bl. 49.

[23] Vgl. Popp an Milch vom 09.06.1933, in: ebd., Bl. 17–21, hier Bl. 19.

[24] Vgl. Max H. Schmid an von Stauß vom 10.05.1933, in: ebd., Bl. 4–6, hier Bl. 4.

[25] Das Fabrikationsprogramm der Maybach Motorenbau GmbH umfasste im Mai 1933 schnelllaufende Dieselmotoren von 400–800 PS, Vergaser-Motoren von 100–350 PS, Boots- und Automobil-Getriebe sowie den bekannten Maybach-Wagen. Auf Grund anhaltender finanzieller Schwierigkeiten der Firma betrieben die Friedrichshafener v.a. die Motorenproduktion. Aus demselben Grund wäre Maybach für BMW eventuell relativ preisgünstig zu kaufen gewesen. Vgl. u.a. das vertrauliche Gutachten an von Stauß über den „Zusammenschluss der Automobil-Industrie“ vom 15.05.1928, in: BArch R 8119 F/P 3204, Bl. 1, S. 1–6, hier S. 4; Aktenvermerk der Disconto-Gesellschaft vom 16.05.1928, in: HADB S 0852 und Max H. Schmid an von Stauß vom 10.05.1933, in: BArch R 8119 F/P 3128, Bl. 4–6, hier Bl. 4.

[26] So das Urteil von Louis Hagen, in: Hagen an von Stauß vom 27.06.1933, in: BArch R 8119 F/P 3073, Bl. 151.

[27] Milch wurde Anfang 1933 Staatssekretär im RLM. Er bestimmte dort an der Seite von Göring maßgeblich die deutsche Luftfahrtpolitik und besonders die Beziehungen zur Industrie während der Zeit des Dritten Reiches mit.

nehmen werde, sollte man im Ministerium andere Vorstellungen haben. Damit legte der BMW-Generaldirektor die letztendliche Entscheidung hinsichtlich der Maybach-Übernahme in die Hände der RLM-Vertreter. Diese legten ihr Veto gegen die Maybach-Pläne ein, da sie befürchteten, dass sich die Übernahme des großen und keineswegs abgesicherten Friedrichshafener Unternehmens preistreibend auf die BMW-Erzeugnisse auswirken könnte.[28]

Um vom Reichsluftfahrtministerium bei der Vergabe von Aufträgen auch weiterhin berücksichtigt zu werden, verhandelten die BMW-Verantwortlichen seit Sommer 1933 mit dem Chef der Süddeutschen Bremsen-AG, Johannes Philipp Vielmetter, über den Verkauf seiner Werksanlagen in München.[29] Dies wäre auf Grund der geographischen Nähe der beiden Firmen der schnellste Weg gewesen, den für BMW notwendigen Platz zur Erfüllung des BMW-Lieferprogramms zu schaffen. Geplant war die Übersiedlung nicht nur der gesamten Motorradproduktion, sondern auch des Werkzeug- und Vorrichtungsbaus, der Motorenprüfstände für die Dauerläufe, die Lehrlingsabteilung und die Instandsetzungswerkstätten in die Räume der Süddeutschen Bremsen-AG in der Moosacher Straße, um das BMW-Stammwerk für die Flugmotorenherstellung frei zu bekommen.[30] Jedoch scheiterten auch diese Expansionspläne an der hohen Summe, die Vielmetter für sein Unternehmen forderte.[31] Göring selbst jedoch veranlasste im Herbst 1933, das Projekt Südbremse weiter zu verfolgen, und Milch erklärte sich bereit, es mit Hilfe ministeriellen Drucks zu forcieren.[32] Im BMW-Management wurden daraufhin auch der Kauf von einzelnen Grundstücksteilen bzw. Gebäuden und die Pachtung der Anlagen der Süddeutschen Bremsen-AG in Erwägung gezogen. Dass im BMW-Vorstand mittlerweile sogar über eine vorübergehende Pachtung der Anlagen der Süddeutschen Bremsen-AG nachgedacht wurde, zeigt, wie drängend das Problem der Kapazitätserweiterungen der BMW-Werksanlagen in München geworden war. Beide Unternehmen standen der kostspieligen Zwischenlösung einer Pachtung im Grunde ablehnend gegenüber, da beide provisorische Verlegungen hätten vornehmen müssen, die verhältnismäßig viel Geld kosteten.[33]

[28] Vgl. Milch an Popp vom 16.06.1933, in: BArch R 8119 F/P 3128, Bl. 22–23.

[29] Vgl. Vielmetter an von Stauß vom 20.07.1933; von Stauß an Vielmetter vom 20.07.1933; Vielmetter an Stauß vom 21.07.1933; BMW-Vorstand an von Stauß vom 02.08.1933; Notiz von Lewinski an von Stauß vom 01.09.1933; Notiz von Stauß (o.D.); Vielmetter an Popp vom 13.09.1933 und von Stauß an Popp vom 29.09.1933, alle in: ebd., Bl. 36–47.

[30] Vgl. Aktennotiz LC III über die Besprechung bei BMW am 23./24. und 25.10.1933 vom 26.10.1933, in: BA-MA RL 3/280, Bl. 30, S. 1–10, hier S. 2.

[31] Vgl. Vielmetter an Popp vom 13.09.1933 und von Stauß an Popp vom 29.09.1933, beide in: BArch R 8119 F/P 3128, Bl. 46–47.

[32] Vgl. Notiz von Lewinski an von Stauß vom 21.10.1933, in: ebd., Bl. 50 und BArch R 8119 F/P 3073, Bl. 253–254.

[33] Vgl. die beiden Aktenvermerke von Lewinski an von Stauß vom 20.10.1933 und vom 21.10.1933, in: BArch R 8119 F/P 3128, Bl. 49–50 und Aktennotiz LC III über die

Popp setzte sich bei BMW mit seiner Meinung durch, dass das Projekt Südbremse als Provisorium finanziell zu schwer sei, um allein vom Motorradbau getragen zu werden. Anders würde es sich laut Popp jedoch mit dem Erwerb einer kompletten Kraftradfabrik verhalten, etwa der Motorradfabrik Zündapp in Nürnberg. Diese Fabrik sei sehr modern eingerichtet, allerdings nur zu etwa einem Drittel beschäftigt. Sie könnte den Räderbau von BMW sofort übernehmen, so dass keine Zeit für die Räumung des Werkes München verloren ginge. Außerdem wären in Nürnberg im Gegensatz zur Süddeutschen Bremsen-AG ausreichend Einrichtungen, Werkzeugmaschinen und Personal vorhanden, so dass BMW die eigenen gut eingearbeiteten Beschäftigten sofort für den Flugmotorenbau nutzen könne.[34] Nachdem das Reichsluftfahrtministerium diese Auslagerungslösung begrüßt hatte und damit den Weg zu Fusions- bzw. Übernahmeverhandlungen zwischen BMW und Zündapp frei machte[35], stellte sich jedoch sehr schnell heraus, dass auch der Besitzer von Zündapp, Fritz Neumeyer, einen viel zu hohen Preis verlangte, als dass sich eine Weiterverfolgung dieses Projekts gelohnt hätte.[36]

Da alle externen Erweiterungs- und Auslagerungsprojekte scheiterten[37] und gleichzeitig die Gefahr immer größer wurde, dass BMW für die im Herbst 1933 und Frühjahr 1934 zur Vergabe kommenden Aufträge auf Grund der unzureichenden Produktionskapazitäten nicht berücksichtigt werden konnte, nahm der BMW-Vorstand den Gedanken der unternehmensinternen Erweiterungen wieder auf. Im BMW-Vorstand einigte man sich schließlich darauf, das Werk München deutlich auszubauen und gleichzeitig zu modernisieren.[38] Durch die Erweiterungen in München sollten eine getrennte Flugmotoren- und eine Motorradfabrik entstehen, die die Nachteile einer vermischten Erzeugung von Flugmotoren und Krafträdern aufhob. Mit Rücksicht

Besprechung bei BMW am 23./24. und 25.10.1933 vom 26.10.1933, in: BA-MA RL 3/280, Bl. 30, S. 1–10, hier S. 2–3.

[34] Vgl. Popp an Milch vom 28.10.1933, in: ebd., Bl. 23–29.

[35] Vgl. Aktennotiz im RLM über eine Besprechung mit BMW betr. Hornet-Lieferungen am 01.11.1933 vom 02.11.1933, in: ebd., Bl. 18–19, hier Bl. 18.

[36] Vgl. die beiden Aktennotizen von Bullinger, Mitarbeiter des Technischen Amtes im RLM, über Besprechungen mit Popp über Maßnahmen für die Durchführung des Lieferprogramms von BMW vom 04.11.1933 und vom 09.11.1933, in: ebd., Bl. 13–14 und Bl. 15–17; Notiz von Lewinski an von Stauß vom 08.11.1933, in: BArch R 8119 F/P 3128, Bl. 53–54 sowie Popp an Milch vom 10.11.1933, in: BA-MA RL 3/280, Bl. 3–11, hier Bl. 3.

[37] Das RLM lehnte Anfang Nov. 1933 auch den erneuten Vorstoß von Popp, das Flugmotorenwerk von Siemens & Halske zur Fabrikation von BMW-Motoren heranzuziehen, aus den bekannten Gründen ab. Vgl. Aktennotiz im RLM über eine Besprechung mit BMW betr. Hornet-Lieferungen am 01.11.1933 vom 02.11.1933, in: BA-MA RL 3/280, Bl. 18–19, hier Bl. 18.

[38] Trotz der Erweiterungen des Jahres 1928 waren bei BMW immer noch etwa ein Drittel der Gebäude provisorische Holzbauten aus dem Ersten Weltkrieg, die teilweise baufällig waren und eine große Feuergefahr bargen. Vgl. Popp an Milch vom 10.11.1933, in: ebd., Bl. 3–11, hier Bl. 4.

auf die vom RLM geforderten kurzen Lieferfristen erklärte sich Popp in Absprache mit dem Ministerium sogar bereit, einen Teil des Areals der Süddeutschen Bremsen-AG zu pachten, nur um vorübergehend Platz für die Montage und die Bremsstände zu schaffen.[39] Selbst die Finanzierung dieser Maßnahmen wollten die Bayerischen Motoren Werke vollständig selber übernehmen, forderten im Gegenzug allerdings umfangreiche Auftragsgarantien. Das RLM müsse sich verpflichten, ab dem 01.10.1933 bis zum 01.07.1935 Aufträge in der Größenordnung von ca. 1400 Hornet-Motoren und etwa 1000 BMW VI-Motoren, unter Zugrundelegung eines Festpreises von 19000 RM für die BMW VI-Motoren und von 22500 RM für die Hornet-Motoren zu erteilen.[40]

Parallel zu den Ausbauplänen in München beschloss der BMW-Vorstand, das BMW-Werk in Eisenach in die Flugmotorenproduktion einzubinden.[41] Popp versuchte, auf diesem Wege erneut seinen langjährigen Plan zu verwirklichen, den ungeliebten Automobilbau auf lukrative Weise abzustoßen. Er plädierte dafür, den Automobilsektor an die Daimler-Benz AG zu verkaufen, die ihn in das leerstehende Benz-Werk in Mannheim übernehmen sollte. Mit dem Hinweis, dass beide Firmen von der Transaktion erheblich profitieren würden, versuchte Popp sowohl das Ministerium als auch seine Kollegen im Daimler-Benz-Vorstand zu überzeugen.[42] Das Werk Eisenach könnte auf diese Weise sofort für den Flugmotorenbau freigemacht werden, ohne dass neue Gebäude errichtet bzw. sonstige große Kosten aufgewendet werden müssten. Die Fabrik Eisenach würde dann etwa gleichgroße Fabrikationsräume für den Flugmotorenbau zur Verfügung haben wie das Werk München. Und Daimler-Benz würde die eigene Produktpalette mit einem gut eingeführten Kleinwagen erweitern, den man zu einem günstigen Preis erwerben könnte. Die Aufgabe des seit Jahren unrentablen Eisenacher Automobilbaus wäre für BMW Popps Meinung nach mindestens genauso attraktiv wie die Aussicht auf eine zweite vollwertige Flugmotorenfabrik gewesen. Da jedoch Daimler-Benz an dem Automobilbau von BMW kein Interesse hatte[43], blieb der BMW-Geschäftsführung lediglich die Möglichkeit, neben dem Ausbau der

39 Vgl. ebd., Bl. 7–8; Notiz von Lewinski an von Stauß vom 08.11.1933, in: BArch R 8119 F/P 3128, Bl. 53–54 und die beiden Aktennotizen von Bullinger über Besprechungen mit Popp über Maßnahmen für die Durchführung des Lieferprogramms von BMW vom 04.11.1933 und vom 09.11.1933, in: BA-MA RL 3/280, Bl. 13–14 und Bl. 15–17.

40 Vgl. Aktennotiz im RLM (o. D.), in: ebd., Bl. 12 und Popp an Milch vom 10.11.1933, in: ebd., Bl. 3–11, hier Bl. 8–9.

41 Vgl. Aktennotiz LC III über die Besprechung bei BMW am 23./24. und 25.10.1933 vom 26.10.1933, in: ebd., Bl. 30, S. 1–10, hier S. 1.

42 Vgl. Popp an Milch vom 28.10.1933, in: BA-MA RL 3/280, Bl. 23–29, hier Bl. 26–28.

43 Vgl. Aktennotiz im RLM über eine Besprechung mit BMW betr. Hornet-Lieferungen am 01.11.1933 vom 02.11.1933, in: ebd., Bl. 18–19.

Münchener Werke auch die Einrichtungen in Eisenach zu erweitern und den Flugmotorenbau teilweise nach Thüringen zu verlegen.[44]

Die Geschichte der Bayerischen Motoren Werke in den ersten Jahren unter dem Nationalsozialismus ist letztlich ein Beispiel für die Konsequenzen, die sich ergeben, sobald politisches Verantwortungsbewusstsein einem primär an wirtschaftlicher Zweckrationalität orientierten Handeln untergeordnet wird. Popps bereitwillige Partizipation am einsetzenden Rüstungsboom war ein typisches Verhaltensmuster, das sich ab 1933 bei vielen Industrieunternehmen der verschiedensten Branchen beobachten lässt. BMW bemühte sich ganz selbstverständlich um Wehrmachtsaufträge. Offensichtlich spielte beim „Mitmachen" von BMW staatlicher Zwang wie bei vielen anderen Unternehmen allenfalls eine untergeordnete Rolle. Vielmehr agierten die Unternehmen im Wesentlichen wie kapitalistische Unternehmen, die den Reichsbehörden als Institutionen gegenübertraten, die bis zu einem gewissen Grad auch weiterhin über autonome Handlungsspielräume und langfristige Planungshorizonte verfügten. Das NS-Regime setzte in seiner Wirtschaftspolitik zunächst weniger auf die Ausübung von Macht und Gewalt als vielmehr auf Anreize, indem es das privatwirtschaftliche Gewinnmotiv und den Wettbewerb unter den Unternehmen für seine Zwecke zu instrumentalisieren verstand. Die Erweiterung der Produktionskapazitäten ermöglichte es BMW, in großem Stil von lukrativen Rüstungsaufträgen zu profitieren. Außerdem veranlasste die Sorge, im Wettbewerb mit den Konkurrenten im Flugmotorenbau Nachteile zu erleiden, das Münchener Unternehmen, mitzumachen. Letztendlich waren demnach in erster Linie längerfristige Gewinn- und Wachstumsinteressen sowie der von den einschlägigen staatlichen Dienststellen bewusst geschürte Wettbewerb innerhalb der Flugmotorenhersteller, die wesentlichen Mechanismen, die zur Bereitschaft von BMW führten, sich am Rüstungsboom zu beteiligen.[45]

Die bereitwillige Partizipation ging sogar soweit, dass Popp der Beschaffungsabteilung des RLM im Oktober 1933 anbot, seine guten Beziehungen zu Pratt & Whitney für die Beschaffung von ausländischem Militärmaterial zu nutzen.[46] Popp deutete an, dass es seinem Unternehmen nicht nur möglich wäre, militärische Flugmotoren, die von den amerikanischen Behörden noch nicht freigegeben seien, sondern auch ein zweimotoriges Douglas-Bombenflugzeug sowie eine Jagd-Einsitzer-Versuchsmaschine zu besorgen. Da das RLM das Angebot von BMW dankend annahm, kaufte das Münchener Unternehmen für das Ministerium Flugmotoren und Flugmotorenteile in Ame-

[44] Vgl. Aktennotiz LC III über die Besprechung bei BMW am 23./24. und 25.10.1933 vom 26.10.1933, in: ebd., Bl. 30, S. 1–10, hier S. 1 und Popp an Milch vom 10.11.1933, in: ebd., Bl. 3–11, hier Bl. 8–9.

[45] Vgl. hierzu auch Buchheim, Unternehmen 2006, S. 351–390.

[46] Vgl. Aktennotiz LC III über die Besprechung bei BMW am 23./24. und 25.10.1933 vom 26.10.1933, in: BA-MA RL 3/280, Bl. 30, S. 1–10, hier S. 9–10.

rika und diente somit nicht nur als Zwischenhändler, sondern trug auch aktiv zur Tarnung der deutschen Luftrüstung bei.[47]

Für die Vergrößerung der eigenen Produktionskapazitäten hat es für den BMW-Vorstand bereits 1933 eine Reihe von Gründen gegeben. Einerseits musste das Unternehmen die RLM-Wünsche erfüllen, wollte man keine Verschlechterung der bisher herausragenden Beziehungen zu den staatlichen Akteuren riskieren. Außerdem ließ die wachsende Binnennachfrage den Konzern schnell an die Grenzen seiner Kapazität stoßen und übte schon für sich genommen einen Anreiz aus, diese zu vergrößern. Andererseits war es die erste nennenswerte Kapazitätserweiterung nach 1928 und der Überwindung der Krisenjahre mit dem klar definierten Ziel, der Position und dem Selbstverständnis des Unternehmens als wichtigster Flugmotorenproduzent der deutschen Luftwaffe und zivilen Luftfahrt langfristig gerecht zu werden. Darüber hinaus ließen die erheblichen Auswirkungen der jahrelangen Rezession und die Tatsache, dass Popp sein Lebenswerk in den Krisenjahren in Gefahr sah, die Geschäftsführung von BMW kompromisslos nach wirtschaftlicher Konsolidierung streben. Die Anpassungsbereitschaft des BMW-Vorstands war umso größer, als die wirtschaftspolitischen Ziele des NS-Regimes mit den betriebswirtschaftlichen Zielen des Unternehmens konform zu gehen schienen. Wie bei vielen anderen Unternehmen eröffnete bzw. verstärkte die nationalsozialistische Rüstungs- und Kriegspolitik auch beim Münchener Flugmotorenbauer in ungeahntem Ausmaß die Möglichkeit, die Produktion zu steigern und Umsatzzuwächse und Gewinne zu realisieren.[48] Daher fiel es Popp und seinen Kollegen auch nicht schwer, sich dem neuen Regime anzupassen. Dass BMW entsprechend den staatlichen Wünschen und im Sinne der nationalsozialistischen Kriegs- und Rüstungsziele in den zentralen Produktionsbereich des Unternehmens auch auf Kosten der anderen Produktionsstandbeine investierte, ergänzte sich aus der Perspektive der BMW-Unternehmensleitung vorteilhaft. Ideologische Linientreue auf Seiten der BMW-Verantwortlichen war nicht notwendig, um zum Funktionieren des NS-Regimes beizutragen.[49] Es genügte, das fortzusetzen, was man schon immer getan hatte, d.h. sich mit den Luftrüstungsbehörden zu arrangieren und die Pläne der Beschaffungsdienststellen im RLM möglichst akkurat zu erfüllen. Der BMW-Vorstand entschied sich 1933 letztendlich für eine „Strategie der Unentbehrlichkeit“[50], die den

[47] Vgl. Popp und Klebe an von Stauß vom 04.01.1934, in: BArch R 8119 F/P 3073, Bl. 332.

[48] Vgl. hierzu auch Erker, Industrieeliten NS-Zeit 1993, S. 7; Ders., Industrieeliten im 20. Jahrhundert 1999, S. 4; Großbölting/Schmidt, Unternehmerwirtschaft 2002, S. 23 und Gehrig, Betriebsinteressen 2002, S. 72.

[49] Vgl. Großbölting/Schmidt, Unternehmerwirtschaft 2002, S. 22.

[50] Hayes, Peter: Industrie and Ideologie: Die IG Farben in der Zeit des Nationalsozialismus. In: Zeitschrift für Unternehmensgeschichte 32/33 (1987/88), S. 124–135, hier S. 126.

Konzern immer tiefer ins Fahrwasser des NS-Wirtschaftssystems hineinmanövrierte.[51]

Dass die Geschäftsleitung der Bayerischen Motoren Werke in den ersten Monaten der nationalsozialistischen Herrschaft mit den staatlichen Behörden im Sinne einer alles bestimmenden wirtschaftlichen Zweckrationalität weitgehend kooperierte, ist unzweifelhaft. Dies eröffnet jedoch die Frage, inwieweit die BMW-Unternehmensleitung den konkreten Konzernausbau sowie die Neugründungen von GmbHs unter den Rahmenbedingungen des Nationalsozialismus auf der Basis einer eigenständigen Unternehmenspolitik selber planen und steuern und dabei bestehende Handlungsspielräume nutzen konnte. Dieses Thema wird in den folgenden Abschnitten analysiert.

6.2. Gründung der BMW-Flugmotorenbau GmbH, München

Zwei Motive führten im Jahr 1934 zur Ausgründung des Flugmotorenbaus aus der BMW-Aktiengesellschaft: die vom Reich geforderten Tarnungsmaßnahmen und die von der BMW-Geschäftsführung angestrebte Risikominimierung.

Nach den Bestimmungen des Versailler Vertrages war das Aufstellen und Unterhalten von Luftstreitkräften und der dazugehörigen Einrichtungen in Deutschland verboten. Die Reichsbehörden hatten ab 1920 mit einem dichten Netz von unterschiedlichsten Tarnungsmaßnahmen versucht, alle Vorbereitungsschritte zur Aufstellung von Fliegerverbänden geheim zu halten.[52] Nicht nur die Luftwaffe mit all ihren Truppenteilen und Einrichtungen unterlag den Bestimmungen des Tarn- und Geheimschutzes. Auch die Luftfahrtindustrie und ihre Zubehörfirmen hatten sich den entsprechenden Bestimmungen des Reichsministers der Luftfahrt zu beugen. Im RLM war man sich zwar der Tatsache bewusst, dass sich die ab 1933 einsetzende rege Tätigkeit auf dem Gebiet des Flugzeug- und Flugmotorenbaus dem Ausland nicht verbergen lassen würde. Es sei allerdings notwendig, so Göring, „dass hierbei so verfahren wird, dass dem Ausland der *Nachweis* eines Verstosses gegen die vorliegenden aussenpolitischen Bindungen unmöglich gemacht wird und dass das Ausland über das Zeitmass, die tatsächliche Stärke und die organisatorischen Grundsätze des Ausbaues der Luftwaffe keine volle Klarheit gewinnt".[53]

Das im Mai 1933 eingerichtete Technische Amt des RLM wies die Firmen an, schärfste Geheimhaltung der Produktion nach innen und außen zu wah-

[51] Vgl. hierzu die Ausführungen von Erker über den IG Farben-Konzern, in: Erker, Industrieeliten NS-Zeit 1993, S. 41–46.

[52] Vgl. Völker, Luftwaffe 1967, S. 61.

[53] Befehl des RdL zur grundsätzlichen Regelung der Tarnung der Luftwaffe vom 25.07.1933 (H. i. O.), in: Völker, Dokumente 1968, Dok.-Nr. 71, S. 183.

ren. Das Betreten der Anlagen, in denen Reichsaufträge ausgeführt wurden, war allen nicht zum Werk gehörigen Personen verboten, sofern sie keine Sondergenehmigung vom RLM bekamen. Außerdem waren ausländische Interessenten dem Ministerium unverzüglich zu melden.[54] Werkschutzabteilungen, Personalkontrolle, Ausweisverkehr, Quittungswesen usw. mussten auf Grund der umfangreichen Geheimhaltungsbestimmungen des Reiches eingeführt werden. Im Übrigen bestand sowohl für die Geschäftsführung als auch für die Belegschaft ein striktes Verbot jeglicher Auskunftserteilung an Dritte.[55] Bei BMW mussten die Arbeiter folgende Verpflichtungserklärung unterzeichnen: „Ich verpflichte mich, über alle, das Werk angehenden Fragen und Arbeiten jederzeit strengste Verschwiegenheit gegen jeden, der ausserhalb des mir von der Geschäftsleitung bekanntgegebenen Bearbeiterkreises steht, zu beobachten und mir gegebene Anweisungen zu Geheimhaltung getreuestens zu erfüllen."[56] Außerdem durften sich die Arbeiter bei BMW nur in den Bereichen aufhalten, in denen sie beschäftigt waren. Widrigenfalls konnten sie fristlos entlassen werden. Diese Bestimmung scheint so streng gehandhabt worden zu sein, dass selbst Arbeiter, die am Eingang einer anderen Halle stehen blieben und dort hineinschauten, eine Verwarnung bekamen.[57] All diese Maßnahmen stießen, verbunden mit dem entsprechenden Überwachungspersonal, bei der Belegschaft auf Befremden und wirkten sich dadurch störend auf die Produktion aus.

Im Laufe des Jahres 1934 nahm die Flugmotorenherstellung bei BMW, bedingt durch den Aufbau der Luftwaffe, einen bis dahin in diesen Ausmaßen nicht geahnten Umfang an, von dem dennoch zu erwarten war, dass er sich in Zukunft noch vergrößern würde. Die Bilanz der BMW AG verzeichnete im Laufe des Jahres 1934 große Anlagenzuwächse, denen auf der Passivseite entsprechende Finanzverpflichtungen gegenüberstanden. Außerdem war das Zahlenwerk der Gewinn- und Verlust-Rechnung im Geschäftsjahr erheblich ausgedehnt worden. Wie Grafik 6 verdeutlicht, schlug sich die unternehmerische Expansion von BMW nicht zuletzt in der Umsatzstatistik nieder.

Das Unternehmen versuchte, die Werksausbauten in München und Eisenach sowie die erhöhte Produktion für die Luftwaffe zunächst dadurch zu ver-

[54] Vgl. Weisung des RdL an den RDLI zur Abwehr des ausländischen Nachrichtendienstes vom 14.08.1933, in: Völker, Dokumente 1968, Dok.-Nr. 72, S. 184–185.

[55] Vgl. Abwehrbestimmungen für geschützte kriegs- und lebenswichtige Betriebe (RWiM und OKW) vom Okt. 1938, in: BArch R 3101/32234.

[56] Verpflichtungserklärung der Gefolgschaftsmitglieder (o. D.), in: BMW-Arch UA 97. Bei Zuwiderhandlung gegen diese Bestimmungen musste mit der fristlosen Entlassung gerechnet werden. Wurde die Tat jedoch als Landes- bzw. Hochverrat gewertet, drohten sogar langjährige Haftstrafen und die Todesstrafe. Vgl. Strafgesetzliche Bestimmungen über Landesverrat, Verletzung der Geheimhaltungspflicht, Wehrmittelbeschädigung usw. (o. D.), in: ebd.

[57] Vgl. Behnken, Klaus (Hrsg.): Deutschland-Berichte der Sozialdemokratischen Partei Deutschlands (Sopade) Nr. 3, 1. Jg., Juni/Juli 1934, Prag am 21.07.1934. Salzhausen/Frankfurt am Main 1980, S. 93. Im Folgenden als „Sopade-Berichte" abgekürzt.

Grafik 6: Umsatz BMW-Konzern und BMW-Flugmotorenbau-Gesellschaften

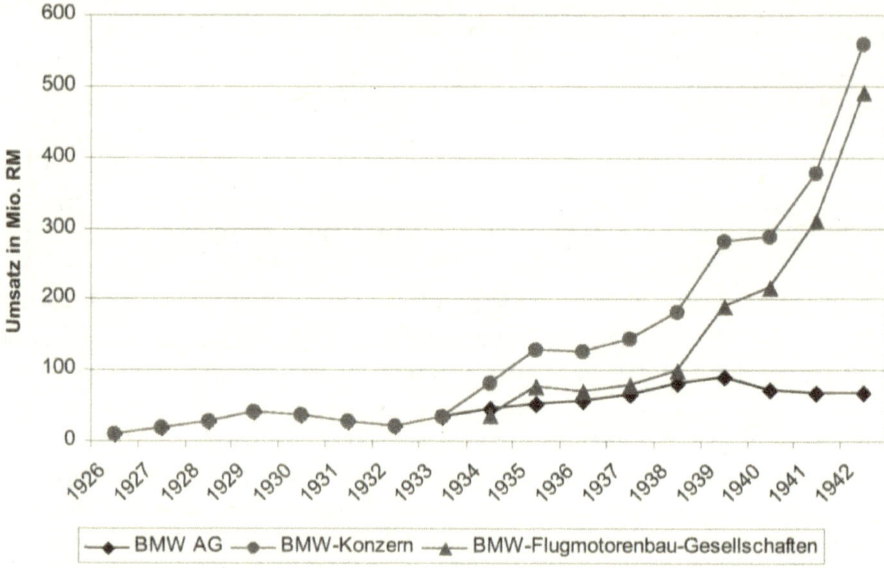

Quelle: Vgl. Tabelle 23, S. 480.

schleiern, dass man große sowjetische Aufträge über 5 000 Flugmotoren vortäuschte.[58] Da die Zahlen in der Jahresabrechnung im Tarnungsinteresse des Reichs nicht öffentlich sichtbar werden durften, forderten Vertreter des RLM den Konzern schließlich auf, die Bilanzzahlen durch eine Saldierung zwischen Aktiva und Passiva und die Gewinn- und Verlust-Rechnung durch Weglassung unerwünschter Posten in ihrem Sinne zu „korrigieren".[59] Der BMW-Vorstand erklärte in darauf folgenden Verhandlungen mit dem Ministerium jedoch, „dass in diesem Jahr [Ende 1934] eine Tarnung der Bilanz vom Vorstand und Aufsichtsrat nicht verantwortet werden könne".[60] Man wies darauf hin, dass die Anlagenerweiterung für breite Kreise der Öffentlichkeit und – da das BMW-Werk in Milbertshofen direkt neben dem Flugplatz am Oberwiesenfeld lag – auch für den in München im Flugzeug ankommenden Ausländer offenkundig sei. Daraus ergäbe sich die Gefahr, dass in der Generalversammlung ein böswilliger ausländischer Aktionär Aufklärung verlangen könnte. Da BMW in einem solchen Fall jedoch keine befriedigende Erklärungen abzugeben in der Lage sei, könne der Aktionär bei der Staatsanwaltschaft Klage gegen die Organe der Gesellschaft wegen Bilanzfälschung erheben. Der

58 Vgl. Sopade-Bericht Nr. 1, 1. Jg., April/Mai 1934, Prag am 17.05.1934, S. 93.

59 Aktennotiz Vorstand der BMW AG vom 19.02.1935, in: BArch R 8119 F/P 3145, Bl. 25.

60 Niederschrift einer Besprechung von Popp u. a. im Verwaltungsamt des RLM am 04.12.1934 vom 10.12.1934, in: BArch R 8119 F/P 3123, Bl. 11.

BMW-Vorstand erklärte seine entschieden ablehnende Haltung gegen die RLM-Forderung insbesondere mit dem Hinweis, BMW habe seine soliden Bilanzierungsgrundsätze während der krisenhaften Jahre von 1929 bis 1932 unverändert angewandt und habe noch vor einem Jahr als schuldenfreies Unternehmen mit Bankguthaben wohlangesehen und gesund dagestanden. Die BMW-Verantwortlichen könnten zwar die Notwendigkeit der Tarnung des Flugmotorenbaus durchaus nachvollziehen. Das Ministerium könne jedoch nicht erwarten, dass BMW ihre Bilanzen aus diesem Grund bewusst fälschen würde[61], zumal der Vorstand mit einer solchen Handlung gegen die Vorschriften des Strafgesetzbuches verstoßen würde.[62]

Die BMW-Geschäftsführung war jedoch bereit, mit einem gesellschaftsrechtlichen Kniff der Anweisung des RLM nach Tarnung der Kapazitätsausbauten in München zu entsprechen und tat dies auf dem einzig verbliebenen Weg, der formaljuristisch nicht in die Illegalität führte.[63] Am 21.12.1934 wurde der gesamte BMW-Flugmotorenbau rückwirkend zum 01.01.1934 in eine neugegründete Gesellschaft mit beschränkter Haftung, der BMW Flugmotorenbau GmbH, München[64], aus der BMW-Aktiengesellschaft ausgegliedert.[65] Die vom RLM verlangte und im Reichsinteresse notwendige Tarnung der Bilanzen war nur durch die buchmäßige Ausgründung möglich.[66] Die gesellschaftsrechtlichen Publikationsvorschriften waren bei einer GmbH weit weniger streng als bei einer Aktiengesellschaft[67], so dass die Bestrebungen nach

[61] Mit dieser Forderung verstieß das RLM ohnehin gegen die Richtlinien des Reichswirtschaftsministeriums, das später folgenden Grundsatz festlegte: „Im Zweifelsfall soll die Veröffentlichung statistischer und sonstiger Angaben eher unterbleiben, als daß falsche Angaben gemacht werden.“ Vgl. zusammenfassende Richtlinie für die Beschränkung von Veröffentlichungen im Bereich der gewerblichen Wirtschaft vom Febr. 1939, in: BArch R 3101/32474.

[62] Vgl. Aktennotiz Vorstand der BMW AG 19.02.1935, in: BArch R 8119 F/P 3145, Bl. 25.

[63] Vgl. Bericht Deutsche Treuhand Gesellschaft Berlin über Vorschläge für eine Neuordnung innerhalb des BMW-Konzerns vom 28.06.1940, in: ebd., Bl. 31, S. 1-24, hier S. 3-4.

[64] Die BMW Flugmotorenbau GmbH, München, war nach ihrer Gründung im Jahre 1934 das Stammwerk des BMW-Flugmotorenbaus. Mit der Bezeichnung „BMW Flugmotorenbau GmbH“ wird in dieser Arbeit jeweils auf die Münchener BMW Flugmotorenbau GmbH Bezug genommen. Bei den anderen Werken des BMW-Konzerns wird im Folgenden jeweils der Standort erwähnt.

[65] Zunächst war am 22.06.1934 eine BMW-Grundstücksgesellschaft mbH, München, gegründet worden, die in München und Eisenach Wohnungsbauprojekte betreute. Am 21.12.1934 wurden dann sämtliche Flugmotorenbau-Anlagen und -Vermögenswerte in die Grundstücksgesellschaft eingebracht. Diese änderte anschließend ihren Namen in BMW Flugmotorenbau GmbH, München. Vgl. Bericht Geschichte des BMW-Konzerns (o. D., wahrscheinlich 1943), in: BMW-Arch UA 2, S. 1-29, hier S. 6-7.

[66] Erklärung der BMW Flugmotorenbau GmbH, München, und der BMW AG am 30.06.1936, in: BArch R 8119 F/P 3145, Bl. 118.

[67] Vgl. Bericht Deutsche Treuhand Gesellschaft Berlin über Vorschläge für eine Neuordnung innerhalb des BMW-Konzerns vom 28.06.1940, in: ebd., Bl. 31, S. 1-24, hier S. 4.

Zurückhaltung firmeninterner Daten mit den Wünschen der neuen Machthaber nach Verschleierung ihrer Aufrüstungsbestrebungen auf diesem Weg zusammenfielen.

Die Ausgründung des BMW-Flugmotorenbaus aus der BMW-Aktiengesellschaft erfolgte jedoch nicht ausschließlich aus unternehmensfremden Gründen entgegen jeglicher wirtschaftlicher Zweckmäßig- und Notwendigkeit, wie beispielsweise Popp in Verhandlungen mit dem RLM immer wieder behauptete.[68] Vielmehr sah die BMW-Unternehmensleitung durchaus auch die mit der dynamischen Entwicklung der deutschen Luftfahrtindustrie verbundenen Risiken.[69] Einerseits konnte und wollte man auf die Ertragsmöglichkeiten des neuen Wirtschaftsbooms nicht verzichten. Andererseits war die Umsatzsteigerung im Flugmotorenbau ausschließlich auf die Wiederaufrüstung zurückzuführen und das Unternehmen hatte keine Gewähr dafür, dass das Aufrüstungsprogramm von außenpolitischen Einflüssen ungestört im geplanten Umfang durchführbar war. Noch war das Vertrauen in die Stabilität der neuen Regierung relativ gering. So warnte z.B. der Bürochef des BMW-Aufsichtsratsvorsitzenden, von Lewinski, bereits im Oktober 1933, dass zur Zeit durch den Aufbau der Luftwaffe ein besonders dringender Flugmotorenbedarf herrsche, der eventuell über den Jahresdurchschnitt späterer Jahre hinausgehen könnte.[70]

Daher strebte die BMW-Spitze danach, das Risiko gering zu halten. Es wäre, so die Firmenleitung später, „unvertretbar gewesen, durch einen eventuellen Rückschlag in der Flugmotorenproduktion unter Umständen die Gesamtexistenz der BMW AG zu gefährden und damit auch die beiden übrigen Produktionszweige in Gefahr zu bringen".[71]

Die Ausgründung der Flugmotorenaktivitäten des Unternehmens in eine 100%ige Tochter der BMW AG befriedigte demnach sowohl die Interessen des Reiches als auch des BMW-Vorstandes, da das Verlustrisiko der Konzern-Muttergesellschaft durch die haftungsrechtlichen Beschränkungen der GmbH stark eingeschränkt wurde.[72] Dementsprechend führte die BMW-Geschäftsführung den einmal beschrittenen Weg der Auslagerung der Flugmotoreninteressen aus der BMW AG heraus in eine selbstständige Gesellschaft in der Zukunft fort, indem man auch neu hinzukommende Flugmotorenwerke nicht

[68] Vgl. z.B. Popp an Roluf Lucht, Chefingenieur im Technischen Amt des RLM, vom 08.02.1941, in: BArch R 8119 F/P 3146, Bl.250–255, hier Bl.255.

[69] Vgl. Bericht Hille über „Konstruktive Fragen des BMW-Konzerns" vom 12.04.1940, in: BArch R 8119 F/P 3076, Bl.464–474, hier Bl.464.

[70] Vgl. Aktennotiz von Lewinski an von Stauß vom 20.10.1933, in: BArch R 8119 F/P 3146, Bl.49–50, hier Bl.49.

[71] Bericht Deutsche Treuhand Gesellschaft Berlin über Vorschläge für eine Neuordnung innerhalb des BMW-Konzerns vom 28.06.1940, in: BArch R 8119 F/P 3145, Bl.31, S.1–24, hier S.3.

[72] Zumindest rechtlich war durch diese Verlagerung das Risiko aus dem Flugmotorenbau auf das Gesellschaftskapital der selbstständigen GmbH begrenzt. Vgl. ebd.

der BMW AG unmittelbar, sondern der BMW Flugmotorenbau GmbH angliederte.

Die Verantwortlichen der Bayerischen Motoren Werke waren sich jedoch auch bewusst, dass die allgemeine Zusammenfassung gemeinsamer Interessen in nur einer Gesellschaft der Verteilung dieser Interessen auf mehrere Gesellschaften vom rein betriebswirtschaftlichen Standpunkt aus generell vorzuziehen war. Die Zusammenfassung in einer Gesellschaft hätte vor allem die sicherste Gewähr dafür geboten, dass die erforderliche straffe Organisation zentral durchgeführt worden wäre. Nicht umsonst plante man bei BMW schon bei der Ausgründung des Flugmotorenbaus die Wiedervereinigung beider Gesellschaften. Sie sollte, sobald die Tarnungserfordernisse des Reiches und die unternehmerischen Ansprüche der Risikominimierung es erlaubten, so schnell wie möglich vollzogen werden.[73] Hinreichende Voraussetzung für das letztere Motiv war allerdings zunächst eine nachhaltige Konsolidierung der Flugmotorennachfrage, die nicht mehr allein auf dem staatlich induzierten Rüstungsboom basieren durfte, sondern auch einen stabilen zivilen Sektor einbeziehen musste.

Der BMW-Unternehmensleitung gelang es jedoch, die Auswirkungen der Ausgliederung weitgehend abzufedern, indem man die rein juristische Trennung durch die Schließung eines Betriebsgemeinschaftsvertrages zwischen der AG und der GmbH am 15.01.1935 betriebswirtschaftlich gesehen in großen Teilen wieder aufhob. In diesem Vertrag hieß es: „Die Vertragsteile stellen ihre gesamten gegenwärtigen und zukünftigen Anlagen an Grundstücken, Gebäuden, maschinellen Anlagen nebst Zubehör sowie ihr gesamtes Geschäftsinventar der Gemeinschaft für die einheitliche Durchführung des gemeinschaftlichen Geschäftsbetriebes zur Verfügung. Das gleiche gilt für die bereits bestehenden und zukünftig erworbenen Patente, gewerblichen Schutzrechte, Lizenzen und ähnliche Rechte oder Ansprüche. Die A.G. stellt weiter der Gemeinschaft ihre gesamte Organisation zur Verfügung. Die Angestellten und Arbeiter der Vertragsparteien sind für die Gemeinschaft tätig und gelten im Innenverhältnis als Angestellte und Arbeiter beider Vertragsparteien."[74] Der Einkauf wurde für beide Teile zentral von der Gemeinschaft vorgenommen und die Bearbeitung von Werk- und Hilfsstoffen erfolgte in gemeinsamen Fabrikationsbetrieben.[75] Abrechnungen unter den Vertragsteilen sollten grundsätzlich so erfolgen, als ob ihre Betriebe Teile eines einzigen

[73] Vgl. Bericht Hille über „Konstruktive Fragen des BMW-Konzerns" vom 12.04.1940, in: BArch R 8119 F/P 3076, Bl. 464 und Bericht über die Entwicklung des finanziellen Verhältnisses der BMW AG zur BMW Flugmotorenbau GmbH und der BMW Flugmotorenbau GmbH zum RLM in den Jahren 1934 bis 1937 (o.D., wahrscheinlich Febr. 1938), in: BArch R 8119 F/P 3065, Bl. 187.

[74] Betriebsgemeinschaftsvertrag der BMW AG und der BMW Flugmotorenbau GmbH vom 15.01.1935, in: BArch R 8119 F/P 3144, Bl. 11.

[75] Vgl. Bericht Geschichte des BMW-Konzerns (o.D., wahrscheinlich 1943), in: BMW-Arch UA 2, S. 1–29, hier S. 7.

Betriebes wären. „Oberster Grundsatz soll sein, dass durch die Gründung der Betriebsgemeinschaft die bestmögliche Ausnutzung der bestehenden Organisation und Betriebsstätten im beiderseitigen Interesse gewährleistet sein soll."[76]

Ziel des Betriebsgemeinschaftsvertrages war, dass die BMW-Aktiengesellschaft weiterhin alle Grundsätze der Geschäftsführung bestimmte. Dies wurde insbesondere dadurch erreicht, dass die Vorstandsmitglieder der BMW AG gleichzeitig Geschäftsführer bei der BMW Flugmotorenbau GmbH waren. Lediglich die Bilanzierung des Flugmotorenbaus wurde somit verselbstständigt. Wirtschaftlich gesehen war die neu gegründete GmbH im Binnenverhältnis des Konzerns lediglich eine Abrechnungsgesellschaft.[77] Die Betriebsgemeinschaft stellte jedoch eine Zweckgemeinschaft dar, die nach außen nicht in Erscheinung treten sollte und die Haftung auch weiterhin auf die GmbH begrenzte.

Das enge Abhängigkeitsverhältnis der Bayerischen Motoren Werke vom Staat, das schon während der Endphase der Weimarer Republik auf der Stellung der einschlägigen Reichsbehörden als wichtigste Abnehmer sowie der generellen finanziellen Subventionsbedürftigkeit der Luftfahrtindustrie basierte, hatte sich über den politischen Machtwechsel hinweg erhalten. Verstärkt wurde es durch die allgemeinen wirtschaftspolitischen Weichenstellungen der Nationalsozialisten, die den Unternehmen die Partizipation an einem gewaltigen Aufrüstungsprozess nahe legten. Charakteristisch für die Entwicklung der BMW-Konzernstruktur in den frühen Jahren der nationalsozialistischen Herrschaft war allerdings die weitgehende Interessenkongruenz auf ministerieller und unternehmerischer Seite. Auch wenn die Gründung einer separaten Flugmotoren GmbH nicht mit einer idealen betriebswirtschaftlichen Konzernorganisation übereinstimmte, sprach sowohl das Tarnungsbedürfnis des Reiches als auch der Wunsch nach unternehmerischer Risikoverringerung für die Ausgründung des BMW-Flugmotorenbaus.

6.3. Gründung des Flugmotorenwerks Eisenach

Der BMW-Flugmotorenbau in Eisenach war seit dem Jahr 1934 gemeinsam mit dem Automobil- und dem Heeresgerätebau im Werk Eisenach untergebracht.[78] Im Rahmen des Aufbaus der Luftfahrtindustrie forderte das RLM, den gesamten Flugmotorenbau in Eisenach aus Luftschutz- und Tarnungs-

[76] Betriebsgemeinschaftsvertrag der BMW AG und der BMW Flugmotorenbau GmbH vom 15.01.1935, in: BArch R 8119 F/P 3144, Bl. 13.

[77] Vgl. Bericht Merkel zur rechtlichen Begründung der Berichtigung der Bilanzen der BMW AG und der BMW Flugmotorenbau GmbH vom 27.04.1936, in: BArch R 8119 F/P 3145, Bl. 105.

[78] Vgl. Bericht Geschäftsführung der Flugmotorenfabrik Eisenach GmbH über das Geschäftsjahr 1937 vom 01.10.1938, in: BArch R 8121/154, Bl. 139–140, hier Bl. 139.

Bild Nr. 4: Blick auf Gebäude des BMW-Werkes Dürrerhof (um 1940); Baumbestand zur Tarnung

gründen von den dortigen Werksanlagen der BMW AG zu trennen und in einem neuen Flugmotorenwerk zusammenzufassen.[79]

Am 16.10.1936 wurde daher die Eisenacher Flugmotorenfabrik GmbH mit einem Stammkapital von 20000 RM gegründet. Gesellschafter waren zunächst je zur Hälfte die beiden Firmen der BMW-Betriebsgemeinschaft, die BMW AG und die BMW Flugmotorenbau GmbH.[80] Anfang 1936 waren die erforderlichen Grundstücke von der BMW Flugmotorenbau GmbH zu Gunsten der noch zu gründenden Gesellschaft erworben worden. Das neue Werksgelände „Dürrerhof" war größer als die bisher für die Flugmotorenfertigung zur Verfügung stehenden Flächen und lag strategisch günstig am Stadtrand von Eisenach. Im März 1936 wurde mit dem Neubau begonnen. Nach kurzer Bauzeit konnten bereits am 01.01.1937 die Fabrikation und der Vertrieb aufgenommen werden.[81] Sämtliche Werkzeugmaschinen und Anlagen des alten

[79] Vgl. Vertragsentwurf zwischen dem RLM und der BMW AG zur Gründung der Eisenacher Flugmotorenfabrik GmbH vom 28.05.1936, in: BArch R 8119 F/P 3146, Bl. 66–72, hier Bl. 66.

[80] Vgl. Bericht Geschichte des BMW-Konzerns (o.D., wahrscheinlich 1943), in: BMW-Arch UA 2, S. 1–29, hier S. 8.

[81] Vgl. Bericht Geschäftsführung der Flugmotorenfabrik Eisenach GmbH über das Geschäftsjahr 1937 vom 01.10.1938, in: BArch R 8121/154, Bl. 139–140; Die Bautätigkeiten wurden allerdings noch bis ins Jahr 1938 fortgesetzt. Vgl. Bericht Planung und Ausbauten der Werksanlagen des BMW-Konzerns und der im Ring angeschlossenen Werke (Speer Collection FD 4969/45), in: BA-MA RL 3/1752, Bl. 5–58, hier Bl. 23.

Eisenacher Stadtwerkes, die bisher im Besitz der BMW Flugmotorenbau GmbH waren, wurden am 31.12.1936 zum Buchwert von der BMW AG für die Automobil- und Heeresgerätefertigung übernommen.[82]

Da der Aufbau des neuen Eisenacher Flugmotorenwerkes ausdrücklich auf Wunsch des Reiches erfolgte, gelang es der BMW-Führung, den Verhandlungspartnern im RLM eine Reihe von Zusagen und Garantien abzuringen. So waren sich die Vertragschließenden beispielsweise darüber einig, „dass die BMW-Flugmotorenbau-GmbH-Eisenach nach privatwirtschaftlichen Grundsätzen aufgebaut und betrieben werden soll".[83] Außerdem stellte das Ministerium sicher, dass das neue Flugmotorenwerk in Eisenach in Zukunft mit ausreichend Aufträgen versorgt werden würde. Dabei sollte allerdings die Existenz des Flugmotorenbau-Stammwerks in München auch weiterhin den Vorrang vor der neuen Gesellschaft genießen. Sollte der Fall eintreten, dass die GmbH Eisenach nicht mehr voll beschäftigt werden konnte, so garantierte das RLM die normale Verzinsung der in den Anlagen investierten eigenen und fremden Mittel zuzüglich Kreditkosten und die üblichen jährlichen Abschreibungsbeträge für die erstellten Anlagen.[84]

Die BMW Flugmotorenbau GmbH verhandelte nach der Neugründung in Eisenach mit dem RLM über abzuschließende Konsortialverträge. Am 04.08.1937 erhöhte die Flugmotorenfabrik Eisenach ihr ursprüngliches Stammkapital von 20000 RM auf 5000000 RM, wovon die BMW Flugmotorenbau GmbH, München, 1480000 RM und das Reich, vertreten durch die staatliche Luftfahrtkontor GmbH[85], 3500000 RM übernahmen.[86] Die für die Erstellung des Werkes darüber hinaus erforderlichen Mittel wurden der Münchener Gesellschaft durch das Reich als Gesellschafter in Form von langfristigen, zinslosen Reichskrediten zur Verfügung gestellt.

Solange das Reichsluftfahrtministerium an der Eisenacher Flugmotorenbau GmbH beteiligt war, sicherte es sich bei der Bestellung der Geschäftsführer und Prokuristen sowie bei der Bestellung des Beirates der GmbH umfangreiche Mitbestimmungsrechte. Außerdem saßen mit Regierungsdirektor

[82] Vgl. BMW-Antrag beim Reichs- und Preußischen Wirtschaftsminister zur Erhöhung des Grundkapitals von 15 auf 22,5 Mio. RM vom 03.08.1936, in: BArch R 8119 F/P 3075, Bl. 32–34.

[83] Vertragsentwurf zwischen dem RLM und der BMW AG zur Gründung der Eisenacher Flugmotorenfabrik GmbH vom 28.05.1936, in: BArch R 8119 F/P 3146, Bl. 66–72, hier Bl. 70.

[84] Vgl. ebd.

[85] Die Luftfahrtkontor GmbH wurde vom RLM am 25.03.1935 gegründet. Allgemeiner Zweck dieser Gesellschaft war die finanzielle Verwaltung, Finanzierung und gleichzeitig Überwachung von Unternehmen auf dem Gebiet der Flugzeug- und Flugzubehörindustrie. Vgl. Abschrift der Gründungsurkunde der Luftfahrtkontor GmbH vom 25.03.1935, in: BArch R 2/5550, Bl. 4 und RLM an RFM betr. Gründung der Luftfahrtkontor GmbH vom 04.05.1935, in: ebd. Bl. 2.

[86] Vgl. Vertrag zwischen dem deutschen Reich, vertreten durch das RLM, der BMW AG und der Flugmotorenbau GmbH, München vom 04.08.1937, in: BMW-Arch UA 173.

Freese und Oberregierungsrat von Hellingrath jeweils ein Vertreter des Reichsfinanzministeriums und des Reichsluftfahrtministeriums im Beirat der neuen Flugmotoren GmbH.[87] Mit dieser Regelung waren umfangreiche Eingriffe des Ministeriums in betriebliche und produktionsbezogene Arbeitsabläufe verknüpft.

Für die Beteiligungen des Reiches räumte das RLM der BMW-Betriebsgemeinschaft ein Optionsrecht ein, von dem die BMW Flugmotorenbau GmbH, München, bereits ein Jahr nach der Kapitalerhöhung am 01.08.1938 Gebrauch machte und eine weitere Teilbeteiligung von 1,3 Mio. RM übernahm.[88] Der BMW-Konzern war auf Grund der Einflussmöglichkeiten des RLM von Anfang an sehr an einer schnellen Schuldentilgung und Beendigung der Reichsbeteiligungen in Eisenach interessiert.

Das neue Flugmotorenwerk der Bayerischen Motoren Werke in Eisenach galt als eines der modernsten und produktivsten seiner Zeit.[89] Da in Eisenach zwischen 1934 und 1939 mit dem BMW 132 stets die gleichen Baumuster mit nur geringfügigen Änderungen zur Auslieferung kamen, konnte der Preis des Motors 132 A ohne Sonderausrüstung und ohne Getriebe von 15000 RM auf 12000 RM gesenkt werden und galt somit auf dem Weltmarkt als der billigste Flugmotor dieser Leistungsklasse.[90] Ein gleichwertiger Motor der Brandenburgischen Motoren Werke (Bramo), der Bramo 322, ebenfalls ohne Sonderausrüstung und Getriebe sank in der gleichen Zeitspanne im Preis von 20000 RM auf 15000 RM, d.h. er war im Durchschnitt um 3–4000 RM teurer.

Die Erfolge der Eisenacher Flugmotorenfabrik in Bezug auf hohe Lieferleistungen und niedrige Preise waren u.a. darauf zurückzuführen, dass für den Aufbau des Werkes sowohl die örtlichen Kräfte der BMW AG in Eisenach als auch Arbeitskräfte der Münchener Flugmotorenbau GmbH eingesetzt wurden. Die BMW AG führte die gesamten Planungen, Bauten, Einrichtung und Organisation des neuen Flugmotorenwerks auf Rechnung der Münchener Flugmotorenbau GmbH durch. Diese unterstützte die neue GmbH durch ihr gesamtes organisatorisches, konstruktives und fabrikatorisches Know-how im Flugmotorenbau bei der Neuerrichtung ihrer Zweigniederlassung und bei der Einrichtung und Durchführung der serienmäßigen Produktion und übernahm die verantwortliche Leitung der Planungs- und Anlaufar-

87 Vgl. Freese an von Stauß vom 28.02.1940 und von Stauß an die Geschäftsleitung der BMW Flugmotorenbau GmbH, München vom 27.01.1940, beide in: BMW-Arch UA 173.

88 Ab Sommer 1938 hielt BMW somit bereits die Mehrheit des Kapitals der Gesellschaft: BMW Flugmotorenbau GmbH 55,8%, Luftfahrtkontor GmbH 44% und die BMW AG 0,2%. Vgl. Bericht Geschäftsführung der BMW Flugmotorenbau GmbH, Eisenach, über das Geschäftsjahr 1938 vom 25.10.1939, in: BArch R 8121/154, Bl. 178–180, hier Bl. 178.

89 Vgl. Notiz der Beiratssitzung der Flugmotorenfabrik Eisenach am 19.10.1938, in: BA-MA RL 3/4460.

90 Vgl. Protokoll der Beiratssitzung der Flugmotorenfabrik Eisenach am 31.10.1939, in: BArch R 8121/154, Bl. 202–209, hier Bl. 204.

beiten. Die BMW-Aktiengesellschaft stellte der GmbH Eisenach weiterhin geeignete Kräfte aus ihrem Eisenacher Stadtwerk zur Verfügung und gestattete bzw. veranlasste den Übertritt solcher Kräfte in das Flugmotorenwerk Eisenach, soweit es die unternehmerischen Erfordernisse der AG zuließen.[91] Von Anfang an gab es einen regen Erfahrungsaustausch der Eisenacher Flugmotorenbau-Gesellschaft mit dem Stammwerk in München. Sämtliche betriebswirtschaftlichen Belange wurden direkt aus München betreut. Außerdem wurde der Einkauf z.B. für Rohstoffe zentral aus München geleitet.[92]

Um den vorherrschenden engen Beziehungen zwischen den beiden Flugmotorenbau GmbHs in München und Eisenach eine rechtliche Grundlage zu geben, billigte der Beirat der Flugmotorenfabrik Eisenach den Abschluss eines Interessen- und Betriebsgemeinschaftsvertrages mit der BMW Flugmotorenbau GmbH, München, und der BMW AG.[93] Aus dem gleichen Grund änderte das Werk Dürrerhof seinen Firmennamen in „BMW Flugmotorenfabrik Eisenach GmbH, Eisenach".[94]

Im Februar 1940 gelang der BMW Flugmotorenbau GmbH die vollständige Übernahme der noch im Besitz der Luftfahrtkontor GmbH befindlichen Anteile an der BMW Flugmotorenfabrik Eisenach GmbH.[95] Sie tilgte so nach Angaben der BMW-Spitze den letzten „Fremdkörper" in der Kapitalstruktur von BMW.[96] Damit schieden auch Freese und von Hellingrath aus dem Beirat des Eisenacher Flugmotorenwerkes aus.[97] Auch während des Krieges wurde das Werk Dürrerhof auf Wunsch des RLM sukzessive weiter ausgebaut.[98]

6.4. Gründung der Flugmotorenfabrik Allach GmbH

Im Zuge der vom Reichsluftfahrtministerium kräftig forcierten Kapazitätserweiterungen in der Flugmotorenindustrie wurde BMW ähnlich wie bei der Neugründung der Flugmotorenfabrik Eisenach beauftragt, ein neues Bereit-

[91] Vgl. Vertragsentwurf zwischen dem RLM und der BMW AG zur Gründung der Eisenacher Flugmotorenfabrik GmbH vom 28.05.1936, in: BArch R 8119 F/P 3146, Bl. 66–72, hier Bl. 67.

[92] Vgl. Bericht über die Angelegenheit Ostermayer – Eisenach vom 01.11.1937, in: BArch R 8119 F/P 3105, Bl. 21–44, hier Bl. 32.

[93] Vgl. Protokoll der Beiratssitzung der Flugmotorenfabrik Eisenach am 31.10.1939, in: BArch R 8121/154, Bl. 202–209, hier Bl. 208–209.

[94] Eingetragen wurde der Namenswechsel ins Handelsregister am 14.12.1939. Vgl. Bekanntmachung von Popp und Hille vom Nov. 1939, in: BArch R 8119 F/P 3066, Bl. 3; Niederschrift der Sitzung des Unternehmensbeirats der BMW AG vom 10.11.1939, in: BMW-Arch UA 5.

[95] Vgl. Bericht der Treuhand über das Geschäftsjahr 1939 der BMW Flugmotorenfabrik Eisenach vom 11.07.1940, in: BArch R 8119 F/P 3160, Bl. 4.

[96] Popp und Hille an von Stauß vom 14.11.1939, in: BArch R 8119 F/P 3144, Bl. 172.

[97] Vgl. von Stauß an von Hellingrath vom 26.01.1940, in: BMW-Arch UA 173.

[98] Vgl. hierzu Werner, Zwangsarbeit 2006, S. 236–263.

schaftswerk außerhalb Münchens zu planen und zu bauen.[99] Das Werk war im RLM in erster Linie als Reservebetrieb für den Mobilmachungsfall vorgesehen. Es sollte in Friedenszeiten nur insoweit beschäftigt werden, als es zur Aufrechterhaltung eines Betriebes unumgänglich notwendig war. Vorgesehen war ein reines Montagewerk, das auf dem Prinzip aufgebaut war, die meisten Teile von Unterlieferanten zu beziehen, mit einer monatlichen Kapazität von 200 Flugmotoren im Zweischichtbetrieb und einer vorläufigen Ausbringung im Umfang von ca. 30 Motoren monatlich. Gleichzeitig sollte das neue Montagewerk die Ausführung der bisher im Stammwerk in München-Milbertshofen durchgeführten Flugmotoreninstandsetzung, die Rückmontage sowie die Prüfstanderprobung der von der BMW Flugmotorenbau GmbH hergestellten Motoren übernehmen. Im Münchener BMW-Flugmotoren-Stammwerk in der Lerchenauerstraße wurde der Platz der Motorenreparaturen mittlerweile für die Produktion benötigt. Außerdem war durch die Erhöhung der Laufzeiten auf den Prüfständen eine Erweiterung der vorhandenen Prüfstandanlagen erforderlich. Diese Erweiterung wurde von der Stadtverwaltung München jedoch wegen der Lärmbelästigung abgelehnt, so dass BMW gezwungen war, ihre Prüfstandanlagen außerhalb Münchens zu erweitern.[100]

Die BMW-Vorstände Franz Josef Popp und Franz Klebe waren der Meinung, dass sie sich der technischen Durchführung der vom RLM gestellten Aufgabe der Errichtung eines Bereitschaftswerks nicht entziehen konnten, wollten sie langfristig im Geschäft bleiben.[101] Ihnen war klar, dass der Auftrag für das neue Werk, sollte sich BMW weigern, es zu errichten, einem Konkurrenten im Flugmotorenbau übertragen worden wäre. Vor allem das Argument, für die Zukunft keine Wettbewerbsnachteile zu riskieren, sprach demnach für die Umsetzung der RLM-Pläne bei BMW. Um einerseits den Wünschen des RLM zu entsprechen, andererseits jedoch die Haftung für das neue unrentable Werk zu beschränken, gründete der Münchener Flugmotorenhersteller am 16.10.1936 zunächst das neue Werk am Rande des Allacher Forsts im Norden Münchens unter der separaten Firma Flugmotorenfabrik Allach GmbH.[102] Klebe und Popp waren sich allerdings einig, dass die Erhöhung der BMW-Schulden um die Summe von rund 5 Mio. RM für ein ledig-

[99] Vgl. Popp und Klebe an von Stauß vom 26.07.1935, in: BArch R 8119 F/P 3143, Bl. 232, S. 1–4, hier S. 3–4 und Aktennotiz der Deutschen Bank vom 12.08.1937, in: ebd., Bl. 24.

[100] Vgl. eidesstattliche Erklärung von Max Josef Pöhlein, 1934–1937 Mitarbeiter des BMW-Werkstatt-Planungsbüros, u.a. mit der Planung von Allach befasst, vom 26.02.1951, in: BMW-Arch UA 59.

[101] Vgl. Popp und Klebe an von Stauß vom 26.07.1935, in: BArch R 8119 F/P 3143, Bl. 232, S. 1–4, hier S. 4.

[102] Die Gesellschaft wurde wie die GmbH in Eisenach zunächst mit einem Stammkapital von 20000 RM ausgestattet, das je zur Hälfte von der BMW AG und der BMW Flugmotorenbau GmbH übernommen wurde. Vgl. Bericht der Geschäftsführung der BMW Flugmotorenbau GmbH, München, über das Geschäftsjahr 1937 vom 21.09.1938, in: BArch R 8119 F/P 3149, Bl. 123.

lich in Kriegszeiten wirklich ausgenutztes und ausgelastetes Montagewerk nicht vertretbar war.[103] Deshalb traten die BMW-Gesellschaften ihre Geschäftsanteile am 04.08.1937 an die staatliche Luftfahrtkontor GmbH in Berlin ab, die das Kapital auf 5 Mio. RM erhöhte.[104] Am gleichen Tag pachtete die BMW Flugmotorenbau GmbH, München, das Fabrikgelände in Allach mit sämtlichen Gebäuden und Anlagen.[105] BMW verpflichtete sich, neben der Zahlung der jährlichen Pacht von 500000 RM die Pachtgegenstände dauerhaft für Reichsaufträge betriebsbereit zu halten.[106] Außerdem erhielt die BMW Flugmotorenbau GmbH laut Pachtvertrag ein Optionsrecht auf das Grundstück und sämtliche Anlagen in Allach.[107]

Im Herbst 1937 verlegte die Münchener Flugmotorenbau GmbH die Flugmotorenreparatur, die Rückmontage sowie einen Teil der Prüfstanderprobung nach Allach. Die gepachteten Werksanlagen wurden zwecks einheitlicher Geschäftsführung in München in den Betriebsgemeinschaftsvertrag zwischen der BMW AG und dem BMW-Flugmotorenbau-Stammhaus eingegliedert.[108] Die gesamten neuen Anlagen waren bewusst als eine „verlängerte Werkbank" bzw. als Ausweichwerk für das Münchener Flugmotorenbau-Hauptwerk geplant und nicht für die Entwicklung bzw. Neufertigung gebaut. Man transportierte einen Teil der im Stammwerk Milbertshofen gefertigten Flugmotoren nach Allach, wo sie Prüfläufen unterzogen und anschließend zur Auslieferung ins Stammwerk zurückgebracht wurden.[109]

Im Jahr 1938 tauchten bei BMW Gedanken an ein neues Großserienfertigungswerk für luftgekühlte Doppelstern-Flugmotoren auf. Die Planungen für das neu zu erstellende Werk zogen sich von Ende 1938 bis Mitte 1940 hin, da verschiedenste Projekte bearbeitet wurden. Insbesondere die Standortwahl dieses Werkes war umstritten.[110] Die Lage des bereits bestehenden Allacher Werkes gab Veranlassung zu umfangreicher Kritik. Die Gegend Allach hatte einen außerordentlich hohen Grundwasserspiegel, war jedoch andererseits verkehrstechnisch gut zu erreichen. Neben der Reichsbahn im Westen führte

[103] Vgl. Popp und Klebe an von Stauß vom 26.07.1935, in: BArch R 8119 F/P 3143, Bl.232, S.1–4, hier S.3.

[104] Vgl. Werk-Chronik: Entstehungsgeschichte von BMW (o.D.), in: BMW-Arch UA 10, S.90 und 189 und Bericht Geschichte des BMW-Konzerns (o.D., wahrscheinlich 1943), in: BMW-Arch UA 2, S.1–29, hier S.9.

[105] Vgl. den Pachtvertrag vom 04.08.1937, in: BArch R 8119 F/P 3143, Bl.7–10 und BMW-Arch UA 58.

[106] Die Pachtzahlungen von jährlich etwa 500000 RM durfte die BMW Flugmotorenbau GmbH, München, in ihre Motorenpreise einkalkulieren. Vgl. Aktennotiz Wörner vom 12.08.1937, in: ebd., Bl.24.

[107] Vgl. Zusatzprotokoll zum Pachtvertrag vom 04.08.1937, in: BMW-Arch UA 58.

[108] Vgl. Notiz für den Beirat der BMW Flugmotorenbau GmbH vom 30.11.1936, in: BArch R 8119 F/P 3144, Bl.29.

[109] Vgl. eidesstattliche Erklärung von Max Josef Pöhlein vom 26.02.1951, in: BMW-Arch UA 59 und Sopade-Bericht Nr.10, 5.Jg., Okt.1938, S.1101.

[110] Vgl. hierzu Werner, Zwangsarbeit 2006, S.171.

Bild Nr. 5: Luftbildaufnahme eines so genannten Waldwerkes, hier eventuell das BMW-Werk Dürrerhof (Aufnahme zwischen 1940 und 1945)

östlich des Werkes eine Reichsstraße erster Ordnung vorbei. Ferner lag das Werk Allach vom bestehenden Stammwerk der BMW Flugmotorenbau GmbH in München-Milbertshofen lediglich neun km entfernt, ohne dass die Stadt zu durchqueren war. Diese Vorteile waren letztendlich ausschlaggebend, den hohen Grundwasserstand in Kauf zu nehmen und die neuen Werksanlagen für die Großfertigung im Anschluss an das bestehende Werk zu erstellen.[111]

Ende des Jahres 1938 wurden für ein monatliches Motorenlieferprogramm von 350 Motoren des Typs BMW 801 detaillierte Werksplanungen ausgearbeitet. Beim Bau neuer Werke waren insbesondere die ministeriellen Luftschutzbestimmungen zu berücksichtigen. Sie bestanden vor allem in der Dezentralisierung der Fertigung, die in durch Sicherheitsabstände voneinander getrennten Hallen durchgeführt werden sollte.[112] Z.B. sahen die Anordnungen vor, dass die Größe der Werkshallen 5000m² nicht überschreiten und von der nächsten Halle wenigstens 80m entfernt sein mussten. Bei BMW

[111] Vgl. Bericht Planung und Ausbauten der Werksanlagen des BMW-Konzerns und der im Ring angeschlossenen Werke (Speer Collection FD 4969/45), in: BA-MA RL 3/1752, Bl. 5-58, hier Bl. 8.

[112] Vgl. Bagel-Bohlan, Anja E.: Hitlers industrielle Kriegsvorbereitungen 1936-39. Koblenz/Bonn 1975, S. 96.

Bild Nr. 6: Tarnanstrich im BMW-Werk Allach (1940), ein so genanntes Waldwerk

wurde schon 1934 unter dem nördlich der Milbertshofener Anlagen gebauten Prüfstand „ein mächtiger Luftschutzkeller" eingebaut.[113] Seit Ende 1934 wurden in den großen Industriewerken Süddeutschlands sowie auch bei BMW systematisch Luftschutzübungen durchgeführt.[114] Das ursprüngliche Werk Allach wurde aus Luftschutzgründen teilweise in den Wald gebaut und Planierungen und Abholzungen auf ein Minimum beschränkt. Mitte der 1930er Jahre wurden in Deutschland mehrere derartige Flugmotorenwerke errichtet, so genannte Waldwerke, z. B. von der Daimler-Benz AG in Genshagen, der Mimo in Taucha, Siemens/Bramo in Basdorf, Büssing-NAG bei Braunschweig und Hirth bei Waltersdorf.[115] Die Behörden bereiteten die Luftfahrtindustrie somit schon sehr früh systematisch auf einen Krieg vor.

Auf Grund der umfangreichen Luftschutzbestimmungen sahen die ersten Ausbauplanungen von Allach im Jahre 1938 ein gewaltiges Ausmaß vor. Die Baukosten sollten etwa 60 Mio. RM betragen. Das Bauvorhaben wurde daher in mehrere Baustufen unterteilt. Da der übliche Produktionsfluss auf Grund der langen unwirtschaftlichen innerbetrieblichen Transportwege und schwierigen Kommunikationsnetzwerke in den dezentral errichteten Industrie-

[113] Vgl. Sopade-Bericht Nr. 4, 1. Jg., Juli/Aug. 1934, S. 332.
[114] Vgl. Sopade-Bericht Nr. 8, 1. Jg., Nov./Dez. 1934, Prag am 10. 01. 1935, S. 784.
[115] Vgl. Kohl/Bessel, Auto Union 2003, S. 52–53 und Gregor, Stern 1997, S. 100.

werken unterbrochen wurde[116], ließ die BMW-Leitung parallel zu den ersten Vorschlägen einen Entwurf ausarbeiten, der sich unabhängig von den luftschutztechnischen Forderungen allein nach dem Grundsatz der wirtschaftlichen Fertigung ausrichtete. Es wurde versucht, die gesamten Werksanlagen, mit Ausnahme der Prüfstände, in einer einzigen Halle zu vereinen, um sowohl die Anlagekosten als auch den Arbeitsaufwand für die Erstellung der Flugmotoren selbst auf ein Minimum zu bringen. Diese Planung fand in verschiedenen Diskussionen im RLM Anklang und es wurde ein Projekt genehmigt, das sich den BMW-Planungen weitgehend näherte. Der Ausbau der Anlagen wurde vom Ministerium Anfang September 1939 angeordnet und mit der Durchführung wurde umgehend begonnen.[117] Das neue Großserienwerk Allach galt Anfang des Krieges als eines der dringendsten Bauvorhaben der deutschen Luftrüstungsindustrie.[118]

Um so erstaunlicher war es, dass während der gesamten Planungs- und Bauphase der neuen Anlagen erhebliche Unklarheiten über die endgültige Ausbaugröße bestanden. Die Kapazitätsrichtgröße war zunächst auf 350 Motoren monatlich festgelegt worden, wurde dann abgesenkt auf 100 Motoren und schließlich sollten 200 Motoren monatlich gebaut werden. Da mit den Arbeiten zur Erstellung des Werkes auf Weisung des RLM schon vor der endgültigen schriftlichen Auftragserteilung begonnen worden war, ergaben die Programm-Unklarheiten erhebliche Schwierigkeiten.[119]

Im Frühjahr 1941 forderte das RLM den Ausbau der Allacher Anlagen auf ein monatliches Fertigungsprogramm von 500 Flugmotoren. Die im Göring-Programm verlangten Motorenstückzahlen brachten im Herbst 1941 bereits die Notwendigkeit, das Werk Allach als Großserienwerk für 1000 Motoren zu planen und zu erweitern.[120] Während des Krieges wurde Allach somit zu einem der größten Flugmotorenwerke in Deutschland ausgebaut. Das neue Werk wurde auf Rechnung der staatlichen Luftfahrtanlagen GmbH gebaut, in deren Besitz auch die bisherige Anlage in Allach übergegangen war.[121]

116 Vgl. Popps Denkschrift zur Errichtung von Bunker-Fabriken vom 08.11.1940, in: BA-MA RL 3/4268, S. 1–5, hier S. 1.

117 Vgl. Bericht Planung und Ausbauten der Werksanlagen des BMW-Konzerns und der im Ring angeschlossenen Werke (Speer Collection FD 4969/45), in: BA-MA RL 3/1752, Bl. 5–58, hier Bl. 9.

118 Vgl. Verzeichnis der dringendsten Bauvorhaben der Luftfahrtindustrie, Stand 01.09.1939, in: BA-MA N 179/60.

119 Vgl. Bericht Planung und Ausbauten der Werksanlagen des BMW-Konzerns und der im Ring angeschlossenen Werke (Speer Collection FD 4969/45), in: BA-MA RL 3/1752, Bl. 5–58, hier Bl. 35.

120 Vgl. ebd., Bl. 41

121 Die vom Reich verpachteten Industrieanlagen verwaltete ab dem Jahre 1939 die vom RLM gegründete Luftfahrtanlagen GmbH. Der Zweck der neuen Gesellschaft war, das Luftfahrtkontor von den Aufgaben zu entlasten, die ihm als reinem Kreditinstitut wesensfremd waren. Dementsprechend betrieb die neue Gesellschaft die Errichtung von Ausrüstungswerken für Luftfahrtbedarf, deren Herstellung und Finanzie-

6.5. Die Verweigerungshaltung des Siemens-Konzerns gegenüber den staatlichen Ausbauforderungen

Laut Budraß leistete allein der Siemens-Konzern „Widerstand“ gegen die unproduktiven Kapazitätserweiterungen und die Investitionsanweisungen des Reichsluftfahrtministeriums.[122] Die privatwirtschaftliche Positionierung des Siemens-Konzerns ist im Zusammenhang mit dem Verhältnis der Flugmotorenindustrie zum RLM insofern sehr interessant, da Carl Friedrich von Siemens gegenüber dem Ministerium immer wieder den privatwirtschaftlichen Charakter seines Unternehmens betonte und sich indirekt jegliche Einflussnahme der Behörden verbat. Von Siemens unterstrich wiederholt, dass nur er allein entscheiden könne und wolle, welche Entscheidungen und Investitionen für sein Unternehmen vertretbar und vor allem verkraftbar seien.[123] Diese Haltung der Siemens-Verantwortlichen bereitete die spätere Übernahme der Siemens-Flugmotorensparte durch die BMW Flugmotorenbau GmbH vor.

Der Konflikt zwischen Siemens und dem RLM entzündete sich an dessen Forderung nach einem beschleunigten Ausbau der Siemens-Flugmotorenbau-Kapazitäten.[124] Nachdem der Siemens-Konzern im Geschäftsjahr 1935/36 ca. sechs Mio. RM in den Ausbau seines Spandauer Flugmotorenwerkes investiert hatte, forderte das RLM die Errichtung eines neuen Werkes für mindestens 15 Mio. RM.[125] Die geplante „Waldfabrik“ sollte sofort komplett erstellt werden, um das anvisierte Programm inklusive einer so genannten Sonderfallkapazität von 50% für den Mobilmachungsfall zu erreichen.[126] Außerdem forderte das RLM diese Waldfabrik mindestens 10 km vom Mutterwerk entfernt zu bauen, um die Massierung des Flugmotorenbaus in der Siemensstadt aufzulockern.

Carl Friedrich von Siemens war jedoch lediglich bereit, innerhalb des Siemens-Konzernverbundes die bestehenden Anlagen des Siemens-Flugmo-

rung die Luftfahrtindustrie nicht in eigener Regie übernehmen konnte. Die durch Reichsmittel errichteten Werke wurden den jeweiligen Unternehmen zum Betrieb verpachtet. Weiter errichtete die Gesellschaft Lagerhäuser für Rohstoffe, Halb- und Fertigwaren. Als besondere Aufgabe der Luftfahrtanlagen GmbH kam später der Barackenbau für ausländische Arbeitskräfte und Kriegsgefangene hinzu, den die Firma als Treuhänderin für das Reich durchführte. Vgl. Bericht „Allgemeines über Finanzierungsmaßnahmen des Reichs“ vom 04.08.1948, in: Archiv des ehemaligen Reichsfinanzministeriums, in: BArch R 2 Anh. 37, Bl. 20–25, hier Bl. 25.

122 Budraß, Flugzeugindustrie 1998, S. 383.

123 Vgl. Carl Friedrich von Siemens an Milch vom 17.03.1936, in: BArch R 8119 F/P 3167, Bl. 41–42, hier Bl. 42.

124 Vgl. hierzu u. a. auch Feldenkirchen, Siemens 1995, S. 616–617, FN 132 und 133.

125 Vgl. Carl Friedrich von Siemens an Wolfgang Höfeld, Luftwaffenverwaltungsamt, vom 12.08.1936, in: BArch R 8119 F/P 3167, Bl. 69, S. 1–5, hier S. 1.

126 Vgl. Protokoll einer Beiratssitzung der Bramo vom Sommer 1936, in: BMW-Arch UA 139.

torenwerks in Berlin-Spandau auszubauen.[127] Er machte den Ministeriumsbeamten höflich, aber unmissverständlich klar, dass der Betrag von sechs Mio. RM Investitionen im letzten Geschäftsjahr die obere Grenze darstellte, die sein Haus für dieses Arbeitsgebiet zur Verfügung stellen könne. Außerdem sei es dem Siemens-Konzern nicht möglich, sich technisch an weiteren Flugmotoren-Bauprojekten zu beteiligen, da die entsprechenden Arbeitsgruppen auf dem Gebiet der Verbrennungsmotoren zu klein seinen.[128] Von Siemens' ablehnende Haltung gegenüber den Expansionsplänen des RLM basierte im Wesentlichen auf seiner Überzeugung, dass dem deutschen Flugmotorenbau in der Größenordnung, die das Ministerium anstrebte, auf Dauer jede wirtschaftliche Grundlage fehle. Er schrieb: „[...] Wir sind uns aber auch darüber klar, daß die großen Neuinvestitionen, die wir [im Bereich des Flugmotorenbaus] durchgeführt haben, und die in Ausführung begriffen sind, ein großes Risiko und eine starke Belastung der Zukunft bedeuten, da sie vom rein wirtschaftlichen Standpunkt aus betrachtet als Überinvestitionen anzusehen und daher an sich nicht zu verantworten sind."[129]

Das Flugmotorenwerk von Siemens, das vor 1933 mit Verlust gearbeitet hatte, wurde im Siemens-Konzern seit seinem Bestehen als „Fremdkörper" betrachtet.[130] Die Siemens-Geschäftsführung verhandelte in der Auseinandersetzung um das vom RLM gewünschte Waldwerk sehr selbstbewusst, indem man immer wieder zum Ausdruck brachte, dass Siemens insbesondere in der Elektrotechnik auch noch andere Aufgaben habe, die nicht zum Bereich des RLM gehörten, aber nicht weniger der Landesverteidigung und der deutschen Volkswirtschaft dienten.[131] Von Siemens machte unmissverständlich klar, dass der Nutzen der Konzernaktivitäten nicht unbedingt auf Seiten der Luftwaffe liegen müsse, denn er könne sein Unternehmen ohne Probleme auch auf die Produktion für die Wehrmachtsgattungen Heer und Marine umstellen. Mit dieser versteckten Drohung besaß der Siemens-Konzern in den Gesprächen mit dem RLM ein wirksames Druckmittel. Von Siemens war somit in der Lage, die Errichtung einer neuen Waldfabrik innerhalb des Siemens-Konzerns aus betriebswirtschaftlichen Gründen abzulehnen.[132]

Um jedoch dem Wunsch des RLM nach einem neuen Flugmotorenwerk eine Durchführungsmöglichkeit zu geben, erklärte sich die Siemens-Unternehmensleitung unter zwei Bedingungen schließlich bereit, das gesamte Siemens-Flugmotorengeschäft in eine neu zu gründende Firma, die Brandenburgischen Motoren Werke GmbH einzubringen. Erstens musste das RLM beim

[127] Vgl. von Siemens an Höfeld vom 12.08.1936, in: BArch R 8119 F/P 3167, Bl. 69, S. 1–5, hier S. 1.

[128] Vgl. von Siemens an Milch vom 17.03.1936, in: ebd., Bl. 41–42, hier Bl. 42.

[129] Von Siemens an Milch im RLM vom 31.03.1936, in: ebd., Bl. 10.

[130] Vgl. ebd. und Feldenkirchen, Siemens 1995, S. 616, FN 132.

[131] Vgl. von Siemens an Milch im RLM vom 31.03.1936, in: BArch R 8119 F/P 3167, Bl. 10 und Notiz Wörner an von Stauß vom 13.05.1936, in: ebd., Bl. 16.

[132] Vgl. von Siemens an Höfeld vom 12.08.1936, in: ebd., Bl. 69, S. 1–5, hier S. 1.

Reichsfinanzministerium die Befreiung der sehr erheblichen Grundsteuern erwirken.[133] Zweitens musste garantiert werden, dass die neue Gesellschaft die sozialen Leistungen für die von Siemens zu übernehmende Belegschaft im bisherigen Umfang weiterführen würde.[134] Da das RLM die Forderungen von Siemens akzeptierte[135], einigten sich beide Seiten im Sommer 1936 auf die Gründung der Bramo, die von Siemens sämtliche Flugmotorenpatente, das Personal und die Produktion, nicht jedoch den Namen des Mutterkonzerns übernahm.[136] Die Bramo wurde also in erster Linie gegründet, um auf diese Weise den Bau des vom RLM geforderten Waldwerkes zu ermöglichen, das Siemens nicht im Rahmen des Mutterkonzerns errichten wollte.

Von Siemens schrieb im August 1936 an seinen Verhandlungspartner im RLM, dass ihm auch die Ausgründung der Siemens-Flugmotorensparte „gewaltige Bauchschmerzen"[137] bereite, da durch die Vereinbarungen mit dem Ministerium zunächst lediglich die erweiterte Fabrikation finanziert werden könne, allerdings kein Geld für erweitertes Betriebskapital zur Verfügung stehe. Die Einbringung der Siemens-Sparte in die neue Flugmotorenbau-Gesellschaft stand laut von Siemens dagegen mit ca. 14 Mio. RM Investitionen und 7 Mio. RM Betriebsmitteln in einem gesunden Verhältnis. Von Siemens beklagte vor allem auch, dass die neue Gesellschaft keine Möglichkeiten habe, Kapitalbildung vorzunehmen, da die Preisverrechnungsvorschriften lediglich eine mäßige Verzinsung des Kapitals gestatteten. Sie könnte sich daher nicht durch technische und fabrikatorische Tüchtigkeit von den Schulden befreien. Aus dieser Erkenntnis heraus gewährte der Siemens-Konzern dem RLM in den Gründungsverhandlungen der Bramo auf die von Siemens zu übernehmenden Aktienanteile ein Optionsrecht.[138]

Da die Flugmotorensparte des Konzerns ohnehin nicht zum Kerngeschäft des Unternehmens gehörte, traten die Siemens-Verantwortlichen gegenüber der staatlichen Behörde aus einer sehr gefestigten und unabhängigen Position heraus auf. Angesichts der Prioritäten des RLM war sich der Siemens-Vorstand der Wahrscheinlichkeit bewusst, die Produktion von Flugmotoren vollständig zu verlieren. Das Stammhaus stimmte dieser Option bereits im April 1936 zu, da der Preis für die Firma Siemens nicht existenzbedrohend war. Auf Grund der Machtstellung und des Drucks des Ministeriums hatte der Siemens-Geschäftsführung als Alternative der Verlust der Kontrolle über die eigenen Investitionen in der Flugmotorensparte gedroht. Mit der Ausgliederung des Flugmotorenbaus aus dem Siemens-Konzern zog das Management im Som-

[133] Vgl. von Siemens an Milch vom 17.03.1936, in: ebd., Bl. 41–42, hier Bl. 41.
[134] Vgl. Jessen und Hirschwitz, beide von Siemens, an Kesselring, RLM, vom 27.04.1936, in: ebd., Bl. 12–13, hier Bl. 12.
[135] Vgl. Höfeld an die Siemens & Halske AG vom 07.05.1936, in: ebd., Bl. 14.
[136] Vgl. Gründungsvertrag der Bramo vom 18.06.1936, in: ebd., Bl. 21–27.
[137] Vgl. von Siemens an Höfeld vom 12.08.1936, in: ebd., Bl. 69, S. 1–5, hier S. 2.
[138] Vgl. Jessen und Hirschwitz an Kesselring, RLM, vom 27.04.1936, in: ebd., Bl. 12–13, hier Bl. 13.

mer 1936 praktisch die Notbremse und begrenzte auf diese Weise das hohe Risiko dieser Fertigungssparte auf das Gesellschaftskapital der neu gegründeten Brandenburgischen Motoren Werke GmbH.

Die Bramo baute ihre Anlagen in Basdorf nach der Ausgliederung des Flugmotorenbaus aus dem Siemens-Konzern entsprechend den ursprünglichen Forderungen des Technischen Amtes des RLM aus. Analog zum BMW-Werk in Allach wurde Basdorf als Montage- und Prüfstandwerk für die in Spandau hergestellten Flugmotorenteile verwendet.[139] Die Widerstände von Siemens konnten allerdings erst beseitigt werden, als der Konzern auch seine restliche Beteiligung aufgab. Im August 1936 offenbarte das RLM der Siemens-Führung unerwartet, dass die Leistung der Waldfabrik nun mehr als das Doppelte der von Siemens bei der Gründung der Bramo akzeptierten Größenordnung betragen sollte.[140] Die Behörde forderte von Siemens auf, diese neue Projektplanung dadurch zu ermöglichen, dass Siemens seine Zustimmung zu einer Erhöhung des Aktienkapitals durch das RLM in einem Ausmaß, welches Siemens bei gleichbleibender Kapitalbeteiligung in die Minorität gebracht hätte, gewährte. Als Alternative dazu verlangte das RLM das Einverständnis, die vertraglich geregelte Verschuldungsgrenze aufzuheben. Beide Optionen lehnte von Siemens ab und verhinderte so den vergrößerten Ausbau der Waldfabrik. Der erste Weg sei nicht gangbar, so Siemens, da der Mutterkonzern bei Verlust der Majorität sämtliche wesentlichen Rechte an der Gesellschaft abgäbe und damit vollständig vom RLM abhängig werden würde. Von Siemens sei lediglich bereit, dem RLM die Majorität und die volle wirtschaftliche Verantwortung zu überlassen, falls sein Unternehmen einen sauber errechneten Gegenwert in Form von garantierten Wertpapieren oder Reichsgarantien bekäme, die vollwertig in der Bilanz verbucht werden könnten.

Eine höhere Verschuldung sei laut von Siemens für ein privatwirtschaftlich handelndes Unternehmen dagegen vollkommen unakzeptabel. Er wies darauf hin, dass Schuldenaufnahmen das verantwortliche Kapital einer Gesellschaft belasteten und wertmindernd wirkten und dass Schulden insbesondere nur dann aufgenommen werden dürften, wenn ihre vertragliche Rückzahlung nach menschlichem Ermessen sichergestellt sei. Dies sei allerdings im vorliegenden Projekt nach Ansicht der Siemens-Spitze nicht möglich. Von Siemens offenbart in seiner bestimmten Haltung gegenüber dem Ministerium, dass er sich auch unter den nationalsozialistischen Machthabern weiterhin gänzlich von privatwirtschaftlichen Kategorien ohne Affinitäten zu den realitätsfernen RLM-Projekten leiten ließ. Diese betrachtete er eher als Risiko denn als

[139] Vgl. Bericht Planung und Ausbauten der Werksanlagen des BMW-Konzerns und der im Ring angeschlossenen Werke (Speer Collection FD 4969/45), in: BA-MA RL 3/1752, Bl. 5–58, hier Bl. 25.

[140] Vgl. von Siemens an Höfeld vom 12.08.1936, in: BArch R 8119 F/P 3167, Bl. 69, S. 1–5, hier S. 2.

Chance. Ohne die Zustimmung der Siemens-Geschäftsleitung konnte das RLM die erweiterten Ausbauplanungen jedoch nicht verwirklichen. Der Siemens-Konzern hatte demnach bewiesen, dass das Prinzip der Vertragsfreiheit in den komplizierten Verhandlungen zwischen den einzelnen Luftfahrtunternehmen und dem RLM um die staatlich gewünschte Expansion der industriellen Fertigungskapazitäten prinzipiell gewahrt blieb. Dies schloss auch das Recht mit ein, einen Ausbau der eigenen Werksanlagen abzulehnen.[141] Trotz der Machtposition der einschlägigen Behörden und der vielfältigen staatlichen Regulierungen blieben den Unternehmen auch unter NS-Herrschaft demnach bedeutende autonome Entscheidungs- und Handlungsspielräume erhalten. Da sich von Siemens des hohen Risikos des allein staatlich induzierten Rüstungsbooms vor allem im Flugmotorenbau bewusst war, ließ er sich von kurzfristigen Gewinnaussichten nicht blenden und ließ sein Unternehmen nicht vollständig vom RLM instrumentalisieren. Die Tatsache, dass der Flugmotorenbau ohnehin nicht zum Kerngeschäft von Siemens zählte, bestärkte die Konzernführung, gegenüber den staatlichen Dienststellen standhaft zu bleiben.

6.6. Übernahme der Brandenburgischen Motorenwerke GmbH

Die Übernahme der Brandenburgischen Motorenwerke GmbH durch BMW erfolgte vor einem stark veränderten rüstungswirtschaftlichen Hintergrund im Vergleich zu den Ausbauten der BMW-Flugmotorenwerke in Eisenach und in Allach. Im Jahre 1937 geriet der Auf- und Ausbau der Luftwaffe in eine existentielle finanzielle Krise, in deren Verlauf die Phase des Aufbaus der Luftwaffe vom RLM kurzerhand für beendet erklärt wurde. Dies hatte auch in der Luftfahrtindustrie chaotische Auswirkungen und schuf veränderte Rahmenbedingungen, die nicht zuletzt ein Umdenken bei vielen Luftfahrtindustriellen herbeiführten. Auch bei Popp ist in den Jahren 1937/38 in Folge der Krise ein klarer Meinungsumschwung hinsichtlich des unternehmerischen Risikobewusstseins zu beobachten. Während er die Produktionskapazitäten seines Unternehmens in den Jahren nach 1933 zunächst auf Grund der neuen wirtschaftlichen Umsatzchancen fast euphorisch erweitern ließ, dem RLM sogar eigenhändig Investitionen vorschlug und vom neu einsetzenden Rüstungsprozess voll profitieren wollte, agierte er bezüglich einer vollständi-

[141] Die Wanderer-Werke AG steht beispielhaft dafür, dass sich Unternehmen auch in anderen Branchen erfolgreich staatlichen Aufforderungen nach Kapazitätserweiterungen erwehren und in ihren grundlegenden Strategieentscheidungen bis Kriegsbeginn autonom bleiben konnten. Vgl. Schneider, Michael C.: Unternehmensstrategien zwischen Weltwirtschaftskrise und Kriegswirtschaft: Chemnitzer Maschinenbauindustrie in der NS-Zeit 1933–1945. Essen 2005, S. 127, 140 und 159.

gen Übernahme der Bramo wesentlich reservierter und skeptischer. Popp war im Jahre 1939 bei den Fusionsverhandlungen mit der Bramo im BMW-Vorstand die bremsende Kraft. Er sah in einer Übernahme der Siemens-Tochtergesellschaft deutlich mehr Risiken als Chancen. Um dieses Umdenken von Popp nachvollziehen zu können, werden im Folgenden zunächst kurz die Krise des Jahres 1937 und deren Auswirkungen auf die Luftfahrtindustrie skizziert.

Die vom RLM forcierte Rüstungsbeschleunigung, die gleichzeitig geforderte Modernisierung der Luftwaffe, die verkürzten Produktionsfristen und die letztendlich von Göring veranlasste Mobilmachung der Luftfahrtindustrie führten zur Überhitzung der Rüstungskonjunktur.[142] Der vorgezogene Ausbau der Luftfahrtindustrie machte umfangreiche Neubauten nötig, und Milch veranlasste eine Verkürzung der Fristen des Industrieausbaus um zehn Monate, die nicht zuletzt die finanzielle Kraft des Ministeriums überforderte. Die im Haushaltsjahr 1936/37 für den Industrieausbau bereitgestellte Summe war bereits nach zwei Monaten ausgegeben und sogar überschritten.[143] Der Fehlbedarf zum Ausbau der Kapazitäten wurde im August 1936 allein für das Haushaltsjahr 1936/37 auf 368 Mio. RM beziffert.[144] Mit seiner Maxime „Geld spielt keine Rolle"[145] und der Verfügung, die Luftfahrtindustrie mobil zu machen, brach Göring jedoch die Widerstände gegen die Rüstungsbeschleunigung und verschob somit den finanziellen Offenbarungseid auf das Jahr 1937.

Im Mai 1937 deutete sich erneut an, dass die Vorhaben des Technischen Amtes einen finanziellen Vorgriff auf das nächste Haushaltsjahr nötig machten.[146] Nachdem der Haushalt des RLM 1937/38 bereits mit Verpflichtungen aus der Vergangenheit von 1,1 Mrd. RM belastet war und allein jener des Technischen Amtes mit rund 5 Mrd. RM bereits den Umfang erreicht hatte,

[142] Für eine detaillierte Darstellung der Krise in der Luftrüstung des Jahres 1937 siehe v. a. Budraß, Flugzeugindustrie 1998, S. 471–485.

[143] Vgl. Bericht „Betrifft Preisprüfung" in der Anlage zu einem Schreiben von Udet, LC, an Volkmann, LD, vom 12.12.1936, in: BA-MA RL 3/169. Vgl. auch Budraß, Flugzeugindustrie 1998, S. 476.

[144] Vgl. „Bewilligung von Mitteln für Industrieausbau 1936/37" vom 24.08.1936, in: BA-MA RL 3/938.

[145] Göring wörtlich auf einer Besprechung im Juni 1938, zitiert nach Geyer, Michael: Rüstungsbeschleunigung und Inflation. Zur Inflationsdenkschrift des Oberkommandos der Wehrmacht vom Nov. 1938. In: Militärgeschichtliche Mitteilungen 30 (1981), S. 121–186, hier S. 136. Von Blomberg und Göring einigten sich Ende 1936, dass Göring in seiner Eigenschaft als Beauftragter für den Vierjahresplan in Zukunft die Finanzierung der Rüstung leiten sollte. Von Blomberg schrieb an Milch, „dabei wird die Steuerung der Durchführbarkeit in jedem Falle von der Rohstoffseite und von der Facharbeiterseite erfolgen". Mit dieser Festlegung zementierten Göring und von Blomberg die Maxime, dass die Finanzierung keine hemmende Rolle spielen durfte. Vgl. von Blomberg an Milch über eine Besprechung mit Göring am 05.12.1936 vom 15.12.1936, in: BA-MA RL 3/938, Bl. 352–354, hier Bl. 353.

[146] Vgl. Budraß, Unternehmer 1992, S. 83.

der 30% der erwarteten Steuereinkünfte des Reiches entsprach, stand nun ein Vorgriff von weiteren 2,3 Mrd. RM auf das Jahr 1938/39 zur Debatte.[147] Auf Grund der immensen Summen weigerte sich das Luftwaffenverwaltungsamt unter Hellmuth Volkmann, das im RLM nominell die Finanzaufsicht innehatte, den Vorgriff auf den Haushalt 1937/38 mitzutragen. Am 24.05.1937 forderte Volkmann als Bedingung für eine Gegenzeichnung des Haushaltsplanes Einsparungen im laufenden Haushalt des Technischen Amtes um 1 Mrd. RM. Milch gab dem Chef des Technischen Amtes daraufhin in einer Besprechung im RLM die Aufgabe, Vorschläge für Streichungen in dieser Höhe zu unterbreiten. „Insbesondere ist der Ausbau der Luftwaffenindustrie [...] sofort einzustellen."[148] Da die Grenzen der Leistungsfähigkeit der Luftfahrtindustrie erreicht zu sein schien, sei überdies die Frage der notwendig werdenden Arbeiterentlassungen ernsthaft zu prüfen, solange noch Unterbringungsmöglichkeiten in anderen Aufgabengebieten beständen. Auf einer Besprechung mit Gruppenleitern der Beschaffungsabteilung wurde daraufhin beschlossen, dass bei den Ausbauten der Luftfahrtindustrie keine Neuanlagen mehr begonnen werden dürften. Angefangene Bauten seien entsprechend der Materialzuteilungen zu beenden.[149]

Der Beschluss zur Haushaltskürzung setzte eine sich über mehrere Monate hinziehende Abwärtsbewegung in Gang. In der zweiten Jahreshälfte 1937 stellten sämtliche Firmen der Luftfahrtindustrie ihre Ausbauvorhaben zunächst ein. Für die einzelnen Unternehmen ergaben sich aus den Einsparungen des RLM groteske Folgen. Zu einem Zeitpunkt, als die überhitzte Rüstungskonjunktur den erbitterten Kampf um Arbeitskräfte stets neu entfachte, mussten die Flugzeug- und Flugmotorenwerke Arbeiter und Angestellte, darunter viele Facharbeiter, entlassen.[150] In der zweiten Hälfte des Jahres 1937 verringerte sich die Gesamtzahl der Beschäftigten im Flugzeugzellenbau um 6630 und im Flugmotorenbau um 3957 Personen – d.h. ca. 5,5% der Gesamtbeschäftigten im Zellenbau und ca. 8,7% im Flugmotorenbau.[151] Dieser Beschäftigtenabbau war ein Schock für die Unternehmen, da sich der sehr konstante Zuwachstrend der letzten Jahre so plötzlich umkehrte. Wie die Luftfahrtindustriellen richtig befürchteten, wurden die entlassenen hochqualifizierten Facharbeiter von anderen Branchen sofort absorbiert und somit dem Luftfahrtsektor und dem eigenen Unternehmen dauerhaft entzogen.

147 Vgl. Budraß, Flugzeugindustrie 1998, S.483.

148 Besprechung im RLM über den Haushalt 1937/38 vom 24.05.1937, in: BA-MA RL 3/331.

149 Vgl. ebd.

150 Vgl. Budraß, Unternehmer 1992, S.83.

151 Im Juni 1937 waren im Zellenbau 120026 und im Flugmotorenbau 45536 Menschen beschäftigt. Vgl. Reichsergebnis der Produktionserhebung des Reichsamtes für wehrwirtschaftliche Planung für das Kalenderjahr 1937, Flugzeugzellenbau und Flugmotorenbau, in: BArch R 3102/5866, Bl. 1 und 5 und Budraß, Flugzeugindustrie 1998, S.376.

Die Krise in der Luftrüstung des Jahres 1937 machte sich auch bei den Bayerischen Motoren Werken destabilisierend bemerkbar. Im Münchener Unternehmen wurde bereits im Mai die Möglichkeit der Arbeiterentlassungen erwogen. Hierzu müsse jedoch erst noch die Genehmigung aus dem RLM eingeholt werden, hieß es in der BMW-Spitze.[152] Die Geschäftsführung versuchte jedoch, Entlassungen durch die generelle Herabsetzung der Arbeitszeit und die Einführung von Kurzarbeit zu verhindern.[153] Zu dem arbeitsfreien Samstag sei „nun auch unfreiwillig der ‚blaue Montag' hinzugekommen", hieß es zu den Zuständen bei BMW in einem „Sopade"-Bericht der Exil-SPD in Prag vom Juli 1937.[154]

Den Etatkürzungen im RLM fiel letztendlich auch die Serienproduktion des flüssigkeitsgekühlten 20-Liter-Flugmotors BMW 116 zum Opfer. Noch Anfang des Jahres 1937 arbeiteten die BMW-Ingenieure fieberhaft sieben Tage die Woche an der Vorbereitung zur Serienproduktion des neuen Flugmotors. Ende Januar konnte die Serienproduktion des Motors in München-Milbertshofen aufgenommen werden, die im „Hetztempo" zwei Monate fortgesetzt wurde.[155] Überraschend kam dann die Weisung von der Betriebsleitung, die Fabrikation des Flugmotors einzustellen, ohne dass die Arbeiter bzw. die Werksmeister über die Gründe informiert wurden. Die BMW-Geschäftleitung versuchte zwar, die auf Grund der neuen Situation brachliegenden Anlagen durch die Umschichtung der Automobil- und Motorradfertigung auszunutzen und auf diesem Weg die Arbeitskräfte zu halten. Jedoch kam auch BMW im Flugmotorenbau nicht um Entlassungen herum. Im zweiten Halbjahr 1937 mussten 290 Personen in München und 272 Personen in Eisenach Dürrerhof entlassen werden.[156]

Die Rohstoffkrise, der Beschäftigungsrückgang, die Entlassungen und insbesondere das Missverhältnis zwischen den in den letzten Jahren aufgebauten und gemessen am üblichen Friedensbedarf unwirtschaftlichen Produktionsüberkapazitäten und der plötzlich verminderten Auftragsmenge lösten in der BMW-Geschäftsführung erhebliche Unruhe aus. Hinzu kam die Unsicherheit über den zukünftigen jährlichen Beschäftigungsgrad, die keine abwägende vorausschauende Betriebsdisposition zuließ, denn meist lagen weder Art noch Menge der zu produzierenden Fabrikate auf längere Sicht fest. Popp war sich klar darüber, dass die wirtschaftliche Existenz des Münchener Flugmotorenbauers vom RLM und seiner Stellung als Monopsonist abhing. Die Krise des Jahres 1937 löste bei Popp und vielen seiner Kollegen in der Luft-

[152] Vgl. Besprechungsnotiz RLM – von Buttlar vom 21.05.1937, in: BA-MA RL 3/331, Bl. 21/3.

[153] Vgl. Sopade-Bericht Nr. 6, 4. Jg., Juni 1937, S. 827 und Sopade-Bericht Nr. 7, 4. Jg., Juli 1937, S. 980.

[154] Vgl. Sopade-Bericht Nr. 7, 4. Jg., Juli 1937, S. 980.

[155] Vgl. Sopade-Bericht Nr. 12, 3. Jg., Prag Dez. 1936, S. 1593 und Sopade-Bericht Nr. 6, 4. Jg., Juni 1937, S. 826–827.

[156] Vgl. Tabelle 19, S. 386.

fahrtindustrie die Sorge aus, dass das Ende der Aufrüstung erreicht war und damit der Zeitpunkt, an dem die Rückbildung der Industrie auf einen Stand begann, der für den Zivilflugzeug- und Motorenbau sowie die Ersatzbeschaffung der Luftwaffe ausreichte.[157] Angesichts dieser Gemengelage fehlte Popp die Gewähr für die Beschäftigung in der Zukunft. Die Krise 1937, die die Existenz des BMW-Flugmotorenbaus zunehmend bedrohte, löste bei ihm hinter der Fassade weiterer Rüstungsanstrengungen umfangreiche Bemühungen aus, den BMW-Flugmotorenbau soweit wie möglich gegen Eingriffe des NS-Regimes zu immunisieren.

Popp reagierte auf die Krise in der Luftrüstung, wie andere Luftfahrtindustrielle bereits auf die Rüstungsbeschleunigung und die massiven Kapazitätsausweitungen ab 1933 reagiert hatten: mit einer Hinwendung zur verstärkten Entwicklungstätigkeit seines Unternehmens. Die Einstellung des flüssigkeitsgekühlten 20-Liter-Flugmotors BMW 116 im Jahre 1937 hatte der Unternehmensführung sehr deutlich vor Augen geführt, dass erfolgreiche Flugmotorenentwicklungen letztendlich der einzige Garant waren, auch nach der Aufrüstungsphase auf dem zivilen Luftfahrtmarkt unverzichtbar zu bleiben. Popp plädierte dementsprechend für eine verstärkte Zusammenarbeit mit der Entwicklungsabteilung der Brandenburgischen Motorenwerke GmbH, die als einziger weiterer deutscher Flugmotorenhersteller luftgekühlte Motoren entwickelte und baute. Eine doppelte, konkurrenzbetonte Entwicklung sei unter den staatlich geprägten Rahmenbedingungen unzweckmäßig und eine Konzentration der Kräfte notwendig, um in der Konstruktion und der Fertigung leistungsstarker luftgekühlter Flugmotoren schneller zum Erfolg zu kommen, betonte Popp nach einer Besprechung mit Göring im Sommer 1938.[158] Dass Popp entgegen seiner früheren Überzeugung nun verstärkte Entwicklungstätigkeiten von BMW forderte, dokumentiert sehr anschaulich sein Umdenken nach der Krise des Jahres 1937.

Da die Geschäftsführung der Bramo ihre Zukunftsaussichten ähnlich einschätzte wie die der BMW Flugmotorenbau GmbH, München, schlossen beide Gesellschaften am 16.09.1938 einen Vertrag über die Zusammenfassung der jeweiligen Entwicklungsabteilungen.[159] Ziel war es, die Entwicklung des luftgekühlten Motors zu beschleunigen, den Entwicklungsstand gegenüber dem flüssigkeitsgekühlten Motor zu verbessern und dadurch die Wettbewerbsfähigkeit im Verhältnis zum Ausland zu erhöhen. Popp bezeichnete das Zusammengehen beider Firmen auf dem Gebiet der Entwicklung als ein Gebot der Vernunft. Göring hatte Popp bei einer Besprechung mit führenden

[157] Vgl. Bericht OKW, Wehrwirtschafts- und Rüstungsamt „Preisgestaltung der Rüstungsgüter" vom 01.06.1938, in: BA-MA RW 19/1609, Bl. 2–4.

[158] Vgl. Aktennotiz von Stauß über Popps Besprechungen mit Göring in Karinhall vom 17.08.1938, in: BArch R 8119 F/P 3145, Bl. 236.

[159] Vgl. Vertrag der BMW Flugmotorenbau GmbH und der Brandenburgischen Motorenwerke GmbH über die Zusammenlegung ihrer Entwicklungsabteilungen vom 16.09.1938, in: ebd., Bl. 246.

Vertretern der Luftfahrtindustrie im Sommer 1938 in Karinhall[160] persönlich aufgefordert, alles zu tun, um die Konstruktion des luftgekühlten Doppelsternmotors zu beschleunigen. Das RLM plante etwa zur gleichen Zeit, die Flugmotorenwerke gerade für luftgekühlte Motoren erheblich zu erweitern.[161] „[...] die Zukunft einer Zusammenarbeit sieht vorteilhaft aus, da die Aufgabenstellung immer von Seiten der Luftwaffe erfolgen wird und daher Zusammenarbeit und Erfahrungsaustausch für beide Firmen eine Stärkung gegenüber der übrigen Konkurrenz bedeutet, die alleine arbeiten muss", erklärte Popp das Zusammengehen.[162] Durch den Kooperationsvertrag wurde die BMW Flugmotorenbau GmbH die rechtliche Trägerin der Entwicklung beider Firmen. Die Geschäfte der Entwicklungswerke in Spandau und München wurden im Rahmen des BMW-Konzerns betrieblich zusammengefasst und von diesem Zeitpunkt an im Namen der Bayerischen Motoren Werke geführt.

Nach diesem Schritt erfolgte am 18.10.1938 die Vereinigung der Exportinteressen in einer gemeinsamen Gesellschaft, der Aero Motor Export GmbH mit Sitz in Berlin und einem Stammkapital von 100000 RM. Die neue Gesellschaft vertrat das gesamte Flugmotoren-Verkaufsprogramm beider Firmen im Ausland.[163]

Eine vollständige Übernahme des Siemens-Flugmotorengeschäfts durch BMW wurde in den 1920er und 1930er Jahren immer wieder erwogen. Nachdem sich Siemens geweigert hatte, den Erweiterungsforderungen des RLM nachzukommen, suchte das Ministerium in Anbetracht des vom Siemens-Konzern eingeräumten Optionsrechts intensiv nach einem neuen Träger der Siemens-Flugmotorenbau-Aktivitäten. Auch wenn viele Behördenvertreter die Tatsache scheuten, dass BMW mit einer Übernahme der Bramo im luftgekühlten Flugmotorenbau eine Monopolstellung einnehmen würde, bot sich eine Kombination beider Firmen auf Grund ihrer Fabrikationsprogramme organisch an. Auch im BMW-Vorstand wurde die Übernahme der Bramo vor

[160] Landsitz Görings nördlich von Berlin. Göring erwarb das ehemalige kaiserliche Jagdhaus 1934, ließ es ausbauen und benannte es nach seiner ersten Frau. Hier empfing er Staatsbesucher und veranstaltete Jagden und Feste.

[161] Die Sachbearbeiter des Generalluftzeugmeisters hatten Anfang Sep. 1938 errechnet, dass die Herstellungskapazität der Zellenfabriken um etwa 50% größer war als die der Flugmotorenhersteller. Daher sahen die Planungen des RLM vor, die Motorenwerke insgesamt um 60–80% zu steigern. Ein Großteil dieses Ausbaus sollte durch Anlagen für den luftgekühlten Motorenbau erreicht werden, da sie gegenüber den flüssigkeitsgekühlten Einrichtungen ohnehin einen Rückstand aufwiesen. Vgl. Popp an Udet vom 05.09.1938 und Popp an Milch vom 09.09.1938, beide in: BA-MA RL 3/52, Bl. 1724–1726, hier Bl. 1725 und Bl. 1728–1730, hier Bl. 1728 und Strategiepapier von Direktor Kalk, Brandenburgische Motorenwerke GmbH, vom Nov. 1938, in: BMW-Arch UA 139.

[162] Popp an Rummel betr. die Fusion mit der Bramo vom 15.11.1938, in: BArch R 8119 F/P 3166, Bl. 32.

[163] BMW und die Bramo waren zu je 50000 RM beteiligt. Vgl. Gründungsvertrag der Aero Motor Export GmbH vom 18.10.1938, in: BArch R 8119 F/P 3144, Bl. 83.

allem seit der gemeinsamen Entwicklungsarbeit intensiv diskutiert. In der Debatte spielten in erster Linie Überlegungen hinsichtlich der strategischen Positionierung des BMW-Flugmotorenbaus eine wesentliche Rolle. Nach seinem Umdenken im Sommer 1937 warnte Popp Ende der 1930er Jahre eindringlich vor der seiner Meinung nach unnatürlichen – da in Friedenszeiten unwirtschaftlichen – Ausweitung des BMW-Flugmotorenbaus. Da sein Vorstandskollege Hille den Poppschen Meinungsumschwung nicht mitvollzogen hatte, musste es in der BMW-Geschäftsführung unweigerlich zu Auseinandersetzungen kommen. Beide BMW-Vorstände traten in der Fusionsdiskussion mit klar konträren Standpunkten und Unternehmenszielen auf.

Popp befürchtete, dass eine Fusion mit der Bramo in Zukunft große Schwierigkeiten bereiten könnte.[164] „Es ist klar, dass die schon heute vorhandenen Flugmotorenfabriken und vor allem die jetzt noch zu errichtenden in Zukunft, wenn die Aufrüstung vorüber ist, nicht auf Rosen gebettet sein werden. Zweifelsohne wird der Staat dann die am rationellsten fabrizierenden Fabriken bevorzugen und bevorzugen müssen."[165] Die Serienfertigungskapazitäten der Bramo hatten den Nachteil, dass sie auf das Werk in Berlin-Spandau und das etwa 35–40 km entfernte nördlich von Berlin gelegene Werk Basdorf aufgeteilt waren. Außerdem war das Spandauer Werk veraltet und nicht besonders rationell eingerichtet. BMW arbeitete in der Serienproduktion anerkanntermaßen rationeller als die Bramo. Der durchschnittliche Bramo-Flugmotor war deshalb auch ca. 15–20% teurer als ein vergleichbares BMW-Modell.[166] Popp war der Meinung, dass der Zeitpunkt kommen würde, an dem das Reich die Differenz nicht mehr stillschweigend bezahlen würde, da es nicht mehr jeden Motor dringend benötigen würde. Der BMW Flugmotorenbau GmbH würde daher nach einer Fusion die Aufgabe zuwachsen, die Bramo zu rationalisieren.

Popp vertrat vehement den Standpunkt, dass die Zukunftsaufgabe von BMW nicht die Vergrößerung der bestehenden Fabrikationsbasis war, sondern in erster Linie die Rationalisierung und Konsolidierung des eigenen Flugmotorenbaus. Popp glaubte, dass die BMW Flugmotorenbau GmbH, „da durch den jahrelangen forcierten Betrieb die ganzen Anlagen stark herabgewirtschaftet werden, eines Tages ganz erhebliche Mittel aufwenden wird müssen, um vor allem den Maschinenpark in modernster Form zu erneuern".[167] Popp plädierte deshalb dafür, die für die Zukunftsaufgaben notwendigen Reserven zu sammeln und keine finanziellen Mittel in die Vergrößerung

[164] Vgl. Notiz Wörner an von Stauß und Rummel vom 17.05.1939, in: BArch R 8119 F/P 3146, Bl. 108.

[165] Popp an Rummel hinsichtlich der Fusion mit der Bramo vom 15.11.1938, in: BArch R 8119 F/P 3166, Bl. 28.

[166] Vgl. Protokoll der Beiratssitzung der Flugmotorenfabrik Eisenach am 31.10.1939, in: BArch R 8121/154, Bl. 202–209, hier Bl. 204.

[167] Popp an Rummel hinsichtlich der Fusion mit der Bramo vom 15.11.1938, in: BArch R 8119 F/P 3166, Bl. 30.

und Rationalisierung fremder Anlagen zu stecken, die allein auf Grund ihrer Entfernung zum Stammhaus in München nur schwer in die BMW-Betriebsgemeinschaft zu integrieren seien.

Die Krise in der Luftrüstung von 1937 hatte Popp wie vielen seiner Kollegen in den Vorständen deutscher Luftfahrtunternehmen die unsolide Entwicklung der Flugmotorenindustrie schmerzlich vor Augen geführt.[168] Er hatte erkannt, dass das Tempo des Industrieausbaus zu schnell verlief, sobald die Vergrößerungen der Industriekapazitäten in einem Ausmaß erfolgten, dass der Ausbau der inneren Organisation eines Werkes mit dem äußeren Ausbau nicht Schritt halten konnte. Die Aufträge, die das RLM der Luftfahrtindustrie für die Jahre 1935 und 1936 übertrug, waren so umfangreich, dass die Vergrößerung der Werksanlagen die Fertigungsvorgänge bei BMW zum Teil in Bereiche rückte, die außerhalb der Rentabilität lagen. Gegenüber der Anfangszeit war im Produktionsprozess ein starkes Ansteigen der fixen Kosten zu verzeichnen. Popp, der dem überhasteten Ausbau der Flugmotoren- und Flugzeugzellenindustrie[169] anfangs auf Grund der sich bietenden wirtschaftlichen Chancen durchaus positiv gegenüberstand, vertrat nun die Meinung, dass das permanente Vergrößern der Produktionskapazitäten ohne die notwendigen Konsolidierungspausen die Betriebe minderwertig und daher für einen möglichen Ernstfall wertlos machte. Popp resümierte seine Bedenken gegen die Bramo-Übernahme mit dem Hinweis, dass er „für BMW keinen Vorteil [sehe], eine Fusion mit Bramo durchzuführen, sondern ein erhebliches Risiko für die Zukunft".[170]

In den Jahren 1938/39 strebte das RLM erneut erhebliche Kapazitätsausweitungen im Flugmotorenbau an. Popp machte in diesem Zusammenhang

[168] Vgl. hierzu u.a. die Denkschrift „Der Zwang zur unwirtschaftlichen Betriebsführung in der Luftfahrtindustrie" von Friedrich Wilhelm Seiler, stellvertretender Aufsichtsratsvorsitzende der BFW, vom Ende Febr. 1937, in: BA-MA RL 3/2320, Bl. 177-192.

[169] Kesselring/Suchenwirth berichteten, dass bei den Aus- und Neubauten der einzelnen Werke in keinem Fall der optimale Bauendpunkt abgewartet wurde, sondern meist unter z.T. primitivsten Bedingungen mit der Fabrikation für die Luftwaffe begonnen wurde. Vgl. Kesselring, Albert/Suchenwirth, Richard: Das Werden der Luftwaffe. Unveröffentlichtes Manuskript, entstanden 1957-1965. In: IfZ MS621/1, S. 1-170, hier S. 122.

[170] Popp an Rummel hinsichtlich der Fusion mit der Bramo vom 15.11.1938, in: BArch R 8119 F/P 3166, Bl. 29. Werners Darstellung ist in diesem Punkt nicht schlüssig. Sie schreibt zunächst, dass Popp „ohne Zweifel" der Initiator der Übernahme der Bramo war, der die sich bietenden neuen Chancen zur raschen Erhöhung der Produktionskapazitäten „kurz entschlossen ergriff". Werner, Zwangsarbeit 2006, S. 46–47. Wenig später spricht sie dann von Popps Bedenken gegen die Fusion. Vgl. ebd., S. 48. Den Quellen ist eindeutig zu entnehmen, dass Popp den wirtschaftlichen Folgen einer Übernahme der Bramo für BMW letztendlich sehr skeptisch gegenüber stand und die Fusion daher ablehnte. Er befürwortete lediglich die Zusammenarbeit auf dem Entwicklungssektor. Vgl. hierzu auch Budraß, Flugzeugindustrie 1998, S. 385 und Gall u. a., Deutsche Bank 1995, S. 397.

einen Vorschlag, der sein Umdenken und seine Ablehnung der Bramo-Fusion eindrücklich dokumentiert. Während Popp sich in den Jahren 1933 bis 1936 noch dafür einsetzte, die Werke von Maybach, Zündapp, der Süddeutschen Bremsen-AG, das Flugmotorenwerk von Siemens zu übernehmen sowie eigene Anlagen in Eisenach und München-Allach neu zu errichten und – wenn auch z. T. lediglich in Form eines Pachtverhältnisses – in den BMW-Konzernverbund zu integrieren[171], setzte Popp nach der Krise des Jahres 1937 eher auf das Outsourcing von Kapazitätserweiterungen. Weitere Ausbauten innerhalb des BMW-Konzerns lehnte er energisch ab. Popp schlug vor, Automobilfabriken als Lizenzhersteller von BMW-Flugmotoren heranzuziehen. Er dachte in erster Linie an die Adam Opel AG und verwies auf die guten Erfahrungen, die BMW bereits während des Ersten Weltkrieges mit dem Lizenzbau bei Opel gemacht hatte. Auch damals hatte der BMW-Geschäftsführer auf Grund zu geringer eigener Kapazitäten Opel als Nachbaufirma vorgeschlagen. Opel hatte innerhalb von nur vier Monaten die Serienerzeugung des BMW IIIa errichten können.[172] Die Einzelteile der Flugmotoren seien, so Popp, rein vom Standpunkt der mechanischen Bearbeitung betrachtet nicht wesentlich anders geworden. Außerdem seien die Automobilfabriken infolge der Kontingentierung von Eisen und Stahl lediglich zu etwa 60–70% ihrer Kapazität ausgelastet. Insbesondere verfüge Opel über die notwendigen Facharbeiter. Popp glaubte daher, dass Opel mit seiner Werkseinrichtung weitgehend in der Lage sein dürfte, in kürzester Zeit den BMW-Flugmotorenbau aufzunehmen. Er schätzte, dass es Opel möglich sein sollte, zwischen 500 und 1 000 BMW-Flugmotoren monatlich zu bauen. Neben Opel dachte Popp auch an die Umstellung des Steyr-Daimler-Puch-Werkes im österreichischen Steyr auf den Bau von BMW-Doppelsternmotoren.[173] Popp schlug dem Technischen Amt demnach eine erhebliche Verbreiterung der Fabrikation von BMW-Flugmotoren vor, ohne die BMW-Kapazitäten erweitern zu müssen.[174] Das RLM griff den Poppschen Vorschlag, Opel im Flugmotorenbau einzuschalten, zwar auf,[175] dies linderte allerdings den Druck auf BMW, die eigenen Kapazitäten zu erweitern, nicht wesentlich. Auch weiterhin stand die Bramo-Übernahme zur Diskussion.

[171] Vgl. hierzu Kapitel 6.1., 6.3. und 6.4.

[172] Vgl. Popp an Udet vom 05.09.1938, in: BA-MA RL 3/52, Bl. 1728–1730.

[173] Vgl. Popp an Milch vom 09.09.1938, in: BA-MA RL 3/52, Bl. 1724–1726, hier Bl. 1726.

[174] Vor dem Hintergrund des Poppschen Umdenkens und dem Versuch, weitere Kapazitätsausweitungen innerhalb des BMW-Konzerns zu verhindern, erscheint Popps Vorschlag keinesfalls „abstrus", wie Werner schreibt. Vgl. Werner, Zwangsarbeit 2006, S. 47. Ihre Wertung lässt die Krise in der Luftrüstung des Jahres 1937 und die daraus resultierenden Auswirkungen auf Popps Einstellungen in Bezug auf die Kapazitätsausweitungen weitgehend unberücksichtigt.

[175] Opel zeigte sich über Popps Vorschlag äußerst verschnupft, „weil er (Popp) ihm das Flugmotorenwerk eingebrockt habe". Notiz Wörner an von Stauß (o. D., Herbst 1938), in: BArch R 8119 F/P 3076, Bl. 90.

Popp konnte sich mit seinen Bedenken im BMW-Vorstand letztendlich nicht durchsetzen. Sein direkter Gegenspieler war Hille, der sich stark für die Bramo-Übernahme einsetzte, da er beträchtliche neue Ertragschancen sah und ihn die neue industrielle Aufgabe reizte.[176] Bereits im Herbst 1938 reifte der Gedanke, einen vollständigen Zusammenschluss beider Gesellschaften herbeizuführen.[177] Die treibenden Kräfte scheinen laut dem stellvertretenden Aufsichtsratsvorsitzenden Rummel der Geschäftsführer der Bramo, Hans Kalk, und Hille gewesen zu sein, während die Anregung zur Fusion von Seiten der Techniker beider Firmen ausgegangen war.[178] Kalk schlug im November 1938 die Gesamtfusion der beiden Flugmotorenwerke vor. Und Hille griff diesen Anstoß von Seiten der Bramo gerne auf, um die „Halbheiten und Schwächen der momentanen Zusammenarbeit zu beseitigen".[179] Hille stufte das finanzielle und industrielle Risiko einer Fusion als tragbar ein. BMW könne für die Zukunft nicht besser vorsorgen, als diese gegebene Chance wahrzunehmen und dadurch eine uneingeschränkte Führungsstellung auf dem Gebiete der luftgekühlten Flugmotoren erreichen.

Die bereits praktizierte Gemeinschaftsarbeit der beiden Flugmotorenbau-Gesellschaften in München und Spandau setzte eine Vereinheitlichung und Zentralisierung des Angebots- und Auftragswesens als Voraussetzung für die Bereitstellung der Betriebsmittel voraus. Überdies ergab sich daraus die Notwendigkeit einer engen Zusammenarbeit gegenüber den staatlichen Dienststellen der Preisbildung und der Finanzbetreuung. Diese Kooperation führte dazu, dass die Vorbereitungen einer Fusion auf beiden Seiten immer konkreter wurden und schließlich auch der BMW-Aufsichtsrat zustimmte. Da die Fusion in beiden Häusern viele Befürworter fand, gab schließlich auch Popp seinen Widerstand auf.[180]

Am 08.06.1939 gingen durch Vertrag mit der Firma Siemens & Halske AG die gesamten Geschäftsanteile der Brandenburgischen Motorenwerke GmbH an die BMW Flugmotorenbau GmbH über.[181] Um nach außen hin die Zuge-

[176] Vgl. Notiz Wörner an von Stauß und Rummel vom 17.05.1939, in: BArch R 8119 F/P 3167, Bl. 108.

[177] Vgl. Bericht der Geschäftsführung der Bramo, Harald Wolff und Kurt Hoffmann, über das Geschäftsjahr 1938/39 vom Okt. 1939, in: BArch R 8119 F/P 3170, Bl. 41–42, hier Bl. 41.

[178] Vgl. Notiz Rummel hinsichtlich der Bramo-Übernahme vom 19.11.1942, in: BArch R 8119 F/P 3166, Bl. 113.

[179] Hilles Memorandum zur Übernahme der Brandenburgischen Motorenwerke „Kalte Füsse" vom 19.05.1939, in: BArch R 8119 F/P 3167, Bl. 109, S. 1–6, hier S. 5.

[180] Vgl. Notiz Wörner an von Stauß und Rummel vom 17.05.1939, in: ebd., Bl. 108.

[181] Vgl. die Vertragsentwürfe zwischen der Siemens & Halske AG und der BMW Flugmotorenbau GmbH (o.D.), in: ebd., Bl. 120–121 und 122–124; Bericht Geschichte des BMW-Konzerns (o.D., wahrscheinlich 1943), in: BMW-Arch UA 2, S. 1-29, hier S. 9; Bericht der Flugmotorenbau GmbH, München, über das Geschäftsjahr 1939 vom 22.06.1940, in: BArch R 8119 F/P 3148, Bl. 223 und Mitteilung der BMW AG über die personellen Konsequenzen der Bramo-Übernahme vom Ende Juni 1939, in: DAG/HIC Kissel Fremdfirmen 11.3.

hörigkeit zum BMW-Konzern zu verdeutlichen, änderte die Spandauer Gesellschaft im Dezember 1939 ihren Firmennamen in BMW Flugmotorenwerke Brandenburg GmbH.[182] Gleichzeitig wurden die Aero Motor Export GmbH und der Entwicklungsgemeinschaftsvertrag zwischen der Bramo und der BMW Flugmotorenbau GmbH überflüssig und aufgelöst.[183]

Das RLM stimmte der Bramo-Übernahme unter der Bedingung zu, dass der Ausbau der Werke Spandau und Basdorf gemäß den RLM-Planungen durchgeführt werden würde.[184] Das vom RLM angeordnete Investitionsprogramm erforderte zusätzlich zum Kaufpreis Investitionsmittel von ca. 20 Mio. RM.[185] Aus dieser beträchtlichen finanziellen Vorbelastung durch die Investitionsverpflichtungen erklärte sich auch der Preis für die Übernahme der Bramo-Geschäftsanteile mit 50% des Nominalkapitals, sprich 12 Mio. RM für die Geschäftsanteile mit insgesamt 24 Mio. RM Nennwert.[186] Der Rechtsanwalt der BMW Flugmotorenbau GmbH, Konrad Merkel, erläuterte, dass bei der Bramo von einer deutlichen Überkapitalisierung gesprochen werden müsse. Diese erlaube es, die neuen geforderten Investitionen in Angriff zu nehmen, ohne für die Finanzierung zum Mittel der Kapitalerhöhung greifen zu müssen.[187]

Vereinbarungsgemäß begann BMW mit der Erweiterung der Werke Spandau und Basdorf nach der Bramo-Übernahme noch im Jahr 1939.[188] Die Ausweitung des RLM-Beschaffungsprogrammes gab dann Anlass, entsprechend den Münchener Verhältnissen ein reichseigenes Werk im Anschluss an das bestehende Werk in Basdorf zu erstellen.[189] Dieses neue Werk in Zühlsdorf war anfangs ausgelegt für eine Fertigung von 150 Motoren des Typs BMW 801 und wurde analog zu Allach in den Planungen laufend erweitert bis zu einer

[182] Vgl. Bekanntmachung von Popp und Hille vom Nov. 1939, in: BArch R 8119 F/P 3066, Bl. 3; Niederschrift der Sitzung des Unternehmensbeirats der BMW AG vom 10. 11. 1939, in: BMW-Arch UA 5.

[183] Vgl. Popp an von Stauß vom 23. 10. 1939, in: BArch R 8119 F/P 3144, Bl. 149–150.

[184] Vgl. Entwurf eines Schreibens des RLM an Bramo und BMW (o. D., 1939), in: BMW-Arch UA 139.

[185] Vgl. Vertragsentwurf zwischen der Siemens & Halske AG und der BMW Flugmotorenbau GmbH hinsichtlich der Übernahme der Bramo (o. D.), in: BArch R 8119 F/P 3167, Bl. 120–121.

[186] Vgl. Hilles Memorandum zur Übernahme der Brandenburgischen Motorenwerke „Kalte Füsse" vom 19. 05. 1939, in: ebd., Bl. 109, S. 1–6, hier S. 4 und Notiz Wörner an von Stauß und Rummel vom 17. 05. 1939, in: ebd., Bl. 108.

[187] Vgl. Aktennotiz über die Konferenz der BMW Flugmotorenbau GmbH mit dem Vorstand des Finanzamtes für Körperschaften in München vom 18. 05. 1939, in: ebd., Bl. 132, S. 1–7, hier S. 2.

[188] Vgl. Aktennotiz Rummel betr. der Bramo-Übernahme vom 21. 03. 1939, in: BArch R 8119 F/P 3076, Bl. 153–155, hier Bl. 155.

[189] Wie das Projekt in Allach gehörten auch die Erweiterungsarbeiten in Basdorf und Zühlsdorf zu Kriegsbeginn zu den dringendsten Bauvorhaben der Luftfahrtindustrie. Vgl. Verzeichnis der dringendsten Bauvorhaben der Luftfahrtindustrie vom 01. 09. 1939, in: BA-MA N 179/60.

Kapazität von 1000 BMW 801-Flugmotoren.[190] Für die Ausbaukosten in Basdorf und Zühlsdorf wurden zeitweise ca. 100 Mio. RM veranschlagt.[191] Jedoch hat der volle Ausbau des Werkes nicht stattgefunden. Die chaotische Programmgestaltung des RLM verhinderte außerdem, dass die Anlagen in Basdorf/Zühlsdorf jemals voll ausgenutzt wurden. Während des Krieges wurden zum Teil sogar größere Flächen lediglich als Lagerräume verwendet.

Zühlsdorf wurde auf Wunsch von BMW bewusst als Pachtwerk des BMW-Werkes in Spandau gebaut. Sowohl Grundstücke, Gebäude als auch die maschinelle Einrichtung waren das Eigentum des Reiches. Popp überredete Hille im Februar 1940 dazu, auch das BMW-Werk in Basdorf an das RLM zu verkaufen.[192] Seiner Meinung nach war es ein Gebot der wirtschaftlichen Vernunft, die Anlagen in Basdorf und Zühlsdorf, die nur durch eine Straße getrennt lagen, als ein Reichswerk zusammenzufassen, genauso wie dies in Allach der Fall war. Nachdem Hille im RLM Zustimmung für diesen Vorschlag fand, stellte Popp erleichtert fest: „Dies bedeutet für uns eine Entlastung von rund 10 Millionen und eine grosse Sorge weniger nach dem Kriege; denn die Lage des Werkes Basdorf ist in jeder Hinsicht höchst unglücklich. Durch diese Transaktion wird der Besitz der Bramo für uns erheblich erleichtert."[193]

Popp verdeutlicht mit dieser Aussage, dass er sich mit der Übernahme der Bramo nie wirklich abgefunden hat. Er hielt diesen Expansionsschritt im ersten Kriegsjahr immer noch für einen strategischen Fehler. Mit dem Verkauf des Werkes in Basdorf versuchte er nun, die Auswirkungen dieses Fehlers für das Unternehmen erträglich zu gestalten und vor allem das finanzielle Risiko zu begrenzen. Wie von Siemens hielt auch Popp den Bau sowohl von Basdorf als auch von Zühlsdorf privatwirtschaftlich für nicht gerechtfertigt, da beide Standorte den Bayerischen Motoren Werken für die Zeit nach dem Krieg erhebliche Überkapazitäten bescheren würden. Die gefundene Lösung der Pachtwerke verlagerte die finanzielle Verantwortung auf das Reich.

Auch der Zeitpunkt für Popps Vorschlag war symptomatisch für seine Skepsis gegenüber den vom RLM forcierten realitätsfernen Industrieausbauten. Popp hatte im Sommer 1937 erleben müssen, welch erhebliche Auswirkungen eine plötzliche Reduzierung der Reichsaufträge auf BMW hatte. Das Münchener Unternehmen musste zu einer Zeit, in der die Wirtschaft händeringend nach Arbeits- und Fachkräften suchte, Personal entlassen und

190 Vgl. Udet an die Bramo vom 05.01.1939, in: BMW-Arch UA 139 und Bericht Planung und Ausbauten der Werksanlagen des BMW-Konzerns und der im Ring angeschlossenen Werke (Speer Collection FD 4969/45), in: BA-MA RL 3/1752, Bl. 5–58, hier Bl. 26.

191 Vgl. Bericht an Rummel über die Finanzierung des Werkes Zühlsdorf vom 26.09.1941, in: BArch R 8119 F/P 3166, Bl. 108.

192 Vgl. Popp an Rummel vom 10.02.1940, in: ebd., Bl. 27–28, hier Bl. 27 und Notiz Wörner vom 04.04.1940, in: BArch R 8119 F/P 3176, Bl. 461.

193 Ebd.

sämtliche BMW-Werke auf Kurzarbeit umschalten. Seit 1937 hatte sich die Produktionskapazität von BMW jedoch weiter erhöht. Man hatte gegen die eindringlichen Warnungen von Popp die Bramo übernommen, d.h. die Abhängigkeit von BMW vom staatlichen Rüstungsboom hatte sich wesentlich verstärkt. Überdies hatten die BMW-Ingenieure Ende der 1930er und Anfang der 1940er Jahre große Probleme, den neuen luftgekühlten BMW-Doppelsternmotor BMW 801 serienreif zu machen. Das bedeutete, dass sich das Unternehmen im Februar 1940 wirtschaftlich in einer sehr schwierigen Phase befand. Zugleich hatte die Wehrmacht in nur wenigen Wochen Polen überrannt und es war nach den ersten sechs Kriegsmonaten nicht abzusehen, dass der Krieg noch gut fünf Jahre dauern würde. Die BMW-Geschäftsführung musste eher damit rechnen, dass die Rüstungsproduktion in absehbarer Zeit auf ein in Friedenszeiten übliches Maß zurückgeschraubt werden würde. Popp, der nach dem Sommer 1937 verstärkt versucht hatte, sein Unternehmen auf die Zeit nach der staatlich induzierten Aufrüstung vorzubereiten, begriff auch die Abstoßung des Basdorfer Flugmotorenwerks als eine Maßnahme, die Bayerischen Motoren Werke auf die Zukunft vorzubereiten.

6.7. Konzernneuordnung 1940

Mit der Übernahme der Bramo war bei Ausbruch des Krieges der äußere Aufbau der Bayerischen Motoren Werke zu einem gewissen Abschluss gekommen. Von nun an musste es die Aufgabe der Konzernleitung sein, die äußere Form durch die Schaffung einer entsprechenden Organisation nach innen zu ergänzen.

Die gesellschaftsrechtliche Struktur von BMW war dadurch gekennzeichnet, dass die BMW AG als Mutter- und Holdinggesellschaft (Grundkapital 15 Mio. RM) die gesamten Geschäftsanteile der BMW Flugmotorenbau GmbH, München, (7,5 Mio. RM), hielt. Letztere war ihrerseits wiederum 100%ige Anteilseignerin der BMW Flugmotorenwerke Brandenburg GmbH, Spandau, (24 Mio. RM) und besaß auch alle Geschäftsanteile der BMW Flugmotorenfabrik Eisenach GmbH (5 Mio. RM). Das bedeutete, dass die BMW AG durch die GmbH München indirekt zu 100% bei den beiden GmbHs in Eisenach und Spandau beteiligt war. Verwaltungsmäßig war die Konstruktion des Konzerns dadurch gekennzeichnet, dass alle vier Gesellschaften durch eigene Aufsichts- bzw. Beiräte und durch eigenen Vorstand und eigene Geschäftsführungen vertreten wurden, wobei der Einfluss der Konzernleitung durch besondere Delegationskonstruktionen verankert war.[194]

[194] Vgl. Bericht Deutsche Treuhand Gesellschaft Berlin über Vorschläge für eine Neuordnung innerhalb des BMW-Konzerns vom 28.06.1940, in: BArch R 8119 F/P 3145, Bl.31, S.1–24, hier S.6–7.

Grafik 7: Aufbau des BMW-Konzerns Anfang 1940

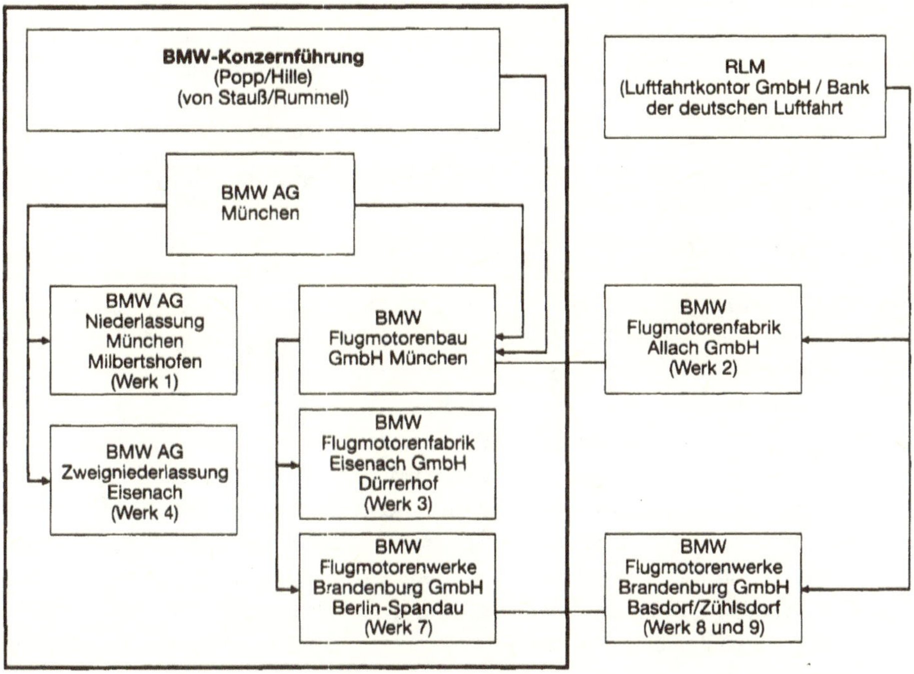

Nachdem die Verhandlungen mit dem RLM ergeben hatten, dass das Werk Basdorf analog zum Werk Allach vom RLM als Reichswerk übernommen wurde, kamen als angepachtete, zum Betrieb der jeweiligen Stammwerke in München und Spandau gehörende Montage- und Prüfstandwerke in Allach und Basdorf hinzu, während an beiden Standorten – für München ebenfalls in Allach und für Spandau in Zühlsdorf, nachbarlich zu Basdorf – neue große Fabrikationsserienwerke entstanden.

Die historische Entwicklung des BMW-Konzerns hatte in den 1930er Jahren ein verschachteltes und in zweifacher Hinsicht unorganisches Ergebnis erbracht.[195] Die BMW AG war zwar schon seit jeher aus der inneren Struktur des Konzerns heraus Trägerin der wirtschaftlichen Verantwortung.[196] Durch die rasche Entwicklung des Unternehmens blieb die BMW AG jedoch nur im gesellschaftsrechtlichen Sinne verantwortlich, während sich die tatsächliche Führungsgewalt und Verantwortlichkeiten innerhalb des Konzerns auf Grund des regen Eigenlebens in den GmbHs wesentlich komplexer entwickelten.

[195] Vgl. Aufstellung für Kissel über die BMW-Konzernverhältnisse vom 29.07.1940, in: DAG/HIC Fremdfirmen Inland 13–14 BMW 1224–40, S. 1–6.

[196] Vgl. Entwurf eines Sitzungsprotokolls der Gemeinschaftssitzung von AR und Vorstand der BMW AG und der Beiräte und Geschäftsführer aller BMW Flugmotorenbau Gesellschaften vom 25.06.1940, in: BArch R 8119 F/P 3145, Bl. 78, S. 1–14, hier S. 12.

Außerdem waren sowohl die BMW AG als auch die GmbH München unterkapitalisiert, die GmbH Spandau überkapitalisiert und die GmbH Eisenach besaß ein verhältnismäßig großes, jedoch nicht unangemessenes Kapital.[197] Allein aus dieser Tatsache ergaben sich im Rahmen der an sich einheitlichen Wirtschaftsführung im Flugmotorengeschäft erhebliche Verrechnungssalden – Konzernforderungen bzw. -verpflichtungen – zwischen den einzelnen Gesellschaften.[198] Auch im internen Verkehr, z.B. bei gegenseitigen Lieferungen, waren die Beziehungen untereinander kompliziert, was sich bis in organisatorische und personelle Fragen hinein auswirkte.

Da ferner geplant war, die BMW-Aktiengesellschaft zur Holding- und auch zur Finanzierungsgesellschaft des Gesamtkonzerns auszubauen und ihr zu diesem Zweck im Gegensatz zu der bisherigen Regelung die Ertragskraft der Flugmotorenbau-Gesellschaften direkt zuzuführen, ergab sich die dringende Notwendigkeit einer Neuordnung der gesamten Konstruktion des BMW-Konzerns. Ziel war es, einen Schlussstrich unter die Entwicklung der letzten Jahre zu ziehen. Im Zentrum des wirtschaftlichen Geschehens sollte den tatsächlich gegebenen Verhältnissen entsprechend auch weiterhin der Flugmotorenbau stehen und die BMW AG als verantwortliche Trägerin des Konzerns gesichert und gestärkt werden. Vor allem Hille strebte an, den gesamten BMW-Konzern zu einer Einheit zusammenzuschweißen.[199]

Bei den zunächst angestellten Überlegungen über eine Neukonstruktion und gesellschaftsrechtliche Vereinfachung der Bayerischen Motoren Werke lag der Gedanke an eine Refusion der Flugmotorenbauinteressen des BMW-Konzerns mit der Aktiengesellschaft nahe. Das Tarnungserfordernis, das 1934 maßgeblich mit zur Ausgründung des BMW-Flugmotorenbaus geführt hatte, spielte seit der Enttarnung der deutschen Luftwaffe nicht mehr die damalige bedeutende Rolle. Wesentlich schwieriger war die Frage zu beantworten, ob auch das Erfordernis der Risikobegrenzung, das sich 1934 aus der Rüstungsbedingtheit des Flugmotorenbaus ergab, bereits entfallen war. Im Verlauf der intensiven Besprechungen über dieses Thema kam die BMW-Geschäftsführung schließlich zu dem Schluss, dass man vor der Entscheidung über diese Frage zweckmäßigerweise die Nachkriegszeit abwarten sollte, um die Aussichten des Flugmotorenbaus im Rahmen der Friedenswirtschaft besser überblicken zu können. Die BMW AG stellte ein in sich gegenüber dem Flugmotorenbau scharf abgegrenztes Arbeitsgebiet dar, das hinsichtlich seiner Risiken und des Einflusses, der von Seiten der behördlichen Auftraggeber genommen

[197] Vgl. BMW-Bericht „Zusammenfassung der Flugmotoreninteressen des BMW-Konzerns" vom 07.03.1940, in: BArch R 8119 F/P 3076, Bl. 453–460, hier Bl. 453.

[198] Im März 1940 schuldete die GmbH München ihren beiden Tochtergesellschaften beispielsweise ca. 10 Mio. RM, der GmbH Brandenburg 6–7 Mio. RM und der GmbH Eisenach ca. 3 Mio. RM. Vgl. ebd.

[199] Vgl. von Stauß an Walter Borbet, Generaldirektor des Bochumer Vereins für Gussstahlfabrikation und Mitglied des BMW-AR von 1935–1942, vom 22.05.1940, in: BArch R 8119 F/P 3077, Bl. 7.

wurde, ganz anders zu bewerten war.[200] Im BMW-Vorstand bestand Einigkeit, dass man insbesondere den Einfluss des RLM von der Holdinggesellschaft fernhalten wollte.

Weitere Möglichkeiten der Strukturveränderung bestanden in einem „Manteltausch"[201] bzw. in einer Zusammenfassung der BMW-Flugmotorenbau-Interessen in der GmbH Brandenburg, die mit 24 Mio. RM Stammkapital einen genügend weiten Kapitalrahmen aufwies.[202] Durch beide Lösungen wäre zwar das strukturelle Verhältnis der Konzerngesellschaften zueinander im Hinblick auf ihre Größenordnung harmonischer geworden, jedoch scheiterten beide Wege, da sie in steuerlicher Beziehung eine außerordentlich hohe Belastung ausgelöst hätten, die in keinem Verhältnis zu den erreichten Vorteilen gestanden hätten.[203] Die Vorschläge offenbaren allerdings, dass es der BMW-Konzernspitze und insbesondere Hille als Verfechter der Konzernneuordnung nicht nur um eine straffe Konzernführung im Sinne der wirtschaftlichen und organisatorischen Einheit des Konzerns ging[204], sondern mindestens gleichwertig um die Stärkung der Finanzkraft der BMW-Aktiengesellschaft.[205] Da die gesamten Flugmotorenbau-Interessen des BMW-Konzerns in der AG-Bilanz nur im Beteiligungskonto mit 7,5 Mio. RM – der Flugmotorenbau GmbH, München – repräsentiert waren und die Dividende der Flugmotorenbau-Gesellschaften auf Wunsch des Ministeriums auf den nominellen Satz von 6% beschränkt war, erhielt die BMW AG aus ihrem durch die Tochtergesellschaften betriebenen Flugmotorengeschäft lediglich

200 Vgl. BMW-Bericht „Zusammenfassung der Flugmotoreninteressen des BMW-Konzerns" vom 07.03.1940, in: BArch R 8119 F/P 3076, Bl. 453–460, hier Bl. 454.

201 Hilles Idee eines Manteltausches ging davon aus, dass die BMW AG aus dem Besitz der GmbH München die Anteile der GmbH Brandenburg erwerben und ihre Anteile der GmbH München an die GmbH Brandenburg verkaufen könnte. Vgl. zu dieser Diskussion u.a. Rummel an Paschke vom 22.02.1940, Hille an Rummel vom 27.02.1940, Paschke an Rummel vom 02.03.1940, alle in: BArch R 8119 F/P 3066, Bl. 40; Bl. 42–46 und Bl. 48-52 und Wörner an Paschke vom 22.02.1940, in: BArch R 8119 F/P 3076, Bl. 407.

202 Vgl. BMW-Bericht „Zusammenfassung der Flugmotoreninteressen des BMW-Konzerns" vom 07.03.1940, in: BArch R 8119 F/P 3076, Bl. 453–460, hier Bl. 455.

203 Nach Angaben von Wörner wären sowohl bei einem Manteltausch als auch bei einer Fusion der Tochtergesellschaften Steuern von mindestens 8–10 Mio. RM angefallen, wodurch eine Änderung der bestehenden Zustände unmöglich gemacht wurde. Vgl. Aktennotiz Wörner vom 18.03.1940, in: ebd., Bl. 460. Siehe auch das ausführliche steuerrechtliche Gutachten in: Paschke an Rummel vom 02.03.1940, in: BArch R 8119 F/P 3066, Bl. 48-52 und Entwurf eines Sitzungsprotokolls der Gemeinschaftssitzung von AR und Vorstand der BMW AG und der Beiräte und Geschäftsführer aller BMW Flugmotorenbau Gesellschaften vom 25.06.1940, in: BArch R 8119 F/P 3145, Bl. 78, S. 1–14, hier S. 10.

204 Vgl. zu dieser Motivation den Beschluss der BMW AG über eine Neuordnung des Verhältnisses zwischen der BMW AG und der BMW Flugmotorenbau GmbH und ihrer Tochtergesellschaften vom 21.03.1941, in: BMW-Arch UA 204.

205 Vgl. Hille an von Stauß vom 10.05.1941, in: BArch R 8119 F/P 3145, Bl. 288-290, hier Bl. 289.

eine Verzinsung von 6% auf 7,5 Mio. RM, sprich 450000 RM.[206] Dies war angesichts des bedeutenden Wachstums der Flugmotorenbau GmbHs ein verhältnismäßig bescheidener Ertrag, wenn man bedenkt, dass der Buchwert der Flugmotorenanlagen aller Tochtergesellschaften etwa 50 Mio. RM betrug gegenüber Anlagewerten der AG von etwa 15 Mio. RM.[207] In dem zunächst ins Auge gefassten Fall der Umgruppierung der BMW-Flugmotorenbau-Interessen in den Mantel der Bramo wäre eine 6%ige Ausschüttung auf das 24 Mio. RM-Kapital dieser Gesellschaft – 1440000 RM – als Gewinntransfer für die BMW AG angefallen. Und im Falle der Fusion der Flugmotorenbau-Gesellschaften wäre der Ertrag noch einmal wesentlich gesteigert worden. Die angestrebte Umstrukturierung des BMW-Konzerns trug demnach eine unverkennbar privatwirtschaftliche Handschrift. Nicht nur sollte die BMW AG wieder deutlich ins Zentrum des Konzerns rücken, sondern auch finanziell gestärkt werden. Gleichzeitig traf man Vorkehrungen, um den Einfluss des RLM aus der Holdinggesellschaft herauszuhalten und die Finanzerträge aus dem unter politischer Überwachung stehenden Flugmotorenbau abzuschöpfen und damit für den Konzern zu sichern.

Letztendlich schien die einzig brauchbare Lösung für eine Neuordnung der Gesamtstruktur unter Wahrung der steuerrechtlichen Vorschriften die Zusammenfassung des BMW-Konzerns zu einer Einheit als Organschaft zu sein. Daher errichtete die BMW AG am 16.10.1940 die Organverfassung, wonach die BMW Flugmotorenwerke Brandenburg und die Flugmotorenfabrik Eisenach mit Wirkung vom 01.01.1940 Organe ihrer Muttergesellschaft, der Flugmotorenbau GmbH, München, und diese wiederum Organ der BMW AG als Holdinggesellschaft des Konzerns wurden.[208]

Auf diesem Wege wurde die BMW AG, vertreten durch den Vorstand und den Aufsichtsrat, für alle gesellschaftsrechtlichen, wirtschaftlichen, technischen und kaufmännischen Fragen formalrechtlich die oberste Instanz. Die Gesellschaften in Eisenach und Spandau traten nach außen hin zwar nach wie

[206] Vgl. Bericht Hille über „Konstruktive Fragen des BMW-Konzerns" vom 12.04.1940, in: BArch R 8119 F/P 3076, Bl. 464–474, hier Bl. 472. und Artikel „BMW nach dem Bramo-Kauf", in: Frankfurter Zeitung vom 04.05.1940.

[207] Vgl. Aktennotiz Deutschen Bank vom 01.03.1940, in: BArch R 8119 F/P 3076, Bl. 436.

[208] Vgl. Bericht Geschichte des BMW-Konzerns (o.D., wahrscheinlich 1943), in: BMW-Arch UA 2, S. 1–29, hier S. 10; BMW AG an die GmbH München „Bestätigung der getroffenen Vereinbarung über die Geschäfts- und Betriebsführung" vom 16.10.1940, in: BMW-Arch UA 204 und in: BArch R 8119 F/P 3077, Bl. 167; Weisung BMW AG an die GmbH München mit der GmbH Brandenburg und der GmbH Eisenach jeweils einen Organvertrag zu schließen vom 16.10.1940, in: BMW-Arch UA 173; Entwürfe des Organvertrages zwischen der GmbH München und der GmbH Eisenach vom 28.12.1939, in: BArch R 8119 F/P 3066, Bl. 7–11 und vom 16.01.1940, in: BArch R 8119 F/P 3076, Bl. 377–381 und Entwurf eines Gemeinschaftsvertrages zwischen der BMW AG und allen BMW-Gesellschaften vom 20.06.1940, in: BArch R 8119 F/P 3077, Bl. 7–12.

vor als selbstständige Firmen auf, die im Geschäftsverkehr mit Dritten ihre eigenen Rechte und Pflichten hatten. Sie hatten sich jedoch der Leitung und Überwachung aus München zu fügen. Gemäß den Organbestimmungen waren die Geschäfts- und Betriebsführungen der Tochtergesellschaften „insbesondere in allen Finanz- und Bilanzfragen, in Fragen des Erwerbs und Verkaufs von Beteiligungen, der Erstellung von Neubauten, der Betriebserweiterungen und Betriebsumstellungen und der Organisation sowie in Steuer- und Grundstücksangelegenheiten ausschliesslich an unsere [der BMW AG] Weisung gebunden".[209]

In die Organverfassung wurden umfassende Gewinn- und Verlustübernahmeklauseln integriert, nach denen der gesamte Betrieb sämtlicher Flugmotorenbau-Gesellschaften auf Rechnung und Gefahr der BMW AG lief und das jeweilige Jahresergebnis der GmbHs, gleichgültig ob es Gewinn oder Verlust auswies, unmittelbar für oder gegen die Aktiengesellschaft wirkte.[210] Die Bestimmungen waren so konstruiert, dass die Muttergesellschaft, die BMW AG, sukzessive die Finanzierungsgesellschaft der BMW-Flugmotorenbau-Firmen wurde. Die BMW-Geschäftsleitung rechnete Anfang 1940 mit einem jährlichen Nettoergebnis für die BMW AG von ca. 5 Mio. RM. Diese Vertragslösung hatte gegenüber einer tatsächlichen Fusion aller Konzerngesellschaften vor allem den Vorteil, dass sie gegebenenfalls aus neuen wirtschaftlichen Gesichtspunkten heraus durch Auflösung des Organvertrages rückgängig gemacht werden konnte. Bis auf weiteres war der BMW-Vorstand jedoch bereit, mit der BMW AG das volle Haftungsrisiko für die Flugmotorenbau GmbHs in München, Eisenach und Spandau zu übernehmen. Nachdem die potenziell unrentablen Werke in Allach, Basdorf und Zühlsdorf als Pachtwerke aus dem Konzernverbund ausgegliedert und damit auch das mit ihnen verbundene Risiko an das Reich abgetreten worden waren, schätzte vor allem Hille die wirtschaftliche Lage der restlichen Flugmotorenbau-Gesellschaften als sehr positiv ein. Er war der Meinung, dass sie auch nach Kriegsende bzw. nach dem Auslaufen des Rüstungsbooms in einem zivilen Luftfahrtmarkt rentabel wirtschaften konnten, so dass die BMW-Aktiengesellschaft auch das Haftungsrisiko eingehen konnte.

Die Übernahme der endgültigen finanziellen Verantwortung begründete auch das Recht der BMW AG zur unmittelbaren internen Einflussnahme bei ihren Tochtergesellschaften. Diese Einflussnahme hatte ihre gesellschaftsrechtliche Basis in der Stellung der BMW AG als unmittelbare und mittelbare alleinige Gesellschafterin sämtlicher drei Tochtergesellschaften. Mit der Organverfassung unterstrich der Vorstand der BMW AG seinen Anspruch, nicht nur der Träger der letzten Verantwortung zu sein, sondern auch die gesamte

209 BMW AG an die GmbH München vom 16.10.1940, in: BMW-Arch UA 204.

210 Vgl. Entwürfe des Organvertrages zwischen der GmbH München und der GmbH Eisenach vom 28.12.1939, in: BArch R 8119 F/P 3066, Bl. 7–11 und vom 16.01.1940, in: BArch R 8119 F/P 3076, Bl. 377–381.

Macht im Binnenverhältnis des Konzerns zu übernehmen und damit den Gesamtkonzern zu einer wirtschaftlichen Einheit zusammenzuschweißen. Der Organvertrag bedeutete den Abbau jeglicher formaler Firmengrenzen im Innenverhältnis der BMW-Flugmotorenbau-Gesellschaften. Die Konstruktion war demnach Ausdruck des Strebens des BMW-Vorstandes, einerseits die Ausgliederung des BMW-Flugmotorenbaus aus der BMW AG im praktischen Alltagsgeschäft obsolet zu machen und gleichzeitig dem RLM so wenig Angriffs- und Einflussmöglichkeiten wie möglich zu bieten. Außerdem offenbarte die BMW-Geschäftsführung, dass sie in erster Linie für die BMW-Aktiengesellschaft wirtschaftete, da die Betriebsmittel in dieser Gesellschaft nicht so sehr dem politischen Einfluss des RLM unterlagen, wie in den BMW-Flugmotorenbau-Gesellschaften. Mit der Neuordnung des BMW-Konzerns manifestierte die BMW-Geschäftsleitung somit gleichzeitig den Status von BMW als privatwirtschaftliches, gewinnorientiertes Unternehmen.

6.8. Bewahrung der konzernstrategischen Unabhängigkeit

Es gab in Deutschland unter der nationalsozialistischen Herrschaft zwar offiziell kein generelles Investitionsverbot.[211] Allerdings stellte Göring alle Neubauten, Umbauten und größeren Beschaffungen von Fabrikationsmitteln wie Betriebseinrichtungen und Maschinen unter den Genehmigungsvorbehalt des RLM, sofern sie zur Durchführung von Aufträgen des RLM oder Unterlieferantenaufträgen der Luftfahrtindustrie erforderlich waren. Außerdem war zur Errichtung eines neuen Werkes oder einer größeren Werkserweiterung mit einer Belegschaftserhöhung über 20% in jedem Fall die vorherige Zustimmung der Reichsstelle für Raumordnung erforderlich.[212] Da die Luftfahrtindustrie ab 1933 fast ausschließlich für die Luftwaffe produzierte, sicherte sich das RLM mit diesen Anordnungen bei fast allen Investitionsentscheidungen der einschlägigen Unternehmen ein weitreichendes Mitspracherecht.

Auf Grund der in den Anfangsjahren der NS-Herrschaft weitgehenden Kompatibilität zwischen den Unternehmenszielen und den rüstungspolitischen Zielen des RLM stellten die staatlichen Regulierungen die unternehmerische Initiative bei Investitionen nicht generell in Frage. Die staatlichen Eingriffe beschränkten die Handlungsmöglichkeiten der Unternehmen, hoben das gewinnorientierte Wirtschaften des unternehmerischen Führungspersonals jedoch nicht prinzipiell auf.

Das Beispiel des Siemens-Konzerns verdeutlicht überdies, dass es zwar direkte ministerielle Wünsche und Forderungen gab, dass das RLM jedoch vor

[211] Vgl. Buchheim/Scherner, Wirtschaftssystem 2003, S. 88.
[212] Vgl. RdL an alle Firmen der Luftfahrtindustrie vom 06.01.1937, in: BA-MA RL 3/482.

einem direkten staatlichen Investitionszwang zurückschreckte.[213] Das Ministerium gewährte dem Unternehmen entsprechend des Prinzips der Vertragsfreiheit im Investitionssektor im Buchheim/Schernerschen Sinne auch die Freiheit, keinen Vertrag zu schließen.[214] Da das Regime auf die Produktionskapazitäten und technologischen Ressourcen des Konzerns angewiesen war, besaß die Siemens-Geschäftsleitung gegenüber dem RLM eine relativ große Verhandlungsfreiheit. Das Unternehmen hatte den staatlichen Beschaffungsstellen mit seiner Expertise im Flugmotorenbau Know-how zu bieten, von dem das NS-Regime in seinen Rüstungsanstrengungen weitgehend abhängig war. Diese Tatsache relativiert nicht nur die These von der einseitigen Abhängigkeit der Flugmotorenindustrie, sondern verschaffte den einschlägigen Unternehmen privatwirtschaftliche Handlungsspielräume gegenüber den Behörden, die auf ihre Kooperation angewiesen waren. Carl Friedrich von Siemens war in erster Linie auf die Erhaltung seiner produktionstechnischen und innovativen Fähigkeiten und Organisationsstrukturen sowie auf die Weiterführung seiner traditionellen Geschäftsinteressen bedacht und an dieser Strategie hielt das Unternehmen unbeirrt fest. Der Siemens-Konzern ist letztendlich auch ein Beispiel dafür, dass ein Unternehmen sich erfolgreich gegen die Einflussnahmen staatlicher Stellen in die unternehmerischen Entscheidungsstrukturen zur Wehr setzen konnte.[215]

Die Siemens-Chefetage widersetzte sich den ministeriellen Forderungen erfolgreich, das Waldwerk in Basdorf innerhalb des Siemens-Konzernverbundes zu errichten und es vor allem erheblich über die ursprünglichen Planungen auszubauen. Über Sanktionen gegen Siemens ist nichts bekannt. Das Unternehmen bezahlte mit dem Verlust einer ganzen Produktionssparte letztendlich jedoch einen hohen Preis, der nur zu rechtfertigen war, weil der Flugmotorenbau lediglich einen Nebenerwerb des Konzerns darstellte und in der Vergangenheit ohnehin nicht besonders rentabel gearbeitete hatte. Für Siemens war der entstandene Verlust dadurch zu verschmerzen. Die Entscheidungsoptionen des BMW-Konzerns sahen anders aus. Die Flugmotorenproduktion gehörte zum Kerngeschäft der Bayerischen Motoren Werke und machte einen Großteil der Aktivitäten des Unternehmens aus. Ein Verzicht auf die BMW-Flugmotorenbau-Gesellschaften kam für die BMW AG daher nicht in Frage. Das BMW-Management war dem RLM gegenüber in wesentlich essenzielleren Abhängigkeiten gebunden als der Siemens-Vorstand.

Das Reichsluftfahrtministerium setzte demnach das ökonomische Rationalitätskalkül der privatwirtschaftlich und gewinnorientiert agierenden Flugmotorenhersteller weder mit einem strikten Investitionsverbot noch mit einem direkten Investitionszwang außer Kraft. Es wurden lediglich bestimm-

213 Diese Beobachtung deckt sich mit den Ergebnissen von Buchheim/Scherner. Vgl. Buchheim/Scherner, Wirtschaftssystem 2003, S. 90.

214 Vgl. ebd., S. 85.

215 Vgl. hierzu Erker, Industrieeliten NS-Zeit 1993, S. 54.

te Investitionsmöglichkeiten der behördlichen Genehmigungspflicht unterworfen. Die staatliche Regulierung machte zwar einerseits bestimmte Handlungsoptionen für die Unternehmen höchst unattraktiv, auf der anderen Seite setzten die Behörden in der Regel nicht auf Zwang, sondern auf Anreize, um unternehmerisches Investitionsverhalten anzustoßen. Überdies bestimmten nicht „vaterländisch motivierter Altruismus“[216] oder „nationale Pflicht“[217] die Investitionsentscheidungen der Luftfahrtindustriellen. Vielmehr sahen es die meisten Unternehmer und Manager offensichtlich als lohnend an, im Rahmen des staatlichen Rüstungsbooms, der sich als äußerst profitabel erwies, in den Ausbau ihrer Werke zu investieren.

Allerdings nahm die Mehrzahl der Flugmotorenhersteller die staatlich initiierte Rüstungskonjunktur nicht nur mit Begeisterung und Euphorie auf, obwohl ihnen mit den umfangreichen staatlichen Aufträgen die bisher fortwährende Angst vor der Unterbeschäftigung genommen wurde.[218] Verschiedene Gründe nährten die Skepsis. Die Luftfahrtindustrie war bis 1933 mit ihrem begrenzten mittelständischen Leistungsvermögen und ihrer schmalen Kapitalbasis in ihren unternehmenspolitischen Konzepten stark eingeschränkt. Ab 1933 wurde plötzlich eine regelrechte Explosion der Produktionskapazitäten gefordert, die über Jahre hinweg erhebliche Kräfte band, neue Risiken hinsichtlich der künftigen kontinuierlichen Auslastung der vergrößerten Kapazitäten befürchten und schwerwiegende, bisher unbekannte Staatseingriffe in die unternehmerische Entscheidungsfreiheit ahnen ließ. Einem Aufschwung, der einzig und allein durch einen interventionistischen Staat initiiert wurde, trauten viele Industrielle nicht.[219]

Popp fürchtete spätestens nach der Rüstungskrise im Jahr 1937 die Zeit, wenn der Staat seine großen Aufträge zurückschrauben würde. Er war sich im Klaren darüber, dass die große staatliche Nachfrage früher oder später allein aus finanziellen Gründen ihre Grenzen erreichen würde. Zu Recht wiesen auch Zeitgenossen immer wieder auf den temporären Charakter der staatlich induzierten Nachfrage hin.[220] Der vom RLM forcierte Rüstungsboom wurde von der Mehrheit der unternehmerischen Führungskräfte als unnatürlich und daher als unsicher interpretiert.[221] Er musste eines Tages in die Krise führen, die entweder die Zahlungsunfähigkeit der Reichsbehörden oder aber Krieg bedeutete. Obwohl letztere Option für die Rüstungsunternehmen zu-

[216] Vgl. Plumpe, Unternehmen 2003, S. 262.
[217] Vgl. Gehrig, Betriebsinteressen 2002, S. 90.
[218] Vgl. Boelcke, Stimulation 1993, S. 86.
[219] Vgl. Buchheim, Christoph: The Upswing of German Industry in the Thirties. In: Buchheim /Garside (Hrsg.), Slump 2000, S. 33–52, hier S. 49.
[220] Vgl. beispielsweise die Rede von Hjalmar Schacht vom 21. 06. 1938, in der er meinte: „Die staatlichen Aufträge in ihrem heutigen Ausmaß sind keine Dauererscheinung“. Zitiert nach Bosch, Margarete: Gelenkte Marktwirtschaft. Die geschichtliche Notwendigkeit einer Gestaltung der Wirtschaft. Stuttgart 1939, S. 142.
[221] Vgl. Buchheim, Upswing 2000, S. 50.

nächst weitere lukrative Erträge und eine Verschiebung der Umstellung auf eine Friedenswirtschaft bedeutete, waren sich die Industriellen der wirtschaftlichen Gefahren beider Wege bewusst. Mit zunehmender Zeit ließen die Rüstungsprogramme des Reiches einen bevorstehenden Krieg immer wahrscheinlicher werden. Im Rahmen der konkreten Mobilmachungsplanungen des RLM begannen auch die Geschäftsführer der Bayerischen Motoren Werke lange vor dem tatsächlichen Kriegsbeginn die Wahrscheinlichkeit einer bevorstehenden Konfrontation in Europa in ihre Zukunftsplanungen zu integrieren. Ihnen war bewusst, dass am Ende einer kriegerischen Auseinandersetzung auch das Ende der Rüstungsanstrengungen in Deutschland bevorstand. Wie schmerzlich dieser Prozess für das Münchener Unternehmen werden konnte, hatte Popp bereits 1918 erlebt.

Sorge bereitete Popp die in der Zukunft unvermeidliche Umstellung der BMW-Anlagen auf die Friedenswirtschaft vor allem, da die Überkapazitäten in Friedenszeiten auf Dauer unrentabel werden mussten. Deshalb versuchte die BMW-Geschäftsführung den Übergang zur Friedensproduktion bereits bei den Investitionsentscheidungen mit einzukalkulieren, um diese Transformation möglichst reibungslos zu gestalten. Nur bedingt trafen sich demnach im Bereich der Produktionssteigerung die Interessen des NS-Regimes mit denen Popps. Er orientierte sich zumindest in der zweiten Hälfte der 1930er Jahre nicht nur an der durch die Rüstungskonjunktur verzerrten Nachfragestruktur, sondern auch an einer Nachfrage unter privatwirtschaftlichen Bedingungen, d.h. er plante gleichzeitig für künftige Friedensverhältnisse. Indem er das langfristige Gewinninteresse von BMW stets im Auge behielt, demonstrierte er ein ungebrochenes privatwirtschaftliches unternehmerisches Selbstbewusstsein.

Wie Buchheim/Scherner bereits für die gesamte Rüstungsbranche konstatiert haben, beruhte ein Großteil der Investitionen auch in der Flugmotorenindustrie formal auf vertraglichen Vereinbarungen zwischen dem Reich und den privatwirtschaftlichen Unternehmen.[222] Meist gingen den Erweiterungs- und Investitionsbeschlüssen von BMW langwierige Beratungen und Verhandlungen voraus.[223] Für das Münchener Unternehmen trat an die Stelle der Bewährung auf dem freien Markt das politische Verhandlungsgeschick seiner Angestellten.[224]

222 Vgl. Buchheim/Scherner, Wirtschaftssystem 2003, S.89. Vgl. auch Scherner, Jonas: „Ohne Rücksicht auf Kosten"? Eine Analyse von Investitionsverträgen zwischen Staat und Unternehmen im „Dritten Reich" am Beispiel des Förderprämienverfahrens und des Zuschussvertrages. In: Jahrbuch für Wirtschaftsgeschichte 2 (2004), S.167–188.

223 Vgl. u.a. BMW-Antrag beim Reichs- und Preußischen Wirtschaftsminister zur Erhöhung des Grundkapitals von 15 auf 22,5 Mio. RM vom 03.08.1936, in: BArch R 8119 F/P 3075, Bl.33 und Bericht über die Entwicklung des finanziellen Verhältnisses der BMW AG zur BMW Flugmotorenbau GmbH und der BMW Flugmotorenbau GmbH zum RLM in den Jahren 1934 bis 1937 (o.D., wahrscheinlich Febr.1938), in: BArch R 8119 F/P 3065, Bl.185.

224 Vgl. auch mit Plumpe, Unternehmen 2003, S.265.

Ein gutes Beispiel hierfür war die Ausgründung des BMW-Flugmotorenbaus aus der BMW AG. Charakteristisch für diesen Fall war die weitgehende Interessenkongruenz auf ministerieller und unternehmerischer Seite.[225] In dem Verhandlungsprozess zwischen BMW und dem RLM, der diesem Schritt vorausging, offenbarten die Verantwortlichen des Münchener Unternehmens ein bemerkenswertes Maß an Selbstständigkeit und unternehmerischem Selbstbewusstsein. Trotz der Abhängigkeiten vom RLM behielt sich die BMW-Spitze das Recht vor, die eigenen Konzerninteressen neben den vom Ministerium diktierten Reichsinteressen weiter zu verfolgen. Illegitime Bilanzmanipulationen lehnte der Vorstand ab. Und durch das eigenständige und selbstbewusste Handeln der Geschäftsführung im Hinblick auf den Abschluss eines Betriebsgemeinschaftsvertrages verhinderte der BMW-Konzern, dass das RLM seine Einflussmöglichkeiten auf die selbstständige BMW Flugmotorenbau GmbH erheblich erweiterte und die dortige Betriebsführung in die Position eines ausführenden Agenten des RLM drängte. Mit dem Betriebsgemeinschaftsvertrag nutzte der BMW-Vorstand ein Mittel, die juristische Trennung beider Gesellschaften in der Zusammenarbeit faktisch nicht spürbar werden zu lassen.

Da die Tilgung der für den Ausbau der BMW Flugmotorenbau GmbH staatlich gewährten Kredite auf absehbare Zeit nicht möglich erschien, versuchte das RLM wiederholt, eine Reichsbeteiligung an der Gesellschaft durchzusetzen.[226] Dies hätte enorme ministerielle Eingriffsmöglichkeiten in die Unternehmensentscheidungen bedeutet. Der BMW-Vorstand setzte sich jedoch vehement und letztendlich erfolgreich gegen diese staatlichen Bestrebungen zur Wehr. Das Bemühen der BMW Flugmotorenbau GmbH, München, die Verschuldungssituation des Konzerns so schnell wie möglich auf ein wirtschaftlich erträgliches Maß zurückzuführen, war einerseits ein Ausdruck des Wissens um die Ungewissheit der wirtschaftlichen Zukunft der Branche. Andererseits war mit diesem Streben der Versuch verknüpft, die Abhängigkeit vom RLM zu reduzieren, um eigene Handlungsspielräume zu behalten. Durch eine relativ schnelle Entschuldung der 100%igen Tochter der BMW AG gelang es, die BMW Flugmotorenbau GmbH vor den gesellschaftsrechtlichen Belastungen einer Reichsbeteiligung zu bewahren.[227]

Zwischen dem Reichsluftfahrtministerium und den Unternehmen gab es eine Reihe fein abgestimmter Vertragstypen, die Letztere u. a. durch die staatliche Übernahme von Investitionsrisiken, Absatzgarantien und langfristigen Lieferbeziehungen zum vom RLM gewünschten Verhalten – sprich zur In-

[225] Vgl. Kapitel 6.2., ab S. 154.

[226] Vgl. Bericht über die Entwicklung des finanziellen Verhältnisses der BMW AG zur BMW Flugmotorenbau GmbH und der BMW Flugmotorenbau GmbH zum RLM in den Jahren 1934 bis 1937 (o. D., wahrscheinlich Febr. 1938), in: BArch R 8119 F/P 3065, Bl. 185; vgl. hierzu auch Kapitel 7.6.1., ab S. 140.

[227] Vgl. Bericht Hille über „Konstruktive Fragen des BMW-Konzerns" vom 12.04.1940, in: BArch R 8119 F/P 3076, Bl. 464.

vestition im Flugmotorenbau – bewegen sollten. Man unterscheidet eine Anzahl standardisierter Vertragstypen, wie u.a. Wirtschaftlichkeitsgarantieverträge[228] und Pachtverträge.[229] Außerdem gab es die Zubilligung hoher Sonderabschreibungen, staatliche Investitionssubventionen, staatliche Beteiligungen, Darlehen und Bürgschaften, die unter dem Begriff Risikoteilungsverträge[230] zusammengefasst werden. Die verschiedenen Vertragstypen lassen sich insbesondere durch die Höhe der staatlichen Risikoübernahme und die Einschränkung privater Verfügungsrechte systematisieren.[231] D.h. das Regime versuchte den Firmen Investitionen mit unterschiedlichen Graden der Übernahme des finanziellen Risikos durch den Staat schmackhaft zu machen. „Dort wo man selbst bei einer Änderung der Wirtschaftspolitik in Richtung größerer Liberalität kurzfristig positive Erwartungen mit dem vom Staat gewünschten Investitionsobjekt verband, präferierte man [die Unternehmer] einen Risikoteilungsvertrag, bei nur langfristig positiven Erwartungen einen Wirtschaftlichkeitsgarantievertrag und bei auch langfristig nicht positiven Erwartungen einen Pachtvertrag."[232]

Die Entwicklung der Bayerischen Motoren Werke von einem mittelständischen Unternehmen zu einem international agierenden Großkonzern zeigt, dass das RLM den Präferenzen der BMW-Geschäftsführung für einen bestimmten Vertragstyp weitgehend entsprochen hat. Sie zeigt jedoch auch, dass die BMW-Verantwortlichen umso mehr Risikogarantien durch den Staat verlangten, je weiter die Wünsche und Forderungen des RLM von gesunden privatwirtschaftlichen Verhältnissen unter Friedensbedingungen fortführten.

[228] Bei diesem Vertragstyp trug der Staat das volle Amortisationsrisiko der zu bauenden Anlagen. Dementsprechend wurden durch den Vertrag die Verfügungsrechte des Unternehmens beschränkt. Zudem sicherte sich der Staat umfangreiche Kontrollrechte, so dass er die tatsächlichen Kosten weitgehend beobachten konnte. Nach Ablauf der Vertragslaufzeit hatte das Unternehmen uneingeschränkte Eigentumsrechte über die Anlagen. Angewandt wurde diese Vertragsart z.B. bei der Treibstoffproduktion und der Herstellung von Buna. Die Angaben zu den unterschiedlichen Vertragstypen stammen aus: Buchheim/Scherner, Wirtschaftssystem 2003, S. 89–90.

[229] Bei den Pachtverträgen finanzierte im Unterschied zu den Wirtschaftlichkeitsgarantieverträgen das Reich die Anlagen und verpachtete sie für in der Regel 10 Jahre an ein privates Unternehmen. Über die Nutzung der Kapazitäten hatte der Staat die Entscheidungsbefugnis. Dabei musste der Pächter einen erheblichen Teil seiner Gewinne an das Reich abführen, während ihm der Rest als Kompensation für sein Know-how, seine Betriebsführung und die Bereitstellung des Umlaufkapitals verblieb. Nach Ablauf der Vertragszeit hatte der Staat, nicht das private Unternehmen die vollen Verfügungsrechte.

[230] Im Unterschied zu obigen Vertragsformen waren die Risikoteilungsverträge nur branchenspezifisch, nicht aber branchenübergreifend standardisiert. Standardisiert war demnach auch nicht der Umfang, mit dem das Unternehmen sich durch diese Verträge vom Risiko entlastete, wobei ihnen jedoch immer ein Risiko blieb. Allerdings waren im Vergleich zu Pachtverträgen und Wirtschaftlichkeitsgarantieverträgen die Verfügungsrechte der Unternehmen über die Kapazitäten nur geringfügig eingeschränkt.

[231] Vgl. Buchheim/Scherner, Wirtschaftssystem 2003, S. 89.

[232] Ebd., S. 92.

Als das RLM 1936 von BMW den Ausbau der Flugmotorenanlagen in Eisenach in Form eines neuen, räumlich und betrieblich selbstständigen Flugmotorenwerks forderte, wählte das BMW-Management bewusst den Weg eines reichsbeteiligten Werks, d.h. der begrenzten staatlichen Risikobeteiligung.[233] Der BMW-Vorstand hatte bereits 1933 erfahren, dass die Flugmotorenanlagen in München allein nicht ausreichen würden, um den großen Motorenbedarf zu decken. Daher war das Unternehmen 1934 in Vorleistung getreten und hatte einen Teil seiner Flugmotorenherstellung in die in Eisenach bestehenden Anlagen der Automobil- und Heeresgerätefabrikation verlegt. Mit den Flugmotorenkapazitäten in Eisenach verband die BMW-Chefetage auch hinsichtlich des zukünftigen Friedensbedarfes positive Erwartungen. Um die eigenen bereits seit 1934 bestehenden Flugmotorenanlagen in Eisenach nicht aufgeben zu müssen, verkaufte die Geschäftsleitung ihre Anteile am Flugmotorenbau in Eisenach bei der Neugründung des Werkes Dürrerhof daher auch nicht an die staatliche Luftfahrtkontor GmbH. Es war dem BMW-Management wichtig, den Eisenacher Flugmotorenbau innerhalb der BMW-Betriebsgemeinschaft zu halten, um die eigenen Vorarbeiten auf diesem Sektor in Eisenach zu bewahren. BMW ging in Eisenach daher bewusst den Weg der Reichsbeteiligung und trug somit absichtlich einen Teil der Verantwortung bzw. des Risikos für das neue Werk. Die Finanzierungsmethode der Reichsbeteiligung erschien der BMW-Konzernleitung gegenüber einem Verkauf der bestehenden Anlagen in Eisenach an die staatliche Luftfahrtkontor Gesellschaft als das geringere Übel, da sie die Verfügungsrechte über die Flugmotorenbau-Kapazitäten nur geringfügig einschränkte. Insbesondere die schnelle Reprivatisierung der Flugmotorenfabrik Eisenach, die in nur dreieinhalb Jahren nach der Neugründung des Werkes Dürrerhof vollzogen war, beweist, wie optimistisch die BMW-Unternehmensführung zur zukünftigen Wirtschaftlichkeit des Eisenacher Flugmotorenbaus eingestellt war. Indem die Bayerischen Motoren Werke die vollständigen Anteile der Flugmotorenfabrik Eisenach bereits im Februar 1940 kauften, übernahmen sie nicht nur die volle Verantwortung für das dortige Flugmotorenwerk, sondern entledigten sich auch eines Teils der RLM-Einflussmöglichkeiten in den BMW-Konzern.

In Allach ging BMW strategisch einen anderen Weg. Anders als beim neuen Flugmotorenwerk Dürrerhof in Eisenach sollte es sich nach RLM-Planungen beim Neubau in Allach um ein Mob-Bereitschaftswerk handeln, das in Friedenszeiten nur rudimentär genutzt werden sollte. Das heißt, es handelte sich laut der staatlichen Planungen zunächst um ein Werk, das nicht aktiv zur positiven Ertragslage der BMW-Flugmotorenbau-Gesellschaften beitragen

[233] Vgl. Bericht über die Entwicklung des finanziellen Verhältnisses der BMW AG zur BMW Flugmotorenbau GmbH und der BMW Flugmotorenbau GmbH zum RLM in den Jahren 1934 bis 1937 (o.D., wahrscheinlich Febr. 1938), in: BArch R 8119 F/P 3065, Bl. 185.

konnte. Die Neugründung in Allach konnte das BMW-Management auf Grund des massiven Drängens des RLM nicht verhindern. Man ließ sich jedoch nur sehr ungern auf das unrentable Projekt ein, da durch die kurzfristige Aufblähung der Fertigungskapazitäten die eigene ökonomische Perspektive mittelfristig umso kritischer wurde. Für die Schaffung unwirtschaftlicher Überkapazitäten war die Geschäftsführung der Münchener Gesellschaft jedoch nicht bereit, finanzielle und gesellschaftsrechtliche Risiken zu übernehmen. Jegliche Maßnahmen, die die eigene Verschuldungssituation weiter belasteten, wurden strikt abgelehnt.[234] Aus diesem Grund strebte die BMW-Geschäftsführung in den Verhandlungen über die gesellschaftsrechtliche Konstruktion in Allach bewusst eine andere Lösung als in Eisenach an.[235] Durch das Abtreten der Flugmotorenfabrik Allach GmbH an die staatliche Luftfahrtkontor GmbH und den anschließenden Pachtvertrag entledigte sich BMW der Risiken der vom RLM angewiesenen Bereitstellung von unrentablen Mob-Fall-Kapazitäten im BMW-Flugmotorenbau.[236] Lediglich auf die wirtschaftliche Verwaltung der staatlichen Werksanlagen ließ man sich ein. Der Pachtvertrag zwischen der Luftfahrtkontor Gesellschaft und der BMW Flugmotorenbau GmbH besiegelte genau diese Unternehmensstrategie. Pachtverträge wurden in den 1930er Jahren insbesondere dann gewählt, wenn die Unternehmen ein Produkt bzw. eine Werksanlage, deren Herstellung die Reichsbehörden wünschte, auch langfristig unter Normalbedingungen nicht für konkurrenzfähig hielten.[237] Daher beschritt BMW bei den staatlich geforderten neuen Flugmotorenwerken in Basdorf und Zühlsdorf ebenfalls den Weg der Reichswerke, die man lediglich über einen Pachtvertrag in den Konzernverbund integrierte.[238]

Als das RLM die Standardtypendoktrin und die Einschränkung der Entwicklungsaktivitäten in der Luftfahrtindustrie propagierte, wandte sich Popp als Reaktion auf die Krise des Jahres 1937 genau dem Entwicklungssektor zu. Als Folge davon schlossen die Bramo und die BMW Flugmotorenbau GmbH ihre Entwicklungsabteilungen zusammen. Damit schaffte man sich quasi eine Monopolstellung im Bereich der luftgekühlten Flugmotoren. Mittels innovativer Entwicklungen versuchte BMW, sich für zukünftige Aufgaben strategisch zu positionieren. Auch aus Popps Bedenken gegenüber einer weiteren Dezentralisierung des BMW-Konzerns im Zuge der vollständigen Bramo-

234 Vgl. Popp und Klebe an von Stauß vom 26.07.1935, in: BArch R 8119 F/P 3074, Bl. 232, S. 1–4, hier S. 3–4.

235 Vgl. Bericht Hille über „Konstruktive Fragen des BMW-Konzerns" vom 12.04.1940, in: BArch R 8119 F/P 3076, Bl. 464–465.

236 Vgl. Bericht über die Entwicklung des finanziellen Verhältnisses der BMW AG zur BMW Flugmotorenbau GmbH und der BMW Flugmotorenbau GmbH zum RLM in den Jahren 1934 bis 1937 (o.D., wahrscheinlich Febr. 1938), in: BArch R 8119 F/P 3065, Bl. 185.

237 Vgl. Buchheim/Scherner, Wirtschaftssystem 2003, S. 92.

238 Vgl. dazu Popp an Rummel vom 10.02.1940, in: BArch R 8119 F/P 3066, Bl. 27–28.

Übernahme sprach vor allem die Sorge um die Zukunft des BMW-Flugmotorenbaus. Popp dachte weit über die Aufrüstungsphase der 1930er Jahre hinaus. Sein Ziel war nach 1937 vor allem die Sicherung des Überlebens sowie die langfristig kluge Positionierung des BMW-Kerngeschäfts für die Zukunft. Seine Haltung wurde in erster Linie durch wirtschaftliche Strategieüberlegungen geprägt. Dabei bewegten sich seine Äußerungen zur Fusion mit der Bramo auf einer rein privatwirtschaftlichen Ebene. Auch die Entscheidung für die endgültige Fusion mit der Bramo basierte letztendlich auf einem autonomen, ökonomisch rationalen und gewinnorientierten unternehmerischen Abwägungsprozess innerhalb des BMW-Vorstands.

Es ist richtig, dass das Regime sein Verlangen nach einer rasch expandierenden Flugmotorenproduktion weitgehend durchsetzen konnte. Dies lag vor allem an der großen Interessenkongruenz der staatlichen Beschaffungsstellen und der einschlägigen Unternehmen, die vom 1933 einsetzenden Rüstungsboom und den damit einhergehenden lukrativen Aufträgen profitieren wollten. Wie viele andere Industrieunternehmen waren die BMW-Verantwortlichen ohne Zögern bereit, am Rüstungsgeschäft zu partizipieren.

Andererseits war das Unternehmen kein willenloser Agent, der die Forderungen des Regimes lediglich umsetzte. Vielmehr gestaltete die BMW-Unternehmensführung die Bedingungen aktiv mit, unter denen sie schließlich bereit war, den Wünschen des Regimes zumindest in Teilen nachzukommen. Dabei agierte sie aus Angst vor Überkapazitäten nach dem erwarteten Ende des Rüstungsbooms sehr bedächtig im Hinblick auf Erweiterungsinvestitionen. Ziel der BMW-Geschäftsführung war es sowohl bei der Errichtung neuer Werke in Eisenach und Allach als auch bei der Bramo-Übernahme, das eigene Unternehmen als innerlich gesundes und leistungsfähiges Unternehmen zu erhalten.[239] Dementsprechend hielt sich das Unternehmen spätestens in der zweiten Hälfte der 1930er Jahre mit Werksausbauten und -erweiterungen innerhalb des eigenen Konzernverbundes eher zurück. Die Unternehmensleitung präferierte den Bau von Reichswerken und den Abschluss von Pachtverträgen.[240]

Da das RLM das grundsätzliche Prinzip der Vertragsfreiheit im Bereich der Investitionen respektierte, gelang es dem Unternehmen, das finanzielle Risiko

239 Vgl. BMW an Volkmann, Chef des Verwaltungsamtes im RLM, vom 15.08.1936, in: BArch R 8119 F/P 3075, Bl. 38.

240 Diese Tatsache deckt sich im Übrigen mit den Befunden von Mommsen und Buchheim zur deutschen Großindustrie. Vgl. die Aussagen von Hans Mommsen im Interview: „Abgleiten in die Barbarei", in: Der Spiegel 32 (2001), S. 141–144, hier S. 142 und Buchheim, Upswing 2000, S. 52. Buchheim geht sogar noch wesentlich weiter, wenn er auf der Basis der Fakten vermutet: „Without Hitler, therefore, there was a good chance that the German economic miracle could have started in the thirties instead of in 1948. The actual upswing of the thirties was artificial, justifying the near investment strike of entrepreneurs. Therefore nobody should applaud Nazi economic policy because it led to full employment. There was a much better alternative based on private enterprise." Ebd.

für sich stark zu begrenzen. Die Luftfahrtfirmen mussten in der Regel keine Kapazitäten auf eigene Rechnung erstellen, wenn sie den Anlagen unter Normalbedingungen keine Zukunftsfähigkeit beimaßen. Bei der Verfolgung der eigenen Interessen in der langfristigen strategischen Unternehmensplanung bewies BMW daher ein erhebliches Maß an Selbstständigkeit und Autonomie. Man behandelte das RLM hinsichtlich der behördlich geforderten Ausbau- und Erweiterungsmaßnahmen wie einen privatwirtschaftlichen Geschäftspartner. Handelsrechtliche Entscheidungen über die BMW-Konzernstruktur traf der BMW-Vorstand in den 1930er Jahren unabhängig von staatlichen Vorgaben.

Wenn sich der BMW-Vorstand und vor allem Popp bei der Erweiterung der Produktionskapazitäten zu einem größeren Tempo gezwungen sah, als ihm eigentlich lieb war, dann war dafür weniger der ministerielle Druck bzw. Zwang verantwortlich als vielmehr die Gefahr, im Wettbewerb mit der Flugmotorenkonkurrenz Daimler-Benz, Junkers und Siemens Nachteile zu erleiden. Die Organisatoren des nationalsozialistischen Rüstungssystems verstanden es geschickt, diese Gefahr mittels indirekter Investitionsanreize effektiv für die NS-Rüstungsziele zu instrumentalisieren.[241]

Der BMW-Vorstand Hille steht beispielhaft dafür, dass sich viele Luftfahrtindustrielle die nationalsozialistischen Rüstungsziele letztendlich als unternehmensinterne Geschäftsinteressen zu Eigen machten. Spätestens seit Popps rüstungswirtschaftlichem Umdenken nach der Krise 1937 verfolgten die beiden Schlüsselakteure der BMW-Führung, Popp und Hille, unterschiedliche Unternehmensinteressen. Dies musste zu Auseinandersetzungen und Problemen innerhalb der Geschäftsführung, aber auch im Hinblick auf die Unternehmensbeziehung zum RLM führen. Diese Konflikte um die BMW-Konzernstrategie, die insgesamt eine recht instabile Corporate Governance im Unternehmen offenbarten, werden im Folgenden analysiert.

6.9. Corporate Governance bei BMW

6.9.1. Unterschiedliche Unternehmertypen bei BMW

Um die jahrelangen Auseinandersetzungen innerhalb der Bayerischen Motoren Werke über die einzuschlagende Konzernstrategie, die zunehmend belastend für die unternehmerische Corporate Governance und das Verhältnis zu den staatlichen Dienststellen wurde, untersuchen zu können, werden an dieser Stelle zunächst die Charaktere der beiden Schlüsselakteure im BMW-Vorstand, Popp und Hille, ihre Handlungsmotive und Ziele skizziert. In einem zweiten Schritt werden auf der Basis der beiden Persönlichkeitsstudien

[241] Vgl. Erker, Industrieeliten NS-Zeit 1993, S. 73 und Erker, Industrieeliten 1999, S. 7.

Bild Nr. 7: Der BMW-Generaldirektor Franz Josef Popp (1935)

Bild Nr. 8: Der Kaufmännische Vorstand der BMW AG Fritz Hille (Aufnahme zwischen 1942 und 1944)

die Kernpunkte der unterschiedlichen Strategieansätze und die Interaktion des BMW-Vorstandes mit dem Aufsichtsrat analysiert.

Franz Josef Popp wurde 1886 in Wien geboren. Seine berufliche Karriere führte ihn über die Wiener Werke der AEG und der Austro-Daimler-Werke zu der Rapp Motorenwerke GmbH in München. Mit dem Ausscheiden Rapps im Juli 1917 avancierte er zum Geschäftsführer für Produktion und Technik. Gleichzeitig wurde das Unternehmen in Bayerische Motoren Werke GmbH umfirmiert. Seit der Gründung der BMW AG leitete Popp die Firma als technischer Vorstand. Popp gilt heute neben Karl Rapp und Camillo Castiglioni, die immer wieder als Gründer von BMW bezeichnet wurden, als derjenige mit dem wohl größten Anteil an der Entstehung des BMW-Konzerns.[242] Nach der Umwandlung in eine Aktiengesellschaft führte und prägte Popp das Münchener Unternehmen als Vorstandsvorsitzender von 1922 bis 1942.[243] Im Jahre 1925 erhielt er den Titel „Generaldirektor", den er mit einer

[242] Vgl. Artikel „Der Gründer: Franz Josef Popp" von Patrick Oelze und Florian Triebel, in: BMW Group Mobile Tradition live 3 (2003).

[243] Vgl. Oelze, Patrick: Popp, Franz Josef. In: Neue deutsche Biographie 20 (2001), S. 623–624, hier S. 623.

Unterbrechung in den 1930er Jahren[244] bis 1942 trug.[245] Unter Popps Leitung begann der Aufstieg der BMW AG zu einem der großen deutschen Industrieunternehmen. Es gelang Popp durch eine strategisch geschickt erweiterte Produktpalette, die Bayerischen Motoren Werke durch die wirtschaftlich schwierige Phase nach dem Ersten Weltkrieg und die Weltwirtschaftskrise zu führen und dem Unternehmen für zweieinhalb Jahrzehnte eine für die deutsche Luftfahrt unverzichtbare Stellung zu verschaffen.

Popps Unternehmerpersönlichkeit glich derjenigen vieler Luftfahrtindustriellen der damaligen Zeit, die Boelcke folgendermaßen charakterisiert: „Das unternehmerische Selbstbewusstsein der jungen Flugzeugindustriellen war sehr ausgeprägt, ihr Stolz auf eigene Selbständigkeit relativ groß. Wohl alle Flugzeugbauer waren [...] insgesamt außergewöhnliche Menschen, persönlich mehr Außenseiter, oft unzugänglich, aber hartnäckig und willensstark. Sie kamen nicht aus etablierten Familien des Industriebürgertums, sondern waren die homines novi einer neuen Industrie, deren Aufstieg wesentlich ihre Leistung darstellte. [...] Parteipolitisches Engagement passte gewöhnlich nicht in ihre Lebens- und Arbeitswelt. Schon gar nicht taugten sie als Mäzene brauner Machthaber vor und nach 1933. Danach gehörten sie der Partei Hitlers an, ohne als ausgesprochen parteihörig zu gelten.“[246] Boelckes Beschreibung passt gut auf Popp, der zwar selbst weniger technischer Erfinder war, es jedoch verstanden hatte, sich die richtigen Konstrukteure ins Unternehmen zu holen. Mit Max Friz hatte er Anfang 1917 einen begnadeten Flugmotoren- und Motorradentwickler engagiert, der bis Mitte der 1930er Jahre sämtliche Flugmotoren- und viele Kraftradmodelle des Unternehmens mitentwickelte und konstruierte. Popp, der sich bis Ende der 1930er Jahre mit Leib und Seele als Flugmotorenbauer sah, konzentrierte sich unterdessen darauf, dem Unternehmen die herausragende Spitzenstellung in der deutschen Luftfahrt zu sichern, die es seiner Meinung nach durch die großen technischen Errungenschaften verdient hatte. Beide, Popp und Friz, gewöhnten sich an ihre Arbeitsteilung. Popp konnte sich auf seinen ersten Ingenieur verlassen und ließ ihn gewähren, während er selbst geschäftstüchtig für die adäquate Marktstellung der Fabrikate sorgte.

Dabei agierte Popp vor und nach 1933 gegenüber den einschlägigen staatlichen Dienststellen mit einer bemerkenswerten, oft kompromisslosen Hartnäckigkeit. Einmal als richtig definierte Projekte verfolgte er trotz aller politischen und technischen Widerstände unbeirrt über Jahre hinweg. Beispiele für diese Haltung sind unter anderem das Beharren auf der luftgekühlten

[244] Im Jahre 1935 wurde ihm der Titel Generaldirektor nach seinem Ausscheiden aus der BMW Flugmotorenbau GmbH vom RLM abgesprochen. Er bekam ihn jedoch 1939 wieder. Vgl. Hille an Merkel vom 31.03.1942, in: BArch R 8119 F/P 3108, Bl.78, S.1-11, hier S.7.

[245] Vgl. Bericht von Maier „Die gesellschaftsrechtliche Entwicklung der Bayerische Motoren Werke Aktiengesellschaft“, 1. Version (o. D., wahrscheinlich 1938), in: BMW-Arch UA 15, S.1-17, hier S.10-11.

[246] Boelcke, Stimulation 1993, S.87.

Flugmotorentechnik, die Projekte, den Flugmotorenbau von Siemens zu übernehmen und Opel als Kapazitätserweiterung von BMW einzuspannen, sowie die zahlreichen Versuche, das als unrentabel erkannte Automobilwerk Eisenach abzustoßen. Popp kümmerte sich bei der Umsetzung seiner strategischen Ziele wenig darum, mit welchem politischen System er es zu tun hatte. Hille schrieb noch im März 1942 über Popp: „Wir sind im Dritten Reich und trotzdem steckt heute noch in BMW und Herrn Popp der kapitalistische Geist." Popp komme nicht aus seiner „früheren Haut" heraus.[247] Was Hille damals als Vorwurf gegen seinen Vorstandskollegen schrieb, lässt sich heute als Popps erfrischende Unangepasstheit an politische Zwänge deuten. Von Zeitgenossen wurde Popp auch unter nationalsozialistischer Herrschaft als ein ausgesprochener „Verfechter der freien Wirtschaft"[248] bzw. ein „liberalistisch denkender Freiwirtschaftler"[249] geschildert. Der BMW-Generaldirektor nutzte und pflegte zwar die bestehenden persönlichen Kontakte zu Führungspersönlichkeiten in den einschlägigen Ministerien, insbesondere zu Brandenburg im RVM und Udet[250] im RLM.[251] Allerdings war Popp ein systematisches Lobbying bzw. eine Anbiederung an maßgebende Stellen des RLM zuwider. Es wäre ihm nicht in den Sinn gekommen, wie zahlreiche andere Industrielle aktiv an der nationalsozialistischen kriegs- und rüstungswirtschaftlichen Selbstverwaltung mitzuarbeiten.[252] Bei der Bedeutung von BMW für die Flugmotorenindustrie wäre es sicherlich relativ leicht möglich gewesen, einflussreiche Posten zu besetzen. Popp dagegen reiste äußerst selten nach Berlin und suchte weder Kontakt zu Behörden noch zur einschlägigen Presse.[253] Bei Journalisten entstand sogar zeitweise der Eindruck, dass er solche Art von Zusammentreffen bewusst vermied.[254] Während des Krieges

[247] Hille an Merkel vom 31.03.1942, in: BArch R 8119 F/P 3108, Bl. 78, S. 1–11, hier S. 5 und 6.

[248] Eidesstattliche Erklärung von Hans-Rudolf Rothmüller, Stellvertreter der Spruchkammer des Landkreises Wolfratshausen vom 04.05.1946, in: StAM SpKa Karton 1341: Popp.

[249] Erklärung von Rudolf Lahs vom 14.02.1946, in: ebd.

[250] Udet galt als einer der erfolgreichsten überlebenden Flieger des Ersten Weltkriegs. In den 1920er Jahren war er Schau- und Kunstflieger, wurde 1935 als Oberst ins RLM berufen, wurde Chef des Technischen Amtes und war ab 1938 als Generalluftzeugmeister weitgehend für die Flugzeugproduktion zuständig. Von Göring und Hitler für das Scheitern der Luftschlacht um England verantwortlich gemacht, nahm sich Udet Ende 1941 das Leben.

[251] Vgl. z. B. Hille an Merkel vom 31.03.1942, in: BArch R 8119 F/P 3108, Bl. 78, S. 1–11, hier S. 7 und Hille an Rummel vom 07.03.1941, in: BArch R 8119 F/P 3105, Bl. 256–261, hier Bl. 257.

[252] Vgl. hierzu u. a. auch Bräutigam, Südwestdeutsche 2002, S. 125–126 und Bericht aus dem Arbeitsbereich von Reichsstatthalter Epp „Aufbau der Deutschen Wirtschaft" vom 15.02.1935, in: BayHStA Reichsstatthalter Epp Nr. 471/4, S. 1–10, hier S. 9–10.

[253] Vgl. von Stauß an Popp vom 16.02.1942, in: BArch R 8119 F/P 3108, Bl. 50, S. 1–5, hier S. 2.

[254] Vgl. u. a. Siegfried Doerschlag an Kissel vom 17.01.1935 und vom 28.01.1935, beide in: DAG/HIC UA Kissel Fremdfirmen 11.3.

warfen sowohl Hille als auch von Stauß Popp vor, er lasse es an persönlichem Einsatz und Pflichtgefühl im Interesse der Kriegsaufgaben der Firma bzw. der nationalen Sache fehlen.[255] Popp jedoch bewertete das Wohl von BMW wesentlich höher als abstrakte Konzepte wie die so genannte nationale Aufgabe. Der Krieg und die nationalsozialistische Politik scheinen ihn lediglich in dem Ausmaß berührt und interessiert zu haben, wie sie in die Geschicke des Unternehmens eingriffen.

Wenn Boelcke von ausgeprägtem unternehmerischem Selbstbewusstsein und nicht zuletzt Stolz auf die Lebensleistung als Charakteristikum vieler deutscher Flugzeug- und Flugmotorenindustriellen schreibt, so trifft dies voll auf Popp zu. Seine regelmäßig betonten Aussagen wie: „Ich glaube, dass der deutsche Flugmotorenbau mir sehr viel verdankt, wenigstens haben die höchsten hierzu berufenen Stellen mir dies wiederholt zum Ausdruck gebracht“[256], zeugten nicht nur von einem äußerst gesunden und auf der Basis seiner unzweifelhaften Verdienste für BMW gerechtfertigten Selbstvertrauen. Sie grenzten mitunter auch an eine gewisse Selbstüberschätzung.

Popp betrachtete die Bayerischen Motoren Werke und ihren Aufstieg zu einem der wichtigsten deutschen Flugmotorenproduzenten als sein persönliches Lebenswerk.[257] Diese Gleichsetzung des Unternehmens mit seiner Lebensleistung ist das entscheidende Moment für das Verständnis seiner Einstellung hinsichtlich der persönlichen Stellung im Unternehmen sowie seiner unternehmerischen Konzernstrategie. Aus diesem Verständnis resultierten viele seiner unternehmerischen Handlungen. Er setzte sich selbst sozusagen mit dem Unternehmen gleich und betonte seine „aufs äusserste gesteigerte Verbundenheit mit dem Werk“.[258] Sein Schicksal sah er untrennbar mit dem von BMW verwoben. Aus diesem Selbstverständnis heraus war es für Popp nur folgerichtig, dass er im Unternehmen absolut unverzichtbar bzw. unantastbar war. Im Prinzip agierte und fühlte sich Popp wie ein klassischer Eigentümer-Unternehmer[259], d.h. wie derjenige, der die Firma gegründet und aufgebaut hat und durch den Erfolg Besitzer der Produktionsmittel wurde. Er wollte nicht wahrhaben, dass er in Wahrheit ein leitender Angestellter einer Aktiengesellschaft war.[260] Daher brach für Popp bei seinem erzwungenen Rücktritt im Jahr 1942 eine Welt zusammen, eine Tatsache, die er einfach zu ignorieren versuchte. Popp kam auch weiterhin täglich an seinen Ar-

[255] Vgl. Entwurf eines Schreibens von Stauß an Popp vom 09.02.1942, in: BArch R 8119 F/P 3108, Bl.35-37, hier Bl.36 und Hille an Merkel vom 31.03.1942, in: ebd., Bl.78, S.1-11, hier S.6.

[256] Popp an Lucht vom 11.02.1941, in: BArch R 8119 F/P 3146, Bl.281.

[257] Vgl. Carl Schramm, Popps Rechtsanwalt, an die Sonderspruchkammer für Industrielle, München, vom 01.08.1946 in: StAM SpKa Karton 1341: Popp und Popp an von Stauß vom 09.03.1942, in: BArch R 8119 F/P 3108, Bl.64-65, hier Bl.65.

[258] Ebd.

[259] Vgl. Kaelble, Soziale Mobilität 1978, S.235-329, hier S.296.

[260] Vgl. Redlich, Unternehmer 1964, S.180-181.

beitsplatz im Werk München, bis ihm von Stauß schließlich Hausverbot erteilte.[261]

Popp beanspruchte auf Grund seiner Lebensleistung und der daraus resultierenden „wohlerworbenen Rechte“[262] eine exklusive Stellung im Konzern, die mit dem Titel des BMW-Generaldirektors honoriert wurde. Eine Vorstandsrolle als Primus inter Pares konnte und wollte er aus seinem Selbstverständnis nicht akzeptieren, obwohl er nach Verlust seines Titels von 1935 bis 1939 gesellschaftsrechtlich als gleichberechtigtes ordentliches Vorstandsmitglied amtierte. Dementsprechend deutete er seine Aufgaben im Unternehmen äquivalent zu Kockas Definition der klassischen Unternehmerfunktion: „das Treffen von wesentlichen (‚strategischen‘) Entscheidungen über die Zielsetzung des Unternehmens, seine Position auf dem Markt und seine Beziehungen zur Umgebung überhaupt, wobei Profit- und Rentabilitätserwägungen eine hervorragende Bedeutung zukommt; zu diesen Entscheidungen gehören insbesondere Entscheidungen über die Mobilisierung und die Kombination der Produktionsfaktoren, so vor allem über Investitionen und die Anstellung des leitenden Personals“.[263]

Popp war laut BMW-Geschäftsordnung verantwortlich für die oberste technische Leitung des Unternehmens.[264] Im Rahmen seines Führungsanspruchs kümmerte er sich jedoch insbesondere um die übergeordnete Konzernstrategie bzw. um Zukunftsvisionen. Seiner Meinung nach musste die Führung eines Werkes „ihre Gedanken in erster Linie einer rätselhaften Zukunft zuwenden“.[265] Die täglichen Routinearbeiten und aktuellen Probleme des Fertigungsprozesses sollten seine Mitarbeiter lösen. Gemäß seiner Berufsauffassung wies er wiederholt darauf hin, dass die einzelnen Geschäftsführer ihre Abteilungen selbstständig unter eigener Verantwortung zu leiten hatten.[266] Dementsprechend besuchte Popp die BMW-Zweigwerke in Eisenach und Spandau auch nur in Ausnahmefällen. Überdies ließ er sich in den Münchner Fabriken außer bei Besichtigungen fast nie blicken.[267] Vor allem Hille beklagte, dass Popp lediglich über das Schicksal von BMW nachdachte und darüber die Kleinigkeiten der täglichen Aufgaben als „Mäusedreck“ abtat.[268] Jedoch bemän-

[261] Vgl. Entwurf eines Schreibens von Stauß an Popp vom 09.02.1942, in: BArch R 8119 F/P 3108, Bl.35-37, hier Bl.35 und Telegramm von Stauß an Popp vom 16.02.1942, in: ebd., Bl.48.

[262] So Popp an von Stauß vom 09.03.1942, in: ebd., Bl.64–65, hier Bl.65.

[263] Kocka, Jürgen: Unternehmer in der deutschen Industrialisierung. Göttingen 1975, S.14.

[264] Vgl. Popp an von Stauß vom 10.03.1942, in: BArch R 8119 F/P 3108, Bl.67, S.1–8, hier 1.

[265] Von Stauß an Popp vom 16.02.1942, in: ebd., Bl.50, S.1–5, hier S.3.

[266] Vgl. Popp an von Stauß vom 10.03.1942, in: ebd., Bl.67, S.1–8, hier 1.

[267] Vgl. von Stauß an Popp vom 16.02.1942, in: ebd., Bl.50, S.1–5, hier S.2.

[268] Hille an Merkel vom 31.03.1942, in: ebd., Bl.78, S.1–11, hier S.8.

gelte schließlich auch der Aufsichtsrat, dass Popp sich nicht genügend um die technischen Aufgaben seines Ressorts kümmerte.[269]

Popp trat innerhalb der Bayerischen Motoren Werke als autokratischer Patriarch auf, der sich qua Position als Generaldirektor als letztendliche und alleinige Entscheidungsinstanz sah. Popp fühlte sich hierin nicht zuletzt durch die nationalsozialistischen Ideologen bestätigt, die die Doktrin des Führerprinzips auch als Ordnungsmodell für die Unternehmensleitungen propagierten.[270] Seine unbestreitbar großen Leistungen und Erfolge für BMW und innerhalb der Flugmotorenindustrie bewirkten, dass er nicht nur das Unternehmen, sondern auch sich selbst als Garant dieser Errungenschaften zunehmend für unentbehrlich hielt. Da er sich jedoch in erster Linie strategisch-visionären Aufgaben widmete und dabei die tägliche Kleinarbeit vernachlässigte, erwies sich Popp innerhalb seiner Werke als relativ führungsschwach. Kollegiale und konsensorientierte Zusammenarbeit auf der Basis gleichberechtigter Führungspersönlichkeiten widersprach seinem Selbstverständnis als Generaldirektor und Patriarch im eigenen Unternehmen. Auf Kritik von innen und außen reagierte Popp äußerst ungehalten, aggressiv und selbstgerecht und erwies sich daher als wenig teamfähig. Er verstand es, Verantwortlichkeiten für Fehler zu delegieren, selbst wenn sie in dem Ressort auftraten, für das er letztendlich die Verantwortung trug.

Seinen autokratischen innerbetrieblichen Führungsstil und patriarchalischen Habitus übertrug der BMW-Generaldirektor oft auch auf seine Kontakte außerhalb des Unternehmens, ohne zu merken, dass er mit seinem aggressiven und selbstgefälligen Interventionsstil die Beziehungen zu Kunden und Behörden zunehmend belastete. Andererseits bewies Popp durch seine unkonventionelle Art gleichzeitig eine relativ große gedankliche Autonomie gegenüber den nationalsozialistischen Dienststellen.

Der direkte Gegenspieler von Popp im BMW-Vorstand war Fritz Hille. Er verkörperte eine vollständig andere Art von Wirtschaftsführer. Hille wurde 1891 in Berlin geboren. Seine ersten Erfahrungen in der Flugzeugindustrie sammelte er vor allem von 1926 bis 1930 als kaufmännisches Vorstandsmitglied der Bayerischen Flugwerke AG in Augsburg. 1930 übernahm er die gleiche Position bei den Heinkel-Flugzeug-Werken in Warnemünde, bevor er 1935 Franz Klebe als kaufmännischen Vorstand der BMW AG ablöste und auch dessen Funktion als Geschäftsführer der BMW Flugmotorenbau GmbH übernahm.

[269] Vgl. von Stauß an Popp vom 16.02.1942, in: ebd., Bl. 50, S. 1–5, hier S. 2.

[270] Das Gesetz zur Ordnung der nationalen Arbeit vom 20.01.1934 erklärte den Unternehmer – und in Kapitalgesellschaften den Vorstand – zum Betriebsführer. Vgl. RGBl. I 1934, S. 453ff. Außerdem stärkte das Aktiengesetz des Jahres 1936 die Rechte des Vorstandes gegenüber denen des Aufsichtsrates. Vgl. hierzu Kranig, Andreas: Lockung und Zwang. Zur Arbeitsverfassung im Dritten Reich. Stuttgart 1983 und Hachtmann, Rüdiger: Die rechtliche Regelung der Arbeitsbeziehungen im Dritten Reich. In: Gosewinkel, Dieter (Hrsg.): Wirtschaftskontrolle und Recht in der nationalsozialistischen Diktatur. Das Europa der Diktatur. Frankfurt am Main 2004.

Hilles Bindungen an den BMW-Konzern unterschieden sich von Popp sehr deutlich. Während sich Popp als Eigentümer-Unternehmer fühlte und auch so benahm, lässt sich Hille als der klassische Angestellten-Unternehmer kategorisieren. Er erfüllte während seiner Zeit bei BMW insbesondere die Aufgaben, die Kocka als Manager-Funktionen definiert. Sie sind vor allem dadurch gekennzeichnet, „daß sie ‚taktischer' Art sind, d.h. sich auf die Vorkehrungen und die Organisation beziehen, die zur Durchführung der Unternehmerentscheidung nötig sind, dabei besonders auf die Innenstruktur des Unternehmens und die Überwachung der in ihm ablaufenden Tätigkeiten; so gehört es zu den Manager-Aufgaben, über die Beziehungen zwischen Teilen des Unternehmens und seine funktionale Organisation zu entscheiden, für ausreichende innere Koordination und Information zu sorgen sowie die hierarchische Struktur des Unternehmens zu organisieren und die Kontrolle der Belegschaft zu gewährleisten."[271]

Hille steht exemplarisch für eine technokratische Elite der deutschen Industrie, die über die großen historischen Brüche des Machtwechsels 1933 und des Ausbruchs des Zweiten Weltkrieges hinweg ihren Dienst versah. Unbeirrt von gesellschaftlichen und ideologischen Rahmenbedingungen hielten die Mitglieder dieser Elite ihren Aufgabenbereich funktionsfähig, weniger aus ideologischer Überzeugung. Doch gehörte die Pflichterfüllung zu seinem Aufgabenumfang, den er nach Kräften im Dienste seiner Firma und der Nation erfüllen wollte. Seiner Meinung nach mussten in der damaligen Zeit „alle persönlichen Bindungen und Hemmungen hinter der großen Aufgabe zurückstehen".[272] Es gehörte für ihn zur Pflicht aller Verantwortungsträger, sich auch „in den Dienst der ‚nationalen Sache' zu stellen".[273] Ehrgeiz, persönlicher und unternehmerischer Erfolg, Berufsethos und die Angst vor Sanktionen waren die leitenden Motive der Technokraten wie Hille. Er offenbarte in seinem vorrangigen Streben, die Produktionsvorgaben des RLM zu erfüllen, einen „anhaltend hohen Grad an Bereitschaft zur Selbstmobilisierung im Sinne rüstungswirtschaftlicher Anstrengungen".[274] Im Juni 1942 erklärte er beispielsweise im Unternehmensbeirat: „Um den Leistungen der Front würdig zu sein, müssen in unseren Werken die letzten Reserven herausgeholt werden."[275] Sein Ziel war es, die bestehenden Flugmotorenkapazitäten

[271] Kocka, Unternehmer 1975, S. 14.

[272] Hille an von Stauß vom 21.01.1942, in: BArch R 8119 F/P 3105, Bl. 358–371, hier Bl. 371.

[273] Kurt Donath, 1942–1945 Geschäftsführer der BMW Flugmotorenbau GmbH und 1947–1957 ordentliches Vorstandsmitglied der BMW AG, und Heinrich Krafft von Dellmensingen, 1942–1945 Direktor bei der BMW Flugmotorenbau GmbH und nach 1945 maßgeblich am Wiederaufbau der BMW AG beteiligt, an die Spruchkammer des Landkreises Starnberg vom 22.08.1946, in: StAM SpKa Karton 4589: Hille.

[274] Erker, Industrieeliten NS-Zeit 1993, S. 26.

[275] Niederschrift über die Unternehmensbeiratssitzung der BMW AG vom 12.06.1942, in: BMW-Arch UA 5.

um jeden Preis auszunutzen. Hille versuchte auch aus Karrieregründen, auf seinem Posten das Bestmögliche zu leisten, und nahm dabei die Sinnlosigkeit und Amoralität des herrschenden politischen Systems in Kauf. Ehemalige Mitarbeiter urteilten später über ihn: „Die ausgesprochene Pseudodynamik des NS-Regimes barg für ihn als ausgesprochen aktiven Menschen daher zeitweise erhebliche Versuchungen, gegen die er zwar häufig ankämpfte, ihnen jedoch nicht immer ganz widerstand."[276] Hille orientierte sich dabei in erster Linie an der wirtschaftlichen Zweckrationalität, die sich aus den Unternehmenszielen ergab, und nahm dabei moralisch verwerfliches Handeln in Kauf und dass er mit seinem Handeln mittel- und unmittelbar zur verbrecherischen Politik der Nationalsozialisten beitrug. Nicht umsonst urteilten bereits Zeitgenossen über Hille: „Im Ganzen halte ich Hille als den typischen Fall eines Mitläufers aus geschäftlichen Interessen."[277] Hille ist einer derjenigen, die Hayes meint, wenn er in Bezug auf die Kollaboration und den Opportunismus der deutschen Industriellen im Nationalsozialismus schreibt: „[...] the indifference exhibited by German industry was also an expresssion of all too human weakness on the part of the country's executives – of ambition, self-centredness, intellectual and moral laziness [...] the leaders of German industry showed themselves all too ready to behave according to the given circumstances."[278] Hille vertrat den Standpunkt, dass man in erster Linie durch die dauerhafte Beteiligung an den jeweils vom RLM für prioritär gehaltenen Projekten und die Erfüllung der dabei gesetzten Produktionsziele dafür sorgen konnte, dass die Autonomie des Unternehmens nicht unter Umständen massiv eingeschränkt und wesentliche Ressourcen umverteilt wurden, worauf die Konkurrenz nur zu warten schien.

Anders als Popp suchte Hille, der „es sich mit niemand verderben"[279] wollte, den Kontakt zu den mächtigen Personen im Reichsluftfahrtministerium. Er betrieb mit seinen regelmäßigen Besuchen bei den maßgebenden Dienststellen aktive Lobbyarbeit auch in Dingen, die laut Geschäftsordnung in Popps Ressort fielen, die dieser jedoch vernachlässigte.[280] Letztendlich richtete die BMW-Führung unter Hilles Leitung im Mai 1943 auch ein Berliner Verbindungsbüro zur verstärkten Informationsbeschaffung, Kontaktpflege und Interessenvertretung gegenüber den RLM-Dienststellen ein.[281]

[276] Donath und von Krafft an die Spruchkammer des Landkreises Starnberg vom 22.08.1946, in: StAM SpKa Karton 4589: Hille.

[277] Alexander Freiherr von Falkenhausen, langjähriger leitender Entwicklungsingenieur im BMW-Motorrad- und Automobilbau, an den Öffentlichen Kläger im Spruchkammerverfahren von Hille vom 12.10.1946, in: ebd.

[278] Hayes, Industry 2002, S.36.

[279] Alexander Freiherr von Falkenhausen an den Öffentlichen Kläger im Spruchkammerverfahren von Hille vom 12.10.1946, in: StAM SpKa Karton 4589: Hille.

[280] Vgl. von Stauß an Popp vom 16.02.1942, in: BArch R 8119 F/P 3108, Bl.50, S.1-5, hier S.2.

[281] Vgl. Werner, Zwangsarbeit 2006, S.128. Außerdem übernahmen zwei BMW-Angehörige unter dem Speerschen System der Kriegswirtschaftsorganisation Management-

Auch Hilles Vorstellungen einer idealen Konzernführung sahen vollkommen anders aus als bei Popp. Hille verstand sich seit seinem Eintritt in den BMW-Vorstand im Jahre 1935 als gleichberechtigter Partner und wurde durch die Tatsache bestätigt, dass Popp vom RLM etwa gleichzeitig der Titel als Generaldirektor aberkannt wurde. Dass Popp 1939 seine persönlichen Kontakte zu Udet nutzte, um den Titel Generaldirektor erneut zu erwerben, empfand Hille als Usurpation.[282] Ganz abgesehen davon, dass Hille Popp auf Grund seiner Eigenarten als führungsschwach ansah[283], hielt der Technokrat Hille wenig von der Funktionalität des stark zentralisierten, auf eine Führungspersönlichkeit zugeschnittenen Entscheidungsmechanismus, mit dem BMW seit 1917 geleitet wurde. Im Sinne einer guten Corporate Governance plädierte Hille vehement für eine klare Ordnung der persönlichen Führungsverantwortungen und einer sauberen Führung, die seines Erachtens lediglich durch das Prinzip der kollegialen Zusammenarbeit im BMW-Vorstand gewährleistet werden konnte.[284] Hille forderte wiederholt, sämtliche Schlüsselressorts der Bayerischen Motoren Werke personell im Vorstand zu verankern und im Sinne der kollektiven Verantwortung im gegenseitigen Einvernehmen und gleichberechtigt entscheiden zu lassen.[285] Intern und vor allem nach außen sollte der Vorstand als Konsequenz seines Führungsmodells mit einer Stimme sprechen. Popp hatte dagegen immer die These verfochten, den Vorstand der BMW AG so klein und exklusiv wie möglich zu halten, „[...] um damit gegenüber den Tochtergesellschaften eine genügend distanzierte Gewalt im Konzern zu haben [...]".[286]

Diese diametralen Positionen der beiden Schlüsselakteure mussten zu Alleingängen, Missverständnissen und Reibungen in der BMW-Unternehmensleitung führen. Hinzu kam, dass beide Protagonisten einen sehr eigenwilligen Führungsstil pflegten. Während Popp autokratisch herrschte und notfalls auch Untergebene gegeneinander ausspielte, war Hille der typische Technokrat, für den seine Mitarbeiter Produktionsfaktoren waren, die man beliebig verschieben konnte. Schaaf, BMW-Direktor in Eisenach, beklagte sich z.B. im Oktober 1942 beim Aufsichtsratsvorsitzenden darüber, dass Hille langjährig verdiente Mitarbeiter, die BMW mit aufgebaut hatten, mit einem Satz ent-

funktionen: Wilhelm Schaaf wurde zum Hauptausschussführer und Leiter der Wirtschaftsgruppe Fahrzeugindustrie und Erich Zipprich zum Sonderausschussführer Flugmotoren ernannt. Vgl. ebd., S. 131.

282 Vgl. Hille an Merkel vom 31.03.1942, in: BArch R 8119 F/P 3108, Bl. 78, S. 1-11, hier S. 7.

283 Vgl. z.B. Hille an von Stauß vom 21.01.1942, in: BArch R 8119 F/P 3105, Bl. 358-371, hier Bl. 369.

284 Vgl. Hille an von Stauß vom 01.03.1941, in: ebd., Bl. 250-255, hier Bl. 252-253 und Niederschrift der AR-Sitzung der BMW AG vom 20.03.1942, in: BMW-Arch UA 5.

285 Vgl. u.a. Hille an Rummel vom 07.03.1941, in: BArch R 8119 F/P 3105, Bl. 256-261, hier Bl. 259-261 und Hille an von Stauß vom 26.01.1942, in: ebd., Bl. 376-379, hier Bl. 377-379.

286 Ebd., Bl. 377.

ließ, keine Erörterung bzw. Einspruch duldete und „Eigenschaften, wie Herz und gewisse Formen, die zur Führung eines Werkes mit einer so grossen Gefolgschaft auch notwendig seien" ebenso wie „jede menschliche Zuverlässigkeit" vermissen ließ.[287] Bei Hille scheint es eine deutliche Diskrepanz zwischen seinem Anspruch einer konsensualen Entscheidungsfindung und seinem tatsächlichen Verhalten gegeben zu haben.

6.9.2. Unterschiedliche Konzernstrategie im BMW-Vorstand

Zur desolaten Corporate Governance-Situation bei BMW in der NS-Zeit trug nicht nur bei, dass die zwei Protagonisten im BMW-Vorstand vollständig unterschiedliche Unternehmertypen repräsentierten, sondern insbesondere auch, dass sie sehr verschiedene Auffassungen über die BMW-Konzern-Verfassung hatten und zusätzlich diametrale Konzernstrategien verfolgten. Diese drei sich überlagernden und gegenseitig beeinflussenden Faktoren führten dazu, dass bei BMW über Jahre hinweg immer wieder Führungs- und Personalkrisen auftraten.

Kern des Problems war sicherlich, dass beide in den Bayerischen Motoren Werken ein vollkommen anderes Unternehmen sahen und sehr unterschiedliche Unternehmens- und Unternehmerphilosophien vertraten. Hille sprach nicht umsonst von „der neuen BMW, die sich von der alten BMW grundsätzlich unterscheidet". Seine Analyse traf überdies den entscheidenden Punkt: „Die Frage, wie man die BMW-Idee aufgefasst hat, ist letzten Endes der Ursprung aller Differenzen und Divergenzen zwischen Herrn Popp und mir."[288] Popp führte BMW bereits 18 Jahre lang, als Hille 1935 ins Münchener Unternehmen wechselte. Er hatte die Gesellschaft 1917 als eine kleine, unbedeutende Werkstatt übernommen, zu dem führenden deutschen Flugmotorenhersteller aufgebaut und ihn durch die beiden großen Krisen Ende des Ersten Weltkrieges und der Weltwirtschaftskrise geführt. Trotz der bedeutenden wirtschaftlichen Erfolge und der herausragenden Position innerhalb der Luftfahrtindustrie war BMW bis in die Mitte der 1930er Jahre hinein ein kleines mittelständisches Unternehmen geblieben, in dem bürokratische Strukturen fast vollständig fehlten und Entscheidungen im kleinen Kreis fielen. Die überschaubare Größe und zentralisierte Entscheidungspraxis bei BMW führte dazu, dass Popp als Firmenpatriarch über ein allumfassendes betriebliches Wissen verfügte.

Elf Jahre nach der Gründung der Bayerischen Motoren Werke leitete Castiglioni eine gesellschaftsrechtliche Konzernaufspaltung ein, die eine weitere Dekade später zu schwersten Krisen im Unternehmen führen sollte. Die

[287] Notiz von Stauß über BMW vom 22.10.1942, in: BArch R 8119 F/P 3155, Bl. 10–11, hier Bl. 11.

[288] Beide Zitate in: Hille an von Stauß vom 10.05.1941, in: BArch R 8119 F/P 3105, Bl. 288–290, hier Bl. 289.

Übernahme des Eisenacher Automobilwerkes im Jahre 1928 war der erste Schritt in einem Expansionsprozess, der letztendlich zu einem äußerst komplizierten und verschachtelten Konzerngebilde führte. Popps Einstellung zum neuen Zweigwerk in Thüringen verdeutlicht sehr anschaulich sein ambivalentes Verhältnis zur Aufspaltung des Unternehmens und seines eigenen Betätigungsfeldes. Sein unternehmerisches Interesse galt auch nach der Übernahme von Eisenach weiterhin ausschließlich dem von ihm aufgebauten BMW-Stammwerk in München. Im November 1929 erläuterte er, sein Ziel sei es gewesen, die Automobilfabrikation von Eisenach zu kaufen, um sie nach München zu verlegen, „denn der ganze Sinn meiner Überlegungen war ja immer nur der, das Werk München für die Zukunft sicherzustellen".[289] Gut ein Jahr später berichtete von Lewinski über eine Besprechung mit Popp, er habe den Eindruck, „als ob Popp etwas egozentrisch nur an München denkt und Eisenach als einen zu negierenden/vernachlässigenden Standort behandelt".[290] Dass Popps Prioritäten sich auch organisatorisch in der Konzernstruktur niederschlugen, verdeutlichte ein Bericht der Deutschen Revisions- und Treuhand AG vom 05.03.1932: „Die Abteilung Eisenach ist erst im Jahre 1928 durch Kauf hinzugekommen. Ihre Fabrikationsanlagen wie auch ihr Fabrikationsprogramm [...] stehen in keinerlei organischem Zusammenhang zu dem Stammwerk in München [...]. Intern wird daher auch das rechtlich eine Zweigniederlassung der Gesellschaft darstellende Werk als selbstständiges Unternehmen aufgefasst, welches mit dem Stammwerk in München lediglich die oberste Leitung gemeinsam hat, sonst aber sowohl in technischer als auch in kaufmännischer Hinsicht über eine getrennte Verwaltung verfügt."[291]

Ein weiteres Indiz dafür, dass das Zweigwerk in Eisenach Popp wenig interessiert hat, waren seine permanenten Versuche, die Thüringer Fabrik zu verkaufen, als sich der Automobilbau als unrentabel erwies. Als BMW sich nach langen Verhandlungen mit dem RLM bereiterklärte, die Eisenacher Flugmotorenfabrik GmbH zu gründen, sorgte Popp dafür, dass in die Verträge mit dem RLM ein Passus eingefügt wurde, dass das Flugmotorenbau-Stammhaus München auch weiterhin vorrangig mit staatlichen Aufträgen versorgt und nicht vernachlässigt wurde.[292] Noch 1937 und erneut 1939 übertrug der Beirat der Flugmotorenfabrik Eisenach dem BMW-Vorstand die Aufgabe, auf konstruktivem, fabrikatorischem, kaufmännischem, finanziel-

[289] Popp an von Stauß vom 15.11.1929, in: BArch R 8119 F/P 3080, Bl. 323, S. 1–10, hier S. 2.

[290] Aktennotiz von Lewinski über eine Besprechung mit Popp vom 20.01.1931, in: BArch R 8119 F/P 3070, Bl. 278–282, hier Bl. 280.

[291] Bericht der Deutschen Revisions- und Treuhand AG über die bei der BMW AG vorgenommene Sonderprüfung vom 05.03.1932, in: BArch R 8135/5013, S. 1–11, hier S. 2.

[292] Vgl. Vertragsentwurf zwischen dem RLM und der BMW AG zur Gründung der Eisenacher Flugmotorenfabrik GmbH vom 28.05.1936, in: BArch R 8119 F/P 3146, Bl. 66–72, hier Bl. 70.

lem und sozialem Gebiet endlich für eine homogene Zusammenarbeit zwischen den Werken in Eisenach und dem Gesamtkonzern zu sorgen.[293] Popp hatte während seiner gesamten Zeit bei BMW kein inneres Verhältnis zu den fabrikatorischen und wirtschaftlichen Verhältnissen im Eisenacher Werk entwickelt und vernachlässigte bzw. verhinderte somit eine einheitliche auf das Konzernganze abgestimmte Geschäftspolitik.[294]

Popps Einstellung zu Eisenach stand symptomatisch für die weitere Expansion der Bayerischen Motoren Werke, die sich unter nationalsozialistischer Herrschaft rapide beschleunigte. 1934 erfolgte die Ausgründung der Flugmotorenherstellung in eine selbstständige GmbH, 1936 kamen in rascher Folge die Flugmotorenwerke in Eisenach und Allach hinzu und 1939 übernahm BMW mit der Bramo die beiden Standorte in Spandau und Basdorf. In nur fünf Jahren war aus der kleinen Münchener Flugmotoren- und Motorradfabrik mit angegliedertem Automobilwerk in Eisenach ein mächtiger, deutschlandweit operierender Rüstungskonzern mit vier Tochtergesellschaften (Flugmotorenbau GmbH, München; Flugmotorenfabrik Eisenach, Flugmotorenfabrik Allach, Flugmotorenwerk Brandenburg) und sechs Produktionsstandorten (München, Allach, Eisenach-Stadtwerk, Eisenach-Dürrerhof, Spandau, Basdorf) geworden, wobei im Werk Eisenach-Dürrerhof bis Februar 1940 eine Reichsbeteiligung existierte, das Werk Allach lediglich als Pachtwerk fabrikatorisch verwaltet wurde und das Stammwerk in München gesellschaftsrechtlich in zwei Firmen aufgespalten war (BMW AG und Flugmotorenbau GmbH).

Popp hatte die schnelle Transformation des kleinen mittelständischen Flugmotorenbau-Betriebes in einen gesellschaftsrechtlich und geographisch stark diversifizierten Konzernverbund gedanklich nie mitvollzogen und lehnte sie im Übrigen auch entschieden ab. Er machte immer wieder unmissverständlich klar, dass er die Aufsplitterung der BMW AG im Grunde für falsch hielt und sie ohne die besonderen politischen Zwänge unter der nationalsozialistischen Herrschaft auch nicht geduldet hätte. In seinem Denken und unternehmerischen Handeln existierte weiterhin vorrangig der BMW-Standort München.[295] Die anderen Gesellschaften betrachtete er als eigenständige Unternehmen, die zwar alle unter dem Logo BMW firmierten, jedoch mehr oder weniger eigenständig waren. Popp integrierte insbesondere die geographisch weit entfernten Werke in Eisenach und Berlin daher auch nicht wirklich in

293 Vgl. Protokoll der Beiratssitzung der Flugmotorenfabrik Eisenach GmbH vom 31.10.1939, in: BArch R 8121/154, Bl. 202–209, hier Bl. 207–208.

294 Vgl. Hille an von Stauß vom 10.05.1941, BArch R 8119 F/P 3146, Bl. 288–290, hier Bl. 289.

295 Popp schrieb beispielsweise an Lucht: „Praktisch haben [...] die drei GmbHs nur eine formalrechtliche Bedeutung. Intern gibt es nur eine Firma und dies ist die BMW AG, sodass praktisch die drei GmbHs nur Unterabteilungen sind, ebenso wie der Automobilbau, der Motorradbau oder der Heeresgerätebau." Popp an Lucht vom 08.02.1941, in: ebd., Bl. 250–255, hier Bl. 255.

das Unternehmen. Sie fungierten in seinem Bewusstsein in erster Linie als Ersatzkapazitäten für Münchener Produktionsengpässe und ansonsten als Verhandlungsmasse in eventuellen Verkaufsverhandlungen.

Hille dagegen agierte auf der Basis einer vollkommen unterschiedlichen Unternehmensphilosophie. Als Hille 1935 zu BMW kam, existierte der einfache Münchener Flugmotorenbau-Betrieb, in dem alle Fäden beim Generaldirektor zusammenliefen und von ihm auch weniger wichtige Entscheidungen getroffen wurden, bereits nicht mehr. Hille sah seine Aufgabe darin, einen Großkonzern zu leiten und in diesem Sinne neue Führungsstrukturen zu verwirklichen.[296] „Man kann ja einen Konzern wie die BMW nicht mit derselben Methode führen, wie man eine Münchener Fabrik von einigen tausend Arbeitern geführt hat."[297] Hille strebte eine in stark diversifizierten Großunternehmen übliche arbeitsteilige, dezentrale Leitungsstruktur an. Die Zuordnung von Kompetenzen und Verantwortlichkeiten sollte sowohl horizontal in Gestalt eines kollektiven Führungsgremiums, dem Vorstand der BMW AG, als auch vertikal über eine Reihe von Fach- und Unterabteilungen erfolgen. Durch das Prinzip der Delegation von Zuständigkeiten und Kompetenzen würde in einem solchen System eine betriebliche Bürokratie entstehen, die in einzelnen Sachfragen autonome Entscheidungen treffen konnte.[298] Der BMW-Vorstand sollte als übergeordnete Planungsinstanz die Möglichkeit bekommen, über Maschinen, Arbeitskräfte und Werkstätten, d.h. über alle Produktionsfaktoren innerhalb des BMW-Produktionsverbundes unabhängig und ohne Rücksicht auf die formalen Aufteilungen in Gesellschaften und Standorte frei disponieren zu können.[299]

Im Sinne einer guten Corporate Governance drängte Hille in der zweiten Hälfte der 1930er Jahre fortwährend auf den Erlass einer neuen Konzernverfassung. Bei der Größe, die BMW mittlerweile hatte, und der Vielfalt der Verantwortungen hielt Hille es für essenziell wichtig, die Binnenstruktur des Unternehmens zu ordnen, die funktionalen Aufgaben der einzelnen Teile des Unternehmens festzulegen, für ausreichende innere Koordination und Information zu sorgen und damit insgesamt hierarchische Strukturen im Unternehmen zu organisieren. In seinem technokratischen Unternehmensverständnis glaubte Hille, dass mit Hilfe neuer Geschäftsordnungen eine endgültige Plattform für die Zusammenarbeit innerhalb des Konzernverbundes gefunden werden könnte, da sich jeder Mitarbeiter einer solchen Verfassung unterzuordnen hatte.

Allerdings offenbarte sich in diesem Ansinnen Hilles auch, dass sich die Sichtweisen der beiden Schlüsselakteure bei BMW unversöhnlich gegenüber

[296] Vgl. Hille an von Stauß vom 10.05.1941, ebd., Bl.288–290, hier Bl.289.
[297] Hille an von Stauß vom 21.01.1942, in: BArch R 8119 F/P 3105, Bl.358–371, hier Bl.368.
[298] Vgl. hierzu Heusler, Ausländereinsatz 1996, S.82–83.
[299] Vgl. Hille an von Stauß vom 26.01.1942, in: BArch R 8119 F/P 3105, Bl.376–379.

standen. Popp betrachtete diese „Verfassungsordnungen immer nur [als] Papier“[300], keineswegs jedoch als Handlungs- und Verantwortungsverpflichtung, denen er sich zu fügen hatte. Seine Position im Unternehmen bewertete er höher als Hilles Unternehmensverfassungen. Sie garantierte ihm seiner Meinung nach das Recht, sich auch mal über verfasste Grundordnungen hinwegzusetzen, wenn es das Wohl des Unternehmens erforderte. Angesichts Popps Festhaltens an seinem überkommenen Führungsstil scheint die Aussage von Budraß auch auf Popp zuzutreffen, wenn er über Unternehmer wie Heinkel, Messerschmitt und Dornier urteilt, dass sie „mit der Führung von Unternehmen, die schließlich bis zu 50 000 Beschäftigte zählten, heillos überfordert waren“.[301] Letztendlich blieb bei BMW unter anderem auf Grund von Popps Rückständigkeit der gesamte Bereich des betriebswirtschaftlichen Managements unterentwickelt und einem Konzern dieser Größe kaum angemessen.

Überlagert und verstärkt wurden ihre ohnehin schon diametralen Positionen durch unterschiedliche Konzernstrategien, die erstmals bei der Übernahme der Brandenburgischen Motorenwerke offen zu Tage traten.[302] Popp lehnte seit 1937 nicht nur die von Hille forcierte und geleitete Ausweitung der eigenen Produktionskapazitäten ab, sondern befürchtete auch eine zu einseitige Ausrichtung des Konzerns auf den Flugmotorenbau. Hatte er selber in den Jahren 1933/34 noch überlegt, dass BMW die Flugmotorenherstellung auch auf Kosten der Kfz- und Motorradfertigung weiter beschleunigen konnte, so umfasste sein Umdenken nach der Krise 1937 auch die Produktdiversifikation des Unternehmens. Die Ereignisse des Sommers 1937 führten ihm die labile Situation eines zu einseitig ausgerichteten Unternehmens erneut vor Augen. Popp konnte dabei auf seine Erfahrungen von 1918 bis 1922 verweisen, als das noch junge Unternehmen am Ende des Ersten Weltkrieges außer Flugmotoren keine weiteren Produkte im Portfolio gehabt hatte und nur mit Mühe auf eine stabile Friedensproduktion hatte umgestellt werden können. Außerdem wusste Popp spätestens seit der Weltwirtschaftskrise, dass die Flugmotorenproduktion stark von den politischen Rahmenbedingungen abhängig war und dass vor allem die Motorradproduktion das Münchener Unternehmen in der konjunkturellen Krise stabilisiert hatte. Daher bekämpfte Popp nach 1937 neben der Ausweitung unrentabler Kapazitäten insbesondere die von Hille betriebene einseitige Verlagerung des Produktionsschwerpunktes hin zur Flugmotorenproduktion. Dabei opponierte und bremste

300 Hille an von Stauß vom 10.05.1941, BArch R 8119 F/P 3146, Bl. 288–290, hier Bl. 290.

301 Budraß, Lutz: Sackgasse oder Zwischenspeicher? Die deutsche Luftfahrtindustrie und die Führungsschicht der deutschen Wirtschaft, 1930–1960. Paper für die Tagung „Die deutsche Wirtschaftselite im 20. Jahrhundert: Kontinuität und Mentalität, Bochum 11.–13. Okt. 2001, S. 14.

302 Vgl. dazu die Erweiterungsdiskussionen bei der Bramo-Übernahme in Kap. 6.6., ab S. 174.

Popp weniger gegen die Einbindung in den Kriegsrüstungsprozess. Auch die BMW-Automobil- und Motorradwerke lieferten während des Krieges hauptsächlich für die Wehrmacht.

Im Gegensatz dazu bekannte sich Hille vollständig zur Vergrößerung von BMW und sah in der Konzentration auf den Flugmotorenbau in erster Linie Umsatz- und Gewinnchancen, die das Unternehmen mit seinem herkömmlichen zersplitterten Produktprofil nicht nutzen konnte.[303] Hille setzte vor allem auf eine „Zusammenfassung und Ausrichtung der gesamten Kräfte des Konzerns auf die Erfüllung des Flugmotorenprogramms als dominierende Aufgabe".[304] Hille verfolgte die Strategie, die sich bietenden wirtschaftlichen Chancen konsequent zu nutzen, die Zukunft von BMW aus kurzfristigen Profitgründen vollständig auf den Flugmotorenbau auszurichten und die anderen Produktionsstandbeine notfalls aufzugeben. In diesem Sinne plädierte er auch für die schnelle Übernahme des reichseigenen Werkes Allach[305], das BMW Ende 1941 für einen Kaufpreis von 28 Mio. RM und zusätzlichen Investitionskosten von 21 Mio. RM erwarb.[306]

Hille betrachtete Popps Bremsmanöver zunehmend als Belastung für BMW.[307] Selbstverständlich wusste Hille bei seiner Strategie die Führungskräfte des RLM hinter sich, die schon seit Jahren eine totale Konzentration auf den Flugmotorenbau gefordert hatten. Wegen seiner Vorbehalte und Bedenken gegen eine einseitige Festlegung auf die kriegswichtige Flugmotorenproduktion entfachte Popp beim RLM sukzessive immer mehr Unwillen gegen sich und seine unternehmerischen Maßnahmen. Insbesondere der für die Luftrüstung zuständige Milch äußerte seine Kritik an Popp in immer schärferem Ton. Hille befürchtete schließlich, dass sich die negative Stimmung im RLM gegen den BMW-Generaldirektor zunehmend auch gegen das Unternehmen richten würde und wandte sich daher ab 1939 in dieser Angelegenheit wiederholt an die geschäftsführenden Mitglieder des Aufsichtsrates von Stauß und Rummel.[308] Den beiden Aufsichtsräten verhehlte Hille nicht, dass seiner Meinung nach in Popps zögerlichem und renitentem Verhalten die eigentlichen Ursachen für die deutlich spürbaren Vorbehalte gegen BMW im

303 Vgl. Hille an von Stauß vom 10.05.1941, BArch R 8119 F/P 3146, Bl. 288–290, hier Bl. 290 und Popps Lebenslauf vom 13.05.1946, in: StAM SpKa Karton 1341: Popp.

304 Hille an von Stauß vom 26.01.1942, in: BArch R 8119 F/P 3105, Bl. 376–379, hier Bl. 376.

305 Vgl. Hille an Rummel vom 19.04.1941, in: BArch R 8119 F/P 3066, Bl. 181–185, hier Bl. 182 und 184–185.

306 Vgl. eidesstattliche Erklärung von Paul Thomas vom 23.02.1951, in: BMW-Arch UA 59; BMW-Finanzbericht und Finanzierungsprogramm vom Nov. 1941, in: BArch R 8119 F/P 3066, Bl. 254 und BMW Flugmotorenbau GmbH an Bank der Deutschen Luftfahrt AG, Berlin, vom 12.12.1941, in: BMW-Arch UA 11.

307 Vgl. Hille an von Stauß vom 21.01.1942, in: BArch R 8119 F/P 3105, Bl. 358–371, hier Bl. 370–371.

308 Vgl. u. a. Hille an von Stauß vom 01.03.1941, in: ebd., Bl. 250–255, hier Bl. 255.

RLM zu suchen waren.[309] Er schlug aus diesem Grund im Frühjahr 1941 dem Aufsichtsrat vor, Popp aus der Geschäftsführung der Flugmotorenbau-Gesellschaften zu entfernen, um einerseits die Kritik aus dem RLM zu entschärfen und andererseits seinen Widersacher zurückzudrängen.[310]

Bereits die unterschiedlichen Unternehmensphilosophien von Popp und Hille und die daraus resultierende Führungsschwäche des BMW-Vorstandes lösten im Unternehmen in regelmäßigen Abständen Führungskrisen aus.[311] Allerdings gelang es beiden Protagonisten während der ersten Jahre ihrer Zusammenarbeit noch einigermaßen, ihre Gegensätze in kollegialer Atmosphäre miteinander in Einklang zu bringen, da beide die unternehmerischen Leistungen des anderen respektierten.[312] Als diese außerordentlich labile Situation in der BMW-Führung jedoch Ende der 1930er Jahre durch die diametralen Erweiterungsstrategien beider Schlüsselakteure überlagert wurden und sie ihre berufliche Zukunft mit den zur Entscheidung anstehenden Fragen verknüpften, brachen persönliche Animositäten offen zu Tage und steigerten sich unter dem externen Druck des Ministeriums letztendlich zu einem erbittert geführten Machtkampf, der nicht nur die Karrieren von Popp und Hille, sondern zunehmend auch die Existenz des Unternehmens gefährdete.[313]

6.9.3. Der BMW-Aufsichtsrat als Kontroll- und Schlichtungsorgan

Die Leistungsfähigkeit eines Leitungssystems hängt von seiner Glaubwürdigkeit ab. Als Grundgedanke einer guten Corporate Governance gilt jedoch, dass Glaubwürdigkeit und Vertrauen auf Dauer nur mit wirksamen Kontrollmechanismen gewährleistet werden können.[314] Dies galt bei den Bayerischen Motoren Werken der 1930er und 1940er Jahre umso mehr, da Popp und Hille das Vertrauen in ihre Führungsqualitäten und somit in ein adäquates Leitungsgremium bei BMW sukzessive verspielten. Wichtigstes Charakteristikum des deutschen Modells einer Aktiengesellschaft war für solche Fälle seit dem Kaiserreich das obligatorische Trennsystem der Unternehmensführung

[309] Vgl. dazu auch Artikel „Fritz Hille – Der Rüstungsmanager" von Florian Triebel, in: BMW Group Mobile Tradition live 1 (2004).

[310] Vgl. z.B. Hille an von Stauß vom 01.03.1941, in: BArch R 8119 F/P 3105, Bl. 250–255; Hilles Entwurf einer Neuordnung des Verhältnisses zwischen der BMW AG, der Flugmotorenbau GmbH und ihren Tochtergesellschaften vom 06.03.1941, in: ebd., Bl. 265–270; Hille an Rummel vom 07.03.1941, in: ebd., Bl. 256–261, hier Bl. 258 und Hille an von Stauß vom 21.01.1942, in: ebd., Bl. 358–371, hier Bl. 370–371.

[311] Vgl. hierzu Hille an Rummel vom 07.03.1941, in: ebd., Bl. 256–261, hier Bl. 257.

[312] Noch im Aug. 1938 waren sich sowohl Popp als auch Hille zwar der „Verschiedenheit unserer Veranlagung" durchaus bewusst, gleichzeitig jedoch bemüht, ihre unterschiedlichen Perspektiven in freundschaftlichem Verhältnis in Abstimmung zu bringen. Vgl. Hille an Popp vom 26.08.1938, in: ebd., Bl. 246.

[313] Vgl. Entwurf eines Schreibens von Stauß an Popp vom 09.02.1942, in: BArch R 8119 F/P 3108, Bl. 35–37.

[314] Vgl. Bähr, Corporate Governance 2003, S. 62.

aus Vorstand und Aufsichtsrat.[315] Dabei übernimmt der Aufsichtsrat, gestützt auf das Aktienrecht, die Rolle als institutionalisiertes Aufsichtsorgan, dessen Aufgabe die Kontrolle und die Überwachung des Managements ist.[316] Angesichts der schwierigen Situation in der BMW-Unternehmensführung stellt sich nun die Frage, ob der Aufsichtsrat seine Kontroll- und Aufsichtspflichten im Sinne einer stabilen Corporate Governance ausreichend wahrnahm.

Von Stauß vertrat als Aufsichtsratsvorsitzender sowohl die Interessen der Shareholder als auch eines der wichtigsten Stakeholder von BMW. Er war als Direktor der Deutschen Bank zugleich Vertreter des größten Anteilseigners als auch des wichtigsten Gläubigers von BMW auf dem privaten Kapitalmarkt. Als Anwalt des wichtigsten Großaktionärs hatte er demnach hohe Anreize und die erforderlichen Einflussmöglichkeiten für ein effektives Monitoring-Engagement. Von Stauß war seit 1932 zwar nicht mehr Mitglied des Vorstandes der Deutschen Bank, saß aber dennoch im wichtigsten Ausschuss der Aufsichtsratsmandate.[317] Ihm wurden von seinem Bankhaus in den 1920er und 1930er Jahren die politisch brisanten Aufsichtsratssitze übertragen, die die Deutsche Bank übernommen hatte. Auch die Bayerischen Motoren Werke gehörten zu den Unternehmen, deren Produktion unter der nationalsozialistischen Diktatur ins Interessenfeld der Politik geriet. Von Stauß war es, der bis zu seinem Tod 1942 die wichtigsten Kontakte der Deutschen Bank zu hochrangigen Politikern unterhielt und dem der Vorstand der Bank gewissermaßen die politische Seite des Bankgeschäfts übertragen hatte. „[Von] Stauß war bis zu seinem Tode 1942 sozusagen das politische Alibi der Bank“, urteilte James.[318] Mit von Stauß als Vorsitzendem war der BMW-Aufsichtsrat hochkarätig mit einer Person besetzt, die die Aufgabe, Geschäft und Politik miteinander zu verbinden, hervorragend beherrschte und somit beste Voraussetzungen und die erforderlich hohe Fachkompetenz mitbrachte, Druck auf das BMW-Management auszuüben, die Gesellschaft effizient und profitabel zu führen.

Die Deutsche Bank stellte mit Hans Rummel auch den stellvertretenden Vorsitzenden des Aufsichtsrats. Er bekleidete dieses Amt von 1933 bis 1942, dem Jahr, in dem er den Vorsitz des Gremiums übernahm. Aus der Zusammensetzung des BMW-Aufsichtsrates ergaben sich vielfältige Interessensverflechtungen. So bestand die überwiegende Mehrheit der Aufsichtsratsmitglieder aus Vertretern von Gläubiger- und Konsortionalbanken, die in der Regel enge Geschäftsbeziehungen mit der Unternehmensführung unterhielten.[319] Diese Bankiers waren selbstverständlich an einem guten Verhältnis zur

[315] Vgl. Reichelt, Harald: Die Institution des Aufsichtsrats in der deutschen Aktiengesellschaft. Reformüberlegungen aus historischer Perspektive. Stuttgart 1998.
[316] Vgl. Helmis, Corporate Governance 2002, S. 13.
[317] Vgl. James, Deutsche Bank 1995, S. 352.
[318] Ebd.
[319] Vgl. Auflistung der Aufsichtsratsmitglieder von BMW von 1933–1945, in: BMW-Arch UA 58 und in BMW-Arch UA 2.

Bild Nr. 9: Der Aufsichtsratsvorsitzende der BMW AG Emil Georg von Stauß (1935)

Geschäftsleitung interessiert. Unbedingt wollten sie vermeiden, dass das zu beaufsichtigende Unternehmen seine Hausbanken wechselte und zur Konkurrenz abwanderte. Die Interessenverflechtung der Bankiers konnte durchaus dazu führen, dass eine wirksame Kontrolle der Geschäftsleitung nicht wirklich durch alle Mitglieder garantiert wurde bzw. dass der Geschäftsleitung durch eine „honorige" Haltung von Aufsichtsratsmitgliedern, die Kontrolle mit Verdächtigung gleichsetzte, in wichtigen Entscheidungen vertraut wurde.[320] Die Überprüfung der Unternehmensbilanzen wurde jedoch durch die seit 1931 obligatorischen aktienrechtlichen Pflichtprüfungen gewährleistet.[321] Überdies spielte die Sorge, dass BMW zu einer anderen Hausbank abwandern könnte, bei den Vertretern der Deutschen Bank keine Rolle, da sie einen solchen Schritt durch ihre großen stimmrechtlichen Einflussmöglichkeiten als Hauptanteilseigner leicht hätten verhindern können.

Im Fall der Bayerischen Motoren Werke beanspruchte die Deutsche Bank eine Rolle als aktiver Investor, der mit dem Aufsichtsratsvorsitzenden von Stauß in sämtliche strategische Entscheidungen involviert werden und bisweilen sogar selbst Managementaufgaben wahrnehmen wollte. Beispielsweise vermittelte von Stauß wiederholt Kontakte zu maßgeblichen politischen Entscheidungsträgern oder einschlägigen staatlichen Dienststellen. Auch ließ sich

320 Vgl. Bähr, Corporate Governance 2003, S. 64.

321 Vgl. RGBl. 1931 I, S. 493 ff. und Quick, Reiner: Die Entstehung der aktienrechtlichen Pflichtprüfung in Deutschland. In: Zeitschrift für Unternehmensgeschichte 35 (1990), S. 217-236, hier S. 231.

von Stauß vor wichtigen Strategieentscheidungen durch das BMW-Management in der Regel intensiv informieren, so dass bereits auf diesem Wege eine gewisse Monitoring-Garantie gegeben war.[322] Allerdings krankte das Corporate Governance-System bei BMW an einem Schwachpunkt, das alle Prinzipal-Agent-Beziehungen kennzeichnet: der prinzipiell asymmetrischen Informationsverteilung zwischen dem Management und dem Kontrollgremium, dem Aufsichtsrat. Von Stauß und später auch Rummel wurden von den beiden vollkommen verschiedenen Unternehmerpersönlichkeiten Popp und Hille jeweils sehr subjektiv einseitig informiert.[323] Besonders als sich die Gegensätze der beiden Protagonisten in der BMW-Geschäftsleitung Ende der 1930er Jahre zu einer veritablen Führungskrise auswuchsen, erforderte es die gesamte Fachkompetenz des Aufsichtsratsvorsitzenden, um die Richtigkeit und Glaubwürdigkeit der ihm zugespielten Informationen zu beurteilen. Schwierig wurde die strukturelle Informationsintransparenz durch die zu geringe Frequenz der Zusammenkünfte des Aufsichtsrates. Dadurch wurde von Stauß trotz der intensiven Kommunikation mit der BMW-Spitze nur mangelhaft in wichtige Entscheidungen eingebunden und verfügte demzufolge über einen regelmäßig unzureichenden Informationsstand. Im Fall von Stauß könnte dieser ungenügende Sachstand auch in einer gewissen zeitlichen Überforderung durch die Akkumulation einer großen Zahl von wichtigen Aufsichtsratsmandaten in seinen Händen begründet gewesen sein.[324] Bei allen anderen Aufsichtsratsmitgliedern intensivierte sich das Informationsproblem umgekehrt proportional zu der fehlenden Kommunikation mit der BMW-Geschäftsleitung.

Insgesamt bleiben die Persönlichkeit von Stauß, seine Motive, Ziele, unternehmerischen Strategien sowie seine Rolle, die er in der Führung des BMW-Konzerns einnahm, im vorhandenen Überlieferungsmaterial weitgehend nebulös und blass. Sicher ist, dass er sich ab 1933, als das RLM als starker Akteur auftauchte, sukzessive die Fäden aus der Hand nehmen ließ. Die entscheidende Kommunikation des BMW-Vorstandes zu den einschlägigen staatlichen Dienststellen lief mehr und mehr am Aufsichtsratsvorsitzenden vorbei. Außerdem mischte sich von Stauß bei einigen zukunftsweisenden Strategiedebatten nur sehr sporadisch in die Geschäftsführung ein. Sein Einfluss sowohl auf Popp als auch auf Hille scheint trotz seiner gesellschaftsrechtlichen Position relativ beschränkt gewesen zu sein.

[322] Die äußerst umfangreiche und inhaltlich gehaltvolle Ablage von von Stauß legt ein präzises Zeugnis von der Kommunikation der BMW-Geschäftsleitung mit von Stauß ab.

[323] Vgl. etwa die Klagen von Rummel über sehr subjektiv gefärbte Memoranden von Hille in seinen Aktennotizen betr. der Vorgänge des Jahres 1942 vom 01.02.1943 und vom 06.05.1943, beide in: BArch R 8119 F/P 3067, Bl. 154–157 und Bl. 157–158. Rummel weigerte sich teilweise sogar, Hilles subjektive Berichte in seine Akten aufzunehmen, und tat dies erst, nachdem er eine Gegendarstellung bzw. Richtigstellung formuliert hatte.

[324] Vgl. James, Deutsche Bank 1995, S. 353.

Betrachtet man die bei den Bayerischen Motoren Werken jahrelang schwelende Führungskrise, die in den ersten Kriegsjahren schließlich eskalierte und mehr und mehr die berufliche Existenz aller involvierten Akteure gefährdete, so muss man zu dem Befund kommen, dass der BMW-Aufsichtsrat in seiner Eigenschaft als Aufsichts-, Schlichtungs- und Sanktionsinstanz letztendlich versagt hat. Von Stauß verkannte das Ausmaß der unversöhnlichen, diametralen Gegensätze der Unternehmerpersönlichkeiten, ihrer Unternehmensphilosophie und Konzernstrategien und versuchte infolgedessen zwischen Popp und Hille immer wieder zu vermitteln, ohne für die eine oder andere Seite Stellung zu beziehen. Sein Motto war: „Oel auf die Wogen und nie ins Feuer zu giessen".[325] In seinem Bemühen, einen fairen Ausgleich zwischen beiden herzustellen, vermied er es konsequent, Schuld und Verantwortungen zuzuweisen und stellte sich bei Anschuldigungen lange Zeit vor die jeweiligen Personen.[326] Auf Grund seiner Beschwichtigungsversuche wirkte von Stauß sehr zögerlich und abwartend. Er ließ Zustände innerhalb der Geschäftsführung von BMW, die im Sinne einer guten Corporate Governance untragbar waren, zu lange laufen, ohne einzugreifen. Beispielsweise duldete er Popps autokratischen und patriarchalischen Alleinvertretungsanspruch und Führungsstil, obwohl dieser ausdrücklich gegen die BMW-Satzung verstieß und die Vorstandskollegen desavouierte. Im Übrigen wäre es auch im eigenen Interesse die Aufgabe des Aufsichtsrates gewesen, Popp klar zu machen, dass Satzungen und Konzern-Verfassungen nicht bloß „Papierkram" waren[327], sondern unter allen Umständen einzuhaltende Grundregeln des betrieblichen Miteinanders. Von Stauß versäumte es auch, gegen Popps einseitige und egozentrische Ausrichtung des BMW-Konzerns auf den Münchener Standort unter Vernachlässigung der Integration aller anderen Werke einzuschreiten. Der Aufsichtsratsvorsitzende opponierte ferner nicht gegen die augenfällige Macht- und Einflussverschiebung innerhalb des BMW-Vorstandes[328], die dadurch hervorgerufen wurde, dass Popp seine technischen und organisatorischen Aufgaben vernachlässigte und Hille sich infolgedessen um Dinge zu kümmern begann, die weit über sein eigentliches Ressort hinausgingen.

Eklatant sichtbar wird die schwache Position von von Stauß, stellt man die Frage, warum die Kapitalseite trotz der schwierigen Persönlichkeit Popps jahrelang unverbrüchlich an ihm festgehalten hat. Seine verfehlte Unternehmenspolitik – z.B. die fatalen Versäumnisse in der Flugmotorenentwicklung –

[325] Von Stauß an Popp vom 16.02.1942, in: BArch R 8119 F/P 3108, Bl. 50, S. 1–5, hier S. 4.

[326] Vgl. Hilles Ausführungen in der Aufsichtsratssitzung der BMW AG vom 20.03.1942, in: Niederschrift der AR-Sitzung gleichen Datums, in: BMW-Arch UA 5.

[327] Hille an von Stauß vom 10.05.1941, BArch R 8119 F/P 3146, Bl. 288–290, hier Bl. 290.

[328] Untrügliches Zeichen dieser Machtverschiebungen war z.B. die Übername der Bramo. Vgl. Kapitel 6.6., ab S. 174.

hätten wohl andern Orts zu weit schärferen Maßnahmen und eventuell sogar zur Entlassung geführt.

Hierbei spielt insbesondere eine Rolle, dass sämtliche Führungs- und Entscheidungsstrukturen des Unternehmens seit seiner Gründung auf die patriarchalische Figur Popps zugeschnitten waren. Alle anderen Managementebenen des Konzerns blieben zumindest bis zu Hilles Eintritt in den BMW-Vorstand im Jahre 1935 durch die starke Position des BMW-Generaldirektors von diesem abhängig und somit nur rudimentär ausgeprägt.

Als sich die Beziehung zwischen dem Aufsichtsratsvorsitzenden und Popp im Verlauf der Castiglioni-Affäre 1929 das erste Mal krisenhaft zuspitzte, war BMW etwa zeitgleich von der Weltwirtschaftskrise betroffen. Ende 1932, Anfang 1933 mündete die Rezession dann direkt in einen von den neuen Machthabern initiierten beispiellosen Rüstungsboom, in dem starke Führungspersönlichkeiten und mutige unternehmerische Weichenstellungen gefragt waren, um gegenüber der Konkurrenz keine Wettbewerbsnachteile zu erleiden und Marktanteile zu verlieren. Beide externen Entwicklungen setzten den Münchener Flugmotorenbauer so stark unter Zugzwang, dass sich von Stauß nicht zu einem Führungswechsel im BMW-Vorstand durchringen konnte. Er wollte die externe wirtschaftliche Dynamik nicht noch durch ein vorrübergehend kopf- und führungsloses Unternehmen verstärken und damit riskieren, dass BMW im hart umkämpften Flugmotorenmarkt den Anschluss verlor. Außerdem verhinderten Popps freundschaftliche Beziehungen zu führenden Entscheidungsträgern in den einschlägigen Behörden jahrelang seine Maßregelung bzw. Entlassung. Ende der Weimarer Zeit sicherte der Leiter der Gruppe Luftfahrt im RVM, Brandenburg, seine Position als BMW-Generaldirektor.[329] Ab 1933 verband die Beschaffungsstelle im RLM und Popp zunächst eine weitgehende Interessenkongruenz, da der BMW-Vorstand mit allen Mitteln danach strebte, von den lukrativen staatlichen Aufträgen zu profitieren. Als Popp ab 1937 dann zunehmend skeptisch auf die staatlichen Expansionsforderungen reagierte, hielt der Generalluftzeugmeister Udet, der eine persönliche Freundschaft zu Popp pflegte, jahrelang seine schützende Hand über ihn. Popp selbst berichtete später, dass sich seine Beziehungen zu RLM-Funktionären während der Amtszeit Udets deutlich entspannten und er wieder gewisse Freiräume verspürte, die er vorher nicht mehr gehabt hatte.[330]

Die Folge der Untätigkeit des Aufsichtsrates waren häufige Kompetenzüberschneidungen und Führungskrisen im Unternehmen, in denen sich sowohl Popp als auch Hille Eingriffe in ihre ureigensten Verantwortungsbereiche vorwarfen. Die fehlenden Kompetenz- und Verantwortungszuordnungen setzten sich bei BMW auf verschiedenen Verwaltungs- und Hierarchieebenen mit fatalen Folgen für die Loyalitäten der BMW-Mitarbeiter fort. Der BMW-

329 Vgl. Kapitel 4.2.

330 So Popp in seinem Lebenslauf vom 13.05.1946, in: StAM SpKa Karton 1341: Popp, S. 1–23, hier S. 19.

Aufsichtsrat betrieb jedoch jeweils nur kurzfristiges Krisenmanagement, ohne die tiefer liegenden Ursachen der Auseinandersetzungen zu beseitigen.

Die offensichtliche Funktionsschwäche des BMW-Aufsichtsrates als Kontrollorgan war umso schwerwiegender, da es im Unternehmen keine interne Unternehmenskontrolle gab. Durch die „Überwachungslücke“[331] verlor das bestehende System der Corporate Governance bei BMW an Glaubwürdigkeit und schadete somit der Stellung des Münchener Flugmotorenbauers bei den zuständigen Dienststellen im RLM. Zu der schwachen Stellung des BMW-Aufsichtsrates hatte jedoch nicht zuletzt auch die nationalsozialistische Rechtsprechung beigetragen. Das Aktiengesetz, das am 30.01.1937 erlassen wurde, stärkte vor allem die Vorstandsrechte. Der Vorstand hatte nun die Geschäfte ausschließlich in eigener Verantwortung zu leiten. Die Einflussmöglichkeiten der anderen Unternehmensorgane auf die Geschäftsführung wurden massiv eingeschränkt.[332] Der Aufsichtsrat durfte nur noch überwachende und nicht mehr lenkende Aufgaben wahrnehmen. Außerdem durfte die Hauptversammlung nur noch auf Verlangen des Vorstandes über Fragen der Geschäftsführung entscheiden. Die Vorstände der Aktiengesellschaften emanzipierten sich durch das neue Gesetz auch von ihren Kapitalgebern. Sie konnten nun eigene, von den Aktionären unabhängige Interessen vertreten. Allerdings war die Geschäftsführung verpflichtet, das Unternehmen so zu leiten, „wie das Wohl des Betriebs und seiner Gefolgschaft und der gemeine Nutzen von Volk und Reich es erfordern“.[333] Und wie der Nutzen von Volk und Reich definiert wurde, entschieden letztendlich die staatlichen Dienststellen. Allerdings verblieb die Besetzung der Leitungs-, Beirats- und Aufsichtsratsgremien, die in der Regel ohne Einmischung des Staates erfolgte, Teil der unternehmerischen Autonomie.[334] Die einzige neue Elite, die in den Beiräten von reichsbeteiligten Werken auftauchte, waren Ministerialbeamte vor allem des Reichsluftfahrt- und Reichsfinanzministeriums.[335]

Hille forderte schließlich direkt die Intervention des Aufsichtsrates, um den Führungskonflikt bei BMW zu lösen.[336] Alle Beteiligten müssten den Ernst der Lage erkennen und zu einer Klarstellung der organisatorischen Verantwortungen beitragen. Hilles Meinung nach seien die Schwierigkeiten langfristig nur zu beseitigen, indem Popp aus der Geschäftsführung der BMW-

331 Bähr, Corporate Governance 2003, S. 64.

332 Vgl. ebd., S. 68.

333 § 70 des Gesetzes über Aktiengesellschaften und Kommanditgesellschaften auf Aktien vom 30.01.1937, RGBl. I 1937, S. 107–165, hier S. 120, zitiert nach: ebd., S. 70.

334 Vgl. ebd., S. 73.

335 Vgl. Budraß, Sackgasse 2001, S. 13.

336 Vgl. z. B. Hille an von Stauß vom 01.03.1941, in: BArch R 8119 F/P 3105, Bl. 250–255; Hilles Entwurf einer Neuordnung des Verhältnisses zwischen der BMW AG, der Flugmotorenbau GmbH und ihren Tochtergesellschaften vom 06.03.1941, in: ebd., Bl. 265–270; Hille an Rummel vom 07.03.1941, in: ebd., Bl. 256–261, hier Bl. 258 und Hille an von Stauß vom 21.01.1942, in: ebd., Bl. 358–371, hier Bl. 370–371.

Flugmotorenbau-Gesellschaften ausschied. Er forderte von Stauß auf, die notwendige Klarstellung der Ordnungsfragen „mit aller Kraft und Härte durch[zu]setzen".[337] Den „anderen Herren des Vorstandes [könne] nicht weiterhin Verantwortung aufgebürdet und Opfer zugemutet werden für Massnahmen, die sie nicht zu vertreten hatten".[338] Von Stauß hatte jedoch wesentlich mehr Hemmungen, Popp als Geschäftsführer im Flugmotorenbau abzusetzen. Beide arbeiteten bereits seit 1926 eng zusammen. Und von Stauß respektierte Popp trotz aller Unzulänglichkeiten, Meinungsverschiedenheiten und zum Teil heftigen Auseinandersetzungen auf Grund der großen Verdienste des BMW-Generaldirektors für das Unternehmen. Der Bankier war sich überdies auch bewusst, dass für Popp eine Welt zusammenbrechen würde, sollte er ihn nach einer 25-jährigen Dienstzeit aus „seinem Lebenswerk" entfernen.[339] Außerdem berief sich von Stauß auf frühere Anordnungen aus dem RLM, „der Aufsichtsrat habe sich an der von Herrn Generaloberst Udet im Juni 1939 getroffenen Bestimmung, dass dem Technischen Amt gegenüber ausschließlich Herr Generaldirektor Popp die letzte technische Verantwortung trage, halten müssen".[340]

Allerdings begriffen auch die Aufsichtsräte, dass es mit gutgemeinten Appellen bei BMW nicht getan war, und installierten für die beiden ordentlichen Vorstandsmitglieder, Popp und Hille, eine innovative erfolgsabhängige Entlohnungsform, die die Höhe ihres Honorars an ihre Leistung koppelte. Durch die finanziellen Anreize sollte beiden zur Pflicht gemacht werden, „sachliche und persönliche Schwierigkeiten zu überwinden" und „dafür zu sorgen, dass durch eine gute Zusammenarbeit die gestellten Aufgaben gelöst werden".[341]

Da auch diese Maßnahme keine substanzielle Änderung der Führungsverhältnisse bei BMW bedingte, begann Hille, den Aufsichtsrat systematisch unter Druck zu setzen. Er bediente sich dabei eines Weges, der für BMW und ihren Aufsichtsrat erhebliche Folgen haben sollte. Hille wandte sich mit der Bitte um Rückendeckung und Intervention an den im RLM für Rüstungsfra-

337 Hille an von Stauß vom 01.03.1941, in: ebd., Bl. 250–255, hier Bl. 255.

338 Vgl. Hilles Ausführungen in der Aufsichtsratssitzung vom 20.03.1942, in: Niederschrift der Aufsichtsratssitzung der BMW AG vom 20.03.1942, in: BMW-Arch UA 5.

339 Vgl. von Stauß an Popp vom 16.02.1942, in: BArch R 8119 F/P 3108, Bl. 50, S. 1–5, hier S. 4.

340 Vgl. Niederschrift der Aufsichtsratssitzung der BMW AG vom 20.03.1942, in: BMW-Arch UA 5.

341 In der AR-Sitzung vom 30.07.1941 wurde beschlossen, „Herrn Popp einen Beitrag von RM 1 Mill. junge Aktien und Herrn Hille einen solchen von RM 300000 junge Aktien [...] unter der Bedingung zu überlassen, dass diese 3 Jahre in einem Sonderdepot gesperrt bleiben. [...] Löst die Leitung die ihr gestellten Aufgaben, so ist der Nutzen aus der kapitalmässigen Beteiligung wohl verdient und für die Aktionäre ein gutes Geschäft. Im anderen Fall würde die Gesellschaft sehr darunter leiden [...] und damit würden die Herren einen erheblichen Teil ihres bisherigen Vermögens einbüssen." Beide Zitate in: Aktenvermerk von Stauß und Rummel vom 30.07.1941, in: BArch R 8119 F/P 3105, Bl. 325–326, hier Bl. 325–326.

gen zuständigen Generalfeldmarschall Milch. Mit diesem Schritt verleugnete er nicht nur die von ihm bisher so vehement verteidigte Konzernordnung, sondern umging gleichzeitig den Aufsichtsrat als Corporate Governance-Organ. Rummel berichtete: „Im Sommer 1941 erschien eines Tages Herr Hille bei mir und teilte mir freudestrahlend mit, dass er sich mit Herrn Milch ausgesprochen habe und dass dieser von jetzt an sein Vorsitzer sei."[342] Dass Hille eine solche Aussage gegenüber dem stellvertretenden Aufsichtsratsvorsitzenden Rummel tätigte, war eine außerordentliche Provokation gegenüber dem Aufsichtsrat und kündigte die angestrebten kooperativen Konfliktlösungsstrategien im BMW-Konzern auf.

Hille verbreitete überdies seine Sicht der Dinge mittels subjektiv gefärbter Berichte bei den zuständigen RLM-Geschäftsstellen. Rummel meinte über diese Schriften, sie läsen sich wie „Verteidigungs- oder Anklageschriften".[343] Er habe den Eindruck, „dass er [Hille] den Bericht nur abgefasst hat, um seine eigene Person herauszustellen und um die Entwicklung so darzustellen, dass er nur stets das Richtige gewollt habe"[344] und sowohl Popp wie auch der Aufsichtsrat nicht entsprechend mitgezogen hätten. Rummel werde das Gefühl nicht los, dass Hille diese Schriften eines Tages verwenden wolle, wenn seine persönlichen Wünsche und Bestrebungen seitens des Aufsichtsrates nicht erfüllt würden.[345] Auch Popp hatte sich bezüglich der Streitigkeiten im BMW-Vorstand bei seinem persönlichen Vertrauten, Udet, um Rückendeckung bemüht und auch die ehemaligen Bramo-Ingenieure wandten sich aus Verärgerung über den BMW-Vorstand in München an Mitarbeiter des Ministeriums, jedoch gewannen diese Kompetenzüberschreitungen durch Hille eine neue, für die Autonomie des Unternehmens gefährliche Qualität.[346] Dadurch „dass Herr Popp, Herr Hille und die Herren der Bramo ihren Streit ins Amt

[342] Aktennotiz Rummel über die Vorgänge des Jahres 1942 vom 06.05.1943, in: BArch R 8119 F/P 3067, Bl. 157–158, hier Bl. 158, vgl. auch Aktennotiz Rummel über die Vorgänge des Jahres 1942 vom 01.02.1943, in: ebd., Bl. 154–157.

[343] Aktennotiz Rummel über die Vorgänge des Jahres 1942 vom 01.02.1943, in: ebd., Bl. 154–157, hier Bl. 154.

[344] Aktennotiz Rummel über die Vorgänge des Jahres 1942 vom 06.05.1943, in: ebd., Bl. 157–158, hier Bl. 157.

[345] Vgl. ebd.

[346] Dass Hille sich im Konflikt mit innerbetrieblichen Konkurrenten Rückendeckung bei Dienststellen der NSDAP und der Reichsbehörden holte und damit BMW-interne Vorgänge in die Öffentlichkeit trug, blieb während des Krieges kein Einzelfall. In der Auseinandersetzung mit Direktor Schaaf um die Vorherrschaft im Unternehmen im Jahre 1944 intervenierte Hille z. B. in der Kanzlei des Führers und im RLM. Überdies übergab er SS-Hauptsturmführer Schnitzler belastendes Material und organisierte ein Eingreifen von Gauleiter Paul Giesler. Vgl. hierzu u. a. Vermerk Karl Friedrich Otto Wolff, Persönlicher Stab Reichsführer SS, vom 26.12.1944, in: BArch NS 19/488, Bl. 3; Speer an Hille vom 29.12.1944 sowie Speer an Dietrich Clahes vom 29.12.1944 und vom 14.01.1945, alle in: BArch R 3/1583, Bl. 22–24. Hille war sich dabei der politischen Folgen seiner Denunziationen voll bewusst. So veranlasste der SS-Standartenführer Karl Georg Brandt am 09.01.1945 bei Himmler, Hilles politische Vorwürfe gegen

[RLM] getragen haben"[347], übertrugen sie das Mandat des Handelns praktisch auf das RLM. Dort musste man auf Grund der kriegsentscheidenden Bedeutung der BMW-Fabrikation reagieren. Die Alternative wäre gewesen, den Konflikt weiter schwelen zu lassen, mit katastrophalen symbolischen Auswirkungen auf andere Firmen der Luftfahrtindustrie. Da es bei BMW gleichzeitig auch erhebliche Probleme im Entwicklungsbereich und in der Flugmotorenfabrikation hinsichtlich der Programmerfüllung gab, wurde im Ministerium erwogen, einen Reichskommissar zur Überwachung der Produktion des Unternehmens einzusetzen.[348] Um den Missständen bei BMW jedoch zunächst einmal auf den Grund zu gehen, beauftragte Udet den Technischen Direktor der Auto Union, William Werner, mit einer eingehenden Untersuchung der Zustände.[349] Der totale Verlust der unternehmerischen Souveränität in Produktionsfragen wurde demnach zu Gunsten einer Bewährungsphase verschoben. Allerdings drohte sie dem Unternehmen auch weiterhin. Relative Ruhe kehrte bei BMW erst ein, nachdem das RLM Popps Rücktritt aus der operationellen Geschäftsführung des Unternehmens erzwungen hatte.[350]

6.9.4. Einstellungen der BMW-Geschäftsführung zur Partei und zum Staat

Joachim Scholtysecks Arbeit über Robert Bosch und den Bosch-Kreis präsentiert ein Unternehmen, das politisch eindeutig Stellung gegen Hitler bezog, wirtschaftlich jedoch vom Nationalsozialismus stark profitierte.[351] Man kann demnach offensichtlich von der wirtschaftlichen Entwicklung eines Unternehmens und vom wirtschaftlichen Engagement seines Inhabers nicht auf dessen politische Einstellungen während der NS-Zeit schließen. Das politische Handeln der Industriellen war sehr uneinheitlich. Das Bild der Verhaltensweisen des unternehmerischen Führungspersonals reichte von offener Unterstützung der Ziele des Nationalsozialismus über einen skrupellos verfolgten Karrierismus, häufig auch Gleichgültigkeit und Desinteresse bis hin zu vereinzelten Hilfsaktionen für Bedrängte, mehr oder weniger offene Ab-

Schaaf von der Gestapo überprüfen zu lassen. Vgl. Brandt an Himmler vom 09.01.1945, in: BArch NS 19/488, Bl. 4.

347 Vgl. Aktennotiz Rummel über die Vorgänge des Jahres 1942 vom 06.05.1943, in: BArch R 8119 F/P 3067, Bl. 157–158, hier Bl. 158.

348 Von Stauß an Popp vom 16.02.1942, in: BArch R 8119 F/P 3108, Bl. 50, S. 1–5, hier S. 2.

349 Vgl. Bericht Planung und Ausbauten der Werksanlagen des BMW-Konzerns und der im Ring angeschlossenen Werke (Speer Collection FD 4969/45), in: BA-MA RL 3/1752, Bl. 5–58, hier Bl. 39.

350 Zu den Ereignissen, die zu Popps Ausscheiden aus dem BMW-Vorstand führten, vgl. Kapitel 7.6.2., ab S. 415.

351 Vgl. Scholtyseck, Bosch 1999. Weitere Firmenstudien unterstützen diesen ambivalenten Eindruck, vgl. z. B. Bräutigam, Mittelständische 1997 und Gehrig, Rüstungspolitik 1996.

lehnung der Brutalitäten des Regimes und aktiven Widerstand bzw. dessen Unterstützung. Auch die Bayerischen Motoren Werke stehen vermutlich beispielhaft für die Annahme Plumpes, der mutmaßte, dass, gäbe es ein Muster über das politische Verhalten und die politische Einstellung der deutschen Unternehmerschaft, es „wohl der Gauss'schen Normalverteilung entsprechen" würde.[352] Das Management von BMW spiegelte hinsichtlich seiner Anfälligkeit gegenüber dem Nationalsozialismus wohl insgesamt den Durchschnitt der deutschen Gesellschaft der damaligen Zeit wider. Über das jeweilige spezifische Verhalten gegenüber dem politischen System entschied in erster Linie der individuelle Charakter. Es war letztendlich eine Frage der individuellen Einstellung, ob man sich vollständig von wirtschaftlichen Interessen leiten ließ oder humanitäre Aspekte gleichrangig bzw. übergeordnet neben Profitinteressen stellte. Im Folgenden werden daher die politischen Einstellungen dieses Personenkreises am Beispiel einzelner Mitglieder der BMW-Geschäftsführung exemplarisch beleuchtet und hinterfragt, inwieweit deren politisches Handeln die unternehmerischen Handlungsspielräume beeinflusste.

Popp war Mitglied in folgenden NS-Organisationen: 1933–1945 NSDAP, 1933–1942 nationalsozialistisches Kraftfahrerkorps (NSKK), -1945[353] nationalsozialistisches Fliegerkorps (NSFK) und 1933–1943 Deutsche Arbeitsfront (DAF).[354] Während seine Mitgliedschaft in der DAF obligatorisch vorgeschrieben und die Zugehörigkeit im NSKK und NSFK seinem Amt als Chef des Mobilitätskonzerns BMW geschuldet war und er sich in beiden Organisationen nicht aktiv beteiligte[355], traf Popp mit dem Parteibeitritt am 01.05.1933 eine bewusste und freiwillige Entscheidung für die NSDAP. Erst einmal an der Macht schienen die Nationalsozialisten plötzlich auch für vorher unpolitische Industrielle salonfähig zu sein. Allerdings trat Popp in der Partei nicht aktiv in Erscheinung. Er habe sich, so Popp in seinem Entnazifizierungsverfahren, allen parteipolitischen Pflichten entzogen und die ihm wiederholt angebotenen Dienstgrade in der SA und SS abgelehnt.[356] Popp sah seinen Parteieintritt in die NSDAP im Rückblick als Zugeständnis an die neue Zeit. Er sei von Gauleiter Adolf Wagner im Übrigen vor die Alternative gestellt worden, als leitender Direktor eines der wichtigsten Werke seines Gaues entweder der NSDAP beizutreten oder seine Machtstellung im Unternehmen zu

[352] Plumpe, Unternehmen 2003, S. 248.

[353] Das Eintrittsdatum von Popp ist nicht überliefert. Popp behauptete nach 1945 sogar, dass er nicht mit Bestimmtheit sagen könne, ob er überhaupt Mitglied in dieser NS-Organisation war. Mitgliedsbeiträge hat er jedoch gezahlt. Vgl. Popps Erläuterungen zu seinem Meldebogen vom 13.05.1946, in: StAM SpKa Karton 1341: Popp.

[354] Vgl. Popps Meldebogen in seinem Spruchkammerverfahren vom 05.05.1946, in: ebd.

[355] Vgl. Begründung des Spruchs der Spruchkammer München II vom 19.09.1947, in: ebd.

[356] So Popp in seinem Lebenslauf vom 13.05.1946, in: ebd., S. 1–23, hier S. 15.

verlieren. So habe er seinem „Charakter ein Opfer" abgerungen und sei lediglich aus Rücksicht gegenüber „seinem" Unternehmen und sich selbst und aus Treue gegenüber seinen Verwaltungskollegen und der Belegschaft beigetreten. In der Rückschau gab Popp demnach an, er sei in die Partei lediglich aus rein beruflichen Gründen eingetreten und habe diesen Schritt als Tarnung betrachtet.[357]

Wenn diese apologetischen Aussagen in den Spruchkammerverfahren nach 1945 auch gebetsmühlenhaft auftauchten und als Verteidigung mehr als fragwürdig waren, so steckte vermutlich doch ein wahrer Kern in ihnen. Da sich Popp während des Dritten Reichs politisch vollkommen zurückhielt und mit Parteifunktionären regelmäßig in Konflikt geriet, entsprang sein Parteieintritt wohl dem Gedanken, wirtschaftlich profitieren zu können, indem die eigene Firma z.B. vorrangig mit Rüstungsaufträgen bedacht wurde. Ausgeprägter Opportunismus schien bei Popp demnach eher der Antrieb gewesen zu sein als wirkliche politische Überzeugung. Für dieses Motiv spricht nicht zuletzt die Tatsache, dass Popp nicht bereit war, die NSDAP finanziell stärker zu unterstützen, als unbedingt nötig war. Popp zahlte jahrelang den geringen monatlichen Mitgliedsbeitrag von 5 RM.[358] Nachdem die Parteidienststellen von Popp einen ihrer Meinung nach seinem Einkommen angemessenen Beitrag von 186 RM forderten, handelte Popp den Betrag auf 50 RM herunter. Nach seinem Ausscheiden aus dem BMW-Vorstand im Jahre 1942 beantragte Popp dann die Reduzierung seines Beitrags auf 10 RM.[359] Gesichert scheinen auch die Tatsachen, dass Popp keine Verbindungen zu Parteifunktionären suchte, sein Parteiabzeichen lediglich bei offiziellen Gelegenheiten trug, nicht mit dem Hitler-Gruß grüßte und seine Mitarbeiter nicht nach Parteizugehörigkeit auswählte.[360]

Popp bewahrte sich über die Jahre unter nationalsozialistischer Herrschaft ein ausgesprochen betriebswirtschaftliches und politisch unabhängiges Denken, das oft nicht mit den offiziellen nationalsozialistischen Verlautbarungen konform ging. Ende 1934 lehnte der BMW-Generaldirektor beispielsweise das Ansinnen der DAF ab, in den BMW-Werken ideologisch gefärbte Betriebsappelle einzuführen. Er wies darauf hin, dass „die Abhaltung der Betriebsappelle innerhalb der Arbeitszeit für eine Belegschaft von 12500 Köpfen uns jährlich Kosten von rund RM 1000000 aufbürden würden, wenn die

[357] Vgl. ebd., S.14–15; Carl Schramm an Sonderspruchkammer für Industrielle, München, vom 01.08.1946 in: ebd. und die schriftliche Aussage von Popps Sekretärin, Grete Hofmann, vom 05.02.1946, in: ebd.

[358] Vgl. Begründung des Spruchs der Spruchkammer München II vom 19.09.1947, in: ebd.

[359] Vgl. Englmann, Gauhauptstellenleiter der NSDAP Gauleitung München-Oberbayern, an Popp vom 16.10.194? (Datum nicht vollständig lesbar) und Popp an NSDAP Gauleitung München-Oberbayern vom 03.11.1942, beide in: ebd.

[360] Z.B. war Popps langjährige Sekretärin nicht in der Partei. Vgl. die schriftliche Aussage von Grete Hofmann vom 05.02.1946, in: ebd.

dafür beanspruchte Zeit nur ¼ Stunde pro Tag beträgt".[361] Popp war demnach nicht bereit, täglich 15 Minuten der Arbeitszeit für die so genannte nationale Sache zu opfern. Außerdem pflegte Popp auch während der Zeit des Nationalsozialismus gute persönliche Beziehungen zu den Geschäftsführern von Pratt & Whitney, mit denen er regelmäßig zusammentraf und auch BMW-Ingenieure immer wieder zu Arbeitsbesuchen in die USA schickte.[362] Diese kosmopolitische Haltung, Popps Unterstützung der Hochzeit seiner Tochter Erica mit dem englischen Staatsbürger J.R. Beatty-Seaman und die Tatsache, dass seine Tochter im Jahr 1940 vom Pratt & Whitney-Präsident Hamilton nach Kalifornien eingeladen wurde, wo sie den Krieg über blieb, führten zu massiven Konflikten mit NSDAP-Funktionären, die Popp den Kontakt zu feindlichen Staatsangehörigen vorwarfen.[363] Als weiteres Indiz für Popps politische Unabhängigkeit muss erwähnt werden, dass er sich während der Kriegsjahre entgegen der NS-Bestimmungen über ausländische Radiosender und die Züricher Zeitung mit internationalen Nachrichten versorgte.[364] Außerdem ließ Popp seine Tochter auch unter nationalsozialistischer Herrschaft in katholischer Religion unterrichten. Er lehnte also nicht nur den Austritt aus der Kirche ab, sondern bekannte sich entgegen der nationalsozialistischen Ideologie auch weiterhin zur aktiven Vermittlung und Verbreitung von christlichen Werten.[365]

Popps Umgang mit jüdischen Mitarbeitern verdeutlicht überdies seine persönliche politische Distanz zu zentralen Aspekten der nationalsozialistischen Weltanschauung. Nicht nur sagten unter anderem Popps Nachbar Hans-Rudolf Rothmüller und der BMW-Konstrukteur Max Friz unabhängig voneinander aus, dass Popp die nationalsozialistische Rassenpolitik gegen Juden abgelehnt habe[366], sein unternehmerisches und privates Handeln scheint diese Aussagen zu bestätigen. Bereits 1933 übten die Nationalsozialistische Betriebszellen Organisation (NSBO), die DAF und die Gestapo Druck auf die Unternehmen aus, ihre leitenden nichtarischen Angestellten zu entlassen.[367] Dies betraf u.a. auch den Rechtsvorstand Fritz Klopfer, der als ordentliches Vorstandsmitglied seit November 1929 im Vorstand der Bayerischen Motoren

[361] Popp an von Stauß vom 16.11.1934, in: BArch R 8119 F/P 3106, Bl.214.

[362] So Popp in seinem Lebenslauf vom 13.05.1946, in: StAM SpKa Karton 1341: Popp, S.1-23, hier S.7.

[363] Vgl. ebd., S.16 und 21 und die Übersetzung des Schreibens eines Freundes des Ehemanns von Popps Tochter Erica, H.J. Aldington, an Popp vom 16.11.1946, in: ebd.

[364] Vgl. Hille an Merkel vom 31.03.1942, in: BArch R 8119 F/P 3108, Bl.78, S.1-11, hier S.8.

[365] Vgl. Bescheinigung des Pfarrers Blumenschein vom 08.05.1946, in: StAM SpKa Karton 1341: Popp.

[366] Vgl. Protokoll der öffentlichen Sitzung der Spruchkammer II vom 19.09.1947, in: ebd., S.1-7, hier S.5 und Max Friz an den Generalankläger beim Kassationshof im Bayerischen Staatsministerium für Sonderaufgaben vom 20.02.1948, in: ebd.

[367] Vgl. Blaich, Industrie 1979, S.249.

Werke saß.[368] Das nationalsozialistisch gesinnte und vom Betriebsobmann Schmid[369] Anfang 1932 ins Unternehmen geholte stellvertretende Vorstandsmitglied Klebe agitierte scheinbar bereits wenige Wochen nach seinem Eintritt ins Unternehmen persönlich gegen Klopfer und versuchte, ihn von seinem Posten als ordentlicher BMW-Vorstand zu verdrängen.[370] In Verhandlungen mit Versicherungsvertretern des Gerling-Konzerns verkündete Klebe beispielsweise, dass Klopfer „erledigt" sei und bald gehen müsse.[371] Da ein Teil des BMW-Aufsichtsrats die weitere Zugehörigkeit Klopfers zum Vorstand der BMW AG nach der Machtübernahme der Nationalsozialisten aus opportunistischen Gründen für nicht zweckmäßig hielt – immerhin war das Unternehmen auf die staatlichen Aufträge angewiesen – legte man Klopfer im Sommer 1933 schließlich den Rücktritt nahe.[372]

Bereits im Sommer 1933 war BMW gezwungen, auf Grund der politischen Hetze seitens der nationalsozialistischen Kräfte im Unternehmen und des Vorstands Klebe jüdische Angestellte aus führenden Positionen zu entlassen. Offensichtlich sorgte jedoch Popps Intervention dafür, dass der Aufsichtsrat Klopfer wenigstens den Ersatzposten eines ständigen Rechtsbeirats von BMW für eine Vertragsdauer von drei Jahren anbot. Dieser nahm das Angebot angesichts der Notlage der eigenen Familie an, obwohl die neue Stellung nicht über die ideelle und materielle Degradierung hinwegtäuschen konnte.[373] Popp sorgte auch dafür, dass der Vertrag von Klopfer als Syndikus der BMW AG im Sommer 1934 von drei auf fünf Jahre verlängert wurde und diesem damit eine gewisse Planungssicherheit gewährt wurde.[374] Popps beherztes Eingreifen für seinen langjährigen nichtarischen Kollegen und persönlichen Bekannten Klopfer[375] konnte dessen endgültige Entlassung, die auf der Basis

368 Vgl. Auflistung der Vorstandsmitglieder von BMW 1925–1943, in: BMW-Arch UA 2.

369 Als Garant für die weltanschaulichen und politischen Zielsetzungen mit sozialen Funktionen waren als Vertreter der DAF bei BMW die so genannten Betriebsobmänner Chlodwig Schmid im Werk München, der ab Okt. 1938 als Hauptbetriebsobmann des Gesamtkonzerns fungierte, und Ernst Kastenmaier im Werk Allach tätig. Vgl. Niederschrift der Sitzung des Unternehmensbeirats der BMW AG vom 03. 10. 1938, in: BMW-Arch UA 5.

370 Vgl. Bloch, Klopfers Schwiegervater und Anwalt in München, an von Stauß vom 08. 06. 1933 und vom 15. 06. 1933, beide in: BArch R 8119 F/P 3111, Bl. 53–55 und Bl. 59–60.

371 Vgl. Bloch an von Stauß vom 15. 06. 1933, in: ebd., Bl. 59–60.

372 Vgl. Hans Noris, vom 26. 06. 1931 bis 15. 07. 1943 Aufsichtsratsmitglied von BMW, an von Stauß vom 03. 06. 1933; von Stauß an Noris vom 13. 06. 1933 und Bloch an von Stauß vom 08. 06. 1933 und vom 15. 06. 1933, alle in: ebd., Bl. 50–51, Bl. 53–55, Bl. 58 und 59–60.

373 Vgl. Klopfer an von Stauß vom 23. 06. 1933; von Stauß an Klopfer vom 30. 06. 1933 und der Vertrag zwischen BMW und Klopfer vom 17. 10. 1933, alle in: ebd., Bl. 62–63, Bl. 65–66 und Bl. 72–73.

374 Vgl. Klopfer an von Stauß vom 06. 06. 1934, in: ebd., Bl. 76.

375 Popp gab in seinem Entnazifizierungsverfahren an, dass er mit Klopfers Schwiegervater, dem Geheimrat Bloch, der viele Jahre Popps Rechtsberater war, „aufs engste befreundet war". So Popp in seinem Lebenslauf vom 13. 05. 1946, in: StAM SpKa Karton 1341: Popp, S. 1–23, hier S. 13.

der Nürnberger Rassengesetze von Klebes Nachfolger Hille zum Jahreswechsel 1935/36 vollzogen wurde, zwar nicht verhindern.[376] Wenigstens sorgte Popp jedoch dafür, dass Klopfers Vertrag vorzeitig verlängert und von der Gesellschaft voll ausgezahlt wurde.[377]

Dass Popp auch privat nichts von der nationalsozialistischen Rassenpolitik hielt, bewies er dadurch, dass er und seine Familie noch 1936 bei seinem jüdischen Hausarzt Dr. Hans Herrmann in Behandlung waren.[378] Diese Missachtung der nationalsozialistischen Parteistatuten führte laut einstweiliger Verfügung des Kreisgerichts München vom 28.02.1936 sogar zum Parteiausschluss Popps. Sein Vergehen wog in Parteikreisen umso schwerer, da er auf Grund seiner hohen Stellung der gesamten BMW-Belegschaft ein schlechtes Beispiel geliefert habe.[379] Aus den gleichen opportunistischen Gründen, aus denen Popp 1933 in die NSDAP eingetreten war, nahm er 1936 die Hilfe von Udet an, um seinen Ausschluss wieder rückgängig zu machen. Fortan stempelte ihn eine auf seiner Mitgliedskarte eingetragene Verwarnung zum minderwertigen Parteimitglied.[380] Die Tatsache, dass Popp sich nach seinem Parteiausschluss aktiv um die Wiederaufnahme bemühte, relativiert seine apologetische Behauptung erheblich, er sei im Jahre 1933 durch Gauleiter Wagner zum Beitritt genötigt worden. Selbst wenn seine Version des ursprünglichen Parteieintritts stimmen sollte, scheint sein Wiedereintritt 1936 vollkommen freiwillig erfolgt zu sein.

Popps „Judenfreundlichkeit", die er selber in seinem Entnazifizierungsverfahren so intensiv herausstrich[381], stieß jedoch an Grenzen, sobald sie die Reputation von BMW im Reichsluftfahrtministerium gefährdete und keine persönlichen Bekannten – wie Klopfer – betroffen waren. Es ist beispielsweise nichts über ein Eingreifen Popps bekannt, als das RLM die Gleichschaltung und Arisierung des BMW-Aufsichtsrates forderte, in dem Anfang 1933 die jüdischen Bankiers Max von Wassermann (seit 1923), Karl Hagen (seit 1927), Louis Hagen (seit 1931) und Ludwig Weil (seit 1931) sowie der jüdische Justizrat Albert Pinner (seit 1921) saßen.[382] Pinner und Louis Hagen schieden

376 Vgl. Hille an Merkel vom 31.03.1942, in: BArch R 8119 F/P 3108, Bl.78, S.1-11, hier S.5-6.

377 Vgl. Hilles schriftliche Stellungnahme zur Klageschrift bei der Spruchkammer Starnberg vom 15.10.1946, in: StAM SpKa Karton 4589: Hille, S.1-27, hier S.21-22. Fritz Klopfer emigrierte am 20.12.1936 mit seiner Frau und seinen beiden Töchtern nach New York. Vgl. Datenbank des Stadtarchivs München zum Biographischen Gedenkbuch der Münchener Juden 1933-1945.

378 Dr. Hans Herrmann wurde am 10.11.1938 zunächst verhaftet und emigrierte am 04.01.1940 nach Palästina. Vgl. ebd.

379 Vgl. einstweilige Verfügung des Kreisgerichts München vom 28.02.1936, in: StAM SpKa Karton 1341: Popp.

380 So Popp in seinem Lebenslauf vom 13.05.1946, in: ebd., S.1-23, hier S.16.

381 Vgl. z.B. ebd., S.13.

382 Vgl. Aktennotiz des Generalsekretariats der Deutschen Bank vom 06.06.1935, in: BArch R 8119 F/P 3074, Bl.207 und Auflistung der AR-Mitglieder von BMW 1933-1945, in: BMW-Arch UA 58.

bereits Anfang bzw. im Juni 1933 aus dem BMW-Kontrollgremium aus. Karl Hagen musste auf Grund der neuen politischen Machtverhältnisse am 17.06.1933 seine Funktion als stellvertretender Vorsitzender des Aufsichtsrates aufgeben, verblieb jedoch zunächst im Gremium.[383] Während die direkte Fürsprache bei Staatssekretär Milch und der Hinweis von von Stauß auf die Frontkämpfereigenschaft Ludwig Weils im Sommer 1933 dessen Beseitigung aus dem BMW-Aufsichtsrat zunächst verhinderte[384], beklagten sich die Neffen von Karl Hagen, Harry und Peter Philippi, dass Popp die Hagens und Peter Philippi, der ebenfalls im BMW-Konzern tätig war, „in keiner Weise geschützt" hatte.[385] Im Gegenteil hätte der BMW-Generaldirektor die aktiven Nationalsozialisten im Unternehmen, Franz Klebe und den Abteilungsleiter Werner Prietsch, bei ihren Intrigen gegen die jüdischen Mitarbeiter gewähren lassen und deren Entlassung sogar mitgetragen. Peter Philippi wurde z.B. am 10.11.1934 nach sechsjähriger Tätigkeit bei BMW unter fadenscheiniger Begründung fristlos entlassen. Popp habe sich lediglich als Judenfreund erwiesen, solange es sich mit seinen privaten und unternehmerischen Interessen vereinbaren ließ. Philippi urteilte über Popp: „Charakterlich gesehen dürfte er zu der Gruppe Mensch gehören, die es verstehen, sich gewandt und überlegt den jeweiligen Verhältnissen anzupassen [...]."[386] Und sein Bruder Harry Philippi ergänzte: „Nach allem, was damals in der Familie gesprochen wurde, kann ich Popp nur als einen Mann ansehen, der geschickt genug war, früher mit den Juden und später mit den Nationalsozialisten sich auf guten Fuss zu stellen."[387]

Auch wenn man Popp bedingungslose opportunistische Anpassung an die neuen nationalsozialistischen Machthaber angesichts seiner vielfältigen Konfrontationen mit den staatlichen Dienststellen nur bedingt vorwerfen kann, scheinen auch die Bewertungen der Philippi-Brüder auf einem wahren Kern zu basieren. Gradmesser seines politischen und unternehmerischen Verhaltens war für Popp einzig und allein sein Eigeninteresse bzw. seine Karriere. Jüdische Belegschaftsmitglieder scheinen sowohl unter seiner Verantwortung, als auch unter seinem kaufmännischen Vorstandskollegen Hille keinen besonderen Schutz genossen zu haben. Im Januar 1935 verkaufte das Berliner Bankhaus Hagen seine erhebliche Beteiligung von 1,25 Mio. BMW-Aktien mehr oder weniger unfreiwillig an die Vereinigten Stahlwerke. Damit war auch das Ausscheiden von Karl Hagen aus dem BMW-Aufsichtsrat vorprogrammiert, „was seitens der zuständigen Stelle [das RLM] schon seit längerer Zeit betrie-

[383] Vgl. Auflistung der Vorsitzenden und stellvertretenden Vorsitzenden des BMW-AR 1916–1943, in: BMW-Arch UA 2.

[384] Bloch an von Stauß vom 08.06.1933, in: BArch R 8119 F/P 3111, Bl. 53–55.

[385] Vgl. Harry Philippi an Julius Herf, Staatsanwalt in Popps Entnazifizierungsverfahren, vom 14.11.1947 sowie Peter Philippi an August Kaiser, BMW-Betriebsrat nach 1945, vom 16.05.1946 und Peter Philippi an Herf vom 05.12.1947, alle in: SpKa Karton 1341: Popp.

[386] Peter Philippi an Herf vom 05.12.1947, in: ebd.

[387] Harry Philippi an Herf vom 14.11.1947, in: ebd.

ben wurde", wie von Stauß am 24.01.1935 berichtete.[388] Nach langwierigen Verhandlungen stellte Karl Hagen sein Aufsichtsratsmandat am 04.06.1935 schließlich zur Verfügung, womit die Arisierung des BMW-Aufsichtsrats endgültig vollendet war.[389]

Im Einklang mit der offiziellen nationalsozialistischen Weltanschauung und Politik „säuberte" die Unternehmensführung der Bayerischen Motoren Werke auch weiter sukzessive ihre Geschäftsbeziehungen und Belegschaft von nichtarischen Kontakten. Aus dem Jahre 1936 sind bei BMW z.B. Entlassungen bekannt, mit der Begründung, dass die Betroffenen bzw. deren Eltern Juden seien.[390] Die BMW-Geschäftsleitung machte sich demnach ab Mitte der 1930er Jahre nicht einmal mehr die Mühe, fadenscheinige Begründungen zu suchen, um jüdische Mitarbeiter zu entlassen. Gleichzeitig mit diesen Entlassungen wurden in den BMW-Werken chronisch Arbeitskräfte gesucht. Außerdem beendete die BMW-Chefetage langjährige Geschäftsbeziehungen zu jüdischen Unternehmen mit der Begründung der starken Beteiligung des Unternehmens an staatlichen Industrieprogrammen und der Abhängigkeit der Firma von diesen staatlichen Aufträgen.[391] Aus den gleichen Gründen, die laut Geschäftsleitung nicht vom Unternehmen zu verantworten waren, wurde der Bankier Karl Hagen im Juli 1936 z.B. informiert, dass eine Zuwahl eines Vertreters seiner Bank in den Beirat der BMW Flugmotorenbau GmbH nicht mehr möglich wäre.[392] Angesichts der Tatsache, dass selbst der jüdische Inhaber der Argus-Motorenwerke, Moritz Strauß, erst im Jahre 1938 zum Verlassen seines Unternehmens gezwungen wurde, erscheint die Strategie der BMW-Unternehmensleitung im Umgang mit ihren jüdischen Mitarbeitern und Geschäftspartnern als vorauseilender Gehorsam gegenüber nationalsozialistischer Rhetorik und entsprechendem Druck seitens der Partei, der DAF und des nationalsozialistisch eingestellten Teils der Belegschaft. Da sich BMW nicht im Staatsbesitz befand, war das Ausscheiden aller Juden aus dem Vorstand und dem Aufsichtsrat rein formalrechtlich bis 1938 kein zwingendes

388 Mitteilung von Stauß vom 24.01.1935, in: BArch R 8119 F/P 3127, Bl. 126.

389 Vgl. Aktennotiz Generalsekretariat der Deutschen Bank vom 06.06.1935, in: BArch R 8119 F/P 3074, Bl. 207 und Artikel „Bayerische Motoren Werke AG München", in: Münchner Neueste Nachrichten Nr. 157 vom 09./10.06.1935.

390 Vgl. u.a. Notiz Reichsstatthalter Epp vom 25.02.1936, in: BayHStA Reichsstatthalter Epp Nr. 491.

391 Ein Beispiel ist die Firma Stokvis & Zonen in Rotterdam, die einige Jahre die Alleinvertretung der BMW-Motorräder und Automobile innehatte. Im Herbst 1938 kündigte die BMW-Geschäftsleitung dieser Gesellschaft, die sich in jüdischem Besitz befand, jedoch die Zusammenarbeit. Vgl. zu diesem Vorgang Popp an von Stauß vom 18.09.1936; Georg Karl Franke, Präsident der Deutschen Handelskammer für die Niederlande an von Stauß vom 01.10.1936; Popp an von Stauß vom 05.11.1936, alle in: BArch R 8119 F/P 3075, Bl. 56, 67, 84–85 sowie Mercedes-Benz Import Maatschappij N.V., Amsterdam, an von Stauß vom 03.11.1938, in: BArch R 8119 F/P 3076, Bl. 92.

392 Vgl. von Stauß an Karl Hagen vom 16.07.1936, in: BArch R 8119 F/P 3145, Bl. 149.

Erfordernis. Um jedoch von den erwarteten und sich eröffnenden Geschäftsmöglichkeiten mit dem Regime profitieren zu können, zögerte die BMW-Geschäftsführung sofort nach Beginn der NS-Herrschaft nicht, Zugeständnisse an den Antisemitismus der Nationalsozialisten zu machen. Man entließ bei BMW die jüdischen Belegschaftsangehörigen, obwohl es bei entsprechend schützendem Einsatz der BMW-Spitze eventuell zumindest kurzfristig Alternativen gegeben hätte. Um mögliche staatliche Sanktionen abzuwenden, ging die Unternehmensleitung bewusst den Weg des geringsten Widerstandes und verstrickte sich somit in die menschenverachtende Diskriminierung und Ausgrenzung der jüdischen Bevölkerung, die der systematischen Verfolgung durch die Nationalsozialisten Vorschub leistete.

Wie skrupellos sowohl Popp als auch Hille ihren eigenen unternehmerischen Vorteil verfolgten, verdeutlichen die Vorgänge der Arisierung der Argus-Motorenwerke. Laut Budraß ging die Initiative zur Arisierung von Argus von den konkurrierenden Flugmotorenfirmen aus.[393] Der Direktor der Deutschen Bank Filiale München, Viktor von Rintelen, informierte das Direktorium der Deutschen Bank im März 1938, dass Popp und Hille „sehr scharf darauf wären, im Falle einer Arisierung Argus in die Hand zu bekommen".[394] Hille habe bereits beim Chef der „Amtsgruppe Industriewirtschaft" im RLM Alois Cejka nachgefühlt, ob nicht die Frage der Arisierung von Argus bald akut werden würde. Laut Hille sei das industrielle Interesse der Bayerischen Motoren Werke an Argus sehr groß, da so eine wertvolle Ergänzung der eigenen Produktion gefunden werden könnte. Da auch die Henschel-Flugmotorenwerke ihr Interesse anmeldeten, empfahl die Deutsche Bank, dass beide Motorenbau-Konkurrenten zu gegebener Zeit zusammenarbeiten, jedoch das „Fell des Bären" nicht zerlegen sollten, „ehe man es hat". Außerdem bremste auch Cejka die BMW-Spitze, „daß Generalfeldmarschall Göring noch seine Hand über Dr. Strauss halte, da er sich wirklich ganz große Verdienste um die Entwicklung der Argus-Motorenwerke erworben habe".[395] Im Mai 1938 beschlossen Göring und Udet letztendlich, Strauß zu einem Verkauf seines Unternehmens zu bewegen, bemühten sich jedoch, einen Käufer zu finden, der ein besseres Angebot machen würde, als es die beiden Konkurrenten aus der Motorenindustrie, BMW und Henschel, im Sinn hatten. Hille hatte einen Kaufpreis von 2 bis 3 Mio. RM erwogen. Schließlich kaufte Junkers die Argus-Motorenwerke. Die 5,2 Mio. RM, die der Junkers-Chef Koppenberg zahlte, waren zwar das Doppelte, was BMW zu zahlen bereit war, aber nur die Hälfte der rund 11 Mio. RM, die der Buchwert der Anlagen von Argus im Jahr 1938 ausmachte.[396]

[393] Vgl. Budraß, Flugzeugindustrie 1998, S. 578.

[394] Vgl. von Rintelen, Direktor der Deutschen Bank Filiale München, an Rummel vom 02.03.1938, in: BArch R 8119 F/P 3065, Bl. 190–191, hier Bl. 190.

[395] Beide Zitate in ebd., Bl. 190–191.

[396] Vgl. Budraß, Flugzeugindustrie 1998, S. 579.

Die Bemühungen der BMW-Unternehmensleitung, von der Arisierung der Argus-Motorenwerke auf Kosten ihres jüdischen Besitzers zu profitieren, zeigten, dass Popp und Hille gewillt waren, sämtliche sich bietenden unternehmerischen Handlungsspielräume auszunutzen, auch wenn sie nach moralischen und humanitären Maßstäben als verwerflich zu werten waren. Die nationalsozialistische Rassenpolitik erweiterte diese Handlungsspielräume durch die Ausschaltung jüdischer Mitkonkurrenten sogar noch. Dass sich BMW an der Ausbeutung der jüdischen Unternehmen in Deutschland letztendlich nicht beteiligten, lag lediglich daran, dass das Kaufangebot von Popp und Hille zu sparsam ausfiel. Ihre grundsätzliche Bereitschaft, von den Arisierungen zu profitieren, hatten sie eindrücklich bewiesen und damit die Enteignung des Unternehmers Strauß erst angestoßen. Dass die BMW-Führungsebene ungehemmt und skrupellos wirtschaftliche Vorteile anvisierte, auch wenn dies auf Kosten ihrer menschlichen Integrität ging, verdeutlichten Popp und Hille unter anderem auch im Umgang mit der eigenen jüdischen Belegschaft sowie während des Krieges mit der Beteiligung am Zwangsarbeitersystem und der Duldung der menschenunwürdigen Behandlung der Arbeitskräfte im SS-Lager in Allach.[397]

Dass Popp sich in seinem Entnazifizierungsverfahren darauf berief, „nach dem Masse meiner Kräfte aktiven Widerstand gegen die nationalsozialistische Gewaltherrschaft geleistet“ zu haben[398], ist angesichts seines politischen Verhaltens eine Farce. Wie Popp versuchten nach 1945 zahlreiche Unternehmer und Manager ihre Widerstandsbehauptung mit dem Hinweis zu belegen, wirtschaftliche Nachteile erlitten zu haben.[399] Als meist passive Mitglieder der NSDAP wehrten sie sich insbesondere gegen politische Einmischungsversuche des Regimes in ihre Unternehmen. Wenn sich Popp nach dem Krieg demnach auf seinen Widerstand gegen den Nationalsozialismus berief, handelte es sich im Wesentlichen um Auseinandersetzungen, die die unternehmerische Selbstbestimmung und privatwirtschaftliche Autonomie betrafen. Wenn man sich politisch von den Nationalsozialisten fern hielt bzw. im persönlichen Kreis Stellung gegen sie bezog, leistete man noch keinen Widerstand. Eine solche Definition würde den Widerstandsbegriff unzulässig verwässern. Es herrscht heute weitgehende Übereinstimmung, dass es einen nennenswerten organisierten politischen Widerstand von deutscher Unternehmerseite nicht gegeben hat.[400]

Außerdem schloss Popps politische Abneigung gegen den Nationalsozialismus keineswegs den Versuch aus, von der nationalsozialistischen Wirt-

[397] Vgl. Werner, Zwangsarbeit 2006.

[398] So Popp in seinem Lebenslauf vom 13.05.1946, in: StAM SpKa Karton 1341: Popp, S. 1–23, hier S. 1 und 11.

[399] Popp verwies in erster Linie auf seine vom RLM erzwungene Entlassung.

[400] Vgl. Turner, Unternehmen 1998, S. 21. Selbst von dem so genannten liberalen Widerstand um den Bosch-Kreis ging letztendlich kein wirklich wirksamer politischer Widerstand aus. Vgl. Scholtyseck, Bosch 1999.

schaftspolitik zu profitieren. Die BMW-Geschäftsführung bemühte sich ganz selbstverständlich um Aufträge für die Luftwaffe und nutzte die nationalsozialistische Rhetorik opportunistisch für ihre unternehmerischen Zwecke. Beispielsweise lehnte Popp eine bereits im Frühjahr 1933 versprochene Gehaltserhöhung für die Angestellten von BMW[401] mit ausgesprochen nationalsozialistisch anmutenden Appellen ab: „Solange es 5 Mill. Arbeitslose gibt, kann kein vernünftig und anständig Denkender verlangen, dass die Einkommensverhältnisse der in Arbeit stehenden noch verbessert werden. Im Gegenteil: Die Regierung verlangt heute von jedem, der das Glück hat, nicht arbeitslos zu sein, eine freiwillige Spende für Arbeitsbeschaffung unter der Parole: ‚Durch Opfer zum Siegen'", schrieb Popp im Juli 1933 an den Angestelltenrat der BMW AG. Er fügte hinzu, es sei die „nationale Pflicht" der Angestellten von BMW, die Losung: „Gemeinnutz geht vor Eigennutz" zu verinnerlichen und drohte unmissverständlich: „Wir werden daher in Zukunft noch stärker als bisher den Tüchtigen fördern, den Untüchtigen aber ausstellen oder in seinen Bezügen kürzen. Zu den Untüchtigen gehören aber auch die ewig Unzufriedenen und jene, die den wahren Sinn der nationalsozialistischen Bewegung nicht verstehen können oder wollen."[402] Allein die Anwesenheit der nationalsozialistisch gesinnten und politisch aktiven so genannten Betriebsobmänner im Unternehmen sorgte dafür, dass Reden der BMW-Geschäftsführung, gleich zu welchem Anlass und von wem sie gehalten wurden, immer ein „‚zeitgemässes' Manuskript" zugrunde lag.[403] Popp und Hille scheuten sich nicht, die nationalsozialistische Propaganda vor allem dann einzusetzen, wenn es ihrem unternehmerischen Profitstreben diente.

All diese mehr oder weniger freiwillig geleisteten Schritte der Anpassung an die Verhältnisse unter der NS-Diktatur signalisierten jedoch keineswegs die Bereitschaft zur Aufgabe von privatwirtschaftlichen Kernkompetenzen an die staatlichen Machthaber. Durch die Berücksichtigung von nationalsozialistischen Belangen in nicht zu den Schlüsselbereichen unternehmerischen Handelns gezählten Feldern – wozu auch die Beteiligung an NS-Ritualen und Propagandaaktivitäten gehörte – wollte und konnte man jenen Kern von privater Unternehmertätigkeit besser schützen. Und um das Überleben des Unternehmens als autonome gewinnerzielende Organisation zu sichern, nahm die BMW-Geschäftsführung bewusst moralisch verwerfliches Handeln in Kauf, zumal dies ein kollektives Phänomen war, wodurch das Gewissen entlastet wurde.

401 Vgl. Angestelltenrat der BMW AG an Vorstand der BMW AG vom 06.07.1933, in: BArch R 8119 F/P 3106, Bl. 121–123.

402 Alle Zitate in: Geschäftsführung der BMW AG (Popp) an Angestelltenrat der BMW AG vom 12.07.1933, in: BArch R 8119 F/P 3106, Bl. 129–132, hier Bl. 131–132.

403 Vgl. eidesstattliche Erklärung des BMW-Betriebsrates (Denk, Hauch, Höhn und Kaiser) vom 25.03.1947, in: StAM SpKa Karton 1341: Popp.

Bild Nr. 10: Betriebsappell anlässlich der Eröffnung des Winterhilfswerkes in einem Hof des BMW-Werks München-Milbertshofen im Oktober 1936

Während sich Popp der nationalsozialistischen Parolen in wenigen Fällen in erster Linie dazu bediente, um Mitarbeiter unter Druck zu setzen, gewinnt man in der Gesamtschau der vorliegenden Quellen den Eindruck, dass sein Vorstandskollege Hille wesentlich weitreichender bereit war, sich den politischen Verhältnissen unter nationalsozialistischer Herrschaft anzupassen. Typisch für sein unternehmerisches und politisches Handeln ist der Bericht von Popps langjähriger Sekretärin Grete Hofmann: „Als ich damals [im Frühjahr 1942] den Nachfolger des Herrn Popp bei BMW [Hille] fragte, ob es denn gar keinen Weg gäbe, die Entlassung des Herrn Popp zu verhindern, sagte dieser wörtlich ‚Nein, Herr Popp hat sich eben nicht entsprechend umgestellt.'"[404] Hille hatte sich im Einklang mit der politischen Umgebung wesentlich besser „umgestellt". Ein „'nationalsozialistischer' Geist und entsprechend geprägter Führungsstil" wurden unter seiner Leitung ab 1942 viel stärker beschworen als unter Popp.[405]

Hille war von 1934 bis 1945 Mitglied der NSDAP.[406] Ähnlich wie Popp behauptete auch Hille, er sei von den politischen Stellen angesichts seiner exponierten Stellung innerhalb der Luftfahrtindustrie zum Parteibeitritt gezwungen worden.[407] Außerdem sei er dabei in dem Maße bedrängt worden,

[404] Schriftliche Aussage von Grete Hofmann im Spruchkammerverfahren gegen Popp vom 05.02.1946, in: StAM SpKa Karton 1341: Popp.

[405] Werner, Zwangsarbeit 2006, S. 194.

[406] Vgl. Klageschrift gegen Hille bei der Spruchkammer Starnberg vom 03.10.1946 und Meldebogen von Fritz Hille vom 06.05.1946, beide in: StAM SpKa Karton 4589: Hille.

[407] Vgl. Hilles Stellungnahme zur Klageschrift des öffentlichen Klägers vom 15.10.1946, in: ebd., S. 1–27, hier S. 16.

ein uniformiertes Amt zu übernehmen, dass er sich nicht mehr anders zu helfen wusste, als sich freizukaufen. Daher zahlte Hille von 1934 bis 1939 als förderndes Mitglied der SS einen Monatsbeitrag von 20 RM. Hille bestritt in seinem Entnazifizierungsverfahren, an Parteiveranstaltungen teilgenommen zu haben und persönlichen bzw. gesellschaftlichen Verkehr mit der Partei gepflegt zu haben.[408] Andererseits bekannte er auch: „Die Gewaltherrschaft am Sieg zu hindern, lag nicht in der Macht des Einzelnen, es sei denn, dass er sich bewusst durch einen Akt ins KZ gebracht hätte. Ich habe diesen Schritt nicht gemacht."[409]

Während Hille seine Haltung als technokratischer Mitläufer relativ unumwunden zugab, wurde von der Konzernleitung während der 12-jährigen nationalsozialistischen Herrschaft jedoch niemand veranlasst, die Mitgliedschaft der NSDAP zu erwerben. Überdies wurde von den BMW-Betriebsleitungen die Beschäftigungsaufnahme nicht von der Mitgliedschaft in einer nationalsozialistischen Organisation bzw. von parteipolitischen Gesichtspunkten abhängig gemacht.[410] Die Belegschaftsmitglieder, die den einschlägigen Gliederungen fernblieben, erlitten durch die Werksleitungen keinerlei Behelligungen.[411] Mit ihrer Einstellungspraxis verstieß die BMW-Chefetage ab 1938 sogar gegen die eigene Betriebsordnung, die in Abschnitt 2 regelte: „Bei der Einstellung werden bei gleicher Eignung Bewerber, die sich um die nationalsozialistische Bewegung besondere Verdienste erworben haben [...] bevorzugt." und „Für die Aufnahme in unsere Betriebsgemeinschaft ist das rückhaltlose Bekenntnis zum nationalsozialistischen Staat sowie die Mitgliedschaft bei der DAF Bedingung."[412] Diese Grundsätze waren jedoch vor allem Lippenbekenntnisse, die auf Drängen der Betriebsobleute in die BMW-Betriebsordnung aufgenommen wurden. Weder Popp noch Hille scheinen sie in der tatsächlichen Praxis angewendet zu haben. Im Jahr 1941 bestand die BMW-Geschäftsführung der Werke München, Allach, Eisenach und Berlin-Spandau aus acht Personen, von denen lediglich drei Parteimitglieder waren.[413] Außerdem war es bei BMW sowohl unter Popp als auch unter Hille möglich, dass öffentlich bekannte Parteigegner in leitenden Stellungen waren.[414] Ohne die Zustimmung der Unternehmensspitze wäre das nicht möglich gewesen.

[408] Vgl. ebd., S. 17–18 und Protokoll der öffentlichen Sitzung der Spruchkammer Starnberg vom 02.04.1947, in: ebd.
[409] Ebd.
[410] Vgl. Donath und von Krafft an die Spruchkammer des Landkreises Starnberg vom 22.08.1946, in: ebd.
[411] Vgl. eidesstattliche Erklärung des BMW-Betriebsrates (Denk, Hauch, Höhn und Kaiser) vom 25.03.1947, in: StAM SpKa Karton 1341: Popp.
[412] Vgl. Betriebsordnung der BMW AG vom 30.01.1938, Abschnitt 1, Nr. 5, in: BMW-Arch UU 85, S. 1–3, hier S. 3.
[413] Vgl. Zipprich an Herf vom 21.02.1948, in: SpKa Karton 1341: Popp.
[414] Vgl. z.B. Alexander Freiherr von Falkenhausen an den Öffentlichen Kläger im Spruchkammerverfahren von Hille vom 12.10.1946, in: StAM SpKa Karton 4589: Hille.

Hille gab im Nachhinein an, einfach nur für die Bayerischen Motoren Werke gearbeitet zu haben. Dass er dies jedoch in wesentlich größerem Einklang mit dem nationalsozialistischen Zeitgeist tat als z. B. Popp, scheint unbestritten zu sein. Der frühere Leiter der Kfz-Abteilung bei BMW, Rudolf Schleicher, sagte sogar aus: „Hille [...] hat sich stets offen zum Nationalsozialismus bekannt und war nach unserer Beurteilung auch seiner Einstellung nach überzeugter Nationalsozialist."[415] Beispielsweise habe Hille im Unternehmen stets das Parteiabzeichen getragen und mit deutschem Gruß gegrüßt.[416] Ob sich diese äußere Haltung mit seiner inneren Überzeugung deckte, wollte und konnte Schleicher nicht beurteilen.

Klar belegt ist, dass Hille das „besonders gute Vertrauensverhältnis [...], das zwischen ihm und [Hauptbetriebsobmann] Herrn Schmid schon seit Jahren bestanden habe", öffentlich betonte, „und versicherte, dass er jederzeit [...] Herrn Schmid mit seinem Rat und seiner Hilfe zur Verfügung stehe, wenn er irgendwelche Sorgen haben sollte".[417] Auch wenn es sich hier in erster Linie um ein Lippenbekenntnis und den Versuch handelte, nach dem Machtwechsel im Unternehmen im Jahre 1942 das Vertrauen der nationalsozialistischen Kader bei BMW für die neue Geschäftsführung zu gewinnen, verdeutlicht die Formulierung und Betonung des jahrelangen besonders guten Vertrauensverhältnisses mit Schmid, dass Hille der nationalsozialistischen Weltanschauung wesentlich näher stand als Popp. Die Ansprachen, die Hille in seiner Eigenschaft als Unternehmensführer in den BMW-Werken anlässlich verschiedener Veranstaltungen hielt, sowie seine Ausführungen in den BMW-Zeitschriften ließen in der Belegschaft den Eindruck entstehen, dass „eine innere Überzeugung zum politischen Geschehen, bzw. den seinerzeitig gegebenen Verhältnissen, die Wahl und den Ausdruck der gesprochenen und geschriebenen Worte bestimmte".[418] Tatsächlich unterschieden sich Hilles Ausführungen z.T. nur rudimentär von denen des nationalsozialistischen Hauptbetriebsobmannes Schmid.[419] Hilles Ansprachen bei Betriebsappellen waren auch von den unter Nationalsozialisten üblichen Durchhalte- und Endsiegphrasen durchdrungen.[420]

[415] Schleicher und Bernhardt, Firma Schleicher & Co GmbH Kfz-Instandsetzung und Ersatzteilfertigung, an Spruchkammer Starnberg 16.10.1946, in: ebd.

[416] Vgl. die Aussagen Schleichers im Protokoll der öffentlichen Sitzung der Spruchkammer Starnberg vom 02.04.1947, in: ebd.

[417] Niederschrift einer Sitzung des BMW-Vertrauensrates am 29.01.1942 vom 03.02.1942, in: BArch R 8119 F/P 3108, Bl. 42.

[418] Eidesstattliche Erklärung des Betriebsrates der BMW Milbertshofen (Gaßner und Denk) vom 19.08.1947, in: StAM SpKa Karton 4589: Hille. Vgl. zu dieser Aussage auch die Texte von Hille anlässlich der Erstausgabe der BMW-Werkszeitschrift 1942 und „Wir sind Kriegsmusterbetrieb geworden!", in: BMW-Werkszeitschrift Nr. 4/6, 2. Jg., April-Juni 1943, beide in: ebd.

[419] Vgl. z. B. Grußwort von Schmid in der ersten Ausgabe der BMW-Werkszeitschrift 1942, in: ebd.

[420] Vgl. Spruch der Spruchkammer Starnberg vom 15.04.1947, in: ebd.

Hille vertrat außerdem eine klar antisemitische Gesinnung. Nachdem Hille ironischerweise von RLM-Mitarbeitern im März 1936 darauf aufmerksam gemacht worden war, dass BMW die staatlichen Rüstungswechsel bei jüdischen Bankhäusern wesentlich günstiger verkaufen könne als bei der Deutschen Bank, versuchte er Letztere unter Druck zu setzen, die gleichen Wechselsätze zu veranschlagen, „damit er nicht genötigt wäre, zum Juden zu gehen".[421] Bei einer heftigen Konfrontation zwischen Popp und Hille kennzeichnete Hille das Verhalten des BMW-Generaldirektors Anfang 1942 mit den Worten: „wie der Jude Castiglioni".[422] In seiner Entrüstung beschimpfte Popp Hille mehrmals als „Schuft", worauf es zwischen beiden BMW-Vorständen fast zu Handgreiflichkeiten gekommen wäre.[423] In einem Schreiben an Popps Rechtsanwalt Merkel rechtfertigte Hille später seinen Juden-Vergleich und erläuterte, weshalb er diese Qualifikation gewählt hatte. Dieser Brief an Merkel verdeutlicht Hilles stark antisemitische Einstellung, bemühte er doch die typisch antisemitischen Klischees der damaligen Zeit. Popps jüdische Einstellung offenbare sich z. B. in der Tatsache, dass er Kapitalist und lediglich auf seinen eigenen Vorteil bedacht sei. Indem Popp auch weiterhin jüdische Arbeitsverträge verlängerte und zu jüdischen Ärzten ging, missachte Popp die damalige soziale und völkische Bewegung. Hille bezichtigte seinen Kollegen, gegenüber seinen Mitarbeitern und dem Unternehmen nicht loyal, sondern faul und unehrlich, außerdem geldgierig, habsüchtig, geltungssüchtig, prinzipienlos, durchtrieben und eitel zu sein. Es mangele Popp an Pflichtgefühl und Einsatzbereitschaft gegenüber den derzeitigen dynamischen Aufgaben. Er nutze in erster Linie Vetternwirtschaft – d. h. seine guten Kontakte zu Udet – um den Posten als BMW-Generaldirektor zu usurpieren. Auch Wochen nachdem die extreme Zuspitzung des Konflikts im BMW-Vorstand stattgefunden hatte, hielt Hille weiter an seiner Ansicht fest, dass Popp semitische Eigenschaften verkörpere und daher ungeeignet für die Führung eines Unternehmens wie BMW sei. Hilles Aussage war demnach kein unüberlegter Ausspruch im Rahmen eines hitzigen Konfliktes, sondern Ausdruck, dass er sich mit den antisemitischen Vorurteilen der nationalsozialistischen Weltanschauung identifizierte.

Während Hilles Entnazifizierungsverfahrens änderte die Staatsanwaltschaft ihren Strafantrag nach Einstufung des ehemaligen BMW-Vorstandes von der Gruppe der Belasteten in die Gruppe der Minderbelasteten, in die er am

[421] Aktenvermerk von Rintelen an den Vorstand der Deutschen Bank vom 23. 03. 1936, in: BArch R 8119 F/P 3065, Bl. 28. Zur Antwort der Deutschen Bank vgl. von Stauß an von Rintelen vom 24. 03. 1936 und Pippen an Stein vom 13. 05. 1936, beide in: ebd., Bl. 29 und 30–31.

[422] Vgl. Hille an von Stauß vom 18. 02. 1942, in: BArch R 8119 F/P 3105, Bl. 394–403, hier Bl. 399 und Hille an Merkel vom 31. 03. 1942, in: BArch R 8119 F/P 3108, Bl. 78, S. 1–11.

[423] Vgl. Hille an von Stauß vom 18. 02. 1942, in: BArch R 8119 F/P 3105, Bl. 394–403, hier Bl. 399.

15.04.1947 auch eingeordnet wurde.[424] Bezeichnend für Hilles Einstellung zum Nationalsozialismus ist auch die Tatsache, dass der BMW-Betriebsrat dieses Urteil als zu milde und der Sache nicht angemessen vehement ablehnte und im Staatsministerium für Sonderaufgaben mit dem Ziel einer Revision des Verfahrens intervenierte.[425] Hierbei spielte sicher auch das Vorgehen Hilles gegenüber Popp eine Rolle. Ersterer hatte von Popp beispielsweise Satisfaktion wegen dessen Ausspruch „Du Schuft" gefordert und gedroht, ihn beim Parteigericht anzuzeigen.[426] Hille schreckte demnach nicht davor zurück, die Organe der NSDAP für seine Sache zu nutzen.[427]

Für die Tatsache, dass BMW hinsichtlich der politischen Einstellungen ihres Personals im mittleren und höheren Management insgesamt einen Querschnitt durch die Gesellschaft darstellte, stehen beispielhaft der langjährige Verkaufsleiter für Krafträder in München, Emil Friz[428], und der Chef der Entwicklungsabteilung Raketentriebwerke, Helmut von Zborowski.

Emil Friz war von August 1919 bis Oktober 1945 bei den Bayerischen Motoren Werken beschäftigt.[429] Im Juni 1941 wurde er kaufmännischer Direktor und Betriebsführer des 1940 übernommenen französischen Zweigwerks von BMW, der Gießerei und Maschinenfabrik GmbH, Bitschweiler im Elsass. Unter seiner Leitung wurden alle Posten ausschließlich nach beruflichem Können besetzt. Es wurde nicht gefragt, ob der Betreffende Parteigenosse, Elsässer oder jüdischen Glaubens war. Emil Friz setzte sich über Jahre hinweg energisch für Betriebsmitglieder ein, die despektierlich über Hitler und die Nationalsozialisten sprachen. Zahlreiche ehemalige Mitarbeiter bestätig-

424 Vgl. Spruch der Spruchkammer Starnberg vom 15.04.1947, in: StAM SpKa Karton 4589: Hille.

425 Vgl. Betriebsrat des BMW-Werks Milbertshofen (Denk und Hauch) an Staatssekretär Arthur Höltermann, Staatsministerium für Sonderaufgaben, vom 14.04.1947, in: ebd.

426 Vgl. Hille an von Stauß vom 18.02.1942, in: BArch R 8119 F/P 3105, Bl. 394–403, hier Bl. 403.

427 Noch bevor die Revision, die der Betriebsrat gefordert hatte, verhandelt werden konnte, richtete Hille im Jahre 1948 auf Grund einer schweren Krankheit, die ihn auch in wirtschaftlicher Hinsicht in Schwierigkeiten gebracht hatte, ein Gnadengesuch an das Ministerium für Sonderaufgaben. Die Spruchkammer Starnberg gestattete das Gnadengesuch und erklärte Hille im Nachverfahren zum Mitläufer des Nationalsozialismus. Dieser endgültige Spruch der Spruchkammer Starnberg erlangte jedoch keine Rechtskraft mehr, da Hille am 02.01.1949 verstarb. Vgl. endgültiger Spruch der Spruchkammer Starnberg vom 06.12.1948 und Schlachta, Kanzleivorstand des Bayerischen Staatsministeriums für Sonderaufgaben, an Hauptkammer München vom 23.06.1949, beide in: StAM SpKa Karton 4589: Hille.

428 Während die Spruchkammerakten ihn mit „Fritz" führten, unterzeichnete er selber mit „Friz". Er ist leicht zu verwechseln mit seinem Bruder, dem BMW-Chefentwickler Max Friz, und wird daher im Folgenden jeweils mit Vornamen bezeichnet. Vgl. StAM SpKa Karton 460: Emil Fritz.

429 Die folgenden Informationen über Emil Friz entstammen den zahlreichen eidesstattlichen Erklärungen in seinen Spruchkammerakten, die alle ein sehr ähnliches Bild zeichnen. Vgl. ebd.

Bild Nr. 11: Betriebsführer des französischen Zweigwerks von BMW, der Gießerei und Maschinenfabrik GmbH, Bitschweiler, Emil Hugo Friz (Aufnahme zwischen 1940 und 1942)

Bild Nr. 12: Chef der BMW-Entwicklungsabteilung Raketentriebwerke Helmut von Zborowski (Aufnahme zwischen 1940 und 1945)

ten in eidesstattlichen Erklärungen, dass Emil Friz viele deutsche, elsässische und jüdische Belegschaftsmitglieder gegenüber An- und Übergriffen der Kreisleitung der NSDAP und der Gestapo schützte. Dieses Einstehen für politisch Verfolgte und die Beschäftigung ehemaliger KZ-Häftlinge sowie Personen mit jüdischem Glauben an verantwortungsvollen Arbeitsplätzen brachte ihn im Laufe der Zeit in zunehmendem Maße in Konflikt mit den örtlichen NSDAP-Kadern. „Es war ein offenes Geheimnis, dass unser Werk gerade aus politischen Gründen mit die schlechtesten Beziehungen zu den Parteidienststellen hatte", erklärte der Leiter der Betriebsabrechnung in Bitschweiler, Martin Müller.[430] Mitte 1944 wurde Emil Friz wegen Sabotage und Landesverrats angeklagt, verhaftet, durch die Gestapo vernommen, wegen parteiwidrigen Verhaltens aus der Partei ausgeschlossen und musste schließlich fluchtartig das Elsass verlassen. Vor weiterer Verfolgung schützte ihn lediglich das bei Kriegsende in Deutschland ausbrechende Chaos. Emil Friz wurde bei den Bayerischen Motoren Werken in München trotz seiner politischen Einstellung gegenüber dem herrschenden Regime und seiner Flucht aus dem Elsass von Ende September 1944 bis Oktober 1945 weiter beschäftigt.

430 Eidesstattliche Erlärung von Martin Müller vom 25.03.1947, in: ebd.

Vollkommen gegensätzlich zu Emil Friz ist die Biographie von Helmut von Zborowski.[431] 1905 in Theresienstadt geboren, diente er seit März 1920 ununterbrochen in nationalen Selbstschutzverbänden, meldete sich als Freiwilliger bei der Gründung der SS-Heimwehr Danzig und wurde im August 1939 durch die Vermittlung des SS-Brigadeführers Gottlob Berger durch persönliche Entscheidung von Himmler als Kriegsfreiwilliger in die Leibstandarte SS Adolf Hitler aufgenommen. Dort diente er zwei Monate als Reservist, bis sein Arbeitgeber am 5.10.1939 seine Abrüstung erzwang. Von Zborowski blieb jedoch in der SS, in der er während des Krieges zum SS-Obersturmführer aufstieg. Er hatte enge Kontakte zu einflussreichen Nationalsozialisten wie Heinrich Himmler, SA-Obergruppenführer, Gauleiter und Reichsstatthalter Siegfried Uiberreither und SS-Obergruppenführer und General der Waffen-SS Oswald Pohl.

Von Zborowskis berufliche Karriere führte ihn im Januar 1934 zur BMW Flugmotorenbau GmbH, München. Er wechselte zum RLM und anschließend zur Luftfahrtforschungsanstalt Hermann Göring in Braunschweig. Von dort kehrte er 1939 wieder zum BMW-Flugmotorenbau ins Entwicklungswerk Spandau zurück, um seine Arbeiten auch industriell zu verwerten.[432] Bei BMW baute er eine neue Entwicklungshauptabteilung für Raketentriebwerke auf und leitete sie. Von Zborowski galt damals als einer der begabtesten Konstrukteure und Erfinder auf dem Gebiet des Flugmotorenbaus.[433] Er führte die Raketentriebwerksentwicklung bei BMW weitgehend eigenständig. Dabei scheint er den einschlägigen Reichsstellen und der nationalen Sache mehr verpflichtet gewesen zu sein als seiner Firma. So kommunizierte er z.B. direkt mit Himmler, anderen SS-Stellen und den zuständigen Ingenieuren im RLM, ohne sich vorher mit der BMW-Unternehmensleitung koordiniert zu haben. Für seine Briefe benutzte er keinen BMW-Briefkopf, sondern trat als unabhängiger Ingenieur auf. Als im September 1943 der Anlauf der Reihenfertigung eines neuen BMW-Raketentriebwerks anstand, schlug von Zborowski Himmler vor, die Fertigung aus Kapazitätsgründen teilweise auf BMW-fremde Produktionsstätten zu verlagern.[434] Der Transfer einer vollkommen neuen bei BMW entwickelten Technologie konnte nicht im Sinne der Unternehmensführung sein und war daher im Konzern mit Sicherheit nicht abgesprochen. Zu seiner ambivalenten Loyalität gegenüber BMW passt auch, dass von Zborowski bei vielen Vorträgen, die er bei der SS hielt, fortwährend seine Versetzung an die Front erbat.[435]

[431] Die folgenden biographischen Angaben entstammen dem Bericht von Zborowski über 5 wesentliche Ergebnisse aus seinen Arbeiten im BMW-Entwicklungswerk Spandau vom 24.12.1941, in: BArch NS 19/3711, Bl. 29–64, hier Bl. 33–34.

[432] Vgl. Aktenvermerk des SS-Wirtschafts-Verwaltungshauptamts: von Zborowski vom 21.08.1940, in: BArch NS 3/668.

[433] Vgl. Himmler an Korvettenkapitän Hans-Georg von Friedeburg vom 04.02.1943 und Milch an Himmler vom 18.02.1943, beide in: BArch NS 19/1197, Bl. 4.

[434] Vgl. von Zborowski an Himmler vom 02.09.1943, in: BArch NS 19/3711, Bl. 3–4.

[435] Vgl. Pohl an Brandt, pers. Stab Reichsführer-SS, vom 19.05.1942, in: BArch NS 19/1966, Bl. 1.

Dass sowohl Emil Friz als auch Helmuth von Zborowski viele Jahre bei den Bayerischen Motoren Werken beschäftigt waren, zeigt, dass die BMW-Geschäftsleitung der politischen Gesinnung ihrer Mitarbeiter bei deren Auswahl keine Bedeutung zumaß. Die wichtigsten Einstellungskriterien waren technische Leistungen, Tüchtigkeit und berufliche Erfahrung.

6.10. Zwischenfazit: Privatwirtschaftliche Entscheidungsoptionen – Der Weg von BMW zum Großkonzern

Die Entwicklung der BMW-Konzernstruktur zeigt, dass es im Rahmen der vorgegebenen Koordinaten der NS-Wirtschaftspolitik hinsichtlich der Investitionsentscheidungen der einzelnen Unternehmen durchaus individuelle Spielräume für eine eigenständige Unternehmenspolitik gab. Staatliche Regulierungen zum Beispiel in Fragen der Produktion, der Finanzierung, der Lohn- und Preispolitik sowie der Rohstoffversorgung und der Arbeitskräfterekrutierungen schien die BMW-Konzernleitung lediglich als politische Fixierung zu betrachten. Innerhalb dieser neuen Rahmenbedingungen traf man soweit möglich eigenständige Entscheidungen und verhielt sich weitgehend privatwirtschaftlich. Das RLM setzte das ökonomische Rationalitätskalkül der gewinnorientiert agierenden Flugmotorenhersteller weder mit einem strikten Investitionsverbot noch mit einem direkten Investitionszwang außer Kraft. Im Gegenteil respektierte die Behörde die Präferenzen der BMW-Geschäftsführung, wie die gesellschaftsrechtliche Ausgestaltung eines neuen Flugmotorenwerks aussehen sollte. Die BMW-Unternehmensleitung nutzte diese Handlungsspielräume.

Grundsätzlich musste der BMW-Vorstand in den 1930er Jahren zwischen ihren Profitinteressen und dem mit dem allein durch staatliche Nachfrage initiierten staatlichen Rüstungsboom einhergehenden unternehmerischen Risiko abwägen. Dass sich das RLM mit seiner Forderung nach einer rasch expandierenden Flugmotorenproduktion durchsetzen konnte, lag an der weitgehenden Interessenkongruenz des NS-Regimes mit den einschlägigen Unternehmen. Die staatlichen Dienststellen setzten in ihrer Wirtschaftspolitik zunächst weniger auf die Anwendung von Zwang als vielmehr auf Anreize, indem sie das privatwirtschaftliche Gewinnmotiv und den Wettbewerb unter den Flugmotorenfabrikanten für ihre Zwecke zu instrumentalisieren verstanden. BMW partizipierte bereitwillig am einsetzenden Rüstungsgeschäft, um im großen Stil von den lukrativen staatlichen Aufträgen zu profitieren. Außerdem veranlasste die Sorge, bei einem zurückhaltenden Werksausbau im Wettbewerb mit den Konkurrenten im Flugmotorenbau Marktanteile zu verlieren, den BMW-Vorstand, mitzumachen. Es waren demnach vor allem Gewinn- und Wachstumsinteressen sowie der vom Staat bewusst geschürte Wettbewerb innerhalb der Flugmotorenbauindustrie, die BMW zur Partizipation am Rüstungsboom veranlassten.

Es handelte sich zwischen dem Münchener Konzern und den einschlägigen Behörden wie schon zu Weimarer Zeiten nicht einfach um ein eindimensionales Abhängigkeitsverhältnis, in dem BMW lediglich die staatlichen Expansionsforderungen umsetzte. Vielmehr traf der BMW-Vorstand seine Entscheidungen über den Konzernausbau und die Ausgestaltung der gesellschaftsrechtlichen Konzernstruktur auf der Basis ökonomisch rationaler und gewinnorientierter unternehmerischer Abwägungsprozesse weitgehend unabhängig. Dabei agierte vor allem Popp in der zweiten Hälfte der 1930er Jahre aus Angst vor unrentablen Überkapazitäten sehr bedächtig im Hinblick auf Erweiterungsinvestitionen. Je weiter die Wünsche und Forderungen des RLM von privatwirtschaftlich rationalen Strukturen unter Friedensbedingungen fortführten, um so mehr verlangten die BMW-Verantwortlichen Risikogarantien durch den Staat.

Für den Ausbau des Eisenacher Flugmotorenwerkes wählten die BMW-Manager bewusst den Weg über ein reichsbeteiligtes Werk, d.h. einer relativ begrenzten staatlichen Risikobeteiligung. Da die BMW-Chefetage mit den Flugmotorenbau-Kapazitäten in Eisenach auch hinsichtlich einer zukünftigen Friedensproduktion positive Erwartungen verband, versuchte sie, den Eisenacher Flugmotorenbau innerhalb der BMW-Betriebsgemeinschaft zu halten und trug somit absichtlich einen Teil des unternehmerischen Risikos für das neue Werk. Die BMW-Geschäftsführung beschritt in den Verhandlungen mit dem RLM über die gesellschaftsrechtlichen Konstruktionen der neuen Flugmotorenwerke in Allach, Basdorf und Zühlsdorf bewusst andere Wege als in Eisenach. Durch das Abtreten der jeweiligen Anlagen an die staatlichen Behörden und die anschließenden Pachtverträge entledigte sich BMW der Risiken des vom RLM geforderten Engagements in der Bereitstellung von unter Friedensbedingungen unrentablen Mob-Fall-Kapazitäten.

Auch die Umstrukturierung des BMW-Konzerns im Jahre 1940 trug eine unverkennbar privatwirtschaftliche Handschrift. Nicht nur rückte die BMW AG wieder deutlich ins Zentrum des Konzerns und machte somit die Ausgliederung des BMW-Flugmotorenbaus im praktischen Alltagsgeschäft obsolet. Die Muttergesellschaft wurde auch finanziell gestärkt, mit der Bestrebung, die Finanzerträge aus dem unter vergleichsweise strenger politischer Überwachung stehenden Flugmotorenbau abzuschöpfen und damit für den Gesamtkonzern zu sichern. Zeitgleich traf die BMW-Spitze Vorkehrungen, um den Einfluss des RLM aus der Holdinggesellschaft herauszuhalten. Der BMW-Vorstand setzte sich beispielsweise jahrelang vehement und letztendlich erfolgreich gegen den behördlichen Druck ein, eine Reichsbeteiligung an der BMW Flugmotorenbau GmbH, München, durchzusetzen. Das Bemühen, die Verschuldungssituation des Konzerns so schnell wie möglich auf ein wirtschaftlich vernünftiges Maß zurückzuführen und die gesamten Anteile der Flugmotorenfabrik Eisenach bereits im Februar 1940 zu übernehmen, repräsentierte letztendlich den Versuch der Unternehmensleitung, die Abhängigkeit vom Ministerium zu reduzieren, um eigenständige Handlungsspielräume zurückzugewinnen. Mit all diesen Maßnahmen unterstrich die BMW-Geschäftsführung den Status von BMW als privatwirtschaftliches und gewinnorientiertes Unternehmen. Ziel der Erweiterungsstrategie der BMW-Geschäftsführung war es, das eigene Unternehmen als innerlich gesundes und leistungsfähiges Unternehmen zu erhalten.

Die RLM-Vertreter akzeptierten das selbstbewusste Auftreten der BMW-Führung und die Tatsache, dass Letztere die eigenen Konzerninteressen gegenüber denen des Ministeriums bevorzugte, weitgehend. Dies lag in erster Linie daran, dass auch das NS-Regime bis zu einem gewissen Grad auf die Kooperation sämtlicher einschlägiger Flugmotorenunternehmen angewiesen war. Ihre leistungsstarken Flugmotoren waren für den Aufbau der Luftwaffe unverzichtbar. Ohne das Know-how und die Produktionskapazitäten der Flugmotorenhersteller wäre ein zentrales Element der staatlichen Rüstungsbemühungen ernsthaft ins Stocken geraten bzw. erheblich verzögert worden. Dieser Umstand, über den sich sowohl die staatlichen Beschaffungsstellen als auch die Unternehmen im Klaren waren, verschaffte der BMW-Geschäftsführung gegenüber den Ministerien eine starke und gesicherte Verhandlungsposition.

Auch im Flugmotorengeschäft der Daimler-Benz AG, der Mitteldeutschen Motorenwerke und bei Junkers waren ähnliche Entwicklungen zu beobachten. Alle Flugmotorenhersteller schwankten in den 1930er Jahren jedoch zwischen Profitinteressen, der Angst, von den Konkurrenten wirtschaftlich überholt zu werden, und der Skepsis gegenüber einer übertriebenen Expansion sowie dem Aufbau unwirtschaftlicher Überkapazitäten. Anders als bei den Bayerischen Motoren Werken, bei denen die bisherige Produktstruktur ein Engagement im Flugmotorenbau weitgehend determinierte, trafen sowohl der Daimler-Benz-Vorstand als auch die Verantwortlichen der Auto Union in den 1920er bzw. 1930er Jahren bewusst und aus freien Stücken die Entscheidung, sich im Flugmotorenbau zu engagieren.[436] Beide Unternehmensführungen kennzeichnete eine grundsätzlich positive Haltung zur verdeckten Wiederaufrüstung der Luftwaffe. Die Erfahrungen der Weltwirtschaftskrise und die damit verbundenen gewaltigen Umsatzeinbußen schufen hinreichende Anreize für die Unternehmen, Rüstungsaufträge bereitwillig anzunehmen und die eigene wirtschaftliche Lage zu konsolidieren. Durch die Verlagerung vom demokratischen zum autoritären Regierungssystem und zu einer unverhohlen revisionistischen Außenpolitik wurde zudem eine Situation geschaffen, in der die verdeckte Aufrüstung profitträchtige Geschäfte versprach, die zuvor nicht möglich gewesen waren. Außerdem konnte sich Daimler-Benz auf solide Erfahrungen auf dem Gebiet der Rüstungsproduktion stützen. Auch nach 1933 richtete der Daimler-Benz-Vorstand seine Strategien wieder auf die Beteiligung am Rüstungsprogramm aus, so dass der

[436] Zu den Motivationen der beiden Vorstände vgl. Gregor, Stern 1997, S. 84–90 und Kohl/Bessel, Auto Union 2003, S. 34.

Konzern in den 1930er Jahren zu einem der wichtigsten Rüstungspartner des Regimes avancierte.[437] Dabei suchte die Daimler-Benz-Unternehmensleitung anders als Popp bewusst den Kontakt zu den Behörden und Vertretern des NS-Regimes, betrieb in Berlin systematisch Lobbyismus und bemerkte dazu: „Das Wohl des Konzerns verlangt es, dass alle Möglichkeiten restlos ausgeschöpft werden."[438]

Um sich bei den einschlägigen Behörden rasch als Großproduzent für Militärgüter zu profilieren, entschied der Daimler-Benz-Vorstand bereits 1933, die Arbeit im stillgelegten Werk in Berlin-Marienfelde in vollem Umfang wieder aufzunehmen, ungeachtet der Tatsache, dass in allen anderen Werken die Produktionskapazitäten nicht ausgelastet waren.[439] Im Hinblick auf die künftig zu erwartenden großen Serienaufträge von Flugmotoren war das Unternehmen von Anfang an entschlossen, eine führende Position auf diesem im Konzern lange brachliegenden Fertigungsgebiet zu erobern. Allerdings lehnte das RLM sowohl das Werk Untertürkheim als auch das Werk Marienfelde als Standorte der Flugmotoren-Serienproduktion ab. Ohne Rücksicht auf die Präferenzen des Ministeriums, in Marienfelde lediglich einen Reparaturbetrieb einzurichten, hielt der Daimler-Benz-Vorstand jedoch an seinen Plänen fest, die technischen Voraussetzungen für eine künftige vollständige Serienfabrikation zu schaffen und das Werk dementsprechend auch gegen die Vorstellungen der RLM-Verantwortlichen zu erweitern. Trotz der vielfältigen Abhängigkeiten vom RLM offenbarte Daimler-Benz mit dem eigenmächtigen Ausbau von Marienfelde demnach eine auffallende privatwirtschaftliche Unabhängigkeit. Wie sich herausstellte, behielt der Daimler-Benz-Vorstand mit seiner Beharrlichkeit recht, denn wenig später trat das RLM tatsächlich mit der Bitte an das Unternehmen heran, das Werk Marienfelde für die Produktion von Flugmotoren einzurichten.

In langwierigen Verhandlungen mit dem Ministerium setzte Daimler-Benz letztendlich sämtliche Standortprioritäten, die unternehmensinterne Zuordnung der einzelnen Produktionsstufen und nicht zuletzt die eigenen Rentabilitätsvorstellungen durch. Stuttgart-Untertürkheim wurde als Entwicklungszentrale für alle Großmotorenprojekte anerkannt und Marienfelde übernahm die Funktion eines Vorserienwerks. Außerdem schlug der Konzern den Bau eines neuen Großserienwerks vor. Als im Oktober 1935 der offizielle Vertrag für dieses Projekt abgeschlossen wurde, war mit Genshagen bei Ludwigsfelde südlich von Berlin der Standort festgelegt worden, dem die Daimler-Benz-Funktionäre den Vorzug gaben. Dem RLM schwebte ursprünglich die Gründung einer selbstständigen Firma mit einem Stammkapital von 5 bis 10 Mio. RM vor, der Rest sollte durch RLM-Kredite über 40 bis 45 Mio. RM finan-

[437] Vgl. Gregor, Stern 1997, S. 90.

[438] Protokoll der Vorstandssitzung der DB AG vom 25.04.1933, in: DAG/HIC Kissel 1/7 19.1.1933–20.6.1934, zitiert nach ebd.

[439] Zum Folgenden vgl. ebd., S. 96–97.

ziert werden.[440] Daimler-Benz lehnte eine solch hohe Verschuldung innerhalb des Konzerns jedoch ab. Das Management wollte zwar einerseits vom in der Aufrüstungsphase relativ ertragssicheren Flugmotorengeschäft profitieren, andererseits jedoch das eigene Risiko gering halten. Analog zu BMW bei der Gründung der Flugmotorenfabrik Eisenach akzeptierte das RLM auch die Daimler-Benz-Präferenzen für ein reichsbeteiligtes Werk. Die neue Daimler-Benz-Flugmotorenbau-Gesellschaft wurde schließlich im Januar 1936 unter der Bezeichnung Daimler-Benz Motoren GmbH Genshagen gegründet und startete mit einem Gesamtkapital von 14 Mio. RM, von denen das RLM 13,25 Mio. RM und Daimler-Benz lediglich einen symbolischen Betrag von 0,75 Mio. RM aufbrachten.

Dass die Behörden die Risikoaversion der Flugmotorenhersteller und damit auch deren Präferenzen hinsichtlich der gesellschaftsrechtlichen Ausgestaltung neuer Werke in der Regel respektierten, zeigt auch der Gründungsvorgang der Mitteldeutschen Motorenwerke GmbH.[441] Im RLM war Ende Oktober/Anfang November 1934 entschieden worden, in Leipzig Junkers-Flugmotoren außerhalb des ohnehin auf Expansionskurs stehenden Junkers-Konzerns produzieren zu lassen. Auch die Auto Union wurde analog zu den anderen Unternehmen der Luftfahrtindustrie nicht zu ihrem Engagement im Flugmotorengeschäft gezwungen. Andererseits machte das RLM unmissverständlich klar, dass in Leipzig ein einschlägiges Werk gegründet werden würde, so dass das Auto Union-Management vor der Entscheidung stand, die sich bietenden wirtschaftlichen Chancen zu nutzen oder auf diesem Gebiet ins Abseits zu geraten. Den Auto Union-Vorstand überzeugten letztendlich die Profitaussichten des staatlichen Aufrüstungsprozesses. Allerdings war die Konzernleitung von Anfang an bestrebt, den Flugmotorenbereich vom übrigen Geschäftsbetrieb der Auto Union zu trennen, um dadurch das finanzielle Risiko möglichst auszulagern. Nach monatelangen Verhandlungen mit dem RLM gründete die Auto Union am 29.06.1935 die Mitteldeutsche Motorenwerke GmbH mit einem vorläufigen Stammkapital von 100000 RM. Bis zum Abschluss der ersten Ausbaustufe der Mimo passten Ministerium und Unternehmen die Kapitalausstattung der neuen Gesellschaft den veränderten Betriebsverhältnissen an. Das Stammkapital wurde sukzessive auf 15 Mio. RM erhöht, von denen schließlich die Luftfahrtkontor GmbH 14 Mio. RM übernahm. Die Mimo reihte sich damit in ein gängiges Entwicklungsschema des Industrieausbaus ein: Nach eiliger Gründung formal eigenständiger Flugmotorenbau-Gesellschaften folgte der schnelle und kostenträchtige Auf- und Ausbau der Werke, der sehr bald Kapitalaufstockungen notwendig machte. Je weiter die Wünsche und Forderungen des RLM von rentablen Konzernstrukturen unter Friedensbedingungen fortführten, umso höhere Risikogarantien forderten die beteiligten Unternehmensvorstände vom Staat. Daher entstan-

[440] Zum Gründungsvorgang der GmbH Genshagen vgl. Gregor, Stern 1997, S. 98–99.
[441] Zum Gründungsvorgang der Mimo vgl. Kohl/Bessel, Auto Union 2003, S. 39–44.

den wie bei BMW in Eisenach, Daimler-Benz in Genshagen und der Auto Union in Taucha immer mehr reichsbeteiligte Werke, bei denen die Konzerne lediglich einen Bruchteil des Risikos trugen, allerdings mit der langfristigen Aussicht, die Werke später einmal übernehmen zu können.

Auch bei der vom RLM in der zweiten Hälfte der 1930er Jahre gewünschten sukzessiven Übernahme der Reichsanteile durch die Flugmotorenunternehmen, setzten die Behörden die Unternehmen in der Regel nicht unter Zugzwang. Das RLM wandte sich im Jahre 1938 mit dem Angebot an die Auto Union, nach Fertigstellung der Fabrikationsanlagen die Gesellschaftsanteile des Reiches an der Mimo zu übernehmen. Zu diesem Zeitpunkt bekundete die Auto Union zwar ein generelles Kaufinteresse, beschloss allerdings, die Frage einer erhöhten Beteiligung noch zurückzustellen.[442] Erst in den Jahren 1940 und 1941 übernahm die Auto Union die Reichsanteile an der Mimo und band die Gesellschaft durch den Abschluss eines Organvertrages an die Muttergesellschaft. Analog zur gesellschaftsrechtlichen Konstruktion des BMW-Konzerns stellte die Mimo nun eine rechtlich selbstständige Gesellschaft dar, die jedoch wirtschaftlich, finanziell und organisatorisch mit der Auto Union eine Einheit bildete.

Die relativ großen Handlungsspielräume, die der Staat der Flugmotorenindustrie in gesellschaftsrechtlichen Fragen gewährte, wurden jedoch bei BMW durch die desolate Corporate Governance im Unternehmen zunehmend eingeengt. Kern des Geschäftsführungsproblems bei BMW in der NS-Zeit war nicht nur, dass die zwei Protagonisten im BMW-Vorstand vollständig unterschiedliche Managertypen repräsentierten, sondern insbesondere auch, dass sie sehr verschiedene Auffassungen vom BMW-Konzern hatten und überdies diametrale Strategien verfolgten. Diese drei sich überlagernden und gegenseitig beeinflussenden Faktoren sowie die weitgehende Untätigkeit des Aufsichtsrats führten dazu, dass bei BMW über Jahre hinweg immer wieder Führungs- und Personalkrisen auftraten.

Auf Grund der unterschiedlichen Persönlichkeiten der beiden BMW-Vorstände sowie aus ihren verschiedenen Strategien resultierte auch, dass sich Popp und Hille in unterschiedlichem Maße auf den Nationalsozialismus und die Anweisungen des RLM einließen. Für Hille stand die Aufgabe, Flugmotoren zu produzieren und damit die staatlichen Programme zu erfüllen, an erster Stelle seines unternehmerischen Strebens. Diesem Ziel ordnete er in seinem technokratischen Denken alles andere unter. Um Milchs Forderungen umsetzen zu können, war Hille auch bereit, alte unternehmerische Traditionen wie den Motorradbau zu opfern. Er ließ sich somit in die Geschicke der Rüstungsrationalität hineinziehen und wurde gewissermaßen zum ausführenden Organ des RLM. Während Hille als angestellter Manager von BMW agierte und BMW als Rüstungskonzern in seinen Organisationsstrukturen als

[442] Vgl. ebd., S. 102–104.

dringend reformbedürftig ansah, kämpfte Popp gleichzeitig um sein Lebenswerk, das er durch die forcierte Rüstungsdynamik zunehmend in Gefahr sah. Während sich Hilles unternehmerische Strategien und Ziele somit mehr und mehr denen des Ministeriums anglichen, wehrte sich Popp zunehmend gegen die Deformation des von ihm gegründeten Unternehmens.

Durch die offensichtliche Funktionsschwäche des BMW-Aufsichtsrates als Kontrollorgan verlor die Corporate Governance bei BMW an Glaubwürdigkeit und schadete somit der Stellung des Münchener Flugmotorenbauers bei den zuständigen Dienststellen im RLM. Außerdem veranlasste sie Hille schließlich, sich mit der Bitte um Rückendeckung und Intervention an den im RLM für Rüstungsfragen zuständigen Milch zu wenden. Da auch Popp und andere BMW-Führungskräfte ihre Konflikte öffentlich vor RLM-Beamten austrugen, umging die BMW-Führungsspitze den Aufsichtsrat als Corporate Governance-Organ und übertrug das Mandat des Handelns auf das RLM. Dort musste man auf Grund der kriegsentscheidenden Bedeutung der BMW-Fabrikation nicht nur reagieren, sondern nahm die informelle Einladung zur Intervention in die BMW-Unternehmensentscheidungen gerne an.

Ähnliche Konflikte über die richtige Konzernstrategie gab es in vielen Unternehmen der Flugmotorenindustrie, auch im Daimler-Benz-Konzern. Auch der Daimler-Benz-Vorstand schwankte zwischen uneingeschränkter Partizipation am Rüstungsaufschwung und ausgeprägter Skepsis hinsichtlich einer übertriebenen Expansion der eigenen Fertigungskapazitäten. Bei Daimler-Benz waren die Gegenspieler in erster Linie der Vorstandsvorsitzende Kissel, der vor einer bedenkenlosen Erweiterung der Werkstätten warnte, und Hentig, der im Vorstand für Heeresproduktion und -aufträge zuständig war und vehement für Kapazitätserweiterungen und eine intensive Betätigung des Unternehmens im Rüstungssektor eintrat.[443] In seiner Zurückhaltung ging es Kissel – ähnlich wie Popp nach 1937 – nicht um die Ablehnung der Rüstungsprogramme oder gar des Regimes. Er stand sogar öffentlich und ausdrücklich hinter den Nationalsozialisten und ihrer Politik. In seiner Haltung drückte sich vielmehr eine gewisse Vorsicht gegenüber allzu weitreichenden Expansionsbestrebungen in einer Situation aus, in der für die Industrie noch nicht abzusehen war, wie weit der Rüstungsprozess gehen und wohin die nationalsozialistische Politik letztendlich führen würde. Die Einschätzung, dass die Rüstungsproduktion in dem Umfang der ersten Aufrüstungsjahre nicht mehr lange aufrechterhalten werden konnte, war bei Daimler-Benz in der zweiten Hälfte der 1930er Jahre weit verbreitet, so dass sich Kissel mit seiner vorsichtigen Strategie im Konzern-Vorstand anders als Popp bei BMW weitgehend durchsetzte.

Das Beispiel von Daimler-Benz zeigt, dass selbst ein Konzern, der sich stark mit dem Regime identifizierte und von der ersten Stunde an in großem

[443] Vgl. Gregor, Stern 1997, S. 93–94.

Umfang am Rüstungsprogramm teilgenommen hatte, den Stand der Rüstungsproduktion und der wirtschaftlichen Lage allgemein in den Vorkriegsjahren mit erheblichem Misstrauen betrachtete und unsicher war, wie die Unternehmensstrategie für die Zukunft aussehen sollte.[444] Bestärkt wurde Kissel in seiner vorsichtigen Haltung einerseits durch die schwierige Rohstoffsituation und andererseits durch die Erfahrungen des Ersten Weltkrieges und seiner Folgezeit.[445] Außerdem hatte das Unternehmen anders als BMW auf Grund der großen Nachfrage nach Daimler-Benz-Produkten bei Privatkunden und Wirtschaft Alternativen zu den staatlichen Aufträgen.

Der entscheidende Unterschied der permanenten Strategie-Auseinandersetzungen in den Vorständen bei BMW und Daimler-Benz war, dass er sich bei Daimler-Benz erstens nicht durch unterschiedliche Unternehmertypen und -philosophien überlagerte und potenzierte. Und zweitens wurde der Streit in der Stuttgarter Konzernzentrale intern diskutiert und nicht ins RLM getragen. Da der Daimler-Benz-Vorstand somit in zentralen Belangen nach außen als geschlossene, gut harmonierende Einheit auftrat, nahm man dem RLM jeglichen Anlass, in die Corporate Governance des Konzerns einzugreifen.

Insgesamt konnten sich die Unternehmen der Luftfahrtindustrie der politischen Entwicklung in Deutschland jedoch nicht entziehen. Charakterlich gesehen gehörten sowohl Popp als auch Hille zu den Menschen, die es verstanden, sich gewandt und überlegt den jeweiligen Verhältnissen anzupassen. Allerdings scheint Hille wesentlich weitreichender bereit gewesen zu sein, sich den politischen Verhältnissen unter nationalsozialistischer Herrschaft anzugleichen. Dabei scheute sich die BMW-Geschäftsleitung nicht, nationalsozialistische Propaganda insbesondere dann einzusetzen, wenn es ihren unternehmerischen Zielen diente. Auch jüdische Belegschaftsmitglieder scheinen bei BMW keinen besonderen Schutz genossen zu haben. Im Einklang mit der offiziellen nationalsozialistischen Weltanschauung „säuberte" das Unternehmen unter dem Druck der Reichsbehörden sukzessive ihren Aufsichtsrat, die Belegschaft und die Geschäftsbeziehungen von nichtarischen Kontakten. Als Begründung für dieses Vorgehen mussten regelmäßig die starke Beteiligung des Unternehmens an staatlichen Industrieprogrammen und die Abhängigkeit der Firma von den staatlichen Aufträgen herhalten. Um mögliche Sanktionen abzuwenden, ging die Unternehmensleitung bewusst den Weg des geringsten Widerstandes und verstrickte sich somit in die menschenverachtende Diskriminierung und Ausgrenzung der jüdischen Bevölkerung. Damit leistete sie der systematischen Verfolgung durch die Nationalsozialisten Vorschub. Die Bemühungen der BMW-Unternehmensleitung, von der Ari-

444 Vgl. ebd., S. 95.

445 Die Zurückhaltung von Daimler-Benz hinsichtlich eines massiven Kapazitätsausbaus wich erst nach den schnellen Siegen der Wehrmacht an der Westfront. Vgl. ebd., S. 113 und 165–166.

sierung der Argus-Motorenwerke zu profitieren, zeigt ferner, dass sowohl Popp als auch Hille in ihrer opportunistischen Grundhaltung bereit waren, sämtliche sich bietenden unternehmerischen Handlungsspielräume auszunutzen und ungehemmt wirtschaftliche Vorteile anzuvisieren, auch wenn dies auf Kosten ihrer menschlichen Integrität ging.

7. Analyse der einzelnen staatlichen Lenkungsbereiche am Beispiel des BMW-Flugmotorenbaus

7.1. Flugmotorenentwicklung bei BMW nach 1933

7.1.1. Ende der Flüssigkeitskühlung

Popp bevorzugte während der Weimarer Zeit die Produktion von Flugmotoren zu Lasten der Entwicklungstätigkeit und setzte ab 1928 eine einseitige Priorität im Bereich luftgekühlter Flugmotoren. Das zeigte Anfang der 1930er Jahre seine Wirkung. Seit Ende des Jahres 1929 stand das Unternehmen bei der Entwicklung der flüssigkeitsgekühlten 20- und 30-Liter-Flugmotoren in direktem Wettbewerb mit Daimler-Benz und Junkers. Zwar hatte der Münchener Flugmotorenbauer im Bereich flüssigkeitsgekühlter Motoren mit dem alten BMW VI maßgeblichen Anteil an der Aufrüstung der Luftwaffe. Jedoch geriet BMW bei der Entwicklung neuer wassergekühlter Baumuster sukzessive ins Hintertreffen, da BMW seine Flugmotorenmodelle mitten im Entwicklungswettlauf mehrfach umkonstruierte.[1] Dies war für das Münchener Unternehmen so verhängnisvoll, da auf Veranlassung des RLM die gesamte Entwicklung der neuen Flugzeugmuster der Jahre 1934–1936 auf den neuen 20- und 30-Liter-Motoren aufgebaut wurde.[2]

Die Entwicklungsprobleme bei BMW sowie die Erfolge der 30-Liter-Konkurrenzmotoren, DB 600 und Jumo 211, sowie des 20-Liter Jumo 210 führten dazu, dass der 30-Liter BMW 117-Flugmotor letztendlich nicht mehr fertig entwickelt und der 20-Liter-Motor BMW 116 zwar 1936 seiner Abnahmeprüfung unterzogen, jedoch nur in geringen Stückzahlen gefertigt wurde.[3] Seit 1926 hatte BMW keinen neuen flüssigkeitsgekühlten Flugmotor mehr entwickelt, der sich auf dem deutschen Markt bewähren und in der Serienfabrikation durchsetzen konnte. Das Unternehmen profitierte lediglich davon, dass auch die deutschen Konkurrenten bis Mitte der 1930er Jahre keinen leistungsstarken Flugmotor zur Verfügung hatten, der den BMW VI-Motor hätte ablösen können. Der Luftwaffenführung blieb Anfang der 1930er Jahre nichts anderes übrig, als beim Aufbau der Luftwaffe auf den BMW VI zurückzugreifen, der trotz der laufenden technischen Anpassungen und Weiterentwicklungen zunehmend veraltete. So fertigte BMW den BMW VI-Motor bis Ende 1936, als Göring und Udet auf einer Besprechung in Karinhall forderten, den unzeitgemäßen BMW VI zugunsten modernerer Flugmotoren

[1] Vgl. Kapitel 3.1.1. und 3.1.2.
[2] Vgl. Denkschrift Ernst Heinkel zur Frage der Motoren-Entwicklung vom Sep. 1936, in: DMM/ASD HeA FA001/0985, S. 1–17, hier S. 2.
[3] Vgl. Gersdorff von/Grasmann, Flugmotoren 1981, S. 61–62.

„endlich ausklingen" zu lassen.[4] Die Absetzung des BMW VI aus der staatlichen Auftragsvergabe war auf Grund des Fehlens eines leistungsstarken Nachfolgemotors gleichbedeutend mit dem Ende der flüssigkeitsgekühlten Flugmotoren bei BMW. Göring und Udet bestimmten auf der gleichen Sitzung in Karinhall, dass sich das Unternehmen in Zukunft ausschließlich auf den Bau luftgekühlter Motoren zu beschränken hatte.[5]

In der BMW-Entwicklungsabteilung waren die Weichen bereits mit der Pratt & Whitney-Lizenz im Jahre 1928 in Richtung Luftkühlung gestellt worden. Das Unternehmen sollte demnach eine Technologie aufgeben, in der es in Deutschland ohnehin nicht mehr konkurrenzfähig war. Die RLM-Beschaffungsabteilung bevorzugte wegen der Dringlichkeit der Aufrüstung jedoch weiterhin wassergekühlte Flugmotoren. Der flüssigkeitsgekühlte Flugmotor war bereits in der für die Luftwaffe benötigten PS-Stärke vorhanden, was beim luftgekühlten Doppelsternmotor noch nicht der Fall war. BMW hatte einerseits durch die Festlegung der Prioritäten zugunsten der luftgekühlten Flugmotorentechnologie im Jahr 1928, andererseits durch die Vernachlässigung der Entwicklung den gesamten flüssigkeitsgekühlten Flugmotorenbereich, in dem das Unternehmen während der Weimarer Zeit jahrelang nahezu eine Monopolstellung innehatte, seinen Konkurrenten überlassen.

Anfang der 1930er Jahre waren die Behörden und die Industrie insbesondere auf Grund des günstigeren Brennstoffverbrauchs gegenüber den herkömmlichen Benzinmotoren sehr an Dieselflugmotoren interessiert.[6] Auch BMW beschäftigte sich ab 1931 mit Dieselflugmotoren. Im Jahre 1933 forcierte Popp diese Technologie auf die für ihn typische Weise. Er plädierte für den Technologietransfer von außen.[7] Als Popp im Frühling 1933 die Übernahme der Maybach Motorenbau GmbH plante, motivierte ihn dabei insbesondere der Kauf der Maybach-Dieselmotoren-Technologie. Mit dem Technologietransfer wollte er verhindern, dass im Hause BMW erst mühsame Einzylinder-Versuche durchgeführt werden mussten, um den Einspritz- und Verbrennungsvorgang zu optimieren. Die geplante Übernahme von Maybach

[4] Aktenvermerk Udet über die Besprechung in Karinhall am 16.11.1936, in: BA-MA RL 3/2694. Der BMW VI-Flugmotor galt auf Grund seines zu hohen Gewichts, zu geringer Leistung, dem Mangel an Höhenleistung und seiner ungünstigen Formgebung schon seit Jahren als nicht mehr zeitgemäß. Vgl. Heinkel-Denkschrift zur Frage der Motoren-Entwicklung vom Sep. 1936, in: DMM/ASD HeA FA001/0985, S. 1–17, hier S. 2.

[5] Vgl. Bericht Geschichte des BMW-Konzerns (o. D., wahrscheinlich 1943), in: BMW-Arch UA 2, S. 1–29, hier S. 21. Zu den Beweggründen der Ministeriumsvertreter und die Reaktion der BMW-Unternehmensführung auf diese Entscheidung vgl. Kapitel 7.1.2., ab S. 255.

[6] Braun, Aero-engine 1992, S. 2. Zu den Vorzügen und Problemen der Dieseltechnologie siehe: Lange, Geschichte 1999, S. 178; Gersdorff von/Grasmann, Flugmotoren 1981, S. 50 und Ittner, Dieselmotoren 1996.

[7] Vgl. Max H. Schmid an von Stauß vom 10.05.1933, in: BArch R 8119 F/P 3128, Bl. 4–6, hier Bl. 4.

diente demnach vor allem dem Zweck, die Entwicklung des Dieselmotors bei BMW erheblich zu verbilligen und zu verkürzen. Außerdem versuchte Popp, sein Unternehmen hinsichtlich dieser neuen und vielversprechenden Technologie als unersetzbar zu positionieren. Daher schlug er dem RLM vor, den Dieselmotor als luftgekühlten Flugmotor zu entwickeln.[8] Popp war sich bei dieser Anregung bewusst, dass lediglich BMW einen im Luftverkehr bewährten luftgekühlten Flugmotor liefern konnte und dass dem Münchener Flugmotorenhersteller in Folge dessen die Partizipation an der aussichtsreichen Dieseltechnik garantiert wäre.[9] Allerdings trat Popp die endgültige Entscheidung über die Dieselmotoren-Entwicklung bei BMW in der Hoffnung auf neue lukrative Serienaufträge freiwillig an das RLM ab.[10] Göring und Milch lehnten die Übernahme von Maybach jedoch ab. BMW solle sich vordringlich auf die Entwicklung der 20- und 30-Liter-Flugmotoren konzentrieren und die Konstruktionsabteilung nicht durch die zusätzlichen Arbeiten am Dieselmotor überfordern, begründeten sie ihre Entscheidung.[11] Mit diesem Machtwort waren die Maybach-Pläne von BMW vom Tisch. Popp hatte das Ministerium allerdings auch explizit dazu eingeladen, zu der Maybach-Frage Stellung zu nehmen. Die Arbeiten am Dieselflugmotor wurden bei BMW nur noch mit geringer Intensität weiter verfolgt und 1937 endgültig aufgegeben.[12]

7.1.2. Die Sternmotoren und Popps Kampf um ihre Anerkennung

Dass Popp ein Vertreter des Lizenzbaus und des Technologietransfers aus anderen Unternehmen war, bewies er nicht nur bei den Übernahmebemühungen um Maybach, sondern auch bei der Weiterentwicklung der luftgekühlten Sternmotoren. Inzwischen waren bei BMW mit dem luftgekühlten 9-Zylinder Hornet A-Motor Weiterentwicklungsversuche unternommen worden. Da jedoch die Ingenieure von Pratt & Whitney in der Entwicklung wesentlich weiter fortgeschritten waren, erwarb BMW 1933 nach Rücksprache mit der Luft Hansa die Herstellerlizenz für Zentraleuropa auch auf den Hornet B-Motor.[13] Dieses Baumuster wurde mit leichten Änderungen als BMW 132

[8] Vgl. Popp an Milch vom 22.06.1933, in: ebd., Bl.25–27, hier Bl.26. Vgl. hierzu auch Lange, Geschichte 1999, S.179.

[9] Vgl. Popp an von Stauß vom 19.12.1932, in: BArch R 8119 F/P 3073, Bl.26–27, hier Bl.27.

[10] Vgl. ebd.

[11] Das RLM setzte seine Hoffnungen hinsichtlich des Dieselflugmotors v.a. auf den Erfolg des Jumo 205. Vgl. Milch an Popp vom 16.06.1933, in: BArch R 8119 F/P 3128, Bl.22–23, hier Bl.22.

[12] Vgl. Gersdorff von/Grasmann, Flugmotoren 1981, S.52 und Lange, Geschichte 1999, S.179.

[13] Vgl. Bericht Geschichte des BMW-Konzerns (o.D., wahrscheinlich 1943), in: BMW-Arch UA 2, S.1-29, hier S.20 und Protokoll einer Finanzbesprechung bei BMW vom 29.05.1933, in: BArch R 8119 F/P 3073.

Bild Nr. 13: Fertigung des Flugmotors BMW 132 im BMW-Werk Dürrerhof (Aufnahme zwischen 1937 und 1943)

in das Bauprogramm des Münchener Flugmotorenherstellers aufgenommen.[14] Der Motor BMW 132 wurde über die Jahre hinweg in großen Stückzahlen gebaut und erfuhr sukzessive Leistungssteigerungen.[15] Durch zahlreiche Entwicklungsfortschritte entstand eine Vielzahl von Baureihen des BMW 132. Nach der Einstellung der Serienfabrikation für wassergekühlte Flugmotoren wurden bei BMW lange Zeit ausschließlich BMW 132-Motoren gefertigt.[16]

Unter den Typenbezeichnungen BMW 133/134/135/136 wurden verschiedene Ableitungen des BMW 132 geführt, von denen allerdings keiner über das Versuchsstadium hinauskam.[17] Sie wurden nicht weiterentwickelt, da hö-

[14] Vgl. Werks-Chronik: Die Entwicklungsgeschichte der Bayerischen Motoren Werke AG (o. D.), in: BMW-Arch UA 10, S. 78a–78b.

[15] BMW erreichte mit dem BMW 132 schließlich eine Leistung von 1200 PS. Vgl. Gersdorff von/Grasmann, Flugmotoren 1981, S. 56.

[16] Vgl. Lange, Geschichte 1999, S. 168.

[17] Beispielsweise ging es um die so genannte Sparstoff-Ausführung, bei der alle durch eine kriegsbedingt kritische Lage knapp werdenden Rohstoffe durch alternative, ausreichend verfügbare Materialien ersetzt werden sollten. Vgl. Lange, Geschichte 1999, S. 178.

here Leistungsanforderungen des Militärs schließlich zum 14-Zylinder Doppelsternmotor führten. Aus dem gleichen Grund bemühte sich der BMW-Vorstand im Frühjahr 1939 erfolgreich, den im Jahre 1933 geschlossenen Lizenzvertrag mit Pratt & Whitney über den 9-Zylinder-Sternmotor im gegenseitigen Einvernehmen vorzeitig zu lösen.[18]

Mit dem Erwerb der Herstellungslizenz des Hornet-B-Flugmotors im Jahre 1933 wurde für die Bayerischen Motoren Werke die prinzipielle Frage nach den Vorzügen luftgekühlter Sternmotoren oder flüssigkeitsgekühlter Reihenmotoren wieder essenziell wichtig. Als das RLM der Industrie im Frühling 1933 die ersten großen Aufträge zur Schaffung einer deutschen Luftstreitmacht übertrug, intensivierte Popp seinen seit 1928 währenden Kampf für die Gleichstellung der luftgekühlten Baumuster als militärtaugliche Flugmotoren. Er intervenierte bei den zuständigen Stellen im RLM und wies vor allem darauf hin, dass die Vereinigten Staaten vollständig und Großbritannien fast ausschließlich auf luftgekühlte Flugmotoren setzten.[19] Die großen Erfolge der luftgekühlten Sternmotoren in den in Luftfahrtfragen maßgebenden Ländern müssten eine Revision der einseitigen Bevorzugung der flüssigkeitsgekühlten Motoren seitens der Reichswehr nach sich ziehen. Popps wiederholte Appelle wurden jedoch von den einschlägigen Reichsbehörden bis Mitte der 1930er Jahre weitgehend ignoriert.[20] Nur dem Umstand, dass das RLM den Bau einer Luftflotte in den Jahren 1933/34 noch tarnen musste und aus diesem Grund die Ju 52 als ziviles Flugzeug in großen Stückzahlen bestellte, war es zu verdanken, dass der in diesem Flugzeug eingesetzte luftgekühlte BMW 132-Motor bestellt wurde und seine Fabrikation in großem Maßstab eingeleitet werden konnte. Jedoch wurde dieser Motorentyp für die bei den Flugzeugzellenfabriken in Entwicklung und in Auftrag gegebenen Kriegsflugzeugen zunächst nicht vorgesehen.[21]

Im Oktober 1936 schrieb Popp an Udet: „Meine Meinung geht dahin, dass der Bau sämtlicher zurzeit hergestellten wasser- bezw. flüssigkeitsgekühlten Motoren sobald als möglich aufgegeben werden sollte und dass sobald als möglich der Aufbau der deutschen Luftflotte in der Hauptsache für den luftgekühlten Einsternmotor bezw. Zweistern-Motor vorbereitet werden soll."[22] Flüssigkeitsgekühlte Motoren seien lediglich als Spezialmotoren für Spezialflugzeuge vorzusehen. Popp glaubte an die grundsätzliche Überlegenheit der luftgekühlten Sternmotoren gegenüber den wassergekühlten Reihenmoto-

[18] Regulär wäre der Vertrag noch bis 1943 gelaufen. Vgl. Popp an von Stauß vom 06.04.1939, in: BArch R 8119 F/P 3076, Bl. 167.

[19] Vgl. z.B. Aktenvermerk Rummel vom 10.12.1937, in: BArch R 8119 F/P 3065, Bl. 148 und Popp an Lahs vom 05.11.1936, in: DMM/ASD HeA FA001/0985.

[20] Vgl. hier Bl. 96.

[21] Vgl. Popp an Udet vom 29.10.1936, in: BArch R 8119 F/P 3075, Bl. 92–103, hier Bl. 97.

[22] Ebd., Bl. 92–103, hier Bl. 98–99.

ren.[23] Er war außerdem überzeugt, dass die Entwicklungsmöglichkeiten der luftgekühlten Flugmotorentechnologie wesentlich größer und rascher zu erreichen wären als bei den in Deutschland überwiegend verbreiteten herkömmlichen Flugmotoren.[24]

Popp sollte mit dieser Prognose teilweise Recht behalten. BMW-Ingenieure bescheinigten den luftgekühlten Flugmotoren im Jahr 1942 zwar eine im Durchschnitt etwas geringere Leistung pro Liter als den flüssigkeitsgekühlten.[25] Allerdings seien die luftgekühlten BMW-Motoren in der Höhenleistung bei besseren Flugeigenschaften konkurrenzfähig. Beide Motorenarten könnten auch in großen Höhen noch ausreichend gekühlt werden. In der Aerodynamik seien beide Triebwerke mittlerweile praktisch gleichwertig. Der Stirnwiderstand eines richtig eingebauten Sternmotors sei keinesfalls größer als der eines gleichstarken flüssigkeitsgekühlten Flugmotors, solange man auch den Widerstand des Kühlers für letztere Motoren berücksichtigte.[26] Auch in der äußeren Bauart glichen sich beide Arten immer mehr an.[27]

Die luftgekühlten Flugmotoren wiesen gegenüber den flüssigkeitsgekühlten Motoren weitere Vorteile auf, die sie für die Luftwaffe vor allem in Kriegszeiten sehr wertvoll machten. So waren die luftgekühlten Flugmotoren um 7-10% leichter und der Kraftstoffverbrauch damit günstiger als bei flüssigkeitsgekühlten. Außerdem waren Einbau, Wartung und Unterhalt luftgekühlter Motoren einfacher, weniger zeitraubend und wirtschaftlicher. Für das Militär fiel überdies stark ins Gewicht, dass die Beschussempfindlichkeit sowie der Aufwand für Panzerschutz bei luftgekühlten Triebwerken wesentlich geringer waren als bei wassergekühlten. Zu dieser rein motorentechnischen Überlegenheit kam, wie Popp immer wieder betonte, ein in Deutschland in der Vorkriegszeit sehr bedeutender Umstand: „Der Einsternmotor wiegt nicht nur ca. ⅓ weniger als ein gleich leistungsfähiger flüssigkeitsgekühlter Motor, sondern er erfordert auch um ⅓ weniger Materialkosten, etwa

[23] Eine ähnliche Ansicht vertrat auch Heinkel in einer Schrift über die Flugmotorenentwicklung vom 20.11.1936, in: DMM/ASD HeA FA001/0985.

[24] Vgl. Popp an Udet vom 29.10.1936, in: BArch R 8119 F/P 3075, Bl.92–103, hier Bl.93.

[25] Zum technischen Vergleich luft- und flüssigkeitsgekühlter Flugmotoren siehe u.a.: Bericht der technischen Verwaltung der BMW Flugmotorenbau GmbH „Die Bewertung luftgekühlter Triebwerke im Verhältnis zu flüssigkeitsgekühlten" vom 14.03.1942, in: BA R 3/3448 und Notiz Wörner über die Besprechung zwischen Sachse und Rummel über die Lage der Flugmotorenentwicklung bei BMW vom 07.05.1942, in: BArch R 8119 F/P 3146, Bl.462–466.

[26] Vgl. Popp an Udet vom 14.10.1936, in: BMW-Arch UA 368, S.1–5, hier S.3.

[27] Die luftgekühlten Flugmotoren wurden aus Kühlungsgründen in Sternform gebaut, die flüssigkeitsgekühlten Motoren aus ihrer Entwicklung von Fahrzeugmotoren her in Reihenform. Die Steigerung der Motorenleistung und die zu diesem Zweck erforderliche Schaffung einer größeren Anzahl von Zylindern führten zwangsläufig zu einer Kombination beider Systeme für die Zylinderanordnung, nämlich zu einer reihenförmigen Anordnung von Zylindersternen.

⅓ weniger Arbeitsstunden, daher um ⅓ weniger Fabriken und schließlich aus diesen Gründen auch um ca. ⅓ weniger Anschaffungskosten."[28]

Sicherlich spielte bei Popps Werben für die militärische Anerkennung der luftgekühlten Flugmotorentechnik auch eine wichtige Rolle, dass Popp sich der Entwicklungsprobleme seines Unternehmens im Hinblick auf die flüssigkeitsgekühlten Motoren sehr wohl bewusst war. Popp plante, sein Unternehmen vollständig auf den Bau luftgekühlter Flugmotoren zu konzentrieren, um einerseits den Konstruktionsproblemen mit der flüssigkeitsgekühlten Technologie aus dem Weg zu gehen und gleichzeitig die Firmen Junkers und Daimler-Benz als direkte Konkurrenten abzuschütteln. Andererseits war Popp klar, dass BMW gegenüber Siemens durch seine Strategie des internationalen Technologietransfers von Pratt & Whitney „einen sehr großen Vorsprung" besaß.[29] Popps Ziel war es, BMW wieder eine Führungsposition im deutschen Flugmotorenbau zu beschaffen.

Popps unentwegtes Intervenieren zugunsten der luftgekühlten Motorentechnologie bewirkte letztendlich Ende 1936 ein Umdenken im RLM. Ein Grund für die Entscheidung von Göring und Udet, den veralteten BMW VI zugunsten moderner Flugmotoren abzusetzen, war das Fehlen eines konkurrenzfähigen flüssigkeitsgekühlten Nachfolgefabrikats bei BMW. Ferner lastete die Entwicklung und Fertigung luftgekühlter Flugmotoren die Werkskapazitäten bei BMW bereits vollständig aus. Außerdem hatten sich bereits Junkers und Daimler-Benz auf den Bau wassergekühlter Motoren spezialisiert. Im Ministerium wurde man sich überdies zunehmend bewusst, dass Flugmotoren beim Aufbau der Luftwaffenverbände das zentrale Engpassprodukt waren, so dass man es sich nicht leisten konnte, allein auf die flüssigkeitsgekühlten Motoren zu setzen und zwei leistungsstarke Flugmotorenhersteller – BMW und Siemens – auf diese Weise ins Abseits zu stellen. Udet hielt es im Einvernehmen mit Milch und Göring in der Folgezeit sogar für erstrebenswert, eine Quote von 50:50 zwischen flüssigkeits- und luftgekühlten Motoren zu erreichen. Die deutschen Flugzeugzellenfabrikanten wurden im Auftrag Görings dementsprechend Ende 1938 verständigt, dass alle Entwicklungsprojekte in Zukunft die Verwendung beider Motorentypen ermöglichen müssten.[30]

Dem Aufbau der amerikanischen und britischen Luftflotte als Beispiele folgend, setzte die BMW-Flugmotorenbau GmbH, nachdem sie die Erlaubnis aus dem Ministerium dazu erhalten hatte, ausschließlich auf den luftgekühlten Motor. Im Zusammenhang mit der Frage nach den unternehmerischen Handlungsspielräumen ist interessant, dass sich die BMW-Verantwortlichen unter den veränderten Rahmenbedingungen nach 1933 bei der angestrebten Maybach-Übernahme nicht trauten, den Poppschen Alleingang des Jahres

28 Popp an Udet vom 29.10.1936, in: BArch R 8119 F/P 3075, Bl. 92–103, hier Bl. 94.
29 Popp an von Stauß vom 11.11.1936, in: ebd., Bl. 90–91, hier Bl. 91.
30 Vgl. Popp an Rummel vom 15.11.1938, in: BArch R 8119 F/P 3166, Bl. 33.

1928 zu wiederholen. Der BMW-Generaldirektor agierte 1928 mit dem Erwerb der Wasp- und Hornet-Motoren noch sehr selbstbewusst und eigenmächtig gegen die expliziten Pläne der Reichsbehörden. Diese straften BMW in der Folgezeit, indem sie den Hornet-Motor in ihren militärischen Planungen und somit auch bei einschlägigen Serienbestellungen jahrelang ignorierten. Unter den neuen Machthabern schreckte Popp vor einseitigen und nicht abgestimmten Entwicklungsschritten zurück. Das RLM verfügte im Vergleich mit dem Reichsverkehrsministerium der Weimarer Zeit über einen erheblich vergrößerten Haushalt, aus dem ab 1933 enorme Summen in Form von Rüstungsaufträgen an die Luftfahrtindustrie flossen. Diesen mächtigen Monopsonist mochte auch Popp nicht provozieren, zumal ihm klar war, dass BMW ihre einstige Unersetzbarkeit aus Weimarer Zeiten durch die technischen Probleme mit den flüssigkeitsgekühlten Flugmotoren weitgehend eingebüßt hatte. Außerdem war BMW auf Grund des Wegbrechens der profitablen Auslandskontakte seit der Weltwirtschaftskrise wesentlich stärker auf staatliche Aufträge angewiesen als zu Weimarer Zeiten.

Popp blieb unter diesen Umständen nichts anderes übrig, als seine Strategie der Konzentration auf luftgekühlte Flugmotoren bis Ende 1936 hinauszuzögern. Er war gewissermaßen auf das Einverständnis des RLM angewiesen. Ein nicht abgestimmtes Handeln von BMW konnte für das Unternehmen bedeuten, bei künftigen Reichsaufträgen ignoriert zu werden. Die monetäre Machtposition des RLM veranlasste die meisten Luftfahrtindustriellen, ihre Entwicklungsplanungen gleichsam in vorauseilendem Gehorsam mit den Ansichten von Udet, Göring und Milch in Einklang zu bringen. Im Folgenden wird der Einfluss, den das RLM auf die Entwicklungsaktivitäten der Flugmotorenindustrie ausübte, genauer analysiert.

7.1.3. Einfluss des RLM auf die Flugmotorenentwicklung

Die Zusammenarbeit zwischen dem Generalstab der Luftwaffe, der die taktisch-technischen Forderungen aufstellte, dem Reichsluftfahrtministerium bzw. seinem Technischen Amt, das diese Ansprüche als Fertigungsaufgaben für die Unternehmen formulierte, und der Luftfahrtindustrie funktionierte nach 1933 nur unter erheblichen Reibungsverlusten.[31] Die Flugmotorenentwicklung stand seit Gründung des RLM unter unmittelbarem Verwertungsvorbehalt der staatlichen Geldgeber. Da das Ministerium ab 1933 sämtliche Entwicklungsaufträge finanzierte, beanspruchten seine Vertreter in zunehmendem Maße richtungsweisenden Einfluss auf die Entwicklungsabteilungen der Flugmotorenhersteller. Dementsprechend wurden die Entwicklungstätigkeiten der einzelnen Firmen immer stärker reglementiert und eingeschränkt. Der Präsident des Reichsverbandes der Deutschen Luftfahrtindustrie, Lahs,

[31] Vgl. Kohl/Bessel, Auto Union 2003, S. 63–64.

beschwerte sich Ende 1942 bei Milch, die Entwicklungsabteilungen der Luftfahrtunternehmen seien in den letzten zehn Jahren sukzessive zu reinen Vollzugsinstitutionen geworden.[32] Entwicklung im Bereich der Flugmotorenindustrie wurde unter dem Einfluss des RLM mehr und mehr zu einer Frage der militärischen Aufgabenstellung und weniger der unternehmerischen Eigeninitiative. Dementsprechend könne die Industrie, so Lahs, auch nicht „als Träger der alleinigen Verantwortung [...] fungieren, denn es kann niemand eine Verantwortung aufgebürdet werden, die er vor seinem Gewissen nicht zu tragen imstande ist".[33]

Nach der Ernennung Görings zum Reichskommissar für die Luftfahrt 1933 zwangen die Reichsbehörden die Luftfahrtfirmen unverzüglich in eine Patentgemeinschaft, die alle Patentstreitigkeiten innerhalb der Luftfahrtindustrie ausschließen sollte. Göring setzte diese Maßnahme unter Anwendung massiven politischen Drucks durch und machte damit unmissverständlich deutlich, dass er die staatliche Machtposition seiner Behörde in Zukunft wesentlich stärker als bisher in politischen Einfluss auf die Entwicklungsaktivitäten der Firmen umzumünzen gedachte.[34]

Symptomatisch für Görings Anspruch stand seine Vorgehensweise gegen Hugo Junkers. Der direkte Zugriff auf die Forschungsleistung des wichtigsten deutschen Flugzeugunternehmens bildete eine unverzichtbare Voraussetzung der nationalsozialistischen Aufrüstung. Schon die Rüstungsagenturen der Weimarer Zeit hatten seit 1927 das Projekt eines Patentpools verfolgt.[35] Junkers hatte einen solchen Pool jedoch stets als Angriff auf den Kern seiner unternehmerischen Tätigkeit und als „Totschlagen der Forschung" begriffen.[36] Er verweigerte jahrelang sowohl eine Beteiligung, als auch eine Übertragung der Patente aus dem Pool auf sein Unternehmen. Damit stellte sich Junkers explizit gegen die Rüstungsagenturen, die die Verwendbarkeit von Entwicklungsergebnissen in Massenproduktion und Aufrüstung forderten. Hugo Junkers betonte dagegen immer wieder, „dass das Unternehmen seinem ganzen Charakter nach in erster Linie eine Forschungsanstalt ist und bleiben soll".[37] Er definierte sein Unternehmen ausschließlich im Sinne dieser Forschungsorientierung: „Die Junkers Werke sind also keine Fabrik für

32 Vgl. Lahs an Milch vom 01.11.1942, in: BA-MA RL 3/51, Bl. 765–786, hier Bl. 769.
33 Vgl. ebd.
34 Laut Lieferbedingungen des RLM musste sich die Lieferfirma verpflichten, „der beim Reichsverband der Deutschen Luftfahrtindustrie bestehenden Patentgemeinschaft unter Anerkennung der für diese geltenden Richtlinien beizutreten." Vgl. Lieferbedingungen für Flugmotoren und Flugmotorenteile vom 15.05.1935, in: BArch R 2/5415, Bl. 25–30, hier Bl. 25.
35 Vgl. Budraß, Flugzeugindustrie 1998, S. 218.
36 Tagebucheintrag Junkers' vom 02.04.1932, in: DMM/ASD, LRD, N21/8, NB 207, S. 20111; zitiert nach: Budraß, Unternehmen und Luftwaffe 2002, S. 157.
37 Hauptbüro Junkers, gez. Adolf Dethmann, Bemerkungen von Prof. Junkers über die Mitarbeit Spalecks vom 07.09.1931, in: DMM/ASD JA 0301/27/46.

Massenproduktion mit angehängten Laboratorien, sondern eine industrielle Forschung mit angegliederten Massenproduktionsstätten", schrieb Junkers.[38]

Hugo Junkers unternehmerisches Selbstverständnis stand in ausgeprägtem Gegensatz zum Entwicklungsverständnis vieler Hersteller von Luftfahrtgerät. So begriff z.B. Popp die Entwicklungstätigkeiten von BMW vor allem als Mittel zum Zweck. Für ihn waren Entwicklungsanstrengungen nicht wie in Junkers' Konzept der eigenwirtschaftlichen Forschung gleichzusetzen mit dem Streben nach der absolut erreichbaren technischen Vollkommenheit. Popp wurde vielmehr vom Wettbewerbsdruck getrieben. Entwicklung und Konstruktion waren für Popp lediglich Dienerinnen des kaufmännischen Ziels, einen Massenbedarf bei möglichst geringen Preisen und hohen Gewinnen zu decken.

Im Konflikt um die staatlich befohlene Patentgemeinschaft musste sich schließlich jedoch auch Hugo Junkers beugen. Das RLM erzwang nicht nur die Patentübertragung von Hugo Junkers, sondern übernahm nach dessen Enteignung auch die Mehrheitsanteile des Junkers-Konzerns.[39] Die Verantwortlichen im RLM hatten an Hugo Junkers gleich nach Gründung der neuen Behörde ein Exempel statuiert, das der gesamten Luftfahrtbranche signalisierte, dass Sonderwege und Partikularinteressen im Entwicklungssektor in Zukunft nicht mehr geduldet werden würden.

Durch den Konflikt mit Hugo Junkers, der vordergründig um die staatlich erzwungene Patentgemeinschaft ausgetragen wurde, hatte die staatliche Beeinflussung der Flugmotorenhersteller im Entwicklungsbereich eine andere Qualität als noch zu Weimarer Zeiten. Bereits in den 1920er Jahren hatten RVM und Reichswehr ihre Machtstellung genutzt, um Entwicklungsschritte anzustoßen bzw. zu beeinflussen. Nach 1933 stand nun eine diffuse existenzgefährdende Drohung im Raum. Nicht nur bei den Bayerischen Motoren Werken bewirkte dies, dass man von weiteren Alleingängen in der Dieselmotorentechnologie und hinsichtlich der luftgekühlten Flugmotoren absah. Privatwirtschaftliche Entwicklungsinitiativen wurden vom RLM zwar auch weiterhin nicht grundsätzlich abgelehnt. Göring, Milch und Udet beanspruchten in diesem Zusammenhang jedoch das letztendliche Entscheidungsmonopol.[40]

Wie schon zu Weimarer Zeiten bedienten sich die staatlichen Behörden in den 1930er Jahren der Deutschen Lufthansa, um die Entwicklung der Luft-

[38] Zitiert nach Budraß, Unternehmen und Luftwaffe 2002, S. 155. Vgl. in diesem Zusammenhang auch Radkau, Joachim: Technik in Deutschland. Vom 18. Jahrhundert bis zur Gegenwart. Frankfurt am Main 1989, S. 175f. und den ersten Entwurf einer Denkschrift betr. Metallflugzeuge und Flugmotoren großer Leistung vom 18.06.1917, in: DMM/ASD JA 0201/10/11 und Junkers' Hauptbüro, gez. Dethmann, zur Wirtschaftlichkeit. Grundsätzliches nach Angaben von Prof. Junkers vom 17.09.1931, in: DMM/ASD JA 0307, S. 31.

[39] Vgl. hierzu auch Kapitel 7.2.2.

[40] Vgl. Junck, Entwicklungsabteilung des Technischen Amtes, LC II an Rudolf Stüssel, Deutsche Lufthansa, vom 21.10.1937, in: DAG/HIC Kissel 9.34 Behörden und Institutionen.

fahrtunternehmen zu beeinflussen. Das Technische Amt zeigte anfangs zwar Verständnis, dass es der DLH auf Grund ihres bestehenden Flugzeugparks nur in seltenen Fällen möglich war, Motoren einzusetzen, die gleichzeitig in größeren Stückzahlen im Bereich der Luftwaffe Verwendung fanden. Im Oktober 1937 artikulierte Werner Junck aus der Entwicklungsabteilung des Technischen Amtes jedoch unmissverständlich die Erwartung des RLM, dass beim sukzessiven Austausch des Flugzeugbestandes der DLH „im Interesse einer Vereinheitlichung des Luftfahrtgerätes und damit eines wirtschaftlichen Einsatzes desselben, Motoren verwendet werden, die gleichzeitig für die Luftwaffe beschafft werden".[41]

Auf Grund dieser RLM-Anordnung wurden in Deutschland spätestens seit Ende 1937 fast ausschließlich militärische Flugmotorentypen entwickelt. Daher waren die Erfahrungen, die die Fluggesellschaft mit den verschiedenen Motorenmustern im Luftverkehr machte, auch für die Luftwaffe wertvoll. Es fand folglich ein lebhafter Erfahrungsaustausch zwischen den technischen Ingenieuren der Lufthansa und den Sachbearbeitern im Technischen Amt statt. Außerdem finanzierte das Reich Veränderungen an den für die Luftwaffe entwickelten Flugmotoren, die dem besonderen Einsatzzweck des zivilen Luftverkehrs Rechnung trugen. Allerdings mussten im Gegenzug alle wesentlichen technischen Vereinbarungen, die zwischen der DLH und der einschlägigen Industrie bezüglich der Entwicklung von Flugmotoren getroffen wurden, dem Technischen Amt zur Genehmigung vorgelegt werden. Andernfalls weigerte sich das RLM, bei der Industrie aufgelaufene Entwicklungskosten zu vergüten.[42] Das Amt nutzte somit offen das Machtmittel der finanziellen Sanktionen, um die Beziehungen zwischen den Unternehmen und der Lufthansa zu reglementieren.

Gleichzeitig bestimmte das Ministerium durch seine Position als Finanzier auch die grundsätzlichen Entwicklungslinien in der privaten Flugmotorenindustrie. Ende 1936 entschied die Beschaffungsabteilung (LC III) des Technischen Amtes im RLM beispielsweise, dass ab dem Jahr 1937 sämtliche für die Rüstung wichtigen Motoren nicht mehr als Vergaser-, sondern nur noch als Benzin-Direkteinspritzmotoren gebaut werden sollten. Diese Vorschrift betraf unter anderem die Entwicklung der Modelle BMW 117 und BMW 116 sowie den BMW 132F.[43] Popp stand der einseitigen Konzentration auf das Einspritzverfahren Ende 1937 skeptisch gegenüber, da es „weder frontmässig erprobt und eingeführt, aber auch grosserienmässig nicht fertig" sei.[44] Popp befürchtete für einen schnellen Mobilmachungsfall große Schwierigkeiten, da

[41] Ebd.

[42] Vgl. ebd.

[43] Aktenvermerk LC III an Amtschef LC vom 09.11.1936, in: BA-MA RL 3/1127, Bl. 89.

[44] Popp an Udet betr. Einspritzung vs. Vergaser vom 13.10.1937, in: BMW-Arch UA 368.

mit der Einspritztechnik noch nicht genügend Erfahrungen zur Verfügung standen. Er plädierte daher dafür, dass Vergasermotoren auch zukünftig als Ausweichlösung und eventuelle parallele Mobilmachungsmaßnahme sowohl in versuchstechnischer, konstruktiver als auch fabrikatorischer Hinsicht zu fördern seien.[45] Popp konnte sich mit seinen Ansichten gegenüber der Luftwaffe jedoch nicht durchsetzen, da diese die schnelle Einführung des Benzin-Direkteinspritzverfahrens forcierte. Im Übrigen schuf die Abkehr von der Vergasertechnologie Differenzen mit der Lufthansa. BMW betrieb den Übergang zu Einspritzmotoren auf Wunsch der Luftwaffe rascher, als die DLH es im Hinblick auf ihre Verkehrsbedürfnisse vertragen konnte.[46] Auf die Bedürfnisse des zivilen Flugverkehrs wurde seit Mitte der 1930er Jahre jedoch nur noch sekundär Rücksicht genommen.

Dass die zuständigen Sachbearbeiter des Technischen Amtes zunehmend detailliert in Entscheidungsprozesse der Entwicklungsabteilungen im Flugmotorenbau eingriffen, verdeutlicht auch die Beschaffung einer Flugmotoren-Höhenprüfanlage bei BMW.[47] Das Münchener Unternehmen hatte im Juni 1935 mit Brown, Boveri & Cie (BBC) Verhandlungen über die Beschaffung einer Höhenprüfanlage aufgenommen. Diese Verhandlungen wurden von BBC auf Anordnung von LC II nach einiger Zeit mit der Begründung abgebrochen, dass für die deutschen Motorenfabriken eine einheitliche Anlage in unterschiedlichen Größenordnungen durch das RLM entwickelt werden würde.

Ein Jahr später wurden die Vertreter der Flugmotorenbauer zu einer Sitzung unter dem Vorsitz von Ingenieur Helmuth Sachse ins RLM gerufen. Dort wurde ihnen mitgeteilt, dass Höhenprüfanlagen in drei Größenordnungen und zwar von 500–700 PS, 1200–1800 PS und 2400–3600 PS entworfen worden seien. Die einzelnen Vertreter der Motorenindustrie sollten sich überlegen, welche Anlage sie beschaffen wollten. Nach genauer Prüfung entschieden sich die Bayerischen Motoren Werke für die mittlere Anlage. Sachse versuchte jedoch, das Unternehmen zu bewegen, die große Anlage zu beschaffen, er könne nicht verstehen, warum BMW die mittlere Prüfanlage bestelle. Friz erklärte, dass man bei BMW der Meinung sei, dass mit der mittleren Anlage in den meisten Fällen gedient sei. Alle im Unternehmen in der Entwicklung befindlichen Flugmotoren könnten mit dieser Anlage geprüft werden. Außerdem sei auch die Prüfung von um 50% größeren Motoren möglich. Für noch größere Flugmotoren wäre die Möglichkeit zur Prüfung in der Luftwaffen-Forschungsanstalt Rechlin vorhanden. Motorentypen würden in der Regel nur einmal auf ihre Höheneigenschaften untersucht, so dass eine derartig große Anlage erst in ferner Zukunft und höchstens einmal im Jahr durch große Motoren beansprucht werden würde. Ein weiterer Beweg-

[45] Vgl. ebd.
[46] Vgl. von Stauß an Rummel vom 19.11.1938, in: BArch R 8119 F/P 3065, Bl. 268.
[47] Zum Folgenden vgl. Freiherr von Crailsheim, Industriebeauftragter bei der BMW Flugmotorenbau GmbH, an Udet vom 12.09.1936, in: BMW-Arch UA 368.

grund im Vorstand des Münchener Flugmotorenherstellers sei, dass die derzeitigen elektrischen Einrichtungen bei BMW für die großen Anlagen nicht ausreichend wären. Nach erneutem Insistieren seitens des RLM präzisierten die BMW-Verantwortlichen, dass nicht nur innerhalb des Unternehmens, sondern auch bei den Isarwerken, von denen das Unternehmen den Strom bezog, keine ausreichende Energie mehr zur Verfügung stand. Die für die Höhenprüfanlage benötigte Strommenge musste letztendlich über behelfsmäßig errichtete Transformatorenstationen aus der öffentlichen Landesversorgung entnommen werden. Überdies berechneten die Isarwerke als Anschlusskosten für die vom RLM präferierte große Anlage neben 140 000 RM für die Kabel und Umformer einen jährlichen Bedarf von 173 000 RM zusätzlich zu den normalen Stromkosten von 28 000 RM.

Trotz der bestehenden Schwierigkeiten bestand Sachse letztendlich darauf, dass BMW die große Flugmotoren-Höhenprüfanlage errichtete. Das Unternehmen sollte versuchen, durch Verhandlungen mit den Isarwerken bzw. durch das Aufstellen einer eigenen Kraftversorgungsanlage die Kosten soweit wie möglich zu drücken.[48] Im Übrigen sollte der BMW-Vorstand beim RLM Zuschüsse hinsichtlich der Kosten beantragen. Geld spielte für das Ministerium in diesem Zusammenhang keine Rolle. Den BMW-Verantwortlichen blieb nichts anderes übrig, als sich den Wünschen aus Berlin zu beugen, auch wenn man die Beschaffungsentscheidung des RLM für unvernünftig hielt.[49]

Das Primäre in der Flugzeugentwicklung ist der Motor. Der erste Start einer neu entwickelten Flugzeugzelle kann nur mit einem Motor erfolgen, dessen Entwicklung bereits abgeschlossen ist. Auf dem Gebiet des Flugmotorenbaus zeigte sich der Abstand zum internationalen Entwicklungstand weit deutlicher als bei Flugzeugzellen. Diesem Umstand trug das Technische Amt jedoch keine Rechnung, indem es die Motorenindustrie etwa zum Schwerpunkt erklärte und entsprechend gefördert hätte. Im Gegenteil blieb die Flugmotorenentwicklung während der nationalsozialistischen Herrschaft fortwährend hinter dem Zellenbau zurück.[50]

Im September 1936 prangerte Ernst Heinkel in einer Denkschrift[51] die Rückständigkeit der deutschen Flugmotorenindustrie im Vergleich mit dem

[48] Vgl. Bericht Planung und Ausbauten der Werksanlagen des BMW-Konzerns und der im Ring angeschlossenen Werke (Speer Collection FD 4969/45), in: BA-MA RL 3/1752, S. 5–58, hier S. 6.

[49] Letztendlich erreichten erst die Versuchsmotoren BMW 802 und BMW 803 die Leistungsbereiche, die eine große Höhenprüfanlage rechtfertigten. Beide Motoren wurden erst in den Jahren 1942 und 1943 als Versuchsmotoren erprobt, kamen jedoch nicht mehr in die Produktion. Vgl. Lange, Geschichte 1999, S. 189, 192 und 320.

[50] Vgl. Kohl/Bessel, Auto Union 2003, S. 77; vgl. auch Vortrag Wimmer, 1929–1933 Leiter der Abteilung Prüfwesen im Heereswaffenamt, 1933–1936 Leiter des Technischen Amtes im RLM, über das 1020 Flugzeug-Programm vom 13.05.1933, in: BA-MA RL 3/2290, S. 1–4, hier S. 3.

[51] Vgl. Heinkel-Denkschrift zur Frage der Motoren-Entwicklung vom Sep. 1936, in: DMM/ASD HeA FA001/0985, S. 1–17. Siehe auch: Heinkel über die Flugmotorenent-

Entwicklungsstand des Auslands an. Heinkel beklagte, dass in den letzten Jahren die Leistungsfähigkeit des Flugzeugbaus in erster Linie durch das Fehlen leistungsstarker Flugmotoren beeinträchtigt war. Beispielhaft für das Jahr 1936 zog er eine entmutigende Bilanz. Sämtliche deutsche Flugmotoren seien den ausländischen Modellen in fast allen Leistungsmerkmalen deutlich unterlegen. Heinkels Urteil bezog sich sowohl auf die flüssigkeits- als auch die luftgekühlten Flugmotoren.[52] Wichtiger als der zeitliche Rückstand erschien Heinkel das Tempo der Leistungssteigerung. Während im Ausland auf Grund der zur Verfügung stehenden großen Geldmittel keine Anzeichen für eine baldige Begrenzung der Leistungssteigerung erkennbar waren, standen der deutschen Luftfahrtindustrie nach Angaben der Flugmotorenhersteller auch in den kommenden Jahren keine Motoren zur Verfügung, die die Höchstleistungen der ausländischen Konkurrenz erreichen würden. Heinkel beklagte, dass die deutsche Flugmotorenentwicklung viel zu langsam sei, um bestehende Leistungsdefizite im Vergleich zum Ausland aufzuholen, so dass die Unterlegenheit der deutschen Motoren auch für die kommenden Jahre bereits feststehen würde.[53]

Heinkel plädierte für einen massiven Ausbau der Konstruktionsbüros der Flugmotorenhersteller und für eine systematische Zusammenarbeit von Zellenbau- und Motorenbauwerken. Außerdem forderte Heinkel den Lizenzbau der besten ausländischen Motoren zur Entlastung der Konstruktionsbüros. Durch die Lizenznahme könne man sich die reiche Erfahrung des Auslandes zu Nutze machen. Den Zellenfirmen würde es dadurch ermöglicht, Flugmotoren zu beschaffen, die den ausländischen Serienmotoren gleichwertig und bei denen keine Rückschläge zu befürchten seien.[54]

Vertreter der Flugmotorenindustrie wiesen die abfällige Kritik von Heinkel verständlicherweise entrüstet zurück. Es sei zwar nicht von der Hand zu weisen, dass sich das Ausland zurzeit in einer etwas günstigeren Position befände. Jedoch sei zu bedenken, dass die Entwicklungserfolge des Auslandes auf einer anderthalb Jahrzehnte langen vorbereiteten Basis aufbauten, während der deutschen Flugmotorenindustrie bis 1933 die Basis fast vollkommen fehlte.[55]

Die Quintessenz der Heinkelschen Analyse, dass die außerordentlich innovative Zellenentwicklung der deutschen Flugzeugindustrie dadurch besonders benachteiligt werde, dass die Flugmotorenentwicklung gegenüber dem Ausland sehr rückständig geblieben sei, konnten die Flugmotorenfabrikanten

wicklung vom 20.11.1936, in: ebd., S. 1-5 und Heinkel über die Gründe zu den Arbeiten der Firma Heinkel über die Motorenentwicklung vom 15.02.1937, in: ebd., S. 1-3.

[52] Vgl. die Heinkel-Schriften, in: ebd.

[53] Vgl. Heinkel-Denkschrift zur Frage der Motoren-Entwicklung vom Sep. 1936, in: ebd., S. 1–17, hier S. 3, 8 und 11.

[54] Vgl. ebd., S. 1–17, hier S. 8 und 17.

[55] Vgl. z. B. die Bemerkungen des Siemens-Ingenieurs Bruckmann zur Heinkel-Denkschrift vom 04.12.1936, in: ebd., S. 1–13, hier S. 2.

auch mit dem Hinweis auf große eigene Fortschritte nicht entkräften. Auf Grund dieser Rückständigkeit der Motorenindustrie mussten die Zellenhersteller für die Flugzeugzellenerprobung bis weit in die 1930er Jahre hinein ausländische Flugmotoren einsetzen oder Interimslösungen mit technisch veralteten Flugmotoren nutzen.[56]

7.1.4. Vernachlässigung der Entwicklungsabteilung bei BMW

Die ersten Beschaffungsplanungen des RLM bedeuteten für den Münchener Flugmotorenbauer nach den konjunkturellen Krisenjahren auf der einen Seite einen enormen wirtschaftlichen Aufschwung. Gleichzeitig leiteten sie eine für BMW langfristig bedenkliche Entwicklung ein. Unter dem Termindruck der ersten Luftwaffenplanungen konzentrierte sich das Ministerium auf die fertig entwickelten und bereits in Serie laufenden Baumuster wie BMW VI, BMW 132, SAM 22, in geringerem Umfang auch den Dieselflugmotor Jumo 205, Argus As 10C und Siemens Sh 14A.[57] Da die BMW-Werksanlagen durch die vollen Auftragsbücher jedoch schon 1933 bis zum Rande der Kapazität produzierten, verfolgte die BMW-Geschäftsführung die gleiche Strategie, die sie schon in der Weimarer Zeit verfolgt hatte. Das Unternehmen konzentrierte sich nach dem Machtwechsel 1933 zunächst vorrangig auf die Produktion und deren Kapazitätserweiterung unter Vernachlässigung der eigenen Entwicklungstätigkeiten. Für BMW war es in den Anfangsjahren der nationalsozialistischen Aufrüstung vordergründig nicht unbedingt lebenswichtig, aus eigener Initiative zu entwickeln, da man mit Serienaufträgen weitgehend saturiert war. Der Verteilungsplan des Reichskommissars für die Luftfahrt über die Verwendung der im Rahmen des Arbeitsbeschaffungsprogramms vorgesehenen Reichsmittel für Luftfahrtzwecke im Jahr 1933 spiegelt diese Prioritätensetzung. Während große Summen für Flugmotorenlieferungen des Münchener Unternehmens vorgesehen waren, tauchte BMW bei den staatlichen Entwicklungsprojekten überhaupt nicht auf.[58] Das RLM war 1933 vorrangig an den serienreifen Fabrikaten von BMW interessiert und daher nicht bereit, neue Entwicklungsprojekte des Münchner Unternehmens zu finanzieren. Und die BMW-Geschäftsführung passte sich wie schon zu Weimarer Zeiten dem staatlichen Anreizsystem an und forcierte vordringlich die Produktion. Große Serienaufträge und schneller Profit lockten den BMW-Vorstand ab 1933 in erster Linie im Serienbau bereits erprobter Flugmotoren.

[56] Vgl. Vortrag Wimmer über das 1020 Flugzeug-Programm vom 13.05.1933, in: BA-MA RL 3/2290, S. 1–4, hier S. 3–4). Zum Beispiel erhielten die ersten Versuchsmaschinen der Ju 87, bekannt als „Stuka", einen Rolls-Royce-Motor, bevor die Fertigung zunächst auf den Jumo 210 und Ende 1937 dann auf den Jumo 211 umgestellt werden konnte. Vgl. Kohl/Bessel, Auto Union 2003, S. 77.

[57] Vgl. Gersdorff von/Grasmann, Flugmotoren 1981, S. 42.

[58] Vgl. Tabelle 30, S. 486.

BMW vernachlässigte mit dieser einseitigen und kurzsichtigen Prioritätensetzung einen allgemeinen Trend in der deutschen Luftfahrtindustrie. Die meisten Luftfahrtfirmen kompensierten die Folgen des immensen allein durch die staatliche Nachfrage initiierten Rüstungswachstums durch eine verstärkte Flugzeug- und Flugmotorenentwicklung. Sie nutzten die Zeit der Hochrüstung, um durch eine forcierte Entwicklungstätigkeit so viel Wissen wie möglich als ideelles Startkapital für den Markt nach der Rüstung zu akkumulieren.[59] Bei BMW hingegen setzten sich die Anhänger einer expansiven Serienfabrikation durch. Diese Entwicklung ermöglichte es den beiden größten Konkurrenten im deutschen Flugmotorenbau, Daimler-Benz und Junkers, in relativ kurzer Zeit einen technischen Vorsprung zu gewinnen.[60]

Dass die BMW-Geschäftsleitung die Serienproduktion den Entwicklungsaktivitäten vorzog, spiegelt sich auch im Zustand der Entwicklungsabteilung des Unternehmens. Im Sommer 1933 genehmigte der Aufsichtsrat auf Antrag des Vorstandes, lediglich den vergleichsweise geringen Betrag von bis zu 250000 RM für den Ausbau der Versuchsanstalt.[61] Dass eine grundlegende Modernisierung überfällig war, hatte der BMW-Vorstand bereits im März 1933 unmissverständlich klar gemacht. Er beschrieb die Verhältnisse in der Konstruktionsabteilung als nicht haltbar. Versuche müssten z. B. an drei verschiedenen Orten durchgeführt werden.[62] Trotz dieser Zustände wurde eine systematische Modernisierung der BMW-Entwicklungsabteilung erst Mitte 1935 durchgeführt.[63] Die Flugmotoren-Entwicklungsabteilung von BMW blieb jedoch auch nach dem Ausbau im Jahre 1935 im Vergleich zu den Forschungs- und Konstruktionsabteilungen der Konkurrenten rückständig. Als sich BMW die Aufgabe stellte, aus eigener Kraft und auf eigene Verantwortung die Entwicklung luftgekühlter Flugmotoren vorantreiben zu müssen, erwies es sich sehr bald, dass nicht nur die Entwicklungsanlagen zu wenig leistungsfähig waren, sondern dass es auf diesem Gebiet auch an ausreichend

[59] Vgl. Budraß, Unternehmen und Luftwaffe 2002, S. 164–172.

[60] Im März 1938 verfügte BMW z. B. lediglich über den BMW 132 N-Motor mit rund 800 PS als frontreifen Flugmotor, der im Leistungsvergleich gegen die 1200-PS-Motoren DB 601 und Jumo 211 nicht bestehen konnte. Vgl. Notiz Wörner über eine Besprechung zwischen Sachse und Rummel über die Lage der Flugmotorenentwicklung bei BMW vom 07.05.1942, in: BArch R 8119 F/P 3146, Bl. 462–466, hier Bl. 465.

[61] Vgl. Protokoll der AR-Sitzung der BMW AG vom 17.06.1933, in: BArch R 8119 F/P 3073, Bl. 146. Im Sommer 1935 rechnete die BMW-Geschäftsführung dagegen bereits mit einem Gesamtaufwand für die Erweiterungsplanungen von rund 31 Mio. RM. Vgl. Popp und Klebe an von Stauß vom 26.07.1935, in: BArch R 8119 F/P 3074, Bl. 232, S. 1–4, hier S. 1.

[62] Vgl. Niederschrift der AR-Sitzung der BMW AG vom 08.03.1933, in: BArch R 8119 F/P 3073, Bl. 59–63, hier Bl. 61.

[63] Vgl. die Werks-Chronik „Die Entstehungsgeschichte der Bayerischen Motoren Werke AG", in: BMW-Arch UA 10.

Erfahrung und an qualifiziertem Personal fehlte.[64] Die Kapazitäten der Entwicklungsabteilung waren in den 1930er Jahren permanent überlastet.

Im September 1936 umfasste das Konstruktionsbüro von BMW laut Heinkel lediglich 35 Mitarbeiter.[65] Heinkel ergänzte, dass ein wesentlich größerer Stab von Konstrukteuren und Ingenieuren erforderlich sei, um auf breiter Basis Motorenentwicklung zu betreiben.[66] Daimler-Benz hatte im Gegensatz zu BMW bereits im Jahre 1934 eine zentral konzentrierte und integrierte Zusammenfassung sämtlicher Entwicklungsarbeiten auf dem Flugmotorensektor in Stuttgart-Untertürkheim durchgesetzt.[67] Zu einer Zeit, in der BMW im Wesentlichen auf Flugmotorenproduktion setzte, verfolgte Daimler-Benz die Priorität, die eigene Entwicklungsabteilung auf den neuesten Stand der Technik zu bringen. In diesem Zusammenhang muss jedoch auch konstatiert werden, dass beide Unternehmen im Jahre 1933 im Flugmotorenbereich von sehr unterschiedlichen Ausgangslagen starteten. Während die Münchener nach dem politischen Machtwechsel ihre bewährten Flugmotoren sofort in großen Stückzahlen fertigen konnten, musste Daimler-Benz erst einmal in die Entwicklung investieren und eine leistungsstarke eigene Flugmotorentypenreihe entwickeln.

Die Entwicklungsdefizite von BMW lösten im RLM erhebliche Unruhe aus. Die schwachen Leistungen der BMW-Flugmotoren im Spanischen Bürgerkrieg veranlassten die Ministeriumsvertreter schließlich, das Münchener Unternehmen zum Handeln zu zwingen. In einer Aufsichtsratssitzung am 22.09.1937 wurde beschlossen, dass der BMW-Chefentwickler, Friz, aus dem Vorstand der BMW AG und aus der Geschäftsleitung der BMW Flugmotorenbau GmbH, München, ausscheiden und als Kompensation die Geschäftsleitung der Flugmotorenfabrik Eisenach GmbH übernehmen sollte.[68] Friz wurde als unmittelbar Verantwortlicher das erste Opfer der einseitigen Prioritäten im Entwicklungssektor von BMW. Es war jedoch Popp, der im Vorstand sämtliche technischen Fragen vertrat. Er hatte sich im BMW-Vorstand immer wieder gegen seinen langjährigen Weggefährten, Vertrauten und Entwicklungschef Friz durchgesetzt. Anders ist der stark vernachlässigte Zustand der BMW-Entwicklungsabteilung in den Jahren nach dem politischen Macht-

[64] Vgl. Hilles Ausführungen in der Aufsichtsratssitzung am 20.03.1942, in: Niederschrift der Aufsichtsratssitzung der BMW AG vom 20.03.1942, in: BMW-Arch UA 5.

[65] Heinkel bemängelte auch bei Daimler-Benz einen viel zu kleinen Mitarbeiterstab in der Entwicklungsabteilung. Vgl. Heinkel-Denkschrift zur Frage der Motoren-Entwicklung vom Sep. 1936, in: DMM/ASD HeA FA001/0985, S. 1–17, hier S. 13.

[66] Vgl. ebd.

[67] Vgl. Protokoll der Besprechungen über die vom RLM Daimler-Benz gestellten Projektierungsaufgaben vom 10.08.1934, in: DAG/HIC Kissel 9.35 Behörden und Institutionen und Daimler-Benz Direktion, Kissel und Hoppe, an Milch vom 04.09.1934, in: ebd.

[68] Vgl. Sonderprotokoll über die interne AR-Sitzung der BMW AG am 22.09.1937, in: BArch R 8119 F/P 3075, Bl. 214–216, hier Bl. 216.

Bild Nr. 14: BMW-Konstrukteur Max Friz (um 1941/42)

wechsel 1933 nicht zu erklären. Friz wurde in der AR-Sitzung vom 22.09.1937 vorgeworfen, zwar ein guter Techniker, jedoch zu wenig schöpferisch und kreativ zu sein.[69] Dieses Urteil musste mindestens im gleichen Maße für Popp gelten. Betrachtet man die Degradierung von Friz auf der Basis der gegebenen Machtverhältnisse und Entscheidungskompetenzen im Unternehmen, bekommt man den Eindruck, dass der BMW-Entwicklungschef als Sündenbock für Fehlentscheidungen bei der Prioritätensetzung der Unternehmensleitung geopfert wurde.

In der Nachfolgeregelung von Friz offenbarte sich jedoch auch ein gewisser Machtverlust Popps. Die Leitung der Konstruktionsbüros der BMW Flugmotorenbau GmbH übernahm auf den Vorschlag Hilles hin der Fliegeroberstabsingenieur und Referent für Triebwerksentwicklung im RLM Helmuth Sachse. Er war bekannt als einer der besten Sachverständigen im RLM, jedoch galt sein Verhältnis zu Popp als nachhaltig gestört.[70] Es ist zu vermuten, dass Hille die Nachfolge von Friz mit Hilfe ministerieller Rückendeckung gegen den Willen Popps durchsetzte. Dies bedeutete, dass die Entscheidungsträger im RLM die Mitverantwortung Popps an den Versäumnissen in der BMW-

[69] Vgl. ebd.

[70] Nicht ganz ein Jahr vor der Absetzung von Friz hatte sich Popp im Zusammenhang mit der luftgekühlten Flugmotorentechnologie über Sachse beklagt: „Selbstverständlich sind meine Anschauungen, wie immer, vollständig denen des Herrn Sachse entgegengesetzt und ohne ein Machtwort des Oberst Udet werden wir die Sache nicht weiterbringen können". Popp an Lahs vom 05.11.1936, in: DMM/ASD HeA FA001/0985.

Entwicklungspolitik erkannt hatten und die BMW-Entwicklung zukünftig stärker kontrollieren wollten. Im Mai 1939, als es um die Verlängerung des Vertrages von Sachse ging, versuchte Popp den von ihm nicht geschätzten Entwicklungschef Sachse wieder los zu werden und die Vertragsverlängerung zu verhindern.[71] Es bedurfte des erneuten Eingreifens von Udet, um Sachse im Unternehmen zu halten.[72] Gegen den erklärten Willen der Ministeriumsvertreter konnte Popp mittlerweile keine autonomen Personalentscheidungen mehr treffen. Das RLM beanspruchte ein weitgehendes Mitspracherecht, wer die vom Reich in Auftrag gegebenen Aufträge bei BMW betreute. Für Popp kam erschwerend hinzu, dass auch Hille an Sachse, den er als technologisch kompetenten Ingenieur achtete, festhalten wollte.

Für die Tatsache, dass unter anderem der rückständige Ausbau der BMW-Entwicklungsanstalt zu einem großen Teil dazu beigetragen hatte, Friz seiner Verantwortung zu entheben, sprach, dass bereits bei den Vertragsverhandlungen mit Sachse eine Summe von 2 bis 3 Mio. RM für ein Sofortausbauprogramm der Münchener Entwicklungsanlagen festgelegt worden war. Der Betrag wurde nach dem Eintritt von Sachse bei BMW Anfang 1938 in schnell aufeinanderfolgenden Schritten regelmäßig erhöht, so dass bis Anfang 1942 für den Ausbau des Entwicklungswerkes München insgesamt 42 Mio. RM veranschlagt worden waren.[73] Diese hohe Summe verdeutlicht den im Vergleich zu anderen Flugmotorenwerken desolaten Zustand der BMW-Entwicklungsanlagen Ende der 1930er Jahre.[74] Trotz des immensen Rückstandes gingen die Ausbauten der Münchener Entwicklungsanstalt nur schleppend voran. Der Oberingenieur und Prokurist der BMW Flugmotorenbau GmbH Rolf Ammann berichtete noch Ende 1941 an seinen Freund Udet, dass das Entwicklungswerk München im Vergleich zum Werk Spandau „geradezu vorsintflutliche Hilfsmittel“ wie Prüfstände und Arbeitsräume zur Entwicklung der Motoren besaß.[75] Der Ausbau der Prüfstände sei innerhalb der letzten drei Jahre kaum weiter gekommen. In München seien nur offene Prüfstände vorhanden, auf denen bei Kälte im Freien gearbeitet werden musste. Es bedurfte täglich fast vier bis sechs Stunden, bis die Prüfstände bei Kälte betriebsfertig waren. Der Wirkungsgrad der Prüfstände blieb somit sehr gering, während die Belastung der Monteure extrem hoch war.

[71] Vgl. Notiz Wörner über Äußerungen Popps vom 17.05.1939, in: BArch R 8119 F/P 3146, Bl. 108.

[72] Protokoll der BMW-Präsidiumssitzung vom 15.06.1939, in: BArch R 8119 F/P 3155, Bl. 94–98.

[73] Vgl. Bericht Planung und Ausbauten der Werksanlagen des BMW-Konzerns und der im Ring angeschlossenen Werke (Speer Collection FD 4969/45), in: BA-MA RL 3/1752, Bl. 5–58, hier Bl. 5.

[74] Es muss in diesem Zusammenhang jedoch beachtet werden, dass Teile der massiven Ausbauten der Münchener Entwicklungsanlagen ab 1938 der im Jahre 1939 erfolgten Fusion mit der Bramo geschuldet waren.

[75] Vgl. Ammann an Udet vom 14.12.1941, in: BA-MA RL 3/52, Bl. 1681–1584, hier Bl. 1683.

Die Zusammenarbeit von BMW mit den Brandenburgischen Motorenwerken ab dem Sommer 1938 war der Versuch eines Befreiungsschlages auf dem Entwicklungssektor. Laut Popp wurde die Entwicklungskooperation mit Siemens durch das Gebot des Reichsluftfahrtministeriums zur Typenbeschränkung ausgelöst.[76] Udet kündigte auf einer Sitzung, zu der das Technische Amt die Luftfahrtindustriellen im Juni 1937 zusammenrief, eine Konzentration auf „Standardtypen" an.[77] Im RLM strebte man damit unter anderem an, die „überzüchteten und zum Teil ungesund groß aufgeblähten" Konstruktions- und Entwicklungsbüros um mindestens 40% zu verkleinern.[78]

Trotz der Tatsache, dass die Forschung und Entwicklung bei BMW im Gegensatz zu der übrigen Luftfahrtindustrie unterrepräsentiert war und nach dem Eintritt von Sachse in das Unternehmen erst einmal ausgebaut werden sollte, wurde auch Popp von Göring und Udet angesprochen, welche Vorschläge er hinsichtlich der Typenbeschränkung und Entwicklungskonzentration innerhalb der Motorenindustrie machen könne.[79] Popp begriff die RLM-Initiative als Chance, die von ihm ungeliebte Methode der Parallelentwicklungen loszuwerden.[80] Das RLM verfolgte bei Entwicklungsarbeiten das Konkurrenzprinzip, d.h. Aufträge für ein Projekt wurden in der Regel an zwei oder auch mehr Firmen gleichzeitig vergeben – bei leistungsstarken Reihenmotoren waren es insbesondere Junkers und Daimler-Benz, bei luftgekühlten Sternmotoren BMW und Siemens.[81] Dadurch wurde die Arbeit der Entwicklungsabteilungen, die ab Mitte der 1930er Jahre ohnehin unter einem gravierenden Mangel an geeigneten Fachkräften litten, zusätzlich zersplittert und die Entwicklungszeiten verlängert.[82] Popp vertrat gegenüber Göring und Udet die Auffassung, dass dieses Konkurrenzprinzip die Hauptursache der vom RLM als untragbar bezeichneten Vielzahl von Typen sei.[83] Popp schlug daher vor, im Sinne einer besseren Ausnutzung des Personals, geringerer Kosten und vor allem einer schnelleren Entwicklung einzelne Motorensysteme und Größenklassen in Zukunft je einer Firma anzuvertrauen.[84]

[76] Vgl. Popp an Lucht vom 08.02.1941, in: BArch R 8119 F/P 3146, Bl. 250–255, hier Bl. 252.

[77] Vgl. Vortrag Udet vor Vertretern der Luftfahrtindustrie, Göring und Milch am 16.06.1937, in: DMM/ASD HeA FA001/0797.

[78] Ebd.

[79] Vgl. Popp an Lucht vom 08.02.1941, in: BArch R 8119 F/P 3146, Bl. 250–255, hier Bl. 252.

[80] Vgl. Popp an Wolff, Direktor bei BMW in Spandau, verantwortlich für die gemeinsame Entwicklung von BMW, vom 02.12.1940, in: ebd., Bl. 258–265, hier Bl. 258–259.

[81] Vgl. auch Gersdorff von/Grasmann, Flugmotoren 1981, S. 43 und Kohl/Bessel, Auto Union 2003, S. 64.

[82] Vgl. Popp an den Chef der Beschaffungsabteilung im Technischen Amt LC III Wolfram Eisenlohr vom 28.12.1940, in: BArch R 8119 F/P 3146, Bl. 267–271, hier Bl. 268–269.

[83] Vgl. Popp an Lucht vom 08.02.1941, in: ebd., Bl. 250–255, hier Bl. 253.

[84] Vgl. Popp an Eisenlohr vom 28.12.1940, in: ebd., Bl. 267–271, hier Bl. 269.

Bild Nr. 15: Franz Josef Popp im Gespräch mit Hermann Göring auf der internationalen Automobil- und Motorradausstellung (IAMA) in Berlin am 14.02.1935; rechts Ernst Udet

Bezeichnenderweise hatte sich BMW nicht an die strikten Vorgaben des RLM hinsichtlich der Parallelentwicklungen gehalten. Im Jahre 1936 musste die Bramo zum Beispiel ihren Flugmotor Bramo 329 umkonstruieren, da BMW den Parallel-Motor BMW 139 nicht entsprechend der technischen Rahmenbedingungen des RLM, sondern größer gebaut hatte.[85] Dadurch wurde die Bramo-Konstruktion, obwohl sie innerhalb der staatlichen Vorgaben konzipiert worden war, leistungsmäßig unzulänglich. Erst nach dem entsprechenden Umbau war es Siemens wieder möglich, auf gleicher technischer Basis zu arbeiten, allerdings mit einem entscheidenden zeitlichen Rückstand. Da die BMW-Geschäftsleitung das ministerielle Prinzip der Parallelentwicklungen ablehnte, konstruierte man einfach außerhalb der RLM-Vorgaben. Das Unternehmen bewies damit eine bemerkenswerte unternehmerische Eigenständigkeit gegenüber den technischen Vorgaben des RLM. In diesem Zusammenhang sind aus den vorhandenen Akten keine staatlichen Reaktionen bzw. Sanktionen gegen das Münchener Unternehmen bekannt. Jedoch wird das eigenmächtige Handeln von BMW im Entwicklungssektor die Vertrauensbasis zwischen RLM und dem Unternehmen nicht unbedingt verbessert haben.[86]

[85] Vgl. Bruckmann, Chefentwickler der Bramo, an Udet vom 22.07.1938, in: BA-MA RL 3/504.

[86] Für Siemens bedeuteten die unfairen Mittel von BMW, dass das Technische Amt im Sommer 1938 erwog, die Entwicklung der Bramo-Type 329 nicht bis zur Serienreife

Als BMW und die Bramo die Kooperation im Entwicklungsbereich initiierten, arbeiteten beide Gesellschaften jeweils an luftgekühlten 9-, 14- und 18-Zylinder-Motoren.[87] Es ging der BMW-Geschäftsführung insbesondere darum, sowohl die Bramo-Konkurrenz zu beseitigen als auch mittels der Konstruktions- und Entwicklungsanlagen der Bramo die eigenen Entwicklungsprobleme zu kompensieren.[88] Hille vertrat in diesem Zusammenhang die Überzeugung, dass die Zusammenarbeit von Bramo und BMW wohl die einzige Möglichkeit sei, um dem luftgekühlten Flugmotorenbau in Deutschland gegenüber dem flüssigkeitsgekühlten Motorenbau die Waage zu halten und um BMW auf diesem Gebiet die Führung zu sichern.[89]

Letztlich führte jedoch auch die Kooperation zwischen der Bramo und BMW nicht zu einer homogenen Entwicklungstätigkeit. Nach der endgültigen Fusion beider Gesellschaften Mitte 1939 planten Popp und Hille, die gesamte Flugmotorenentwicklung räumlich, einrichtungsmäßig und personell langfristig in München zusammenzufassen. Sie gingen davon aus, dass eine konzentrierte Entwicklung nicht nur produktiver, sondern unter verbesserter Ausnutzung aller Kräfte und der Vermeidung von Parallelarbeiten auch billiger sei.[90] Der Zusammenlegungsbeschluss ließ sich jedoch nicht sofort verwirklichen, da weder die notwendige Erweiterung der Entwicklungsabteilung in München noch die Übersiedlung des Personals von Spandau nach München in kurzer Zeit möglich waren.[91] Daher wurden beide Entwicklungswerke einander im Sommer 1939 so weit wie möglich angeglichen. Die Entwicklungsaufgaben wurden wie folgt aufgeteilt: Entwicklung luftgekühlter Flugmotoren in München unter Sachse und in Berlin-Spandau unter Bruckmann, Entwicklung von Strahltriebwerken unter Oestrich und von Raketentriebwerken unter von Zborowski. Spandau war in Zukunft für die Weiterentwicklung des 9-Zylinder-Sternmotors und München für den 14-Zylinder-

fortzusetzen und stattdessen den BMW 139 bei der Bramo in Lizenz bauen zu lassen. Hierbei ließ man sich von der Erwägung leiten, dass der technische Zustand des BMW 139 weiter fortgeschritten war. Vgl. ebd. Letztendlich wurden Ende 1938 jedoch auch die Arbeiten am BMW 139 gestoppt. Vgl. Lange, Geschichte 1999, S. 179.

[87] Vgl. Popp an Lucht vom 08. 02. 1941, in: BArch R 8119 F/P 3146, Bl. 250–255, hier Bl. 253.

[88] Für diese These spricht, dass die BMW-Verantwortlichen ursprünglich vorschlugen, dass Siemens die Bramo-Entwicklungsabteilung vollständig in die BMW Flugmotorenbau GmbH einbringen und im Gegenzug 40% der BMW Flugmotorenbau GmbH-Anteile bekommen sollte. Siemens wollte sich jedoch auf die Abtretung allein der eigenen Entwicklungsabteilung nicht einlassen. Vgl. Popp an von Stauß vom 22. 01. 1942, in: BArch R 8119 F/P 3108, Bl. 24–25 und Aktenvermerk Kalk über die Strategien der Bramo vom Nov. 1938, in: BMW-Arch UA 139.

[89] Vgl. Hilles Memorandum zur Übernahme der Brandenburgischen Motorenwerke „Kalte Füsse“ vom 19. 05. 1939, in: BArch R 8119 F/P 3167, Bl. 109 S. 1–6, hier S. 3.

[90] Vgl. Popp an Eisenlohr vom 28. 12. 1940, in: BArch R 8119 F/P 3146, Bl. 267–271, hier Bl. 267.

[91] Vgl. Popp an Lucht vom 08. 02. 1941, in: ebd., Bl. 250–255, hier Bl. 255.

Doppelsternmotor zuständig.[92] Der Krieg verzögerte die Übersiedlung der Entwicklung nach München letztendlich um mehrere Jahre.[93]

Im Grunde waren die Kompetenzen im Entwicklungssektor bei BMW nach der Fusion zwar klar festgelegt. Die generelle technische Verantwortung gegenüber dem RLM wurde im Juni 1939 auf Veranlassung von Udet Popp übertragen.[94] Weiter war vorgesehen, dass Harald Wolff die Flugmotorenentwicklung des Gesamtkonzerns verantwortlich führte. Helmuth Sachse sollte die Entwicklungsanstalt Süd und Bruno Bruckmann die Entwicklungsanstalt Nord leiten.[95] Die Integration der Bramo in den BMW-Konzernverbund gestaltete sich jedoch sehr viel schwieriger, als von den Protagonisten vorgesehen. Der frühere Dualismus zwischen München und Spandau aus der Zeit, als beide Firmen noch Konkurrenten waren, blieb im Wesentlichen bestehen.[96]

Hille plädierte nach der Fusion mit der Bramo dafür, dass Wolff als Entwicklungschef seinen Arbeitsplatz von Spandau nach München verlegen sollte.[97] Hille wollte mit dieser Umstrukturierung erreichen, dass Wolff zwischen Popp, Sachse, dem Betriebsführer der BMW Flugmotorenbau GmbH Wrba und dem Verkaufschef Starke Brücken schlagen konnte. Außerdem legte Hille Wolff wiederholt nahe, in diesen Personenkreis auch die langjährigen Erfahrungen des ehemaligen Chefentwicklers Friz mit einzubeziehen. Wolff lehnte seinen Umzug nach München jedoch mit der Begründung ab, dass es für ihn untragbar sei, Max Wrba als den wesentlich Jüngeren als Vorgesetzten betrachten zu müssen.[98]

Die aus organisatorischen Gründen absolut notwendige Einbindung der Spitze der BMW-Entwicklungsabteilung in die Führungsebene des Konzerns in München scheiterte somit in erster Linie an persönlichen Animositäten und Eitelkeiten. Auf Grund der vielfältigen Probleme in der Flugmotorenentwicklung bei BMW war es äußerst unglücklich, dass Wolff die Entwicklungstätigkeiten nicht am Stammsitz des Konzerns koordinierte. Dies wäre

[92] Vgl. Direktions-Rundschreiben vom 19.06.1939, in: BArch R 8119 F/P 3144, Bl. 137; Rundschreiben von Wolff und Bruckmann an sämtliche Dienststellen und schwarze Bretter des Werkes Spandau vom 21.06.1939, in: BMW-Arch UA 608.

[93] Vgl. Hille an Rummel betr. der Kapitalberichtigung vom 19.04.1941, in: BArch R 8119 F/P 3066, Bl. 182. Milch ordnete die Zusammenfassung der Entwicklungsabteilungen von Spandau und München am 08.04.1942 schließlich an, um die Fertigstellung des BMW 801-Flugmotors zu beschleunigen. Einzig die Triebwerksentwicklung verblieb in Spandau. Vgl. Niederschrift der AR-Sitzung vom 29.06.1942, in: BMW-Arch UA 5.

[94] Vgl. Udet an von Stauß vom 17.06.1939, in: BArch R 8119 F/P 3076, Bl. 285.

[95] Vgl. Darstellung über die Verteilung der Arbeitsgebiete der BMW Flugmotorenbau GmbH vom 22.09.1939, in: BArch R 8119 F/P 3105, Bl. 137.

[96] Vgl. Hilles Ausführungen in der Aufsichtsratssitzung am 20.03.1942, in: Niederschrift der AR-Sitzung der BMW AG vom 20.03.1942, in: BMW-Arch UA 5.

[97] Vgl. Hille an Rummel vom 10.07.1940, in: BArch R 8119 F/P 3105, Bl. 213–217.

[98] Vgl. ebd.

umso wichtiger gewesen, als in den Entwicklungsabteilungen des Konzerns nicht nur fortwährende technische Probleme auftraten, sondern die Verantwortlichen auch nicht harmonierten. Popps Verhältnis zu Sachse und Wrba galt als gestört und schwierig.[99] Auch Wolff pflegte mit Wrba keine besonders guten Beziehungen. Jedoch genoss Wrba das Vertrauen von Hille. Hille berichtete im Sommer 1940 außerdem, dass Wolff seinen Führungsanspruch gegenüber Sachse zurückgestellt habe. „Herr Sachse macht im Grunde was er will [...]".[100] Die Beziehungen von BMW-München zum RLM auf dem Entwicklungssektor, die offiziell der Verantwortung von Wolff unterlagen, wurden laut Hille in Wirklichkeit von Sachse getragen. Überdies wurde der degradierte und nach Eisenach abgeschobene ehemalige Entwicklungschef Friz trotz seiner jahrelangen Erfahrungen und seines umfangreichen Wissens über BMW-Flugmotoren von den verantwortlichen Führungspersonen nicht mehr in die Flugmotorenentwicklung des Konzerns eingebunden, da Sachse und Wolff ihn ablehnten.[101]

Eine wichtige Ursache für das Scheitern der Zusammenführung der Entwicklungsanstalten von BMW und der Bramo war, dass das Fachgebiet Flugmotorenentwicklung nach dem Ausscheiden von Friz personell nicht mehr im BMW-Vorstand vertreten war und auch deshalb nicht angemessen berücksichtigt wurde. Popp kümmerte sich mehr um fabrikatorisch-wirtschaftliche als um entwicklungsspezifische Probleme, so dass er im Vorstand als Fürsprecher für die Entwicklung ausfiel.[102] Im BMW-Vorstand gab es dementsprechend jahrelang niemanden, der der Flugmotorenentwicklung eine geordnete Führung und klare Richtlinien gegeben und der beispielsweise die Umsiedlung von Wolff nach München auch gegen innerbetriebliche Widerstände durchgesetzt hätte.[103]

Aus dieser allgemeinen Führungsschwäche des Unternehmens im Entwicklungssektor resultierten zwischen den BMW-Werken München und Spandau

[99] Vgl. Popp an Lahs vom 05.11.1936, in: DMM/ASD HeA FA001/0985 und Hille an Rummel vom 10.07.1940, in: BArch R 8119 F/P 3105, Bl. 213–217, hier Bl. 217.

[100] Ebd.

[101] Vgl. ebd., Bl. 213–217, hier Bl. 215–216.

[102] Vgl. Popp an Lucht vom 11.02.1941, in: BA-MA RL 3/52, Bl. 1657–1664, hier Bl. 1662.

[103] Erst im Juni 1942 wechselte Bruckmann in den Vorstand des Münchener Unternehmens. Bruckmann übernahm offiziell die Gesamtverantwortung des Flugmotorenbaus von BMW. Vgl. Bekanntmachung der BMW AG vom Juni 1942, in: BayHStA MWi 6886. Er leitete vorher die BMW-Entwicklungsanstalt Nord in Berlin Spandau, so dass die Flugmotorenentwicklung im Vorstand erstmals wieder repräsentiert wurde, auch wenn es weiterhin keinen direkten Entwicklungs-Vorstand gab. Bezogen auf das Fehlen eines Vertreters des Automobilbaus im BMW-Vorstand beschrieb Hille die Vorstandsbesprechungen als „sehr gehaltlos, weil ja das wichtigste Thema praktisch nicht zur Diskussion kommt". Vgl. Hille an Rummel vom 07.03.1941, in: BArch R 8119 F/P 3105, Bl. 256–261, hier Bl. 261. Hilles Äußerung zeigt die Bedeutung der personellen Verankerung aller wichtigen Unternehmensbereiche im Vorstand.

Konflikte um die Flugmotorenmuster BMW 800 und BMW 801, die auch das Verhältnis des Konzerns zum RLM nachhaltig störten.

Popp begann Ende der 1930er Jahre, entscheidend in die Entwicklungsarbeiten einzugreifen. Er warf Wolff vor, dieser habe die Bemühungen um eine gemeinsame BMW-Linie in den beiden Entwicklungsanstalten sabotiert.[104] Als Ende 1938 die Motoren 800 in Spandau und der BMW 801 in München in Konstruktion genommen wurden, hatte Popp den damaligen Siemens-Direktor Wolff angewiesen, dass möglichst viele Einzelteile beider Motoren gleich gefertigt werden.[105] Die Entwicklungsingenieure in Spandau fühlten sich jedoch an Popps Wünsche im Jahr 1938 trotz der bereits bestehenden Entwicklungszusammenarbeit beider Firmen nicht gebunden und entwickelten einen Motor nach anderen Gesichtspunkten als sie beim BMW 801-Flugmotor galten. Um ihr 800er-Modell nicht komplett umkonstruieren und damit das langjährig vorangetriebene und technisch aussichtsreiche Projekt vollkommen abändern zu müssen, hielten Wolff und der Spandauer Entwicklungschef Bruckmann auch nach der Fusion mit BMW an dieser Strategie fest. Das Baumuster 800 wurde vom RLM in der Dringlichkeit jedoch zunächst zurückgesetzt, so dass kein besonderer Nachdruck auf weitere Versuche mit dieser Flugmotorentype gelegt wurde.[106] Daher informierten die ehemaligen Siemens-Entwickler den BMW-Vorstand auch nicht von ihrem eigenmächtigen Vorgehen bei der Konstruktion des 800-Motors.

Auf Grund einer Programmänderung im RLM wurde das neue Baumuster 800 jedoch plötzlich kriegswichtig und daher dringend benötigt.[107] BMW wurde aufgefordert, bald in die Serienerzeugung dieses Flugmotors einzusteigen, woraufhin das Münchener Unternehmen nach Rücksprache mit der Entwicklungsabteilung den 01.04.1942 als Fabrikationsbeginn zusagte.[108] Durch die völlig neue Situation wurde die Tatsache schlagartig beleuchtet, dass die Entwicklungsanstalten Spandau und München jahrelang ohne die notwendige Abstimmung autark nebeneinander her gearbeitet hatten. Bruckmann erklärte, dass der 800-Motor trotz erheblicher Kosten noch lange nicht serienreif war. Gleichzeitig fand Friz heraus, dass es sich beim Spandauer Motor um eine vollkommene Neukonstruktion handelte, bei der nur rudimentäre Details mit jenen des BMW 801 übereinstimmten.[109]

Diese Informationen lösten in der Konzernleitung erhebliche Verärgerung aus, da somit klar war, dass der zugesagte Termin für den Beginn der Serienlieferungen unmöglich zu halten war. Popp war sich bewusst, dass die Entscheidungsträger im RLM ihn für die Nichteinhaltung der zugesagten Fristen

104 Vgl. Popp an Lucht vom 11.02.1941, in: BA-MA RL 3/52, Bl. 1657–1664.
105 Vgl. ebd., Bl. 1657–1664, hier Bl. 1657.
106 Vgl. BMW AG an Lucht vom 06.02.1941, in: BArch R 8119 F/P 3146, Bl. 235.
107 Vgl. Popp an von Stauß vom 10.02.1941, in: ebd., Bl. 241.
108 Vgl. Popp an Lucht vom 11.02.1941, in: BA-MA RL 3/52, Bl. 1657–1664, hier Bl. 1658.
109 Vgl. ebd., Bl. 1657–1664, hier Bl. 1659 und 1661.

verantwortlich machen würden. Aus Sicht der RLM-Funktionäre hatte Popp seine Aufsichtspflicht über die BMW-Entwicklungsanstalten als technischer Gesamtverantwortlicher des Unternehmens verletzt. Das Bewusstsein um die eigene Verantwortung[110] löste bei Popp eine Art Panikreaktion aus. Er ordnete an, in Eisenach unverzüglich einen Parallelentwurf für einen 9-Zylinder-Sternmotor zu konstruieren und beauftragte mit dieser Arbeit seinen ehemaligen Entwicklungschef Friz.[111] Aus Verärgerung über die Ingenieure in Spandau unterrichteten Popp und Friz von der Neuentwicklung des 800-Flugmotors weder Bruckmann noch die Ingenieure der Entwicklungsabteilung in München.[112]

Im RLM verbreiteten Popp und Friz mit ihrer überraschenden Neukonstruktion erhebliche Unruhe. Die Beschaffungsabteilung des Technischen Amtes im RLM veranlasste aus Sorge um die Termine der laufenden Motorenprogramme eine unparteiische und sachliche Prüfung der technischen Durchführbarkeit des umkonstruierten 800-Motors.[113] Das Ergebnis dieser Prüfung ergab die „völlige Haltlosigkeit der [von Popp und Friz] gemachten Vorschläge in terminlicher als auch technischer Hinsicht".[114] Dass die Firmenleitung, ohne auch nur mit einem der maßgeblichen Ingenieure der Entwicklungswerke München und Spandau kommuniziert zu haben, vom Ministerium verlange, einen praktisch fertig entwickelten Flugmotor abzusetzen und einen lediglich im Entwurf stehenden Motor einzusetzen, bezeichnete der Chefingenieur im Technischen Amt, Roluf Lucht, als „verbrecherischen Leichtsinn".[115] Die Vehemenz, mit der vor allem Lucht den Gegenentwurf von Popp und Friz ablehnte, verdeutlicht vor allem die Besorgnis und die Frustration, die sich im Ministerium auf Grund der chaotischen Zustände in den BMW-Entwicklungsanstalten mittlerweile breit machte. Dementsprechend entschied Lucht, dass lediglich das Spandauer Baumuster 800 in der vorliegenden Form in Serien gehen könne.[116]

Popps eigenmächtige Konstruktionsaktion war nicht nur technisch ein vollkommener Fehlschlag. Er vergiftete auch nachhaltig die Arbeitsatmosphäre zwischen den einzelnen BMW-Standorten und zerstörte letztendlich das

110 Auf Grund des Fehlens eines BMW-Entwicklungsvorstandes wäre es eindeutig Popps Aufgabe gewesen, die Entwicklung zu betreuen. Da er der Forschung und Entwicklung jedoch nur sekundäre Bedeutung beimaß, versagte er bei dieser Koordinierungsaufgabe.

111 Vgl. BMW AG an Lucht vom 06.02.1941, in: BArch R 8119 F/P 3146, Bl. 236–237.

112 Vgl. Ammann an Udet vom 14.12.1941, in: BA-MA RL 3/52, Bl. 1681–1584, hier Bl. 1683.

113 Vgl. LC III an Udet vom 14.02.1941, in: ebd., Bl. 1652–1655, hier Bl. 1653.

114 Udet an Popp vom 15.02.1941, in: ebd., Bl. 1646–1648, hier Bl. 1646.

115 LC III an Udet vom 14.02.1941, in: ebd., Bl. 1652–1655, hier Bl. 1654.

116 Hinsichtlich der weiteren Fortschritte mit dem BMW 800-Flugmotor vgl. Gersdorff von/Grasmann, Flugmotoren 1981, S. 62; Popp an von Stauß vom 10.03.1942, in: BArch R 8119 F/P 3108, Bl. 67 S. 1–8, hier S. 5 und Lange, Geschichte 1999, S. 181.

Vertrauen der Ingenieure im RLM in die technische Leistungsfähigkeit und Zuverlässigkeit der Bayerischen Motoren Werke.[117] Auf Grund seiner ambivalenten Einstellung gegenüber der Entwicklung versagte Popp letztendlich bei der Aufgabe, klare Entwicklungsrichtlinien und -strategien zu definieren, die Entwicklungswerke von BMW zusammenzuführen und zu kontrollieren und bestehende Meinungsverschiedenheiten der beteiligten Ingenieure in München und Spandau frühzeitig zu erkennen und zu entschärfen.

Für BMW erwies es sich als verhängnisvoll, dass sowohl Bruckmann als auch Wolff ihre Beschwerden über die selbstgerechten Eingriffe des BMW-Generaldirektors nicht dem Beirat der BMW Flugmotorenbau GmbH bzw. dem Aufsichtsrat von BMW, sondern bei Udet und Lucht vortrugen.[118] Wolff beklagte, dass der Vorstand von BMW stetig Unruhe in die zielgerichtete technische Arbeit des Spandauer Werkes hineingetragen habe.[119] Popp diffamierte das Verhalten von Wolff und Bruckmann daraufhin als „Anarchie und Meuterei"[120] und bezeichnete die ganze Affäre als den „Ausfluss einer im geheimen betriebenen Opposition der Herren Wolff und Bruckmann gegen München, die sie seit Jahr und Tag betreiben".[121] Das Problem lag Popps Meinung nach darin, dass beide die Fusion mit BMW nicht anerkannten und auch weiterhin ihre eigenen Wege gehen wollten. Der BMW-Generaldirektor forderte von Lucht sogar, dass den Entwicklungsingenieuren in Spandau von Amtsseite her klar gemacht werden müsste, dass sie keine eigene Firma mehr repräsentierten und keine eigene Politik zu betreiben hätten.[122] Im Verlauf der unternehmensinternen Krise, die die Fusion mit der Bramo bei BMW ausgelöst hatte, kumulierten die entstandenen Schwierigkeiten in einer Art Frontbildung der beiden Werke Spandau und München.

Da die beteiligten Konfliktparteien in München und Spandau ihre Auseinandersetzung vor dem RLM austrugen, zwangen sie das Ministerium zur Intervention. Udet erwog als Reaktion auf die Zustände bei BMW die Entmach-

117 Vgl. Hille an von Stauß vom 01.03.1941, in: BArch R 8119 F/P 3105, Bl. 250–255, hier Bl. 250.

118 Vgl. Popp an von Stauß vom 10.02.1941, in: BArch R 8119 F/P 3146, Bl. 245; Popp an Lucht vom 11.02.1941, in: BA-MA RL 3/52, Bl. 1657–1664, hier Bl. 1663–1664 und Wolff an Udet und an Lucht vom 06.02.1941, beide in: ebd., Bl. 1686. Bruckmann und Wolff verstießen mit ihrer Meldung im RLM gegen die Betriebsordnung der BMW AG, in der es hieß: „Es widerspricht dem Gemeinschaftsgeist [...] wenn zur Beilegung von Meinungsverschiedenheiten außerbetriebliche Stellen angerufen werden, bevor nicht eine Einigung durch den nächsten Vorgesetzten, bzw. den Vertrauensrat oder die Betriebsführung versucht worden ist." Vgl. Betriebsordnung der BMW AG vom 30.01.1938, Abschnitt 1 Nr. 5, in: BMW-Arch UU 85, S. 1–3, hier S. 2.

119 Wolff zog daraus die Konsequenzen und reichte seine Kündigung ein. Er habe zu den Persönlichkeiten des Vorstandes kein Vertrauen mehr und halte daher eine künftige Zusammenarbeit für untragbar. Vgl. Wolff an Lucht und an Udet beide vom 06.02.1941, in: BA-MA RL 3/52, Bl. 1686.

120 Popp an Lucht vom 11.02.1941, in: BA-MA RL 3/52, Bl. 1657–1664, hier Bl. 1664.

121 Popp an von Stauß vom 10.02.1941, in: BArch R 8119 F/P 3146, Bl. 246.

122 Popp an Lucht vom 11.02.1941, in: BA-MA RL 3/52, Bl. 1657–1664, hier Bl. 1664.

tung von Popp. Wie ernst diese Absicht im Technischen Amt erwogen wurde, verdeutlicht die Tatsache, dass sich Udet beim Prokuristen der BMW Flugmotorenbau GmbH Ammann bereits nach möglichen Nachfolgern erkundigte.[123] Letztendlich schreckte Udet jedoch von einer endgültigen Amtsenthebung von Popp, mit dem er bisher eine freundschaftliche Beziehung gepflegt hatte und der sich in der Vergangenheit für den deutschen Flugmotorenbau sehr verdient gemacht hatte, zurück. Er drohte den BMW-Verantwortlichen jedoch unmissverständlich, dass er bei BMW zukünftig ein- und durchgreifen werde, sollten die vielfachen Missstände und Konflikte nicht unverzüglich beseitigt werden.[124]

7.1.5. Der erste deutsche Doppelsternmotor

Im Folgenden wird die Entwicklungsgeschichte des ersten deutschen Doppelsternmotors nachgezeichnet. An ihr lässt sich exemplarisch das schwierige Zusammenspiel von amtlichen Vorgaben im Entwicklungssektor und deren betriebliche Umsetzung skizzieren.

Popp blieb auch während der 1930er Jahre ein Vertreter des Lizenzbaus. Die Geschäftsleitung ging davon aus, auf Grund der Lizenzverbindung mit Pratt & Whitney jeweils von den Entwicklungsfortschritten dieser Firma profitieren zu können.[125] Gleichzeitig zur Lizenz des Hornet B-Flugmotors bot sich Popp die Möglichkeit, auch die Lizenz des Twin-Wasp-Flugmotors von Pratt & Whitney, einem im Vergleich zu den herkömmlichen Hornet-Motoren wesentlich leistungsstärkeren Doppelsternmotor, zu erwerben.[126] Jedoch verhinderten die politischen Umstände die neuerliche Lizenznahme durch BMW. Zunächst wurde eine Lizenznahme für den Twin-Wasp-Flugmotor vom RLM „kategorisch abgelehnt".[127] Als man jedoch im Luftfahrtministerium Mitte der 1930er Jahre erkannte, dass die Leistungen der BMW-Einsternmotoren für militärische Anwendungen nicht ausreichten, und BMW erneut darauf drängte, den Twin-Wasp zu erwerben, hatte die US-Regierung die Freigabe dieses Motors nach Deutschland bereits unterbunden, da sie die Aufrüstung Deutschlands nicht unterstützen wollte.[128]

Die Entscheidung der US-Regierung verdeutlicht, dass der Lizenzbau in den 1930er Jahren kein erfolgversprechender Weg mehr war, den Vorsprung des Auslandes im Flugmotorenbau nachhaltig einzuholen. Lizenzen waren in

[123] Vgl. Ammann an Udet vom 14.12.1941, in: ebd., Bl. 1681–1584, hier Bl. 1684.
[124] Vgl. hierzu auch Kapitel 6.9.3., ab S. 217.
[125] Vgl. Hilles Ausführungen in der Aufsichtsratssitzung am 20.03.1942, in: Niederschrift der Aufsichtsratssitzung der BMW AG vom 20.03.1942, in: BMW-Arch UA 5.
[126] Vgl. Popp an Udet vom 29.10.1936, in: BArch R 8119 F/P 3075, Bl. 92–103, hier Bl. 95.
[127] Ebd.
[128] Vgl. Aktennotiz Reinhold Bullinger über Gespräche zwischen Popp und Bullinger am 31.10.1933 vom 01.11.1933, in: BA-MA RL 3/280, Bl. 20.

der Regel nur auf freigegebene Bauarten erhältlich, d. h. nicht für Motoren mit militärischer Bestimmung. Laut dem Siemens-Ingenieur Bruno Bruckmann benötigte ein Lizenzmotor vor seiner serienmäßigen Herstellung erfahrungsgemäß etwa anderthalb Jahre Umstellungs- und Entwicklungsarbeit, die durch die Übertragung der angelsächsischen Normen in DIN-Normen, den veränderten Fertigungsbetrieb, neue Betriebsbedingungen, Einarbeitungszeiten usw. bedingt seien.[129] Außerdem mussten die deutschen Flugmotorenhersteller in den späten 1930er Jahren im Gegensatz zum Ausland zunehmend auf Bau- und Betriebsstoffe mit anderen physikalischen und chemischen Eigenschaften zurückgreifen. Dies bedingte bei einer großen Zahl von Teilen erhebliche konstruktive Maßnahmen, die an Lizenzmotoren oft außerordentliche technische Probleme verursachten. Lizenzmotoren mussten häufig so stark verändert werden, dass sie einer Neuentwicklung gleich kamen.[130]

Nachdem der Technologietransfer des amerikanischen Doppelsternmotors Wasp im Jahr 1933 gescheitert war, versuchte Popp, vom Leiter des Technischen Amtes im RLM, Udet, die Erlaubnis zu erwirken, sich um die Lizenz des Bristol-Doppelstern-Schiebermotors Typ Hercules zu bewerben.[131] Letztendlich scheiterte jedoch auch die Lizenznahme des britischen Doppelstern-Flugmotors. Auf Grund der wiederholten Bemühungen der BMW-Geschäftsleitung um eine internationale Doppelstern-Lizenz verzögerte sich der Anlauf der Entwicklung und der Teilefertigung für die ersten Versuchsmotoren eines eigenen Doppelstern-Flugmotors, des BMW 139.[132] Diesen Zeitverlust konnte BMW bis in den Zweiten Weltkrieg hinein nicht wieder aufholen.[133] Bei Ausbruch des Krieges stand auf dem Gründungsgebiet von BMW kein ausgereifter Hochleistungsmotor zur Verfügung, der für den Großeinsatz im Krieg in Frage kam.[134]

Seit 1936 forderte das Reichsluftfahrtministerium von den deutschen Flugzeugzellen- und Flugmotorenproduzenten, ihre Entwicklungszeit mit den Entwicklungsstufen Konstruktion und Musterbau, Erprobung, Serienreifmachung, Nullserie und Großserie zu verkürzen, um die Entwicklung und Herstellung zu beschleunigen.[135] Die Ingenieure im RLM glaubten, ein Jahr gewinnen zu können, wenn man die Nullserie und die Großserie um ein Jahr

[129] Vgl. Ausführungen von Bruckmann zur Heinkel-Denkschrift über den deutschen Flugmotorenbau vom 04. 12. 1936, in: DMM/ASD HeA FA001/0985, S. 1–13, hier S. 10.

[130] Vgl. ebd., S. 1–13, hier S. 10–11.

[131] Vgl. Popp an Udet vom 13. 12. 1937, in: BA-MA RL 3/52, Bl. 1751–1752, hier Bl. 1752.

[132] Vgl. BMW Flugmotorenbau GmbH an Udet betr. den BMW 139-Flugmotor vom 08. 11. 1937, in: BMW-Arch UA 368.

[133] Vgl. Hilles Ausführungen in der Aufsichtsratssitzung am 20. 03. 1942, in: Niederschrift der Aufsichtsratssitzung der BMW AG vom 20. 03. 1942, in: BMW-Arch UA 5.

[134] Vgl. Kriegsleistungsbericht der BMW AG, München, der Flugmotorenbau GmbH, München, und dem Zweigwerk Allach vom 10. 03. 1943, in: BMW-Arch UA 553.

[135] Vgl. Kesselring/Suchenwirth, Luftwaffe 1957–1965, S. 137.

vorzog, d.h. in die Fertigung hineinging, ohne die Ergebnisse der Erprobung abgewartet und in planmäßiger Arbeit verwertet zu haben.[136] Die neuen RLM-Anforderungen sollten vor allem bei BMW schwerwiegende Auswirkungen haben, da das Münchener Unternehmen auf Grund der vom Vorstand bevorzugten Lizenzstrategie seit Jahren keinen einzigen Flugmotor mehr in vollkommener Eigenverantwortung entwickelt hatte. Folge der staatlich geforderten Entwicklungsverkürzung war, dass man Produkte der Großserie ausgeliefert erhielt, die keineswegs einsatzreif waren.[137] Die irrationale Entwicklungsplanung des Ministeriums war die Hauptursache für die in den 1930er Jahren üblich gewordene Überhastung der Entwicklung, die vielen Terminverzögerungen, die technischen Rückschläge und die daraus resultierenden schweren Enttäuschungen sowohl in der Luftfahrtindustrie als auch im RLM. Mit gesteigertem Zeit- und Arbeitsaufwand für Änderungen aller Art mussten die zahlreich auftretenden Mängel im Nachhinein beseitigt werden. Dies führte z.B. beim Doppelsternmotor BMW 801 zu einer Überlastung der Werksanlagen und zu endlosen Reibungen zwischen der Konstruktionsabteilung, dem Unternehmen und dem Ministerium. Beim Aufstellen von Terminplänen wurde häufig übersehen, dass der Aufwand an Ingenieursstunden für die Serienreifmachung und die Anpassung an die Bedürfnisse der militärischen Dienststellen um ein Vielfaches größer war als der Aufwand für die Neuentwicklung bis zum ersten Flug.[138]

Die Leistung, die mit dem luftgekühlten BMW 132-Motor erreicht wurde, reichte den militärischen Anforderungen Ende der 1930er Jahre nicht mehr aus. Daher konstruierte BMW ab 1936 den luftgekühlten Doppelsternmotor BMW 139.[139] Als Endziel der Entwicklung dieses Motors verlangte das RLM ursprünglich eine Kurzzeitleistung von 1200 PS.[140] Im Frühjahr 1937 lief der BMW 139 auf dem Prüfstand. Die Versuchsmotoren wurden mit Erfolg erprobt. Die Dauerleistung von 1150 PS konnte bis auf 5400 Meter Höhe ge-

[136] Vgl. Denkschrift von Robert Lusser, ehemaliger Chef des Entwicklungsbüros bei Messerschmitt, danach bei Heinkel, über die Entwicklung und Entwicklungsplanung in der deutschen Luftrüstung vom 15.01.1942, in: BA-MA RL 3/51, Bl.804–819, hier Bl.805–806.

[137] Carl Friedrich von Siemens beschwerte sich beispielsweise im März 1936 bei Milch, dass die vom RLM verlangte vorzeitige Serienfabrikation eines noch nicht genügend erprobten Motorenmodells in der Regel bewirkte, dass der Flugmotor zwar den durchschnittlichen Ansprüchen genügte, jedoch in Bezug auf Leistung und Zuverlässigkeit nicht an der Spitze stehe und v.a. in Fliegerkreisen auf Grund seiner Anfälligkeit nicht besonders geschätzt werde. Vgl. von Siemens an Milch vom 17.03.1936, in: BArch R 8119 F/P 3167, Bl.41–42, hier Bl.42.

[138] Vgl. Denkschrift von Lusser über die Entwicklung in der deutschen Luftrüstung vom 15.01.1942, in: BA-MA RL 3/51, Bl.804–819, hier Bl.806 und Kesselring/Suchenwirth, Luftwaffe 1957–1965, S.137–138.

[139] Vgl. Gersdorff von/Grasmann, Flugmotoren 1981, S.57.

[140] Vgl. BMW Flugmotorenbau GmbH an Udet betr. des BMW 139-Motors vom 08.11.1937, in: BMW-Arch UA 368.

halten werden.[141] Popp verbreitete hinsichtlich dieses in Deutschland völlig neuen Konstruktionsprinzips bereits recht früh allgemeinen Optimismus. Selbst die Amerikaner seien mit ihren Zweisternmotoren nicht weiter als BMW.[142] Im Sommer 1937 forderten jedoch das RLM sowie Zellenkonstrukteure höhere Anforderungen an die Start- und die Höhenleistung des neuen Motors. Dies machte eine Umkonstruktion erforderlich. BMW einigte sich mit dem Technischen Amt auf eine neue Startleistung von 1 500 PS. Bei normalem Entwicklungsprozess und Einhaltung der vom RLM aufgestellten Richtlinien hätte die Serienlieferung dieses Baumusters gegen Frühjahr 1941 einsetzen können.[143]

Ab Herbst 1937 drängte Udet die BMW Flugmotorenbau GmbH jedoch, den BMW 139 schneller als geplant fertigzustellen.[144] Sollte der Flugmotor erst im Frühjahr 1941 serienreif werden, wäre er von anderen Entwicklungstypen bereits wieder überholt. In diesem Fall müsse sich das RLM „ernstlich überlegen, ob für die Weiterentwicklung dieser Motoren unter diesen Voraussetzungen überhaupt noch ein Interesse bestehen kann [...]".[145]

Angesichts des ministeriellen Drucks sagte BMW schließlich zu, mit Hilfe weitgehender Unterstützung vom RLM bereits im April 1939 in die Serienlieferung des BMW 139 eintreten zu können.[146] Außerdem versuchte das Münchener Unternehmen, dem Ministerium den BMW 139 mit dem Versprechen auf ein leistungsstärkeres Nachfolgemodell anzupreisen. Bereits 1937 begannen die Entwicklungsarbeiten zu einem 18-Zylinder-Doppelsternmotor BMW 140 mit einer Abflugleistung von 2 000 PS.[147] Die Entwicklungsingenieure planten die weitgehende Verwendung von Bauteilen des 14-Zylinder-Motors BMW 139 und waren überzeugt, dass mit der Erreichung der Baureife des Baumusters BMW 139 auch die wesentlichen Probleme des BMW 140 gelöst sein würden. Dem RLM sagte BMW daher zu, die Entwicklungszeit des letzteren Modells beträchtlich abkürzen zu können, so dass im Frühling 1940 bereits die Serienlieferungen einsetzen könnten. Angesichts der damals durchschnittlichen Entwicklungszeiten neuer Flugmotoren machte BMW gegenüber dem Technischen Amt unrealistische Zusagen. Das Unternehmen versprach nicht nur, die Entwicklung des BMW 139 um zwei Jahre abzukürzen, sondern den komplett neuen Motor BMW 140 in nur zwei Jahren und

[141] Vgl. Gersdorff von/Grasmann, Flugmotoren 1981, S. 57.
[142] Vgl. Popp an Udet vom 29. 10. 1936, in: BArch R 8119 F/P 3075, Bl. 92–103, hier Bl. 101 und Popp an Udet vom 12. 05. 1938, in: BMW-Arch UA 368.
[143] Vgl. BMW Flugmotorenbau GmbH an Udet betr. des BMW 139-Motors vom 08. 11. 1937, in: BMW-Arch UA 368.
[144] Udet an die Direktion der BMW Flugmotorenbau GmbH vom 03. 11. 1937, in: BMW-Arch UA 368.
[145] Udet an BMW vom 10. 10. 1937, in: BMW-Arch UA 368.
[146] Vgl. BMW Flugmotorenbau GmbH an Udet betr. des BMW 139-Motors vom 08. 11. 1937, in: BMW-Arch UA 368.
[147] Vgl. Gersdorff von/Grasmann, Flugmotoren 1981, S. 57.

fünf Monaten fertig zu konstruieren. Normalerweise musste für Flugmotoren auf Grund der höheren Qualitätsanforderungen, die nur in höchster Präzisionsarbeit erreicht werden konnten, eine deutlich längere Entwicklungszeit als bei Flugzeugzellen angesetzt werden. Auch bei ehrgeiziger Planung musste man dafür fünf bis sechs Jahre rechnen.[148]

Aus Sorge, Aufträge des RLM zu verlieren und im Wettbewerb mit den Konkurrenten ins Hintertreffen zu geraten, traute sich die BMW-Geschäftsführung wie die meisten Luftfahrtindustriellen nicht, das Ministerium über den tatsächlichen Zustand der technischen Entwicklung zu informieren. Unrealistische Terminversprechungen sowie unbegründeter Optimismus hinsichtlich der bestehenden Entwicklungspotenziale scheinen in der deutschen Flugmotorenindustrie der 1930er und 1940er Jahre gängige Praxis gewesen zu sein.[149] Die Sachverständigen im RLM hätten angesichts der utopischen Zusagen seitens der Industrie misstrauisch werden müssen. Jedoch hatte man die Entwicklungsbeschleunigung ja selber provoziert und gefordert. Außerdem brauchte die Luftwaffe die BMW-Flugmotoren unverzüglich, so dass man auf amtlicher Seite dazu neigte, dem Wunschdenken der Unternehmen einen realistischen Hintergrund zuzutrauen. Die Versprechungen der Flugmotorenindustrie weckten im Ministerium folglich einen hohen Erwartungsdruck, der von der BMW-Entwicklungsabteilung nur enttäuscht werden konnte. Die unrealistischen Zeitangaben, die die BMW-Geschäftsleitung auch bei Nachfolgeprojekten wiederholte, sorgten letztendlich mit dafür, das amtliche Vertrauen in die Zuverlässigkeit des Münchener Unternehmens systematisch zu untergraben. Ende 1938 stoppte das RLM die Fertigentwicklung der beiden Flugmotorenmuster BMW 139 und BMW 140 auf Grund ihrer leistungsmäßigen Rückständigkeit.[150]

[148] Die Entwicklung einer Zelle dauerte indessen in der Regel drei bis vier Jahre. Vgl. Kohl/Bessel, Auto Union 2003, S. 63 und die Denkschrift von Lusser über die Entwicklung in der deutschen Luftrüstung vom 15. 01. 1942, in: BA-MA RL 3/51, Bl. 804–819, hier Bl. 805.

[149] Vgl. hierzu auch den Bericht von Helmut von Zborowski, in: von Zborowski an Hille vom 31. 03. 1943, in: BArch NS 19/3711, Bl. 7. Dass undurchführbare Versprechungen der Flugmotorenbauer im Kampf um lukrative Aufträge eine gängige Praxis waren, verdeutlichen auch die Lieferzusagen der Mimo. Nachdem die AU dem RLM erst Ende 1934 die ersten Pläne über das neu zu errichtende Flugmotorenwerk in Taucha vorgelegt hatte, versprachen die beteiligten Manager den Beginn der Flugmotorenlieferungen bereits für den Sep. 1935. Angetrieben wurden die AU-Funktionäre dadurch, dass das RLM wiederholt zur größtmöglichen Eile mahnte und sogar mit Lizenzentzug drohte. Um die RLM-Vorgaben erfüllen zu können, musste die AU in ihrem Werk in Zwickau schließlich eine teuere und unwirtschaftliche Zwischenproduktion für Flugmotoren einrichten, bevor die einschlägigen Abteilungen in das neue Werk in Taucha einziehen konnten. Vgl. Kohl/Bessel, Auto Union 2003, S. 33 und 38–39. Siehe hierzu auch: Bemerkungen von Bruckmann zur Heinkel-Denkschrift vom 04. 12. 1936, in: DMM/ASD HeA FA001/0985.

[150] Vgl. Lahs an Milch vom 01. 11. 1942, in: BA-MA RL 3/51, Bl. 765–786, hier Bl. 782; vgl. auch Lange, Geschichte 1999, S. 179.

Der dringende Bedarf der Luftwaffe an einem leistungsstarken luftgekühlten Flugmotor veranlasste BMW, in kürzester Frist einen neuen 14-Zylinder-Doppelsternmotor zu entwickeln.[151] Im März 1938 begann Sachse mit seinem Team mit der Entwicklung des BMW 801. Eine technische Beurteilung des BMW 139 ergab die Notwendigkeit einer weitgehenden und gründlichen Umkonstruktion.[152] Der erste Versuchsmotor 801 lief Ende April 1939 auf dem Prüfstand und die Freigabe für die Serienfertigung wurde bereits im Dezember 1939 erteilt.[153] Sachse wies darauf hin, dass der kurze Zeitraum von nur eineinviertel Jahren vom Beginn der Entwicklungsarbeiten bis zur Freigabe in der Serienfertigung eine Rekordleistung der BMW-Entwicklungsanstalt war.[154] Schon Mitte 1940 konnten die ersten Flugmotoren vom Typ BMW 801 ausgeliefert werden.[155] Den enormen Druck, dem die BMW-Ingenieure bei der raschen Entwicklung ausgesetzt waren, beschrieb von Stauß wie folgt: „Gelingt es, den Doppelsternmotor rechtzeitig serienweise zur Ablieferung zu bringen, so ist damit nicht nur nach Ansicht massgebener Stellen eine für die Kriegsentscheidung ausserordentlich wichtige Voraussetzung erfüllt, sondern BMW tritt dann unter sämtlichen Flugmotorenfabriken mit an erste Stelle und sichert sich auf Jahre hinaus eine sehr große Position. Gelingt dies jedoch nicht, so läuft BMW Gefahr, zu einem erheblichen Teil zu einer Lizenzfabrik herabzusinken."[156] Das Ziel von BMW war es, mit dem BMW 801 den technischen Vorsprung, den Daimler-Benz und Junkers erreicht hatten, wieder einzuholen. Dieses Vorhaben wurde von BMW auch erreicht. Der BMW 801 galt während des Zweiten Weltkrieges lange Zeit als der leistungsstärkste Flugmotor der Luftwaffe.[157] Jedoch benötigte das Unternehmen für

[151] Vgl. Kriegsleistungsbericht der BMW AG, München, der Flugmotorenbau GmbH, München, und dem Zweigwerk Allach vom 10.03.1943, in: BMW-Arch UA 553, S. 37.

[152] Notiz Wörner über eine Besprechung zwischen Sachse und Rummel über die Lage der Flugmotorenentwicklung bei BMW vom 07.05.1942, in: BArch R 8119 F/P 3146, Bl. 462–466, hier Bl. 465.

[153] Vgl. Gersdorff von/Grasmann, Flugmotoren 1981, S. 62.

[154] Notiz Wörner über eine Besprechung zwischen Sachse und Rummel vom 07.05.1942, in: BArch R 8119 F/P 3146, Bl. 462–466, hier Bl. 465.

[155] Vgl. Bericht Geschichte des BMW-Konzerns (o.D., wahrscheinlich 1943), in: BMW-Arch UA 2, S. 1-29, hier S. 23.

[156] Aktenvermerk von Stauß und Rummel betr. der BMW AG vom 30.07.1941, in: BArch R 8119 F/P 3105, Bl. 325-326, hier Bl. 325. Die Verantwortlichen im RLM deuteten mehrfach an, dass der nicht termingerechte Anlauf des BMW 801-Flugmotors zu einer Belegung der BMW-Werke mit den entsprechenden Daimler-Benz-Motoren führen könne. Vgl. u.a. Notiz Wörner an von Stauß und Rummel vom 20.05.1941, in: BArch R 8119 F/P 3146, Bl. 372.

[157] Vgl. Notiz Wörner über eine Besprechung zwischen Sachse und Rummel vom 07.05.1942, in: BArch R 8119 F/P 3146, Bl. 462–466, hier Bl. 464. Im Generalstab der Luftwaffe wurde im Sommer 1942 sogar erwogen, den BMW 801 als das Einheitstriebwerk des deutschen Flugzeugprogramms zu verwenden. Vgl. Chef des Generalstabes der Luftwaffe an Staatssekretär der Luftfahrt und Generalinspekteur der Luftwaffe vom 24.07.1942, in: BA-MA RL 3/504, S. 1-21, hier S. 10.

Bild Nr. 16: Arbeiter bei der Montage eines BMW 801-Flugmotors (Aufnahme zwischen 1940 und 1944)

die Entwicklung des Motors bis zur endgültigen Serienreife wesentlich länger als ursprünglich geplant.

Wie schon bei den Flugmotorenmustern BMW 139 und 140 machte die BMW-Geschäftsleitung auch beim BMW 801 unhaltbare Terminzusagen hinsichtlich der Serienlieferungen. Im September 1938 erklärte Popp, dass sich BMW zum Ziel gesetzt habe, schon Anfang 1940 mit der Serienproduktion des Doppelsternmotors BMW 801 zu beginnen.[158] Der Abschluss der Entwicklung des serienreifen BMW 801 A wurde letztendlich jedoch erst Mitte 1942 erreicht, was die anfangs raschen Fortschritte deutlich relativierte. Im Gegensatz zu den Konkurrenzmotoren, DB 601 und Jumo 211, deren Entwicklung im Wesentlichen vor Kriegsausbruch abgeschlossen war, musste BMW die technischen Probleme des BMW 801 unter schwierigsten Bedingungen im Fronteinsatz beseitigen.[159] In all diesen Jahren wurden die Entwicklungsschwierigkeiten, die BMW mit dem BMW 801 hatte, von sämtlichen leitenden Ingenieuren als Kinderkrankheiten heruntergespielt. Selbst der BMW-Aufsichtsrat wurde über die bestehenden Probleme nicht infor-

[158] Popp an Milch vom 09.09.1938, in: BA-MA RL 3/52, Bl. 1724–1726, hier Bl. 1724.
[159] Vgl. Popp an von Stauß vom 21.01.1942 und 10.03.1942, beide in: BArch R 8119 F/P 3108, Bl. 26, S. 1–4, hier S. 1 und Bl. 67, S. 1–8, hier S. 4.

miert.[160] Angesichts der Diskrepanzen in den zugesagten und tatsächlich eingehaltenen Lieferterminen bzw. der geschürten Erwartungen war es nicht verwunderlich, dass die verantwortlichen Ansprechpartner im RLM während des Krieges zunehmend nervös und ungeduldig wurden. In einer Notiz an von Stauß berichtete sein persönlicher Sekretär, Eugen Wörner, im Mai 1941 sogar, dass im RLM eine „gewisse Panikstimmung im Hinblick auf den 801" herrsche.[161]

Die übereilte Einführung des noch in der Entwicklung befindlichen Baumusters BMW 801 in die Serienfertigung bewirkte einen durch ständig neue Betriebsanforderungen der Front und neue eigene Lauferfahrungen auf den Prüfständen außerordentlich umfangreichen Änderungsbedarf, der sowohl die Fertigung und Lieferung stark behinderte, als auch für die Qualität des Motors sehr nachteilig war.[162] Alle sich ergebenden Änderungen mussten nunmehr in der Serie ausgebessert werden.[163] Kleine konstruktive Änderungen an einzelnen Teilen hatten auf Grund der hohen Präzisionsarbeit mit minimalen Toleranzen im Flugmotorenbau oft große Auswirkungen auf den ganzen Motor. Ca. 11000 solcher Konstruktionsänderungen waren von Januar 1939 bis Januar 1941 beim BMW 801 durchzuführen.[164] Von diesen hatten ca. 75% Änderungen der Fertigungs- und Bestellunterlagen sowie der Betriebsmittel zur Folge. Da die Anzahl der verschiedenen Teile je Motor etwa 3500 betrug[165], ergaben sich durchschnittlich 3,14 Änderungen je Bauteil.[166] Dieser enorme Änderungsbedarf hatte gravierende Auswirkungen auf die Belastung des Konstruktionsbüros und die Menge produzierten Ausschusses.

7.1.6. *Zwischenfazit: Flugmotorenentwicklung bei BMW nach 1933*

Unter der Ägide des RLM bekam die staatliche Beeinflussung der Flugmotorenhersteller im Entwicklungsbereich eine andere Qualität als noch zu Wei-

160 Vgl. Notiz Rummel betr. der Vorgänge des Jahres 1942 bei BMW vom 01.02.1943, in: BArch R 8119 F/P 3067, Bl. 154.

161 Notiz Wörner an von Stauß und Rummel vom 20.05.1941, in: BArch R 8119 F/P 3146, Bl. 372.

162 Vgl. Bericht über die Programmerfüllung des BMW 801 von Anfang 1945, in: BMW-Arch UA 968, S. 1–18, hier S. 1 und Kriegsleistungsbericht der BMW AG, München, der Flugmotorenbau GmbH, München, und dem Zweigwerk Allach vom 10.03.1943, in: BMW-Arch UA 553.

163 Bericht der Amtsbesprechung über BMW-Motoren am 16.12.1941, in: BMW-Arch UA 368, S. 1–9, hier S. 1 und Hilles Ausführungen in der Aufsichtsratssitzung am 20.03.1942, in: Niederschrift der Aufsichtsratssitzung der BMW AG vom 20.03.1942, in: BMW-Arch UA 5 und Popp an von Stauß vom 22.03.1941, in: BArch R 8119 F/P 3146, Bl. 347–350, hier Bl. 349.

164 Vgl. Bericht Zipprich über den bisherigen Verlauf der Reihenfertigung des Baumusters 801 vom 10.01.1941, in: BA-MA N 179/60, Bl. 316–320, hier Bl. 316.

165 Ausgenommen sind hier nebensächliche Teile wie kleine Normteile usw.

166 Es gab zwar Teile, die überhaupt nicht geändert wurden, dafür wurden jedoch andere umso öfter geändert. Vgl. ebd.

marer Zeiten. Zwar hatten auch RVM und Reichswehr in den 1920er Jahren bereits ihre Machtstellung genutzt, um Entwicklungsschritte anzustoßen bzw. zu beeinflussen. Allerdings stand die Luftfahrtentwicklung seit Gründung des RLM unter unmittelbarem Verwertungsvorbehalt der staatlichen Geldgeber. Da das Ministerium ab 1933 sämtliche Entwicklungsaufträge finanzierte, beanspruchten seine Vertreter in zunehmendem Maße richtungsweisenden Einfluss auf die Entwicklungsabteilungen der Flugmotorenhersteller. Dementsprechend wurden die Entwicklungstätigkeiten der einzelnen Firmen immer stärker reglementiert und eingeschränkt. Die staatlichen Dienststellen forderten zwar auch weiterhin unternehmerische Eigeninitiative. Entwicklung im Bereich der Flugmotorenindustrie wurde unter dem Einfluss des RLM allerdings mehr und mehr zu einer Frage der militärischen Aufgabenstellung. Die RLM-Funktionäre beanspruchten in diesem Zusammenhang das letztendliche Entscheidungsmonopol und machten bereits 1933 unmissverständlich klar, dass sie es auch kompromisslos durchsetzen würden.

Als sich Hugo Junkers mit seiner Weigerung, am staatlich angeordneten Austausch firmeneigener Wissens- und Erfahrungsbestände teilzunehmen, explizit gegen die Rüstungsagenturen stellte, erzwang das RLM nicht nur die Patentübertragung von Junkers, sondern betrieb auch seine Enteignung und übernahm die Mehrheitsanteile des Junkers-Konzerns. Die Verantwortlichen im RLM hatten damit gleich nach Gründung der neuen Behörde ein Exempel statuiert, das der gesamten Luftfahrtbranche signalisierte, dass Partikularinteressen der Firmen im Forschungs- und Entwicklungssektor in Zukunft nicht mehr geduldet werden würden.

Auch BMW bekam die Machtposition des RLM Mitte der 1930er Jahre zu spüren. Die unzureichende Leistung der BMW-Flugmotoren in deutschen Kampfflugzeugen während des Spanischen Bürgerkriegs veranlasste die Ministeriumsvertreter, einen Personalwechsel innerhalb der Entwicklungsabteilung des Münchener Unternehmens zu erzwingen. Friz wurde von BMW als Sündenbock für allgemeine Fehlentwicklungen in der Entwicklungsabteilung geopfert, die die gesamte BMW-Geschäftsführung zu verantworten hatte. Die vom Ministerium erzwungene Absetzung von Friz musste insbesondere Popp als dem technischen Gesamtverantwortlichen von BMW eine Warnung sein. Auch die Nachfolgeregelung von Friz offenbarte, dass Popp gegen den erklärten Willen der RLM-Vertreter keine autonomen Personalentscheidungen im Entwicklungsbereich mehr treffen konnte. Für BMW sollte es sich als verhängnisvoll erweisen, dass die Flugmotorenentwicklung nach dem Ausscheiden von Friz jahrelang nicht mehr im BMW-Vorstand vertreten war.

Allerdings konnte BMW bereits in den Anfangsjahren des nationalsozialistischen Rüstungsbooms mit eigenen Entwicklungsaktivitäten keinen nennenswerten Einfluss mehr auf die Programmgestaltung des RLM gewinnen. Vielmehr bestimmte das Ministerium durch seine Position als Finanzier die grundsätzlichen Entwicklungslinien in der privaten Flugmotorenindustrie.

Als das RLM den einschlägigen Firmen im Frühling 1933 die ersten großen Aufträge zur Schaffung der Luftwaffe übertrug, intensivierte Popp seinen seit 1928 währenden Kampf für die Gleichstellung der luftgekühlten Baumuster als militärtaugliche Flugmotoren. Allerdings wurden Popps Anschauungen hinsichtlich der luftgekühlten Motorentechnologie von den einschlägigen Reichsbehörden bis Mitte der 1930er Jahre weitgehend ignoriert.

Popp blieb unter diesen Umständen nichts anderes übrig, als seine Strategie der Konzentration auf luftgekühlte Flugmotoren bis Ende 1936 hinauszuzögern. Er war anders als noch beim Pratt & Whitney- Lizenzerwerb gewissermaßen auf das Einverständnis des RLM angewiesen. Eigenmächtiges Handeln seitens der Entwicklungsabteilung von BMW hätte für das Unternehmen bedeuten können, bei den künftigen lukrativen Reichsaufträgen vernachlässigt zu werden. Die Machtposition des RLM als Monopsonist veranlasste die meisten Flugmotorenindustriellen, ihre Entwicklungsplanungen mit den Ansichten der RLM-Verantwortlichen in Einklang zu bringen. Letztendlich entschieden Göring und Udet und nicht der BMW-Vorstand, ab wann das Münchener Unternehmen seine Entwicklungsaktivitäten von der flüssigkeits- auf die luftgekühlte Flugmotorentechnologie ändern sollte. Ähnlich weitgehende Richtungsentscheidungen trafen die RLM-Ingenieure im Zusammenhang mit dem BMW 800-Baumuster und bei anderen deutschen Flugmotorenbauern wie z.B. den Mitteldeutschen Motorenwerken.[167] Durch das vom Technischen Amt praktizierte Prinzip der Parallelentwicklungen besaß das RLM nicht nur monetäre Anreiz- und Sanktionsmittel gegenüber den Flugmotorenherstellern, sondern auch die glaubwürdige Drohung mit den Entwicklungsfortschritten der innerdeutschen Konkurrenten. Unternehmerische Handlungsspielräume hinsichtlich autonomer Entwicklungsentscheidungen blieben den Flugmotorenproduzenten unter der Herrschaft des RLM daher nur noch sehr wenige. Wichen die Unternehmen mit ihren Konstruktionen von den Vorgaben des Ministeriums ab, mussten sie damit rechnen, aus den militärischen Beschaffungsplänen gestrichen bzw. gegenüber den Konkurrenzunternehmen benachteiligt zu werden.

Die Entscheidung für die Benzin-Direkteinspritztechnik und die Beschaffung der Höhenprüfanlage bei BMW zeigen beispielhaft, dass das Ministerium zunehmend detailliert in die Entwicklungstätigkeit der Flugmotorenindustrie eingriff. Je stärker sich im RLM die Erkenntnis durchsetzte, dass Flugmotoren in der Luftrüstung das entscheidende Engpassprodukt waren, desto mehr drängten die zuständigen Beamten die Flugmotorenproduzenten, die Entwicklungszeit zu verkürzen, um die Herstellung von Luftfahrtgerät zu beschleunigen. Gelang dies nicht, drohte nicht nur die Absetzung des entsprechenden Flugmotorenmodells, sondern die Degradierung des Unternehmens zur Lizenzfabrik. Als Folge des enormen Drucks, dem die Flugmotorenbauer dadurch ausgesetzt waren, scheint es gängige Praxis gewesen zu

[167] Vgl. hierzu Kohl/Bessel, Auto Union 2003.

sein, aus Angst, Wettbewerbsnachteile zu erleiden, aussichtslose Zusagen über den tatsächlichen Entwicklungsstand der Motoren zu machen. Unrealistische Terminversprechungen der Industrie sind gleichermaßen von z.B. BMW, Daimler-Benz und der Mimo überliefert.[168] Letztendlich erreichte das Ministerium mit der illusionären Entwicklungsplanung lediglich, dass man Produkte ausgeliefert erhielt, die keineswegs einsatzreif bzw. fronttauglich waren.

Allerdings war der desolate Zustand des BMW-Entwicklungsbereichs in den 1930er und 1940er Jahren nicht nur auf ministerielle Eingriffe zurückzuführen. Viele Entwicklungsprobleme wurden von der BMW-Geschäftsleitung in ihrer zukünftigen Bedeutung zu lange unterschätzt. Mit der Aussicht auf große Serienaufträge, reagierte Popp erneut bereitwillig auf das staatliche Anreizsystem und konzentrierte sich in den Anfangsjahren der Aufrüstung analog zu Weimarer Zeiten in erster Linie auf die Produktion. In einer Zeit, in der z.B. Daimler-Benz und Junkers ihre Entwicklungsabteilungen systematisch ausbauten und die eigenwirtschaftliche Entwicklung stark forcierten, schob das Münchener Unternehmen die dringend notwendige Modernisierung der eigenen Entwicklungsabteilung auf Grund der einseitigen und kurzsichtigen Prioritätensetzung des BMW-Vorstandes immer wieder auf. Auf Grund seiner ambivalenten Einstellung gegenüber der Eigenentwicklung versagte Popp letztendlich auch bei der Aufgabe, klare Entwicklungsrichtlinien und -strategien zu definieren und bestehende Meinungsverschiedenheiten der beteiligten Ingenieure in München und Spandau frühzeitig zu erkennen und zu entschärfen. Als Folge all dieser Versäumnisse geriet BMW bei der Entwicklung neuer leistungsstarker Flugmotoren zunehmend ins Hintertreffen.

7.2. Produktionsplanungen

7.2.1. Tiefenrüstung, Projektierungsaufgaben und Kapazitätsengpässe

Auf Grund des engen Zusammenhangs zwischen den ökonomischen Möglichkeiten und den politischen und militärischen Zielen beim Aufbau der Luftwaffe wird im Folgenden parallel zu den staatlichen Produktionsplanungen für die Flugmotorenindustrie auch immer ein kurzer Überblick über die einzelnen Planungsabschnitte der Luftwaffe skizziert.

Analog zum Fehlen eines allgemeinen Kriegsplanes gab es in Deutschland unter nationalsozialistischer Herrschaft insbesondere keinen Rüstungsplan mit detaillierten Rüstungszielen und -prioritäten, der den militärischen mit dem rüstungswirtschaftlichen Bereich und anderen wichtigen Gebieten koordinierte.[169] Daher gab es auch beim Aufbau der deutschen Luftwaffe keine

[168] Vgl. hierzu u.a. Kohl/Bessel, Auto Union 2003 und Gregor, Stern 1997.
[169] Vgl. hierzu z.B. Bagel-Bohlan, Kriegsvorbereitungen 1975, S.29.

einheitliche Konzeption. Als der Aufbau der Luftwaffe in Angriff genommen wurde, existierten keine konkreten Vorstellungen, wie diese im Endziel aussehen sollte, ein Mangel, der zu vielen unausgegorenen Augenblicksentscheidungen Görings in der Rüstung der Luftwaffe führte.[170] Am 02.02.1933 wurde zunächst das „Reichskommissariat für die Luftfahrt" eingerichtet,[171] das am 05.05.1933 schließlich in das Reichsluftfahrtministerium umgewandelt wurde.[172] Innerhalb der neuen Behörde wurden die Zuständigkeiten für alle Bereiche der Luftfahrt zusammengefasst. Die zentrale Bedeutung der Luftrüstung wurde mit der Ernennung Hermann Görings aus der Führungsspitze der NSDAP zum Reichsminister der Luftfahrt und späteren Oberbefehlshaber der Luftwaffe unterstrichen. Das einfache Ziel hieß, so rasch, so stark und so geheim wie möglich eine Luftwaffe aufzubauen, um den ersten politischen Schritten der neuen Reichsregierung einen militärischen Hintergrund zu geben.[173]

Für den angestrebten Aufbau der Luftwaffe konnte das RLM auf einen nur schwach entwickelten materiellen Flugzeug-Bestand zurückgreifen.[174] Auch eine leistungsfähige Luftfahrtindustrie stand für die Verwirklichung des Ziels einer umfangreichen Luftrüstung zunächst nicht zur Verfügung.[175] Die vergleichsweise geringe Leistungsfähigkeit der Flugzeugindustrie betraf den Motorensektor auf Grund der Bauverbote nach dem Ersten Weltkrieg in besonderem Maße.[176] Es waren vor allem vier Flugmotorenwerke, die in größerem Umfang Luftrüstungsaufträge übernehmen konnten, da sie über entsprechende Erfahrungen und Fertigungsstätten verfügten: BMW, Junkers, Argus und Siemens & Halske.[177] Der Rückstand der deutschen Flugmotorenindustrie zeigte sich sowohl in der geringen Leistungsstärke der Flugmotoren als auch bei den unzureichenden Fertigungskapazitäten.[178]

Göring und der zum Staatssekretär im RLM beförderte Milch gingen in ihren Planungen von dem Prinzip aus, das bereits entwickelte und binnen kurzem herstellbare Gerät in möglichst großem Umfang zu produzieren. Sie setzten bewusst auf die Fertigungsquantität und vernachlässigten einen mo-

[170] Vgl. Kesselring/Suchenwirth, Luftwaffe 1957–1965, S. 7 und S. 29 und Budraß, Flugzeugindustrie 1998, S. 293–320.
[171] Vgl. Budraß, Flugzeugindustrie 1998, S. 293.
[172] Vgl. Kesselring/Suchenwirth, Luftwaffe 1957–1965, S. 5.
[173] Vgl. Völker, Luftwaffe 1967, S. 24 und 29.
[174] Vgl. Kesselring/Suchenwirth, Luftwaffe 1957–1965, S. 8.
[175] Vgl. Bagel-Bohlan, Kriegsvorbereitungen 1975, S. 12.
[176] Homze, Edward L.: Die deutsche Flugzeugproduktion von 1918 bis 1939. In: Boog (Hrsg.), Luftkriegsführung 1993, S. 145–162.
[177] Vgl. Völker, Luftwaffe 1967, S. 24.
[178] Noch im Jan. 1934 wurden lediglich 33 Flugmotoren mit einer Leistung über 500 PS herausgebracht, davon allein 25 von BMW. Bis Dez. 1934 wurden die Lieferungen in dieser Leistungsklasse auf 138 Motoren und bis Juli 1935 auf 198 Motoren – davon 114 Stück von BMW – gesteigert. Vgl. Auflistung LC III monatliche Motorenausbringung vom 01.01.1934 bis 31.07.1935 vom Aug. 1935, in: BA-MA RL 3/283.

dernen Leistungsstandard der Luftrüstung.[179] Hauptsache war, dass genügend Flugzeuge in kurzer Zeit vorhanden waren, um Piloten schulen und erste Schritte in der militärischen Ausbildung vornehmen zu können. Die Forderung der Luftwaffenführung, kaum erprobte „Militär"-Maschinen älteren Typs, gewissermaßen „altes Eisen"[180], möglichst schnell und in größeren Stückzahlen zu bauen, stellte die Flugzeug- und Flugmotorenhersteller vor eine neue, die bisherigen Größenordnungen sprengende Situation. Die Firmen mussten in kurzer Zeit ihre Produktionskapazitäten wesentlich steigern, um den staatlichen Rüstungsaufträgen entsprechen zu können.[181]

Die ersten Rüstungsanstrengungen im deutschen Flugzeugbau konzentrierten sich bis Ende 1934 in erster Linie auf das bei Junkers entwickelte so genannte ABC-Programm.[182] Das bis Mitte September 1933 ausgehandelte Programm war das größte einzelne Beschaffungsvorhaben seit dem Ende des Ersten Weltkrieges.[183] Der entscheidende Punkt des ABC-Programms war das Outsourcing von zentralen, eigentlich militärischen Koordinationsaufgaben wie Einkauf, Verteilung der Materialien usw. an ein Unternehmen. Mit Hilfe des ABC-Programms bemühte sich die Führungsspitze des RLM, die unternehmerischen Organisationskompetenzen in den Dienst des Aufbaus der Luftwaffe zu stellen. Vor allem die Rohstoffbereitstellung und die Einführung in Techniken der Serienfertigung fanden in unternehmerischer Selbstverwaltung statt. Damit initiierte das RLM eine Aufgabenteilung, die gemäß der nationalsozialistischen Wirtschaftsauffassung die deutsche Luftrüstung von 1933 bis 1945 prägte und die der Präsident der Münchener Industrie- und Handelskammer, Albert Pietzsch, treffend zusammenfasste: „Der Staat, der keine bürokratisierte Wirtschaft will, stellt die Aufgaben, die von den Betrieben gelöst werden."[184] Das NS-Regime forderte bei der Problemlösung dabei grundsätzlich die Unternehmensinitiative und Verantwortlichkeit des einzelnen Unternehmers auch im Rahmen der Aufrüstung der Luftwaffe.[185] Der

[179] Meier-Welcker, Hans (Hrsg.): Handbuch zur deutschen Militärgeschichte 1648–1939. Frankfurt am Main 1978, S. 524f.

[180] Boelcke, Stimulation 1993, S. 86.

[181] Vgl. Völker, Luftwaffe 1967, S. 24.

[182] Das ABC-Programm sah parallel die Produktion von ganzen Flugzeugen in Dessau und die Einrichtung einer Großserienproduktion vor, die auf dem Prinzip der Baugruppenfertigung beruhte. Lizenzfirmen fertigten nicht ganze Flugzeuge in einem autonomen organischen Produktionsprozess, sondern erhielten lediglich Aufträge auf weniger komplexe Teile wie Tragflächen, Rümpfe und Leitwerke, die zur Endmontage nach Dessau geliefert wurden. Durch diese Organisationsform sollten erstmals im deutschen Flugzeugbau die Vorteile der „economies of scale" zum Tragen kommen. Vgl. Budraß, Unternehmer 1992, S. 74–89, hier S. 77.

[183] Vgl. Budraß, Flugzeugindustrie 1998, S. 317.

[184] Rede von Pietzsch auf dem Tag der Wirtschaft in München am 14. 11. 1941, in: Bayerische Wirtschaftszeitung, Amtliches Organ der Wirtschaftskammer Bayern, 71. Jg., Nr. 24 vom 26. 11. 1941, in: BayHStA MWi 57.

[185] Vgl. Stocker, Bayerisches Staatsministerium für Wirtschaft, an Reichswirtschaftsminister vom 23. 09. 1933, in: BayHStA StK 6720 und die Denkschrift „Gedankengän-

erforderliche Einfluss des Staates auf die beteiligten Luftfahrtunternehmen blieb durch die Machtstellung des RLM als Monopsonist ohnehin ausreichend sichergestellt.[186] So berichtete der BMW-Vorstand beispielsweise am 30.10.1939 an den Beirat der GmbH-Werke des Konzerns, dass das RLM 85%, die DLH 5% und die Zellenwerke sowie ausländische Kunden 10% der BMW-Flugmotoren bestellten und abnahmen. Der Anteil der Ausfuhren betrug für die Jahre 1937/38 durchschnittlich 1,5% und 1939 2,8%. Er war demnach im Großen und Ganzen unbedeutend.[187] Da das Ministerium durch seine finanzielle und politische Macht jedoch auch maßgeblichen Einfluss auf die DLH und die Flugzeugzellenfirmen ausübte, kontrollierten sie letztendlich fast den gesamten Flugmotorenabsatz der Bayerischen Motoren Werke.

Parallel zum ABC-Programm des Junkers-Konzerns bildeten die Bayerischen Motoren Werke im Flugmotorenbau die Basis für die ersten staatlichen Bestellungen. BMW rüstete die im ABC-Programm vorgesehenen wichtigsten Flugzeugtypen standardmäßig mit BMW-Motoren aus[188] und wurde daher bereits im Frühjahr 1933 mit umfangreichen Flugmotorenaufträgen bedacht.[189] Insgesamt verdreifachte das Unternehmen 1933 die Flugmotorenproduktion gegenüber dem Vorjahr.[190] Um den neuen Anforderungen gerecht werden zu können, begann BMW mit der großzügigen Erweiterung der Flugmotorenbau-Fertigungskapazitäten, die sich auf Grund der ständig steigenden staatlichen Planziele über viele Jahre hinzog.

Dass das Münchener Unternehmen an der mit der Gründung des RLM einsetzenden Aufrüstung der Luftwaffe ganz besonders partizipierte, verdeutlicht folgende Statistik der Wirtschaftsgruppe Luftfahrtindustrie aus dem Jahr 1936.

Von allen deutschen Flugmotoren, die im Jahr 1936 in deutsche Flugzeugzellen eingebaut wurden, lieferte BMW 33,4%. Dass der wertmäßige Anteil der BMW-Lieferungen sogar 57% betrug, zeigt, dass BMW 1936 den weitaus größten Teil der leistungsstarken Motoren für die Luftwaffe produzierte.[191]

ge zur Frage der Finanzierung der Luftfahrt-Industrie" vom 14.02.1937, in: BA-MA RL 3/2596.

186 Vgl. Bericht Udet „Führungsgrundlagen der Luftfahrttechnik" 1939, in: IfZ Db 68.18.

187 Vgl. Vorstands-Bericht an den Beirat der GmbH-Werke des BMW-Konzerns vom 30.10.1939, in: BMW-Arch UA 16.

188 Vgl. Werks-Chronik: Die Entwicklungsgeschichte der Bayerischen Motoren Werke AG (o.D.), in: BMW-Arch UA 10, S.89.

189 Vgl. z.B. Aktennotiz von Lewinski über neue Aufträge für BMW vom 11.05.1933, in: BArch R 8119 F/P 3073, Bl.93.

190 Bei dieser Angabe muss allerdings berücksichtigt werden, dass die Produktionszahlen in den beiden Vorjahren von der allgemeinen Konjunkturkrise stark beeinträchtigt waren. Vgl. Protokoll der AR-Sitzung vom 21.12.1933, in: ebd., Bl.304–307, hier Bl.305.

191 Es liegt die Vermutung nahe, dass die anteiligen Lieferzahlen von BMW in den Jahren 1933 bis 1935 aus Mangel an fehlenden Konkurrenzmotoren noch wesentlich deutlicher zu Gunsten des Münchener Unternehmens ausfielen. Jedoch liegt leider kein einschlägiges Quellenmaterial vor, das diese Annahme bestätigen könnte.

Grafik 8: Anteile der deutschen Flugmotorenbauer an den in deutschen Zellen eingebauten Flugmotoren im Jahr 1936 (stück- und wertmäßig)

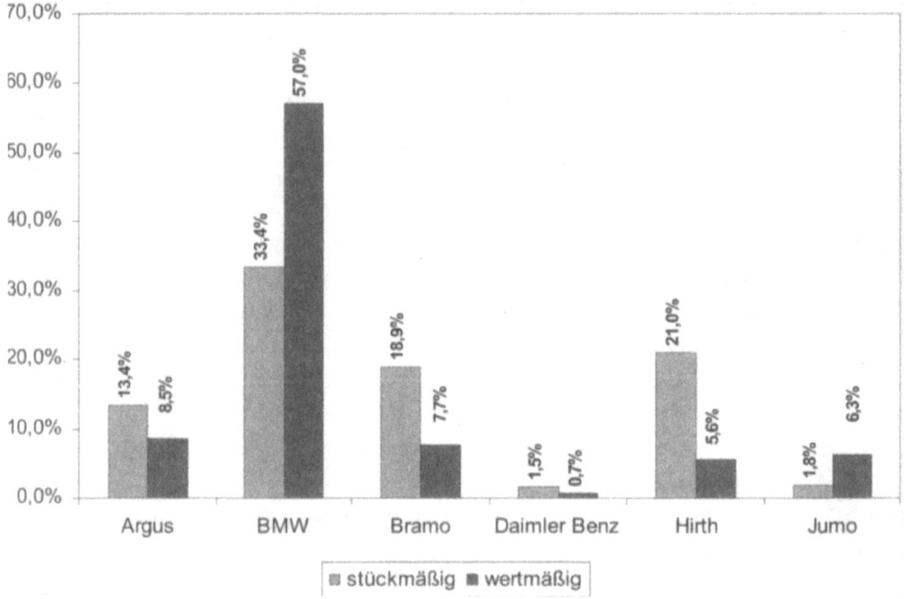

Quelle: Jahresbericht 1936 der Wirtschaftsgruppe Luftfahrtindustrie, Abteilung Vertrieb (o. D.), in: BArch R 13 XXV/3.

Somit war das Münchener Unternehmen noch Mitte der 1930er Jahre der Hauptausrüster der deutschen Fliegerverbände mit Flugmotoren.

Jedoch mussten sowohl die Luftwaffe als auch BMW für diese Ausnahmestellung im Endeffekt einen hohen Preis zahlen. Indem Popp die Prioritäten und damit sämtliche Kapazitäten des Unternehmens ganz auf die Fabrikation von Flugmotoren setzte, hoffte er, sein Unternehmen im Kalkül der neuen Machthaber im RLM als die einzige zuverlässige und leistungsstarke deutsche Flugmotorenbau-Firma zu etablieren. BMW sollte wieder die Position des Rückgrates der deutschen Flugmotorenindustrie erhalten, um von den vollen Auftragsbüchern, die die Aufrüstung der Luftwaffe garantierte, zu profitieren. Popps Strategie ging allerdings nur solange auf, bis Göring und Udet den unzeitgemäßen BMW VI Ende 1936 zugunsten modernerer Flugmotoren austauschen ließen.[192] Nach dieser behördlichen Entscheidung machte sich die Vernachlässigung der eigenen Entwicklungsaktivitäten bemerkbar.

Der Vorwurf, eine kurzsichtige Politik betrieben zu haben, trifft jedoch ebenso die Luftwaffenführung.[193] Man baute jahrelang mit überholter Tech-

[192] Vgl. Kapitel 7.1.1.
[193] Vgl. Boelcke, Stimulation 1993, S. 91.

nologie in großen Stückzahlen veraltetes, bestenfalls für Schulungszwecke geeignetes Fluggerät, ohne dass der notwendige Aufbau einer modernen Großserienfertigung für starke, dem Ausland ebenbürtige Flugmotoren vorankam.[194] Das RLM ließ noch 1936 den technisch unzeitgemäßen BMW VI in großen Stückzahlen fertigen, obwohl den Beschaffungsstellen bekannt war, dass die neue Generation der flüssigkeitsgekühlten 30-Liter-Flugmotoren z.B. bei Daimler-Benz kurz vor der Serienreife stand. Tatsächlich war die Luftwaffe hinsichtlich ihres Bestandes bis Mitte der 1930er Jahre nicht viel mehr als ein militärischer Bluff.[195] Im Jahre 1936 stellte Deutschland noch keine bedeutende militärische Macht dar. Sein Kriegspotenzial war für die europäischen Industrienationen, die der Abrüstungsproklamation von Versailles nicht folgen mussten und ihre Rüstungsindustrie über Jahre hinweg weiterentwickelt hatten, keine ernsthafte Bedrohung, selbst wenn dies durch die deutsche Propaganda glaubhaft gemacht werden konnte.[196]

In den Planungsstäben der Luftwaffe setzte sich nach und nach eine Festlegung durch, die bis zum Beginn des Krieges eine zentrale Bedeutung für alle industriepolitischen Entscheidungen haben sollte, die Doktrin der „konstanten Luftwaffe".[197] Der Grundgedanke dieser Doktrin bestand in der Aufhebung der Differenz zwischen Kriegs- und Friedensluftwaffe. Strukturell bedeutete dies, dass die Aufrüstung, die normalerweise vor oder während der ersten Kriegsmonate stattfindet, in den Frieden verlagert wurde. Die Doktrin der „konstanten Luftwaffe" stellte den wichtigen Schritt von einer defensiven zu einer offensiven Streitmacht dar. Außerdem war nach diesem Konzept eine Luftfahrtindustrie zu schaffen, die im Frieden beschleunigt die benötigten Flugmotoren und Flugzeuge herstellen konnte und darüber hinaus noch so große Kapazitätsreserven besaß, dass sie sozusagen aus dem Stand die Verluste der Luftwaffe im Krieg ausgleichen konnte. Der Kapazitätsausbau der Luftfahrtindustrie war demnach so zu planen, dass ein extrem hoher Anstieg des Produktionsausstoßes schnell zu erreichen war, im Frieden allerdings nur ein Bruchteil dieser Summe produziert wurde.

Das Konzept der „konstanten Luftwaffe" mit ihrer industriellen Basis gab letztendlich auch den Ausschlag dafür, dass die Luftwaffenführung in den 1930er Jahren eine andere Rüstungsstrategie einschlug als die anderen Waffengattungen in Deutschland. Bereits 1959 führte Burton H. Klein anhand einer Untersuchung des „United States Strategic Bombing Survey" den Nachweis, dass Deutschland vor dem Zweiten Weltkrieg insgesamt die „Breiten-

[194] Vgl. Völker, Luftwaffe 1967, S. 56ff.
[195] Vgl. Kesselring/Suchenwirth, Luftwaffe 1957–1965, S. 10.
[196] Vgl. Bagel-Bohlan, Kriegsvorbereitungen 1975, S. 22.
[197] Vgl. zu diesem Konzept Budraß, Flugzeugindustrie 1998, S. 336–337.

rüstung“ bevorzugt, die „Tiefenrüstung“[198] hingegen vernachlässigt habe.[199] Das Interesse der NS-Führung habe sich auf die Rüstungsendfertigung konzentriert, nicht jedoch auf die Ausweitung der für die Rüstung wichtigen Produktionsanlagen und die Modernisierung des Maschinenparks. Zwar war 1939 ein relativ hoher Stand verfügbaren Rüstungsmaterials in Form militärischer Erstausstattung der Truppenverbände erreicht. Für eine längere Auseinandersetzung auf industriellem Gebiet waren jedoch keine Vorbereitungen getroffen worden.[200] Die Planungen gingen davon aus, dass der eroberte Lebensraum im Osten auch die deutschen Ernährungs- und Rohstoffprobleme lösen sollte. Daher bestand im Allgemeinen kein Interesse der politischen Führung an einer „Tiefenrüstung“.[201]

Allerdings überschatteten die Erinnerungen an die Blockade von 1914 bis 1918, als es der englischen Flotte gelungen war, die Zufuhr von Nahrungsmitteln und industriellen Rohstoffen nach Deutschland zu unterbinden, die wirtschaftlichen Vorbereitungen des Angriffskrieges. Obwohl sie nach außen hin die „Dolchstoß-Legende“ vertrat, wusste die politische Führung, dass die Versorgung sowohl der Wirtschaft als auch der Bevölkerung während des Ersten Weltkriegs verheerend gewesen war. Die Luftwaffenführung verfolgte daher eigene Autarkiebestrebungen. Den Fliegerverbänden fiel bei einem längeren Krieg eine besondere strategische Bedeutung zu. Die Führungsebene des RLM entschied sich infolgedessen bewusst, „in die Tiefe“ zu rüsten.[202] Es ging bei der vom RLM angestrebten Expansion der industriellen Basis der Luftwaffe nicht mehr nur um die Erweiterung einzelner Produktionsstränge, die sich letztendlich auch im Frieden bei einem nur geringen Einsatz zusätz-

[198] Kleins Unterscheidung von „Breiten-“ und „Tiefenrüstung“ gehört mittlerweile zur Grundausstattung jeder einschlägigen Untersuchung. Die „Breitenrüstung“ zielt auf die Massierung einer diversifizierten Menge von Kriegsmaterial, die dem Angreifer in der Anfangsphase des Krieges den sofortigen Vorteil sichern soll. Bei der „Tiefenrüstung“ dagegen basiert die Kampfmittelproduktion auf einer festen Industrieanlagen- und Rohstoffversorgungsbasis, die sowohl die Deckung des unmittelbaren Waffen- und Munitionsbedarfs, als auch die Erneuerung der Vorräte ermöglicht. Vgl. Barkai, Wirtschaftssystem 1988, S. 213 und Thomas, Georg: Breite und Tiefe der Rüstung. In: Militärwissenschaftliche Rundschau 2 (1937), S. 189–197.

[199] Vgl. Klein, Burton H.: Germany‘s Economic Preparations for War. Cambridge (Mass.) 1959, S. 76.

[200] Vgl. Wagenführ, Rolf: Die deutsche Industrie im Kriege 1939–1945. Berlin 1955, S. 24 und Milward, Alan S.: Die deutsche Kriegswirtschaft 1939–1945. Stuttgart 1966, S. 13.

[201] Der Raub der ukrainischen „Kornkammer“ und der Erz-, Kohle- und Ölvorkommen auf dem Balkan und im Süden der Sowjetunion sollte die deutsche Volkswirtschaft in die Lage versetzen, weitgehend unabhängig von der Weltwirtschaft auch einen langen Krieg durchzustehen. Vgl. Blaich, Fritz: Wirtschaft und Rüstung in Deutschland 1933–1939. In: Bracher/Funke/Jacobsen (Hrsg.), Diktatur 1986, S. 285–316, S. 287.

[202] Vgl. Einleitung zu den Industrierüstungsgrundlagen 01.04.1938, in: BA-MA RL 3/2449.

licher Mittel selbst trugen, sondern um einen massiven Kapazitätsausbau, der von den Firmen nicht bezahlt und vom Markt nicht getragen werden konnte. Dies war das entscheidende Kennzeichen der Luftrüstung in den 1930er Jahren. Im RLM ging man davon aus, dass eine planmäßige Mobilmachung der Rüstungsindustrie die unerlässliche Voraussetzung und Grundlage für die Sicherstellung des Nachschubbedarfs der Wehrmacht im Krieg sein würde.[203] Der Mobilmachung der Rüstungsindustrie wurde daher neben der Mobilmachung der Wehrmacht gleiche Bedeutung eingeräumt.

Der Kopf der Industrieplanungen in der Luftrüstung war das Technische Amt des RLM.[204] Hier entwickelte man eine bürokratische Rüstungsplanung mit exakten Detailvorgaben.[205] Bezeichnenderweise setzten sich im Verhältnis zwischen den Unternehmen und der Beschaffungsabteilung des Technischen Amtes militärische Termini durch. Lieferprogramme seien als „Befehl", der jede unternehmerische Vorgabe prinzipiell brechen konnte, anzusehen, verlautete aus dem RLM.[206] Ob die ministeriellen Produktionsvorgaben bei den einschlägigen Unternehmen tatsächlich als Befehle gehandhabt wurden, was ihre Handlungsspielräume auf ein Minimum reduziert hätte, gilt es im Folgenden zu prüfen. Alle Unternehmen der Luftfahrtindustrie wurden in die Planungen des Technischen Amtes eingebunden. Der gesamte Industrieausbau stand dabei unter dem Zeichen einer weitgehenden Abschottung von der restlichen Industrie. Sämtliche Kontakte der Luftfahrtindustrie nach außen liefen über das RLM.

Die Einbindung der Industrie in den Planungsprozess funktionierte vor allem über die zentrale Vergabe von Projektierungs- und Mobilmachungsaufgaben, so genannte Mob-Aufgaben. Deren Ziel war es, die für die vorgesehene Mob-Fertigung erforderlichen Arbeitsvorbereitungen zu treffen und etwaige im Mob-Fall notwendig werdenden Betriebumstellungen möglichst umfassend bereits im Frieden durchzuführen, um die Mob-Anlaufzeit zu verkürzen. Außerdem wollte man durch die technische und betriebswirtschaftliche Mob-Planung die Grundlage für die Bedarfsanforderungen schaffen und die innerbetrieblichen Mob-Aufgaben der Betriebsführer und der Belegschaften festlegen.[207]

Den Flugmotorenherstellern wurden in den Projektierungsaufgaben beispielsweise die Zahl der Flugmotoren genannt, die zu einem bestimmten Zeit-

[203] Vgl. Aktenvermerk aus dem RLM „Der Mob Plan Rüstung" (o.V., o.D.), in: BA-MA RL 3/283, Bl. 101–102, hier Bl. 102.

[204] Vgl. Budraß, Flugzeugindustrie 1998, S. 340.

[205] Sämtliche Planungsaufgaben wurden vom Chef des Rüstungs- und Beschaffungswesen im RLM, Fritz Löb, gesteuert. Er verhandelte mit den Firmenvertretern und fällte selbst ein Großteil der Entscheidungen. Vgl. ebd., S. 344.

[206] Vgl. ebd., S. 354.

[207] Vgl. Ausführungsbestimmungen für die Bearbeitung der innerbetrieblichen Maßnahmen für den Mob-Fall, den Firmen übersandt am 23.07.1936, in: BA-MA RL 3/328, Bl. 438–443.

Grafik 9: Das Technische Amt im Reichsluftfahrtministerium 1933–1936

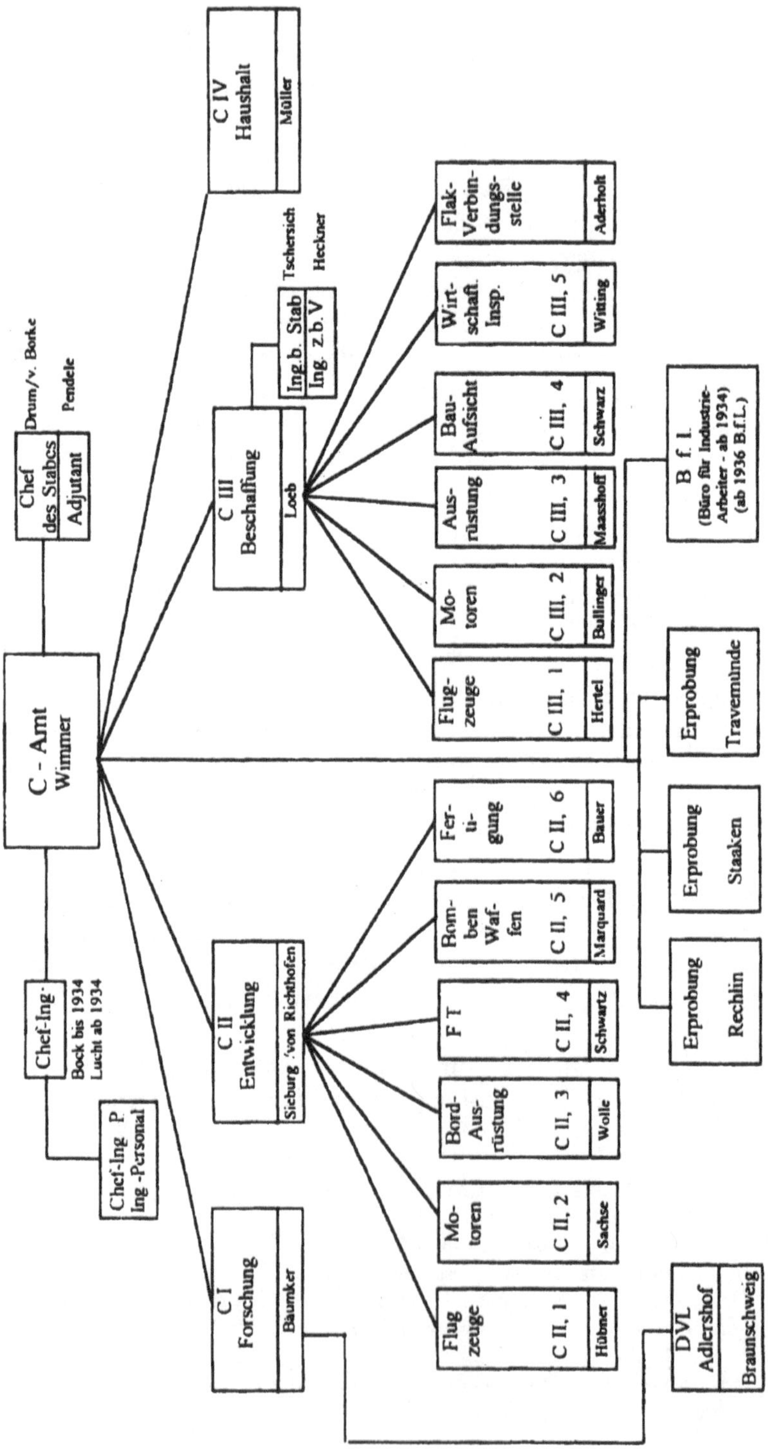

Quelle: Übernommen aus Budraß, Flugzeugindustrie 1998, S. 339.

punkt monatlich zu produzieren waren, und eventuelle unternehmensinterne Umgruppierungen von Produktionsbereichen vorgegeben. In der Projektierungsaufgabe, die BMW Ende Juni 1934 für das Münchener Flugmotorenwerk erhielt, wurde der Aufbau einer Fertigungskapazität von monatlich 300 flüssigkeitsgekühlten 30-Liter-Flugmotoren zuzüglich von 15% Ersatzteilen im Zweischichtbetrieb gefordert.[208] Außerdem bekam der BMW-Konzern die Aufgabe, „zu prüfen, ob durch Verlegung des Automobilbaus von Eisenach nach München eine Dezentralisierung des Flugmotorenbaus zu erreichen ist. Ein Teil des Flugmotorenbaues würde dann in den jetzt vorhandenen Räumen des Flugmotorenwerkes in München verbleiben, ein anderer in die Werkstätten der Süddeutschen Bremse A.-G., München verlegt werden."[209] Parallel dazu wurde der Geschäftsführung des BMW-Werkes Eisenach die Aufgabe gestellt, die neuen Fertigungswerkstätten des Flugmotorenbaus für die Herstellungskapazität von 200 flüssigkeitsgekühlten 30-Liter-Motoren auszulegen. Übergangsweise wurde der Aufbau einer Fabrikationskapazität von monatlich 105 BMW-Hornet-Motoren im Zweischichtbetrieb gefordert.[210] Sämtliche Flugmotorenhersteller bekamen ähnliche Projektierungsaufgaben.[211]

Die Projektierungsaufgaben des Ministeriums für den BMW-Flugmotorenbau verletzten in mehreren Punkten die Interessen des BMW-Vorstandes. Popp hatte wiederholt betont, dass er die Zukunft des BMW-Flugmotorenbaus in der Fabrikation luftgekühlter Motoren sah. Im Sommer 1934 forderte die Beschaffungsabteilung des RLM die BMW-Geschäftsleitung jedoch implizit auf, ihre Flugmotorenstrategie zu ändern. Das Münchener Unternehmen sollte gezwungen werden, sowohl in München als auch in Eisenach langfristig flüssigkeitsgekühlte 30-Liter-Flugmotoren herzustellen. Die RLM-Projektierungsaufgabe beinhaltete für BMW demnach die versteckte Drohung, zur Lizenzbaufirma degradiert zu werden, sollte es dem Unternehmen nicht rechtzeitig gelingen, den eigenen flüssigkeitsgekühlten 30-Liter-Flugmotor BMW 117 rechtzeitig zur Serienreife zu bringen. BMW konnte sich den staatlichen Forderungen nicht entziehen, wollte man nicht die gesamten Geschäftsbeziehungen zum Ministerium und damit die eigene Existenz gefährden. Die RLM-Forderungen hinsichtlich der neuen flüssigkeitsgekühlten 20- und 30-Liter-Flugmotorengeneration führte dazu, dass die BMW-Entwicklungsinge-

[208] Vgl. Projektierungsaufgabe des RLM für den Flugmotorenbau der BMW München vom 28.06.1934, in: BA-MA RH 8 I/942.

[209] Ebd.

[210] Vgl. Projektierungsaufgabe des RLM für den Flugmotorenbau der BMW Eisenach vom 28.06.1934, in: ebd.

[211] Vgl. die Projektierungsaufgaben an die Daimler-Benz AG, Standort Berlin-Marienfelde, die Siemens-Apparate- und Maschinenbau GmbH, Berlin-Spandau jeweils vom 12.07.1934 sowie an die Adlerwerke, vormals Kleyer AG vom 17.07. 1934, alle in: ebd.

nieure praktisch rund um die Uhr sieben Tage pro Woche an der Fertigentwicklung der entsprechenden BMW-Muster arbeiteten.[212]

Außerdem schrieb das RLM-Team um Fritz Löb den BMW-Vorständen die Prüfung einer Unternehmensumstrukturierung vor, die mit deren eigenen Plänen nicht zu vereinbaren war. Popp war seinerzeit bemüht, den Standort München zu einem reinen Flugmotorenwerk auszubauen, und strebte danach, den BMW-Motorradbau zur Süddeutschen Bremse AG bzw. nach Nürnberg zu Zündapp oder ins unternehmensinterne Eisenach auszulagern.[213] Im Sinne einer Dezentralisierung des Münchener Flugmotorenbaus überlegte Löb dagegen, den von Popp ungeliebten Automobilbau ins BMW-Stammwerk zu überführen. Dieses ministerielle Vorhaben scheiterte letztendlich an den forcierten Rüstungsbestrebungen Mitte der 1930er Jahre. Eine gegen die Interessen der BMW-Geschäftsleitung erzwungene umfassende Unternehmensumstrukturierung hätte unweigerlich erhebliche Lieferausfälle in der BMW-Flugmotorenproduktion hervorgerufen. Außerdem konnten die militärischen Beschaffungsstellen angesichts des dringenden Motorenbedarfs letztendlich nicht auf die luftgekühlten Flugmotoren von BMW und Siemens verzichten. Daher konnte Popp seine Strategie der Herstellung luftgekühlter Flugmotoren ab 1936 weiter verfolgen.

Die Projektierungs- und Mob-Aufgaben zogen für die Unternehmen eine weitgehende Offenlegung der Betriebsverhältnisse nach sich.[214] Die Luftfahrtunternehmen wurden gezwungen, im Rahmen der staatlichen Mob-Vorbereitungen einen Betriebskalender zu erstellen, der für den Mob-Fall alle Arbeitsgänge der Mobilmachung des Betriebes in zeitlicher Reihenfolge regeln sollte.[215] Das Technische Amt verlangte ferner detaillierte Berechnungen und Auskünfte über den Maschinen- und Einrichtungsbedarf und den Ausbau der einzelnen Fertigungswerkstätten, über den Personalbedarf nach Berufsgruppen unterteilt, über den Bedarf an Kraft- und Wasserversorgung, den Materialbedarf, die Bevorratung, die Abfall- und Schrottverwertung sowie über den Raum-, Transport- und Geldmittelbedarf.[216] Die Betriebe mussten dem Ministerium Einsicht in Lagepläne des Werkes und der geplanten Werk-

212 Vgl. Sopade-Bericht Nr. 12, 3. Jg., Prag Dez. 1936, S. 1593.

213 Vgl. Mitteilung von Lewinski an von Stauß vom 21. 10. 1933, in: BArch R 8119 F/P 3073, Bl. 254; Aktennotiz des RLM über die Besprechung mit BMW betr. Hornet-Lieferungen am 01. 11. 1933 vom 02. 11. 1933, in: BA-MA RL 3/280, Bl. 18–19 und Aktennotiz Bullinger über ein Gespräch mit Popp über die Maßnahmen für die Durchführung des Lieferprogramms von BMW vom 04. 11. 1933, in: ebd., Bl. 15–17.

214 Vgl. Budraß, Flugzeugindustrie 1998, S. 348.

215 Vgl. den von Popp erstellten Terminkalender des BMW-Werkes München für die Mob-Aufgabe April 1936 vom 25. 11. 1935, in: BA-MA RL 3/298 und Anweisung des Reichskriegsministers und Oberbefehlshabers der Wehrmacht: Mob-Plan Rüstung, Teil III: Der Betriebskalender vom 09. 05. 1936, in: BA-MA RL 3/938, Bl. 131–145.

216 Vgl. Ausführungsbestimmungen für die Bearbeitung der innerbetrieblichen Maßnahmen für den Mob-Fall, den Firmen übersandt am 23. 07. 1936, in: BA-MA RL 3/328, Bl. 438–443, hier Bl. 438–440.

stätten, Gebäude und Anlagen, der Maschinen- und Montagestände, Verzeichnisse der Maschinen und Einrichtungen, der Vorprodukte und ihrer Lieferanten und schließlich Kostenzusammenstellungen und Verwaltungs- bzw. Organisationsschemata des Werkes gewähren. Auch bedurften Produktionserweiterungen, Baumaßnahmen, technische, organisatorische und sozialpolitische Fragen der Zustimmung der Beschaffungsabteilung des Technischen Amtes.[217]

In den Planungsstäben des RLM war man sich bewusst, dass die Rüstung der Luftwaffe insbesondere an zwei Engpässen krankte, die nicht als vorübergehende Schwächen abgetan werden konnten. Der eine war die Flugmotorenfertigung und der andere die Treibstoffproduktion.[218] Ende April 1936 vermerkte die Beschaffungsabteilung im RLM besorgt, dass die für die Erfüllung des Flugzeugzellenprogramms erforderliche Anzahl an Einbau- und Reservemotoren von der deutschen Flugmotorenindustrie nicht geliefert werden könne.[219] Bei einem fiktiven Mob-Fall am 01.06.1936 würden in den ersten Mob-Monaten erhebliche Lieferschwierigkeiten sämtlicher Flugmotorenfirmen auftreten. Daimler-Benz könne auf Grund seiner unfertigen Motorentypen z.B. erst ab dem 13. Monat die benötigten Lieferzahlen für Einbau und Reserve erfüllen. Beim Junkers-Motorenbau würde beim Jumo 205 in den ersten 14 Monaten ein Fehlbedarf von 2058 Flugmotoren und beim Jumo 210 in den ersten 8 Monaten ein Fehlbedarf von 637 Motoren entstehen. BMW schnitt bei der Aufstellung der Beschaffungsstelle vergleichsweise gut ab.[220] Den BMW VId-Flugmotor konnte das Unternehmen ab dem sechsten Mob-Monat in der geforderten Größenordnung liefern und der BMW 132F-Motor sollte sogar einen Ausgleich für den Jumo 205 schaffen.[221]

Der große Kapazitätsunterschied der Flugmotoren- und Flugzeugzellenbauer erklärte sich unter anderem aus der Tatsache, dass der Produktionsprozess von Flugmotoren und Flugzeugzellen sehr verschieden war. Während der Zellenbau weniger Präzisionswerkzeugmaschinen und weniger qualifizierte Arbeiter benötigte und sich dadurch für die Massenproduktion besser eignete, basierte der Flugmotorenbau vor allem auf Präzisionswerkzeugmaschinen, die von hoch qualifizierten Arbeitern bedient werden mussten und die extrem geringe Toleranzen erlaubten.[222] Auf Grund dieser Unterschiede

[217] Vgl. Budraß, Flugzeugindustrie 1998, S. 348.

[218] Vgl. Völker, Luftwaffe 1967, S. 137.

[219] Vgl. Aktenvermerk LC III betr. Mob-Plan der Flugmotorenwerke 01.06.1936 vom 24.04.1936, in: BA-MA RL 3/328, Bl. 254–256.

[220] Zu beachten ist in diesem Zusammenhang jedoch auch, dass BMW im Jahre 1936 immer noch für die Produktion des zehn Jahre alten BMW VI-Motors vorgesehen war, der bereits jahrelang in Serienfertigung lief. Die Statistik der BMW-Mob-Liefermöglichkeiten dürfte schon ein Jahr später, nachdem der BMW VI abgesetzt worden war, ähnlich wie bei den Konkurrenten ausgesehen haben.

[221] Vgl. ebd.

[222] Vgl. Braun, Aero-engine 1992, S. 1.

konzentrierten sich die Luftfahrtunternehmen mit der Ausnahme von Junkers in der Regel auch auf entweder den Flugmotoren- oder den Zellenbau. Wie schon zu Zeiten der Weimarer Republik erwiesen sich die Flugmotorenwerke auch Mitte der 1930er Jahre noch immer als Flaschenhals der Flugzeugfertigung. Die Verantwortlichen im RLM trieben die etablierten Flugmotorenhersteller daher zu immer größeren Leistungssteigerungen und Kapazitätsausweitungen an.

Um in den Firmen, die aus anderen Branchen – insbesondere der Automobilproduktion – in den Flugmotorenbau wechselten, einen möglichst schnellen Produktionsanlauf zu erreichen, verfolgte das RLM die Strategie des Nachbaus bzw. Lizenzbaus.[223] In den „Lieferbedingungen für Flugmotoren und Flugmotorenteile" des RLM verpflichteten sich die Unternehmen, die einen staatlichen Entwicklungsauftrag erhalten hatten, den serienmäßigen Nachbau auch anderen einheimischen Unternehmen zu erlauben.[224] In der praktischen Durchführung stieß der Nachbau jedoch auf Schwierigkeiten und Widerstände, die ihre Wurzeln im Wettbewerbsdenken der Unternehmen hatten.[225] Der für eine funktionierende Kooperation unerlässliche Austausch des Know-hows der Unternehmen ging nur sehr zögernd und mit Einschränkungen vonstatten. Durch die zurückhaltende und unvollständige Übergabe von Produktionserfahrungen seitens der Entwicklungsfirmen kam es bei den Nachbauten nicht selten zu höheren Produktionskosten und Abweichungen von der ursprünglichen Ausführung.[226]

Trotz der unverzüglichen Erweiterung ihrer Anlagen in München und Eisenach stießen die Fertigungswerkstätten von BMW auf Grund der in regelmäßigen Abständen erhöhten Mob-Aufgaben im Jahr 1933 schnell an ihre Kapazitätsgrenzen.[227] Im Mai 1934 arbeiteten fast alle Abteilungen in drei Schichten, während die Arbeitszeiten erheblich ausgeweitet wurden.[228] Und trotzdem konnte das Münchener Unternehmen den Bedarf an Flugmotoren nicht decken und musste auf Kapazitäten anderer Firmen zurückgreifen.[229] Schon bei der Lizenznahme des Hornet B-Motors von Pratt & Whitney im Oktober 1933 waren die BMW-Werke in München mit der Produktion des BMW VI-Motors so ausgelastet, dass BMW als Überbrückungsmaßnahme

[223] Vgl. Boelcke, Stimulation 1993, S. 93 und Bagel-Bohlan, Kriegsvorbereitungen 1975, S. 97.

[224] Vgl. Lieferbedingungen für Flugmotoren und Flugmotorenteile vom 15.05.1935, in: BArch R 2/5415, S. 25–30, hier S. 26. Vgl. z. B. auch den Mustervertrag über den Lizenznachbau von Flugmotoren vom Febr. 1940, in: BMW-Arch UA 121.

[225] Vgl. Budraß, Flugzeugindustrie 1998, S. 301.

[226] Vgl. Bagel-Bohlan, Kriegsvorbereitungen 1975, S. 97.

[227] Vgl. Mitteilung von Lewinski an von Stauß vom 21. 10. 1933, in: BArch R 8119 F/P 3073, Bl. 253.

[228] Vgl. Popp an Milch vom 28. 10. 1933, in: BA-MA RL 3/280, Bl. 23–29, hier Bl. 29.

[229] Vgl. Mob-Aufgabe April 1936 für BMW München, Sonderteil Unterlieferanten für Werkteile vom 25. 11. 1935, in: BA-MA RL 3/296.

150 Original-Hornet-Motoren aus den USA beschaffen musste, bis eine eigene Serienproduktion aufgezogen werden konnte.[230]

Das erste RLM-Lieferprogramm für BMW forderte eine monatliche Spitzenerzeugung von 130 Hornet-Motoren.[231] Für diese Fertigungsmenge musste der Maschinenpark des Unternehmens im Laufe des Jahres 1933 stark vergrößert werden. Danach war BMW in der Lage, 40 Hornet-Motoren[232] in einer Schicht bzw. 80 Stück in Doppelschichtbetrieb monatlich herzustellen. Da man ursprünglich nicht bereits in Friedenszeiten in drei Schichten arbeiten wollte, mussten die Teile für 50 weitere Motoren von auswärts angeliefert werden, um das staatliche Liefersoll zu erreichen. Die Beschaffungsabteilung des RLM entschied, dass die Firmen Daimler-Benz in Untertürkheim die größeren Hornet-Motoren-Teile und Hirth in Stuttgart alle übrigen Teile fertigen sollten.[233]

Interessant ist in diesem Zusammenhang, dass die gesamten Verhandlungen mit beiden Zulieferfirmen über die Dienststellen des Ministeriums abgewickelt wurden.[234] Die Entscheidung, an welche Firmen die Teileproduktion vergeben wurde, trafen die Beamten im RLM ohne erkennbare Einflussmöglichkeiten der BMW-Geschäftsführung. Ende 1933 erteilte BMW der Daimler-Benz AG schließlich einen Auftrag zur Fertigung von 400 Sätzen verschiedener Hauptbauteile für den Hornet-Motor.[235] Daimler-Benz sollte zunächst bis Jahresende 1934 monatlich etwa 50 so genannte Motoren-Garnituren zur Endmontage nach München liefern.[236] Dem Daimler-Benz-Vorstand kamen die Kapazitätsengpässe bei BMW sehr gelegen, ermöglichte die Zulieferung von Motorengroßteilen dem Stuttgarter Konzern doch den Auf-

[230] Vgl. Aktennotiz LC III über die Besprechung bei BMW am 23./24. und 25.10.1933 vom 26.10.1933, in: BA-MA RL 3/280, Bl. 30, S. 1–10, hier S. 7; Aktennotiz des RLM über die Besprechung mit BMW betr. Hornet-Lieferungen am 01.11.1933 vom 02.11.1933, in: ebd., Bl. 18–19 und Popp an das RLM vom 30.10.1933, in: ebd., Bl. 21.

[231] Vgl. Aktennotiz LC III über die Besprechung bei BMW am 23./24. und 25.10.1933 vom 26.10.1933, in: ebd., Bl. 30, S. 1–10, hier S. 3–4.

[232] Der amerikanische Hornet B-Motor wurde als BMW 132 in das BMW-Bauprogramm integriert. Trotzdem wird im Folgenden im Zusammenhang mit den Teile-Lieferungen von Daimler-Benz ab 1933 gemäß den damaligen Gepflogenheiten von „Hornet"-Motoren gesprochen.

[233] Vgl. ebd.; Notiz von Lewinski an von Stauß vom 24.10.1933, in: BArch R 8119 F/P 3205, Bl. 153 und Kissel an die Direktion der BMW AG vom 05.02.1934, in: DAG/HIC Kissel Fremdfirmen 11.3.

[234] Vgl. Protokoll der Besprechungen über die vom RLM der DB AG gestellte Projektierungsaufgabe vom 10.08.1934, in: DAG/HIC Kissel 9.35 Behörden und Institutionen, S. 1–12 und Direktion der DB AG (gez. Kissel und Hoppe) an Milch vom 04.09.1934, in: ebd., S. 1–18.

[235] Vgl. ebd., S. 1–18, hier S. 4.

[236] Vgl. Bericht an den Vorstand der DB AG vom 02.08.1934 über die vom RLM erteilte Richtlinie zur Entwicklung der Flugmotoren-Fabrikation sowie der DB erteilten Projektierungsaufgabe, in: Pohl/Habeth/Brüninghaus, Daimler-Benz AG 1987, Dok.-Nr. 39, S. 272–281, hier S. 275.

bau einer „Flugmotorenbau-Keimzelle“, um die eigene Firma „wieder in das Gesamtgebiet der Flugmotorenindustrie einzuschalten“.[237] Der Daimler-Benz-Vorstand rechnete mit der Fabrikationsreife des eigenen 30-Liter-Motors DB F4 erst ab dem Spätsommer 1935.[238] Der BMW-Auftrag lieferte dem Stuttgarter Konzern Ende 1933 somit die Möglichkeit, den Wiedereinstieg in die Serienproduktion wesentlich zu beschleunigen.

Im Werk Untertürkheim richtete Daimler-Benz für die Hornet-Fertigung eine Spezialwerkstatt mit den erforderlichen Bearbeitungsmaschinen und Einrichtungen ein. Das Stuttgarter Unternehmen nutzte den BMW-Auftrag vor allem als Schulungsauftrag und die Heranbildung eines ausgesuchten Spezialarbeiterstammes, der die erforderliche Präzisionsarbeit leisten konnte. Beispielsweise brauchte man „monatelange Studien, Versuche und Erziehungsarbeit in unserer [der Daimler-Benz AG, Werk Untertürkheim] Gießerei für die komplizierten Hornet-Gußteile [...], um endlich dahin zu kommen, daß der noch anfallende Gießerei-Ausschuß als in normalen Grenzen liegend bezeichnet werden“ konnte, berichtete der Daimler-Benz-Vorstand an Milch.[239] Dass die Daimler-Benz-Belegschaft im Hornet-Teilebau an die hochwertige Qualitätsarbeit des Flugmotorenbaus gewöhnt wurde, war für den Stuttgarter Konzern sicherlich der wichtigste Gewinn des BMW-Auftrags. Daher reagierte die Daimler-Benz-Geschäftsleitung auch hoch erfreut, als die Beschaffungsstelle des RLM Ende 1934 signalisierte, dem Unternehmen weitere umfangreiche Hornet-Teile-Aufträge mit langen Laufzeiten zuweisen zu wollen.[240] Ihr Ziel war es, mittels der BMW-Aufträge eine eigene reibungslose Serienfabrikation aufzuziehen, um im Anschluss staatliche Großaufträge für eigene Konstruktionen zu erhalten.[241] Um Daimler-Benz wieder in den Kreis der Hauptlieferanten von Flugmotoren einzugliedern, zog das Unternehmen auf ministerielle Anweisung mit der Hornet-Großteilefertigung sogar von Untertürkheim ins Werk Berlin-Marienfelde um.[242]

Wie lange Daimler-Benz für BMW-Hornet-Garnituren lieferte, ist nicht bekannt. Popp setzte sich vehement dafür ein, die Produktion des BMW 132/

[237] Ebd., S. 272–273.

[238] Vgl. Direktion der DB AG (gez. Kissel und Hoppe) an Milch vom 04.09.1934, in: DAG/HIC Kissel 9.35 Behörden und Institutionen, S. 1–18, hier S. 17.

[239] Ebd., S. 1–18, hier S. 5–6.

[240] Protokoll der Besprechungen über die vom RLM der DB AG gestellte Projektierungsaufgabe vom 10.08.1934, in: ebd., S. 1–12, hier S. 7–8.

[241] Vgl. Kissel an Karl Müller, Betriebsdirektor der DB AG, vom 26.09.1934, in: DAG/HIC Kissel 6.22 Werke.

[242] Vgl. ebd. und Direktion der DB AG (gez. Kissel und Hoppe) an Milch vom 04.09.1934, in: DAG/HIC Kissel 9.35 Behörden und Institutionen, S. 1–18, hier S. 7; Bericht an den Vorstand der DB AG vom 02.08.1934 über die vom RLM erteilte Richtlinie zur Entwicklung der Flugmotoren-Fabrikation sowie der DB erteilten Projektierungsaufgabe, in: Pohl/Habeth/Brüninghaus, Daimler-Benz AG 1987, Dok.-Nr. 39, S. 272–281, hier S. 275 und Max Sailer, Betriebsdirektor der DB AG, an Kissel vom 16.08.1934, in: DAG/HIC Kissel 6.22 Werke.

Hornet-Motors vollständig in Eisenach vorzunehmen und die Daimler-Benz-Zulieferungen durch die infolge der dortigen Ausbauten möglich gewordene Eigenfabrikation zu ersetzen.[243] Im Spätsommer 1935 begann Daimler-Benz mit der Fabrikation des DB F4-Flugmotors in Marienfelde[244] und im Mai 1936 mit dem Bau des aus dem Prototyp DB F4-Musters entwickelten DB 600-Motors.[245] Die Produktionszahlen des DB 600-Motors aus dem Jahre 1936 lassen vermuten, dass sich Daimler-Benz in Marienfelde spätestens ab Mai 1936 ganz auf die Fabrikation der eigenen Flugmotorenmuster konzentrierte und die Hornet-Teile-Lieferungen an BMW zurückgegeben hatte.[246]

Was für die Produktion des BMW 132/Hornet-Motors galt, zeigte sich auch bei der Fabrikation des BMW VI-Flugmotors: die Fertigungskapazitäten von BMW in München und Eisenach waren zu klein für den erhöhten staatlichen Motorenbedarf. Daher vergab das RLM Zwangslizenzen an mehrere Flugmotorenhersteller.[247] Ab Oktober 1933 fertigte der Junkers-Motorenbau z.B. die Zylinder für 20 BMW VI-Motoren im Monat.[248] Im Januar 1934 informierte von Lewinski von Stauß dann darüber, dass BMW auf Veranlassung des Ministeriums eine Lizenz für den Bau von 225 kompletten BMW VI-Flugmotoren an die Jumo vergab.[249] Im Juli 1934 erhielten die Daimler-Benz AG sowie die Adlerwerke in Frankfurt in ihren Projektierungsaufgaben jeweils den Auftrag, die notwendigen Maßnahmen zu ergreifen, um bis zum 01.04.1935 eine monatliche Motorenleistung von 25 BMW VI-Flugmotoren herstellen zu können.[250] Ab Spätsommer 1935 fertigten außer-

[243] Vgl. Popp an Milch vom 28.10.1933, in: BA-MA RL 3/280, Bl.23–19, hier Bl.28.

[244] Vgl. Auflistung: Größe und Leistung der deutschen Flugmotorenwerke vom 25.06.1935, in: BA-MA RL 3/2621, Bl.31.

[245] Vgl. Niederschrift der Firmenbesprechung von DB mit LC III vom 25.06.1936, in: DAG/HIC Kissel 8.42 Flugmotorenentwicklung, S.1–4, hier S.2 und Gregor, Stern 1997, S.99.

[246] Vgl. Zentral-Statistik über die DB-Flugmotoren-Produktion 1933–1942, in: DAG/HIC Flugmotoren Produktion und Absatz 1917–1942.

[247] Vgl. Bericht an den Vorstand der DB AG vom 02.08.1934 über die vom RLM erteilte Richtlinie zur Entwicklung der Flugmotoren-Fabrikation sowie der DB erteilten Projektierungsaufgabe, in: Pohl/Habeth/Brüninghaus, Daimler-Benz AG 1987, Dok.-Nr.39, S.272–281, hier S.276.

[248] Vgl. Aktennotiz LC III über die Besprechung bei BMW am 23./24. und 25.10.1933 vom 26.10.1933, in: BA-MA RL 3/280, Bl.30, S.1–10, hier S.3.

[249] Vgl. Mitteilung von Lewinski an von Stauß vom 08.01.1934, in: BArch R 8119 F/P 3073, Bl.336.

[250] Vgl. Projektierungsaufgabe des RLM für den Flugmotorenbau der Firma DB, Marienfelde vom 12.07.1934, in: BA-MA RH 8/I/942 und Projektierungsaufgabe für den Flugmotorenbau der Adlerwerke, vormals Kleyer AG vom 17.07.1934, in: ebd. Ob die Produktion des BMW VI-Motors im DB-Werk Marienfelde jemals angelaufen ist, konnte trotz ausführlicher Recherchen in den Unternehmensarchiven von BMW und der DAG nicht geklärt werden. Angesichts der Tatsache, dass die Direktion der DB AG den frühestmöglichen Lieferbeginn in Marienfelde mit dem 1.07.1935 angab, ab dem Spätsommer 1935 allerdings bereits die Produktion des DB F4-Modells gemeldet wurde, muss die Fertigung von BMW VI-Motoren in Marienfelde bezweifelt werden. Es

dem die Firmen Stoewer AG und Büssing BMW VI-Flugmotoren.[251] Dass das BMW-Management einem dieser Unternehmen die Fertigungslizenzen für den BMW VI-Motor freiwillig überlassen hat, ist sehr zu bezweifeln, handelte es sich doch durchweg um potenzielle Konkurrenten auf dem Gebiet der wassergekühlten Flugmotoren. Das RLM schaltete somit eine ganze Reihe von Fremdfirmen in die Produktion des für den Aufbau der Luftwaffe dringend benötigten BMW VI-Motors ein, ohne sich um die Interessen der Entwicklungsfirma zu kümmern. Alle Nachbaufirmen nahmen die Lizenzen dankbar an, da es sich mit Ausnahme von Junkers durchweg um Firmen handelte, die relativ neu im Flugmotorenbau tätig waren bzw. die ihre Flugmotorenbau-Aktivitäten nach dem Ersten Weltkrieg viele Jahre hatten brach liegen lassen. Die Fertigung des relativ einfach konstruierten BMW VI-Flugmotors eignete sich hervorragend für Schulungszwecke auf ihrem Weg zur Großserienfertigung.

Aus dem gleichen Grund begrüßte die Daimler-Benz-Geschäftsleitung auch die Einrichtung einer dauerhaften Instandsetzungswerkstatt für Flugmotoren im Werk Marienfelde, die vom RLM in der Projektierungsaufgabe vom Juli 1934 gefordert wurde.[252] Für Reparaturen vorgesehen waren vor allem die Flugmotorenmuster BMW VI, Jumo L5 und der Argus As 10.[253] Auch diesem Projekt der Luftfahrtbehörde stimmte der BMW-Vorstand mit Sicherheit nicht freiwillig zu, da besonders die Flugmotorenreparatur und -wartung ein sehr lohnendes Geschäft war. Es ermöglichte den Unternehmen, Personal auszubilden und dauerhaft zu beschäftigen, auch in Zeiten, in denen der Produktionsabsatz einmal nicht so gut lief. Meist handelte es sich um langfristige Wartungsaufträge, die die Entwicklungsfirmen in der Regel selber übernahmen und sich dadurch dauerhafte Verdienstmöglichkeiten an einem Motor sicherten. Daher war das BMW-Management verärgert darüber, dass mit Daimler-Benz ein direkter Flugmotorenbau-Konkurrent BMW-Motoren warten und reparieren sollte.[254] Den Bayerischen

erscheint sehr unwahrscheinlich, dass ein völlig neu aufgebautes Werk in seinen ersten Produktionsmonaten zwei unterschiedliche Baumuster neben dem laufenden Hornet-Teile-Programm parallel produzierte. Dass DB in Marienfelde Ersatzteile für den BMW VI hergestellt hat, ist jedoch auf Grund der RLM-Diversifikationsstrategie in der Teilefertigung nicht ausgeschlossen. Vgl. hierzu Direktion der DB AG (gez. Kissel und Hoppe) an Milch vom 04.09.1934, in: DAG/HIC Kissel 9.35 Behörden und Institutionen, S.1–18, hier S.1 und Auflistung: Größe und Leistung der deutschen Flugmotorenwerke vom 25.06.1935, in: BA-MA RL 3/2621, Bl.31.

[251] Vgl. ebd.

[252] Vgl. Projektierungsaufgabe des RLM für den Flugmotorenbau der Firma DB, Marienfelde vom 12.07.1934, in: BA-MA RH 8/I/942.

[253] Vgl. Protokoll der Besprechungen über die vom RLM der DB AG gestellte Projektierungsaufgabe vom 10.08.1934, in: DAG/HIC Kissel 9.35 Behörden und Institutionen, S.1–12, hier S.12.

[254] Popp zeigte sich sehr verschnupft über die Flugmotorenbau-Aktivitäten der DB AG in Marienfelde und die dadurch entstehende Flugmotorenbaukonkurrenz. Vgl. Popp an von Lewinski vom 19.02.1934, in: BArch R 8119 F/P 3205, Bl.158–161, hier Bl.161 und von Stauß an Popp (wahrscheinlich Ende Okt.1934), in: ebd., Bl.162.

Motoren Werken gingen dabei nicht nur lukrative Aufträge verloren, sondern es handelte sich vor allem um einen unerwünschten und unentgeltlichen Wissenstransfer. Das RLM vergab die Reparaturaufträge jedoch bewusst auch an Fremdfirmen, um diese anzulernen und gleichzeitig Herstellermonopole zu brechen.

Die Missachtung der staatlichen Anweisungen und Maßnahmen bzw. die Nichterfüllung von Planvorgaben hätte für BMW, spätestens seitdem die Flugmotorenbau-Konkurrenz für die Luftwaffe geeignete eigene Baumuster auf den Markt brachten, jedoch die erzwungene Degradierung zu einer Lizenz-Nachbaufirma bedeuten können. Diese drohende Perspektive verdeutlicht nicht nur die Abhängigkeit der einschlägigen Flugmotorenbau-Firmen von den staatlichen Produktionsvorgaben, sondern wirft auch die Frage nach den Eigentumsverhältnissen der Luftfahrtindustrie und den unternehmerischen Handlungsspielräumen auf, die diese nach 1933 noch gewährten. Diese sollen im folgenden Abschnitt beleuchtet werden.

7.2.2. Eigentumsverhältnisse der Produktionsmittel

Plumpe resümiert den Forschungsstand hinsichtlich der Eigentumsverhältnisse in der deutschen Wirtschaft nach 1933 wie folgt: „Der Nationalsozialismus respektierte grundsätzlich das Privateigentum und die Entscheidungsautonomie privater Unternehmen, wohl wissend, dass eine ‚Verstaatlichung' großer Teile der Wirtschaft unweigerlich mit Effizienzverlusten verbunden sein würde. Er manövrierte sich damit freilich in das Dilemma, aus Effizienzgründen die Marktwirtschaft nicht anzutasten, deren ökonomische Ergebnisse aber im Interesse der Aufrüstung und Kriegführung steuern zu müssen."[255] Interessanterweise wehrten sich ab 1933 vor allem die Dienststellen, die die Rüstung organisieren und koordinieren sollten, gegen die in radikalen Parteikreisen der NSDAP immer wieder artikulierte Forderung nach Verstaatlichung der Rüstungsindustrie. So schrieb das Reichskriegsministerium (RKM) an das Reichsministerium für Volksaufklärung und Propaganda im August 1936: „Eine hundertprozentige Verstaatlichung der Rüstungsindustrie führt stets zu einer weitgehenden Bürokratisierung. Diese ist aber unerwünscht, weil sie den im Interesse der Landesverteidigung so notwendigen Fortschritt hemmt und die Schlagfertigkeit herabsetzt."[256] Unternehmerisches Privateigentum dagegen gewährleiste auch die private Initiative und wälzte Verantwortlichkeiten und Risiken zum großen Teil auf die Privatunternehmer ab.

Zwar blieb das Privateigentum der Produktionsmittel formalrechtlich das dominierende Ordnungselement im nationalsozialistischen Wirtschaftssystem, jedoch haben bereits zahlreiche Autoren darauf hingewiesen, dass die

[255] Plumpe, Unternehmen 2003, S. 251.
[256] Entwurf des Schreibens RKM an das Reichsministerium für Volksaufklärung und Propaganda vom Aug. 1936, in: BA-MA RW 19/649.

freie Verfügungsgewalt über dieses Eigentum durch lenkungswirtschaftliche Eingriffe der nationalsozialistischen Behörden zunehmend eingeschränkt war.[257]

Buchheim und Scherner präzisieren in ihrer Untersuchung des Wirtschaftssystems im Dritten Reich den Terminus Privateigentum wie folgt: „In einer Marktwirtschaft muss das Prinzip der Vertragsfreiheit für die Unternehmen auch die Freiheit umfassen, keinen Vertrag zu schließen, was ein Ausdruck der Verfügungsrechte der Unternehmen über ihre Ressourcen ist. Nichts anderes als ein Bündel solcher Verfügungsrechte meint im ökonomischen Sinne aber der Begriff ‚Privateigentum'. Somit sind Vertragsfreiheit und Privateigentum eigentlich die zwei Seiten derselben Medaille."[258] Folgt man ihrer Definition des Privateigentums und geht davon aus, dass das Privateigentum an den Produktionsmitteln vom NS-Regime generell nicht angetastet wurde, müssten die deutschen Flugmotorenhersteller ab 1933 die unternehmerische Freiheit gehabt haben, RLM-Fabrikationsaufgaben auch abzulehnen.

Dass es diese Option, Produktionsentscheidungen des RLM bewusst nicht zu befolgen, tatsächlich gab, muss zumindest stark bezweifelt werden. Wie bereits gezeigt, verteilte das Ministerium bei Kapazitätsengpässen der Flugmotorenbauer Zwangslizenzen an direkte Konkurrenten, ohne auf die jeweiligen Interessen der Entwicklungsfirmen Rücksicht zu nehmen.[259] Der ministerielle Zwang, dem staatlichen Patentpool beizutreten, nahm den Unternehmen jegliche Möglichkeit, gegen die Lizenzvergaben des RLM rechtlich vorzugehen. Unternehmerische Handlungsspielräume, die Lizenzvergabe durch das RLM zu stoppen bzw. zumindest im eigenen Sinne zu lenken, bestanden für die Flugmotorenhersteller somit nicht. Die BMW-Geschäftsführung hätte andernfalls wohl kaum zugestimmt, dass direkte Konkurrenzfirmen im Flugmotorenbau den BMW VI-Motor nachbauten und warteten. Das RLM entschied über die Lizenzen im Sinne der Aufrüstungsanforderungen der Luftwaffe nach eigenem Belieben. Vergegenwärtigt man sich, dass Patent- und Lizenzrechte gleichbedeutend mit Eigentumsrechten sind, wird deutlich, dass die Ministeriumsvertreter die privatwirtschaftlichen Rechte zumindest am geistigen Eigentum der einschlägigen Unternehmen stark einschränkten.

Bleibt die Frage nach einer Exit-Option der Flugmotorenfabrikanten hinsichtlich der RLM-Lieferprogramme für das eigene Unternehmen. In dieser Hinsicht bietet die Entscheidung des Siemens-Konzerns gegen die übermäßi-

[257] Vgl. u.a. Barkai, Wirtschaftssystem 1988, S.230; Temin, Economic Planing 1991, S.573–593; Overy, War 1994, S.106; Ambrosius, Gerold: Staat und Wirtschaftsordnung. Eine Einführung in Theorie und Geschichte. Stuttgart 2001, S.130; Hayes, Industry 2002, S.26–40, hier S.30–32, Großbölting/Schmidt, Unternehmerwirtschaft 2002, S.15–16 und Prollius, Michael von: Das Wirtschaftsystem der Nationalsozialisten 1933–1939. Steuerung durch emergente Organisation und Politische Prozesse. Paderborn 2003, S.230.

[258] Buchheim/Scherner, Wirtschaftssystem 2003, S.85.

[259] Vgl. Kapitel 7.2.1., ab S.290.

gen Kapazitätserweiterungen ein Beispiel, dass die Unternehmen formell durchaus die Freiheit und das Recht hatten, Lieferverträge mit dem RLM nicht abzuschließen, d.h. die Programmforderungen des Ministeriums abzulehnen.[260] Es ist auch nicht bekannt, dass das RLM gegen Siemens Sanktionen jeglicher Art verhängte. Das Ministerium wollte und konnte niemanden zwingen, die behördlichen Lieferaufgaben zu erfüllen. Jedoch stellte sich ein Fabrikant, der diesen Weg wählte, außerhalb des Systems und durfte künftig nicht mehr mit staatlichen Aufträgen rechnen. Der Siemens-Konzern gab seine Flugmotorensparte schließlich ganz auf. Im Sinne der Aufrüstungsinteressen des Regimes wurde durch die Fusion der Bramo mit BMW sichergestellt, dass das Spandauer Werk der Luftrüstung auch weiterhin zur Verfügung stand.

Dem BMW-Management standen die Handlungsfreiheiten und die wirtschaftliche Unabhängigkeit, die Carl Friedrich von Siemens nutzte – der Flugmotorenbau gehörte nicht zum Kerngeschäft des Siemens-Konzerns –, nicht zur Verfügung. Für BMW trug nach der Überwindung der Weltwirtschaftskrise vor allem die Flugmotorensparte zum Unternehmensgewinn bei. Kompensiert wurden die Zumutungen, die die Stellung des RLM als Monopsonist sowie die staatlichen Regulierungen mit sich brachten, durch prall gefüllte Auftragsbücher und Gewinnmargen, die das Arrangement mit dem System erleichterten. Kaum ein Unternehmen wehrte sich grundsätzlich gegen die Integration in die Aufrüstung der Luftwaffe, zu verlockend waren die Chancen auf hohe Profite und zu geschickt wurden die unternehmenspolitischen Interessen instrumentalisiert. Immerhin war eine gigantische Staatsnachfrage die hauptsächliche Triebfeder des konjunkturellen Booms. Der BMW-Geschäftsleitung stellte sich der Handlungsspielraum, Produktionsentscheidungen des RLM nicht zu befolgen, demnach nur theoretisch. Dies hätte auf Grund der Marktposition des Ministeriums bedeutet, ganz auf die Flugmotorenproduktion ähnlich dem Siemens-Konzern zu verzichten. Jedoch hätten sowohl der BMW-Motorrad- als auch der BMW-Automobilbau einen vollständigen Verlust des Flugmotorengeschäfts nicht in gleichem Maße kompensieren können wie etwa die Elektrotechnik bei Siemens. Beide Mobilitätssparten des Münchener Unternehmens profitierten im Übrigen wie der Flugmotorenbau von großen Staatsaufträgen.[261] Ob das Überleben des Unternehmens auf der Basis ausschließlich dieser Produktionsstandbeine ausgereicht hätte, war keinesfalls sicher.

BMW war mit der Fertigung des BMW 132-Motors und vor allem des BMW VI-Flugmotors in den ersten Aufrüstungsjahren der wichtigste Flugmotorenproduzent für die Luftwaffe.[262] Abgesehen von der Tatsache, dass das Unternehmen von dieser Stellung erheblich profitierte, musste sich das

260 Vgl. Kapitel 6.5., ab S. 170.
261 Vgl. u.a. Sopade-Bericht Nr. 7, 4. Jg., Juli 1937, S. 980.
262 Vgl. Jahresbericht 1936 der Wirtschaftsgruppe Luftfahrtindustrie, Abteilung Vertrieb (o.D.), in: BArch R 13 XXV/3.

BMW-Management fragen, ob das RLM im Falle einer ähnlichen Entscheidung wie bei Siemens angesichts des dringenden Motorenbedarfs der Luftwaffe auf die Fertigungskapazitäten von BMW tatsächlich verzichtet hätte. Für BMW stand im Fall der Ablehnung ministerieller Lieferprogramme im Raum, nicht nur den Flugmotorenbau an sich, sondern auch große Teile der Werksstätten und Einrichtungen, die ab 1933 zunehmend mit RLM-Geldern finanziert worden waren, zu verlieren.

Reichswirtschaftsminister Walther Emanuel Funk verdeutlichte in seiner Rede auf dem Tag der Wirtschaft in München am 14.11.1941 beispielhaft, dass das private Eigentum der Unternehmer und somit die negative Vertragsfreiheit im Sinne Buchheims und Scherners unter nationalsozialistischer Herrschaft eine relative Größe war: „Das Eigentum des Unternehmers bleibt unangetastet, ist aber gebunden, da es nur in einer Weise eingesetzt werden darf, die den Interessen der Volksgemeinschaft entspricht."[263] Im Kern galt demnach, dass nur eine Entscheidung im Sinne des Regimes die Bestandswahrung bzw. den Profit eines Unternehmens wahrscheinlich machte.[264] Das Regime insgesamt und das RLM insbesondere schufen damit Handlungsspielräume und Zwangslagen, die die Handlungsautonomie der Unternehmen, die privatwirtschaftliches Eigentum unter Normalbedingungen bedeutet hätte, in hohem Maße konditionierte, ohne dass es dabei Automatismen gegeben hätte.

Die Enteignung von Hugo Junkers ist ein zentrales Ereignis zur Beurteilung der Eigentumsverhältnisse der Luftfahrtindustrie im Dritten Reich.[265] Das ultimative gewaltsame Vorgehen der Luftwaffenführung unmittelbar nach Hitlers Machtübernahme gegen den Konstrukteur Hugo Junkers, seine Entmachtung und beschämende Entmündigung unter Anwendung von massiven Repressalien standen in unmittelbarem Zusammenhang mit den geheimen Aufrüstungsinteressen des RLM. Das Reich brauchte die größte deutsche Flugzeug- und Flugmotorenfabrik ohne Einschränkung und Sicherheitsrisiken.[266] Erst die Enteignung von Hugo Junkers bot dem RLM die Gelegenheit, eine Unternehmensleitung einzusetzen, die anders als die bisherige Führung des Junkers-Konzerns die ministeriellen Prioritäten befriedigte.

Buchheim und Scherner relativieren die Relevanz der Enteignung von Hugo Junkers auf die Frage nach den Eigentumsverhältnissen und die negative Vertragsfreiheit der Rüstungsindustrie mit dem Hinweis, dass der Konflikt

[263] Rede von Funk auf dem Tag der Wirtschaft in München am 14.11.1941, in: Bayerische Wirtschaftszeitung, Amtliches Organ der Wirtschaftskammer Bayern, 71.Jg., Nr.24 vom 26.11.1941, in: BayHStA MWi 57.

[264] Vgl. hierzu auch Plumpe, Unternehmen 2003, S.265.

[265] Zum Konflikt zwischen Junkers und dem RLM vgl. unter anderem Budraß, Flugzeugindustrie 1998, S.320–335; Ders., Unternehmer im Nationalsozialismus 1992, S.78; Groehler, Olaf: Geschichte des Luftkriegs 1910 bis 1970. Berlin 1977; Erfurth, Helmut: Hugo Junkers. Ein politischer Essay. Berlin 1989, S.54–57; Boelcke, Stimulation 1993, S.88 und Irving, David: Die Tragödie der deutschen Luftwaffe. Aus den Akten und Erinnerungen von Feldmarschall Milch. Frankfurt/Berlin/Wien 1970, S.76f.

[266] Schmitt, Hugo Junkers 1986, S.214f.

„in Wahrheit eine Fortsetzung von Streitigkeiten der späteren Zwanziger Jahre" gewesen sei.[267] Im Übrigen sei die Höhe der endgültigen Entschädigung Ergebnis eines Verhandlungsprozesses zwischen beiden Parteien gewesen, bei dem Junkers letztendlich größere finanzielle Forderungen durchsetzen konnte, als das Reich ursprünglich zuzugestehen beabsichtigte.[268] Dass es im Konflikt zwischen Junkers und dem RLM jedoch bedeutende Unterschiede zu den Auseinandersetzungen der Weimarer Zeit gab, verdeutlicht ein Aktenvermerk aus dem Umfeld von Göring zum Fall Junkers: „In frühen Jahren war [...] im Parteienstaat von Weimar ein Vorgehen gegen Junkers nicht möglich, da Junkers so gute und weit verzweigte Beziehungen zu allen damals herrschenden Parteien hatte, dass er zwar einerseits stets neue Unterstützung vom Reich zu erlangen verstand, andererseits sich immer wieder jeder Einflussnahme durch das Reich und jeder Klärung der Verhältnisse zu entziehen wusste. Diese Sachlage änderte sich grundlegend mit dem 30.01.1933 und dem Beginn des Aufbauprogramms [...]. Das Reich hatte das Recht, die Pflicht und die Möglichkeit, die nationale und wirtschaftliche Zuverlässigkeit der führenden Männer der Firmen nachzuprüfen, die Träger des Aufbauprogramms werden sollten. [...] Diese Nachprüfung führte bei Junkers zu einem im Interesse des Programms untragbaren Ergebnis."[269]

Tatsache war, dass das Regime kurz nach der Machtübernahme der Nationalsozialisten wirtschaftlich aktiv geworden war und einen prominenten Vertreter der Luftfahrtindustrie enteignet hatte. Seit diesem Ereignis fungierte die latente und von Seiten des NS-Regimes bewusst aufrechterhaltene Drohung des „Umkippens" der NS-Wirtschaftsordnung in eine Staatswirtschaft als permanente Erpressung.[270] Hitler selbst erneuerte diese staatliche Drohung in seiner Denkschrift zum Vierjahresplan: „Die deutsche Wirtschaft aber wird die neuen Wirtschaftsaufgaben begreifen oder sie wird sich eben unfähig erweisen in dieser modernen Zeit [...] noch weiter zu bestehen. *Aber dann wird nicht Deutschland zugrunde gehen, sondern es werden dies höchstens einige Wirtschaftler.*"[271] Auch wenn die Äußerung Hitlers heute in erster Linie als Rhetorik wahrgenommen wird, beinhaltete sie damals jedoch in letzter Konsequenz eine akute Gefahr für die Luftfahrtindustriellen. Bei den wirtschaftlichen Akteuren in der Luftfahrtindustrie wurde das Beispiel Junkers als klare Drohung verstanden, dass das NS-Regime prinzipiell bereit war, die auf Privateigentum basierende Wirtschaftsordnung zur Disposition zu

[267] Buchheim/Scherner, Wirtschaftssystem 2003, S. 95. Sie stützen sich dabei auf Budraß, Flugzeugindustrie 1998, S. 332.

[268] Vgl. Buchheim/Scherner, Wirtschaftssystem 2003, S. 95.

[269] Aktenvermerk zum Fall Junkers, Anlage zum Schreiben Göring an den Stabschef der SA, Victor Lutze, vom 08.08.1934, in: DMM/ASD N21/22. Zitiert nach Budraß, Flugzeugindustrie 1998, S. 324–325.

[270] Vgl. Großbölting/Schmidt, Unternehmerwirtschaft 2002, S. 15.

[271] Hitler, Adolf: Denkschrift über die Aufgaben eines Vierjahresplans. In: Vierteljahrshefte für Zeitgeschichte 3 (1955) Neudruck, S. 204–210, hier S. 209. (H. i. O.).

stellen, auch wenn Enteignungen und Zwang letztendlich Ausnahmen blieben. Auf dem Weg der Gleichschaltung der Luftfahrtindustrie war Hugo Junkers zwar das bedeutendste, allerdings nicht das einzige Opfer. So wurde z. B. der Mitbegründer und Technische Direktor der Focke-Wulf Flugzeugbau GmbH, Bremen, Heinrich Focke, 1933 aus politischen Gründen aus der Leitung des Unternehmens, dem in der Aufrüstung ebenfalls eine Schlüsselrolle zugedacht war, entfernt. Innerhalb seines Werkes beließ man ihm lediglich die Forschungsanstalt.[272] Dieses kompromisslose Vorgehen des RLM führte dazu, dass sich die Luftfahrtindustriellen den Deformationen der sich radikalisierenden Aufrüstung immer wieder anpassten und sich den als Befehl verstandenen Anweisungen des RLM weitgehend beugten.

Dass es sich bei Junkers und Focke nicht um Einzelfälle handelte, sondern um einen Strukturwandel im Verhältnis zwischen den Luftfahrtunternehmen und dem RLM, und dass die gesamte Luftfahrtindustrie ab 1933 unter Eigentumsvorbehalt stand, zeigten die Beratungen über ein „Gesetz über die Deutsche Luftfahrtindustrie".[273] Im August 1934 versandte das RLM Entwürfe des Gesetzes, auf dessen baldige Verabschiedung seine Vertreter größten Wert legten.[274] Das Ziel, „die Erzeugung von Luftfahrtgerät planmässig vom Staate aus zu beeinflussen", sollte mit der Einführung einer „Genehmigungspflicht für alle Unternehmen, die sich mit der Herstellung von Luftfahrzeugen oder Teilen von solchen befassen", erreicht werden.[275] Artikel neun räumte dem RLM das Recht ein, Luftfahrtunternehmen gegen eine angemessene Entschädigung zu übernehmen. Außerdem sollte das Gesetz dem Reichsminister der Luftfahrt die Befugnis übertragen, die Beschäftigung bestimmter Personen in einem Unternehmen der Luftfahrtindustrie zu untersagen, wenn die Person als nicht zuverlässig eingestuft wurde (Artikel 5).[276] Von der Verabschiedung des Gesetzes wurde wegen außenpolitischer Erwägungen des Reichswehrministers Blomberg zwar Abstand genommen.[277] Letztendlich einigte man sich jedoch darauf, den Inhalt unauffällig in den Paragraphen 16 des im Jahre 1922 erlassenen und bereits 1933 novellierten Luftverkehrsgesetzes und seine Verordnungen einzuarbeiten.[278]

272 Schwerin von Krosigk, Lutz Graf: Die große Zeit des Feuers. Der Weg der deutschen Industrie. Bd. 3. Tübingen 1959, S. 64.

273 Vgl. Zweiter Entwurf eines Gesetzes über die Deutsche Luftfahrtindustrie, in: BA-MA RH 8/I/942.

274 Vgl. Milch in Vertretung von Göring an das Reichswehrministerium betr. das Gesetz über die Deutsche Luftfahrtindustrie vom 15. 08. 1934, in: BA-MA RH 8/I/942.

275 Vgl. ebd.

276 Vgl. Zweiter Entwurf eines Gesetzes über die Deutsche Luftfahrtindustrie, in: BA-MA RH 8/I/942.

277 Bezeichnenderweise wurde das geplante Gesetz über die Luftfahrtindustrie aus außenpolitischen Gründen gestoppt. Die Macht der Nationalsozialisten in Deutschland war zu diesem Zeitpunkt bereits so weit gefestigt, dass das RLM innen- und wirtschaftspolitische Rücksichten nicht mehr zu nehmen brauchte.

278 Vgl. Notizen aus der Abteilung WaWi1 über eine Besprechung am 21. 08. 1934 vom 22. 08. 1934, in: BA-MA RH 8/I/942.

Die weitgehenden Eingriffsrechte, die das RLM in Sachen Privateigentum der Luftfahrtindustrie für sich beanspruchte, verdeutlichen, dass die negative Vertragsfreiheit, die Buchheim und Scherner in der deutschen Wirtschaft auch für die Zeit nach 1933 noch konstatieren[279], zumindest im begrenzten Segment der Luftfahrtindustrie in Bezug auf Eigentumsrechte und Produktionsentscheidungen nicht mehr bestand. Nach der Gründung des RLM bestand eine solche negative Vertragsfreiheit nur noch nominell. Das Privateigentum der Luftfahrtindustriellen wurde nur geduldet, solange die Unternehmen sich gemäß den Zielen des RLM verhielten.[280] Bis 1938 gab es zwar nur noch einen weiteren Fall einer erpressten Übernahme.[281] Jedoch wurde Ernst Heinkel schon während der Diskussion über die Novellierung des Luftverkehrsgesetzes als potenzielles Opfer einer weiteren Enteignung nach Junkers genannt.[282] Außerdem gab es auch außerhalb der Luftfahrtindustrie Fälle, in denen die Regierung der Wirtschaft Versagen vorwarf und infolgedessen selber unternehmerisch aktiv wurde. Z.B. baute das Reich mit den Hermann Göring Werken[283] sowie dem Volkswagenwerk[284] gewaltige staatseigene Konzerne auf.

Selbst wenn viele Luftfahrtindustrielle daran zweifelten, dass das Regime auf Grund der öffentlichen Drohungen Hitlers aktiv werden würde, war ihnen spätestens nach dem Fall Junkers klar, dass die neue Regierung bereit war, zahlreiche Mittel einzusetzen, die nicht weit von der Sozialisierung entfernt waren, um ihre Fügsamkeit zu erzwingen. In diesem Zusammenhang war es nicht in erster Linie die Angst vor der Gestapo, „but fear of the chaos Nazi policies would produce if businessmen did not join in, or fear of the losses that would follow non-compliance or from leaving the field to competitors, that concerned German industry into serving the regime‘s desires“.[285] Unter solchen Bedingungen war im begrenzten Segment der Luftfahrtindustrie letztendlich lediglich die „Hülle des Privateigentums“ übriggeblieben.[286] Die

[279] Vgl. Buchheim/Scherner, Wirtschaftssystem 2003, S.96–97.

[280] Vgl. hierzu auch Temin, Economic Planing 1991, S.573 und Hayes, Industry 2002, S.30.

[281] Der Hauptinhaber der Arado-Werke, Heinrich Lübbe, wurde im April 1936 gezwungen, seine Anteile an das Reich zu veräußern.

[282] Vortragsnotiz der Abteilung L IIb zu den geplanten Änderungen des Luftverkehrsgesetzes vom 19.09.1934, in: BA-MA RH 8/I/942. Der Anlass war wohl die Auseinandersetzung um den Brand einer Werkshalle der Heinkel-Werke, von dem zeitweise angenommen wurde, es handelte sich um einen Fall von Versicherungsbetrug. Vgl. Heinkel, Leben 1955, S.250–256.

[283] Zu den Entwicklungen, die zur Gründung der Hermann Göring Werke führten, siehe u.a.: Barkai, Wirtschaftssystem 1988, S.212f; Berenice, Carroll A.: Design for Total War. Arms an Economics in the Third Reich. Den Haag 1968, S.145f. ; Overy, Richard J.: Goering. The Ironman. London 1984, S.63f. und Mollin, Montankonzerne 1988, S.43f.

[284] Zur Entstehung des Volkswagenwerkes siehe v.a.: Mommsen/Grieger, Volkswagenwerk 1996.

[285] Vgl. Hayes, Industry 2002, S.32.

[286] Prollius von, Wirtschaftsystem 2003, S.230.

Flugmotorenfirmen befanden sich hinsichtlich ihrer Produktion in einem Zustand staatlicher Regiebetriebe. Die ihnen erteilten Aufträge glichen in Wirklichkeit Befehlen, deren Nichtausführung erhebliche Konsequenzen nicht nur für die Existenz des Unternehmens, sondern auch für die jeweils Verantwortlichen nach sich ziehen konnte. Die Flugmotorenbauer hatten Handlungsspielräume bezüglich der Produktionsentscheidungen nur noch im Innenverhältnis der Betriebe, hauptsächlich hinsichtlich der wirtschaftlichen Organisation und Führung der eigenen Werke.

Jedoch machte sich auch hier der Einfluss des RLM bemerkbar. Das Ministerium betrieb die Bauaufsichten aus Weimarer Zeiten weiter.[287] Ab 1934 traten bei den wichtigen Betrieben der Luftfahrtindustrie Luftwaffenoffiziere als so genannte Industriebeauftragte hinzu, die – direkt an das Technische Amt des RLM angebunden – die Mobilmachungsbereitschaft der Firmen sicherstellen sollten.[288] So wurden den Bayerischen Motoren Werken im April 1934 z. B. die Sonderbeauftragten Höfeld und Horgesell zugeteilt.[289]

Das RLM leitete somit betriebsfremde Kontrollorgane, die den gesamten Produktionsablauf auf eventuelle Mängel der gefertigten Teile und Geräte überwachten und diese anschließend „amtlich" abnahmen bzw. als Ausschuss verwarfen.[290] Dem Personal der Bauaufsicht, das sich aus technischen Beamten und Angestellten des Ministeriums zusammensetzte und bei BMW ständige Büros einrichtete[291], wurde neben der eigentlichen Kontrollfunktion auch der technische Verbindungsdienst zwischen dem Unternehmen und dem RLM übertragen. So sollten auf kürzestem Weg Schwierigkeiten, die bei Konstruktionen und in der Fertigung auftraten, behoben werden. Die Qualitäts- und Abnahmekontrolle des RLM fand demnach direkt in den BMW-Werken statt, womit eine strikte Produktionskontrolle durch das RLM gewährleistet war. Erinnert sei an dieser Stelle, dass der Leiter der Beschaffungsdienststelle im Heereswaffenamt, Hauptmann Volkmann, den Auftrag der Bauaufsichten bereits im Februar 1928 neben der Kontrolle militärischer Aufträge auch mit dem Begriff „Handelsspionage" beschrieb.[292]

Der Unternehmensbereich der Flugmotorenproduktion bei BMW war insgesamt geprägt von einer weitgehenden Kontrolle seitens des RLM. Dieses behielt sich z. B. zusätzlich zu den Bauaufsichten vor, jederzeit auch überraschend Prüfungen der Fertigungswerkstätten vorzunehmen bzw. vornehmen zu lassen.[293] Auch wenn vom Ministerium in der Regel massive Eingriffe in

[287] Vgl. Völker, Luftwaffe 1967, S. 59f. und 136.
[288] Vgl. Boelcke, Stimulation 1993, S. 105.
[289] Vgl. Protokoll der AR-Sitzung am 14. 04. 1934, BArch R 8119 F/P 3073, Bl. 9.
[290] Vgl. Völker, Luftwaffe 1967, S. 136.
[291] Erklärung von Kurt Donath über die Bauaufsicht des RLM vom 24. 04. 1951, in: BMW Arch UA 449.
[292] Vgl. Kapitel 3.2.
[293] Vgl. Beschlüsse des RLM über das zukünftige Verhältnis zur Privatwirtschaft vom 16. 08. 1937, in: BArch R 8119 F/P 3145, Bl. 191.

die betriebswirtschaftliche und technische Gestaltung der Produktion unterblieben[294], konnte die Missachtung von behördlichen Anweisungen hinsichtlich produktionsbezogener Abläufe für die Geschäftsführung der BMW Flugmotorenbau GmbHs in Bezug auf künftige Aufträge zur Gefahr werden. Generell durften ohnehin nur solche Motorentypen gefertigt werden, deren Konstruktion die Produktion in Großserie erlaubte. Neuanschaffungen von Maschinen bedurften des Einverständnisses des Ministeriums.[295] Diese Art von Anordnungen war durch die Bauaufsichten leicht zu implementieren.

7.2.3. Auswirkungen der industriellen Großplanung des RLM auf den BMW-Flugmotorenbau

Die Aufrüstung der Luftwaffe war das größte industrielle Projekt des Dritten Reiches. Es entstand eine Rüstungsindustrie, die in dieser Größe und Bedeutung in der deutschen Geschichte einzigartig war.[296] Allein aus der Komplexität der Flugzeuge und Flugmotoren ergab sich, dass selbst die Aufstellung von mittelfristig angelegten Rüstungsplänen erhebliche Anstrengungen voraussetzte, um die Vielzahl von Plangrößen in die Projektion einer relativ reibungslos funktionierenden Maschinerie von der Rohstoffaufbereitung bis zur Endmontage einzubringen. An der außerordentlichen Dynamik des Großprojektes, am politisch bedingten permanenten Zeitdruck sowie an der Komplexität der Rüstungspläne versagten letztendlich die Steuerungsmechanismen des RLM.[297] Trotz des totalitären Anspruchs, mit dem das Ministerium auf industriellem Gebiet auftrat, konnte von einer straffen autoritären Lenkung und einer funktionierenden Zusammenarbeit mit der Luftfahrtindustrie weder bei Kriegsausbruch noch in den Jahren davor die Rede sein.[298] Die Entwicklung der ministeriellen Lieferprogrammplanungen und deren Auswirkungen auf den Flugmotorenbau gilt es im Folgenden nachzuzeichnen.

Staatssekretär Milch und der Chef der Beschaffungsabteilung des RLM, Fritz Löb, bündelten die Überlegungen der Weimarer Zeit zu Struktur und Charakter militärischer Industriepolitik mit den Erfahrungen des ersten Industrieausbaus in einem Plan, der seit Anfang 1934 im Technischen Amt entwickelt wurde und im Sommer 1935 in der endgültigen Form bereit lag: den so genannten Industrierüstungsgrundlagen 01.04.1938 (IRG 38).[299] Grund-

[294] Vgl. Budraß, Unternehmer 1992, S. 79.

[295] Vgl. Vorschläge des RLM für einen BMW-Hornet-Zusatzauftrag vom 19.10.1933, in: BA-MA RL 3/280, Bl. 50.

[296] Vgl. Budraß, Unternehmen und Luftwaffe 2002, S. 160.

[297] Vgl. Budraß, Unternehmer 1992, S. 88.

[298] Vgl. Bracher, Diktatur 1993, S. 364.

[299] Der Termin für den Endausbau der Luftfahrtindustrie wurde planerisch auf den 01.04.1938 festgelegt. Daher trägt der Rüstungsplan dieses Datum im Namen. Vgl. Einleitung zu den Industrierüstungsgrundlagen 01.04.1938, in: BA-MA RL 3/2449; Industrierüstungsgrundlagen 01.04.1938 vom 01.11.1935, Band 1, in: BA-MA RL

lage bildete die militärische Forderung, im Mob-Fall, planerisch fixiert auf den 01.04.1938, eine einsatzfähige und schlagkräftige Luftwaffe zur Verfügung zu haben. Aus den Annahmen über die Zahl der Flugzeuge für die Erstausstattung der Luftwaffe – im RLM ging man davon aus, dass bis zum 01.04.1938 11732 Flugzeuge herzustellen waren – sowie den Nachschubforderungen leitete man den Bedarf an Flugmotoren sowie die Kapazitäten und den personellen Bestand der einschlägigen Firmen ab.[300] So planten die Verantwortlichen in der Beschaffungsabteilung des RLM mit monatlichen Motoren-Nachschubforderungen von insgesamt rund 3400 Flugmotoren.[301] Diese sollten wie folgt auf die Flugmotorenwerke aufgeteilt werden:

Tabelle 11: Verteilung der monatlichen Motoren-Nachschubforderungen der IRG 38 vom Sommer 1935 auf die Flugmotorenwerke (fabrikatorische Sollleistung, Projektion für den 01.04.1938)

	Nachschubforderung insgesamt (Stück)	davon
Junkers (Dessau und Magdeburg)	280	170 – 450/530 PS Motoren
		110 – 675/800 PS Motoren
Junkers (Köthen)	200	200 – 675/800 PS Motoren
Siemens (Berlin)	300	300 – 675/800 PS Motoren
Humboldt-Deutz (Hamburg)*	300	300 – 675/800 PS Motoren
Auto-Union (Leipzig)*	300	300 – 675/800 PS Motoren
BMW (München)	400	110 – 450/530 PS Motoren
		290 – 675/800 PS Motoren
BMW (Eisenach)	250	250 – 675/800 PS Motoren
Daimler-Benz (Berlin)	300	300 – 675/800 PS Motoren
Büssing (Braunschweig)*	200	200 – 675/800 PS Motoren
Stoewer (Stettin)*	150	150 – 675/800 PS Motoren
Argus (Berlin)	382	70 – 90/105 PS Motoren
		130 – 135/160 PS Motoren
		30 – 200/240 PS Motoren
		152 – 300/350 PS Motoren
Hirth (Walterdorf)	338	80 – 90/105 PS Motoren
		140 – 135/160 PS Motoren
		118 – 300/350 PS Motoren
Gesamt	3400	

* Flugmotorenproduktion in Lizenzfertigung

Quelle: Verteilung der monatlichen Motoren-Nachschubforderungen auf die Flugmotorenwerke, IRG 38, Anlage 25, RLM LC III, in: BA-MA RL 3/2449.

3/940 und Band 2, in: BA-MA RL 3/941. Vgl. hierzu auch Budraß, Flugzeugindustrie 1998, S.344–346.

300 Vgl. Industrierüstungsgrundlagen 01.04.1938 vom 01.11.1935, Band 1, in: BA-MA RL 3/940.

301 Vgl. Monatliche Nachschubforderungen der IRG 38, Anlage 24, RLM LC III, in: BA-MA RL 3/2449.

Im Sommer 1935 sahen die RLM-Planungen die Bayerischen Motoren Werke im April 1938 immer noch als größten deutschen Flugmotorenproduzent voraus.[302] Bei der Verabschiedung der IRG 38 ahnten Löb und sein Team noch nicht, dass der BMW VI bis 1938 abgesetzt sein würde und dass das Münchener Unternehmen keinen adäquaten Nachfolgemotor präsentieren würde.

Das Beschaffungsprogramm der IRG 38 forderte die Fertigung von Flugmotoren in Ausmaßen, die die Kapazitäten der bestehenden Werke erheblich übertraf. Daher vervielfachten sich seit 1935 die industriellen Kapazitäten erneut. Die Werksgründungen der BMW-Flugmotorenbau GmbH in Eisenach und Allach standen beispielhaft für den gesamten Industriezweig. Das RLM sah vor, dass die neu errichteten Werke im Frieden nur zu einem geringen Prozentsatz ausgelastet werden sollten, um sie im Kriegsfall durch zusätzliches Personal in den Stand versetzen zu können, ihren Ausstoß rasch zu vergrößern. In den Lieferbedingungen des RLM wurde ausdrücklich festgelegt, dass die Anlagen im Frieden nur in einer Schicht ohne Überstunden, im Krieg dagegen in zwei oder mehr Schichten zu betreiben waren. Die Erledigung von Aufträgen in mehr als einer Schicht bedurfte der ausdrücklichen Zustimmung des Auftraggebers.[303] Als Richtzahl wurde festgelegt, dass mindestens 40% der Kriegskapazitäten der Werke im Frieden unbeschäftigt bzw. nur zeitweise ausgenutzt werden durften.[304] Die Luftfahrtindustrie sollte somit im Frieden auf der Basis gewaltiger Über- bzw. Vorratskapazitäten produzieren. Was jedoch bei den Flugzeugzellenwerken funktionierte[305], blieb im Flugmotorenbau von Anfang an eine Soll-Bestimmung.

Die einzelnen Unternehmen wurden durch die staatliche Großplanung von selbstständigen strategischen Produktionsentscheidungen weitgehend abgeschnitten und mit detaillierten Liefervorgaben und -bestimmungen konfrontiert. Die Lieferbedingungen des RLM waren nicht diskutierbar. Abweichungen wurden von den Behördenvertretern nicht zugestanden. In den IRG 38 verplante die Beschaffungsstelle des RLM die formell privatwirtschaftlichen Luftfahrtunternehmen, als ob sie staatseigene Firmen seien.[306] Das Ministerium nutzte dabei die eigene Machtstellung als Monopsonist. Wer nicht mitmachte, wurde fallengelassen und schaltete sich praktisch selber aus dem Wettbewerb aus. Es blieb den BMW Flugmotorenbau GmbHs auf dem Sek-

[302] Vgl. auch den für den 01.04.1938 projektierten Arbeitskräftebedarf und die daraus zu ermittelnden Größenverhältnisse der Flugmotorenwerke, in: Verteilung der Motoren-Nachschubforderungen auf die Flugmotorenwerke, IRG 38, Anlage 26, RLM LC III, in: BA-MA RL 3/2449.

[303] Vgl. Lieferbedingungen für Flugmotoren und Flugmotorenteilen vom 15.05.1935, in: BArch R 2/5415, Bl. 25–30, hier Bl. 25.

[304] Vgl. Einleitung zu den Industrierüstungsgrundlagen 01.04.1938, in: BA-MA RL 3/2449.

[305] Vgl. Budraß, Flugzeugindustrie 1998, S. 346.

[306] Vgl. Einleitung zu den Industrierüstungsgrundlagen 01.04.1938, in: BA-MA RL 3/2449.

tor der Produktionsentscheidungen lediglich die Handlungsfreiheit, im Rahmen eng begrenzter personeller und materieller Kapazitäten eine möglichst akkurate Planerfüllung anzustreben, um über die so geschaffene Vertrauensbasis zum RLM neue Aufträge zu akquirieren. Es ist in diesem Zusammenhang nicht verwunderlich, dass die Teilnehmer der Beiratssitzung der BMW Flugmotorenbau GmbH vom 21.09.1938 als wichtigste Aufgabe der Gesellschaft neben der Erhaltung der privatwirtschaftlichen Selbstständigkeit und einer möglichst schnellen wirtschaftlichen Konsolidierung auch die Erfüllung der vom RLM gestellten technischen Aufgaben zu Protokoll gaben.[307]

Mit der Verkündung der allgemeinen Wehrpflicht im Februar 1935, der Enttarnung der deutschen Luftwaffe im März 1935, dem deutsch-britischen Flottenabkommen im Juni 1935 und vor dem Hintergrund der weiteren politischen Destabilisierung durch die Besetzung des Rheinlandes im März 1936 setzte in Deutschland eine Rüstungspolitik ein, die die Aufrüstung nun offen und mit Nachdruck betrieb.[308] Ab 1936 wurden auch die Produktionsanforderungen der IRG 38 Zug um Zug aufgestockt.[309] Milch kündigte z.B. am 19.06.1936 ein Programm an, in dessen Entwurf eine massive Modernisierung der Luftwaffe durch die schnelle Produktion neuer Flugzeugzellen- und Flugmotoren-Typen vorgesehen war.[310] Mit der Rüstungsbeschleunigung und gleichzeitigen Umrüstung der Luftwaffenverbände auf neue Typen starteten die Verantwortlichen im RLM jedoch einen destabilisierenden und letztendlich produktionshemmenden Teufelskreis, der die Luftfahrtindustrie auf direktem Weg in die Krise des Jahres 1937 trieb.[311] Auf Grund des Facharbeitermangels, der ab 1936 immer kritischer werdenden Engpässe in der Rohstoffbereitstellung[312], der allgemeinen Überhitzung der Rüstungskonjunktur und nicht zuletzt der absoluten Überforderung der finanziellen Möglichkeiten des RLM musste die Rüstungsbeschleunigung in der zweiten Jahreshälfte 1937 gestoppt werden. Bereits erteilte Aufträge wurden teilweise wieder storniert. Im Sommer brach somit die langfristig angelegte Industrieplanung des Ministeriums zusammen.[313] Nicht nur das Ziel der Beschleunigung der Luftrüstung, sondern auch die mehrfach revidierten Vorgaben der IRG 38 wurden verfehlt. Von da an schlingerte die Rüstungsbürokratie des Technischen Amtes von einem Engpass zum nächsten.[314]

[307] Vgl. Protokoll der Beiratssitzung der BMW Flugmotorenbau GmbH vom 21.09.1938, in: BArch R 8119 F/P 3151, Bl.27.

[308] Vgl. Wagenführ, Industrie 1955, S.16.

[309] Vgl. Budraß, Unternehmen und Luftwaffe 2002, S.165.

[310] Vgl. Budraß, Flugzeugindustrie 1998, S.475.

[311] Zur Krise der Luftrüstung des Jahres 1937 und deren Auswirkungen auf die einschlägigen Unternehmen vgl. Kapitel 6.6., ab S.174.

[312] Zur wirtschaftlichen Lage im Sommer 1936 vgl. Petzina, Dietmar: Autarkiepolitik im Dritten Reich. Der nationalsozialistische Vierjahresplan. Stuttgart 1968, S.45ff.

[313] Vgl. Budraß, Unternehmer 1992, S.84.

[314] Vgl. Budraß, Flugzeugindustrie 1998, S.485.

Die Strategie Udets zur Konsolidierung der Luftrüstungssteuerung zielte auf eine Verbesserung des vorhandenen Steuerungspotenzials bei gleichzeitiger Reduzierung der Anzahl der Plangrößen. Die Verringerung der Typenzahl bzw. die Konzentration auf so genannte Standardtypen[315] sei das Mittel, „eine ausserordentliche Erleichterung des gesamten Beschaffungswesens" zu erreichen.[316] Udets Lösungsstrategie sah ähnlich wie schon im ABC-Programm eine verbesserte Serienfertigung durch die Zusammenschaltung von spezialisierten Firmen der Luftfahrtindustrie vor.[317] Die Luftwaffenführung bestimmte das zweimotorige Bombenflugzeug Ju 88 zum zukünftigen Standardbomber der Luftwaffe und damit zum Kernprodukt einer neuen Beschaffungsorganisation.[318]

Die Entscheidung für die Ju 88, die in erheblichen monatlichen Stückzahlen gebaut werden sollte, markierte einen tiefen Einschnitt in die Beziehungen zwischen dem RLM und der Flugzeugindustrie. Der Junkers-Chef und persönliche Vertraute von Göring, Heinrich Koppenberg, wurde von diesem zum „Sonderbevollmächtigten des Generalfeldmarschalls Göring für die Herstellung der Ju 88" ernannt. Damit war der Weg frei für eine private, von einem Konzernmanager gelenkte Rüstungssteuerung bzw. einer Verschmelzung der Konzernstruktur der Junkers-Werke mit der Rüstungsbürokratie.[319] Bei Junkers wurden nicht nur konstruktive Fragen der Ju 88 und des Vorrichtungsbaus behandelt, die Konzernverwaltung regelte zudem den Einkauf und die Verteilung von Baustoffen und Maschinen für alle beteiligten Firmen, leistete Hilfestellung bei auftretenden Engpässen und überwachte den Erfolg und die Wirtschaftlichkeit der Fertigung. Die Rüstungsbürokratie im RLM beschränkte sich fortan darauf, das Restprogramm zu verwalten.

Die BMW-Flugmotorenbau-Gesellschaften wurden von den Ju 88-Planungen des Ministeriums hart getroffen, da für keines der die Ju 88 begleitenden fünf Hauptflugzeugtypen der Luftwaffe BMW-Motoren vorgesehen waren.[320] Das Münchener Unternehmen gehörte somit zum Restprogramm der Luftfahrtindustrie, das auch weiterhin vom RLM verwaltet wurde. Dadurch profitierte BMW auch nicht von der durch die Organisation des Ju 88-Programms einsetzenden sukzessiven Liberalisierung des zentralistischen Planungs- und Kontrolleinflusses seitens des RLM auf die beteiligten Unternehmen. BMW wurde in den Ju 88-Planungen das erste Mal in einem großen staatlichen Beschaffungsprogramm nicht berücksichtigt. Das Unternehmen

[315] Zum Konzept der Standardtypen vgl. Kapitel 7.1.4., ab S. 267.

[316] Vortrag Udet bei Göring „Die Vorteile der Verringerung der Typenzahl" vom 30.05.1938, in: BA-MA RL 3/63, Bl. 7418–7425. Vgl. auch Vortrag Udet vor Vertretern der Luftfahrtindustrie, Göring und Milch am 16.06.1937, in: DMM/ASD HeA FA001/0797.

[317] Vgl. Budraß, Unternehmen und Luftwaffe 2002, S. 176.

[318] Vgl. Homze, Luftwaffe 1976, S. 156f.

[319] Vgl. Budraß, Unternehmer 1992, S. 86.

[320] Vgl. Popp an Milch vom 09.09.1938, in: BA-MA RL 3/52, Bl. 1723–1727.

beanspruchte zwar seit dem Abschluss des Interessengemeinschaftsvertrages mit der Bramo sowie der Zusammenlegung der Motorenentwicklungsabteilungen beider Unternehmen den Führungsanspruch für luftgekühlte Flugmotoren in Deutschland.[321] Jedoch gelang es den BMW-Entwicklungsingenieuren erst während des Zweiten Weltkrieges, den luftgekühlten BMW 801-Doppelsternmotor zur Serienreife zu bringen. Die kurzfristig profitable Bevorzugung der Produktion eines veralteten Flugmotorenmusters auf Kosten der eigenen Entwicklungsaktivitäten durch die BMW-Geschäftsleitung führte im Zusammenhang mit dem Ju 88-Programm für BMW zum seinerzeit „größten anzunehmenden Unfall" für ein Flugmotorenbauunternehmen, der Streichung der eigenen Flugmotoren aus den Serienplänen des RLM.[322]

Im Zusammenhang mit dem deutschen Einmarsch in Österreich im März 1938, den Spannungen im Vorfeld des Münchener Abkommens am 29.09.1938 und der Eingliederung des Sudetenlandes ins Deutsche Reich im Oktober 1938 beschloss Hitler im Herbst 1938, dass die Luftwaffe auch einem Krieg gegen England gewachsen sein müsse.[323] Die Herausforderung, dass Großbritannien ab 1938 zu einem möglichen Kriegsgegner stilisiert wurde, machte einen gewaltigen Ausbau der Luftwaffe erforderlich. Am 14.10.1938, gut ein Jahr nach der schweren Finanzkrise des Jahres 1937, verkündete Göring daher die „Verfünffachung der Luftstreitkräfte".[324]

Wie realitätsfern die neuerlichen Planungen des RLM jedoch waren, verdeutlichen die vorgesehenen Produktionsvorgaben. Die Verfünffachung der Luftwaffe sah bis zum 01.041942 den Neubau von rund 45700 Flugzeugen vor.[325] Die Produktion der für das Beschaffungsprogramm notwendigen Flugmotoren machte den Bau gleich mehrerer neuer Flugmotoren-Großserienwerke notwendig.[326] Görings und Hitlers Forderungen nach einer Verfünffachung der Luftwaffe schienen allein aus Gründen der Materialknappheit undurchführbar.[327] Rund 60% der deutschen Rohstahlproduktion des Jahres 1938 waren nötig, um die Baumaßnahmen und die Werkzeugherstellung zu sichern. Die Berechnungen des Treibstoffvorrates, den eine verfünffachte Luftwaffe brauchte, um im Mobilmachungsfall am 01.04.1942 und in den Monaten danach fliegen zu können, zeigten, dass allein für das Jahr 1941 das

321 Memorandum zur Geschäftsordnung der BMW, in: BArch R 8119 F/P 3105, S.119.

322 Vgl. Budraß, Unternehmen und Luftwaffe 2002, S.178.

323 Vgl. Bagel-Bohlan, Kriegsvorbereitungen 1975, S.92.

324 Irving, Tragödie 1970, S.116–119.

325 Vgl. Kesselring/Suchenwirth, Luftwaffe 1957–1965, S.24; Aktenvermerk Jeschonnek, Chef des Führungsstabes im RLM, betr. „Konzentriertes Beschaffungsprogramm mit Endtermin 01.04.1942 vom 07.11.1938, in: IfZ Fa 732 und die Untersuchung der Durchführbarkeit der vom Generalfeldmarschall geforderten Flugzeugmenge vom 25.10.1938, in: IfZ Fa 732.

326 Vgl. ebd.

327 Vgl. Völker, Luftwaffe 1967, S.138 und Irving, Tragödie 1970, S.119.

Doppelte der damaligen Erdöl-Weltproduktion des Jahres 1938 anzukaufen war.[328]

Die Berechnungen des Technischen Amtes hatten unzweifelhaft ergeben, dass die Planungen des Herbstes 1938 undurchführbar waren, da sowohl die Herstellung der Flugmotoren und Flugzeuge bis zum Kriegsbeginn als auch die Bereitstellung des Nachschubs von der deutschen Volkswirtschaft nicht geleistet werden konnten.[329] Trotzdem wurden die Ausbaumaßnahmen vom RLM auf allen Ebenen der Luftfahrtindustrie forciert.[330] Die offensichtliche Undurchführbarkeit des Beschaffungsprogramms wurde in den verschiedenen Dienststellen des RLM sukzessive verdrängt, so dass am Ende vollkommen unrealistisches Wunschdenken die Weisungen an die Luftfahrtindustrie dominierte.

Diese Fehlentwicklung im RLM resultierte unter anderem aus den mangelnden technischen Kenntnissen der Protagonisten, einer schlechten personellen Steuerung und fehlender Kommunikation zwischen den einzelnen Planungsabteilungen des Ministeriums und der Luftwaffenführung.[331] Völker urteilte z. B. über Göring, dass seine militärischen Kenntnisse auf dem Stand eines Truppenkommandeurs ohne Stabserfahrung anzusiedeln waren und auch sein technisches Verständnis die zur Planung der Luftwaffe notwendige Übersicht vermissen ließ.[332] Trotz seiner mangelnden technischen und militärischen Kenntnisse erwies sich Göring als beharrlich beratungsresistent. Milch berichtete beispielsweise im September 1945, dass fast alle Vorschläge der höheren Dienststellen im RLM und an der Front bei Göring nichts erreichen konnten, da er Widerspruch nicht vertrug.[333] Diese Geisteshaltung des Oberbefehlshabers der Luftwaffe führte letztendlich dazu, dass sich keiner seiner Untergebenen traute, ihn über den tatsächlichen Zustand bzw. die Durchführbarkeit der Luftwaffenplanungen zu informieren. Folglich schienen sich

[328] Vgl. Budraß, Flugzeugindustrie 1998, S. 563.

[329] Vgl. u. a. Kesselring/Suchenwirth, Luftwaffe 1957–1965, S. 24 und die Aktenvermerke Ausbaukosten der Luftfahrtindustrie 1939–1941; Bedarf an Werkzeugmaschinen zum Ausbau der Luftfahrtindustrie 1939–1941 und zum Arbeiterbedarf alle drei vom 30. 11. 1938, alle in: IfZ Fa 732. Zum Ausbau der Luftwaffe Ende 1938 siehe auch den Auszug aus einem Brief von General a. D. Kammhuber, als Leiter des Organisationsstabes im RLM verantwortlich für die Ausarbeitung des so genannten Führerprogramms vom 11. 10. 1954, in: ebd.

[330] Zu diesem Strukturmoment der nationalsozialistischen Herrschaft siehe u. a.: Mommsen, Hans: Hitlers Stellung im nationalsozialistischen Herrschaftssystem, in: Ders.: Der Nationalsozialismus und die deutsche Gesellschaft. Ausgewählte Aufsätze. Reinbek 1991, S. 67–101, hier S. 86.

[331] Vgl. Bericht Oberkriegsgerichtsrat Roeder über die Untersuchung aus Anlass des Selbstmordes von Udet im Jahr 1942 vom 27. 06. 1947, in: BA-MA N 179/60, S. 1–9, hier S. 9.

[332] Vgl. Völker, Luftwaffe 1967, S. 42.

[333] Vgl. Denkschrift von Milch „Hitler und die Luftwaffe" vom Sep. 1945, in: BA-MA N 179/60, S. 1–8, hier S. 7.

sowohl Göring als auch Hitler über die wahre militärische Schwäche der Luftwaffe nicht im Klaren zu sein.[334]

Das Chaos sowie das zunehmende Wunschdenken in den Produktionsplanungen des RLM bildete für die einzelnen Flugmotorenhersteller die größte Belastung für einen geregelten Produktionsablauf. Auf Grund der dilettantischen Organisation im RLM gab es keine langfristige Definition klarer Produktionsvorgaben für die einzelnen Unternehmen. Entscheidendes Charakteristikum der ab 1933 erstellten Wirtschaftsplanungen war ein ständiger Wechsel der Planziffern und Planungsbereiche. Nach Vajda/Dancey stellte die Beschaffungsabteilung des Ministeriums zwischen 1933 und 1945 insgesamt 42 Beschaffungsprogramme auf, von denen 36 an die Industrie weitergegeben wurden.[335] Die Luftfahrtindustrie wurde demnach in den zwölf Jahren nationalsozialistischer Herrschaft statistisch dreimal pro Jahr mit neuen Produktionsprogrammen konfrontiert. Kaum waren die Lieferprogramme an die Unternehmen herausgegeben, wurden sie wieder geändert bzw. Änderungen in Beratungen mit den Firmen in Erwägung gezogen, so dass diese monatelang in der Schwebe blieben und nicht wussten, was und wie viel sie eigentlich fabrizieren sollten. Beispielsweise lagen bei der BMW-Geschäftsführung über Monate hinweg keine Anhaltspunkte über den voraussichtlichen Bedarf des BMW 801-Flugmotors vor.[336] Daher konnten erst während des Krieges Programme mit hohen Stückzahlen erstellt werden, zu deren Erfüllung immer wieder neue Fertigungsstätten und Hilfsmittel geschaffen werden mussten, zu einem Zeitpunkt, an dem durch Bauverbote, Material- und Arbeitermangel bereits große Schwierigkeiten eintraten. Häufig blieb den Unternehmen nichts anderes übrig, als das voraussichtlich benötigte Material bereits vor der endgültigen Auftragserteilung zu bestellen, was nicht selten zu Fehlinvestitionen und Verschwendung knapper Ressourcen führte.[337] Die ständig wechselnden Forderungen der Beschaffungsdienststellen demonstrierten insgesamt einen bemerkenswerten Mangel an Rücksichtnahme auf die industriellen Produktionsverhältnisse. Argumente des industriellen Sachversandes wurden weitgehend vernachlässigt. Die Industriellen wussten zwar um die Unerreichbarkeit der ministeriellen Ziele, agierten und disponierten jedoch so lange mit der Vorstellung des „Als-ob", bis meist bereits nach wenigen Monaten neue Planungen auf dem Tisch lagen.[338]

[334] Vgl. Lahs an Milch vom 01.11.1942, in: BA-MA RL 3/51, Bl. 765–786, hier Bl. 766. Siehe auch die eklatanten Beispiele in der Denkschrift von Milch „Hitler und die Luftwaffe" vom Sep. 1945, in: BA-MA N 179/60, S. 1–8.

[335] Vgl. Vajda, Ferenc A./Dancey, Peter: German aircraft industry and production 1933–1945. Shrewsbury 1998, S. 112f.

[336] Vgl. Kriegsleistungsbericht der BMW AG, München, der Flugmotorenbau GmbH, München, und dem Zweigwerk Allach vom 10.03.1943, in: BMW-Arch UA 553.

[337] Vgl. Denkschrift „Der Zwang zur unwirtschaftlichen Betriebsführung in der Luftfahrtindustrie" von Seiler, BFW, vom Ende Febr. 1937, in: BA-MA RL 3/2320, S. 177–192, hier S. 190.

[338] Wagenführ, Industrie 1955, S. 74f.

Bild Nr. 17: Fertigung von Zylinderlaufbuchsen für den BMW 801-Flugmotor (Aufnahme zwischen 1942 und 1944)

Für die Flugmotorenindustrie bedeutete jede Programmänderung eine Unterbrechung bzw. oft radikale Änderung der Produktion. Die BMW-Ingenieure beklagten sich vor allem über die ständigen Umstellungen ihrer Fertigungsmaschinen, was dazu führte, dass geforderte Lieferprogramme nicht eingehalten werden konnten. Vom Ministerium wurden überdies Liefertermine gefordert, die die Firmenleitungen in der Regel nicht garantieren konnten.[339] So wurden z. B. bei der Berechnung der Lieferzeiten für die Materialbeschaffung der Firmen meist viel zu kurze Vorlaufzeiten eingeplant, die den tatsächlichen Verhältnissen nicht gerecht wurden. Dies führte im Flugmotorenbau zu enormen Sonderaufwendungen des Einkaufs, um die dringend benötigten Materialien bei den einzelnen Lieferanten buchstäblich herauszuziehen, und im Endeffekt zur Unwirtschaftlichkeit der Unternehmen.

Im Oktober 1938 beklagte die Wirtschaftsgruppe Luftfahrtindustrie, dass die vielen Programmänderungen des RLM dazu führten, dass viele Fabrikate zu „Ladenhütern" verkämen, dass die Unternehmen erhebliche Mengen nicht mehr verwendungsfähiger Materialien anhäuften und dass der Schrottanteil prozentual zu den eingesetzten Werkstoffen ständig stieg. Tatsächlich wies die Schrottmengenstatistik der Wirtschaftsgruppe für das Jahr 1937 vor allem

[339] Vgl. Denkschrift „Der Zwang zur unwirtschaftlichen Betriebsführung in der Luftfahrtindustrie" von Seiler, BFW, vom Ende Febr. 1937, in: BA-MA RL 3/2320, Bl. 177–192, hier Bl. 190.

Tabelle 12: Verhältnis von Schrottmenge zur eingesetzten Werkstoffmenge (Produktionsstatistik 1937, in Prozent)

	Flugmotorenbau	Zellenbau
Eisen- und Stahlabfälle	58,90	39,50
Metallabfälle	30,80	25,50

Quelle: 12. Bericht der Wirtschaftsgruppe Luftfahrtindustrie über die deutsche Luftfahrtindustrie, Verhältniszahlen der Produktionserhebung 1937 vom 10.10.1938, in: BArch R 13 XXV/5. Die Ergebnisse wurden aus der Gesamtzahl aller Betriebsmeldungen errechnet.

für den Flugmotorenbau sehr bedenkliche Verhältniszahlen auf, im Vergleich zu früheren Firmenangaben in normalen Produktionszeiten, die einen Verschnitt- und Ausschussanteil von 5–10% ergeben hatten.[340]

Die Beschaffungs- und Lieferpläne waren schon unter Friedensbedingungen häufig geändert worden, im Krieg jedoch wuchs die Neigung des RLM zu beschleunigten Programmumstellungen. Auch die Tatsache, dass sämtliche Zweigwerke von BMW für den Kriegsfall auf der Liste der bevorzugten Lieferwerke der Wehrmacht geführt wurden[341], deren Kriegsgerätefertigung im X-Fall sofort auf die höchste Ausbringung gebracht werden und deren Aufgaben Vorrang vor allen übrigen Aufträgen der Wehrmacht haben sollten, verhinderte nicht, dass das staatliche Programmchaos bei BMW auch während des Krieges anhielt. Die vielen Lieferplanumstellungen verursachten in den einzelnen BMW-Werken erhebliche Planungsarbeit, die das Erreichen der Programmforderungen zunehmend gefährdete.[342]

Wie extrem und absurd die laufenden Programmänderungen der RLM-Beschaffungsstellen in eine geordnete Produktionsplanung bei BMW eingriffen bzw. diese verhinderten, wird im Folgenden beispielhaft anhand der Auftragsentwicklung des Werkes Zühlsdorf skizziert.[343] Das Werk Zühlsdorf war bei der Erstplanung 1939 als Fabrikationsstätte für das Baumuster BMW 801 in der Größenordnung von bis zu 150 Stück pro Monat geplant worden. Am 26.06.1940 erhielt Zühlsdorf den Vorbescheid des Amtes zur Lieferung von

[340] Vgl. 12. Bericht der Wirtschaftsgruppe Luftfahrtindustrie über die deutsche Luftfahrtindustrie, Verhältniszahlen der Produktionserhebung 1937 vom 10.10.1938, in: BArch R 13 XXV/5.

[341] Vgl. OKW WStab WRüI an den Generalbevollmächtigten für die Wirtschaft vom 24.08.1939, in: BArch R 3901/20241, Bl. 111–113 und im Anhang die Liste der bevorzugten Wirtschaftsbetriebe, in: ebd., Bl. 139, 188, 218 und 219.

[342] Vgl. Technischer Bericht zur Beiratssitzung der Niederbarnimer Flugmotoren Werke (NFW) vom 13.01.1943, in: BArch R 8121/305.

[343] Dass die Zustände in Zühlsdorf kein Einzelfall waren, sondern beispielhaft für alle Standorte des BMW-Konzerns standen, verdeutlicht der Bericht „Planung und Ausbauten der Werksanlagen des BMW-Konzerns und der im Ring angeschlossenen Werke“ (Speer Collection FD 4969/45), in: BArch R 3/1752, Bl. 5–58.

200 BMW 801-Motoren.[344] Ende Oktober 1940 erhielt das Werk jedoch den veränderten Vorbescheid für 600 Motoren des Baumusters BMW 323 R2 mit Lieferbeginn im August 1941 und Endauslieferung 1942. Durch diesen Vorbescheid der Vorschaltung des Baumusters BMW 323 wurde der geplante Anlauf des BMW 801 auf Juli 1942 verschoben. Gleichzeitig wurde die geforderte Stückzahl für den BMW 801 von 200 auf 350 erhöht. Die Umstellung der Baumuster ergab eine Reihe von Schwierigkeiten in der maschinellen Ausrüstung. Es wurden Maschinen, die für den BMW 801 bestellt worden waren, frei und andererseits wurden wiederum Maschinen benötigt, die für den BMW 323 R2 erforderlich waren und in den BMW 801-Planungen nicht enthalten waren. Daher konnte der Anlauf des BMW 323 R2 im August 1941 nicht erreicht werden und wurde auf den Oktober 1941 verlegt. Im Juli 1941 wurde beschlossen, das Baumuster BMW 801 vollständig in Spandau und das Baumuster BMW 323 R2 in Zühlsdorf zu fertigen. Zühlsdorf erhielt einen Gesamtauftrag von 1730 BMW 323-Motoren. Dazu kamen die dem Eisenacher Werk erteilten 1008 BMW 323-Flugmotoren, so dass die Gesamtzahl in Zühlsdorf auf 2738 anstieg. Im Oktober 1941 erfolgte noch ein zusätzlicher Vorbescheid für 127 BMW 323-Motoren. Die Gesamtzahl ergab nun eine monatliche Spitzenausbringung von 300 Motoren, für die nunmehr die Planungen umgearbeitet werden mussten. In der Montage mussten auf Grund der Umdisponierungen auf monatlich 300 Einstern-Motoren anstelle von 150 Zweistern-Motoren größere Räume vorgesehen werden, ebenso eine größere Anzahl von Bremsprüfständen. Im Juli 1941 wurden die erforderlichen Maschinen beschafft und die baulichen Erweiterungen beantragt. Mitte November erfolgte dann vom RLM die Mitteilung, dass das Programm von 300 Stück BMW 323 auf etwa 100 Stück monatlich und die Gesamtstückzahl auf etwa 1600 Motoren gekürzt werden würde. Ende November 1941 wurde dann die Kürzung auf eine monatliche Zahl von 90 Flugmotoren bekannt gegeben. Grund für diese Maßnahme war die Entscheidung des RLM, ein Flugzeugbaumuster, für das der BMW 323-Flugmotor vorgesehen war, zu streichen. Die Kürzung des Auftrages von 300 auf 90 Motoren pro Monat verlangte eine vollkommene Umstellung des Werkes. Während nach den alten Plänen die mechanische Bearbeitung und die Montage in je einer Halle durchgeführt werden sollte, kam nun eine Zusammenlegung der Montage und der mechanischen Bearbeitung in Frage. Als Ausgleich für die Reduzierung des Lieferprogramms sollte die Reparatur von monatlich 150 Flugmotoren des Bau-

[344] Alle Angaben zu den Programmplanungen in Zühlsdorf stammen aus folgenden Quellen: Ausführungen des Direktors Otto Dyckhoff über die Auftragsentwicklung auf der Niederbarnimer Beiratssitzung vom 22.06.1942, in: BArch R 8119 F/P 3175, Bl. 114; Bericht Dyckhoff über die Aufgaben und Betriebslage der NFW vom 30.09.1941, in: ebd., Bl. 46–52; Vermerk des Oberregierungsrats von Heinz über die Lieferplanänderungen in Basdorf vom 12.11.1943, in: BA-MA RL 3/54, Bl. 2837–2838 und Technischer Bericht zur Beiratssitzung der NFW vom 13.01.1943, in: BArch R 8121/305.

musters BMW 801 in Angriff genommen werden. Fast das ganze Jahr 1942 hindurch plante das Ministerium neben allen Lieferplanänderungen die Umschaltung des Werkes Zühlsdorf zum Großreparaturbetrieb mit einer Kapazität von bis zu 600 Flugmotoren monatlich. Die Umstellungen wurden entsprechend durchgeführt. Alle Maschinen, die für das vorhergehende Lieferprogramm von 300 Motoren pro Monat bestellt worden waren, wurden abgestoßen, soweit sie den Bedarf von monatlich 90 Stück überstiegen, und die entsprechenden Reparatureinrichtungen bestellt. Mangels Eingang an Reparaturmotoren wurden im Jahr 1942 gegenüber einem Soll von 1 500 Stück insgesamt jedoch nur 280 Motoren instand gesetzt.

Im Juli 1942 beschloss das RLM eine Steigerung der BMW 323-Produktion auf 160 Stück ab 1944. Im Oktober 1942 wurde diese Erhöhung dann bereits für den Juli 1943 vorgesehen, gleichzeitig war für Dezember 1943 eine Steigerung auf 175 Stück und im Jahr 1944 von 245 auf 1 110 Motoren geplant. Sowohl im Oktober 1942, Mai 1943 und Oktober 1943 gab es im RLM weitere jeweils einschneidende Lieferplanänderungen, zunächst von 90 auf 200, von 200 auf 500, dann wieder von 250 auf 750 und von 850 auf 1 200 Stück pro Monat.

Die vielen Programmänderungen machten eine einigermaßen gute Ausnutzung des Werkes unmöglich, führten zu Leerlaufzeiten[345] und verursachten immer wieder neue Anlaufkosten.[346] Angesichts der immer schneller wachsenden Diskrepanz zwischen Zahl und Umfang der einzelnen Rüstungsprogramme und den vorhandenen Produktionsmöglichkeiten der Luftfahrtindustrie wäre eine Anpassung des Gesamtvolumens der RLM-Programme an die wirtschaftlichen Gegebenheiten, eine klare und stringente Schwerpunktbildung und eine Konzentration aller personellen und materiellen Kräfte dringend erforderlich gewesen. Im Gegensatz dazu wurde ein Programm nach dem anderen aufgestellt und jedes als vordringlich bezeichnet. Die Folge war ein ständiger Kampf der einzelnen Unternehmen um die Rohstoffkontingente, die Arbeitskräfte und die Betriebskapazitäten.

Im Verlauf des Krieges wurden von allen Seiten immer wieder Maximalforderungen aufgestellt, deren Durchführbarkeit in wesentlichen Teilen überhaupt nicht möglich war. Infolge dessen lag bei den Rüstungsunternehmen häufig ein Auftragsbestand vor, der die verfügbaren Kapazitäten um ein Viel-

[345] Auch in den anderen BMW-Flugmotorenwerken kam es auf Grund der Programm-Unklarheiten zu zahlreichen Annullierungen von bereits getätigten Bestellungen und Neubestellungen, die jeweils erhebliche Verzögerungen und Schwierigkeiten in der Fertigungsorganisation bedeuteten. Vgl. z. B. der Bericht über das Werk Allach, in: Bericht Planung und Ausbauten der Werksanlagen des BMW-Konzerns und der im Ring angeschlossenen Werke (Speer Collection FD 4969/45), in: BA-MA RL 3/1752, Bl. 5–58, hier Bl. 34–35. Für das Werk Spandau vgl. u. a. Bericht Werner über den Stand der Flugmotorenfertigung im BMW-Konzern durchgeführt im Auftrag von Udet vom 19. 05. 1941, in: BArch R 8119 F/P 3144, Bl. 209, S. 1–5, hier S. 1.

[346] Vgl. auch den Bericht des Wehrkreisbeauftragten III des Reichsministeriums für Rüstung und Kriegsproduktion, Gauhauptstellenleiter Krönner über die Zustände bei den NFW vom 22. 10. 1943, in: BA-MA RL 3/54, S. 2840.

faches überstieg, was die Fertigung der Unternehmen in der Regel störte und hemmte.[347] In immer schnellerer Abfolge änderten sich die Dringlichkeitsstufen.[348] Da der Umfang der als dringlich bezeichneten Programme die Leistungsfähigkeit der Wirtschaft weit überstieg, wurde eine Schwerpunktbildung gewissermaßen nachträglich erzwungen. Als direkte Reaktion auf die Einführung einer neuen Dringlichkeitsstufe drängten sämtliche Unternehmen mit ihren Fertigungsprogrammen, unterstützt durch die ihnen jeweils übergeordnete Rüstungsdienststelle, in die höchste Dringlichkeitsstufe. Die Geschäftsführung von BMW beklagte sich beispielsweise, dass sich „die ungenügende Dringlichkeit der Flugmotorenprogramme gegenüber anderen Rüstungsprogrammen in jeder Beziehung (Materialversorgung, Arbeitskräfte-Zuweisung, Betriebsmittel)“ nachteilig auswirkte.[349] Letztendlich wurde auf diese Weise der Sinn einer Dringlichkeits-Rangordnung ad absurdum geführt. Eine geregelte Rüstungssteuerung durch die Einstufung der einzelnen Programme gemäß ihrer Wichtigkeit und die Definition der Reihenfolge des Arbeitsablaufes in der Rüstungsproduktion konnte mit der vom nationalsozialistischen Staat praktizierten ex-post-Rationalisierung nicht erreicht werden.

7.2.4. Die BMW-Flugmotorenproduktion als Auslöser einer neuen Rüstungssteuerung

Das zentrale Problem der Flugmotorenindustrie im Krieg waren zweifellos die gegenüber den Produktionsforderungen des RLM unzureichenden Kapazitäten. Die Engpässe betrafen vor allem die Sektoren Arbeitskräfte, Transport, Rohstoffe und sonstige Materialien und trotz der erheblichen Ausbauanstrengungen der Flugmotorenindustrie auch die betriebsinternen Produktionsanlagenkapazitäten. Engpässe insbesondere bei Messinstrumenten und Werkzeugmaschinen behinderten den Ablauf der Kriegsfertigung bereits in den ersten Kriegsjahren. Die Probleme auf dem Gebiet der industriellen Fertigungskapazitäten traten jedoch in der Rüstungsplanung zu einem wesentlichen Teil dadurch nicht in Erscheinung, dass sie durch den eklatanten Arbeitskräftemangel überlagert und verdeckt wurden.[350]

Bei BMW gab es das zusätzliche Problem, dass die Ingenieure ihren luftgekühlten Doppelsternmotor BMW 801 erst während des Krieges in die Serienfabrikation einführen konnten. Die vorbereitenden Arbeiten zur Aufnahme der neu einzurichtenden Fabrikation waren bei Weitem nicht so fortgeschrit-

[347] Vgl. die Studie von Regierungsrat Walter Tomberg, OKW WiRü-Amt Stab, „Die Probleme der deutschen Rüstungswirtschaft im Kriege“ vom Ende Sep. 1940, in: BA-MA RW 19/1503, Bl. 81–145, hier Bl. 134.

[348] Vgl. hierzu auch Irving, Tragödie 1970, S. 189f.

[349] Vgl. Bericht über die Programmerfüllung des BMW 801 von Anfang 1945, in: BMW-Arch UA 968.

[350] Vgl. Bericht Tomberg „Die Probleme der deutschen Rüstungswirtschaft im Kriege“ vom Ende Sep. 1940, in: BA-MA RW 19/1503, Bl. 81–145, hier Bl. 122–124.

Bild Nr. 18: Fertigung von Kurbelgehäusen für den BMW 801-Flugmotor; im Hintergrund Zylinderfertigung (Aufnahme zwischen 1942 und 1944)

ten, dass im Jahre 1940 von einer Serienfabrikation die Rede sein konnte. Um jedoch Entwicklungsdefizite der Jahre 1933 bis 1939 aufzuholen, versuchte BMW, Flugmotoren des Baumusters BMW 801 zu fabrizieren und zu liefern, „koste es was es wolle".[351]

Insgesamt waren vom RLM für die BMW 801-Produktion ursprünglich sieben Fertigungsstätten vorgesehen: die BMW-Werke in München, Allach, Spandau und Zühlsdorf sowie die Nachbaufirmen Klöckner-Humboldt-Deutz (KHD), Argus und Avia in der besetzten Tschechoslowakei. Alle Werke sollten komplette Motoren liefern. Für die Kommandogerätefertigung des BMW 801 waren zusätzlich die Werke Grill, Spandau, und Argus eingeteilt.[352] Die Aufteilung der Lieferungen auf nicht weniger als acht verschiedene Lieferwerke bedeutete eine starke Zersplitterung der Produktion.[353] Die festgelegten Fabrikationsstückzahlen je Werk gestatteten die Serienfertigung

[351] Bericht Planung und Ausbauten der Werksanlagen des BMW-Konzerns und der im Ring angeschlossenen Werke (Speer Collection FD 4969/45), in: BA-MA RL 3/1752, Bl. 5–58, hier Bl. 37.

[352] Vgl. Bericht über die Programmerfüllung des BMW 801 von Anfang 1945, in: BMW-Arch UA 968.

[353] Vgl. Bericht Planung und Ausbauten der Werksanlagen des BMW-Konzerns und der im Ring angeschlossenen Werke (Speer Collection FD 4969/45), in: BA-MA RL 3/1752, Bl. 5–58, hier Bl. 37.

nur in geringem Umfang. Die Aufteilung auf die vielen Fertigungsstätten, die zudem fast alle gleichzeitig anlaufen sollten, war für die Muttergesellschaft in München sehr aufwändig, da die benötigten Fach- und Führungskräfte, Werkzeugmaschinen und Betriebsmittel, Fabrikräume und Einrichtungen für denselben Zweck mehrmals beschafft werden mussten. Angesichts der Engpasslage und Überlastung der Werkzeug- und Werkzeugmaschinenindustrie wurde das Anlaufen der Produktion in den Nachbauwerken letztendlich erst in den letzten Monaten des Jahres 1941 möglich. Daher war das Werk München bis Ende 1941 der alleinige Lieferant des BMW 801-Motors. Die Gesamtlieferleistung betrug 1940 in München jedoch lediglich 44% bzw. 232 Motoren des vom RLM geforderten Liefersolls von insgesamt 525 Flugmotoren. Auch im Verlauf des Jahres 1941 erreichte BMW wieder nur 77% – d.h. 1708 des Liefersolls von 2220 – BMW 801-Flugmotoren.[354]

Die schwachen Lieferleistungen des BMW-Konzerns hinsichtlich des von der Luftwaffe dringend benötigten Hochleistungsmotors BMW 801 führten seit dem Winter 1940 zu großen Differenzen mit dem Ministerium.[355] Von Stauß berichtete: „Es sei unverkennbar, dass im Amt eine starke Animosität gegen BMW vorliegt, deren tieferer Grund wohl in den Rückständen in den Motorenlieferungen liege."[356] In einer Besprechung zwischen Vertretern des RLM und BMW unter der Leitung von Oberstabsingenieur Wolfram Eisenlohr und Stabsingenieur Franz Mahnke am 11.10.1940 lehnten es die beiden RLM-Ingenieure ab, weiterhin Zusagen der Firma entgegenzunehmen, in denen die Programmerfüllung von Voraussetzungen abhängig gemacht werde, die das Ministerium zunächst einmal erfüllen müsse. Eisenlohr drohte der BMW-Geschäftsleitung sogar, dass, sollten die bestehenden Schwierigkeiten von BMW nicht selbst zu beheben sein, das RLM nach Auswegen in Richtung wassergekühlter Motoren suchen müsse. Auch Udet beklagte sich bei BMW, dass die Serienanläufe der Flugzeuge von Focke-Wulf und Dornier „katastrophal" zurückblieben, vor allem da BMW den BMW 801-Flugmotor nicht liefern konnte.[357] Die RLM-Vertreter ignorierten in ihrer Kritik vollständig die Auswirkungen der durch den Krieg bedingten angespannten Beschaffungslage der Flugmotorenindustrie sowie das vom RLM zu verantwortende Programmchaos, das die schlechte Liefersituation der einzelnen Unternehmen erheblich verschärfte.

Kritisch wurden die Verstimmungen im RLM über die Lieferrückstände von BMW Ende 1940, da Popp mit seinem eigenmächtigen Handeln hinsichtlich des BMW 800-Motors im Amt etwa zur gleichen Zeit erhebliche Irrita-

[354] All diese Angaben in: Bericht über die Programmerfüllung des BMW 801 von Anfang 1945, in: BMW-Arch UA 968.

[355] Vgl. Aktenvermerk von Stauß und Rummel betr. der BMW AG München vom 30.07.1941, in: BArch R 8119 F/P 3105, Bl. 325–326.

[356] Niederschrift der AR-Sitzung vom 29.06.1942, in: BMW-Arch UA 5.

[357] Vgl. Manuskript der Ansprache Udets vor der Geschäftsführung der BMW AG vom 11.03.1941, in: BA-MA RL 3/52, Bl. 1634–1636.

tionen auslöste.[358] Beide Vorfälle veranlassten die Verantwortlichen im RLM zu harscher Kritik an dem Münchener Unternehmen. Milch ging sogar soweit, BMW ein Versagen auf den meisten Arbeitsgebieten vorzuwerfen und betitelte den BMW 801-Flugmotor als „Sau-Motor".[359]

Noch gefährlicher wurde die Stimmung gegenüber BMW im Winter 1940 bzw. Frühjahr 1941 als Udet durch gezielte Illoyalitäten der Spandauer Entwicklungsingenieure gegenüber dem BMW-Vorstand in München den Eindruck gewann, dass Popp in seiner Eigenschaft als Produktions-Vorstand und Sachse als Konstrukteur des BMW 801 die Rüstungsinteressen des Ministeriums bewusst hintertrieben. Aus Gekränktheit über Popps eigenmächtige Entwicklungsinitiative spielte Wolff Udet ein Schreiben zu, in dem Popp den Flugmotor BMW 801 mit Blick auf das Konkurrenzverhältnis zur Jumo und zu Daimler-Benz lediglich als „Übergangstype" bezeichnete, auf die das Unternehmen trotz des nachhaltigen Interesses des Ministeriums weniger Energie verwenden solle.[360]

BMW hätte, so erkannte Popp in seinem Schreiben an, noch immer einen Rückstand gegenüber den wassergekühlten Flugmotoren von Daimler-Benz und Junkers. Abgesehen von der Tatsache, dass die primäre Schuld für diesen Rückstand beim RLM liege, „da man dort die Entwicklung gleichstarker luftgekühlter Motoren viel zu spät erkannte oder vielleicht auch absichtlich verhindert hat"[361], stelle sich nun die Frage, wie man so schnell wie möglich mit den Konkurrenten gleichziehen könne. Es zeichne sich bereits ab, so Popp, dass der BMW 801-Motor keine Überlegenheit gegenüber der Konkurrenz bringen werde, da er in kurzer Zeit wieder vom DB 603- bzw. dem Jumo 222-Motor abgelöst werden würde. Einen bedeutenden Vorsprung erreiche BMW erst mit dem neuen Doppelsternmotor BMW 802, auf das sich die Unternehmensingenieure neben dem Einsternmotor BMW 800 in Zukunft voll konzentrieren sollten.[362] Für BMW ergebe sich gerade jetzt eine günstige Situation, einen Vorteil gegenüber Daimler-Benz und Junkers zu erzielen. Beide Firmen seien zwar momentan mit der Entwicklung ihrer stärkeren Motoren weiter als BMW, jedoch seien sie mit den Modellen DB 601 und Jumo 211 so stark in die aktuellen Kriegslieferungen eingebunden, dass sie ihre Werke unmöglich umschalten könnten. Der Bau neuer Fertigungsanlagen bzw. eine eventuelle Umstellung würde viel Zeit in Anspruch nehmen. BMW sei dagegen mit ihrem BMW 801 noch nicht so stark in das Kriegsprogramm eingeschaltet. Außerdem würde das Unternehmen durch den Ausbau der Werke Allach und Zühlsdorf Kapazitätszuwächse bekommen, die Popp für die Produktion des BMW 802-Motors nutzen wolle. Er schloss mit der Aufforde-

[358] Vgl. hierzu Kapitel 7.1.4.
[359] Vgl. Lahs an Milch vom 01.11.1942, in: BA-MA RL 3/51, Bl. 765–786, hier Bl. 765 und 782.
[360] Vgl. Popp an Wolff vom 02.12.1940, in: BArch R 8119 F/P 3146, Bl. 258–265.
[361] Ebd., Bl. 260.
[362] Vgl. ebd., Bl. 263.

rung: „Wir müssen unsere ganzen Kräfte heute auf die Type 800 und in die Entwicklung [des BMW 802-Flugmotors] konzentrieren und dabei die Übergangstype 801 benutzen, um die Serienerzeugung des Doppelsternmotors möglichst schnell in Gang zu bringen und die Vorzüge des Doppelsternmotors an der Front zu beweisen. Alle anderen Arbeiten [...] müssen bewusst zurückgestellt werden, selbst wenn die Referenten des RLM darüber nicht glücklich sind."[363]

Popps internes Schreiben an den BMW-Entwicklungschef offenbarte eindrucksvoll, dass die Luftfahrtindustriellen in letzter Konsequenz auch während des Krieges noch der privatwirtschaftlichen Maxime der Gewinnmaximierung sowie des Wettbewerbs folgten und nach der Verbesserung ihrer Marktposition durch ein konkurrenzfähiges Produktportfolio strebten. Die mangelnde Sachkenntnis sowohl der RLM-Verantwortlichen als auch der militärischen Luftwaffenführung in produktionstechnischen Fragen hatte den Industriellen neben all den Unzulänglichkeiten und Problemen, die das Programmchaos des RLM in den einzelnen Werken auslöste, auch unternehmerische Freiräume belassen, in denen sich die Privatinteressen der Unternehmensführungen geltend machten. Einerseits war es dem RLM zwar gelungen, die einzelnen Unternehmen mittels eines Befehlssystems im Produktionsbereich für ihre politischen Ziele dienstbar zu machen. Popps Brief an Wolff offenbarte jedoch, dass die ökonomische Elite der Luftfahrtindustrie ihre wichtigsten Interessen wahren konnte.[364] Dies geschah jedoch nicht wie in anderen Rüstungsbereichen, indem Wirtschaftsvertreter durch aktive Mitarbeit in administrativen Schlüsselstellungen und Führungspositionen der Selbstverwaltungsorgane am nationalsozialistischen Wirtschaftssystem partizipierten. Hinsichtlich der Mitsprache in der Gesamtorganisation der Luftwaffe spielten Flugmotoren- und Flugzeugproduzenten mit der Ausnahme von Heinrich Koppenberg im Ju 88-Projekt bis weit in den Krieg hinein eine eher untergeordnete Rolle.[365] Den Unternehmensleitungen der Luftfahrtindustrie gelang es jedoch, die staatlichen mit ihren unternehmerischen Zielsetzungen geschickt zu verknüpfen und aus dieser kongruenten Interessenlage Handlungsspielräume abzuleiten. Konkret bedeutete dies, dass die Produktionserwartung des Staates und die Profiterwartung der Industriellen keinen Widerspruch bildeten. Die Unternehmen versuchten auch unter den Bedingungen der staatlichen Rüstung die Produkte herzustellen, die am „Markt" die besten Erträge erzielten.

Diese Interessenlage erklärt insbesondere auch, warum die BMW-Geschäftsleitung es über Jahre hinweg vermied, den veralteten BMW VI-Flug-

[363] Ebd., Bl. 265.

[364] Vgl. hierzu auch Volkmann, Hans-Erich: Zur nationalsozialistischen Aufrüstung und Kriegswirtschaft. Bericht aus der Forschung. In: Militärgeschichtliche Mitteilungen 1 (1990), S. 133–177, hier S. 161.

[365] Vgl. Boelcke, Stimulation 1993, S. 100.

motor abzusetzen, solange das RLM ihn in großen Chargen bestellte und er am „Markt" von 1933 bis 1936 dringend gebraucht wurde. Diese Strategie entsprach den eigenen Profiterwartungen und der allgemein verbreiteten Scheu der Industriellen vor einem Programmwechsel in einer laufenden Serienfertigung, da jeder Anlauf einer neuen Serie bzw. eines neuen Flugmotorentyps einen überdurchschnittlich hohen Änderungs- und Fertigungsstunden-Aufwand erforderte. Ende 1940 stufte Popp den BMW 802-Motor im Hinblick auf die Möglichkeiten der Konkurrenten als langfristig profitabler ein als das Baumuster BMW 801. Dementsprechend ordnete er seine Ingenieure an, sich zu Lasten des BMW 801-Modells insbesondere auf die Arbeiten am BMW 802 zu konzentrieren. Popp gewichtete somit die langfristigen Zukunfts- und Ertragsinteressen des eigenen Unternehmens höher als die Produktionserwartungen der zuständigen Behörde. Er nutzte die vom RLM grundsätzlich befürwortete Unternehmerinitiative in einer Weise, die bewusst gegen die ministeriellen Interessen verstieß.

Popp hatte mit seinen Plänen jedoch eine Grenze überschritten, die das RLM nach deren Bekanntwerden unmöglich akzeptieren konnte, wollte es nicht seine Autorität in der Luftfahrtindustrie ruinieren.[366] Gemessen an dem allumfassenden Alleinvertretungsanspruch, den die RLM-Vertreter für sich reklamierten, kam Popps Schreiben an Wolff dem Tatbestand der Sabotage nahe. Von der Industrie wurde erwartet, dass sie den Produktionsanweisungen der Behörden wie militärischen Befehlen widerspruchslos und prompt nachkam.[367] Popp demonstrierte den RLM-Verantwortlichen demnach ein zu großes Maß an privatwirtschaftlicher Eigenständigkeit, die es in Zukunft zu kontrollieren, wenn nicht sogar zu unterbinden galt. Außerdem offenbarte ihnen das Schreiben des BMW-Generaldirektors, dass ihre Kontroll- und Lenkungsmaßnahmen bisher ineffizient waren. Als Konsequenz aus den Vorfällen bei BMW strebte die Luftwaffenführung danach, ihre Einflussnahme auf die Luftfahrtindustrie zu verstärken und dabei die Hilfestellung eines ihr offenbar genehmen industriellen Managements heranzuziehen. Als Lösung des offensichtlich bestehenden Kontroll- und Lenkungsproblems sollte ein Gremium im Umfeld des Generalluftzeugmeisters entstehen, dessen Hauptinteresse nicht mehr nur die Maximalausbringung von bestimmtem Luftfahrtgerät war, sondern eine bessere Koordinierung der Luftrüstung insgesamt.[368]

Um jedoch zunächst einmal die Missstände bei BMW zu beseitigen, beauftragte Udet im Februar 1941 den Technischen Direktor der Auto Union, William Werner, der seit 1938 auch Vorstandsvorsitzender der Mitteldeutschen Motorenwerke war, mit einer eingehenden Untersuchung über den Zustand

[366] Zu Popps Rechtfertigungsversuchen vgl. Popp an Lucht vom 08.02.1941, in: BArch R 8119 F/P 3146, Bl. 250–255 und Popp an Lucht vom 11.02.1941, in: BA-MA RL 3/52, Bl. 1657–1664.

[367] Vgl. Budraß, Flugzeugindustrie 1998, S. 354.

[368] Vgl. Boelcke, Stimulation 1993, S. 100.

der Flugmotorenfertigung bei BMW.[369] Werner galt als ausgewiesener Experte in Fragen der Serienherstellung, der immer wieder die Produktion in großen Serien und die Konzentration der Produktionsmittel forderte.[370] In seinem Gutachten über den Stand der Flugmotorenfertigung im BMW-Konzern hob Werner die ungenügende organisatorische Verankerung der Fusion der Bramo und BMW hervor und bemängelte in erster Linie die ungenügende bzw. fehlende zentrale Steuerung des Konzerns.[371] Die Zusammenarbeit der führenden Personen des Unternehmens sei z.T. „unerträglich", die umfangreichen Probleme könnten jedoch nur „gemeinschaftlich gelöst werden". Außerdem beanstandete Werner die technische Ausstattung der BMW-Werke, sie seien speziell in fabrikatorischer Hinsicht für die Herstellung kompletter Triebwerke im Serienbau „nicht genügend gerüstet".

Udet präsentierte den BMW-Verantwortlichen Werners Urteil am 11.03.1941 und nahm diese Gelegenheit zum Anlass, neben der Verbesserung der Binnenorganisation des Konzerns auch kollegialeres Zusammenarbeiten und militärische Disziplin im Management des Unternehmens zu fordern. „Alle persönlichen Momente haben zurückzustehen. Irgendwelche Eitelkeiten oder Gekränktheiten oder das hinter dem Rücken reden oder Cliquenbildung haben im Interesse der hohen Aufgabe zu unterbleiben."[372] Udet drohte gleichzeitig Maßnahmen einschneidender Art an, sollten sich die Verhältnisse bei BMW nicht binnen Kurzem grundlegend bessern, und ordnete eine weitere Untersuchung von Werner für den Mai 1941 an.

Am 19.05.1941 legte Werner seinen zweiten Bericht über die Lage bei BMW vor, in dem er gegenüber dem Zustand vom März eine wesentliche Verbesserung, vor allem auch in der Zusammenarbeit untereinander konstatierte.[373] Es gab nun wöchentliche Besprechungen der Geschäftsführer in

369 Vgl. Bericht Planung und Ausbauten der Werksanlagen des BMW-Konzerns und der im Ring angeschlossenen Werke (Speer Collection FD 4969/45), in: BA-MA RL 3/1752, Bl. 5–58, hier Bl. 39. Zur Entscheidung Udets siehe auch: Ammann an Udet vom 14.02.1941, in: BA-MA RL 3/52, Bl. 1681–1684 und Udet an Popp vom 15.02.1941, in: ebd., Bl. 1646–1648.

370 Er schlug sogar die komplette Arbeitsteilung aller am Flugmotorenbau beteiligten Firmen vor, so dass alle nur noch wenige Teile herstellen sollten. Obwohl dieser Vorschlag wenigstens in der Theorie wohl einen Produktionsschub gegeben hätte, scheiterte seine Idee an der Tatsache, dass die Neuverteilung der vielen Werkzeugmaschinen und die Umorganisation der Produktion einen Produktionsausfall mehrerer Monate bedeutet hätte, den sich das RLM mitten im Krieg nicht leisten konnte. Vgl. Braun, Aero-engine 1992, S. 8 und Budraß, Flugzeugindustrie 1998, S. 710.

371 Vgl. Teile des Berichtes von Werner über den Stand der Flugmotorenfertigung im BMW-Konzern durchgeführt im Auftrag von Udet vom 03.03.1941, in: BArch R 8119 F/P 3146, Bl. 342f. Hier finden sich auch die folgenden Zitate.

372 Manuskript der Ansprache Udets vor den Geschäftsführern der BMW AG vom 11.03.1941, in: BA-MA RL 3/52, Bl. 1634–1636, hier Bl. 1635.

373 Bericht von Werner über den Stand der Flugmotorenfertigung im BMW-Konzern durchgeführt im Auftrag von Udet vom 19.05.1941, in: BArch R 8119 F/P 3144, Bl. 209, S. 1–5.

München und eine monatliche Fabrikationssitzung unter der Führung der Konzernleitung.[374] Außerdem seien die Material- und Betriebsmittelbeschaffung und deren Verteilung innerhalb des Konzerns mittlerweile zusammengefasst und eine zentrale Maschinenbeschaffungsstelle errichtet worden, die nicht nur deren Belegung kontrollierte, sondern auch den Austausch wichtiger Maschinen innerhalb der Werke organisierte. Überdies seien die Erzeugnisse von BMW nach einer betriebsinternen Dringlichkeitsstufe eingereiht und zur Unterstützung der Lieferanten ein technischer Außendienst eingesetzt worden.[375]

Einschneidende Bedeutung für die Beziehungen zwischen den Luftfahrtunternehmen und dem RLM hatten die Gutachten von Werner nicht nur, weil sie Missstände bei BMW aufdeckten und zu deren Beseitigung beitrugen, sondern auch, weil die Führungsspitze des RLM erkannte, dass man eine effizientere Rüstungssteuerung brauchte, um bessere Kontrollen über die Produktions- und Verteilungsstrukturen der Luftfahrtfirmen zu gewährleisten.[376] Angesichts des Ernstes und der ungeheuren Bedeutung der Luftrüstung konnte es nicht mehr allein Sache einer Firma sein, hinsichtlich ihrer Binnenorganisation eigene und damit jeweils unterschiedliche Wege zu gehen. Das RLM sollte mit seinen Machtmitteln in Zukunft in der Art eingeschaltet sein, wie es in improvisierter Form bereits im Fall BMW durchgeführt worden war. Werner nutzte die Gelegenheit der BMW-Gutachten und präsentierte Udet gleichzeitig Vorschläge, wie Fehlentwicklungen in der Zukunft generell vermieden werden könnten. Seine Anregungen liefen auf die Einberufung eines zentralen Beratergremiums hinaus, das unter Zusammenfassung aller Kräfte in erster Linie für eine rationelle Fertigung in der gesamten Flugzeugindustrie sorgen und dafür mit sämtlichen notwendigen Vollmachten ausgestattet werden sollte.[377] Die RLM-Verantwortlichen nahmen den Vorschlag Werners auf. Göring konstituierte am 14.05.1941 den „Industrierat des Reichsmarschalls für die Fertigung von Luftwaffengerät".[378] Um „die Erfahrungen maßgeblicher Industrieführer in größtmöglichem Maße für die Rüstungssteigerung in der Luftwaffenindustrie"[379] zu verwerten, wurden in das Gremium unter dem Vorsitz von Udet sieben Industrievertreter berufen, jedoch keiner der großen Flugmotoren- bzw. Zellenindustrieun-

[374] Vgl. Notiz Wörner an von Stauß vom 25.03.1941, in: BArch R 8119 F/P 3077, Bl. 259.

[375] Vgl. Bericht von Werner über den Stand der Flugmotorenfertigung im BMW-Konzern durchgeführt im Auftrag von Udet vom 19.05.1941, in: BArch R 8119 F/P 3144, Bl. 209, S. 1–5, hier S. 3–5.

[376] Vgl. Budraß, Flugzeugindustrie 1998, S. 710–712.

[377] Vgl. Werner an Udet (o. D., laut Budraß nach Ende Febr. und vor dem 14.05.1941), in: BA-MA RL 3/52, Bl. 1637f., nach Budraß, Flugzeugindustrie 1998, S. 711.

[378] Vgl. Anordnung Görings betr. eines Industrierats des Reichsmarschalls für die Fertigung von Luftwaffengerät am 14.05.1941, in: BA-MA RL 3/52, Bl. 1555.

[379] Ebd.

ternehmen.[380] Die Einrichtung des Industrierates hatte für die einzelnen Firmen weitreichende Konsequenzen. Dass die Mitglieder des Industrierates nicht nur die Kontrolle, sondern auch direkte Eingriffe in die Produktionsgestaltung der einzelnen Unternehmen als ihre Aufgabe verstanden, dokumentierten sie bereits auf der ersten Sitzung durch ihren Beschluss, dass Karl Frydag und William Werner nach der Intervention bei BMW nun auch die Lieferrückstände bei Messerschmitt aufklären und beseitigen sollten.[381] Nicht umsonst kam der Präsident des RDLI und Leiter der Wirtschaftsgruppe Luftfahrtindustrie, Lahs, zu dem Schluss: „Von einer Privatindustrie im alten Sinn [...] kann bei der Luftfahrtindustrie kaum noch die Rede sein. Sie trägt praktisch nur den Namen, sonst ist sie in allen Funktionen, die überhaupt in Frage kommen, straff durch das Ministerium gesteuert."[382]

Die Vorfälle bei BMW hatten somit den Wandel in der staatlichen Rüstungssteuerung der Luftfahrtindustrie beschleunigt, wenn nicht sogar ausgelöst. Die intensivierte Kontrolle und Steuerung der Flugmotorenproduktion durch den Industrierat beseitigte einen Großteil der ohnehin bereits sehr eingeschränkten unternehmerischen Handlungsspielräume in Produktionsangelegenheiten. Die Geschäftsleitungen mussten nun jederzeit mit Untersuchungskommissionen ähnlich der Werner-Kontrollen rechnen. Außerdem drohte das RLM bei der Gründung des Industrierates, dass Missstände, die bei solchen Untersuchungen aufgedeckt werden würden, künftig auch entsprechend sanktioniert werden sollten. Das neu installierte Organ der staatlichen Rüstungssteuerung signalisierte unmissverständlich, dass das Ministerium jahrelang schwelende Probleme wie bei BMW in Zukunft nicht mehr dulden würde.

7.2.5. Zwischenfazit: Produktion bei den Flugmotorenwerken als Spiegel des Chaos' staatlicher Produktionsplanung

Sowohl die staatlichen als auch die unternehmerischen Produktionsplanungen standen nach 1933 unter der vom RLM definierten Maxime, dass der Staat die Aufgaben stellte, die von den Unternehmen gelöst werden mussten. Das RLM hatte den radikalen Anspruch, die gesamte Produktionsplanung aller Unternehmen der Luftfahrtindustrie in eigener Regie zu übernehmen. Dabei glaubten die ministeriellen Entscheidungsträger mit Hermann Göring und Erhard Milch an der Spitze, mit dem Mittel der rüstungswirtschaftlichen Großplanungen die für den Aufbau der Luftwaffe notwendigen Produktionsstückzahlen schneller und effizienter erreichen zu können, als es durch die Konkurrenz freier Industrieunternehmen möglich gewesen wäre. Die Einbin-

380 Betr. der Zusammensetzung des Industrierats vgl. das Organigramm, in: BArch R 3/1570, Bl. 6–8.

381 Vgl. Besprechungsnotiz der ersten Sitzung des Industrierates am 05.06.1941, in: BA-MA RL 3/1414.

382 Lahs an Milch vom 01.11.1942, in: BA-MA RL 3/51, Bl. 765–786, hier Bl. 768.

dung der Industrie in die Luftrüstung funktionierte vor allem über die zentrale Vergabe von Projektierungs- und Mobilmachungsaufgaben. Darin bekamen die Firmen vom RLM detaillierte Planvorgaben, die sich in der Regel an den Planungen der militärischen Stäbe der Luftwaffe und nicht an den Interessen der Unternehmensvorstände orientierten. Dadurch wurde das Prinzip der freien Entscheidung über eigene unternehmerische Produktionsziele seitens der Privatwirtschaft außer Kraft gesetzt.

Die RLM-Verantwortlichen waren 1933 jedoch noch mit dem Problem konfrontiert, auf das vorhandene Industriepotenzial angewiesen zu sein, bevor der ausschließlich vom Militär gesteuerte planmäßige Industrieausbau begonnen werden konnte. Daher ging es zunächst darum, eine Kooperation mit dem wichtigsten Luftfahrtunternehmen, der Junkers Flugzeugwerk AG (IFA) in Dessau aufzubauen. Das bei Junkers entwickelte ABC-Programm bildete somit bis Ende 1934 die erste Grundlage für den Industrieausbau. Durch die Einbindung des Junkers-Konzerns in die Steuerung des Luftrüstungsprozesses nahm das Dessauer Unternehmen unter nationalsozialistischer Herrschaft von Anfang an eine Ausnahmestellung in der Luftfahrtindustrie ein. Junkers blieb das einzige Unternehmen, das bedeutenden Einfluss auf die RLM-Programmplanungen ausüben konnte. Allerdings bezahlte der Junkers-Konzern diese Partizipation an der Rüstungssteuerung auch mit dem Wandel seiner Besitzverhältnisse und Führungsstrukturen. Nach der Enteignung von Hugo Junkers setzte das RLM mit Heinrich Koppenberg eine ihm genehme Unternehmensleitung ein.

Die Ausnahmestellung des Junkers-Konzerns offenbarte sich erneut in Folge der Krise in der Luftrüstung des Jahres 1937. Das RLM reagierte mit der Typenreduzierung und mit dem Ziel einer systematischen und flexiblen Zusammenarbeit von spezialisierten Firmen, d.h. mit einem Lösungsansatz, der im ABC-Programm vorgegeben war. Mit dem Ju 88-Programm und der Bestellung von Koppenberg zum Sonderbevollmächtigten für die Herstellung der Ju 88 legte Göring die Rüstungssteuerung persönlich in die Hände Koppenbergs. Göring ersetzte mit diesem Schritt die Kontrolle der Rüstungsbürokratie über den Junkers-Konzern durch eine auf persönliche Loyalität und auf seinen Einfluss aufbauende Verbindung zu Koppenberg. Damit war der Weg frei für eine private, von einem Konzernmanager gelenkte Rüstungssteuerung. Den Zentralbereich der deutschen Luftrüstung organisierte Koppenberg daraufhin wie die Junkers-Flugzeug- und -Motorenwerke AG (JFM). Bei Junkers wurden nicht mehr nur konstruktive Fragen der Ju 88 behandelt. Die Konzernverwaltung regelte außerdem den Einkauf und die Verteilung der Baustoffe und Maschinen für alle beteiligten Firmen, leistete Hilfestellung bei auftretenden Engpässen und überwachte den Erfolg und die Wirtschaftlichkeit der Fertigung. Durch das Ju 88-Programm entstand damit ein Rüstungsblock, der die Struktur eines riesigen Großunternehmens aufwies. Die durch den Bevollmächtigten Koppenberg und die JFM gebildete Rüstungsverwaltung trat im Zentrum der Luftrüstung an die Stelle der Rüstungsbürokratie im RLM, die sich fortan darauf beschränkte, das Restprogramm, zu dem u. a. auch der BMW-Konzern gehörte, zu verwalten. Das Ergebnis war eine Rüstungssteuerung, die von professionellen Managern des Junkers-Konzerns getragen wurde. Durch die weitreichenden persönlichen Vollmachten Görings gewann Koppenberg hinsichtlich der eigenen Produktions- und staatlichen Programmgestaltung einzigartige Handlungsspielräume, mit denen er die Luftrüstung in den Jahren zwischen 1938 und 1941 dominierte.[383]

Vollkommen anders gestalteten sich die Verhältnisse für alle anderen Flugmotorenbauer unter nationalsozialistischer Herrschaft. Die Auswirkungen der Planungen im RLM und im Rahmen des Ju 88-Programms bei Junkers auf die einzelnen Unternehmen im Rüstungssektor waren immens. Die Flugmotorenwerke waren nach 1933 in der Regel in vielfältiger Hinsicht von behördlichen Planvorgaben, die oft detailliert in den betrieblichen Produktionsprozess eingriffen, und der Machtstellung des RLM als Monopsonist abhängig. Autonome privatwirtschaftliche Produktionsentscheidungen waren z. B. für das BMW-Management in den Vorkriegsjahren äußerst schwierig geworden. So entschied die Beschaffungsstelle des Technischen Amtes an Stelle der BMW-Geschäftsleitung, wie viele Flugmotoren welchen Typs bis wann zu fertigen waren und wem und zu welchen Bedingungen Lizenzen vergeben wurden. Projektierungs- und Mobilmachungsaufgaben zogen für die Unternehmen nicht nur eine weitgehende Offenlegung der Betriebsverhältnisse nach sich. Mit ihnen reglementierte das RLM sogar die Fertigungstiefe der Flugmotorenhersteller, was einen tiefen Eingriff in die Unternehmensautonomie bedeutete. Von der Industrie wurde erwartet, dass sie den Produktionsanweisungen der Militärbehörden wie militärischen Befehlen widerspruchslos und prompt nachkam. Andernfalls drohten staatliche Sanktionen.

Auch in dieser Beziehung bildete der Junkers-Konzern eine einzigartige Ausnahme. Die JFM kümmerte sich schlicht nicht um die Vorgaben der wechselnden ministeriellen Programme und begründete dies mit den economies of scale. Um Leerlaufarbeit und Produktionsverluste zu vermeiden, definierte Koppenberg im Auf und Ab der RLM-Programme einfach einen mittleren Planungswert von monatlich 300 Flugzeugen, auf den die Beschaffung von Materialien, Maschinen, Zubehör, die Rekrutierung von Arbeitskräften und der Ausbau der Anlagen zugeschnitten war. Der Konzern versuchte, zwischen 1938 und 1941 stets, alle Faktoren für die Herstellung von monatlich 300 Flugzeugen zu akquirieren, obwohl die Lieferpläne des RLM dieses Ziel vor dem Krieg zu keinem Zeitpunkt vorgaben.[384] Diese demonstrative Autonomie gegenüber RLM-Vorgaben konnte sich nur der Junkers-Konzern auf der Basis der persönlichen Vollmachten Görings leisten.

Durch den allumfassenden Entscheidungsanspruch des RLM in Produktionsfragen waren alle anderen Firmen der Flugmotorenindustrie dem Chaos

383 Vgl. Budraß, Flugzeugindustrie 1998, S. 576.
384 Vgl. Budraß, Flugzeugindustrie 1998, S. 583.

der ministeriellen Produktionsplanung und dem zunehmenden Wunschdenken der Entscheidungsträger im RLM weitgehend ausgeliefert. Analog zum fehlenden Gesamtrüstungsplan in Deutschland konnte von einer einheitlichen Konzeption beim Aufbau der Luftwaffe keine Rede sein. Die Folge waren ständig wechselnde Planziffern und vollkommen unrealistische Beschaffungsprogramme, die bei den Unternehmen zu einer starken Unsicherheit und vielen Fehlinvestitionen führten. Jede Programmänderung bedeutete Unterbrechungen und oft radikale Änderungen in der Produktion. Vom staatlichen Programmchaos waren die Flugmotorenfirmen mit eigener Entwicklungstätigkeit wie BMW und Daimler-Benz und die Lizenzfirmen, die im Rahmen des Ju 88-Programms an den Junkers-Konzern gebunden waren, gleichermaßen betroffen.[385] Auch für die Mitteldeutschen Motorenwerke sind unzählige Programmänderungen und daraus resultierende erhebliche Produktionsstörungen dokumentiert. Trotz zahlreicher Warnungen und Mahnungen des Auto Union-Vorstandes William Werner kam es im Flugmotorenwerk Taucha zusätzlich zum Durcheinander der behördlichen Vorgaben immer wieder zu erheblichen Ressourcenvergeudungen, da die notwendige enge Abstimmung mit dem Junkers-Konzern nicht reibungslos funktionierte.[386]

Während BMW sein Typenprogramm durch die eigene Entwicklungstätigkeit wenigstens in engen Grenzen mitbestimmen konnte, fehlte der Mimo auf Grund ihres Status als Nachbaufirma jeglicher diesbezügliche Einfluss. Die Fabrikationsgeschichte des Dieselmotors Jumo 205 veranschaulicht dies.[387] Bereits während der Planungsphase war das Mimo-Werk für die Fertigung dieses Flugmotors vorgesehen. Da Junkers vor allem mit der Kühlung, der schwachen Leistung und der insgesamt mangelhaften Fronttauglichkeit des Jumo 205 kontinuierlich erhebliche Probleme hatte, brachte die Mimo-Geschäftsleitung im RLM wiederholt ihre Vorbehalte gegen die Absicht des Ministeriums zum Ausdruck, dass in Taucha lediglich der Jumo 205 gebaut werden sollte und schlug eine Fertigungsergänzung um den Jumo 210-Benzinmotor vor. Trotz der Tatsache, dass auch der RLM-Planungschef, Löb, den Jumo 205 für nicht serienreif hielt, wiesen die zuständigen RLM-Vertreter die Bedenken zurück und betonten ausdrücklich die Brauchbarkeit des Motors für die Luftwaffe. Folglich blieb es bei der Mimo in den Jahren 1936/37 ausschließlich bei der Fertigung des Dieselflugmotors Jumo 205. Da Junkers die entscheidenden Leistungsparameter des Flugmotors jedoch nicht in den Griff bekam und infolgedessen immer stärkere Zweifel an der Frontverwendungsmöglichkeit des Motorentyps aufkamen, entschied die Beschaffungsabteilung im RLM Mitte 1937 unvermittelt, den Serienbau des Jumo 205 in Taucha nicht weiterzuführen und das Werk statt dessen unverzüglich in die Fertigung des Jumo 211-Flugmotors einzubinden. Da dieser Motor jedoch

385 Zu den Programmproblemen bei DB vgl. u. a. Gregor, Stern 1997, S. 166.
386 Vgl. Kohl/Bessel, Auto Union 2003, S. 105–138.
387 Vgl. hierzu ebd., S. 64–80.

noch weit von seiner Serienreife entfernt und bei der Mimo noch nicht einmal Zeichnungen des Jumo 211 vorhanden waren, gab es beim übereilten Fertigungsanlauf solch gravierende Probleme, dass im ersten Halbjahr 1938 praktisch ein vollständiger Lieferstillstand eintrat. Hätte das RLM die Warnungen der Mimo-Geschäftsleitung von Anfang an ernst genommen, hätte das Programmchaos sicherlich wenigstens abgemildert werden können.

Die Missachtung der staatlichen Anweisungen und Maßnahmen bzw. die Nichterfüllung von Planvorgaben konnte für alle Flugmotorenwerke die erzwungene Degradierung zu Lizenz-Nachbaufirmen bedeuten. Zwar blieb das Privateigentum der Produktionsmittel formalrechtlich das dominierende Ordnungselement im nationalsozialistischen Wirtschaftssystem, jedoch wurde die freie Verfügungsgewalt über dieses Eigentum durch lenkungswirtschaftliche Eingriffe des RLM im zur restlichen deutschen Industrie weitgehend abgeschotteten Luftfahrtsektor zunehmend eingeschränkt. Das Ministerium schuf damit Handlungsspielräume und Zwangslagen, die die Handlungsautonomie der einschlägigen Unternehmen in hohem Maße konditionierte. Im Kern galt, dass nur eine Entscheidung im Sinne des Regimes die Bestandswahrung bzw. den Profit eines Unternehmens wahrscheinlich machte. Spätestens seit der Enteignung von Junkers fungierte die latente und von Seiten des NS-Regimes bewusst aufrecht erhaltene Drohung des „Umkippens" der NS-Wirtschaftsordnung in eine Staatswirtschaft als permanente Erpressung. Die Beschaffungsstelle des RLM verplante die formell privatwirtschaftlichen Luftfahrtunternehmen, als ob sie staatseigene Firmen seien. Wer nicht mitmachte, wurde fallengelassen und schaltete sich praktisch selber aus dem Wettbewerb aus. Den Flugmotorenbauern blieb auf dem Sektor der Produktionsentscheidungen vor allem, im Rahmen eng begrenzter personeller und materieller Kapazitäten eine möglichst akkurate Planerfüllung anzustreben, um über die so geschaffene Vertrauensbasis zum RLM neue Aufträge zu akquirieren.

Die Stellung der Bayerischen Motoren Werke im System der Luftrüstung bis 1936 verdeutlicht, dass das RLM sich die Luftfahrtindustrie einerseits durch planwirtschaftlich-diktatorische Lenkungseingriffe und Produktionsvorgaben dienstbar zu machen wusste, andererseits jedoch die kapitalistische Grundstruktur der Wirtschaft theoretisch erhalten blieb. Die weitgehend kongruenten Interessenlagen hinsichtlich der Renditeinteressen der Industrie und der Produktionsinteressen des RLM wiesen beiden Akteuren eine Art Aufgabenteilung zu. Konkret bedeutete dies, dass die Produktionserwartung des Staates und die Profiterwartung der Industriellen keinen Widerspruch bilden mussten. Die Unternehmen versuchten nach wie vor auch unter den Bedingungen der staatlichen Rüstung die Produkte herzustellen, die am „Markt" zur damaligen Zeit die besten Erträge erzielten. Die Flugmotorenfabrikanten hatten Handlungsspielräume im Hinblick auf ihre Produktion zwar im Wesentlichen nur noch im Binnenverhältnis der Unternehmen, hauptsächlich hinsichtlich der wirtschaftlichen Organisation und Führung der eigenen Werke. Dass sie diese Spielräume jedoch zur Wahrung ihrer wichtigsten Interessen zu nutzen versuchten, verdeutlichte Popp mit seiner internen Baumuster-Prioritätensetzung. Trotz der nur in engen Grenzen verbliebenen Entscheidungsmöglichkeiten folgte der BMW-Vorstand auch unter den Nationalsozialisten weiterhin den privatwirtschaftlichen Maximen der Gewinnmaximierung und des Wettbewerbs und strebte nach einer Verbesserung der eigenen Marktposition durch ein konkurrenzfähiges Produktportfolio. Diese privatwirtschaftliche Grundorientierung ließ sich bei allen Flugmotorenherstellern beobachten.

Als im RLM jedoch bekannt wurde, dass Popp noch während des Krieges für sich und den BMW-Vorstand beanspruchte, unabhängig vom Ministerium Produktionsentscheidungen zu treffen, war dies der Auslöser für die Neuorganisation der Rüstungssteuerung in der Luftfahrtindustrie. Mittels des neuen Industrierates gedachte man im RLM nicht nur die bisher inadäquaten Kontroll- und Lenkungsmaßnahmen im Luftfahrtsektor zu straffen, sondern strebte insgesamt eine bessere Koordinierung der Luftrüstung unter anderem auch durch direkte Eingriffe in die Produktionsgestaltung der einzelnen Unternehmen an. Dadurch wurden die ohnehin bereits sehr eingeschränkten unternehmerischen Handlungsspielräume weiter reduziert.

7.3. Die Finanzierung der Luftrüstung

Ein zentrales Anliegen der Wirtschaftspolitik in den 1930er Jahren war die Verwirklichung der in den verschiedenen Planungen festgelegten Investitions- und Ausbauprogramme in der Rüstungsindustrie. Dabei durfte die Geld- und Kapitalmarktpolitik nach Ansicht der neuen Machthaber keine begrenzende bzw. hemmende Wirkung entfalten. Daher gab es nach der Machtübernahme der Nationalsozialisten auf der Finanzierungsseite auch erhebliche Eingriffe des Staates in die Unternehmen der Rüstungsindustrie.[388] Typisch war in diesem Sinne die Vielfalt der Instrumente. Eine ganze Reihe von Maßnahmen schränkte den Wettbewerb auf den Geld- und Kapitalmärkten ein, um der staatlichen Rüstung mehr Finanzmittel zu geringeren Kosten zu sichern.[389] Beispielsweise wurde die Emission von Industrieobligationen, Pfandbriefen und Aktien verboten bzw. unter staatliche Kontrolle gestellt. Bei der Prüfung der Pläne für industrielle Neuemissionen legten die Behörden strenge Maßstäbe an und sprachen Genehmigungen grundsätzlich nur dann aus, wenn die beabsichtigten Investitionen unter volkswirtschaftlichen Gesichtspunkten unaufschiebbar waren und sich ihre Finanzierung auch auf anderem Weg als

[388] Vgl. hierzu v.a. Stucken, Rudolf: Deutsche Geld- und Kreditpolitik 1914–1963. Tübingen 1964; Boelcke, Willi A.: Die Kosten von Hitlers Krieg. Kriegsfinanzierung und finanzielles Kriegserbe in Deutschland, 1933-1948. Paderborn 1985; Boelcke, Willi A.: Die Finanzpolitik des Dritten Reiches. Eine Darstellung in Grundzügen. In: Bracher, Deutschland 1992, S. 95–117.

[389] Vgl. Ambrosius, Wirtschaftsordnung 2001, S. 135.

unmöglich erwiesen hatte.[390] Außerdem drosselte eine selektive Geldmarktpolitik wehrwirtschaftlich unwichtige Investitionen. Direkt restriktiv wirkende Kontrollmaßnahmen auf dem Geld- und Kapitalmarkt standen demnach neben direkt und indirekt wirkenden Investitionsanreizen, die über eine weitgefächerte Stützungspolitik des Staates verwirklicht wurden. So lenkten finanzielle Anreize die Investitionen und Produktion in Richtungen, die vom Regime bestimmt wurden und die nicht immer mit den Eigeninteressen von Unternehmen übereinstimmen mussten.[391] Im Folgenden werden die Auswirkungen der staatlichen Finanzierungspolitik auf die Luftfahrtindustrie und insbesondere den BMW-Flugmotorenbau untersucht.

7.3.1. Finanzierungsprobleme der BMW-Flugmotorenbau-Gesellschaften

Die Luftfahrtindustrie war in den 1920er Jahren auf Grund der Beschränkungen des Versailler Vertrages in der Hauptsache auf die Herstellung friedensmäßiger Güter eingerichtet. Um die von den Nationalsozialisten gestellten Anforderungen des systematischen Aufbaus einer schlagkräftigen Luftwaffe erfüllen zu können, mussten ihre Betriebe radikal umgestellt und erweitert werden. Wie bei BMW war in vielen Fällen der Aufbau ganz neuer Werke notwendig. Auf Grund der wirtschaftlichen Depression der vergangenen Jahre stand den wenigsten Unternehmen eigenes Kapital in entsprechendem Ausmaß zur Verfügung. Die zusätzlich zum vorhandenen Kapital notwendigen Mittel für Neubauten, Erweiterungen, Maschinenbedarf usw. konnten daher in der Regel nur durch Beschaffung auf dem Kapitalmarkt oder Bevorschussung aus Quellen des Reichshaushaltes akquiriert werden.[392]

Der unrentable Aufbau der Industrie sowie die nicht absehbare Dauer der Rüstungskonjunktur sorgten jedoch dafür, dass die großen Banken von einem umfassenden Engagement in der ihrer Meinung nach unsicheren Luftfahrtindustrie Abstand nahmen.[393] Das Konzept des massiven Industrieausbaus des RLM sowie die darin vorgesehene Bereithaltung von erheblichen Überkapazitäten für den Mobilmachungsfall ließen eine Industrie entstehen, deren Bilanzen auf der Passivseite erhebliche Verbindlichkeiten aufwiesen. Dem standen auf der Aktivseite Werte gegenüber, die unwirtschaftlich aufgebläht seien, hieß es in einem Memorandum der Deutschen Bank.[394] Weiterhin bemängelte die Bank, dass die besonderen Auflagen für die Luftfahrt-

[390] Vgl. Blaich, Industrie 1979, S. 277.
[391] Vgl. Turner, Unternehmen 1998, S. 19.
[392] Vgl. Bericht „Finanzierung der Wehrwirtschaft durch öffentliche Beihilfen" (o. D., 1945), in: BArch R 3/460.
[393] Vgl. RLM an RFM betr. Luftfahrtkontor GmbH vom 20.06.1938, in: BArch R 2/5550, Bl. 26–28, hier Bl. 27.
[394] Vgl. Memorandum des Vorstands der Deutschen Bank, Rummel „Über die Bereinigung der Bilanzen der Deutschen Luftfahrtindustrie vom 28.06.1937, in: BArch R 81 F/P 15424, Bl. 5. Zitiert nach: Budraß, Flugzeugindustrie 1998, S. 362.

industrie – besonders die Luftschutzvorschriften – die Wirtschaftlichkeit der Unternehmen beeinträchtigten, während es die restriktive Abschreibungspolitik des Ministeriums und der Druck auf die Gewinne den einzelnen Unternehmen unmöglich machte, Reserven zu bilden.[395] Angesichts dieser Gemengelage kommt Budraß zu dem Schluss, dass die Luftfahrtindustrie betriebswirtschaftliche Werte aufwies, „die nach dem Ende der Aufrüstung nichts weniger als eine Katastrophe erwarten ließen. Wenn die Firmen nicht – wie etwa Siemens – angesichts dieser Gefahrenmomente den Flugzeug- und Flugmotorenbau schlicht aufgaben, so konnten sie nur hoffen, dass sich nach der Komplettierung der Erstausstattung der Luftwaffe Regelungen für die notwendige Entlassung von Arbeitern, die finanzielle Abgeltung der Überkapazitäten und die dauernde hohe Subventionierung der Flugzeugproduktion finden würden."[396] Dass die meisten Bankvorstände in den 1930er Jahren hinsichtlich der Zukunftsaussichten bzw. der Kreditwürdigkeit der Luftfahrtindustrie zu einem ähnlichen Ergebnis kamen, erklärt ihre reservierte Haltung gegenüber einem Engagement bei den einzelnen Luftfahrtfirmen.[397] In den Fällen, in denen sie Kredite an die Luftfahrtindustrie gewährten, sicherten sie sich in der Regel Risikoprämien und Abschreibungszusicherungen des Reiches.[398]

Zu der ohnehin vorhandenen Skepsis der Banken trug besonders auch die unseriöse Erweiterungsstrategie des RLM, die die haushaltstechnischen Grenzen des Ministeriums sprengte, bei.[399] Außerdem verhinderte die Geld- und Kapitalmarktpolitik des NS-Regimes die Konsolidierung der einschlägigen Firmen. Im Sommer 1936 beantragte BMW eine Erhöhung des Grundkapitals der BMW AG von 15 Mio. RM auf 22,5 Mio. RM, um zu einem gesünderen Verhältnis von Grundkapital, Anlagewerten und Umsätzen zu kommen.[400] Allein im Jahr 1935 belief sich der ständig steigende Umsatz auf den Gebieten, die von der AG betreut wurden, auf rund 52 Mio. RM und der Umsatz der BMW Flugmotorenbau GmbH auf etwa 76 Mio. RM.[401] Überdies begründete BMW ihren Antrag mit einem dringenden Geldbedarf von 12,5 Mio. RM für die vom RLM geforderten Erweiterungen ihrer Flugmotorenbau-Kapazitäten. „Unsere Bemühungen, uns Mittel im Kreditwege zu beschaffen, scheiterten an der Höhe des Betrages im Verhältnis zu unserem bis-

395 Vgl. ebd.
396 Budraß, Unternehmen und Luftwaffe 2002, S. 165.
397 Vgl. Exposé „Die Finanzierung der deutschen Luftfahrtindustrie" (o. D., o. V.), in: BArch R 8119 F/P 11821.
398 Vgl. RLM an RFM betr. Luftfahrtkontor GmbH vom 20. 06. 1938, in: BArch R 2/5550, Bl. 26–28, hier Bl. 27.
399 Vgl. hierzu auch Kesselring/Suchenwirth, Luftwaffe 1957–1965, S. 121.
400 Vgl. BMW-Antrag beim Reichs- und Preußischen Wirtschaftsminister betr. Erhöhung des Grundkapitals von 15 auf 22,5 Mio. RM vom 03. 08. 1936, in: BArch R 8119 F/P 3075, Bl. 32–33.
401 Vgl. Tabelle 23, S. 480.

herigen Eigenkapital, zumal wir bereits einen Bankkredit von RM 2 Millionen in Anspruch genommen haben", berichtete die BMW-Geschäftsleitung.[402] Das Unternehmen könne mit einer Erhöhung des Bankkredits lediglich auf ca. 4,5 Mio. RM rechnen. Die restlichen 8 Mio. RM wolle man daher auf dem Wege der Kapitalerhöhung decken. Angesichts der restriktiven Emissionspolitik der NS-Wirtschaftsbehörden wurde die BMW-Stammkapitalerhöhung jedoch nicht genehmigt, obwohl die neuen Mittel ausschließlich dem Ausbau der BMW-Flugmotorenbau-Anlagen und damit auch der Luftrüstung zu Gute kommen sollten.

Wenig angebracht, das Vertrauen des privaten Kapitalmarktes in die Luftfahrtindustrie zu erhöhen, waren auch die wiederholt auftretenden Diskussionen um die den Unternehmen bewilligten Abschreibungssätze. Um die Belastungen des Reichshaushaltes so weit wie möglich in die Zukunft zu verlagern, gewährte das RLM den Unternehmen nur steuerliche Abschreibungssätze, die weit unter denen lagen, die die Vereinigung deutscher Maschinenbau-Anstalten (VDMA) empfahl.[403] Dies rief den Protest der Geschäftsführung der BMW Flugmotorenbau GmbH hervor.[404] Popp und Klebe klagten, dass die vom RLM gewährte Abschreibungsgarantie dem Unternehmen zwar einerseits auf Dauer das Risiko für die Amortisation der Flugmotorenanlagen nahm, andererseits beschränke sie die unternehmerische Initiative in der Verwendungsfähigkeit derart, „dass wir unseren Betrieb nicht mehr als ein privatwirtschaftliches Gebilde bezeichnen können".[405] Die BMW-Spitze plädierte daher wiederholt für die Einräumung handelsüblicher Abschreibungssätze.

Popp war grundsätzlich der Auffassung, dass die Anlagen eines Werkes der Flugmotorenindustrie in kürzester Zeit, d. h. innerhalb von zwei Jahren abgeschrieben sein müssten.[406] Das begründete er damit, dass im Frieden zukünftig lediglich ein Bruchteil der erheblichen Reservekapazitäten genutzt werden könnte. Daher müssten die Abschreibungssätze eine ausreichende Reserve für die Gefahren der künftigen Beschäftigung der Werke ermöglichen. Bei Verhandlungen im Verwaltungsamt des RLM wies Popp diesbezüglich auf „die unhaltbare Lage hin, in die BMW durch die ungeheure Verschuldung gegenüber dem Reich gekommen ist. Die [zur Verhandlung stehenden] Abschreibungsgarantien müssen so gefasst sein, dass sie eine vollwertige Gegenforderung gegen die Ansprüche des Reiches aus den Investitionsdarlehen abgeben.

402 BMW an Reichs- und Preußischen Wirtschaftsminister vom 23.07.1936, in: BArch R 8119 F/P 3065, Bl. 49, S. 1–4, hier S. 1–2.

403 Besprechung von Popp u. a. im Verwaltungsamt des RLM am 04.12.1934, in: BArch R 8119 F/P 3123, Bl. 3.

404 Vgl. auch Popp und Klebe an von Stauß vom 31.10.1934, inklusive einer Tabelle des RLM über Abschreibungssätze im Anhang, in: BArch R 8119 F/P 3074.

405 Popp und Klebe an von Stauß vom 26.07.1935, in: BArch R 8119 F/P 3074, Bl. 232, S. 1–4, hier S. 2.

406 Besprechung von Popp u. a. im Verwaltungsamt des RLM am 04.12.1934, in: BArch R 8119 F/P 3123, Bl. 5.

[…] Je schneller abgeschrieben werde, umso früher könnten die vom Reich für Investitionszwecke zur Verfügung gestellten Beträge zurückgeführt werden."[407] Im Falle eines Krieges unterlagen die Anlagen der Luftfahrtindustrie überdies in erhöhtem Maße der Gefahr, durch Luftangriffe zerstört zu werden. Popps Interventionen im Ministerium blieben jedoch im Wesentlichen folgenlos.

Wie die Tabelle 13 eindrücklich zeigt, führten die regulierenden Maßnahmen zur Schonung des Reichshaushaltes dazu, dass es BMW wie allen anderen Luftfahrtunternehmen bis einschließlich 1937 nur sehr unzureichend gelang, sich Investitionsmittel auf dem privaten Kreditmarkt zu beschaffen.[408]

Tabelle 13: RLM-Investitionskredite und Bankkredite für den BMW-Konzern 1934–1939 (in Tausend RM)

	BMW AG	GmbH München	GmbH Eisenach	GmbH Brandenburg	Gesamt
RLM-Investitionskredite					
1934	–	–	–	–	–
1935	–	18245	–	–	18245
1936	–	20790	–	–	20790
1937	–	7256	2810	–	10066
1938	–	–	–	–	–
1939	–	–	–	8500	8500
Bankkredite					
1934	–	–	–	–	–
1935	3000	–	–	–	3000
1936	2000	–	–	–	2000
1937	4500	–	–	–	4500
1938	8500	5500	2500	–	16500
1939	8500	27500	2500	10000	48500

Quelle: Aufstellung „Zahlenmäßige Entwicklung des BMW-Konzerns", in: BArch R 8119 F/P 3076, Bl. 481–484, hier Bl. 484.

Die Firmen der Luftfahrtindustrie waren im Gegensatz z. B. zum Arbeitsfeld der BMW AG kein lohnendes Objekt für ein finanzielles Engagement der Kreditinstitute. Es wurde nach Beginn der Aufrüstung sehr schnell klar, dass die Kosten des massiven Industrieausbaus und die Schaffung einer schlagkräftigen Luftwaffe aus dem Haushalt des RLM bezahlt werden mussten und die Finanzkraft des Reiches damit auf das Äußerste belastet werden würde.[409] Von der finanziellen Seite her durfte das Tempo des Industrieausbaus jedoch

[407] Ebd., Bl. 7.

[408] Vgl. RLM an RFM betr. Luftfahrtkontor GmbH vom 20.06.1938, in: BArch R 2/5550, Bl. 26–28, hier Bl. 27.

[409] Vgl. Bericht „Finanzierung der Wehrwirtschaft durch öffentliche Beihilfen" (o. D., 1945), in: BArch R 3/460.

nach Meinung der RLM-Spitze unter keinen Umständen gehemmt werden. Da praktisch eine ganze Industrie unter größtem Zeitdruck neu aufgebaut werden musste, konnte sich das Ministerium nicht auf die private Initiative in der Kreditwirtschaft verlassen. Eine betriebswirtschaftlich übliche Finanzierung blieb somit bis dahin die Achillesferse der Aufrüstung im Luftfahrtsektor.

Das Bestreben des Staates ging von vornherein nicht dahin, eigene Unternehmen aufzubauen. Die Erkenntnis, dass vollkommen neu gegründete, rein staatliche Unternehmen privaten Firmen hinsichtlich ihrer Effizienz unterlegen waren, hatte sich weitgehend durchgesetzt.[410] Vielmehr sollte der zusätzliche Finanzbedarf der vorhandenen und neuen Firmen lediglich überbrückt werden, solange kein privates Kapital zur Verfügung stand.[411] Die Art, wie Haushaltsmittel den Flugmotorenbauern zur Verfügung gestellt wurden, wurde in jedem Einzelfall neu verhandelt. Fast allen Maßnahmen lag zugrunde, dass die Mittel für die Finanzierung durch Kreditgewährung, d.h. in letzter Instanz durch die Reichsbank beschafft wurden. In der Regel handelte es sich in den Aufbaujahren um unverzinsliche Darlehen an die Industrie.[412]

Die Luftfahrtindustrie profitierte in den Aufbaujahren mit erheblichen Summen aus den Arbeitsbeschaffungsprogrammen des Reiches.[413] Die Gelder wurden auf Wechselbasis vorfinanziert. Dies ersparte dem Reich die sofortige Herausgabe flüssiger Mittel und verteilte die Aufbringung der Mittel auf die Haushaltsjahre 1934–1938.[414] Um Kreditrückzahlungen und Beteiligungen

[410] Vgl. Scherner, Jonas: Das Verhältnis zwischen NS-Regime und Industrieunternehmen – Zwang oder Kooperation? In: Zeitschrift für Unternehmensgeschichte 2 (2006), S. 166–190, hier S. 184–185 und Buchheim, Christoph/Scherner, Jonas: The Role of Private Property in the Nazi Economy: The Case of Industry. In: Journal of Economic History 2 (2006), S. 390–416, hier S. 405f.

[411] Vgl. Endgültige Fassung der Richtlinien über Preisbildung und Finanzierung des RLM, der Industrie übersandt am 10. 03. 1937, in: BA-MA RL 3/169 und Diskussionsgrundlage der Wirtschaftsgruppe Luftfahrtindustrie zu den neuen Richtlinien über Preisbildung und Finanzierung vom 02. 04. 1937, in: DAG/HIC Kissel 9.34 Behörden und Institutionen, S. 1–32, hier S. 30–31.

[412] Bericht auf die Anfrage der amerikanischen Militärregierung vom 16. 05. 1946, in: BArch R 2 Anh. 37, Bl. 20 und Bericht des ehemaligen RFM „Allgemeines über Finanzierungsmaßnahmen des Reichs" vom 04. 08. 1948, in: BArch R 2 Anh./82, Bl. 308–320, hier Bl. 308.

[413] Zu den einzelnen Arbeitsbeschaffungsprogrammen siehe: Bericht des ehemaligen RFM „Allgemeines über Finanzierungsmaßnahmen des Reichs" vom 04. 08. 1948, in: BArch R 2 Anh./82, Bl. 308–320, hier Bl. 308–309.

[414] Auf dem Gebiet der Aufrüstung benutzte das Reich zur Finanzierung v. a. Rüstungswechsel, auch Sonderwechsel oder Mefowechsel genannt. Sie dienten der Geldbeschaffung zum Zwecke der Aufrüstung. Der Unternehmer zog den Wechsel auf die Metallurgische Forschungsgesellschaft, einer vom Oberkommando der Wehrmacht gegründeten GmbH. Die Wechsel wurden von der Reichsbank diskontiert und teils in ihr Portefeuille genommen, teils an Bankinstitute weitergegeben, die sie als Geldanlagen benutzten. Das Reich schuf sich durch die Diskontierung der Mefowechsel bei der Industrie und den Banken eine große finanzielle Entlastung. Praktisch zahlte das Reich

zu verwalten, nutzte das RLM treuhänderisch die am 25.03.1935 gegründete Luftfahrtkontor GmbH.[415]

Auch die Finanzierung der Produktion selbst erfolgte zum größten Teil durch An- oder Abschlagszahlungen des Auftraggebers und zwar in bar oder mittels Wechseln.[416] Durch die gewährten Vorauszahlungen waren bei den BMW-Flugmotorenbau-Gesellschaften darüber hinaus keine weiteren Betriebsmittelkredite erforderlich.[417] Die Luftfahrtindustrie verwandelte sich neben dem Bereich der Produktion auch im Finanzsektor zunehmend in einen geschlossenen, planwirtschaftlich organisierten Rüstungsblock im Umfeld und unter der Kontrolle des RLM. Die große monetäre Abhängigkeit der Luftfahrtfirmen presste sie in ein enges finanzielles Korsett, das weitgehend marktfern war und sie von ministeriellen Auflagen abhängig machte. So waren Unternehmen, deren Investitionen ganz oder teilweise mit Reichsmitteln bezahlt wurden, z.B. verpflichtet, die betreffenden Anlagen auf Verlangen des RLM jederzeit an das Reich zu verkaufen. Diese Verpflichtung erlosch erst nach Rückzahlung der von der Firma für Investitionen verwendeten Reichsmittel.[418]

Trotz der Auflagen des RLM war BMW auf Reichsgelder angewiesen. So wurde die Finanzierung des gesamten Ausbaus der Flugmotorenfabrik Allach GmbH im Rahmen der Pachtlösung vom Reich übernommen. In Eisenach betrugen die Gesamtinvestitionen bei dem neu gegründeten Flugmotorenwerk Eisenach Dürrerhof zwischen 10 und 11 Mio. RM.[419] 5 Mio. RM stellte

effektiv später als die Lieferungen der Betriebe erfolgten. Das Reich gab für Lieferungen in der Regel Mefowechsel aus, die erst nach halbjähriger Laufzeit eingelöst wurden. Mit Wirkung vom 01.01.1938 wurde die Ausgabe der Mefowechsel eingestellt. Insgesamt wurden Mefowechsel im Betrag von rund 12 Mrd. RM in Verkehr gesetzt. Hiervon wurden vom Reich jedoch lediglich 4 Mrd. eingelöst. Die Mefowechsel wurden 1938 ersetzt durch u.a. Lieferschatzanweisungen und diese 1939 durch Steuergutscheine. Vgl. Bericht „Allgemeines über Finanzierungsmaßnahmen des Reichs" vom 04.08.1948, in: Archiv des ehemaligen Reichsfinanzministeriums, in: BArch R 2 Anh. 37, Bl. 20–25, hier Bl. 22 und Bericht „Eine zeitliche und zahlenmäßige Übersicht über die Ausstellung und Einlösung von Mefowechseln" vom 20.07.1946, in: BArch R 2 Anh./83, Bl. 83–134.

415 Vgl. RLM an RFM betr. Luftfahrtkontor GmbH vom 20.06.1938, in: BArch R 2/5550, Bl. 26–28, hier Bl. 26 und Völker, Luftwaffe 1967, S. 24.

416 Zu der Ausgabe von Mefowechseln an BMW siehe z.B.: Vertragsentwurf zwischen dem RLM und der BMW AG zur Gründung der Eisenacher Flugmotorenfabrik GmbH vom 28.05.1936, in: BArch R 8119 F/P 3146, Bl. 66–72, hier Bl. 66; Aktenvermerk von Rintelen vom 23.03.1936, in: BArch R 8119 F/P 3065, Bl. 28; von Stauß an von Rintelen vom 24.03.1936, in: ebd., Bl. 29 und Pippen an Stein, beide Mitarbeiter der Deutschen Bank, vom 13.05.1936, in: ebd., Bl. 30–31.

417 Vgl. Geschichte des BMW-Konzerns – Die finanzielle Entwicklung (o.D.), in: BMW-Arch UA 2.

418 Vgl. RLM an die Firmen der Luftfahrtindustrie vom März 1935, in: BArch R 8119 F/P 3145, Bl. 32.

419 Vgl. Aktennotiz Deutsche Bank vom 12.08.1937, in: BArch R 8119 F/P 3143, Bl. 24.

Bild Nr. 19: Franz Josef Popp erläutert Adolf Hitler anlässlich dessen Besuchs im BMW-Werk München-Milbertshofen am 12. 07. 1935 die Werksanlagen

Bild Nr. 20: V.l.n.r.: Franz Josef Popp, Adolf Hitler, Werner von Blomberg (Kriegsminister) und Erhard Milch (Staatssekretär im RLM) in einer Fertigungshalle des BMW-Werks München-Milbertshofen am 12. 07. 1935

die Gesellschaft, den Rest vergab das Reich als Investitionsdarlehen. Wie Tabelle 13 zeigt, war der BMW-Konzern insbesondere in den Jahren 1935-1937 durch die vom Reich geforderten Kapazitätsausbauten im Flugmotorenbau mit hohen Investitionsdarlehen des Reiches ausgestattet. Allerdings blieb die Einflussnahme des Ministeriums im Finanzbereich im Großen und Ganzen im Rahmen üblicher Kreditbeziehungen zwischen einem dominierenden Kreditgeber und einem abhängigen Unternehmen. Dass in einer solchen asymmetrischen Beziehung Abhängigkeiten und Einflussnahmen entstehen, war und ist auch in der privaten Kreditwirtschaft normal.

Durch die starke Präsenz des RLM bzw. weitgehende Abwesenheit der Privatbanken bis Mitte der 1930er Jahre bewegten sich auch die Kontrollmechanismen gegenüber den Flugmotorenherstellern im Kapital- und Finanzierungsbereich in einem vergleichsweise marktfernen Umfeld. In einer freien Marktwirtschaft ist es Unternehmen ohne die Möglichkeit der Kapitalbeschaffung über die Finanzmärkte kaum möglich, Investitionsstrategien zu entwickeln und erfolgreich zu implementieren. Daher erfüllen Kapitalmärkte in einem freien Marktumfeld nicht nur die primäre Funktion der Kapitalbereitstellung, sondern haben auch wichtige Kontrollaufgaben. Die Konditionen der Kapitalbereitstellung hängen weitgehend von der Reputation der entsprechenden Gesellschaft am Kapitalmarkt ab.[420] Daher bestehen für Manager, die auf externe Finanzierung angewiesen sind, in der Regel große Anreize, sich im Sinne der Kapitalgeber zu verhalten, um den Erfolg ihres Unternehmens und damit zusammenhängend auch ihre eigene Position nicht zu gefährden. Da jedoch das RLM bis 1937 das primäre Ziel verfolgte, die Kapazitäten der Luftfahrtindustrie so stark und schnell wie möglich auszubauen, fehlten auch seitens des staatlichen Kapitalgebers die notwendigen Wirtschaftlichkeitskontrollen der jeweiligen Unternehmen nach privatwirtschaftlichem Standard. Von staatlicher Seite fehlten den Luftfahrtindustriellen dadurch auch wichtige finanzielle Anreize, für eine gute Corporate Governance im eigenen Unternehmen zu sorgen, um Vertrauen und Glaubwürdigkeit nach außen zu garantieren.

Die Kontrollfunktion eines freien Marktes war in der Luftfahrtindustrie auf Grund der starken Abhängigkeit der Firmen von Reichsgeldern bereits während der Weimarer Republik weitgehend ausgehöhlt. Die Regierung Brüning versuchte sich dadurch zu helfen, dass sie im September 1931 neue Kontrollbestimmungen für Aktiengesellschaften erließ. Das Kernstück der neuen Regelungen bildete die Einführung der obligatorischen Bilanzprüfung durch externe Revisoren.[421] Dadurch erhielten die Bilanzen der Aktiengesellschaften das Gütesiegel einer professionellen externen Kontrolle.

420 Shleifer/Vishny Corporate Governance 1997, S. 749. Helmis, Corporate Governance 2002, S. 16.

421 Vgl. die Verordnung des Reichspräsidenten über Aktienrecht, Bankenaufsicht und über eine Steueramnestie" vom 19. 09. 1931, in: RGBl. 1931 I, S. 493ff. Vgl. hierzu auch Quick, Pflichtprüfung 1990, S. 220ff.

Die externe Pflichtprüfung wurde vom nationalsozialistischen Regime weiter praktiziert. Die Behörden betrieben nach 1933 jedoch zielstrebig einen Wandel der Wirtschaftsprüfung von einem privatwirtschaftlich geprägten Apparat zu einem Instrument staatlicher Kontrolle über die Unternehmen.[422] Starke Einflussmöglichkeiten auf das System der externen Unternehmenskontrolle sicherten sich die Reichsbehörden über den Ausbau der reichseigenen Prüfungsgesellschaft Deutsche Revisions- und Treuhand AG. Nach 1933 wurde die Deutsche Revisions- und Treuhand AG für die Prüfung von Unternehmen zuständig, die das Reich finanzierte. Daher prüfte diese Gesellschaft neben Staatskonzernen auch die gesamte Luftfahrtindustrie. Auch wenn die Leitung der Deutschen Revisions- und Treuhand AG wohl zumeist keinen direkten Einfluss auf die Prüfer nahm, musste stets damit gerechnet werden, dass diese politisch instrumentalisiert wurden.[423]

Das finanzielle Engagement des Reiches bedeutete für die Flugmotorenindustrie daher nicht nur Abhängigkeiten und Einflussmöglichkeiten der Reichsbehörden, sondern brachte den Unternehmern auch Vorteile. So standen viele beteiligte Manager einer starken Beteiligung der privaten Kreditwirtschaft an der Aufrüstung durchaus reserviert gegenüber. Die potenziellen Kreditnehmer befürchteten das Risiko der unwirtschaftlichen Aufblähung ihrer Kapazitäten genauso wie die Kreditgeber. Für die Unternehmen war die Perspektive weitaus günstiger, im Falle auftretender Zahlungsschwierigkeiten unmittelbar mit dem RLM über Investitionskredite aus Haushaltsmitteln verhandeln zu müssen als mit den Banken, die sich nicht willens zeigten, Sondermaßstäbe bei der Beurteilung der Leistungsfähigkeit der Luftfahrtindustrie anzulegen. Immerhin hatte das RLM ein vitales Interesse an einer schlagkräftigen Luftfahrtindustrie und daran, dass ein für die Ziele der NS-Politik so wichtiger Industriezweig nicht durch Kapitalprobleme gelähmt wurde.

Dass die einseitige Finanzierung des Kapazitätsausbaus durch den Staat die Wirtschaftlichkeit der Projekte nicht förderte, zeigte ein Beispiel der Daimler-Benz AG. Um die dem Unternehmen vom RLM gestellte Projektierungsaufgabe über den Bau von BMW VI-Motoren mit einer monatlichen Leistung von 25 Stück durchführen zu können[424], war die Errichtung einer neuen Werkshalle und der Bau mehrerer Prüfstände erforderlich. Die Daimler-Benz-Geschäftsleitung hielt intern eine Werkstattfläche von 4–5 000 m² für notwendig, plante jedoch vorerst mit einer Fläche von 2 500 m². Für diesen Platzbedarf rechnete die Unternehmensführung mit einem Investitionsgesamtbedarf von rund 2 Mio. RM.[425] Der Daimler-Benz-Vorstand meldete beim RLM allerdings wesentlich höhere Gesamtkosten von ca. 4,3 Mio. RM und vor allem

422 Vgl. Bähr, Corporate Governance 2003, S. 73.
423 Vgl. ebd., S. 77.
424 Vgl. hierzu Kapitel 7.2.1.
425 Vgl. Protokoll der Besprechungen über die vom RLM DB gestellten Aufgaben vom 10. 08. 1934, in: DAG/HIC Kissel 9.35 Behörden und Institutionen.

einen deutlich gesteigerten Platzbedarf von 7500 m².[426] Wie selbstverständlich forderten die Daimler-Benz-Manager vom Ministerium, die Mittel für die Investitionen als zinslose Vorschussbeträge zur Verfügung zu stellen. Der selbstbewusste, fast forsche Tenor des Schreibens der Daimler-Benz-Manager verdeutlicht, dass sie mit dem RLM in Finanzfragen aus einer gesicherten Position der Stärke verhandelten. Das Ministerium war dringend auf die raschen Kapazitätsausweitungen der Industrie angewiesen. Diese Verlegenheit der Behörden nutzten die Flugmotorenhersteller aus und ließen sich ihre Leistungen umfassend bezahlen. Die hohen Baukosten, die Daimler-Benz auf 4,3 Mio. RM veranschlagte, und der geringe Gesamtauftragswert der BMW VI-Flugmotoren von lediglich 5 Mio. RM ist nur dadurch erklärbar, dass sich die Daimler-Benz-Geschäftsführung Werksanlagen subventionieren ließ, die man später für den Eigenbedarf zu nutzen gedachte. Dass sich die Daimler-Benz AG ihre neuen Werksanlagen und Einrichtungen durch übertrieben hohe Bedarfsanmeldungen vom Ministerium teilweise subventionieren ließ, wird in den 1930er und 1940er Jahren bei allen Flugmotorenbauern gängige Praxis gewesen sein. Der Umgang der Firmen mit der Anforderung von Material- und Rohstoffkontingenten stützt diese Vermutung.

7.3.2. Reprivatisierung der Finanzierungsmethoden

7.3.2.1. Die Kapitalschnittaktion

Das RLM hatte den Investitionsbedarf und zum Teil den Betriebsmittelbedarf der Luftfahrtindustrie in den Anfangsjahren der Aufrüstungsbemühungen fast ausschließlich aus Haushaltsmitteln gedeckt. Mit den zunehmenden Belastungen durch die angeordneten Rüstungsbeschleunigungen ließ sich dieses Verfahren jedoch nicht ohne Gefahr für die Stabilität der Reichsfinanzen fortsetzen.[427] Die Luftrüstungskrise des Jahres 1937, die in ihrem Kern vor allem eine Haushaltskrise des RLM war[428], hatte allen Beteiligten eindrücklich die Schwächen und Gefahren des bisherigen Finanzierungssystems vor Augen geführt. Bei zunehmender Überhitzung des Reichshaushaltes musste das RLM fürchten, die Aufrüstung der Luftwaffe auf Grund fehlender finanzieller Mittel auf einem vollkommen unzureichenden Stand abbrechen zu müssen. Letztendlich stand jedoch auch die BMW-Spitze während der Krise 1937 vor einem Scherbenhaufen, da der Monopsonist und Hauptfinanzier der Branche plötzlich weitgehend wegzubrechen drohte. Folglich sahen sich Popp und Hille mit erheblichen Überkapazitäten und einer Verschuldungssituation konfrontiert, die die Existenz der Flugmotorensparte und damit des gesamten BMW-Konzerns gefährdeten.

[426] Vgl. Kissel und Hoppe, DB, an Milch vom 04.09.1934, in: ebd.
[427] Vgl. Bericht „Finanzierung der Wehrwirtschaft durch öffentliche Beihilfen" (o.D., 1945), in: BArch R 3/460.
[428] Vgl. hierzu Kap. 6.6., ab S. 174.

Beide Seiten teilten demnach das gemeinsame Interesse, die Krise einerseits so schnell wie möglich zu überwinden und andererseits die Finanzierung der Luftfahrtindustrie und den weiteren Ausbau der Kapazitäten zu konsolidieren und auf eine neue, tragfähigere Basis zu stellen. Die Lösung des Finanzierungsproblems konnte nur darin bestehen, das Reich von der alleinigen Verantwortung für die immensen Ausgaben zu befreien und die selbstverantwortliche Initiative der Wirtschaft auf finanziellem Gebiet wieder zu aktivieren. Hierbei konnte angesichts der anhaltenden Wehrmachtsaufträge allerdings nur eine für beide Seiten befriedigende Zwecklösung Erfolg versprechen. Diese musste einerseits dem Umstand Rechnung tragen, dass die Industrie in der rein wehrwirtschaftlich bedingten Ausweitung ihrer Anlagen keine Möglichkeit einer späteren friedensmäßigen Ausnutzung sah und deshalb nicht geneigt war, große Kapazitäten aufzubauen. Andererseits musste das Reich unter dem Gesichtspunkt der Entlastung des Haushaltes darauf bedacht sein, zum Ausbau der Luftfahrtindustrie nur soviel aus öffentlichen Mitteln beizutragen, wie die sichere Durchführung des Aufrüstungsprogramms unbedingt erforderte.

Angesichts dieser Lage musste den Privatunternehmen ein Anreiz gegeben werden, den Aus- und Neubau von Werken in erster Linie wieder mit eigenen Mitteln bzw. über Bankkredite zu finanzieren. Diesem Anliegen stand bei den gegebenen Verhältnissen jedoch die unwirtschaftliche Aufblähung der Bilanzen der meisten einschlägigen Unternehmen entgegen. Der Besitz derartiger Anlagen stellte für die Unternehmen in erster Linie eine Verpflichtung und keine Vermögensvermehrung dar, da eine Verwertbarkeit der Anlagen für andere Zwecke als vom RLM vorgeschrieben im Rahmen des gesamten Vertragsverhältnisses mit dem Ministerium nicht möglich war.

In dieser Situation lieferte der BMW-Vorstand Hille im Sommer 1937 letztendlich den entscheidenden Impuls zur Bereinigung nicht nur der Bilanzen der BMW-Flugmotorenbau-Gesellschaften, sondern der gesamten Branche.[429] Er schlug im RLM eine Sonderabschreibung unter entsprechender Streichung von Investitionsdarlehen vor und konnte in Verhandlungen mit Vertretern des RLM die Zustimmung zu einem solchen so genannten Kapitalschnitt für die gesamte Luftfahrtindustrie erwirken. In Besprechungen zwischen dem Reichsluftfahrt- und dem Reichsfinanzministerium einigte man sich schließlich darauf, den Kapitalschnitt bei den BMW-Gesellschaften zuerst durchzuführen.[430] Die Initiative von Hille sollte letztlich dazu führen, dass die Luftfahrtindustrie wieder auf eine private Finanzgrundlage gestellt wurde.

[429] Vgl. Bericht über die Entwicklung des finanziellen Verhältnisses der BMW AG zur BMW Flugmotorenbau GmbH und der BMW Flugmotorenbau GmbH zum RLM in den Jahren 1934 bis 1937 (o.D., wahrscheinlich Febr. 1938), in: BArch R 8119 F/P 3065, Bl. 186–187.

[430] Vgl. Protokoll über die Beiratssitzung der Flugmotorenfabrik Eisenach am 26.11.1937, in: BA-MA RL 3/4460, S. 1–6.

Die Akquisition von Kapital auf dem privaten Kapitalmarkt für die weitere Aufrüstung war für die einzelnen Unternehmen nur möglich, indem das Reich für Investitionen im Rahmen wehrwirtschaftlicher Maßnahmen einen Kapitalschnitt auf wirtschaftlich nicht vertretbare Anlagen und Einrichtungen sowie für kurzlebige Wirtschaftsgüter gewährte.[431] Hätten sich die Behörden geweigert, auf Hilles Vorschlag einzugehen, hätten den Luftfahrtfirmen auch weiterhin die entscheidenden Anreize zur Aufbringung eigener Mittel bzw. zur Aufnahme von Bankkrediten gefehlt, so dass die gesamten Aufrüstungskosten auch weiterhin aus Reichsmitteln hätten bestritten werden müssen. Die Kapitalbereinigungsabkommen sahen deshalb vor, dass das RLM die bis dahin gewährten Investitionskredite in Beihilfen umwandelte, mit der Auflage, diese für Sonderabschreibungen einzusetzen.[432] Letztendlich bekamen die Firmen ihre vom Reich finanzierten Anlagen gewissermaßen „geschenkt". Außerdem zog das RLM die unbefristeten Abschreibungsgarantien ein, die während des Industrieausbaus vergeben worden waren.

Die Firmen sollten in Zukunft überwiegend eigene Mittel oder solche, die mit Hilfe der entschuldeten Bilanzen auf dem Kreditmarkt beschafft werden konnten, für Investitionen einsetzen.[433] Von 1938 an galt für die Luftfahrtindustriellen eine vom RLM propagierte verbindliche Rangliste der Finanzierungsmöglichkeiten: 1. Einsatz eigener Mittel, 2. Einsatz von Fremdkapital, 3. öffentliche Beihilfen durch den Kapitalschnitt, 4. Kredite der Luftfahrtkontor GmbH und 5. Investitionskredite des Reiches mit 5% Verzinsung.[434] Das Reich sprang demnach erst ein, wenn die Möglichkeiten zum Einsatz von Fremdkapital durch Kredite privater Banken ausgeschöpft waren.[435] Vor dem Einsatz reichseigener Mittel wurde nun eher daran gedacht, den Firmen durch eine zusätzliche Beihilfe bzw. einen Kredit des Luftfahrtkontors den Weg auf den privaten Kreditmarkt zu ebnen, als den Reichshaushalt erneut durch Investitionskredite langfristig zu belasten.[436] Außerdem stellte das Reich keine zinslosen Darlehen mehr zur Verfügung. Sie mussten vielmehr mit 5% verzinst werden, was diese Finanzierungsform für die Firmen wesentlich weniger attraktiv machte. Das Projekt der Entschuldung der

[431] Vgl. Bericht „Finanzierung der Wehrwirtschaft durch öffentliche Beihilfen" (o.D., 1945), in: BArch R 3/460.

[432] Vgl. Memorandum des Vorstands der Deutschen Bank, Rummel „Über die Bereinigung der Bilanzen der Deutschen Luftfahrtindustrie" vom 28.06.1937, in: BArch R 81 F/P 15424, Bl.5. Zitiert nach Budraß, Flugzeugindustrie 1998, S.492.

[433] Vgl. Vortrag Udet vor Vertretern der Luftfahrtindustrie, Göring und Milch am 16.06.1937, in: DMM/ASD HeA FA001/0797.

[434] Vgl. Bericht „Finanzierung der Wehrwirtschaft durch öffentliche Beihilfen" (o.D., 1945), in: BArch R 3/460 und RLM an RFM vom 03.07.1939, in: BArch R 2/5550, Bl.49.

[435] Vgl. hierzu auch die Bestimmung des RFM „Finanzierung der Errichtung, Erweiterung oder Umstellung von Wehrwirtschaftsbetrieben" (o.D., 1939), in: BArch R 2/5415, Bl.12–13.

[436] Vgl. Boelcke, Willi A.: Probleme der Finanzierung von Militärausgaben. In: Forstmeier, Friedrich/Volkmann, Hans-Erich (Hrsg.): Wirtschaft und Rüstung am Vorabend des Zweiten Weltkriegs. Düsseldorf 1975, S.14–38, hier S.38.

einschlägigen Unternehmen beinhaltete somit gleichzeitig Elemente einer Reprivatisierung der Luftfahrtwirtschaft.[437] Es versprach, dass die Flugmotorenunternehmen mit einem Schlag der Probleme entledigt wurden, die große Teile ihrer Handlungsfreiheit seit dem Beginn des Industrieausbaus eingeschränkt hatten.

Dem Ministerium bot sich die Perspektive, sich nicht nur von einer unübersehbaren Zahl von Subventionsfällen zu befreien, sondern auch das Problem der Investitionsfinanzierung zu lösen. Das RLM erhoffte sich von der Kapitalschnittaktion auch eine generelle Ablösung der Beteiligungen des Reiches an den Luftfahrtfirmen. Um den Firmen Anreize zu geben, die Kredite des Reiches durch Bankkredite zu ersetzen, wurde der Rest der ursprünglich zinslosen Investitionskredite nach einem mit den Firmen jeweils individuell festgesetzten Stichtag mit 1% über dem Reichsbankdiskont verzinst.[438] Auch BMW wurde mehrfach aufgefordert, die restliche Investitionsverschuldung der BMW Flugmotoren GmbH und einen Teil der Investitionsverschuldung der Eisenacher Flugmotorenfabrik durch Bankkredite umzuschulden.[439] Langfristig strebten die Reichsbehörden auch eine neue Betriebsmittelbeschaffung seitens der Unternehmen an. Ab dem 01.10.1942 wurde die bisher vom öffentlichen Auftraggeber zur Finanzierung von Wehrmachtaufträgen geleisteten hohen An- und Abschlagszahlungen abgeschafft. Damit ging die Unternehmensfinanzierung voll zu Lasten der Luftfahrtindustrie, die zur Aufnahme von Betriebsmittelkrediten, Obligationsanleihen und Konsortionalschuldscheindarlehen gezwungen wurde.[440]

Da die Entschuldung der Luftfahrtfirmen jedoch sowohl die Interessen des RLM als auch der Unternehmen spiegelte, war es nicht verwunderlich, dass sie trotz der hohen Summen, die im Spiel waren, schnell Formen annahm. „Immerhin ging es um Beträge von mehreren hundert Mio. RM, die den Unternehmen ‚geschenkt' wurden."[441] Die Kapitalschnittaktion begann 1938 und zog sich bis in den Krieg hinein hin. Über die Höhe der zu gewährenden einmaligen Beihilfe sowie über Verwendungsart und -zweck wurden mit den

[437] Vgl. Budraß, Flugzeugindustrie 1998, S. 491.

[438] Vgl. Exposé „Die Finanzierung der deutschen Luftfahrtindustrie" (o. D., o. V.), in: BArch R 8119 F/P 11821.

[439] Vgl. z. B. Popp und Hille an von Stauß vom 13.08.1937, in: BArch R 8119 F/P 3145, Bl. 176 und Protokoll über die Beiratssitzung der Flugmotorenfabrik Eisenach am 26.11.1937, in: BA-MA RL 3/4460, S. 1–6, hier S. 2.

[440] Vgl. Allgemeine Grundsätze für die Finanzierung von Wehrmachtsaufträgen vom 06.07.1942, in: BArch R 2/5415, Bl. 189. BMW beschaffte sich die notwendigen Mittel durch die Aufnahme je eines Betriebsmittelkredits in Höhe von 30 Mio. RM bei den Hausbanken und von 25 Mio. RM bei der Deutschen Industriebank. Vgl. Geschichte des BMW-Konzerns – Die finanzielle Entwicklung (o. D.), in: BMW-Arch UA 2. Vgl. auch Boelcke, Kosten 1985, S. 129f.

[441] Budraß, Flugzeugindustrie 1998, S. 492. Vgl. auch Bericht des ehemaligen RFM „Allgemeines über Finanzierungsmaßnahmen des Reichs" vom 04.08.1948, in: BArch R 2 Anh./82, Bl. 308–320, hier Bl. 319.

Firmen einzeln Verträge geschlossen. Die Arten, wie den Unternehmen im Rahmen des Kapitalschnitts Beihilfen zur Verfügung gestellt wurden, sowie die daran geknüpften Bedingungen waren so vielfältig, wie es die Finanzierung der Luftfahrtindustrie gewesen war.[442]

Der Vertrag vom 05.08.1938 über die Gewährung einer einmaligen öffentlichen Beihilfe des RLM für die BMW Flugmotorenbau GmbH über rund 2 Mio. RM listete die Gegenleistungen der Firma für deren Bewilligung auf. Die Werksanlagen seien stets verwendungsbereit und auf Verlangen des Reiches vorzugsweise für die Durchführung von Luftfahrtaufträgen zur Verfügung zu halten. Sonstige Aufträge durften nur durchgeführt werden, wenn die vom Reich geforderten Kapazitäten nicht beeinträchtigt wurden, und mussten vom Ministerium bewilligt werden. Außerdem bedurften der Verkauf von Grund und Boden, die Veräußerung von Gebäuden, Anlagen und Einrichtungen, die der Fertigung von Luftfahrtgerät dienten, sowie der Verkauf von Geschäftsanteilen, Aktien oder sonstigen Anteilsrechten, ferner die Jahresabschlüsse und Gewinnausschüttungen der Zustimmung des RLM.[443]

Der staatliche Kapitalschnitt bildete konzeptionell eine Einheit mit den etwa gleichzeitig eingeführten neuen Grundsätzen der Gewinnberechnung der Luftfahrtfirmen sowie der Umstellung von Richtpreisen auf Festpreise.[444] Die Industrie wurde mit diesen Änderungen auf eine wesentlich fundiertere wirtschaftliche Basis gestellt. Analog zur Umfinanzierung der Luftfahrtindustrie löste das RLM sämtliche finanziellen Beziehungen zur Privatwirtschaft aus dem Ministerium heraus, übertrug sie der Luftfahrtkontor GmbH und schuf mit diesem Schritt ein nach privatwirtschaftlichen Grundsätzen arbeitendes Kreditinstitut der Luftfahrtindustrie.[445] Im RLM war man sich durchaus bewusst, dass das Luftfahrtkontor „als kaufmännisch arbeitende Gesellschaft die Reprivatisierung der Luftfahrtindustrie rascher und besser durchführen [konnte] als eine Behörde".[446] Am 09.06.1939 erhielt die Luftfahrtkontor GmbH vom Reichskommissar für das Kreditwesen gemäß ihrer Aufgaben die Zulassung als Bank.[447] Am 06.06.1940 wurde die Luftfahrtkontor GmbH in eine

[442] Vgl. Bericht „Finanzierung der Wehrwirtschaft durch öffentliche Beihilfen" (o.D., 1945), in: BArch R 3/460 und Bericht des ehemaligen RFM „Allgemeines über Finanzierungsmaßnahmen des Reichs" vom 04.08.1948, in: BArch R 2 Anh./82, Bl.308–320, hier Bl.319.

[443] Vgl. Vertrag des RLM mit der BMW Flugmotorenbau GmbH vom 05.08.1938, in: BMW-Arch UA 11 und Bericht des ehemaligen RFM „Allgemeines über Finanzierungsmaßnahmen des Reichs" vom 04.08.1948, in: BArch R 2 Anh./82, Bl.308–320, hier Bl.320.

[444] Vgl. hierzu Kapitel 7.7.2.2.

[445] Vgl. hierzu Niederschrift einer Besprechung zwischen RFM und RLM vom 03.06.1938, in: BArch R 2/5550, Bl.24–25 und Aktenvermerk des RFM betr. Luftfahrtkontor GmbH vom 28.11.1939, in: ebd., Bl.55–57.

[446] RLM an RFM betr. Luftfahrtkontor GmbH vom 20.06.1938, in: ebd., Bl.26–28, hier Bl.27.

[447] Vgl. Aktenvermerk des RFM betr. Luftfahrtkontor GmbH vom 28.11.1939, in: ebd., Bl.55–57, hier Bl.55.

Aktiengesellschaft umgewandelt und firmierte als Bank der Deutschen Luftfahrt AG.[448] Der Kapitalschnitt hatte demnach nicht nur die Reprivatisierung der Luftfahrtindustrie eingeleitet, sondern auch zur Auslagerung der Finanzbeziehungen zwischen Ministerium und Industrie aus dem RLM und zur sukzessiven Transformation der staatlich kontrollierten Luftfahrtkontor GmbH zu einem ordnungsgemäßen Bankunternehmen geführt. Im Zusammenhang mit der Schaffung eines eigenen Bankinstituts konnte die finanzielle Realisierung der Luftrüstung in relativ kurzer Zeit auf eine breite Basis gestellt werden. Die Staatskredite wurden schrittweise abgebaut und entsprechend erweiterte sich der Aufgabenbereich der privaten Kreditwirtschaft.

7.3.2.2. Die Folgen des staatlichen Kapitalschnitts für die BMW-Flugmotorenbau-Gesellschaften

Langfristig zeigte die Kapitalschnittaktion deutliche Folgen für die finanzielle Struktur der BMW Flugmotorenbau GmbH. Neu war vor allem, woher BMW seine Kredite akquirierte. Während die BMW-Gesellschaften in den Jahren 1934 bis einschließlich 1937 insgesamt 49,1 Mio. RM Investitionskredite vom RLM bekommen hatten, finanzierte die Behörde bis 1939 lediglich ein weiteres Darlehen über 8,5 Mio. RM für die Bramo, die kurz darauf von BMW übernommen wurden. Allein in den Jahren 1938/39 nahmen die BMW-Flugmotorenbau-GmbHs private Bank-Darlehen über rund 48 Mio. RM auf.[449]

Die Flugmotorenwerke von BMW profitierten vom Kapitalschnitt mit erheblichen Summen, die bilanziell entsprechend den Vereinbarungen mit dem RLM als Sonderabschreibungen behandelt wurden (vgl. Tabelle 14).

Tabelle 14: Auflistung der den BMW-Flugmotorenbau-Gesellschaften vom Reich gewährten Beihilfen im Rahmen des Kapitalschnitts (in Mio. RM)

Jahr	Empfänger	Beihilfe
1937	Werk München	2
	Werk Dürrerhof	1
1939	Werk Spandau	5
1942	Werk Allach	20
Gesamt		28

Quelle: Geschichte des BMW-Konzerns – Die finanzielle Entwicklung (o. D.), in: BMW-Arch UA 2, S. 60–70, hier S. 69.

Die durch die Abschreibungen freiwerdenden Mittel sowie die in Anspruch genommenen Bankkredite verbreiterten die Kapitalbasis der Unternehmen

[448] Alleiniger Inhaber des Aktienkapitals der Bank war das Reich. Vgl. Udet an Mayer, der als Ministerialrat seit 1937 die Interessen des RFM in der Luftfahrtindustrie wahrnahm, vom 27.01.1940, in: ebd., Bl. 131 und Bekanntmachung des RFM vom Juli 1940, in: ebd., Bl. 180.

[449] Vgl. Tabelle 13, S. 344.

erheblich. Ein Protokoll der Deutschen Bank bestätigte am 18.12.1939, dass sich die Unternehmen der Flugmotorenproduktion „im Allgemeinen in einem Zustand großer Flüssigkeit [befinden] und [...] daher der Notwendigkeit der Wechselbehebung enthoben" seien.[450] Diese Entwicklung ließ sich auch bei BMW beobachten.

Zu Beginn der nationalsozialistischen Diktatur befand sich BMW bezüglich der Liquidität in einem sehr guten Zustand. Seit dem Liquiditätstiefpunkt 1929 als Folge der Übernahme des Eisenacher Werkes verzeichnete das Unternehmen eine stetige Liquiditätsverbesserung, so dass das Umlaufvermögen die fremden Mittel in der Bilanz per Ende 1933 mit 10 Mio. RM übertraf. Durch die hohen Investitionen der Jahre 1934 und 1935, die im Wesentlichen durch Darlehen des RLM bestritten wurden, lag der Wert des Umlaufvermögens 1934 um 8,3 Mio. RM und 1935 um 3 Mio. RM unter dem der fremden Mittel. Im Jahre 1936 lag wieder eine Überdeckung des Umlaufvermögens durch das Fremdkapital von 4,4 Mio. RM vor, die sich bis 1938 auf 11,8 Mio. RM erhöhte. Im Jahre 1939 war diese Überdeckung durch die anlässlich der Übernahme der Bramo in Anspruch genommenen Bankkredite wieder auf 7,7 Mio. RM abgesunken, während sie 1940 im Wesentlichen in Folge der in diesem Jahre erfolgten Kapitalerhöhung und der der BMW GmbH Brandenburg gewährten Reichsbeihilfe eine Verbesserung auf 19,4 Mio. RM erfuhr.

Tabelle 15: Liquidität des BMW-Konzerns 1926–1940 (in Mio. RM)

Jahr	Umlaufvermögen	Fremde Mittel	Überdeckung	Unterdeckung
1924	6,2	4,8	1,4	–
1925	7,3	5,4	1,9	–
1926	6,0	3,5	2,5	–
1927	12,0	4,1	7,9	–
1928	24,5	18,0	6,5	–
1929	18,3	15,5	2,8	–
1930	13,8	10,2	3,6	–
1931	10,6	5,8	4,8	–
1932	13,6	4,1	9,5	–
1933	17,4	7,4	10,0	–
1934	46,6	55,1	–	8,5
1935	48,7	51,7	–	3,0
1936	68,7	64,3	4,4	–
1937	75,3	66,7	8,6	–
1938	82,9	71,1	11,8	–
1939	127,9	120,2	7,7	–
1940	150,5	131,1	19,4	–
1941	216,3	210,0	6,3	–

Quelle: Geschichte des BMW-Konzerns – Die finanzielle Entwicklung (ohne Datum), in: BMW-Arch UA 2, S. 60–70, hier S. 64–66.

[450] Protokoll über die Sitzung des Kreditausschusses des Beirats der Deutschen Reichsbank vom 18.12.1939, in: BArch R 8119 F/P 351.

Angesichts dieser Entwicklung sprach der Reichsfinanzminister Anfang 1939 von einer „überaus gesunden finanziellen Gesamtlage des Unternehmens".[451] Und auch im Umfeld des Aufsichtsratsvorsitzenden von Stauß äußerte man sich im Sommer 1940 sehr optimistisch über die guten wirtschaftlichen Verhältnisse von BMW. Die guten Bilanzen des Unternehmens könnten „Zuversicht geben, dass auch künftig die Dividende gesichert ist und notfalls auch einige Stösse überstanden werden können, insbesondere auch die Umstellung auf die Friedenswirtschaft".[452]

Die Reichsbehörden gewährten den Flugmotorenherstellern in der zweiten Hälfte der 1930er Jahre nicht nur die Sonderbeihilfen im Rahmen des Kapitalschnitts und neue Grundsätze der Gewinn- und Preisberechnung, sondern genehmigten den Unternehmen mittlerweile auch Kapitalerhöhungen, die sie 1936 noch verhindert hatten. Der BMW-Konzern nutzte dies, indem 1940 das Grundkapital der BMW AG von 15 Mio. RM auf 22,5 Mio. RM und das Kapital der BMW Flugmotorenbau GmbH von 7,5 Mio. RM auf 22,5 Mio. RM erhöht wurde.[453] In beiden Gesellschaften stand das bisherige Stammkapital in keinem günstigen Verhältnis mehr zum Geschäftsumfang, da der umfangreiche Ausbau der BMW-Produktionsanlagen zu einer starken Ausweitung aller Bilanzziffern bei gleichbleibendem Stammkapital geführt hatte.[454]

Auch Tabelle 16 über den „Finanzwirtschaftlichen Überschuss"[455] des BMW-Konzerns verdeutlicht, dass die finanzielle Struktur des BMW-Konzerns durch die Reprivatisierung der Finanzierungsmethoden ab Mitte der

[451] RdF an RdL betr. Beteiligung des Reiches an der Flugmotorenfabrik Eisenach GmbH vom 03.02.1939, in: BArch R 8121/154, Bl. 72.

[452] Notiz Wörner an von Stauß vom 12.07.1940, in: BArch R 8119 F/P 3077, Bl. 52.

[453] Vgl. Begründung für die beabsichtigte Kapitalerhöhung der BMW AG von 15 auf 22,5 Mio. RM vom 10.06.1940, in: BArch R 8119 F/P 3077, Bl. 14–16; Notiz betr. BMW-Kapitalerhöhung vom 14.06.1940, in: BArch R 8119 F/P 3066, Bl. 72–75; Rummel an Geheimrat Kohler, RWiM, vom 26.06.1940, in: BArch R 8119 F/P 3133, Bl. 30–32; Kohler an Deutsche Bank vom 16.07.1940, in: ebd., Bl. 57; Deutsche Bank, Filiale München, an Deutsche Bank, Zentrale in Berlin, vom 20.08.1940, ebd., Bl. 109; Rummel an Kohler vom 03.12.1940, in: BArch R 8119 F/P 3133, Bl. 3–5 und Kohler an Deutsche Bank vom 12.12.1940, in: BArch R 8119 F/P 3132, Bl. 6.

[454] Nach der letzten Kapitalerhöhung im Jahre 1929 hatte sich das Grundkapital, gemessen am Umsatz des Jahres 1929 (40 Mio. RM) 2 ½-mal umgesetzt. Im Jahre 1939 dagegen betrug der Umsatz im BMW-Konzern (277,6 Mio. RM) das 18 ½-fache des Grundkapitals. Vgl. Begründung für die beabsichtigte Kapitalerhöhung der BMW AG von 15 auf 22,5 Mio. RM vom 10.06.1940, in: BArch R 8119 F/P 3077, Bl. 14–16; Notiz betr. BMW-Kapitalerhöhung vom 14.06.1940, in: BArch R 8119 F/P 3066, Bl. 72–75; Rummel an Kohler vom 03.12.1940, in: BArch R 8119 F/P 3133, Bl. 3–5.

[455] Der Indikator „Finanzwirtschaftlicher Überschuss" kann auch als „Cashflow" bezeichnet werden. Allerdings ist dieser betriebswirtschaftliche Begriff nicht einheitlich festgelegt und berücksichtigt normalerweise lediglich den Jahresüberschuss, die Abschreibungen sowie die Veränderungen der Rückstellungen. Vgl. hierzu Brealey, Richard A./Myers, Stewart C.: Principles of corporate finance. Boston 2003. Gemäß den damals üblichen Gepflogenheiten im BMW-Konzern umfasst Tabelle 16 zusätzlich die Mittel aus Kapitalerhöhungen und Reichsbeihilfen.

1930er Jahre eine erhebliche Verbesserung erfuhr. Dieser finanzwirtschaftliche Indikator, in dem die BMW-Buchführung die im Unternehmen jährlich verbliebenen Gewinne, die Abschreibungen einschließlich der aus Gewinnen vorgenommenen Sonderabschreibungen, die Kapitalerhöhungen, das Agio aus den Kapitalerhöhungen und die vom Reich gewährten Sonderbeihilfen aus dem Kapitalschnitt aufsummierte, gibt Aufschluss über den Innenfinanzierungsspielraum sowie die Kreditwürdigkeit bzw. die Verschuldungsfähigkeit des Unternehmens. Tabelle 16 fungiert somit als Tendenzindikator, in welcher Höhe über die Gewinnausschüttungen hinaus Mittel für Investitionen und zur Schuldentilgung zur Verfügung standen.

Tabelle 16: Finanzwirtschaftlicher Überschuss des BMW-Konzerns 1926–1940 (in Mio. RM)

Jahr	nicht ausgeschütteter Bilanzgewinn	Abschreibungen	Kapitalerhöhungen	Agio aus den Kapitalerhöhungen	Beihilfen des Reiches (als Sonderabschreibung verwendet)	Finanzwirtschaftlicher Überschuss*
1924	–	1,20	–	–	–	1,20
1925	0,10	0,50	2,00	–	–	2,60
1926	0,10	0,50	–	–	–	0,60
1927	0,30	0,90	5,00	0,52	–	6,72
1928	0,30	1,90	6,00	1,20	–	9,40
1929	–	2,30	–	–	–	2,30
1930	0,50	2,00	–	–	–	2,50
1931	0,10	2,10	–	–	–	2,20
1932	–	2,00	–	–	–	2,00
1933	–	1,80	–	–	–	1,80
1934	1,00	4,30	–	–	–	5,30
1935	7,50	3,70	–	–	–	11,20
1936	4,10	4,40	–	–	–	8,50
1937	5,80	5,40	–	–	3,02	14,22
1938	5,70	4,90	–	–	–	10,60
1939	5,90	12,00	–	–	5**	22,90
1940	4,90	15,50	7,50	2,39	-	30,29
1941	3,00	14,90	27,50	9,90	-	55,30
Gesamt	39,30	80,30	48,00	14,01	8,02	189,63

* Vgl. Fußnote Nr. 455, S. 357.

** Anders als in der Quelle angegeben bekam BMW die 5 Mio. RM Beihilfe vom Reich bereits 1939, nicht erst 1940.

Quelle: Geschichte des BMW-Konzerns – Die finanzielle Entwicklung (o. D.), in: BMW-Arch UA 2, S. 60–70, hier S. 67–70.

Dass sich das RLM bei der Gewährung öffentlicher Beihilfen umfangreiche Kontroll- und Kapazitätsrechte des jeweiligen Werkes sicherte, scheint auch nach der Reform der Investitionsfinanzierung üblich gewesen zu sein. Dies führte bei den Flugmotorenproduzenten zuweilen zu deutlichen Irritationen.

Fritz Hille beschwerte sich beispielsweise in einem Schreiben vom 27.02.1940 an Rummel über die fortgesetzte Überwachung. „In diesem Sinne empfinde ich es heute immer noch als größte Belastung, dass bei der Übernahme der Bramo dem Reich bezw. dem Luftfahrtkontor Gelegenheit gegeben wurde, sich einzuschalten und dass uns das Reich [...] Bedingungen auferlegte, die – solange sie noch nicht erledigt sind – dem Reich immer Anlass geben, sich in die Verhältnisse der BMW einzuschalten."[456]

Um die anhaltende politische Einflussnahme zu reduzieren, strebte der BMW-Vorstand danach, die Reichsbeteiligung an den BMW-Werken so schnell wie möglich abzulösen.[457] Die verbreiterte Kapitalbasis sowie die neu gewonnenen Kapitalquellen des Unternehmens erweiterten dessen Bewegungsfreiheit so nachhaltig, dass auch die Reprivatisierungen vorankamen. Die Münchener Gesellschaft verfolgte in diesem Sinne eine systematische Umfinanzierung der verbliebenen staatlichen Investitionskredite in privatwirtschaftliche Bankdarlehen. Popp und Hille wiesen in diesem Zusammenhang darauf hin, dass der Besitz des Flugmotorenwerkes Eisenach, „solange er in den Händen des Luftfahrtkontors ist, einen Fremdkörper in der gesamten Kapitalstruktur von BMW" bildete.[458] Auf Grund dessen wurden die Reichsanteile des Werkes bis Anfang 1940 durch Ausübung des Optionsrechts sukzessiv erworben. Dafür zahlte man 1938 1,3 Mio. RM, 1939 0,7 Mio. RM und Anfang 1940 den Rest von 1,5 Mio. RM.[459] Wie wichtig diese Entwicklung für BMW war, verdeutlicht Hilles Bericht. Demnach galt das Werk Eisenach im RLM als das mit am besten eingerichtete und organisierte Flugmotorenwerk in Deutschland, das beträchtliche Gewinne erwirtschaftete.[460]

Die Übernahme der Brandenburgischen Motorenwerke belastete die BMW Flugmotorenbau GmbH im Jahre 1939 mit einem der Bramo von der Luftfahrtkontor GmbH gewährten Investitionskredit über 6 Mio. RM und einem weiteren Übernahmekredit von 6 Mio. RM. Der BMW Flugmotorenbau GmbH verblieb aus den Übernahmeverträgen außerdem die Verpflichtung, Sonderabschreibungen in Höhe von 3 Mio. RM vorzunehmen und diesen Betrag als eine Art Bonus aus den Gewinnen an das RLM abzuführen.[461] Im Jahr 1939 entledigte sich BMW mit Hilfe des Kapitalschnittes für die Bramo in Höhe von 5 Mio. RM und mittels der Übernahme des Werkes Basdorf

456 Hille an Rummel vom 27.02.1940, in: BArch R 8119 F/P 3066, Bl. 42–45, hier Bl. 42.

457 Vgl. ebd.

458 Popp und Hille an von Stauß vom 14.11.1939, in: BArch R 8119 F/P 3144, Bl. 172.

459 Vgl. Begründung für die beabsichtigte Kapitalerhöhung der BMW AG von 15 auf 22,5 Mio. RM vom 10.06.1940, in: BArch R 8119 F/P 3077, Bl. 14–16, hier Bl. 14.

460 Bericht der Beiratssitzung der Flugmotorenfabrik Eisenach vom 19.10.1938, in: BA-MA RL 3/4460.

461 Vgl. Hille an Rummel vom 27.02.1940, in: BArch R 8119 F/P 3066, Bl. 42–45, hier Bl. 43 und Aktenvermerk von Kalk über die weitere Strategie der Bramo vom Nov. 1938, in: BMW-Arch UA 139.

durch die Luftfahrtanlagen GmbH zunächst des durch die Luftfahrtkontor GmbH an die Bramo gegebenen Investitionskredits über 6 Mio. RM.[462] Auf Antrag Hilles stellten Deutsche und Dresdner Bank gemeinsam den Betrag von 6 Mio. RM für den zweiten vom Reich gewährten Übernahmekredit zur Verfügung, um die Luftfahrtkontor GmbH auszuzahlen. Damit waren alle Kreditansprüche des Übernahmeabkommens getilgt.

Mit Hilfe der Privatbanken gelang es BMW, bereits im Laufe des Jahres 1939 – viel früher als geplant – die insgesamt 12 Mio. RM Luftfahrtkontor-Kredite der Bramo-Übernahme zu tilgen. Im Juni 1940 beschloss die BMW-Unternehmensleitung schließlich, die Zusage über die Sonderabschreibung von 3 Mio. RM aus der Bramo-Übernahme aus den Gewinnen des Geschäftsjahres 1939 zu erfüllen.[463] Außerdem verkündete die BMW Flugmotorenbau GmbH in einem Schreiben an das RLM vom 02.10.1939, dass sämtliche Investitionskredite des Reiches des Zeitraumes 1934 bis 1939 – immerhin insgesamt eine Summe von 57,6 Mio. RM – zurückgezahlt worden seien.[464] Dies war neben dem Einsatz erheblicher neuer Mittel des Münchener Unternehmens im Wesentlichen durch eine umfangreiche Umschuldung auf private Bankkredite möglich geworden.

Diese Bilanz verdeutlicht eindrucksvoll die durch die wesentlich verbesserte Kapitalbasis gewonnenen neuen Handlungsfreiheiten des BMW-Konzerns. Die Bedeutung dieser Finanztransaktionen für die BMW-Flugmotorenbau-Gesellschaften erklärte Hille euphorisch: „Mit diesem Wegräumen der übernommenen RLM-Bedingungen bezw. mit dem Eintreten der Deutschen Bank in die restliche Abwicklung der Übernahme der Bramo dürften [...] alle Hemmungen gegenüber dem RLM fortfallen, da ja dann alle Verpflichtungen erfüllt sind. [...] Damit würden wir auch von den Gewinnverwendungsbeschränkungen befreit sein. [...] Unsere Stellung gegenüber dem Luftfahrtkontor würde wesentlich gefestigter sein und wir würden allen Ansprüchen des Luftfahrtkontors auf Kontenführung und Einschaltung für die Gewährung von Betriebsmittelkrediten ganz anders gegenübertreten können."[465] Hille urteilte sogar, dass der BMW-Konzern mittels der umfassenden Umfinanzierung den „privatwirtschaftlichen Charakter einschließlich der Bramo und Eisenach wieder hergestellt" habe.[466] Er beschrieb die Kapitalum-

462 Vgl. Hille an Rummel vom 27.02.1940, in: BArch R 8119 F/P 3066, Bl. 42–45, hier Bl. 44.

463 Vgl. Sitzungsprotokoll der Gemeinschaftssitzung des Aufsichtsrates und des Vorstandes der BMW AG sowie der Beiräte und Geschäftsführungen der BMW Flugmotorenbau Gesellschaften in München, Eisenach und Spandau vom 25.06.1940, in: BArch R 8119 F/P 3066.

464 BMW Flugmotorenbau GmbH, München, an das RLM vom 02.10.1939, in: BArch R 8119 F/P 3144, Bl. 139–140.

465 Hille an Rummel vom 27.02.1940, in: BArch R 8119 F/P 3066, Bl. 42–45, hier Bl. 45.

466 Ebd.

schichtung der Jahre 1939 und 1940 als umfassende Befreiungsaktion, die dem Konzern endlich wieder die notwendigen Handlungsfreiheiten und Verhandlungspositionen bescherte. Das RLM scheint den Finanzbedarf der BMW-Flugmotoren-Gesellschaften und die sich daraus ergebenen Abhängigkeiten als eines der zentralen Druckmittel gegenüber dem Unternehmen benutzt zu haben. Mit dem Wegfall der Verschuldungssituation beim Reich änderten sich laut Hille die Rahmenbedingungen der Werke essenziell. Eine der wichtigen Folgen war z. B., dass die Reichsbehörden die Beiratsposten in Firmen, an denen das Reich nicht mehr beteiligt war, auch nicht weiter besetzten.[467]

Angesichts der dem RLM noch zahlreich verbliebenen sonstigen Druckmittel erscheinen Hilles Bekundungen einer totalen Befreiung jedoch zu optimistisch. Der den Unternehmern zur Verfügung stehende Bereich für autonome unternehmerische Entscheidungen wurde beispielsweise weiterhin verengt durch den Ausschluss verschiedenster Investitionsmöglichkeiten. Andererseits verschaffte sich BMW durch die Schuldentilgung gegenüber dem Staat Handlungsspielräume, die man in den vorangegangenen Jahren vermisst hatte. Und dass Hille von einer umfassenden und nachhaltigen Gesundung der BMW-Bilanzen überzeugt war, bewies er mit seiner Initiative, das als Reichswerk gegründete Flugmotorenwerk Allach zu übernehmen. Das Werk in Allach war 1936 – auch mit Hilles Zustimmung – an das Reich abgegeben worden, da die BMW-Führung es langfristig für unwirtschaftlich hielt. Nachdem sich die Finanzsituation des Unternehmens Ende der 1930er Jahre stark verändert hatte, plädierte der kaufmännische BMW-Vorstand dafür, die sich bietenden neuen Möglichkeiten aktiv zu nutzen, indem man das reichseigene Werk Allach zügig übernahm.[468] Hille reagierte dabei auf die Initiative des RLM, im Zuge der Haushaltskonsolidierung die Fabriken der Luftfahrtindustrie nach Möglichkeit zu privatisieren. Dadurch entstand die Gefahr, dass die reichseigenen Werke von einem Dritten erworben wurden. Selbst wenn die BMW-Spitze mit der Übernahme des Werkes in Allach lieber noch ein wenig länger gewartet hätte, kam sie nicht umhin, dem Druck des Regimes nachzugeben. Eine Weigerung, so zu handeln, hätte der Konkurrenz erlaubt, auf die „eigenen" Kosten Marktanteile im Flugmotorenbau zu gewinnen, was man unter allen Umständen verhindern wollte.[469]

[467] Vgl. Popp und Hille an von Stauß vom 13.08.1937, in: BArch R 8119 F/P 3145, Bl. 176.

[468] Vgl. Hille an Rummel vom 19.04.1941, in: BArch R 8119 F/P 3066, Bl. 181–185, hier Bl. 182 und 184–185. Hille konnte sich im BMW-Vorstand mit seinem Vorschlag letztendlich durchsetzen. Ende 1941 erwarb BMW für einen Kaufpreis von 28 Mio. RM und zusätzlichen Investitionskosten von 21 Mio. RM die Flugmotorenanlagen von Allach. Vgl. eidesstattliche Erklärung von Paul Thomas vom 23.02.1951, in: BMW-Arch UA 59; BMW-Finanzbericht und Finanzierungsprogramm vom Nov. 1941, in: BArch R 8119 F/P 3066, Bl. 254 und BMW Flugmotorenbau GmbH an die Bank der Deutschen Luftfahrt AG Berlin von 12.12.1941, in: BMW-Arch UA 11.

[469] Vgl. hierzu Buchheim, Unternehmen 2006, S. 364.

Um auch das Zahlenwerk der Pachtwerke in ein angemessenes betriebswirtschaftliches Verhältnis zu bringen und damit die Ausübung der Optionsvorkaufsrechte zu erleichtern und industriell gesehen attraktiv zu machen, stellte das RLM auch nach dem Abschluss der offiziellen Kapitalschnittverhandlungen weiter Sonderbeihilfen zur Verfügung. BMW profitierte von dieser Politik bei der Übernahme von Allach mit der hohen Beihilfe über 20 Mio. RM.[470]

Die Behörden behielten im finanziellen Sektor auf der einen Seite zwar auch nach der Kapitalschnittaktion weiterhin wichtige Kontroll- und Überwachungsmechanismen über die Firmen der Flugmotorenindustrie. Finanzhilfen des RLM bzw. des Luftfahrtkontors waren auch nach 1937 an strikte Bedingungen hinsichtlich der Produktion, der Bereitstellung von Werksinformationen sowie der Gewinnverwendung und der Kontoführung geknüpft. Außerdem mussten die BMW-Flugmotorenbau-Gesellschaften den Reichsbehörden bei Annahme der Sonderbeihilfen des Kapitalschnitts Prüfrechte einräumen und sich mit der Preis- und Wirtschaftsprüfung durch das RLM einverstanden erklären.[471]

Allerdings stand die Reform der Investitionsfinanzierung auf der anderen Seite für einen deutlichen strukturellen Bruch in der Beziehung zwischen dem Ministerium und der Luftfahrtindustrie. Die Kapitalschnittaktion sowie die Einbindung privater Kreditinstitute bedeutete nichts anderes, als dass die Steuerungskräfte der Privatwirtschaft im Finanzsektor wieder eingesetzt wurden.[472] Die Mobilisierung privater Banken, die die Verwendung der von ihnen vergebenen Gelder engmaschig kontrollierten, zwang die Unternehmen auf der einen Seite zu einem wirtschaftlichen Umgang mit den Mitteln, die ihnen für Investitionen zur Verfügung standen. Der Kapitalmarkt, auf den die Flugmotorenhersteller nun verwiesen waren, honorierte auf der anderen Seite wieder Investitionen in die Zukunft, d.h. verstärkte Entwicklungstätigkeit und langfristige Orientierung. Diese Rückkehr des RLM zu privatwirtschaftlichen Finanzierungsmethoden bedeutete eine ausdrückliche Abkehr von der ausschließlichen ministeriellen Planwirtschaft. Die BMW Flugmotoren GmbH löste sich dadurch teilweise aus der Umklammerung des RLM.

7.3.3. Zwischenfazit: Finanzierung der Flugmotorenindustrie

Die Finanzierung der Flugmotorenindustrie in den 1930er Jahren wurde geprägt durch einen fundamentalen strukturellen Schnitt, der durch die Haushaltskrise des RLM im Jahre 1937 ausgelöst wurde. Die Finanzierungsmetho-

[470] Vgl. Tabelle 14, S. 355.

[471] Vgl. Vertrag des RLM mit der BMW Flugmotorenbau GmbH vom 05.08.1938, in: BMW-Arch UA 11.

[472] Vgl. Budraß, Flugzeugindustrie 1998, S. 502.

den der Aufrüstungsbemühungen im Luftfahrtsektor unterschieden sich vor und nach diesem Bruch erheblich.

Nach Beginn der Aufrüstung wurde sehr schnell klar, dass die Kosten des massiven Industrieausbaus zur Schaffung einer schlagkräftigen Luftwaffe aus dem Haushalt des RLM bezahlt werden mussten. Der unwirtschaftliche Aufbau der Industrie, die vorgesehene Bereithaltung von erheblichen Überkapazitäten für den Mob-Fall sowie die nicht absehbare Dauer der Rüstungskonjunktur sorgten dafür, dass die deutschen Großbanken von einem umfassenden Engagement in der ihrer Meinung nach unsicheren Luftfahrtindustrie Abstand nahmen. Dies offenbarte sich am deutlichsten bei der vom RLM angestrebten Reprivatisierung des bedeutendsten Unternehmens der deutschen Luftfahrtindustrie, der IFA, die primär am Desinteresse der Großbanken scheiterte.[473] Auf Grund dieser reservierten Haltung der Bankvorstände gelang es der Luftfahrtindustrie von 1933 bis 1937 nur in Ausnahmefällen, sich Investitions- und Betriebsmittel bei privatwirtschaftlichen Kreditinstituten zu beschaffen.

Auf Grund der großen Bedeutung der Luftrüstung für die grundsätzlichen Ziele des NS-Regimes musste das Reich die gesamte Finanzierung der Industrieerweiterung sowie die Auftragsfinanzierung übernehmen, wobei die Finanzkraft des Reiches auf das Äußerste belastet wurde. Beispielhaft für die Haltung sämtlicher Flugmotorenbauer in der ersten Hälfte der 1930er Jahre verwies die Geschäftsleitung der Auto Union darauf hin, „daß diese [die Auto Union] zwar grundsätzlich bereit sei, die gesamte technische und produktionsseitige Einrichtung zur Herstellung von Flugmotoren zu übernehmen, daß jedoch die AU A-G mit den daraus resultierenden finanziellen Risiken nicht belastet werden könne".[474] Da alle Firmen des Flugmotorenbaus ihr finanzielles Engagement anders als das RLM primär nach wirtschaftlichen Gesichtspunkten abwogen, verhielten sie sich gleichermaßen zurückhaltend. Die Firmenvorstände zeigten angesichts der erheblichen Überkapazitäten und unkalkulierbaren finanziellen Risiken selbst dann wenig Neigung, in Verhandlungen mit den Großbanken einzutreten, wenn das RLM ihnen die Kredite organisierte. Im Sommer 1935 verständigte sich das RLM z. B. mit einem Bankenkonsortium unter der Führung der Preußischen Staatsbank und einem Dutzend der größten deutschen Banken, einen Kredit von 115 Mio. RM bereitzustellen. Die Banken ließen sich nur deshalb auf die Abmachung mit dem RLM ein, da das Ministerium die selbstschuldnerische Bürgschaft über den gesamten Betrag übernahm. Hatte das RLM die Kreditsumme von 115 Mio. RM ursprünglich als Mindestrahmen betrachtet, so wurde davon nur ein einziger Kredit wirklich in Anspruch genommen, und zwar von der Mimo, an die insgesamt sieben Mio. RM ausgezahlt wurden.[475] Alle übrigen Projekte

[473] Vgl. ebd., S. 432–433.
[474] Zitiert nach: Kohl/Bessel, Auto Union 2003, S. 34.
[475] Vgl. ebd., S. 60–61.

bezahlte das RLM, dessen Haushalt jahrelang einen der größten Einzelposten des gesamten Reichshaushaltes bildete.

Durch die staatliche Finanzierung des Aufbaus der Luftfahrtindustrie verwandelte sich diese im Finanzsektor zunehmend in einen geschlossenen, planwirtschaftlich organisierten Rüstungsblock im Umfeld und unter Kontrolle des RLM. Die große monetäre Abhängigkeit der Luftfahrtfirmen vom RLM presste sie einerseits in ein enges finanzielles Korsett, das sie abhängig von RLM-Auflagen machte. Die starke Präsenz des RLM bzw. weitgehende Abwesenheit der Privatbanken beeinflusste andererseits jedoch auch die Kontrollmechanismen gegenüber den beteiligten Unternehmen im Finanzierungssektor. Das Ministerium verfolgte bis 1937 als absolut vorrangiges Ziel, die Kapazitäten der Flugmotorenhersteller so schnell und so umfangreich wie möglich auszubauen, und sprengte dabei die finanziellen Grenzen des eigenen Haushalts. Überdies vernachlässigten die Behördenvertreter die notwendigen Wirtschaftlichkeitskontrollen der jeweiligen Unternehmen. Die einseitige Finanzierung durch das RLM und die Fixierung auf einen schnellen Kapazitätsausbau verhinderten, auf die Wirtschaftlichkeit der Projekte zu achten. Das Beispiel der Daimler-Benz AG zeigt, dass die Flugmotorenbauer die Kontrolldefizite der Reichsbehörden ausnutzten und sich ihre neuen Werksanlagen und Einrichtungen durch übertriebene Bedarfsanmeldungen vom Ministerium teilweise subventionieren ließen.

Das Finanzierungssystem der Luftrüstung überforderte letztendlich den Reichshaushalt und führte im Sommer 1937 zu der tiefen Krise, die allen Beteiligten die Schwächen und Gefahren der bisherigen Praxis vor Augen führte. In dieser Situation lieferte Hille mit seinem Vorschlag eines umfassenden Kapitalschnitts im Sommer 1937 den entscheidenden Impuls zur Bereinigung nicht nur der Bilanzen der BMW-Flugmotorenbau-Gesellschaften, sondern der gesamten Luftfahrtindustrie. Der staatliche Kapitalschnitt bildete konzeptionell eine Einheit mit den etwa gleichzeitig eingeführten neuen Grundsätzen der Gewinnberechnung der Luftfahrtfirmen sowie der Umstellung von Richtpreisen auf Festpreise. Die Initiative von Hille führte letztlich dazu, dass die Luftfahrtindustrie wieder auf eine privatwirtschaftliche Finanzgrundlage gestellt wurde. Die damit einhergehende Entschuldung der Flugmotorenindustrie beinhaltete somit gleichzeitig Elemente einer Reprivatisierung.

Die Rückkehr des RLM zu privatwirtschaftlichen Finanzierungsmethoden verlagerte im Finanzsektor viele Kontroll- und Überwachungsinstitutionen über die Luftfahrtfirmen wieder auf die Ebene privatwirtschaftlicher Bankinstitute. Der Übergang zu Festpreisen machte behördliche Kontrollen jedoch auch nicht mehr so wichtig. Letztendlich waren nun die Geschäftsführungen der einzelnen Unternehmen selber an der Wirtschaftlichkeit der eigenen Projekte interessiert bzw. für diese verantwortlich. Außerdem eröffneten die Prüfungen der Kreditwürdigkeit seitens der privaten Kreditinstitute dem Management der Flugmotorenfirmen erhebliche Anreize, im Sinne einer guten Corporate Governance zu wirtschaften.

Die durch die Kapitalschnittaktion erheblich verbreiterte Kapitalbasis von BMW erweiterte die Bewegungsfreiheit des Unternehmens so nachhaltig, dass die Reprivatisierungen zügig vorankamen. Die Münchener Gesellschaft verfolgte die Strategie einer systematischen Umfinanzierung der verbliebenen staatlichen Investitionskredite in privatwirtschaftliche Bankdarlehen und erwarb die Reichsbeteiligungen an den BMW-Werken. Bereits Ende 1939 konnte der BMW-Vorstand verkünden, dass sämtliche Investitionskredite des Reiches aus dem Zeitraum von 1934 bis 1939 zurückgezahlt worden seien. Die Übernahme der Reichsbeteiligungen durch die Privatwirtschaft war Ende der 1930er und Anfang der 1940er Jahre eine gängige Praxis. Auf diese Weise wurde eine ganze Reihe der Flugmotoren-, Zellen- und Ausrüstungswerke privatisiert. Einige Firmen – wie Messerschmitt und Focke-Wulf – kauften ihre Stammwerke zurück, andere erwarben die unter ihrem Namen errichteten Reichswerke. So erwarb Daimler-Benz z.B. die Reichsbeteiligung am Flugmotorenwerk Genshagen, die Auto Union an der Mimo und Henschel erwarb das Flugmotorenwerk Kassel.[476] Die Unternehmen reagierten mit dieser Praxis auf die erklärte staatliche Absicht, Fabriken der Luftfahrtindustrie nach Möglichkeit zu privatisieren. Dadurch entstand die Gefahr, dass sie womöglich von einem Konkurrenten übernommen wurden, wenn das Management eines Unternehmens den Rückkauf verzögerte bzw. verweigerte. Der Wettbewerb und die Beobachtung direkter Konkurrenten blieb für die Unternehmen unter nationalsozialistischer Herrschaft somit eine wichtige Determinante unternehmerischer Entscheidungsfindung. Die RLM-Spitze wusste diesen Umstand geschickt für ihre Ziele zu instrumentalisieren.

Die Kapitalschnittaktion bedeutete für die Flugmotorenwerke insgesamt eine umfassende finanzielle Befreiungsaktion, da es den Unternehmen mittels der systematischen Umfinanzierung gelang, sich aus der finanziellen Umklammerung des RLM zu lösen. Durch die Schuldentilgung und nachhaltige Gesundung der eigenen Bilanzen verschafften sich nicht nur die BMW-Flugmotorenbau-Gesellschaften gegenüber dem Staat im Finanzsektor Handlungsspielräume, die man jahrelang vermisst hatte.

7.4. Versorgung des BMW-Flugmotorenbaus mit Rohstoffen und Zubehörteilen

7.4.1. Rohstofflenkung

Die Rohstofflenkung war eines der wichtigsten Instrumente zur Steuerung der Industrieproduktion. Sie wurde bereits in den ersten Jahren nach der nationalsozialistischen Machtergreifung etabliert, erhielt ihre eigentliche

476 Vgl. hierzu u.a. Kohl/Bessel, Auto Union 2003, S. 102–104 und Gregor, Stern 1997, S. 164.

Bedeutung allerdings erst mit der Verkündung des Vierjahresplanes im Jahre 1936. Die Rohstofflenkung reglementierte letztendlich die Materialmengen aller Industriebereiche und infolgedessen sowohl die Investitionsmöglichkeiten der Beschaffungsstellen der einzelnen Wehrmachtteile als auch der privatwirtschaftlichen Unternehmen.

Die Regierung begann schon früh mit der Bewirtschaftung der Rohstoffe. Die auf der Basis des Gesetzes über den Verkehr mit industriellen Rohstoffen und Halbfabrikaten vom 22.03.1934 gegründeten Überwachungsstellen wurden als Administrativorgane des RWiM zum Träger der staatlichen Rohstofflenkung.[477] Die wichtigsten Lenkungsinstrumente waren die Einkaufs-, Verarbeitungs- und Veräußerungsgenehmigungen, Ausfuhr- und Verbrauchsscheine und in der zweiten Hälfte der 1930er Jahre immer mehr direkte Verwendungsbeschränkungen. Trotz des frühen Entstehens dieser Maßnahmen entwickelten sich keine einheitlichen Zuteilungsmethoden. Auch die Vorstellung, es habe eine strikte Rohstoffplanung gegeben, ist falsch. Praktisch lag die Initiative zunächst bei den einzelnen Unternehmen. Die Überwachungsstellen schlossen anfangs lediglich bestimmte Verwendungsmöglichkeiten aus, legten jedoch keine bestimmte Verarbeitung der Rohstoffe fest. Die Rohstofflenkung erfolgte bis 1936 dementsprechend nur indirekt.[478]

Trotz vielfältiger institutioneller staatlicher Maßnahmen handelte es sich in der Rohstoffbewirtschaftung unter dem nationalsozialistischen Regime bis in den Krieg hinein um ein System permanenter „Engpassplanungen mit stark provisorischem Charakter".[479] Die materielle Seite der Produktion der Flugmotorenwerke war in den 1930er und 1940er Jahren auf die Engpassstellen hin ausgerichtet, z.B. passte sich die Gesamtproduktion der höchstverfügbaren Menge der benötigten Engpassmetalle an. So richtete sich die Fertigung im Flugmotorenbau in Folge des Mangels an Nickel für die Ventile lange Zeit ausschließlich nach diesem Werkstoff. An diesem System wurde auch dann noch festgehalten, als es möglich war, das Engpassmetall durch andere Legierungen zu ersetzen, wie es erstmalig bei dem DB 601-Flugmotor gelang, dessen Ventile mit der Ersatzlegierung nach kurzer Übergangszeit einwandfrei arbeiteten.[480]

[477] Vgl. RGBl. 1934 I, S. 212; Barkai, Wirtschaftssystem 1988, S. 215 und Puppo, Rolf, Die wirtschaftsrechtliche Gesetzgebung des Dritten Reiches. Konstanz 1988, S. 85.

[478] Vgl. Boelcke, Willi A.: Die deutsche Wirtschaft 1930–45. Interna des Reichswirtschaftsministeriums. Düsseldorf 1983; Blaich, Industrie 1979, S. 253 und Herbst, Ludolf: Nationalsozialistische Wirtschafts- und Beschäftigungspolitik. In: Sösemann, Bernd: Der Nationalsozialismus und die deutsche Gesellschaft. Einführung und Überblick. Stuttgart 2002, S. 180.

[479] Ambrosius, Wirtschaftsordnung 2001, S. 134.

[480] Vgl. Bericht Oberkriegsgerichtsrat Roeder über die Untersuchung aus Anlass des Selbstmordes von Udet im Jahr 1942 vom 27.06.1947, in: BA-MA N 179/60, Bl. 1–9, hier Bl. 8.

Deutschland hing Anfang der 1930er Jahre bei vielen rüstungswichtigen Rohstoffen beinahe vollständig von den Lieferungen des Auslandes ab.[481] Dies betraf in hohem Maße auch die Werkstoffe, die zum Bau von Flugmotoren benötigt wurden.[482] Die unsichere Versorgung der Industrie mit kriegswichtigen Rohstoffen stellte für die Langfristplanungen der nationalsozialistischen Regierung unter rüstungswirtschaftlichen Aspekten eine ernste Gefahr dar. Diese rüstungswirtschaftliche Schwäche der Industrie führte letztlich auch dazu, dass die Diskussion um Rohstoffplanungen von Anfang an von der von den Nationalsozialisten übernommenen Idee der Autarkie dominiert wurde. Die Förderung der Aufbereitung heimischer Rohstoffe und die Herstellung brauchbarer Ersatzstoffe erlangte unter nationalsozialistischer Herrschaft auf Grund der massiv betriebenen Aufrüstung sukzessive erhebliche Bedeutung. Bereits im Oktober 1933 musste sich BMW z.B. verpflichten, für die Erledigung eines großen staatlichen Flugmotorenauftrages ausschließlich deutsches Material zu verwenden und die Ersatz- und Zubehörteile restlos in Deutschland bearbeiten und fertigen zu lassen.[483] Im Jahre 1935 wurde das Gebot, lediglich inländische Rohstoffe und Erzeugnisse zu verwenden, in den allgemeinen Lieferbedingungen für Flugmotoren und Flugmotorenteile kodifiziert.[484]

Die Einschränkung der unternehmerischen Bewegungsfreiheit auf dem Rohstoffsektor ging mit einer Ausbreitung der Wirtschaftsbürokratie einher. Die Behörden überschwemmten die Unternehmen mit einer Flut von kaum überschaubaren Vorschriften und hielten in aufwändigen Fragebogenaktionen selbst die Menge der Abfälle fest. Sie ordneten an, dass der Verkehr mit den Behörden nur in schriftlicher Form erfolgen durfte und stellten für ihre Tätigkeit Gebühren in Rechnung.[485] Außerdem sah sich die Industrie einer Vielzahl von verschiedenen Auflagen der einzelnen Überwachungsstellen gegenüber, die oft nicht koordiniert, teilweise sogar widersprüchlich waren. Angesichts dieser Praktiken klagte auch das Bayrische Staatsministerium für Wirtschaft (MWi) über eine mit der Rohstofflenkung einhergehende zunehmende Bürokratisierung.[486] Kritisiert wurden insbesondere die übermäßige Zentralisierung und der übertriebene Formalismus der Rohstoffversorgung. Die Tatsache, dass die einzelnen Rohstoffe von verschiedenen Stellen zentral bewirtschaftet wurden, führte vielfach dazu, dass die einzelnen Zuteilungen

[481] Vgl. Petzina, Dietmar: Der Nationalsozialistische Vierjahresplan von 1936. Entstehung, Verlauf, Wirkungen. Mannheim 1965, S. 31.

[482] Vgl. hierzu Tabelle 31, S. 487.

[483] Vgl. Vorschläge des RLM für einen Hornet-Zusatzauftrag an BMW vom 19.10.1933, in: BA-MA RL 3/280, Bl. 50.

[484] Vgl. Lieferbedingungen für Flugmotoren und Flugmotorenteile vom 15.05.1935, in: BArch R 2/5415, Bl. 25-30, hier Bl. 25.

[485] Vgl. Blaich, Industrie 1979, S. 253.

[486] Denkschrift des MWi „Zur Lage der Bayerischen Industrie Anfang Juni 1936" vom 20.06.1936, in: BayHStA MWi 5638, S. 1-38, hier S. 18.

nicht aufeinander abgestimmt waren. Die Folge davon war, dass selbst Unternehmen, die ein Kontingent zugewiesen bekamen, dieses häufig nicht verarbeiten konnten, da ihnen andere Rohstoffe fehlten.[487]

Im Großen und Ganzen konnte die Rohstoffversorgung der Rüstungsindustrie in den Jahren 1933 bis 1935 noch ohne nennenswerte Störungen erfolgen.[488] Allerdings äußerten sich Beamte des Bayerischen Wirtschaftsministeriums bereits Anfang 1935 besorgt darüber, dass nicht abzusehen sei, ob die großen Materialmengen, die bei der Vollbeschäftigung der Wirtschaft benötigt würden, beschafft werden könnten.[489]

Ihre Befürchtungen sollten sich schon ein Jahr später bewahrheiten. Seit der Jahreswende 1935/36 begann sich die Versorgung der metallverarbeitenden Industrie insbesondere mit nichtedlen Metallen rasch zu verschlechtern. Im Bayerischen Wirtschaftsministerium klagte man, dass „es für die Unternehmungen eine mühsame und dornenvolle Arbeit ist, die unbedingt notwendigen Rohstoffe, soweit sie knapp geworden sind, beizuschaffen". Dass erste Stilllegungen bisher vermieden werden konnten, sei nur dadurch möglich, dass die Unternehmen „ihre ganze Kraft für die Beschaffung der Rohstoffe eingesetzt und ihre Ansprüche auf Lagerhaltung ganz wesentlich eingeschränkt haben".[490] Das Beschaffen der Rohstoffe verursachte für die Firmen erhebliche unproduktive Kosten und Zeitverluste, ganz abgesehen davon, dass z.T. im Betriebsablauf und in den Arbeitsmethoden Umstellungen vorzunehmen waren. Von dieser Entwicklung war auch die BMW-Flugmotorenproduktion betroffen, auch wenn das RLM ein vitales Interesse hatte, dass die Rohstoffversorgung der wehrwirtschaftlich bedeutenden Luftfahrtfirmen nicht ins Stocken kam. Im August 1936 berichtete das Technische Amt an das Luftkommandoamt, dass die Rüstungsfirmen der Luftfahrtindustrie ihre Materialvorräte – bis auf Kohlen – im Wesentlichen aufgebraucht hätten.[491] Zur Durchführung der Beschaffungsprogramme würden Halbzeuge, Gussstücke, Rohlinge usw. sofort nach dem Wareneingang in den Produktionsprozess übernommen, so dass in keinem Unternehmen nennenswerte Lagerbestände mehr vorhanden seien. Es bestehe demnach die Gefahr, dass die Rüstungsunternehmen der Luftwaffe in den ersten Kriegswochen, in denen ihre volle bzw. gesteigerte Produktion am notwendigsten sei, einige Tage bzw. Wochen still liegen müssten, da die Mob- und Aufmarschtransporte der Wehrmacht die Reichsbahn voll in Anspruch nehmen würde.

[487] Vgl. Karl Schlumprecht, MWi, an den GBV für die Wirtschaft vom 08.12.1939, in: BayHStA MWi 5843.

[488] Vgl. ebd. und Wirtschaftslagebericht des MWi für Bayern im Nov. 1934 vom 20.12.1934, in: BayHStA StK 6712.

[489] Vgl. Niederschrift einer Tagung im MWi über die wirtschaftliche Lage in Bayern 1934 am 08.01.1935, in: ebd.

[490] Denkschrift des MWi „Zur Lage der Bayerischen Industrie Anfang Juni 1936" vom 20.06.1936, in: BayHStA MWi 5638, S.1-38, hier S.19.

[491] Vgl. LC an LA vom 25.08.1936, in: BA-MA RL 3/938, Bl.207.

Die RLM-Führung hielt trotz dieser eindringlichen Warnung über die bedenkliche Materiallage an der Rüstungsbeschleunigung und der gleichzeitig geforderten Modernisierung der Luftwaffe fest und nahm dabei einen fühlbaren Materialmangel bewusst in Kauf.[492] Nachdem die RLM-Verantwortlichen bei ihren Produktionsplanungen bereits die Grenzen ihres Haushalts gesprengt hatten, setzten sie sich nun auch über die Einschränkungen beim Materialbestand hinweg. Mit dieser realitätsfernen Einstellung wurde die von Göring ausgegebene Maxime, dass die Steuerung der gesamten Luftwaffenrüstung ab Ende 1936 nicht mehr von der Finanzierungs-, sondern „in jedem Falle von der Rohstoffseite und von der Facharbeiterseite erfolgen“[493] solle, ad absurdum geführt.

Mit der zunehmenden Verknappung der Rohstoffe seit 1936 erwiesen sich die bis dahin praktizierten staatlichen Lenkungsmethoden im Rohstoffsektor als unzureichend. Vor dem Hintergrund der akuten Versorgungskrise in Deutschland mit Devisen, Rohstoffen und Nahrungsmitteln mussten grundlegende Neuerungen durchgeführt werden.[494] Der Vierjahresplan des Jahre 1936 überwand den „punktuellen Interventionismus“[495], der die Politik der Rohstoffsicherung bisher gekennzeichnet hatte. Die Überwachungsstellen wurden nun ihrer Selbstständigkeit beraubt und der Geschäftsgruppe Rohstoffverteilung innerhalb der Vierjahresplanverwaltung unterstellt.[496] Die neue zentrale Lenkungsinstitution bekam die Aufgabe, die Rohstoffe auf die großen „Bedarfsbereiche“ aufzuteilen. Die Überwachungsstellen nahmen wie früher die Vergabe an die einzelnen Unternehmen vor und behielten damit die eigentlichen Verwaltungsaufgaben. Mit Beginn der Implementierung der Vierjahresplanmaßnahmen rückte die güterwirtschaftliche Zuteilung in den Mittelpunkt der staatlichen Rohstofflenkung.[497]

In der metallverarbeitenden Industrie musste im Raum München Anfang 1937 auf Grund der Rohstoffknappheit erstmals Kurzarbeit eingeführt werden.[498] Vor allem das Fehlen von Kleineisenteilen, wie Nägel, Schrauben, Eisenbänder, Draht, Blech usw. behinderte die Wirtschaft enorm.[499] Der Mangel an Eisen und Stahl war jedoch nicht in allen Unternehmen gleich groß. Die Rüstungsfirmen wurden bei der Zuteilung bevorzugt behandelt, so dass

492 Vgl. LC-Notiz betr. Wehrmachtstudie über die Lage der Luftfahrtindustrie vom 06.11.1936, in: ebd., Bl.277–279, hier Bl.278.

493 Von Blomberg an Milch über eine Besprechung mit Göring am 05.12.1936 vom 15.12.1936, in: ebd., Bl.352–354, hier Bl.353.

494 Vgl. zu diesen Entwicklungen Petzina, Vierjahresplan 1965, S.26–33.

495 Vgl. Blaich, Rüstung 1986, S.301.

496 Vgl. Petzina, Autarkiepolitik 1968, S.58f.

497 Vgl. Blaich, Industrie 1979, S.258.

498 Vgl. Wirtschaftlicher Lagebericht des MWi für Feb. und März 1937 vom 17.04.1937, in: BayHStA StK 6712 und Sopade-Bericht Nr.1, 4.Jg., Jan.1937, S.59.

499 Vgl. Wirtschaftlicher Lagebericht des MWi für Okt. und Nov. 1937 vom 22.12.1937, in: ebd.

die Produktion nicht eingestellt, sondern in einzelnen Betrieben nur teilweise verlangsamt werden musste, bis wieder Rohmaterial vorhanden war. Im Sommer 1937 war erstmals auch die BMW-Flugmotorenproduktion massiv von den Materialdefiziten betroffen, obwohl das Unternehmen als Luftwaffenproduzent bei der Zuteilung besonders berücksichtigt wurde.[500] Dass selbst BMW als rüstungswichtiger Konzern von den Werkstoffschwierigkeiten beeinträchtigt war, zeigt, wie kritisch die Rohstoffkrise im Jahre 1937 geworden war. Vielfach behalfen sich Unternehmen wie BMW dadurch, dass man auf Lager gearbeitete Artikel erneut einschmolz und für dringende Aufträge wiederverwendete. Außerdem arbeiteten die Firmen fieberhaft daran, die Engpasswerkstoffe durch Ersatzmaterialien auszutauschen. Allerdings war dies oft nur unter Qualitäts- und Zeitverlusten und enormen Kosten zu realisieren. Die Bayerischen Leichtmetallwerke konstruierten und fertigten beispielsweise ein Spezialventil für Flugmotoren, das vollständig aus Surrogatmaterial bestand. Die Erzeugungskosten für dieses Ventil betrugen jedoch 25 RM, während gewöhnliche Ventile um 3–5 RM verkauft wurden.[501]

Die Luftrüstung in Deutschland war im Sommer 1937 in mehrfacher Hinsicht an die Grenzen ihrer Leistungsfähigkeit gelangt. Diese Grenzen wurden nicht nur durch die Finanzschwierigkeiten im Haushalt des RLM und die beschränkten Betriebskapazitäten der Luftfahrtindustrie, sondern mehr und mehr auch durch den Rohstoff- und Facharbeitermangel bedingt. Laut einem Bericht des Generalquartiermeisters der Luftwaffe an den Chef des Generalstabs vom 04.06.1937 konnte auf Grund der Mangelsituation bei Eisen und Stahl nur etwa 45% des Auftragsvolumens der Luftwaffe bedient werden.[502] Dies bedeute laut Reichskriegsminister von Blomberg, dass sich die befohlene Umrüstung der Luftwaffe um 1¼ Jahre verzögere. Auch der projektierte Ausbau der Luftfahrtindustrie und die fabrikatorische Vorbereitung ließen sich auf Grund der Rohstofflage bereits ab 1937 nicht mehr planmäßig durchführen.[503] Die Ausbautermine konnten wegen der unzureichenden Mengen an Eisen und Stahl nicht eingehalten werden. Am 30.10.1937 mussten Göring und Milch schließlich vermelden, dass das bis zum Jahr 1942 befohlene Flugzeugprogramm nur zu 75% erfüllt werden könnte. Auf den anderen Gebieten des Luftwaffenprogramms sei die Lage allerdings noch wesentlich ungünstiger, da z.B. die Flak nur mit einer 25%igen Auslieferung rechnen könnte und für den zivilen Luftschutz überhaupt kein Eisen und Stahl mehr zugeteilt werden durfte.[504]

In Folge der Anfang 1937 eingeführten Kontingentierung reichte Geld allein nicht mehr aus, um dringend benötigte Werkstoffe kaufen zu können.

[500] Vgl. Sopade-Bericht Nr. 7, 4. Jg., Juli 1937, S. 980.
[501] Sopade-Bericht Nr. 1, 4. Jg., Jan. 1937, S. 59.
[502] Vgl. Kesselring/Suchenwirth, Luftwaffe 1957–1965, S. 147.
[503] Vgl. von Blomberg an Göring vom 03.09.1937, in: BA-MA RL 3/938.
[504] Vgl. Kesselring/Suchenwirth, Luftwaffe 1957–1965, S. 147.

Entscheidend war der Besitz eines Berechtigungsscheines zum Bezug von Waren. Die jeweilige Zuteilung erfolgte auf Grund der Dringlichkeit des Bedarfs. Entscheidendes Kriterium war die so genannte „staatspolitische Wichtigkeit".[505] Faktisch fielen die Entscheidungen vor allem in Abstimmung der großen „Bedarfsträger", d.h. zwischen den Wehrmachtsteilen und den Vierjahresplandienststellen. Die einzelnen verarbeitenden Betriebe mussten ihren Bedarf bei den Überwachungsstellen anmelden. Mit Hilfe von Dringlichkeitsscheinen konnte versucht werden, die Vergabe wichtiger Roh- und Grundstoffkontingente in die gewünschte Richtung zu lenken. Allerdings war die Vergabe der Dringlichkeitsscheine von der Verteilung der großen „Bedarfsträger" abhängig. Mit dieser Allokationspraxis stieg die Macht der Lenkungsbehörden, die mit Hilfe der Verbrauchsberechtigung den Unternehmen bestimmte Fertigungsprogramme aufzwingen, andere hingegen untersagen konnten.

Mit den Kontingentierungen gelang es jedoch nicht, die Roh- und Werkstoffsituation grundlegend zu verbessern. Sie setzten oft erst dann ein, wenn sich für ein bestimmtes Material größere Schwierigkeiten ergaben.[506] Außerdem hätte von den einschlägigen staatlichen Dienststellen nicht mehr Material verteilt werden dürfen als produziert wurde. Auch dieser Grundsatz wurde nicht berücksichtigt, so dass entsprechende Mengen später fehlten. Es bestand demnach weder ein ausgewogenes Verhältnis von Kontingenten und Rohstofferzeugung noch eine konsistente Dringlichkeitsskala bei der Vergabe der Roh- und Werkstoffe. In den Unternehmen litt vor allem die Effizienz der Produktion darunter.

Zu den vielen Zielen, die im Vierjahresplan nicht erreicht wurden, gehörte auch, dass es auf Grund des ständig steigenden Materialverbrauchs nicht gelungen war, die Auslandsabhängigkeit der deutschen Wirtschaft wesentlich zu reduzieren. Beim Rohstoffbedarf betrug sie bei Beginn des Krieges wertmäßig insgesamt ein Drittel des Verbrauchs.[507] Dabei war die Importabhängigkeit bei den einzelnen Rohstoffen sehr unterschiedlich und lag vor allem bei einzelnen kriegswichtigen Materialien erheblich höher.[508] In der Eisen erzeugenden Industrie betrug das Verhältnis zwischen dem Verbrauch von Inlandserzen und dem Verbrauch von Auslandserzen 1:3. Unter Berücksichtigung des inländischen Schrottanfalls machte die Auslandsabhängigkeit etwa 45% aus. Bei den im Flugmotorenbau essenziell wichtigen Nichteisen-Metallen betrug sie – unter Berücksichtigung der Altmaterialverwendung – für Zink 25%, Blei 50%, Kupfer 70%, Zinn 90%, Nickel 95% und Aluminium

[505] Blaich, Rüstung 1986, S. 303.
[506] Vgl. die Denkschrift „Der Zwang zur unwirtschaftlichen Betriebsführung in der Luftfahrtindustrie" von Seiler, BFW, vom Ende Febr. 1937, in: BA-MA RL 3/2320, Bl. 177–192, hier Bl. 191.
[507] Vgl. Bagel-Bohlan, Kriegsvorbereitungen 1975, S. 133.
[508] Vgl. Bericht Tomberg „Die Probleme der deutschen Rüstungswirtschaft im Kriege" von Ende Sep. 1940, in: BA-MA RW 19/1503, Bl. 81–145, hier Bl. 84–85.

(Bauxit) 99%.[509] Auch die Rohstoffeinlagerung konnte an dieser Situation nichts Entscheidendes ändern, da durch sie lediglich der Bedarf einiger Monate gedeckt werden konnte.[510] Diese Lage auf dem Gebiet der Rohstoffversorgung stellte eine rüstungs- und kriegswirtschaftliche Schwäche der deutschen Industrie dar, die durch das unzulängliche Rohstoffverteilungssystem zusätzlich verschärft wurde.

Angesichts der allgemein angespannten Situation auf dem Rohstoffsektor in den Vorkriegsjahren ist es auffallend, dass das Thema der Rohstoffbewirtschaftung in dem dieser Arbeit zugrunde liegenden Quellenmaterial zur Flugmotorenproduktion bei BMW nur untergeordnet erwähnt wird. Dokumentiert sind vergleichsweise wenige Hinweise über Rohstoffprobleme bei den BMW-Flugmotorenbau-GmbHs. Vor dem Krieg hat es – mit der Ausnahme des Krisensommers 1937 – keine längerfristigen Produktionsstörungen gegeben, die in Folge der Materialverknappung die Stilllegung oder Umstellung ganzer Betriebsabteilungen erfordert hätten.[511] Die Bayerischen Motoren Werke wurden auf Grund ihrer Sonderstellung als Luftrüstungskonzern mit ihrem Engpassprodukt Flugmotoren wesentlich besser versorgt, als andere wichtige Unternehmen des Großraums München.[512]

BMW war in den 1930er Jahren nicht nur einer der größten und bedeutendsten Konzerne in Bayern, sondern auch der wichtigste privatwirtschaftliche Arbeitgeber in der „Hauptstadt der Bewegung"[513] und war dementsprechend einflussreich. Auftretende Rohstoffversorgungsprobleme konnte die BMW Flugmotorenbau GmbH in München dementsprechend wesentlich leichter als andere unbedeutendere Bedarfsträger im bayerischen Raum und in der Regel, bevor die Produktion maßgeblich gestört wurde, beseitigen. Die nationalsozialistische Rüstungspolitik räumte der technisch vermeintlich leistungsfähigeren industriellen Serienfertigung in Großkonzernen Priorität gegenüber klein- und mittelständischen Unternehmen ein.[514]

509 Alle Angaben in: ebd.

510 Vgl. Bagel-Bohlan, Kriegsvorbereitungen 1975, S. 133.

511 Solche Behinderungen wären zweifelsohne Gegenstand von Petitionen beim RLM gewesen und wären in den Führungsgremien des Konzerns diskutiert worden, so dass sie in den vorhandenen Akten hätten Niederschlag finden müssen.

512 Vgl. Notiz aus dem Kriegstagebuch der Rü-In VII vom 30.12.1939, in: BA-MA RW 20-7/1.

513 Vgl. Heusler, Ausländereinsatz 1996, S. 32.

514 Vgl. Swatek, Dieter: Unternehmenskonzentration als Ergebnis und Mittel nationalsozialistischer Wirtschaftspolitik. Berlin 1972, S. 94f. Dies traf den bayerischen Wirtschaftsraum besonders hart. Wohl das wichtigste Charakteristikum der bayerischen Industrie- und Gewerbelandschaft war die Dominanz klein- und mittelständischer Betriebe, die immerhin 95% aller Industriebetriebe in Bayern ausmachten. Selbst in den bayerischen Ballungsräumen waren Großbetriebe unterproportional vertreten. Vgl. Denkschrift MWi „Zur Lage der Bayerischen Industrie Anfang Juni 1936" vom 20.06.1936, in: BayHStA MWi 5638, S. 1–38, hier S. 38; Eintrag ins Kriegstagebuch der Rüstungsinspektion VII, München (RüIn) vom 22.01.1941, in: BA-MA RW

Probleme bereitete BMW vor allem die unzureichende Eisen-, Stahl und Nichteisenmetall-Versorgung, die in den Vorkriegsmonaten zunehmend auch rüstungswichtige Firmen belastete. Selbst das für die Instandsetzung von Maschinen und Geräten erforderliche Eisen war vielfach nur noch schwer erhältlich, auch wenn es sich nur um geringe Mengen handelte. Die Folgen des Aufschiebens dringender Reparaturen bzw. rechtzeitiger Neuanschaffungen waren weitere Materialverluste, Betriebsstörungen und Lieferprogrammverzögerungen.[515] Auch die vom RLM weiterhin veranlassten Kapazitätsausbauten verzögerten sich mittlerweile durch unzureichende Eisenzuteilungen. BMW hatte für diesen Zweck für das erste Quartal 1940 z. B. 187t Eisen angefordert, musste jedoch eine 43%ige Bedarfskürzung von 80t hinnehmen.[516]

Die jahrelange Überbeanspruchung der Kapazitäten der deutschen Wirtschaft hatte dazu geführt, dass Deutschland mit einer Industrie in den Krieg eintrat, die bereits im Frieden wichtige, für den Krieg nützliche Reserven eingesetzt hatte und deren Ausbringungsmenge pro Arbeitskraft auf wichtigen Teilgebieten bereits vor Kriegsausbruch seit längerem abwärts tendierte.[517] An eine zusätzliche Bevorratung für den Kriegsfall – die so genannte Mob-Bevorratung – war überhaupt nicht zu denken. Auch das unternehmerische Tagesgeschäft der BMW-Geschäftsführung war bereits geraume Zeit vor Kriegsausbruch beherrscht von den ständigen Spannungen zwischen dem Rohstoffbedarf und den unzureichenden Deckungsmöglichkeiten. Diese Spannungen waren einer der wesentlichen Gründe dafür, dass die geforderten Leistungssteigerungen vielfach nicht erreicht werden konnten.

Die Wirtschaftsbehörden reagierten auf die anhaltenden Materialprobleme auch innerhalb der Rüstungsindustrie mit der Verordnung über den Warenverkehr vom 18.08.1939, die die bisherigen Überwachungsstellen in Reichsstellen umwandelte.[518] Die Reichsstellen begnügten sich nicht mehr nur mit der Überwachung und punktuellen Eingriffen in den Kreislauf industrieller Rohstoffe, sondern führten eine Planung des Wirtschaftsablaufs durch. Sie begannen mit einer Bestandsaufnahme der Vorräte. Daran schloss sich eine Beschlagnahme zugunsten der Reichsstellen bzw. die Verpflichtung, eine bestimmte Menge des Lagerbestandes zur Verfügung der Reichsstellen zu halten, an. Zuletzt folgten Vorschriften über Verarbeitung und Verbrauch der

20-7/5; Pohl, Arbeiterbewegung 1992, S. 39–45 sowie Heusler, Ausländereinsatz 1996, S. 21 und 27.

515 Vgl. Schlumprecht, MWi, an den GBV für die Wirtschaft vom 08. 12. 1939, in: BayHStA MWi 5843.

516 Vgl. Aufstellung der Eisenverteilung im I. Quartal 1940 für Luftwaffen-Industriebauten vom 05. 12. 1939, in: BA-MA RL 1/41.

517 Vgl. Bericht Tomberg „Die Probleme der deutschen Rüstungswirtschaft im Kriege" von Ende Sep. 1940, in: BA-MA RW 19/1503, Bl. 81–145, hier Bl. 86–87.

518 Vgl. RGBl. 1939 I, 2, S. 1341f. und Ambrosius, Wirtschaftsordnung 2001, S. 133–134.

Bild Nr. 21: Fließfertigung von Flugmotoren im BMW-Werk München-Milbertshofen; Hauptmontagestraße (Januar 1942)

Bild Nr. 22: Endmontage des BMW 801-Flugmotors in Fließfertigung (Aufnahme zwischen 1942 und 1944)

Rohstoffe und über die Erledigung von Aufträgen nach ihrer Dringlichkeit.[519]

Die meisten Unternehmen setzten ihre Rohstoffanforderungen bewusst hoch an, um zumindest einen Teil der gewünschten Mengen zu erhalten. Sie gaben überschüssiges Material außerdem nicht zurück, sondern lagerten es, um künftige Engpässe abfedern zu können. Bereits in den Jahren 1939/40 hatten Luftfahrtunternehmen mit dem systematischen Horten von Material für Friedenszeiten begonnen. Ermittlungen ergaben, dass die bis 1943 angehäuften Bestände an einzelnen Werkstoffen, die aufgedeckt wurden, in einigen Unternehmen für etwa 18 Monate Kriegsbedarf ausgereicht hätten.[520] Selbstverständlich wirkte sich diese unternehmerische Praxis zusätzlich hemmend auf die gesamte Versorgungssituation der Luftfahrtindustrie aus.[521]

7.4.2. Abhängigkeiten von Zulieferern

Analog zur staatlichen Kontingentierung der Rohstoffe bestimmte das RLM auch die Handlungsspielräume der Flugmotorenindustrie im Hinblick auf ihre Zulieferfirmen. Die Beschaffungsabteilung des Ministeriums, LC III, griff ab 1934 aktiv in die Beziehungen der Flugmotorenhersteller zu ihren Unterlieferanten ein und schrieb letztere zum Teil sogar konkret vor.[522] Die Kontingentierung der Zulieferer wurde von den Beamten der LC III gerechtfertigt mit dem Missverhältnis zwischen Friedens- und Mob-Beschäftigung.

[519] Vgl. Eckerlin, Fritz: Von der Überwachungsstelle zur Reichsstelle, in: Die Deutsche Volkswirtschaft 8 (1939), S. 1040–1042, hier S. 1041.

[520] Vgl. Niederschrift der Unterredung zwischen Roeder und Siegler im Auftrag des IfZ am 3. und 4.12.1951, in: IfZ Db 68.18 und Bericht Oberkriegsgerichtsrat Roeder über die Untersuchung aus Anlass des Selbstmordes von Udet im Jahr 1942 vom 27.06.1947, in: BA-MA N 179/60, S. 1-9, hier S. 8.

[521] Um die unproduktive Anhäufung von Material zu verhindern, verordnete Hitler am 21.03.1942: „Wer vorsätzlich falsche Angaben [...] über den Bedarf oder die Vorräte an für die Rüstungswirtschaft wichtigen Rohstoffen, Materialien, Erzeugnissen, Maschinen oder Geräten macht und dadurch die Bedarfsdeckung der Rüstungswirtschaft gefährdet, wird mit Zuchthaus, in besonders schweren, die Rüstungswirtschaft erheblich beeinträchtigenden Fällen mit dem Tode bestraft." Verordnung von Hitler zum Schutze der Rüstungswirtschaft vom 21.03.1942, in: BArch R 10 III/12, Bl. 112. Da es analog zu anderen Branchen auch bei Luftfahrtbetrieben überdies gängige Praxis zu sein schien, auch während des Krieges noch Friedensplanungen und -entwicklungen durchzuführen, verbot Göring solche Tätigkeiten am 13.04.1942 ausdrücklich. Vgl. Verordnung über Friedensplanungen in der Wirtschaft vom 13.04.1942, in: RGBl. I Nr. 43, S. 239 und in: BArch R 10 III/12, Bl. 107.

[522] Vgl. Popp an Udet vom 22.07.1937, in: BMW-Arch UA 368. So fanden sich unter den 45 Zulieferern des deutschen Flugmotorenbaus, die in die industrielle Großplanung der IRG 38 eingebaut wurden, unter anderem die Schweinfurter Kugellagerhersteller, die Deutschen Edelstahlwerke für die Kurbelwellenproduktion, Bosch für die elektrischen Geräte und sieben große Hersteller für Zahnräder und Getriebe. Vgl. Industrierüstungsgrundlagen 01.04.1938, IRG 38, vom 01.11.1935, in: BA-MA RL 3/941, Bl. 19, S. 3, zitiert nach Budraß, Flugzeugindustrie 1998, S. 353.

Tabelle 17: Lieferanten der BMW Flugmotorenbau GmbH

Bezogene Teile	Zulieferer
Zylinder	Süddeutsche Bremsen AG, München
Gehäuse	Motorenfabrik Anton Schlüter, Freising
Leichtmetallteile	Deutsche Präzisionswerkzeuge AG, Amberg
Pleuel	Waggonfabrik Rathgeber AG, München
Steuerungsteile	Grill, Zuffenhausen (später Werk München)
Kleinteile (Schrauben, Muttern etc.)	Nürnberger Schraubenfabrik NSF, Nürnberg
	Schraubenfabrik Gutekunst, Robert, GmbH, Württemberg
	Förg & Co., Präzisions-Schrauben & Apparatebau, München
	Dörfler & Hellings Präzisionsschraubenfabrik, München
Büchsen und Scheibenringe	Mars, Nürnberg
	Deutsche Präzisionswerkzeuge AG, Amberg
	Edelmann & Sohn, München
Kleindrehteile	Maschinenfabrik Robel, München
	Grill, Zuffenhausen (später Werk München)
Verzahnte Teile	Carl-Hurth-Maschinen- und Zahnrad-Fabrik, München
	Zahnradfabrik Augsburg, Augsburg

Quelle: Mob-Aufgabe April 1936 für BMW München, Sonderteil Unterlieferanten für Werkteile vom 25.11.1935, in: BA-MA RL 3/296.

Angesichts dieser Diskrepanz sei es nur folgerichtig, dass man die Vergebung von Aufträgen an Unterlieferanten nicht der freien Initiative der Motorenwerke überließ, sondern der ministeriellen „Steuerung der Beschäftigung zwecks Aufrechterhaltung der Rüstungsbereitschaft der Industrie" unterwarf.[523] Es handele sich keineswegs um eine „Knebelung der freien Wirtschaft", hieß es weiter. Die Beschaffungsabteilung versicherte ihre Absicht, die Beziehung der Firmen untereinander so wenig wie möglich zu stören und dennoch darauf zu achten, dass die Unterlieferanten hinsichtlich ihrer Lieferungen qualitätsmäßig auf der Höhe blieben und auf wirtschaftlicher Grundlage arbeiteten.[524]

BMW hatte bis in den Herbst 1935 hinein nur verhältnismäßig wenige Werkteile[525] an Unterlieferanten vergeben, was hauptsächlich darin begründet lag, dass kein Lieferant auf die Herstellung dieser Teile eingerichtet war. Es zeigte sich allerdings sehr schnell, dass die Kapazitäten der mechanischen Werkstätten des Münchener Betriebs auch in zwei Schichten à zehn Stunden für die vom RLM geforderte Ausbringungsmenge bei Weitem nicht ausreichten. Auf Grund dieses Kapazitätsengpasses, vor allem jedoch aus Sicherheits-

[523] LC III an Amtschef des Technischen Amtes vom 11.08.1937, in: BA-MA RL 3/52, Bl. 451–453, hier Bl. 453.
[524] Vgl. ebd.
[525] Unter Werkteilen verstand man solche Teile, die BMW selbst herstellte oder selbst herstellen konnte.

gründen, forderten die militärischen Planungsstäbe, dass jedes Teil eines Flugmotors außer bei BMW zusätzlich bei anderen Unterlieferanten hergestellt werden konnte. Zweck dieser Maßnahme war es, dass bei einer eventuellen Zerstörung durch Luftangriffe nicht die ganze Motorenfabrikation des Konzerns zum Erliegen kommen würde.[526] Aus diesen Gründen sei es nach Ansicht der Verantwortlichen von LC III anzustreben, dass bei BMW etwa 50% der benötigten Teile im Unternehmen gefertigt und die übrigen 50% von Unterlieferanten bezogen würden.[527] Im November 1935 verfügte das RLM, dass der Münchener Flugmotorenbauer in Zukunft die in Tabelle 17 aufgeführten Großlieferanten als „verlängerte Werkbank" heranziehen musste.

BMW sorgte für die notwendige Anleitung und Einarbeitung der jeweils verantwortlichen Ingenieure, Meister und Vorarbeiter dieser Firmen und stellte das Material kostenlos zur Verfügung. Im Gegenzug mussten sich die Zulieferer verpflichten, die Arbeitsvorschriften und Normen des BMW-Mutterkonzerns strikt einzuhalten, um bei den Kontrollen der Bauaufsichten keinerlei Schwierigkeiten zu verursachen.[528]

Durch die Kontingentierung der Zulieferer reglementierte das RLM die Fertigungstiefe der BMW-Produktion, was einen tiefen Eingriff in die Unternehmensautonomie bedeutete. Popp beschwerte sich im Juli 1937 vehement bei Udet über den im Hinblick auf die Kontingentierung der Zulieferer „diktatorischen Standpunkt" der Beschaffungsabteilung des RLM, da diese „zu weit in unsere Geschäftleitung eingreift".[529] Er forderte freie Beziehungen zu den Unterlieferanten der Flugmotorenhersteller nach privatwirtschaftlichen Grundsätzen. Dies läge laut Popp im Übrigen mindestens ebenso im Interesse des Ministeriums wie der einzelnen Luftfahrtfirmen. Die Kontingentierung „führt letzten Endes ganz bestimmt zu untragbaren Verhältnissen. Wenn die Unterlieferanten wissen, dass die Entscheidung nicht bei uns liegt, werden sie [...] auf uns überhaupt nicht hören und sowohl in der Qualität, in der Lieferzeit und letzten Endes im Preis versagen. Die Kosten, die Verzögerungen und die Qualitätsverschlechterungen muss dann selbstverständlich das RLM tragen."[530] Popp warnte eindringlich vor den Folgen der RLM-Interventionen in die Interaktionen freier Wirtschaftsunternehmen. Popps Einsprüche blieben im RLM jedoch folgenlos. In der Beschaffungsabteilung reagierte man lediglich mit der unverhohlenen Drohung, dass sich die Zulieferer und Motorenfirmen, die hinsichtlich ihrer Lieferungen zeitlich und „qualitätsmässig

526 Vgl. Mob-Aufgabe April 1936 für BMW München, Sonderteil Unterlieferanten für Werkteile vom 25.11.1935, in: BA-MA RL 3/296.

527 Vgl. Vorschläge des RLM für einen Hornet-Zusatzauftrag an BMW vom 19.10.1933, in: BA-MA RL 3/280, Bl. 50.

528 Vgl. BMW Flugmotorenbau GmbH an seine Nachbaufirmen und Zulieferer vom 16.12.1935, in: BMW-Arch UA 210.

529 Popp an Udet vom 22.07.1937, in: BA-MA RL 3/52, Bl. 1776–1779.

530 Ebd.

nicht auf der Höhe bleiben" und nicht wirtschaftlich arbeiteten, sich in kurzer Zeit selber aus dem Kreis der Rüstungsindustrie ausschalteten.[531]

Die ausreichende Belieferung der Flugmotorenindustrie mit einigen wichtigen Zulieferteilen, wie z.B. Kurbelwellen, Zünd-Magnetapparaten, Vergasern und z.T. Gehäusen, bereitete bereits während der Weimarer Republik auf Grund unzureichender Fabrikationsmöglichkeiten außerordentlich große Schwierigkeiten.[532] Die zuständigen nationalsozialistischen Rüstungsbehörden bekamen diese Versorgungsprobleme teilweise bis zum Kriegsende 1945 nicht in den Griff, so dass die Versorgungslage bei einigen dringend benötigten Zulieferteilen über die Jahre hinweg sehr mangelhaft blieb. Das wohl problematischste Engpass-Produkt waren Kurbelwellen, bei deren Fertigung die Firma Krupp jahrelang eine Monopolstellung hatte. Als Soforthilfsmaßnahme für die Kurbelwellenproduktion zog das RLM im zweiten Halbjahr 1942 sogar Facharbeiter aus der laufenden Fertigung der Flugmotorenhersteller ab.[533] Eine monopolähnliche Position besaß auch die Firma Bosch in der gesamten Elektrotechnik, bei den Komponenten des Zündsystems sowie bei den Einspritzpumpen eines Flugmotors.[534] Welche Bedeutung die qualitativ hochwertige und fristgerechte Zulieferung sowohl der Kurbelwellen als auch der elektrischen Erzeugnisse für BMW hatte, verdeutlicht Tabelle 18.

Tabelle 18: Kostenanteile des Motorenzubehörs in der Flugmotorenindustrie (Stand Oktober 1938, in Prozent)

Zubehörteil	Kostenanteil
Zylinderlaufbuchsen	0,1
Kolben und Pleuel	5,0
Kurbelwellen	26,8
Vollständige Getriebe	2,9
Zahnräder	9,2
Wälzlager	4,2
Gleitlager	0,8
Elektrotechnische Erzeugnisse	10,8
Sonstige Erzeugnisse	40,2
Gesamt	100,0

Quelle: 12. Bericht der Wirtschaftsgruppe Luftfahrtindustrie über die deutsche Luftfahrtindustrie, Verhältniszahlen der Produktionserhebung 1937 vom 10.10.1938, in: BArch R 13 XXV/5.

[531] Vgl. LC III an Amtschef des Technischen Amtes vom 11.08.1937, in: ebd., Bl. 451–453, hier Bl. 453.

[532] Vgl. Kapitel 3.2.

[533] Im Bereich der Rüstungsinspektion III, Berlin, war auch das BMW-Werk Spandau betroffen, aus dem vom 1.9. bis zum 31.12.1942 50 Personen eingezogen wurden. Vgl. Eintrag aus dem Kriegstagebuch der W.Wi.In III im Wehrkreis III, Berlin, vom 23.08.1942, in: BA-MA RW 20-3/1, Bl. 46–47.

[534] Vgl. Vortrag Hauptmann Metzkes „Die Luftfahrtindustrie im Bereich des Rüstungskommandos Eisenach" vom 09.04.1940, in: BA-MA RW 21-2/1, Bl. 53–71, hier Bl. 63.

Diese Zahlen zeigen die Vorrangstellung der Kostenanteile von Kurbelwellen, elektrotechnischen Erzeugnissen und Zahnrädern am Gesamtwert des Motorenzubehörs. Im Herbst 1938 forderte das RLM die BMW Flugmotorenfabrik Eisenach auf, künftig ein Drittel der benötigten Zahnräder selbst herzustellen. Hierfür war es erforderlich, die werkseigene Zahnradfabrikation erheblich auszubauen.[535] Angesichts der Tatsachen, dass die Zahnradfabrikation durch die höchst präzisen Anforderungen an die Produktgenauigkeit sehr viel Erfahrung in der Fertigung erforderte und dass bei bestehenden professionellen Zahnradfabrikations-Unternehmen mögliche Ausbaukapazitäten nicht voll ausgeschöpft wurden, ist der Sinn der diesbezüglichen Anordnung des Ministeriums jedoch nur bedingt nachzuvollziehen.

Als außerordentlich schwierig erwies sich ab Mitte der 1930er Jahre auch die Beschaffung der notwendigen Werkzeugmaschinen. Selbst rüstungswichtige Großunternehmen wie BMW suchten bereits sehr früh nach Wegen, um notwendige Maschinen beschaffen zu können. Für Wehrmachtsaufträge in der Motorradfertigung benötigte BMW im September 1937 beispielsweise eine Schenkelfräsmaschine. Der zuständige Lieferant, die Firma Hille in Aue/Sachsen, legte eine Lieferfrist von zwei bis zweieinhalb Jahren fest, der sich auch BMW unterwerfen musste.[536] Spezialmaschinen waren während des Krieges zur Erfüllung der RLM-Lieferprogramme kaum noch rechtzeitig zu erhalten.[537] Die Einführung der verschiedenen neuen Flugmotorenbaumuster, die Ausweitung der Fertigungsstätten und der mit dem Einsatz ungeschulter Arbeitskräfte größere Verschleiß an Maschinen und Betriebsmittel führte nach 1939 sehr bald zu wesentlichen Engpässen im betriebsinternen Werkzeugbau.[538] Auch die externe Zulieferung sowohl an Normalwerkzeugen als auch an baumustergebundenen Werkzeugen verlief sehr schleppend und unzureichend, so dass bestehende Lagervorräte sehr schnell aufgebraucht waren.[539]

Die Mobilmachungsaufgabe über Werkteile für den BMW-Flugmotorenbau in München von November 1935 verdeutlicht, dass die Beschaffungsstelle im RLM anfangs noch einen lokalen bzw. regionalen Ansatz in der Zuteilung der notwendigen Unterlieferanten verfolgte. In diesem Sinne kamen der Flugmotorenbau-Muttergesellschaft von BMW die spezifischen Charakteris-

[535] Die Flugmotorenfabrik Eisenach benötigte zur Ausführung dieser Anweisung Geldbeträge von ca. 335 000 RM für neue Maschinen, die zum Teil erst in den Jahren 1939 und 1940 geliefert werden konnten. Vgl. Bericht für den Beirat der Flugmotorenfabrik Eisenach GmbH vom 24. 10. 1939, in: BArch R 8119 F/P 3162, Bl. 47.

[536] Vgl. Bericht vom 17. 09. 1937, in: IfZ Fa 329/5, Wwi.

[537] Vgl. Bericht der Geschäftsführer des Flugmotorenwerkes Eisenach über das laufende Geschäftsjahr 1941 vom 03. 05. 1941, in: BMW-Arch UA 173.

[538] Vgl. Kriegsleistungsbericht der BMW AG, München, der Flugmotorenbau GmbH, München, und dem Zweigwerk Allach vom 10. 03. 1943, in: BMW-Arch UA 553.

[539] Vgl. Bericht über die Programmerfüllung des BMW 801 von Anfang 1945, in: BMW-Arch UA 968, S. 1–18, hier S. 5.

tika des Standortes München und Bayern zugute. In dem vorwiegend agrarisch geprägten Land Bayern setzte die Industrialisierung verhältnismäßig spät ein und beschränkte sich im Wesentlichen auf einige städtische Ballungszentren.[540] Die weite Entfernung zu den wichtigsten Grund- und Rohstoffen sowie die ungünstige Verkehrslage begünstigten vor allem im oberbayerischen Raum die Herausbildung einer an handwerklichen Traditionen und hohen Qualitätsstandards orientierten Verarbeitungs- und Veredelungsindustrie.[541] Lediglich eine solch hochwertige Fertigwarenindustrie konnte sich im Wettstreit mit standortbegünstigten Gewerbezweigen durchsetzen. Der Standort München verfügte mit einer Vielzahl hochqualifizierter Handwerks- und Industriebetriebe und einem entsprechendem Potenzial an bestens ausgebildeten Facharbeitern über ideale strukturelle Voraussetzungen, „um die Stadt zu einem ‚High-Tech-Zentrum' der NS-Luftrüstung zu machen".[542] Tatsächlich bildete sich Mitte der 1930er Jahre in der Stadt eine hochspezialisierte und vielseitige klein- und mittelbetriebliche Zulieferindustrie heraus, die sich in erheblichem Umfang auf die Fertigung von Spezialteilen und Komponenten für die BMW-Erzeugnisse konzentrierte. Heusler hat festgestellt, dass ein großer Teil der mittelständischen Gewerbebetriebe Münchens vertraglich an BMW gebunden und letztendlich wirtschaftlich von dem Konzern abhängig war.[543]

Im Umkehrschluss der von Heusler konstatierten lokalen Abhängigkeit der kleinen und mittelständischen Münchener Unternehmen von der wirtschaftlichen Entwicklung der Bayerischen Motoren Werke lässt sich auf der Basis des überlieferten BMW-Quellenmaterials keine spezifische Abhängigkeit des Münchener Flugmotorenbauers von den Zulieferern des regionalen Umfeldes feststellen. Ohne Zweifel spielten die Unternehmen des Münchener und bayerischen Umfeldes als Unterlieferanten von BMW eine gewisse Rolle. Mit stetig schwieriger werdender Materiallage und dadurch beeinträchtigten Zuliefer-

[540] Vgl. Blaich, Industrie 1979, S. 238; Tenfelde, Klaus: Stadt und Land in Krisenzeiten. München und das Münchener Umland zwischen Revolution und Inflation 1918 bis 1923, in: Hardtwig, Wolfgang/Tenfelde, Klaus (Hrsg.): Soziale Räume in der Urbanisierung. Studien zur Geschichte Münchens im Vergleich 1850–1933, München 1990, S. 37–57; Heusler, Ausländereinsatz 1996, S. 20–21.

[541] Vgl. Rede des bayerischen Ministerpräsidenten Ludwig Siebert in der Beiratssitzung der Wirtschaftskammer Bayern am 11. 11. 1938, in: BayHStA StK 5402 und Artikel „Das wirtschaftliche Gesicht Bayerns. Alte und neue Entwicklungsgänge", in: Kölnische Zeitung Nr. 83/84 vom 15. 02. 1942.

[542] Heusler, Ausländereinsatz 1996, S. 28. Mitentscheidend für diese Entwicklung war auch die Tatsache, dass in der Nähe von München bereits eine Reihe prominenter Flugzeug- und Flugmotorenhersteller produzierten, beispielsweise eine Zweigniederlassung der Junkers-Werke in Allach, die Dornier-Werke in Aubing und Oberpfaffenhofen, die Messerschmitt-Werke in Augsburg und die Luftfahrtforschungsanstalt (LFM) in München-Ottobrunn. Außerdem fertigten zahlreiche Unternehmen der optischen und feinmechanischen Industrie, v. a. Rodenstock, Steinheil, Perutz, Agfa, einzelne Komponenten bzw. komplette Baugruppen für die Luftwaffe. Vgl. ebd., S. 28–29.

[543] Vgl. ebd.

kontakten bemühten sich die BMW-Flugmotorenwerke jedoch zunehmend deutschlandweit bzw. nach Kriegsbeginn auch europaweit um leistungsfähige Zulieferfirmen. Dies lag zum einen an der Kontingentierung der wichtigsten Unterlieferanten und der alles dominierenden Stellung des RLM. Sämtliche Hoheitsrechte der Landesministerien waren unter nationalsozialistischer Herrschaft auf die Reichsministerien übergegangen.[544] Das RLM beanspruchte darüber hinaus die Befehlsgewalt in allen Einzelfragen, gleichwohl ob sie reichsrechtlicher oder landesrechtlicher Natur waren. Auf Grund dieser zentralistischen Auffassung des Reichsaufbaus gerieten landestypische Aspekte mehr und mehr in den Hintergrund. Die BMW-Führung verhandelte beispielsweise ausschließlich mit den zuständigen Beamten des RLM. Die bayerischen Wirtschaftsorgane hatten für das BMW-Management im Hinblick auf den Flugmotorenbau der 1930er Jahre ihre Relevanz vollkommen verloren.

Zum anderen handelte es sich bei den bayerischen Unterlieferanten überwiegend um kleine und mittelständische Unternehmen[545], die zunehmend aus dem Blickfeld des RLM gerieten und dadurch faktisch sich selber überlassen wurden. Da die einschlägigen ministeriellen Stellen die Unterlieferanten bis zum Sommer 1941 nicht als Gesamtproduktionsverbund begriffen, war die Materialversorgung vor allem bei den Firmen, die nur mittelbar für den direkten Bedarf der Wehrmacht fertigten, besonders schlecht. Während die Wehrmacht Unternehmen, die unmittelbare Heeres- und Luftwaffenaufträge ausführten, in der Regel mit den notwendigen Kontingenten versah, erhielten Unternehmen, die nur mittelbar für Zwecke der Wehrmacht tätig waren, oft keine entsprechenden Zuteilungen.[546] Da sie die notwendigen Materialien und Rohstoffe allerdings auch von keinem anderen Kontingentsträger erhielten, waren sie vielfach nicht in der Lage, ihre Firma technisch auf dem neuesten Stand zu halten, der die fachgemäße und pünktliche Ausführung der übernommenen Aufträge ermöglichte.[547] Diese fehlende Berücksichtigung der gesamten Produktionsmittelströme seitens des RLM hatte analog zum Fehlen eines übergeordneten Rüstungsplans letztendlich zur Folge, dass die eingespielten wirtschaftlichen Proportionen zwischen Endfertigung, Zuliefer- und Grundstoffindustrie zunehmend verzerrt und gestört wurden.[548]

Auch BMW war gezwungen, seine Zubehörteile von leistungsstarken Großlieferanten zu beziehen, sobald die regionalen Unterlieferanten nicht mehr qualitäts- und termingerecht liefern konnten. Dabei zeigte sich jedoch sehr

[544] Vgl. Denkschrift des MWi „Aufzeichnung über die Organisation der staatlichen Wirtschaftsverwaltung des Reiches" vom 21.01.1935, in: BayHStA MWi 5614 und Denkschrift des bayerischen Wirtschaftsministers „Die Organisation der Reichswirtschaftverwaltung in den künftigen Reichsgauen" vom 23.02.1935, in: ebd.

[545] Vgl. Fußnote Nr. 514, S. 372.

[546] Vgl. Schlumprecht, MWi, an den GBV für die Wirtschaft vom 08.12.1939, in: BayHStA MWi 5843.

[547] Vgl. beispielhaft hierfür Sopade-Bericht Nr. 10, 4. Jg., Okt. 1937, S. 1405–1406.

[548] Vgl. Erker, Industrieeliten NS-Zeit 1993, S. 15–16.

schnell, wie realitätsfern und unpraktikabel das ministerielle Vorhaben war, die Zulieferer der Flugmotorenindustrie zu kontingentieren und insbesondere 45 Hauptlieferanten in der IRG 38 vorzuschreiben. Im Gegensatz dazu differenzierten sich die BMW-Kontakte zu Unterlieferanten immer weiter aus. Besonders ab Kriegsbeginn 1939 beschleunigte sich dieser Vorgang. Durch die extrem komplexe neue Motorentechnologie des BMW 801-Flugmotors und die Tatsache, dass die BMW-internen Fertigungsstätten für die hohen Programmforderungen des RLM nicht mehr ausreichten, sah sich die BMW-Spitze gezwungen, nach dem Prinzip der „verlängerten Werkbank" mehr und mehr Teile nach auswärts zu verlagern. Da jedoch bereits Anfang des Krieges fast alle in Frage kommenden Unternehmen mehr oder weniger für die Rüstung arbeiteten, war es nicht einfach, geeignete hochqualifizierte Produzenten zu finden. Dabei konnten die Flugmotorenwerke von BMW auf eine wünschenswerte Konzentration auf lokale Zulieferer immer weniger Rücksicht nehmen. Der regionale Bezug spielte infolgedessen für BMW im Gesamtbild der Unterlieferantenkontakte über die Jahre hinweg eine immer unbedeutendere Rolle. Meist gelang die Einschaltung neuer Zulieferer lediglich durch die intensive technische Betreuung der Betriebe durch den technischen Außendienst des BMW-Flugmotorenbaus, wobei die Fertigung vom ersten Muster bis zur Serie, die Beschaffung der Werkstoffe, Betriebsmittel und oft auch die Bereitstellung des Fachpersonals zu beaufsichtigen waren.[549] Häufig mussten sogar umfangreiche Maschinenbestände ausgeliehen werden, was nicht nur Verlagerungskosten und erhöhten Maschinenverschleiß, sondern auch die Inanspruchnahme des entsprechenden Anlernpersonals bedeutete.[550] Insgesamt verschlechterte sich auch die Qualität der angelieferten Motorenteile. Beispielsweise wurden Schmiedestücke seit Kriegsbeginn vielfach in unveredeltem Zustand angeliefert, so dass die Vergütung im eigenen Hause erforderlich wurde.[551]

Während die Lieferantenzahl des BMW-Flugmotorenbaus im Jahr 1940 bereits 5817 betrug, stieg sie in den Folgejahren weiter deutlich an auf 7675 im Jahre 1941 und 8333 im Jahre 1942.[552] Mehr und mehr wurde die Beschaffung von Flugmotorenteilen auch auf das europäische Ausland ausgedehnt.[553]

549 Vgl. Kriegsleistungsbericht der BMW AG, München, der Flugmotorenbau GmbH, München, und dem Zweigwerk Allach vom 10.03.1943, in: BMW-Arch UA 553.

550 Vgl. z.B. die Liste über die an die 17 wichtigsten Zulieferer der BMW Flugmotorenfabrik Eisenach ausgeliehenen 226 Werkzeugmaschinen vom März 1945, in: BMW-Arch UA Eis 6.

551 Vgl. Bericht über die Programmerfüllung des BMW 801 von Anfang 1945, in: BMW-Arch UA 968, S. 1–18, hier S. 6.

552 Vgl. Kriegsleistungsbericht der BMW AG, München, der Flugmotorenbau GmbH, München, und dem Zweigwerk Allach vom 10.03.1943, in: BMW-Arch UA 553.

553 Beispielsweise umfasste die Aufstellung der Anzahlungen an Zulieferer und Lieferanten des BMW-Werkes in Spandau zum 31.12.1941 sehr viele französische und dänische Unterlieferanten. Vgl. Aufstellung der Anzahlungen an Zulieferer und Liefe-

Regionale Schwerpunkte in der Material- und Teilebeschaffung lassen sich für keinen BMW-Standort feststellen.[554] Vielmehr überwogen bei der Auswahl geeigneter Lieferanten Qualitäts- und Kostenkriterien und vor allem die Frage, welches Unternehmen während des Krieges überhaupt noch liefern konnte bzw. freie Kapazitäten hatte. Außerdem kümmerte sich die BMW-Unternehmensleitung wenig um die moralische Komponente ihres Zuliefersystems. Sie betrachtete die sich während des Krieges durch die Besetzung des europäischen Auslands ergebenen neuen Zuliefermöglichkeiten lediglich als Erweiterung ihrer unternehmerischen Handlungsspielräume. Werner weist auch zu Recht darauf hin, dass der BMW-Vorstand keine Skrupel hatte, die im KZ-Dachau angesiedelte Firma Präzifix als Lieferant für Schrauben heranzuziehen.[555]

7.4.3. Zwischenfazit: Rohstoffbewirtschaftung und externe Zulieferungen der Flugmotorenwerke

Die staatliche Rohstofflenkung wurde bereits in den ersten Jahren nach der nationalsozialistischen Machtergreifung etabliert, erhielt ihre eigentliche Bedeutung allerdings erst mit der Verkündung des Vierjahresplanes im Jahre 1936. Trotz vielfältiger institutioneller staatlicher Maßnahmen handelte es sich in der Rohstoffbewirtschaftung bis in den Krieg hinein um ständige Engpassplanungen, die einen stark provisorischen Charakter hatten.

Die relative Zurückhaltung der zuständigen Behörden in den ersten Jahren nach der nationalsozialistischen Machtübernahme lag insbesondere daran, dass die Rohstoffversorgung der Rüstungsindustrie in den Jahren 1933 bis 1935 im Großen und Ganzen noch ohne fühlbare Störungen durchgeführt werden konnte. Allerdings begann sich die Versorgung vor allem der metallverarbeitenden Industrie insbesondere mit nichtedlen Metallen seit der Jahreswende 1935/36 rasch zu verschlechtern. Zunehmend waren auch die Flugmotorenwerke gezwungen, auf ihre Materialvorräte zurückzugreifen, so dass zum Teil bereits ab 1936 keine nennenswerten Lagerbestände mehr vorhanden waren.

Sämtliche Flugmotorenfabrikanten wurden auf Grund ihrer Sonderstellung als Luftrüstungskonzerne und ihrem Engpassprodukt Flugmotoren wesentlich besser versorgt als andere wichtige Industrieunternehmen. Auftretende

ranten in der Bilanz des BMW-Werkes Spandau zum 31.12.1941, in: BArch R 8119 F/P 3170, Bl. 201–203.

[554] Vgl. in diesem Zusammenhang z.B. die Liste des Zuliefernetzwerkes des BMW-Flugmotorenwerks in Allach aus den Jahren 1943/44, in: Werner, Zwangsarbeit 2006, S. 282–283. Diese Beobachtung scheint sich im Übrigen auch mit den Verhältnissen bei anderen Flugmotoren- und Flugzeugfirmen zu decken. Vgl. z.B. Schmoll, Peter: Die Messerschmitt-Werke im Zweiten Weltkrieg. Die Flugmotorenproduktion der Messerschmitt GmbH Regensburg von 1938 bis 1945. Regensburg 1998, S. 44.

[555] Vgl. Werner, Zwangsarbeit 2006, S. 280–281.

Rohstoffversorgungsprobleme konnten sie dementsprechend wesentlich leichter beseitigen als andere Bedarfsträger. Neben der strukturellen Benachteiligung von kleinen und mittelgroßen Unternehmen wurden die Defizite im Rohstoffbereich in wachsendem Umfang auf Kosten des Handwerks, Einzelhandels und Dienstleistungsgewerbes abgefedert, die am Rüstungsboom in der Regel nicht partizipierten.

Der Vierjahresplan rückte die güterwirtschaftliche Zuteilung in den Mittelpunkt der staatlichen Rohstofflenkung. Die Tatsache, dass die einzelnen Rohstoffe von verschiedenen Dienststellen zentral bewirtschaftet wurden, führte vielfach dazu, dass die einzelnen Zuteilungen nicht aufeinander abgestimmt waren. Die Folge davon war, dass selbst Unternehmen, die ein Kontingent zugewiesen erhielten, dieses häufig nicht verarbeiten konnten, da ihnen andere Rohstoffe fehlten. Das Tagesgeschäft der Flugmotorenhersteller war bereits lange vor dem Krieg zunehmend beherrscht von den ständigen Spannungen zwischen ihrem Rohstoffbedarf und dessen Deckungsmöglichkeiten. Das Beschaffen der Rohstoffe verursachte für die Firmen erhebliche unproduktive Kosten und Zeitverluste.

Insgesamt wurden die Instrumente der staatlichen Wirtschaftslenkung durch die allgemeine Kontingentierung der Roh- und Werkstoffe erheblich erweitert. Die Abhängigkeit der Unternehmen von der staatlichen Zuteilung von Rohstoffen dokumentierte, wie eng die unternehmerischen Handlungsspielräume im Flugmotorenbau geworden waren. Das staatliche Lenkungsverfahren bedeutete allerdings keine völlige Aufhebung des Marktes. Im Rahmen ihrer Möglichkeiten traten die Kontingentträger selbstständig als Marktteilnehmer auf und konkurrierten mit anderen Bedarfsträgern. Die besten Voraussetzungen bei der Beschaffung der benötigten Rohstoffe hatte dabei der Junkers-Konzern, der die Vollmachten Görings auch auf Kosten aller anderen Flugmotorenbauer ausnutzte. Wie auch andere Firmen der Branche akquirierte Koppenberg dabei regelmäßig überhöhte Kontingente, um den ständig hohen Bedarf für das Ju 88-Programm zu zementieren.[556]

Das Kontingentierungssystem lief letztendlich indirekt auf ein Produktionsverbot hinaus, da für unerwünschte unternehmerische Produktionspläne vom Staat keine Rohstoffe zur Verfügung gestellt wurden.[557] Vor allem Unternehmer, die auf einem solch politisierten Absatzmarkt wie die Flugmotorenindustrie agierten, mussten daher schon im eigenen Interesse die vom Staat gewünschte Verwendung anstreben. Die Kontingentierung zwang die unternehmerischen Aktivitäten in eine bestimmte Richtung, ohne ausdrückliches Gebot zu sein.

Analog zur staatlichen Kontingentierung der Rohstoffe bestimmte das RLM auch die Handlungsspielräume der Flugmotorenindustrie im Hinblick auf ihre Zulieferfirmen. Die Beschaffungsabteilung des Ministeriums griff ab

[556] Vgl. Budraß, Flugzeugindustrie 1998, S. 584–586 und 592.
[557] Vgl. Petzina, Vierjahresplan 1965, S. 240.

1934 aktiv in die Beziehungen der Flugmotorenhersteller zu ihren Unterlieferanten ein und schrieb Letztere zum Teil sogar konkret vor. Durch diese Kontingentierung der Zulieferer reglementierte das RLM nicht zuletzt die Fertigungstiefe der BMW-Produktion, was einen tiefen Eingriff in die Unternehmensautonomie bedeutete. Insgesamt gelang es den nationalsozialistischen Rüstungsdienststellen bis 1945 durch die Reglementierungen im Zulieferbereich jedoch nicht, die Versorgungsprobleme bei den wichtigsten Engpassteilen der Flugmotorenindustrie in den Griff zu bekommen, was bei allen Flugmotorenfirmen erhebliche Schwierigkeiten der Programmerfüllung verursachte.[558]

7.5. Auswirkungen der Arbeitsmarktregulierung auf BMW

7.5.1. Arbeitsbeschaffung und Ausbildungspflicht

Die den Arbeitsmarkt regulierenden Maßnahmen begannen wie andere Lenkungsmaßnahmen des NS-Staates bereits in den frühen 1930er Jahren.[559] Die im Jahre 1933 vordringlichen Ziele des Regimes hießen Konjunkturbelebung und Arbeitsbeschaffung. Die Jahre der Weltwirtschaftskrise hinterließen der NS-Regierung über sechs Mio. registrierte Arbeitslose.[560] Von der Vorgängerregierung übernahmen die Nationalsozialisten das Konzept, die Arbeitslosigkeit mittels staatlicher Arbeitsbeschaffungsprogramme und steuerpolitischer Erleichterungen zu bekämpfen. Zwischen den Maßnahmen der Regierung Papens und des Hitler-Regimes ist eine deutliche Kontinuität zu konstatieren.[561] Auch die Luftfahrtindustrie profitierte in den Aufbaujahren mit erheblichen Summen von den Arbeitsbeschaffungsprogrammen, die in der Branche ein außerordentlich dynamisches Beschäftigungswachstum sti-

558 Vgl. hierzu auch Gregor, Stern 1997, S. 105 und 168 und Kohl/Bessel, Auto Union 2003, S. 29.

559 Vgl. hierzu u. a. Kranig, Arbeitsverfassung 1983; Kranig, Andreas: Arbeitnehmer, Arbeitsbeziehungen und Sozialpolitik unter dem Nationalsozialismus. In: Bracher, Karl-Dietrich/Funke, Manfred/Jacobsen, Hans-Adolf (Hrsg.): Deutschland 1933–1945. Neue Studien zur nationalsozialistischen Herrschaft. Bonn 1992, S. 135–152; Herbert, Arbeiterschaft 1989 und Mason, Timothy W.: Sozialpolitik im Dritten Reich. Arbeiterklasse und Volksgemeinschaft. Opladen 1977.

560 Hinzu kamen noch die so genannten unsichtbaren Arbeitslosen, die sich auf Grund der Aussichtslosigkeit, einen Arbeitsplatz vermittelt zu bekommen, bei den Arbeitsämtern nicht gemeldet hatten. Ihre Zahl wurde im gesamten Reichsgebiet auf ca. eine Million geschätzt. Vgl. Bericht des Bayerischen Statistischen Landesamtes „10 Jahre nationalsozialistische Wirtschaftspolitik in Bayern. Die bayerische Wirtschaft an der Jahreswende 1942/43" vom 25. 01. 1943, in: BArch R 3101/32496, Bl. 4.

561 Buchheim widerlegt in diesem Zusammenhang den Mythos, dass es das exklusive Verdienst der Nationalsozialisten war, die Arbeitslosigkeit in Deutschland beseitigt zu haben. Vgl. Buchheim, Upswing 2000, S. 50.

mulierten.[562] Die Hochrüstungsphase der 1930er Jahre ließ die Beschäftigtenzahlen in der Luftfahrtindustrie von etwa 3800 Personen im Jahr 1932 auf 293000 im Oktober 1938 ansteigen.[563] Bereits 1940 stand die Luftfahrtindustrie für ca. 1/7 der deutschen Industriebeschäftigten und auf dem Höhepunkt des Krieges 1942 arbeiteten nahezu zwei Mio. Menschen in dieser Branche.[564]

Analog zu den staatlichen Maßnahmen verzeichnete auch der BMW-Konzern bereits vor der Machtübernahme der Nationalsozialisten wieder einen leichten Anstieg der Belegschaftszahlen von 2370 im Jahre 1931 auf 3148 im Jahre 1932. Der Beschäftigtenzuwachs beschleunigte sich ab dem Regierungswechsel durch die laufenden Kapazitätsausweitungen der Anlagen. Die rasch anwachsende Zahl der Beschäftigten spiegelte nicht zuletzt die enorme Produktionssteigerung des Unternehmens.

Tabelle 19: Entwicklung der Belegschaftszahlen des BMW-Konzerns 1926–1942, aufgegliedert nach Gesellschaften

Jahr	München	Allach	Eisenach	Dürrerhof	Spandau	Basdorf-Zülsdorf	Niederl. Berlin u. Wien	Gesamt
1926	1080	–	–	–	–	–	–	1080
1927	1804	–	–	–	–	–	–	1804
1928	2594	–	2082	–	–	–	–	4676
1929	1467	–	1842	–	–	–	–	3309
1930	1606	–	1544	–	–	–	–	3150
1931	1462	–	908	–	–	–	–	2370
1932	1671	–	1398	–	–	–	79	3148
1933	3634	–	2786	–	–	–	94	6514
1934	7505	–	4951	–	–	–	120	12576
1935	5991	–	4970	–	–	–	152	11113
1936	7566	–	4346	1684	–	–	165	13761
1937	7276	–	5085	1412	–	–	185	13958
1938	8724	615	5547	1858	–	–	224	16968
1939	9746	858	5164	2064	7467	1356	264	26919
1940	11683	1184	5192	2310	8054	1982	234	30639
1941	13905	5572	5045	2438	8208	4778	229	40175
1942	15288	9249	6079	3015	7660	5927	205	47423

Quelle: Aufstellung der Belegschaftszahlen von 1924–1944 in der „Geschichte des BMW-Konzerns", in: BMW-Arch UA 15.

562 Vgl. hierzu Kapitel 7.3.1.

563 Das verfügbare Datenmaterial über die Beschäftigtenzahlen der Luftfahrtindustrie ist sehr lückenhaft. Nicht zuletzt auf Grund der oft missachteten Begriffsbestimmungen für die Flugzeugzellen- und Motorenindustrie und die Geheimhaltung der Luftrüstung war den Herstellern und zuständigen Behörden wenig an einer Veröffentlichung akkurater Zahlen gelegen. Vgl. Homze, Luftwaffe 1976, S. 37 und Homze, Edward L.: German Military Aviation. A Guide to the Literature. New York/London 1984.

564 Vgl. Budraß, Unternehmen und Luftwaffe 2002, S. 160–161.

Grafik 10: Entwicklung der Belegschaftszahlen des BMW-Konzerns 1926–1942

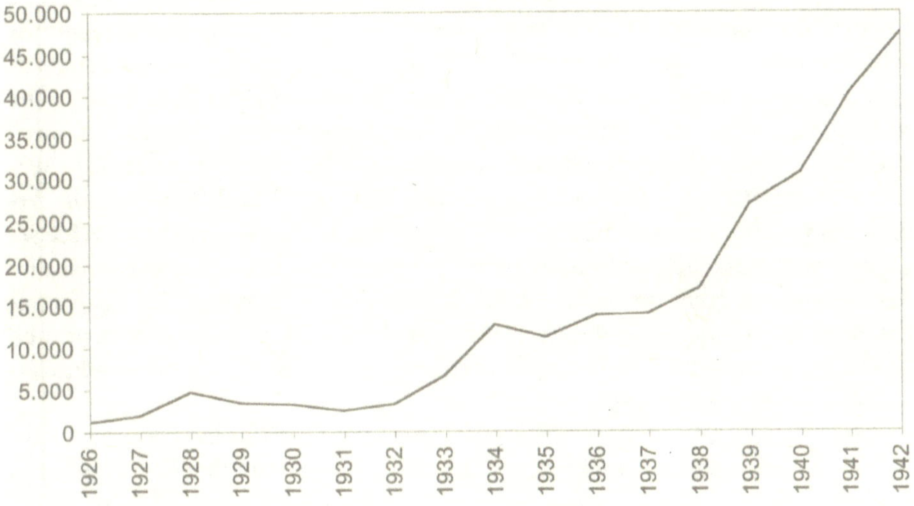

Quelle: Vgl. Tabelle 19

In den Unternehmen der Luftfahrtindustrie litt man 1933 noch stark unter den traumatischen Erfahrungen der Wirtschaftskrise, so dass die Industriellen zunächst jeden konjunktur- und beschäftigungspolitischen Erfolg der neuen Regierung dankbar zur Kenntnis nahmen. Daher wurden „die Auswirkungen der expansiven NS-Wirtschaftspolitik auf den Arbeitsmarkt nicht antizipiert, sondern erst wahrgenommen, als sie unübersehbar waren".[565] BMW unterstützte die Bekämpfung der Arbeitslosigkeit aktiv. Seit Ende 1931 hatte das Unternehmen auf Grund der schlechten Auftragslage in seinen Werken in München und Eisenach die 40-Stunden-Woche eingeführt. Diese ursprünglich durch den krisenhaften Umsatzrückgang bedingte Umstellung auf die 5-Tage-Woche wurde auf Wunsch der neuen Regierung zunächst auch nach dem Beginn des Aufrüstungsbooms beibehalten.[566] Wäre BMW wie andere Unternehmen der Branche sofort auf die 48-Stunden-Arbeitswoche übergegangen, hätte die Unternehmensleitung bis Oktober 1933 nach eigenen Angaben fast 1 000 Beschäftigte weniger einstellen können.[567]

[565] Heusler, Ausländereinsatz 1996, S. 42.

[566] Vgl. Protokoll einer Finanzbesprechung der BMW vom 29. 05. 1933, in: BArch R 8119 F/P 3073.

[567] Vgl. Popp und Klebe an von Stauß vom 10. 10. 1933, in: BArch R 8119 F/P 3073, Bl. 247–249, hier Bl. 147. Die 40-Stunden-Woche gab es Ende 1933 nur in wenigen anderen Unternehmen. Vgl. Protokoll der AR-Sitzung am 21. 12. 1933, in: ebd., Bl. 304–307, hier Bl. 307.

Als eine der ersten Wirtschaftsmaßnahmen nach der Machtübernahme bemühten sich die Nationalsozialisten, den Arbeitsmarkt unter staatliche Kontrolle zu bringen. Im Mai 1933 wurde die sozialdemokratische Gewerkschaftsorganisation gewaltsam und ohne formalrechtliche Grundlage zerschlagen und im Sommer 1933 die christlichen Gewerkschaften beseitigt.[568] Die rasche Auflösung der Mitbestimmung der Arbeitnehmer hinterließ einen Freiraum, in den die Nationalsozialistische Betriebszellen Organisation stieß. Die Arbeitgeberverbände mussten sich am 30.11.1933 auflösen. Sowohl Arbeitnehmer als auch Arbeitgeber wurden gezwungen, der am 10.05.1933 gegründeten Deutschen Arbeitsfront beizutreten.[569] Durch die Ausschaltung der Gewerkschaften und den Ersatz durch die DAF war es den Nationalsozialisten gelungen, die Arbeiterschaft entscheidend zu schwächen. Maßnahmen bezüglich Lohnhöhe, Dienstverpflichtungen etc. konnten nun ohne nennenswerte Widerstände durchgesetzt werden.

Bereits Ende 1934 traten insbesondere in der Metallindustrie und in der Bauwirtschaft erste personelle Engpässe auf.[570] Vor allem die Nachfrage nach hoch qualifizierten Fachkräften wie z.B. Drehern und Werkzeugmachern ließ sich nicht immer voll befriedigen.[571] Die Flugmotorenindustrie, die naturgemäß auf ein großes Kontingent der Metallfacharbeiter angewiesen war, bekam die Verknappung früher zu spüren als viele andere Branchen.[572]

Am 26.02.1935 reagierte das Regime auf diese sektoralen und regionalen Ungleichgewichte mit der Einführung eines obligatorischen „Arbeitsbuches", das den Behörden eine ständige Überwachung der Arbeiter und Angestellten gestattete, indem es Freizügigkeit und unerwünschte Arbeitsplatzwechsel einschränkte.[573] Ziel dieser Maßnahme war es, die Verteilung der Arbeitskräfte zu verbessern und den Arbeitskräftemangel vor allem bei industriellen Facharbeitern zu beheben.[574] Zur Umsetzung dieser Aufgabe war es wichtig, dass die zuständigen Dienststellen laufend über die Verteilung, Gliederung und Vorbildung der Berufstätigen unterrichtet waren. So enthielt das Arbeitsbuch neben Namen, Geburtsdatum usw. auch Angaben zu Berufsbildung und beruflichem Werdegang und fungierte somit zusätzlich als amtlicher Ausweis. Arbeiter durften nur beschäftigt werden, sofern sie im Besitz eines ordnungsgemäßen Arbeitsbuches waren. Mit der Einführung des Arbeitsbuches war ein substan-

568 Vgl. Blaich, Industrie 1979, S.247 und Ders., Wirtschaftpolitik 1971, S.11.

569 Vgl. Ambrosius, Wirtschaftsordnung 2001, S.136; Frese, Matthias: Betriebspolitik im „Dritten Reich". Deutsche Arbeitsfront, Unternehmer und Staatsbürokratie in der westdeutschen Großindustrie 1933–1939. Paderborn 1991, S.176ff. und Barkai, Wirtschaftssystem 1988, S.117.

570 Vgl. Blaich, Rüstung 1986, S.292 und Thomas, Rüstungswirtschaft 1966, S.150.

571 Vgl. Bericht MWi für Febr.1935 „Wirtschaftslage in Bayern" vom 20.03.1935, in: BayHStA StK 6712.

572 Vgl. Hachtmann, Industriearbeit 1989, S.61f., der dies für die Automobilindustrie nachwies.

573 Vgl. RGBl.1935 I, S.311.

574 Vgl. Herbert, Fremdarbeiter 1999, S.41.

zielles Lenkungsinstrument für den „Arbeitseinsatz" geschaffen, mit dem der Bedarf an Arbeitskräften für staats- und wirtschaftspolitisch bedeutsame Aufgaben sichergestellt werden sollte.[575] Es folgten zahlreiche Arbeitsplatzverordnungen, die alle darauf hinausliefen, den freien Arbeitsmarkt abzuschaffen. Gleichzeitig verschärfte die politische Führung den Mangel an Arbeitskräften, da sie im März 1935 die allgemeine Wehrpflicht einführte und im Juni desselben Jahres den obligatorischen Reichsarbeitsdienst (RAD) schuf.[576]

Als eine der ersten Maßnahmen am Arbeitsmarkt wurde jedes Unternehmen der Eisen- und Metallwirtschaft sowie des Baugewerbes verpflichtet, eine bestimmte Anzahl von Lehrlingen auszubilden. Das Büro für Industriearbeiter des Technischen Amtes überzog auch die Luftfahrtindustrie mit einem Netz von Ausbildungswerkstätten.[577] Das eigentliche Problem der Arbeitskräfterekrutierung bestand darin, neben den Stammarbeitskräften für die Friedensproduktion jene Arbeiter und Angestellten der zweiten Schicht in der Luftfahrtindustrie auszubilden, die im Mobilmachungsfall dafür sorgen sollten, dass die Flugmotorenproduzenten rund um die Uhr produzieren konnten.[578] Diese Zusatzkräfte mussten schon in Friedenszeiten für den Flugmotorenbau angelernt, auf unabsehbare Zeit jedoch anderweitig untergebracht werden, vor allem in solchen Bereichen, die von der industriellen Mobilmachung nicht unmittelbar betroffen waren.[579] Staatssekretär Milch bestimmte am 25.06.1934 folgende Ausbildungsverhältniszahlen in der Luftfahrtindustrie: „Nach dem augenblicklichen Stand der Fertigungsmethode und dem bis 30.09.1938 vorgesehenen Aufstellungsprogramm gilt als Maßstab eine Zahl von 60000 produktiven Arbeitern im reinen Flugzeugbau, von denen 15000 laufend in einer Schicht beschäftigt, weitere 15000 voll ausgebildet, weitere 30000 als angelernt ständig verfügbar sein müssen. [...] Für Flugmotoren- und Zubehörindustrie gelten die entsprechenden Zahlen."[580] Gleichzeitig meldete das RLM einen enormen Mehrbedarf an Facharbeitern für den Mobilmachungsfall an.[581] Das Ministerium plante bei einem Bestand

575 Vgl. Seldte, Franz: Sozialpolitik im Dritten Reich. Berlin 1937, S. 13.

576 Vgl. Benz, Wolfgang: Vom freiwilligen Arbeitsdienst zur Arbeitsdienstpflicht. In: Vierteljahrshefte für Zeitgeschichte 16 (1968), S. 317–347, hier S. 342f. und Köhler, Henning: Arbeitsdienst in Deutschland. Pläne und Verwirklichungsformen bis zur Einführung der Arbeitsdienstpflicht im Jahre 1935. Berlin 1967.

577 Vgl. Anlage 70 zur IRG: Lage der Ausbildungswerkstätten am 01.10.1935, in: BA-MA RL 3/2619.

578 Vgl. Einleitung zu den Industrierüstungsgrundlagen 01.04.1938, in: BA-MA RL 3/2449.

579 Vgl. Entwurf eines Schreibens des Präsidenten des Reichsarbeitsamtes an den Präsidenten der Landesarbeitsämter vom 05.10.1935, in: BArch R 3901/20224, Bl. 39–40, hier Bl. 39.

580 Einleitung zu den Industrierüstungsgrundlagen 01.04.1938, in: BA-MA RL 3/2449.

581 Vgl. Vermerk Besprechung zwischen RAM, RKM und RLM vom 19.12.1935, in: BArch R 3901/20224, Bl. 98.

Bild Nr. 23: BMW-Lehrlingswerkstatt (Aufnahme zwischen 1940 und 1944)

von insgesamt 14 850 Personen am 01.06.1935 im Flugmotorenbau mit einem Mob-Fall-Bedarf von 58 500 Personen zum 01.04.1938.[582]

Um eine Reserve an geschulten Facharbeitern für den Bedarf der Luftfahrtindustrie im Mob-Fall heranzubilden, sah das Ausbildungsprogramm in der Flugmotorenindustrie zunächst vor, arbeitslose Facharbeiter des Metallfachs[583] über die Arbeitsämter zu Kursen in die Ausbildungswerkstätten einzuberufen und sie dort mit den Herstellungstechniken des Flugmotorenbaus vertraut zu machen.[584] Danach wurde das angelernte Reservepersonal wieder

[582] Analog dazu sahen die Planungen des Gesamtpersonals in der Luftfahrtindustrie (ausgenommen Zubehörwerke) aus: Bestand 01.06.1935 von 57 850, Mob-Fall-Bedarf zum 01.04.1938 von 228 500 und Zellenwerke: Bestand 01.06.1935 von 43 000, Mob-Fall-Bedarf zum 01.04.1938 von 170 000 Personen. Vgl. Aufstellung Personalbedarf Mob-Fall 01.04.1938 in der Luftfahrtindustrie, in: BA-MA RL 3/2621, Bl. 35.

[583] Bei den in Betracht kommenden Facharbeiter-Kategorien handelte es sich v. a. um Kunst- und Bauschlosser, Maschinenschlosser, Werkzeugmacher, Mechaniker, Klempner, Kupferschmiede, Schweißer, Nieter, Spitzendreher, Revolverdreher, Metalldrücker, Bohrwerksdreher, Fräser, Hobler, Stoßer, Bohrer und Präzisionsschleifer. Vgl. Otto Mooyer, Bevollmächtigter des RLM für das Industriepersonal an den Präsidenten der Reichsanstalt für Arbeitsvermittlung und Arbeitslosenversicherung, RAV, vom 04.01.1936, in: BArch R 3901/20224, Bl. 105.

[584] Vgl. Regierungsrat Stothfang an Präsidenten der RAV vom 31.12.1935, in: ebd., Bl. 103.

an die Arbeitsämter abgegeben. Je mehr sich die deutsche Wirtschaft der Vollbeschäftigung näherte, desto schwieriger wurde es angesichts des Mangels an Arbeitskräften, genügend Personal für die Ausbildung bzw. Umschulung in den Ausbildungswerkstätten der Flugmotorenindustrie zu finden.[585] Die Arbeitskräfteplanungen des RLM ließen sich nur dadurch aufrechterhalten, dass faktisch alle Handwerker, auch die in regulären Arbeitsverhältnissen, zu Umschulungskursen herangezogen wurden.[586] Um die Interessen der Rüstungsindustrie nicht zu beeinträchtigen, wurden Facharbeiter zunächst vorwiegend aus der entmilitarisierten Zone, insbesondere dem Rheinland, rekrutiert. Die Kurse wurden als militärische Übung deklariert, für die die jeweiligen Unternehmen die Facharbeiter beurlaubten.[587]

Das Konzept des Reservepersonals in der Flugzeugindustrie beinhaltete jedoch eine gravierende konzeptionelle Schwäche. Für die Schulungen waren in erster Linie Arbeiter aus Bereichen vorgesehen, die von der industriellen Mobilmachung nicht unmittelbar betroffen waren. Diese Personen bildeten jedoch die Gruppe, die in einem eventuellen Kriegsfall von der Wehrmacht als erste eingezogen werden würde. Solange die Mobilmachung lediglich den industriellen Sektor betraf, konnte das Konzept der Reservekapazitäten auch im personellen Bereich funktionieren. Sobald jedoch die Wehrmacht mobil gemacht wurde, war zu erwarten, dass zuerst diejenigen mit der geringsten Ausbildung bzw. Arbeitserfahrung eingezogen wurden. Da eine Mobilmachung im wirtschaftlichen Bereich auf die militärische Mobilmachung hin orientiert war, waren erhebliche Probleme in der Versorgung der Luftfahrtindustrie mit Facharbeitern im Falle eines Krieges vorprogrammiert.

In der Anlernwerkstatt des Münchener BMW-Stammwerks wurden letztendlich Arbeiter aus allen Teilen Deutschlands ausgebildet. Die Dauer der Ausbildung betrug 12 Wochen und teilte sich in eine Lehrschicht von sechs Wochen und eine weitere sechswöchige produktive Schicht. In der zweiten praktischen Lernphase betrug die produktive Ausbringung durchschnittlich allerdings nur 20 Prozent brauchbare Werkstücke. Außerdem wurde den Arbeitern eine fünffache Zeitüberschreitung zugebilligt. Die Ausbildungswerkstatt stellte sich das Ziel, die jungen Leute innerhalb von 12 Wochen umzuschulen und auf den Motorenbau zu spezialisieren. Erst nach dieser Zeit sollten sie in den normalen produktiven Prozess bei BMW eingegliedert werden.

Da BMW auf dem öffentlichen Arbeitsmarkt seit spätestens 1936 nicht mehr ausreichend Fachkräfte, Sachbearbeiter und Fachbereichsleiter rekrutieren konnte, legte das Unternehmen sehr viel Wert auf innerbetriebliche Aus-

585 Vgl. hierzu Vermerk RAM vom 08.11.1935, in: ebd., Bl. 41. und Mooyer an Präsidenten der RAV vom 24.09.1935, in: ebd., Bl. 34–35.

586 Vgl. Präsident der RAV an die Präsidenten der Landesarbeitsämter vom 29.08.1936, in: ebd., Bl. 153–156.

587 Vgl. Vermerk Besprechung zwischen RAM, RKM und RLM vom 19.12.1935, in: BArch R 3901/20224, Bl. 98.

Bild Nr. 24: Lehrlinge bei BMW als „Motor-HJ" im Hof angetreten (1935)

und Weiterbildung. Zur Nachwuchsförderung schulte BMW beispielsweise ihre angehenden Fachbereichsleiter zwei Jahre lang jede Woche drei mal 90 Minuten im Anschluss an die Arbeitszeit.[588] Gemäß der „RLM-Richtlinien für die Lehrlings-Ausbildung der Metall-Facharbeiter in den Werken der Luftfahrtindustrie" war von den Bewerbern auf Lehrstellen die Mitgliedschaft im Jungvolk bzw. der Hitlerjugend erwünscht. Mit Eintritt in die Lehre wurde sie sogar zur Pflicht.[589] Da die Grundausbildung bei BMW nach den Richtlinien und Ausbildungsplänen des RdL erfolgte[590], ist davon auszugehen, dass auch diese ministerielle Vorschrift bei BMW praktiziert wurde.

Um die Arbeit vor allem für junge Beschäftigte des BMW-Konzerns attraktiv zu gestalten und zu großer Monotonie in der Groß-Serienfertigung vorzubeugen, praktizierte das Unternehmen mit der innerbetrieblichen Ge-

588 Vgl. Wrba, Max: Arbeits-, Berufs- und Leistungseinsatz in der Luftfahrtindustrie. In: DAF, Fachamt Eisen und Metall (Hrsg.): Steigerung der nationalen Produktionskraft. Luftfahrtindustrie. Mensch – Wirtschaft – Technik. Stuttgart/Berlin 1939, S. 31–38, hier S. 34–35.

589 Vgl. RLM-Richtlinien für die Lehrlings-Ausbildung der Metall-Facharbeiter in den Werken der Luftfahrtindustrie vom 24. 09. 1936, in: BA-MA RL 3/2714.

590 Vgl. Bericht über das Ausbildungswesen der BMW Flugmotorenfabrik Eisenach (o. D.), in: BMW-Arch UA 555.

sellenwanderung eine innovative Form der Arbeitsorganisation.[591] BMW bemühte sich, Jungfacharbeiter jeweils nach einem halben bzw. einem ganzen Jahr mit einer anderen Arbeit zu beschäftigen, um eine „gänzlich unerwünschte Einseitigkeit bei besonderer Beherrschung einzelner Arbeitsgänge – aber auch unter Verkümmerung vieler anderer Fähigkeiten" zu verhindern und die notwendige Flexibilität des eigenen Personals zu gewährleisten.[592] Insgesamt erfüllten die Firmen der Luftfahrtindustrie die Ausbildungspflicht, die das RLM ihnen auferlegte, freiwillig, da sie dem Mangel an hochqualifizierten Facharbeitern lediglich auf diese Weise abhelfen konnten.

Sowohl in München als auch in Eisenach verpflichtete sich BMW, neben den eigenen Lehrlingen auch Militärschüler der Fliegertechnischen Vorschulen auszubilden.[593] Diese Jahrgänge wurden so ausgebildet, dass sie später als Bodenpersonal für die Luftwaffe eingesetzt werden konnten.[594] Die Ausbildung wurde im ersten und zweiten Lehrjahr in einer BMW-Lehrwerkstatt und im dritten und vierten Lehrjahr im BMW-Werk selbst durchgeführt. In Eisenach lag auch die Schule, die der zuständigen Berufsschule unterstand, innerhalb des Werkes und bekam die gesamten Lehrmittel vom Unternehmen gestellt.[595] Die Firma erhielt für diese Leistungen eine Ausbildungsentschädigung. Auch in diesem Zusammenhang offenbarte sich, wie chaotisch nicht nur die Produktions-, sondern auch die Personalplanungen im RLM verliefen. Obwohl die Vergütung für die Benutzung der Eisenacher Lehrwerkstatt durch die Fliegertechnische Vorschule erst seit dem 01.04.1939 erfolgte, veranlasste der Bevollmächtigte des RLM für das Luftfahrtindustriepersonal (BfL), Mooyer, dass BMW ihre Lehrgebäude für diesen Zweck bereits seit dem 01.01.1937 bereithielt.[596] Über zwei Jahre stellte das Unternehmen demnach ein ganzes Stockwerk ihres Lehrgebäudes in Eisenach zur Verfügung, und das zu einer Zeit, in der ausgebildete Fachkräfte dringend gesucht wurden. Auch wenn der eigene Lehrlingsbedarf gleichzeitig zum Teil nur noch zu 50% gedeckt werden konnte[597], hätten diese ungenutzten Kapazitäten BMW dazu dienen können, das eigene Personal weiterzubilden.

[591] Vgl. Wrba, Leistungseinsatz 1939, S. 35–36.
[592] Ebd., S. 36.
[593] Vgl. Bericht Planung und Ausbauten der Werksanlagen des BMW-Konzerns und der im Ring angeschlossenen Werke (Speer Collection FD 4969/45), in: BA-MA RL 3/1752, Bl. 5–58, hier Bl. 6 und Vertrag zwischen dem RLM und der BMW GmbH Eisenach vom 15.02.1940, in: BMW-Arch UA 173.
[594] Vgl. Vortrag Metzkes „Die Luftfahrindustrie im Bereich des Rüstungskommandos Eisenach" vom 09.04.1940, in: BA-MA RW 21-17/3, Bl. 53–71, hier Bl. 71.
[595] Vgl. Bericht über das Ausbildungswesen der BMW Flugmotorenfabrik Eisenach (o. D.), in: BMW-Arch UA 555.
[596] Vgl. Notiz an die BMW Flugmotorenbau GmbH München vom 20.02.1940, in: BMW-Arch UA 173.
[597] Vgl. Bericht über das Ausbildungswesen der BMW Flugmotorenfabrik Eisenach (o. D.), in: BMW-Arch UA 555.

7.5.2. Von der Arbeitsbeschaffung zum Arbeitseinsatz

Im Jahr 1936 vollzog sich der Übergang von der staatlichen Arbeitsbeschaffung und Konjunkturbelebung zum Arbeitseinsatz.[598] Die amtliche Politik wurde mehr und mehr durch die negativen Folgewirkungen ihrer Maßnahmen überrollt. Seit 1936 herrschte in Deutschland Vollbeschäftigung. Der Kampf gegen die Arbeitslosigkeit trat demnach gegenüber der Notwendigkeit der ausreichenden Versorgung der Wirtschaft mit Arbeitskräften im Zeichen des zweiten Vierjahresplans zurück. Die Sicherung des Facharbeiternachwuchses und eine vernünftige Arbeitseinsatzpolitik in den Unternehmen wurden nun zur vordringlichsten Aufgabe.

In München standen die Zahlen der offenen Stellen und der Stellengesuche bereits 1936 in einem scharfen Spannungsverhältnis.[599] Insbesondere in verschiedenen Berufen der Eisen- und Metallindustrie und im Baugewerbe machte sich ein akuter Mangel an Facharbeitern bemerkbar.[600] Die Engpässe in beiden Bereichen trafen die Flugmotorenindustrie empfindlich. BMW war 1936 gerade dabei, im Zuge der Erweiterung ihrer Produktionskapazitäten in München und Eisenach neue Werke zu bauen. Um die Bauarbeiten im Einflussbereich des RLM nicht zu gefährden, intervenierten sowohl RLM als auch der Reichs- und Preußische Arbeitsminister beim Präsidenten der Reichsanstalt für Arbeitsvermittlung und Arbeitslosenversicherung (RAV), um die Bauvorhaben der Wehrmacht bei der Zuweisung von Baufach- und Bauhilfsarbeitern unter allen Umständen bevorzugt zu berücksichtigen.[601] Allerdings konnten auch diese Appelle die Mangelsituation nicht beseitigen.[602] In Folge der Bestimmungen des Versailler Vertrages, den zu Weimarer Zeiten mangelnden Verdienstmöglichkeiten in der Branche und der schlechten Wirtschaftslage nach dem Ersten Weltkrieg bis zur Weltwirtschaftskrise herrschte in der deutschen Flugmotorenindustrie ein dramatischer Mangel insbesondere an Fachingenieuren und hochqualifizierten Facharbeitern. Die durch Konkurse, Vergleiche und Fusionen der frühen 1930er Jahre entstandene Reserve an Fachingenieuren war, als sich die nationalsozialistische Aufrüstung abzeichnete, bereits innerhalb weniger Wochen aufgezehrt.[603]

598 Vgl. Blaich, Rüstung 1986, S. 293.

599 Vgl. Heusler, Ausländereinsatz 1996, S. 42–43.

600 Vgl. Bericht des Bayerischen Statistischen Landesamtes „10 Jahre nationalsozialistische Wirtschaftspolitik in Bayern. Die bayerische Wirtschaft an der Jahreswende 1942/43“ vom 25. 01. 1943, in: BArch R 3101/32496, Bl. 7.

601 Vgl. Reichs- und Preußischer Arbeitsminister, gez. i. V. Rettig, an RdL vom 15. 07. 1936, in: BArch R 2/26712; siehe auch: Reichs- und Preußischer Arbeitsminister, gez. i. V. Rettig, an RdL und Reichskriegsminister vom 30. 07. 1936, in: ebd., Bl. 8–10.

602 Vgl. Bericht RdF betr. Facharbeitermangel im Baugewerbe vom 16. 09. 1936, in: ebd., Bl. 28.

603 Vgl. Budraß, Sackgasse 2001, S. 1–10.

Gegenüber der Anfangszeit war bei allen Werken der Luftfahrtindustrie ein starkes Ansteigen der Kosten zu verzeichnen, verbunden mit einem Absinken der fachlichen Qualität der Belegschaften. Der Mangel an Facharbeitern führte dazu, dass sich die Werksleitungen mit minderqualifizierten Arbeitern zufrieden geben mussten. Infolge der umfangreichen Fertigungsprogramme und laufenden ministeriellen Programmerhöhungen mussten die Unternehmen seit Ende des Jahres 1936 „alles an Arbeitskräften hereinnehmen [...], was greifbar war", auch die schlecht vor- und ausgebildeten Arbeitnehmer, „die in normalen Zeiten rücksichtslos als ungeeignet und unfähig herausgesetzt wurden".[604]

In Folge dieser Masseneinstellung von ungeeigneten Arbeitskräften sank die Produktivität in den Werken sowohl in quantitativer als auch qualitativer Hinsicht ungewöhnlich stark ab. Es war eine erhebliche Zunahme der Ausschussproduktion zu verzeichnen.[605] Auch der Bedarf an Aufsichts- und Prüfpersonal wuchs proportional mit der Zahl der ungelernten Arbeiter. Hinzu kam, dass die angelernten und ungelernten Arbeitnehmer die Akkordvorgaben nicht bzw. erst nach langer Zeit erreichten, wodurch die Anzahl der erforderlichen Beschäftigten wiederum stieg. Die verstärkten Umschulungsaktivitäten des Konzerns beanspruchten eine Anzahl von qualifizierten Arbeitskräften, die als Lehrende dem regulären Arbeitsprozess entzogen wurden. Da es jedoch unmöglich war, die mittlere und untere Führungsebene eines Werkes in kurzer Zeit zu vervielfachen, musste die notwendige sorgfältige Anleitung und Überwachung der Belegschaft nachlassen. Die ununterbrochene Vergrößerung der Fabrikation und der Mitte der 1930er Jahre einsetzende akute Mangel an Fachkräften machte es den Flugmotorenbau-Firmen unmöglich, ihre Arbeitskräfterekrutierung zu konsolidieren, indem sie neue Kräfte genauer prüfte und die ungeeignetsten Personen wieder entließen.

Das Konzept der Mobilmachungsbereitschaft wurde zwischen Dezember 1935 und April 1936 in einer Kriegssimulation geprüft. Zu den beiden Industrieunternehmen, in denen eine Probemobilmachung inszeniert wurde, gehörte auch die BMW Flugmotorenfabrik Eisenach.[606] Die Mobilmachung des BMW-Werkes in Eisenach erfolgte im Januar 1936.[607] Man begann mit Einberufungen von bereits bei BMW umgeschulten Arbeitern, während die Landesarbeitsämter arbeitslose Metallarbeiter für die konzentrierte Schulung in der Ausbildungswerkstatt bei BMW benannten. Die Dauer des Manövers war auf vier Monate veranschlagt. Als Aufgabe für die Flugmotorenfabrik war aufgegeben, im zweiten Monat nach Beginn der Mobilmachung die doppelte und

604 Denkschrift „Der Zwang zur unwirtschaftlichen Betriebsführung in der Luftfahrtindustrie" von Seiler, BFW, vom Ende Febr. 1937, in: BA-MA RL 3/2320, Bl. 177–192, hier Bl. 178 und 187.

605 Vgl. Bericht Tomberg „Die Probleme der deutschen Rüstungswirtschaft im Kriege" von Ende Sep. 1940, in: BA-MA RW 19/1503, Bl. 81–145, hier Bl. 87.

606 Bericht „Durchzuführende Maßnahmen zum Wehrmachtskriegsspiel" vom 20. 11. 1935, in: BA-MA RL 3/938.

607 Vgl. die Unterlagen Günter Tschersichs zur Mobilmachung in: BA-MA RL 3/303.

im vierten Monat die vierfache Zahl von Flugmotoren zu produzieren.[608] In dieser Zeit sollten neue Arbeitskräfte geschult und der Stand der Kenntnisse der Einberufenen ebenso überprüft werden wie das Räderwerk zur Bevorratung von Rohstoffen, zur Beschaffung zusätzlicher Maschinen, zur Herstellung von Werkzeugen und die Planung und Errichtung der Versorgung und Unterbringung der Arbeiter.

Die Produktionsvorgaben wurden in der Simulation erreicht, auch die Verteilung von Rohstoffen und Arbeitskräften verlief reibungslos. Lediglich bei der Beschaffung von Werkzeugmaschinen zeigten sich Schwierigkeiten. Außerdem mutete das Verfahren den Einberufenen eine außerordentlich magere Aufwandsentschädigung zu, die ohne Konflikte nur durchzusetzen war, solange die Zwangsmaßnahmen der Arbeitsämter gegen Arbeitslose noch griffen. Bei einer weiteren Entlastung des Arbeitsmarktes war damit zu rechnen, dass das Konzept mehr Schwierigkeiten bereiten würde.[609] Zur weiteren rüstungswirtschaftlichen und personellen Mobilmachungs- und Kriegsvorbereitung ordnete das Reichskriegsministerium im Dezember 1936 an, dass die Rüstungsfirmen die Aufstellung ihrer konkreten Bedarfsanmeldungen und Unabkömmlichkeitsstellungen des Personals vorbereiteten.[610]

Zweifellos gehörte BMW wegen der Stellung in der Luftrüstung im Hinblick auf Arbeitskräftezuteilungen durch die Arbeitsverwaltung und Rüstungsdienststellen zu den besonders begünstigten Unternehmen im süddeutschen Raum.[611] Mit zunehmendem Arbeitskräftemangel profitierte BMW vom Abwerben von Facharbeitern und der amtlich verordneten Arbeitskräfteumverteilung aus nicht rüstungsrelevanten Branchen sowie von ihrem Münchener Standort. So vermerkte ein Sopade-Bericht im Februar 1937: „Der Facharbeitermangel, vor allem in Rüstungsbetrieben, hat es mit sich gebracht, daß vom Münchener Arbeitsamt Spezialisten, die in Arbeit standen, in andere Betriebe verpflanzt wurden. Die Betriebsinhaber, bei denen die Leute beschäftigt waren, haben keine Handhabe gegen diese Maßnahmen und müssen sich damit abfinden. Den betroffenen Technikern oder Chemikern bleibt ebenfalls nichts anderes übrig, als den neuen Arbeitsplatz anzutreten, wenn sie nicht Gefahr laufen wollen, als ‚arbeitsunwillig' gemaßregelt zu werden. […] Die Firmen stehlen einander die Facharbeiter weg trotz aller Verbote."[612] In diesem Sinne

[608] Vgl. auch Homze, Luftwaffe 1976, S. 115f. Homze nennt jedoch ein anderes Datum für den inszenierten Mob-Fall, den Okt. 1935, und andere Produktionsvorgaben, sechsfacher Ausstoß nach achtzehn Wochen.

[609] Vgl. zu der Probemobilmachung und deren Ergebnissen auch Budraß, Flugzeugindustrie 1998, S. 373–375.

[610] Vgl. RKM W Stab Abt. WRü Nr. 14488/36 geh. I/F vom 14.12 1936, in: BA-MA RW 19/1966.

[611] Vgl. Heusler, Ausländereinsatz 1996, S. 36.

[612] Sopade-Bericht Nr. 2, 4. Jg., Febr. 1937, S. 173. Die RLM-Lieferbedingungen für Flugmotoren regelten, dass neue Arbeitskräfte v. a. durch Vermittlung der Arbeitsämter zu beschaffen seien. Diese Maßnahme sollte verhindern, dass sich die Unternehmen

opferte die Arbeitsverwaltung vor allem den selbstständigen Mittelstand der Aufrüstung. Insbesondere die Unternehmen des Handwerks, des Handels, des Dienstleistungsgewerbes, der Gastronomie und der Konsumgüterindustrie wurden der Rüstungsindustrie zur so genannten Auskämmung tauglicher Arbeitskräfte überlassen.[613]

Als der Mangel an hochqualifizierten Facharbeitern in der Industrie Mitte der 1930er Jahre akut wurde, setzte eine allgemeine inflationäre Lohnspirale ein, die das Lohnniveau vor allem in den Rüstungsbranchen z.T. deutlich veränderte. Nach dem Eintreten der Vollbeschäftigung waren Rüstungsfirmen immer häufiger bereit, die staatliche Lohnpolitik mit ihrem Ziel der Lohnstabilität auf niedrigem Niveau zu umgehen.[614] Die Unternehmen boten bessere Lohnbedingungen, als in den alten Tarifverträgen fixiert, in erster Linie um mehr Arbeitskräfte zu rekrutieren. Wenn auch äußerlich die Tariflöhne gehalten wurden, so zahlten viele Industrielle Zulagen bzw. stuften ihre Arbeitnehmer höher ein, so dass höhere Verdienstmöglichkeiten resultierten.[615] Dieses Vergütungssystem wurde vor allem dadurch gefördert, dass sämtliche Lohnkosten der Unternehmen ohne Abschläge durch die bis Mitte der 1930er Jahre vom RLM praktizierte Auftragsvergabe ohne Festpreise auf das Reich abgewälzt werden konnten.[616]

Das Wehrwirtschafts- und Rüstungsamt des OKW konstatierte beispielsweise im Sommer 1938, „die Industriearbeiter werden auf der ganzen Linie übertariflich bezahlt und die Rüstungsarbeiter etwas höher als die anderen".[617] Der seit 1933 eingetretene Effektivlohnanstieg war jedoch nur zu einem Teil auf echte Leistungssteigerungen der Belegschaften zurückzuführen. In ihm spiegelte sich vor allem auch der Kampf der Arbeitgeber um qualifizierte Arbeitskräfte wider, den sie mit hoch bezahlten Überstunden bzw. Sonn- und Feiertagsarbeit ausfochten. Insbesondere die boomende Rüstungsindustrie entfaltete mit verdeckten Lohnerhöhungen durch übertarifliche Verdienstmöglichkeiten eine Sogwirkung, der die saisonabhängigen und lohnschwachen Wirtschaftszweige kaum etwas entgegensetzen konnten.[618] Die Folge war eine

gegenseitig die Arbeitskräfte wegengagierten. Neueinstellungen von Personal aus anderen Luftfahrtunternehmen durften aus gleichem Grund offiziell nur im Einvernehmen mit der Leitung dieses Betriebes vorgenommen werden. Vgl. RLM-Lieferbedingungen für Flugmotoren und Flugmotorenteile vom 15.05.1935, in: BArch R 2/5415, Bl. 25–30, hier S. 25.

613 Vgl. Blaich, Rüstung 1986, S. 292–293 und Blaich, Industrie 1979, S. 250.

614 Vgl. Blaich, Rüstung 1986, S. 293.

615 Vgl. Vortrag des Chef des Wehrwirtschaftsstabes im Wehrmachtsamt vor der Reichsarbeitskammer über den Begriff „Wehrwirtschaft" vom 24.11.1936, in: BA-MA RW19/1279, Bl. 2–43, hier Bl. 32–35.

616 Vgl. hierzu die Stellungnahme des Technischen Amtes des RLM zur Preisprüfungsfrage vom 12.12.1936, in: BA-MA RL 3/169 und Kapitel 7.7., ab S. 431.

617 Vgl. die Betrachtungen des Wehrwirtschafts- und Rüstungsamtes des OKW über die Preisgestaltung der Rüstungsgüter vom 01.06.1938, Bl. 2–18, hier Bl. 17–18.

618 Vgl. Heusler, Ausländereinsatz 1996, S. 44.

konstante Abwanderung der Arbeitskräfte von den schlechter bezahlten Wirtschaftszweigen zu den besser bezahlenden Branchen wie der Metall- und Luftfahrtindustrie.[619] Beispielsweise führte Münchens isolierte Lage inmitten eines landwirtschaftlich geprägten Umlandes dazu, dass der Großraum Oberbayern allein auf das Zentrum München fixiert war.[620] Die Dominanz der Stadt führte der wachstumsorientierten urbanen Industrie lange Zeit die erforderlichen Arbeitskräfte aus dem oberbayerischen Hinterland zu.[621] Außerdem stellte das südbayerische Gebiet im Ganzen eine Zone überwiegender Verbrauchsgüterindustrie dar.[622] Hier ließ sich eine große Arbeitskraftreserve freimachen, als es galt, die Rüstungserzeugung auf volle Touren zu bringen.

Auch BMW lockerte das starre System der Tarifordnung durch hohe Leistungszulagen zunehmend auf und lockte auf diese Weise zusätzliche Arbeitskräfte in den Konzern.[623] Bereits im Mai 1934, als es in Deutschland noch etwa drei Mio. Erwerbslose gab, beklagte sich die Maschinenfabrik Steinbock AG in Moosburg, dass Revolverdreher, die sie ausgebildet hatte, von BMW mit dem Versprechen höherer Löhne abgeworben wurden.[624] Von der IHK München zu einer Stellungnahme aufgefordert, erklärte die BMW-Geschäftsführung, man sei gezwungen, „um die uns vom Reichsluftfahrtministerium erteilten Aufträge rechtzeitig erfüllen zu können, Facharbeiter einzustellen, ganz gleich woher wir dieselben nehmen müssen". Selbstverständlich bemühe man sich, „nicht direkt Leute aus anderen Betrieben herauszuholen". BMW weise allerdings auch keine Bewerber ab, die sich von selbst bei ihr meldeten.[625]

Die unkontrollierte Entwicklung des Effektivlohnanstiegs in der gesamten Rüstungsindustrie veranlasste die Reichsregierung schließlich, ab dem 25.06.1938 „Löhne mit bindender Wirkung nach oben und unten" festzusetzen.[626] Jedoch konnte auch der staatlich verordnete Lohnstopp die ange-

619 Vgl. Wirtschaftlicher Lagebericht des MWi für Okt. und Nov. 1937 vom 22.12.1937, in: BayHStA StK 6712.

620 Vgl. Pohl, Arbeiterbewegung 1992, S. 21.

621 Vgl. Bericht Reichsstatthalter Epp vom 21.01.1939, in: BayHStA MWi 3088; und Wirtschaftlicher Lagebericht des MWi für Okt. und Nov. 1937 vom 22.12.1937, in: BayHStA StK 6712.

622 Vgl. den Bericht des Münchener Instituts für Wirtschaft- und Konjunkturforschung e.V. „Die Beschäftigung der Industrie im Wehrkreis VII", Ergebnisse der Industrieberichterstattung für die Jahre 1939 und 1941 (o.D.), in: BArch R 3/1796, Bl. 15–22, hier Bl. 15. Der Wehrkreis VII ist geographisch gleichzusetzen etwa mit Bayern südlich der Donau, d.h. neben dem Regierungsbezirk Oberbayern auch große Teile von Niederbayern und Schwaben.

623 Vgl. Artikel „Leistungszulagen ergänzen ein starres Tarifsystem. Geschäftsbericht der Bayerischen Motoren Werke AG, München" in: Völkischer Beobachter Nr. 138 vom 18.05.1937.

624 Blaich, Industrie 1979, S. 250.

625 Zitiert nach ebd.

626 RGBl. 1938 I, S. 691. Vgl. auch Blaich, Rüstung 1986, S. 294 und Ambrosius, Wirtschaftsordnung 2001, S. 136. Siehe auch: Beschlüsse des RLM über das zukünftige Verhältnis zur Privatwirtschaft vom 16.08.1937, in: BArch R 8119 F/P 3145, Bl. 192.

spannte Situation auf dem Arbeitsmarkt nicht beseitigen. Der Wettbewerb der Unternehmen um die gut qualifizierten Arbeitskräfte ging unvermindert weiter und verlagerte sich lediglich auf halblegale bzw. illegale Formen der Lohnerhöhung.[627] Verbesserte Arbeitsbedingungen und verschiedene materielle Anreize in Form von „betrieblichen Sozialleistungen", die offen oder verdeckt vereinbart wurden, waren faktisch nichts Anderes als Einkommenserhöhungen für besonders qualifizierte Arbeiter und Angestellte.[628] Firmen, die derartige verdeckte Lohnsteigerungen nicht mitmachten, sahen sich zunehmend Schwierigkeiten in der Beschaffung der notwendigen Arbeitskräfte gegenüber.[629] Während die Landesarbeitsämter Weisung erhielten, gegen die Unternehmen einzuschreiten, die die Lohnbegrenzung übertraten, blieb die Hintertür der betrieblichen Sozialleistungen auch weiterhin geöffnet.[630] Außerdem konnten die Rüstungsunternehmen ihrer Belegschaft in der Regel die Ableistung von Überstunden anbieten, die begehrt waren, da sie über Zuschläge und Prämien zu einer Aufbesserung des Einkommens führten.

Auch die Bayerischen Motoren Werke bauten ihr betriebliches Sozialwesen in den 1930er Jahren erheblich aus, um mittels der systematischen Gewährung von geldwerten Leistungen dringend benötigte Fachkräfte anzuwerben bzw. zu halten. BMW nutzte beispielsweise verstärkt Leistungen wie Unterstützungskassen und Sozialfonds für die Altersvorsorge, das Angebot von preisgünstigen Werkswohnungen, die gesundheitliche Betreuung der Belegschaft, die Bereitstellung von modernen Gesundheitshäusern, Kindergärten und -krippen, Freizeiteinrichtungen und billigen Werksmittagessen, um die staatlich verordneten Lohnobergrenzen gezielt zu umgehen.[631]

Auffällig ist, dass fast alle diese Maßnahmen des betrieblichen Sozialwesens bei BMW vor allem in der zweiten Hälfte der 1930er Jahre, d.h. nach Erreichen der Vollbeschäftigung in Deutschland, durchgeführt wurden. Dies verdeutlicht, dass auch die BMW-Konzernführung die betriebliche Sozialpolitik systematisch als kompensatorische unternehmerische Strategie der Arbeitskräfterekrutierung einsetzte.[632] Dabei war der BMW-Spitze klar, dass die

[627] Vgl. MWi an Reichskommissar für die Preisbildung vom 01.03.1939, in: BayHStA StK 6721.

[628] Vgl. Barkai, Wirtschaftssystem 1988, S. 215.

[629] Vgl. Wirtschaftlicher Lagebericht des MWi von Anfang April 1939, in: BayHStA StK 6712.

[630] Vgl. Blaich, Rüstung 1986, S. 294–295.

[631] Vgl. u.a. Niederschriften der Unternehmensbeiratssitzungen der BMW AG vom 03.10.1938 und vom 04.02.1939, beide in: BMW-Arch UA 5; Bramo an Direktion der BMW Flugmotorenbau GmbH vom 23.05.1939, in: BMW-Arch UA 139; Bericht „Die Entwicklung der Betriebsgemeinschaft" von 1943, in: BMW-Arch MA 2, S. 71–85, hier S. 73 und Werks-Chronik: Die Entwicklungsgeschichte der BMW AG (o.D.), in: BMW-Arch UA 10, S. 102. Zu den Siedlungsprojekten während des Krieges und dem Bau von Barackenlagern für Ausländer, Kriegsgefangene und KZ-Häftlingen vgl. Werner, Zwangsarbeit 2006.

[632] Vgl. hierzu v.a. Hachtmann, Industriearbeit 1989, S. 254–301.

Kontroll- und Überwachungsmechanismen des RLM gegenüber den indirekten und verdeckten Lohnerhöhungen der Unternehmen weitgehend wirkungslos blieben. Die allgemeinen Lohnauftriebstendenzen in den Flugmotorenbau-Firmen sowie die privatwirtschaftlichen Ausweichreaktionen auf den verordneten Lohnstopp zeigen, dass der BMW-Geschäftsführung in Bezug auf die Lohngestaltung auch unter NS-Herrschaft relativ große autonome Entscheidungs- und Handlungsspielräume zur Verfügung standen.

Trotz dieser Gestaltungsmöglichkeiten hinsichtlich der Löhne wurde das Fehlen ausreichend qualifizierter Arbeitskräfte in der zweiten Hälfte der 1930er Jahre zu einem der entscheidenden Hemmfaktoren für BMW sowie der gesamten deutschen Rüstungsindustrie. Die Situation der Privatwirtschaft wurde zusätzlich dadurch verschärft, dass die öffentlichen Aufgaben beträchtlich zunahmen und der produktiven Wirtschaft außerordentlich viele Arbeitskräfte entzogen. Beispielsweise beschäftigte das Regime 1938 mindestens 400 000 Arbeiter für den Bau des Westwalls.[633] Um für diese öffentlichen Aufträge genügend Arbeiter zur Verfügung zu haben, führte die Staatsführung am 22.06.1938 mit der Verordnung zur Sicherstellung des Arbeitskräftebedarfs für Aufgaben von besonderer staatspolitischer Bedeutung die allgemeine Dienstpflicht ein.[634] Jeder Deutsche konnte fortan gezwungen werden, für einen begrenzten Zeitraum auf einem ihm vom Staat zugewiesenen Arbeitsplatz Dienst zu leisten.[635] 1939 schließlich folgte der vorerst letzte Schritt zur Aufhebung der Freizügigkeit und des öffentlichen Arbeitsmarktes. Die Beschränkung des Arbeitsplatzwechsels, die das Eingehen wie Lösen eines Arbeitsverhältnisses von der Zustimmung des Arbeitsamtes abhängig machte, führte zur „Bewirtschaftung“ der menschlichen Arbeitskraft.[636]

1939 herrschte im Großraum München Arbeitskräftemangel, nicht nur bei gut ausgebildeten Fachkräften, sondern auch bei Hilfs- und Anlernkräften sowie bei Angestellten.[637] Durch die arbeitsmarktpolitischen Regularien der NS-Führung konnte das Defizit nicht abgebaut werden. Auch eine weitere Mechanisierung und Rationalisierung der Betriebe, die eine Einsparung an Personal hätten ermöglichen können, war bei den langen Lieferfristen für Maschinen und Ersatzteilen auf absehbare Zeit nicht möglich.[638] Arbeitszeitverlängerungen wurden von den Unternehmern sehr ambivalent betrachtet. BMW hatte

[633] Vgl. Blaich, Rüstung 1986, S. 215 und Barkai, Wirtschaftssystem 1988, S. 215.

[634] Vgl. Petzina, Vierjahresplan 1965, S. 204.

[635] Vgl. RGBl. 1938 I, S. 652. Die staatliche Regulierung wurde im Febr. 1939 dahingehend vervollständigt, dass die Dienstpflicht nun auch für in Deutschland lebende Ausländer ausgesprochen werden konnte. Vgl. Ambrosius, Wirtschaftsordnung 2001, S. 137.

[636] Vgl. RGBl. 1939 I, S. 444f. und Petzina, Vierjahresplan 1965, S. 204.

[637] Vgl. MWi an Reichskommissar für die Preisbildung vom 01.03.1939, in: BayHStA StK 6721.

[638] Vgl. Wirtschaftlicher Lagebericht des MWi für das 2. Vierteljahr 1939 vom 19.07.1939, in: BayHStA StK 6712.

sich längst von der 40-Stunden-Woche verabschiedet. Bereits im Mai 1934 informierte ein Sopade-Bericht, dass bei BMW in fast allen Abteilungen in drei Schichten gearbeitet werde. Eine wöchentliche Arbeitszeit von 65 Stunden sei durchaus keine Ausnahme.[639] Bei Akkordarbeitern hatte man im Übrigen die Erfahrung gemacht, dass nach einer 14-tägigen Phase von 10–11 Stunden täglicher Arbeitszeit die volle Stundenleistung nicht mehr erreicht wurde und vielmehr eine stetige Abnahme der Stundenleistung zu verzeichnen war.[640] Dazu kam noch der Effekt, dass die zunehmende Arbeitsbelastung im Betrieb nicht nur tatsächlich krank machte, sondern auch die Neigung zur Krankmeldung förderte, allein um der Überbeanspruchung am Arbeitsplatz zu entgehen.[641] Die Arbeit in den BMW-Werken München galt ohnehin bereits als äußerst belastend. Das Arbeitstempo wurde ständig verschärft. Dies betraf wohl in erster Linie das neue BMW-Werk München-Allach. Der Sopade-Bericht vom Oktober 1938 stellte fest, dass sich die Zahl der Unfälle im letzten Halbjahr auf Grund des verschärften Arbeitstempos um 30% erhöht hatte. „In München heißt der BMW-Betrieb nur mehr die Knochenmühle."[642]

Seit dem Spätsommer 1939 führten die zahlreichen Einberufungen zu Wehrübungen und schließlich zur Wehrmacht und anderen NS-Formationen bei den meisten Münchener Unternehmen zu einem schmerzhaften personellen Aderlass und zu einer zusätzlich angespannten Situation auf dem Arbeitsmarkt. Im Vergleich zu anderen Unternehmen profitierte BMW als wichtiger Rüstungsproduzent für die Luftwaffe in diesem Zusammenhang jedoch stark von seiner privilegierten Sonderstellung. Ende August 1939 veranlasste Göring, „für diejenigen Betriebe, welche von der Luftwaffe Fertigungsaufträge erhalten haben, als Ersatz für die zur Wehrmacht einrückenden Arbeitskräfte das von diesen Betrieben angeforderte [...] Personal sofort dienstzuverpflichten und den vorgenannten Betrieben auf deren Anforderung zur Verfügung zu stellen".[643] Bis zum Abruf des Ersatzpersonals sollten die Dienstverpflichteten auf ihren Arbeitsplätzen verbleiben. Besonders kriegswichtigen Unternehmen wie BMW gewährte das Rüstungskommando München außerdem ein verbürgtes Exklusivrecht zur Ausstellung von zahlreichen Unabkömmlichkeitsbescheinigungen (UK-Bescheinigungen), von dem die Geschäftsleitung reichlich Gebrauch machte.[644]

639 Vgl. Sopade-Bericht Nr. 1, 1. Jg., April/Mai 1934, Prag 17.05.1934, S. 63.

640 Vgl. Mason, Sozialpolitik 1977, S. 280ff., nach Heusler, Ausländereinsatz 1996, S. 46.

641 Vgl. Heusler, Ausländereinsatz 1996, S. 46 und Bericht Tomberg „Die Probleme der deutschen Rüstungswirtschaft im Kriege" von Ende Sep. 1940, in: BA-MA RW 19/1503, Bl. 81–145, hier Bl. 88.

642 Sopade-Bericht Nr. 10, 5. Jg., Okt. 1938, S. 1101.

643 RdL an Reichsarbeitsminister, Hauptabteilung V, z. Hd. von Staatssekretär Friedrich Syrup vom 26.08.1939, in: BArch R 3901/20241.

644 Dennoch konnte die BMW-Geschäftsführung nicht verhindern, dass im Frühjahr 1943 insgesamt 6189 und Ende März 1944 7796 BMW-Mitarbeiter zur Wehrmacht abgezogen worden waren. Vgl. Werner, Zwangsarbeit 2006, S. 178.

Trotz Görings Anordnung waren bereits in der ersten Kriegswoche 1100 BMW-Beschäftigte eingezogen worden. Jedoch wehrte sich das Unternehmen insgesamt erfolgreich gegen diese Einziehungsmaßnahmen.[645] Mit Hilfe der UK-Stellungen gelang es der BMW-Geschäftsleitung, von den 1100 eingezogenen Personen kurzfristig 700 zurückzuholen.[646] Am 10.11.1939 berichtete die BMW-Spitze, dass rund 2100 Personen der BMW-Belegschaft von den Wehrmachts-Dienststellen eingezogen worden seien. Allerdings sei die Geschäftsführung bestrebt, auch diese wertvollen Facharbeiter, deren Fehlen sich bei der Programmerfüllung gravierend bemerkbar machte, in die Werke zurückzuholen. Der Vorstand gab sich recht zuversichtlich, dass dies auch gelingen werde, da die Notwendigkeit der Zurückführung selbst von militärischen Stellen anerkannt sei.[647] Dass sich BMW vergleichsweise erfolgreich gegen die Einberufungen wehren konnte, verdankte das Unternehmen in erster Linie seiner kriegs- bzw. rüstungswichtigen Fabrikation für die Luftwaffe. Auf Grund des kontinuierlichen Insistierens der Flugmotorenfirmen verfügte die Rüstungsinspektion VII im Januar 1941, dass den wichtigsten Fertigungsstätten der Wehrmacht im ersten Halbjahr 1941 keine weiteren Arbeitskräfte entzogen werden sollten.[648] Eine ähnliche Regelung erreichten die Flugmotorenbau-Firmen BMW, Daimler-Benz und Argus für ihre Berliner und Brandenburger Standorte im Sommer 1942.[649] Andere Unternehmen, die die Rüstungsbehörden nicht so privilegiert behandelten, mussten auf Grund des erheblichen Personalbedarfs der Wehrmacht ganze Abteilungen schließen. Da hiervon zum Teil auch kleine und mittlere Zulieferer von BMW betroffen waren, litt der Münchener Flugmotorenhersteller nicht nur unter den eigenen vergleichsweise moderaten Einberufungen, sondern auch unter den militärischen Personalauswirkungen bei der Zulieferindustrie.

Dass die Geschäftsleitungen der großen Münchener Rüstungsunternehmen in ihrem Kampf um Arbeitskräfte nicht ausschließlich mit lauteren Mitteln zu Werke gingen, verdeutlicht ein Bericht des Hauptgeschäftsführers der IHK München, Hans Buchner, vom 26.09.1939. Er wies im Zusammenhang mit dem Personalbedarf und den UK-Stellungen der Unternehmen darauf hin, „daß die Anforderungen der Rüstungsbetriebe zum Teil wesentlich überschraubt waren. So sind z.B. von einem Rüstungsbetrieb in München 1200 Schlosser und Spengler angefordert worden, von denen dann schließlich 300 tatsächlich benötigt wurden. Die übrigen 900 wurden nach vergeblichem

[645] Vgl. Otto Schefbeck an Spruchkammer München X im Spruchkammerverfahren Wrba vom 28.07.1948, in: StAM SpKa Karton 2012: Wrba.

[646] Vgl. Geschichte der Rü In VII, Teil I, in: BA-MA RW 20-7/16, Bl. 26f.

[647] Vgl. Niederschrift der Sitzung des Unternehmensbeirats der BMW AG vom 10.11.1939, in: BMW UA 5.

[648] Vgl. Eintrag im Kriegstagebuch der Rü In VII vom 22.01.1941, in: BA-MA RW 20-7/5.

[649] Vgl. Eintrag im Kriegstagebuch der W.Wi-In im Wehrkreis III, Berlin, vom 03.06.1942, in: BA-MA RW 20-3/1.

Herumstehen und Warten wieder nach Hause geschickt."[650] Um dem verbreiteten Missbrauch der Rüstungsunternehmen Einhalt zu gebieten, stellte die Staatsführung die vorsätzliche Täuschung über Bedarfs- und Bestandsangaben der eigenen Arbeitskräfte analog zu falschen Auskünften über Materialvorräte im März 1942 unter Strafe.[651]

Das stärkste Gewicht unter den vielfältigen Hemmfaktoren der deutschen Kriegswirtschaft hatte zweifellos der ständige Mangel an Arbeitskräften. Durch die Einberufungen zur Wehrmacht sowie die steigenden Anforderungen für die Durchführung der Fertigungsprogramme verschärften sich die bereits vor Kriegsausbruch bestehenden Spannungen auf dem Gebiet des Arbeitseinsatzes nach 1939 erheblich. Die Mob-Vorbereitungen im personellen Bereich hatten nicht den gewünschten Stand erreicht. Und durch das Ausbleiben der allgemeinen Mobilmachung unterblieb auch die Auslösung der vorgesehenen Maßnahmen im Arbeitseinsatz-Sektor. Deshalb war der Mobilisierungsgrad bei Kriegsbeginn relativ gering und nutzte bei weitem nicht die vorhandenen Möglichkeiten aus. Die Arbeitsämter konnten den Entzug der Arbeitskräfte zur Truppe nicht ersetzen.[652]

Mit verschiedensten Aktionen – wie Dienstverpflichtung, diversen Stilllegungs- und Auskämmaktionen[653] sowie der Aktivierung der Frauenreserve[654] – versuchten die einschlägigen Behörden die Situation des Arbeitskräfteeinsatzes in den Rüstungsunternehmen zu verbessern. Trotz all der Maßnahmen zur Mobilisierung von Arbeitskräften gelang es jedoch nicht, den Bedarf zu decken. Selbst ein Unternehmen von der Größenordnung und kriegswichtigen Bedeutung der Bayerischen Motoren Werke hatte beträchtliche Schwierigkeiten, seinen Personalbedarf zu realisieren.[655] Wollten die Flugmotorenunternehmen auch weiterhin die staatlichen Lieferprogramme erfüllen, blieb ihnen während des Krieges letztlich nur die Möglichkeit, ausländische Arbeitskräfte und Kriegsgefangene zu beschäftigen. Für die einzel-

650 Bericht Buchner über die wirtschaftpolitische und wehrpolitische Lage des Kammerbezirks München-Oberbayern vom 26.09.1939, in: BayHStA MWi 5843. Die außergewöhnlich große Zahl von angeforderten Personen und die Berufsarten legen die Vermutung nahe, dass es sich bei dem von Buchner angesprochenen Betrieb um BMW handelte. Es konnte jedoch keine endgültige Gewissheit erzielt werden.

651 Vgl. Verordnung von Hitler zum Schutze der Rüstungswirtschaft vom 21.03.1942, in: BArch R 10 III/12, Bl. 112.

652 Vgl. Bagel-Bohlan, Kriegsvorbereitungen 1975, S. 133.

653 Vgl. Bericht Tomberg „Die Probleme der deutschen Rüstungswirtschaft im Kriege" von Ende Sep. 1940, in: BA-MA RW 19/1503, Bl. 81–145, hier Bl. 99; Eintrag in das Kriegstagebuch der RüIn VII, Wochenübersicht vom 03.03.1940, in: BA-MA RW 20-7/2 und Führerbefehl vom 28.09.1940, in: BA-MA RW 19/1486, Bl. 168.

654 Vgl. hierzu u. a. Winkler, Dörte: Frauenarbeit im „Dritten Reich". Hamburg 1977, S. 86 und Eiber, Ludwig: Frauen in der Kriegsindustrie. Arbeitsbedingungen, Lebensumstände und Protestverhalten. In: Broszat, Martin/Fröhlich, Elke/Grossmann, Anton (Hrsg.): Bayern in der NS-Zeit III. Herrschaft und Gesellschaft im Konflikt. München/Wien 1981, S. 570–644, hier S. 574.

655 Vgl. hierzu v. a. Werner, Zwangsarbeit 2006.

nen Unternehmen stellte es ein Risiko dar, sich dem Einsatz von Fremd- und Zwangsarbeitern zu entziehen, da sie sonst mit verringerten Rohstoffquellen und schlimmstenfalls mit Betriebsstilllegungen zu rechnen hatten. Nach anfänglichem Zögern zeigten die Industriellen in Deutschland daher in der Regel keine Hemmungen, Zwangsarbeiter einzusetzen, wenn deutsches Personal nicht verfügbar war. Auch das BMW-Management stand unter gewaltigem Druck des RLM, die ministeriellen Programmvorgaben zu erfüllen. Auf Grund der rüstungswirtschaftlichen Bedeutung der BMW-Flugmotoren für die Luftwaffe konnte die Behörde dem Unternehmen gleichzeitig jedoch nicht glaubwürdig mit einer vollständigen Stilllegung drohen. Im Interesse der Luftrüstung war man auf die BMW-Flugmotoren angewiesen und diese Abhängigkeit bedingte letztlich auch eine vergleichsweise bevorzugte Zuteilungspraxis sowohl der Arbeitsverwaltung als auch der Rüstungsdienststellen.[656] Realistischer waren bei Nichtbefolgung der RLM-Vorgaben persönliche Konsequenzen für die Unternehmensführung. Allerdings ist kein Fall bekannt, in dem eine Unternehmensführung in irgendeiner Weise benachteiligt wurde, wenn sie im Hinblick auf die Beschaffung ihrer Arbeitskräfte keine solch energische Eigeninitiative zeigte, wie das BMW-Management dies tat.[657]

BMW bemühte sich vergleichsweise früh um den Einsatz von ausländischen Arbeitskräften, um den Mangel an Arbeitskräften auszugleichen.[658] Wie skrupellos und radikal der BMW-Vorstand während des Krieges um Arbeitskräfte kämpfte, verdeutlicht beispielhaft dessen Initiative, die Lücken in der Personaldecke durch den Einsatz von KZ-Häftlingen aus dem nahen Konzentrationslager Dachau zu schließen. Angesichts der sich zuspitzenden Problematik der Arbeitskräfteversorgung gingen die Vorstellungen des BMW-Vorstands weitgehend konform mit entsprechenden Plänen des RLM, das Werk Allach zu einem der so genannten KZ-Werke auszubauen, in denen die Häftlinge den nahezu gesamten Anteil der produktiven Belegschaft bilden sollten. Da Allach als eines der ersten dieser „neuen Werke“ vorgesehen war, übernahm BMW in der Ausbeutung von KZ-Häftlingen als billige Arbeitssklaven sogar eine Art Vorreiterrolle in Deutschland.[659] Der stetig wachsende Einsatz von Häftlingen aus Dachau bei BMW führte im Jahre 1943 schließ-

[656] Vgl. Heusler, Ausländereinsatz 1996, S. 37.

[657] Zur Beschäftigung von Zwangsarbeitern bei BMW und zum Folgenden vgl. Werner, Zwangsarbeit 2006. Generell zum Thema Fremd- und Zwangsarbeiter siehe insbesondere Spoerer, Zwangsarbeit 2001; Herbert, Ulrich (Hrsg.): Europa und der „Reichseinsatz“. Ausländische Zivilarbeiter, Kriegsgefangene und KZ-Häftlinge in Deutschland 1938–1945. Essen 1991 und Ders., Fremdarbeiter 1999. Vgl. zu der Lage in Bayern auch Grossmann, Anton: Fremd- und Zwangsarbeiter in Bayern 1939–1945. In: Vierteljahrshefte für Zeitgeschichte 34 (1986), S. 481-521.

[658] Vgl. Werner, Zwangsarbeit 2006, S. 178ff.

[659] Vgl. ebd., S. 64, 172–173, 180, 185–187 und 373 und Zdenek, Zofka: Allach – Sklaven für BMW. Zur Geschichte eines Außenlagers des KZ Dachau. In: Dachauer Hefte 2 (1986), S. 68–78.

lich zur Errichtung eines großen Nebenlagers in unmittelbarer Nähe der Allacher Werksanlagen, in dem Tausende von KZ-Häftlingen unter erbärmlichen Bedingungen untergebracht waren, von denen viele auf Grund der Brutalität der Wachmannschaften und der katastrophalen Versorgungsverhältnisse zu Tode kamen.[660]

Im BMW-Vorstand herrschten vor allem nach dem Ende der Ära Popp Technokraten, die es für ihre oberste patriotische Pflicht hielten, ihren Aufgabenbereich trotz der vielen externen Widrigkeiten mit allen Mitteln funktionsfähig zu halten und an der Heimatfront alles Erdenkliche zu tun, um die Rüstungsproduktion zu sichern.[661] Im Mittelpunkt ihres opportunistischen Handelns standen sowohl der Erhalt und die Weiterführung des Unternehmens als auch die eigene Karriere. Die vorherrschende Mentalität des BMW-Managements war das Streben, auch während des Krieges am Rüstungsboom zu partizipieren und die betrieblichen Kapazitäten um jeden Preis auszunutzen. An dieser technokratischen Haltung wurde selbst dann noch festgehalten, wenn dies nur mit der Ausbeutung von KZ-Häftlingen aus Dachau möglich war, die unter der Aufsicht der SS denkbar schlechten Existenzbedingungen ausgesetzt waren. Die BMW-Unternehmensleitung flüchtete sich in ausschließlich betriebswirtschaftliche Abwägungsprozesse. Die Sinnlosigkeit, Unmenschlichkeit und Amoralität des eigenen Handelns schien man sich nicht einzugestehen. Unter dem vollständigen Negieren jeglichen Unrechtsbewusstseins wurde die Vorreiterrolle, die die BMW-Spitze im Hinblick auf die Versklavung unschuldiger Menschen auf ihrer dringenden Suche nach Arbeitskräften in Deutschland einnahm, zu einer rein betriebswirtschaftlichen Größe. Die Planung des BMW-Vorstands, ein Großreparaturwerk in unmittelbarer Nachbarschaft zum KZ Dachau erbauen zu wollen, war eine zynische Konsequenz aus dessen technokratischer Grundhaltung. Man prüfte mögliche Standorte mit amoralischer Professionalität und entschied letztendlich nach rationalen Parametern. Humane Überlegungen wurden dabei ausgeblendet. Diese Flucht der BMW-Spitze in die betriebswirtschaftliche Kosten-Nutzen-Analyse machte sie politisch-moralisch mitverantwortlich für die unmenschliche Rüstungs- und Ausbeutungspolitik des NS-Systems. Auch wenn die BMW-Manager zunächst nur schrittweise in das Zwangsarbeitersystem einstiegen, steht nach dem gegenwärtigen Stand der Forschung vor allem fest, dass die einzelnen Betriebsführer hinsichtlich der Gestaltung der sozialen Realitäten des Ausländereinsatzes einen weitreichenden Ermessens- und Handlungsspielraum hatten.[662] Die BMW-Unternehmensleitung zeigte

660 Vgl. Heusler, Ausländereinsatz 1996, S. 39.

661 Auch von Popp ist nicht bekannt, dass er gegen die Beschäftigung von Ausländern bzw. die Ausbeutung von Kriegsgefangenen, Zwangsarbeitern und KZ-Häftlingen opponierte. Auch Popp befürwortete und forcierte die Einschaltung und Ausplünderung der europäischen Flugmotorenindustrie für rüstungspolitische Zwecke.

662 Vgl. Heusler, Ausländereinsatz 1996, S. 77.

sich gegenüber den erbärmlichen Lebens- und Arbeitsbedingungen der ausländischen Arbeitskräfte und KZ-Häftlinge, die viele mit dem Tod bezahlten, sowie ihrer Behandlung am Arbeitsplatz und im Lager weitgehend ungerührt. Sowohl durch diese Gleichgültigkeit gegenüber dem menschlichen Elend als auch durch ihre intensive Eigeninitiative und Hemmungslosigkeit in der Arbeitskräfterekrutierung machte sich jeder einzelne zuständige BMW-Manager mitschuldig an den zahlreichen Verbrechen gegen die Menschlichkeit, dem Tod unschuldiger Menschen und nicht zuletzt am jahrelangen Funktionieren der nationalsozialistischen Kriegs- und Mordmaschinerie zwischen 1939 und 1945. So war auch bei BMW letztendlich zu beobachten was Hayes wie folgt beschrieb: „The history under the swastika culminated during the war years in a history of readiness [...] to walk over corpses. The leaders of firms simply came to accept the use and death of slave labourers as a condition of business in Nazi Germany."[663]

7.5.3. Zwischenfazit: Arbeitsmarktregulierung

Als eine der ersten Wirtschaftsmaßnahmen nach der Machtübernahme bemühten sich die Nationalsozialisten, den Arbeitsmarkt unter staatliche Kontrolle zu bringen. Mittels zahlreicher Arbeitsplatzverordnungen, die alle darauf hinausliefen, den freien Arbeitsmarkt abzuschaffen, wurden nach und nach die wirtschaftlichen Grundfreiheiten wie Freizügigkeit, freie Arbeitsplatzwahl und die Arbeitsvertragsfreiheit abgeschafft. Wichtige Maßnahmen dieser staatlichen Strategie waren unter anderem die Zerschlagung der Gewerkschaftsorganisationen, die Einführung des Arbeitsbuches sowie die Einführung der allgemeinen Dienstpflicht. Da in Deutschland seit 1936 Vollbeschäftigung herrschte, vollzog sich in diesem Jahr der Übergang von der staatlichen Arbeitsbeschaffung und Konjunkturbelebung zur Steuerung des Arbeitseinsatzes. Die Sicherung des Facharbeiternachwuchses und eine rationelle Arbeitseinsatzpolitik in den Unternehmen wurden nun zur dringlichsten Aufgabe. Die Lenkung des Arbeitsmarktes war ab 1936 daher in erster Linie eine Symbiose aus Einstellungskontrollen, dem Verbot von Abwerbungen und Einflussnahme des Arbeitsamtes auf die Fortbildung von Arbeitnehmern. Im Wesentlichen blieben die staatlichen Maßnahmen jedoch eine indirekte Steuerung des Arbeitsmarktes. Erst die Beschränkung des Arbeitsplatzwechsels kurz vor dem Krieg, die das Eingehen wie Lösen eines Arbeitsverhältnisses von der Zustimmung des Arbeitsamtes abhängig machte, führte letztendlich zur „Bewirtschaftung" der menschlichen Arbeitskraft.

Durch die vielfältigen arbeitsmarktpolitischen Regularien der NS-Führung konnte das große Arbeitskräftedefizit der 1930er und 1940er Jahre allerdings nicht abgebaut werden. Bereits Ende 1934 traten insbesondere in der Metall-

[663] Hayes, Industry 2002, S. 35.

industrie und in der Bauwirtschaft erste personelle Engpässe auf. Wie alle anderen Unternehmen der Luftfahrtindustrie war auch BMW von der Verknappung auf dem Arbeitskräftesektor und vom verstärkt einsetzenden „ungeregelten Wettbewerb“[664] um qualifizierte Fachkräfte betroffen. Spätestens ab 1936 herrschte in der Flugmotorenindustrie ein dramatischer Mangel an Ingenieuren und hochqualifizierten Facharbeitern. Seit Erreichen der Vollbeschäftigung in Deutschland machte sich stark bemerkbar, dass die vergleichsweise junge Flugmotoren-Branche in den wirtschaftlich schwierigen Zeiten seit ihrem Bestehen kaum Stammbelegschaft aufbauen konnte. Da die Flugmotorenwerke auf dem öffentlichen Arbeitsmarkt seit spätestens 1936 nicht mehr ausreichend Fachkräfte, Fachbereichsleiter und Sachbearbeiter rekrutieren konnten, legten sie viel Wert auf innerbetriebliche Aus- und Weiterbildung. Für alle Flugmotorenwerke nahm dabei die Umschulung aus anderen Berufen – vom Textilarbeiter bis zum Bäcker – eine Schlüsselstellung in ihrem Ausbildungswesen ein. Bis 1939 wurden z. B. bei Daimler-Benz in Genshagen 1200 Arbeiter umgeschult, von denen nur 15% ursprünglich aus der metallverarbeitenden Industrie stammten.[665] Auch bei der Mimo waren bis 1939 rund ein Drittel der gelernten und angelernten Kräfte – etwa 1600 Personen – aus anderen Berufen umgeschult worden.[666] Als die Arbeitsämter in den industriellen Gebieten im Westen und Osten Deutschlands, aus denen die JFM vornehmlich ihre Beschäftigten rekrutierte, dem Junkers-Konzern nur noch unzureichende Kontingente an Arbeitskräften zuführen konnte, richtete Koppenberg im Rahmen von bilateralen Abkommen sogar Lehrwerkstätten bei den Arbeitsämtern Bochum und Aachen ein, um einen direkten Zugriff auf noch verfügbare Arbeitslose im Ruhrgebiet und im rheinischen Grenzgebiet zu bekommen.[667] Es wurde für die Flugmotorenindustrie allerdings auch immer schwieriger, genügend Personal für die Ausbildung bzw. Umschulung in den Ausbildungswerkstätten zu finden.

Der Mangel an Facharbeitern führte dazu, dass sich die Werksleitungen mit minderqualifizierten Arbeitern zufrieden geben mussten. Die Folge der Masseneinstellungen weniger geeigneter Arbeitskräfte war ein ungewöhnliches Sinken der Produktivität der Werke in quantitativer und qualitativer Hinsicht. Das wiederholte Beanstanden der Daimler-Benz-Unternehmensführung, dass zahlreiche Arbeiter den ihnen übertragenen Aufgaben nicht gewachsen waren, stand symptomatisch für die Zustände in der ganzen Flugmotorenindustrie.[668]

[664] Der Begriff stammt aus einem Schreiben von Hjalmar Schacht an Hermann Göring vom 05. 08. 1937. Zitiert nach: Budraß, Flugzeugindustrie 1998, S. 481.
[665] Vgl. Gregor, Stern 1997, S. 102.
[666] Vgl. Kohl/Bessel, Auto Union 2003, S. 89.
[667] Vgl. Budraß, Flugzeugindustrie 1998, S. 447.
[668] Vgl. Gregor, Stern 1997, S. 103.

Die Unternehmen der Flugmotorenindustrie gehörten auf Grund ihrer Stellung in der Luftrüstung im Hinblick auf Arbeitskräftezuteilungen durch die Arbeitsverwaltung und Rüstungsdienststellen zweifellos zu den besonders begünstigten Firmen. Mit zunehmendem Arbeitskräftemangel profitierten sie vom systematischen Abwerben von Facharbeitern und der amtlich verordneten Arbeitskräfteumverteilung aus nicht rüstungsrelevanten Branchen. Zum Teil zogen sich die Flugmotorenhersteller auch gegenseitig die Arbeitskräfte ab. Gregor berichtet z. B., dass es Daimler-Benz trotz des Arbeitskräftemangels extrem schnell gelang, eine hinlängliche Zahl an Beschäftigten für das neue Flugmotorenwerk Genshagen anzuwerben. Erst im Januar 1936 gegründet, zählte das Werk bereits im Juni 1937 5813 Arbeitskräfte, „wobei ein Stammkontingent qualifizierter Arbeiter aus den süddeutschen Werken des Konzerns und von BMW abgezogen wurde".[669] Da Daimler-Benz einen ähnlichen Lohn wie BMW zahlte und ähnliche Arbeitsbedingungen bot, kann es sich hierbei nur um die Arbeitskräfte gehandelt haben, die BMW im Zuge der Luftrüstungskrise im Jahre 1937 entlassen musste.

Auf Kosten aller anderen Flugmotoren- und Zellenhersteller betrieben Vertreter der JFM das Akquirieren von Arbeitskräften. Koppenberg setzte dabei kompromisslos die Sonderstellung seines Unternehmens im Ju 88-Programm ein. Seine Agenten reisten mit den ministeriellen Vollmachten durch Deutschland und forderten von den Arbeitsämtern, dem OKW und den Wehrwirtschaftsinspektionen Arbeiter und entwarfen so genannte Sofortmaßnahmen und Stoßtruppaktionen für die Bedarfsdeckung der Ju 88-Produktion.[670]

Allerdings traten alle Flugmotorenkonzerne auf Grund der Überspannung der Kapazitäten der deutschen Rüstung in den letzten Vorkriegsjahren bereits mit einem erheblichen ungedeckten Fehlbedarf an Arbeitskräften in den Krieg ein. Da die Verknappung von Arbeitskräften 1938/39 ein bedrohliches Ausmaß annahm, konnten die vorhandenen Kapazitäten etwa des Daimler-Benz-Konzerns weder in Marienfelde noch in Genshagen voll genutzt werden. Das stärkste Gewicht unter den vielfältigen Hemmfaktoren der Rüstungswirtschaft hatte somit zweifellos der ständige Mangel an Arbeitskräften.

In Bezug auf die Löhne in der Flugmotorenindustrie ist zu konstatieren, dass die Behörden mit ihrem Anspruch, Lohnstabilität im Sinne niedriger Löhne und annähernd gleiche Bezahlung in den einzelnen Unternehmen zu gewährleisten, in den 1930er und 1940er Jahren weitgehend scheiterten. Vor allem als sich die Wirtschaft der Vollbeschäftigung näherte, setzte eine allgemeine inflationäre Lohnspirale ein, die die offiziellen Tariflöhne sehr schnell außer Kraft setzte.

Die seit 1933 steigenden Effektivlöhne waren nur zu einem Teil auf echte Leistungssteigerungen der Belegschaften zurückzuführen. Sie spiegelten in

[669] Vgl. ebd., S. 99.
[670] Vgl. Budraß, Flugzeugindustrie 1998, S. 583–584.

erster Linie den Kampf der Arbeitgeber um qualifizierte Arbeitskräfte, den vor allem die Rüstungsunternehmen wie die Flugmotorenfirmen mit verdeckten Lohnerhöhungen führten. Hoch bezahlte Überstunden, Sonn- und Feiertagsarbeit sowie hohe Akkordprämien boten den Flugmotorenunternehmen relativ große Handlungsspielräume hinsichtlich der betrieblich festgesetzten Löhne. Alle Flugmotorenfabrikanten lockerten das starre System der Tarifordnung spätestens ab Mitte der 1930er Jahre durch hohe Leistungszulagen zunehmend auf und lockten so zusätzliche Arbeitskräfte in die Konzerne. Zunehmend operierten die Industriellen auch mit der systematischen Gewährung von geldwerten Leistungen im weiten Bereich der betrieblichen Sozialleistungen. Bei Daimler-Benz machte sich dies beispielsweise in einer Erhöhung der so genannten freiwilligen betrieblichen Sozialleistungen von 2,7 Mio. RM 1937 über 9,14 Mio. RM 1938 auf 12,1 Mio. RM 1939 bemerkbar.[671] Ähnliche Steigerungsraten wies auch die JFM auf.[672] Insgesamt erbrachten die Konzerne mehr und mehr soziale Zusatzleistungen und banden somit die Arbeitskräfte an ihre Werke.[673]

Auffällig ist, dass fast alle diese Maßnahmen des betrieblichen Sozialwesens bei BMW und anderen Unternehmen vor allem in der zweiten Hälfte der 1930er Jahre, d. h. nach Erreichen der Vollbeschäftigung in Deutschland, eingeführt wurden. Dies verdeutlicht, dass es einen engen Zusammenhang zwischen diesen Leistungen und den Bemühungen der Unternehmensleitungen um eine systematische Arbeitskräfterekrutierung gab. Die Folge war eine konstante Abwanderung der Arbeitskräfte von den schlechter bezahlenden Wirtschaftszweigen zu den besser bezahlenden Branchen wie der Metall- und Luftfahrtindustrie.

Die Entwicklung der steigenden Effektivlöhne in der Flugmotorenbau-Industrie konnte das NS-Regime auch durch den staatlich verordneten Lohnstopp nicht verhindern. Das RLM konnte die Firmen zwar in isolierten Fällen zu Lohnsenkungen zwingen. Die Kontroll- und Überwachungsmechanismen des RLM blieben jedoch angesichts der vom weit verbreiteten Facharbeitermangel entfachten Dynamik der indirekten Lohnerhöhungsstrategien der Unternehmen weitgehend wirkungslos. Dies verdeutlicht, dass den Konzernvorständen in Bezug auf die Lohngestaltung auch unter NS-Herrschaft relativ große autonome Entscheidungs- und Handlungsspielräume zur Verfügung standen.

[671] Vgl. die detailreiche Darstellung der betrieblichen Sozialpolitik bei DB in: Stahlmann, Michael: Die Erste Revolution in der Autoindustrie. Management und Arbeitspolitik von 1900–1940. Frankfurt am Main 1993, S. 213–218.

[672] Vgl. Budraß, Flugzeugindustrie 1998, S. 454.

[673] Vgl. u. a. ebd., S. 449–457; Gregor, Stern 1997, S. 226 und Kohl/Bessel, Auto Union 2003, S. 90.

7.6. Handlungsspielräume für eine eigenständige Personalpolitik

7.6.1. Ministerielle Eingriffe in das Personalwesen des BMW-Konzerns

Im Laufe des Jahres 1935 offenbarte sich, dass selbst die BMW-Geschäftsführung vor ministeriellen Eingriffen in unternehmensinterne Personalentscheidungen nicht gefeit war. Am 05.12.1935 informierte von Stauß den Reichsminister der Luftfahrt schriftlich darüber, dass Popp sein Amt als Geschäftsführer der BMW Flugmotorenbau GmbH zum 31.12.1935 niederlegte. Popp wechselte zum 01.01.1936 in den Beirat der Münchener GmbH, der analog zum Aufsichtsrat der BMW AG agierte. Außerdem blieb er Vorstandsvorsitzender der BMW-Aktiengesellschaft. Die Geschäftsführung der BMW Flugmotorenbau GmbH lag ab dem 01.01.1936 in den Händen von Max Friz und Fritz Hille.[674]

Der aktuelle Auslöser des Personalwechsels war eine Intrige von Popps kaufmännischem Vorstandskollegen, Klebe, der hoffte, Popps Stellung im Konzern einnehmen zu können. Die eigentlichen Ursachen der heftigen und folgenschweren Auseinandersetzungen zwischen BMW – hier insbesondere Popp – und Milch sowie dem Amtschef des Luftwaffenverwaltungsamtes im RLM (LD- bzw. D-Amt) Kesselring, während des Jahres 1935 waren jedoch wesentlich grundsätzlicherer Art. Die Konfrontationen im Jahr 1935 offenbarten die RLM-Bestrebungen, einerseits den eigenwilligen und dadurch für die Behörde unbequemen BMW-Generaldirektor aus dem Flugmotorengeschäft herauszudrängen und damit gleichzeitig die BMW-Spitze zu disziplinieren. Andererseits versuchte das Ministerium, das System der Reichsbeteiligung auf das BMW-Flugmotorenbau-Stammwerk in München auszudehnen. Damit hätte die BMW AG den Status der vollen und alleinigen Anteilseignerin verloren. Die Bemühungen des RLM demonstrieren demnach außerdem den Versuch, diesen Geschäftsbereich aus der festen Verankerung des BMW-Konzernverbunds herauszulösen, um den staatlichen Einfluss auf die BMW-Flugmotorenbau GmbH zu erweitern.

Das RLM schien erheblichen Druck dahingehend ausgeübt zu haben, Popp nicht nur aus der Geschäftsführung der BMW Flugmotorenbau GmbH, sondern auch aus dem Beirat der Flugmotorenbau-Gesellschaft zu entfernen. Ziel dieses Bestrebens war es, eine klare Trennung der Luftfahrtsparte von den restlichen Betätigungsfeldern der BMW AG zu erreichen. Auf diese Weise hätten die Verantwortlichen im RLM lediglich mit der Geschäftsführung der Flugmotorenbau GmbH verhandeln müssen, gegenüber der die Beamten auf Grund der Stellung des Ministeriums als Monopsonist wesentlich mehr Druckpotential besaßen als gegenüber dem Gesamtvorstand der BMW-Muttergesellschaft.

[674] Vgl. von Stauß an den RdL vom 05.12.1935, in: BArch R 8119 F/P 3106, Bl. 251.

Überdies konnte das RLM lediglich auf diese Weise sicherstellen, dass der Luftfahrtbereich des BMW-Konzerns exklusives Einflussgebiet des RLM blieb und andere Wehrmachtsplanungsstellen mit ihren Interessen an der Kfz-, Motorrad- und Heeresgeräteproduktion in diesem Sektor keine Ansprüche stellten.

Die Doppelfunktion von Popp als Vorstandsvorsitzender der BMW AG und Beiratsmitglied der Flugmotorenbau GmbH stand im Widerspruch zu diesen Plänen des RLM. Außerdem agierte Popp den RLM-Verantwortlichen ähnlich wie Hugo Junkers zu unabhängig und autonom. Sein unternehmerisches Selbstverständnis als Patriarch in „seinem" privatwirtschaftlichen Unternehmen war unvereinbar mit den ministeriellen Vorstellungen einer staatlich beeinflussbaren, wenn nicht sogar gelenkten deutschen Luftfahrtindustrie. Popp strebte zwar einerseits danach, am Rüstungsboom zu profitieren. Er war jedoch andererseits nicht bereit, sich ministeriellen Anordnungen, die seinem privatwirtschaftlichen Credo widersprachen, ohne weiteres zu beugen. Da Popp die Ausgliederung des BMW-Flugmotorenbaus aus der BMW-Aktiengesellschaft als artifiziellen Akt betrachtete, der langfristig durch die Refusion und kurzfristig durch den Betriebsgemeinschaftsvertrag überwunden werden sollte, wirtschaftete er entgegen den Vorstellungen von Milch und Kesselring in erster Linie für die BMW AG als Holdinggesellschaft.

Die selbstständige und selbstbewusste Unternehmenspolitik von Popp dem RLM gegenüber stand den Ansichten seines kaufmännischen Vorstandskollegen, Klebe, diametral entgegen, der sich laut Popp „bereitwilligst dem Luftfahrtministerium zur Verfügung stellte und zum Lohn meine Stellung erhalten sollte".[675] Da Klebe von mehreren ehemaligen BMW-Mitarbeitern unabhängig voneinander als „Nazi-Aktivist" charakterisiert wurde[676], scheint Popps subjektive Darstellung durchaus auf Tatsachen zu beruhen. Klebe wirtschaftete nach späteren Berichten von Popp und Hille im Sinne der RLM-Führung ganz „bewusst zu Ungunsten der [BMW] AG"[677], seine Gewinnverteilungsvorschläge waren ausnahmslos sehr „einseitiger Art [...] pro [BMW Flugmotorenbau] GmbH bezw. RLM". So hatte Klebe die Bilanz der BMW-Aktiengesellschaft mit mehreren Mio. Reichsmark zum Vorteil der BMW Flugmotorenbau GmbH belastet.[678] Die von Klebes Nachfolger Hille später

[675] So Popp in seinem Lebenslauf vom 13.05.1946, in: StAM SpKa Karton 1341: Popp, S. 1-23, hier S. 19.

[676] Vgl. schriftliche Aussage von Grete Hofmann, die 25 Jahre lang als Sekretärin für Popp arbeitete, vom 05.02.1946 und eidesstattliche Erklärung von Waldemar von Buttlar vom 09.05.1946, beide im Spruchkammerverfahren gegen Popp, in: StAM SpKa Karton 1341: Popp. Popp selber beschrieb Klebe als „überzeugten Nazi". Vgl. Popps Lebenslauf vom 13.05.1946, in: ebd., S. 1-23, hier S. 19. Für die Einschätzung, dass Klebe ein aktiver Nationalsozialist gewesen ist, spricht auch die Tatsache, dass er im Jahre 1932 vom damaligen Betriebsobmann Schmid zu BMW geholt worden war. Vgl. Bloch an von Stauß vom 15.06.1933, in: BArch R 8119 F/P 3111, Bl. 59-60, hier Bl. 59.

[677] Die in diesem Abschnitt folgenden Zitate stammen alle aus: BMW-Vorstand an von Stauß vom 28.05.1936, in: BArch R 8119 F/P 3151, Bl. 13-25, hier Bl. 14-16.

[678] Vgl. ebd., Bl. 14.

durchgesetzte Vertretung der Interessen der Muttergesellschaft wurde im RLM demnach auch „als krasser Gegensatz zu den Ansichten und Handlungen seines Vorgängers empfunden“.

Angesichts der unterschiedlichen Vorstellungen von Popp und Klebe kam es zwischen beiden zunehmend zu Differenzen. Klebe fühlte sich in seiner Position durch die wiederholten Spannungen zwischen dem Unternehmen und dem RLM des Jahres 1935 bestätigt und inszenierte schließlich eine Intrige gegen Popp, die diesen entmachten sollte.[679] Klebe nutzte die Tatsache, dass Popp ihm die gesamte Kommunikation mit dem RLM überließ, um den Generaldirektor bei den staatlichen Dienststellen systematisch zu diskreditieren. Klebe bauschte offensichtlich einen Bericht Tabels, eines Sachverständigen des Treuhänders der Arbeit für Bayern, Kurt Frey, über Akkordlöhne bei BMW, in dem Tabel „in einem ganz unmöglichen und unerhörten Ton [...] gegen das R.L.M. polemisierte“ zu einer politischen Intrige auf, in der Popp „die Partei gegen das R.L.M. ausgespielt habe“.[680] Klebe behauptete, dass Popp die Angriffe von Tabel gegen das RLM mitgetragen wenn nicht sogar veranlasst habe. Dass es sich bei Klebes Darstellungen gegenüber der RLM-Führung um ein bewusst geplantes Manöver gegen Popp handelte, verdeutlicht die Aussage Klopfers, der an von Stauß berichtete, Klebe habe bereits Wochen vor der akuten Krise erklärt, „man könne Popp höchstens noch ein Jahr geben“.[681] Von Buttlar berichtete überdies, dass Klebes Angriffe für Popp, der auf Grund seines Führungsstils bei der Luftwaffenführung ohnehin als lästiger Vertreter seiner Partikularinteressen und Eitelkeiten empfunden wurde, Konsequenzen haben mussten.[682] Da jedoch Popps enge Mitarbeiter Klebes Anschuldigungen bei einschlägigen Untersuchungen eindeutig widerlegten, konnte das RLM in dieser Angelegenheit nicht gegen den BMW-Generaldirektor vorgehen.[683] Weil aber auch eine weitere Zusammenarbeit von Popp und Klebe nach dem Vorgefallenen nicht verantwortet werden konnte, musste Klebe das Unternehmen verlassen.[684] Nachfolger von Klebe wurde Fritz Hille.[685]

[679] Über die Hintergründe dieser Ereignisse ist nicht viel bekannt. Dass Klebe jedoch bewusst gegen Popp intrigiert haben soll, wurde von verschiedenen Personen unabhängig voneinander bestätigt. Vgl. Klopfer an von Stauß vom 11.11.1935, in: BArch R 8119 F/P 3111, Bl. 97, S. 1–5; schriftliche Aussage von Grete Hofmann vom 05.02.1946 und eidesstattliche Erklärung von Waldemar von Buttlar vom 09.05.1946, beide im Spruchkammerverfahren gegen Popp, in: StAM SpKa Karton 1341: Popp.

[680] Vgl. Klopfer an von Stauß vom 11.11.1935, in: BArch R 8119 F/P 3111, Bl. 97, S. 1–5, hier S. 3.

[681] Ebd., S. 4.

[682] Eidesstattliche Erklärung von Waldemar von Buttlar vom 09.05.1946 im Spruchkammerverfahren gegen Popp, in: StAM SpKa Karton 1341: Popp.

[683] Vgl. Aktennotiz von Max Friz vom 23.08.1935, in: BArch R 8119 F/P 3111, Bl. 190–194.

[684] Vgl. Erklärung von Klebe vom 16.01.1936, in: BMW-Arch UA 1.

[685] Vgl. von Stauß an RdL vom 05.12.1935, in: BArch R 8119 F/P 3106, Bl. 251.

Die Streitigkeiten in der BMW-Unternehmensführung lieferten den RLM-Verantwortlichen jedoch einen Anlass, gegen Popp vorzugehen, ihn teilweise zu entmachten und dadurch den staatlichen Zugriff auf den BMW-Flugmotorenbau zu vergrößern. Das RLM lancierte in der Luftfahrtindustrie die Information, dass in nächster Zeit mit dem Erlass eines Wehrwirtschaftsgesetzes zu rechnen sei, nach dem in Rüstungsfirmen nur deutsche Staatsangehörige zu beschäftigen seien. Rummel beleuchtete die Auswirkungen dieser Verordnung auf BMW in einer Aktennotiz.[686] Er schrieb: „Hiervon würden eventuell die Bayerischen Motoren Werke betroffen sein, da dort eine ganze Anzahl österreichischer Staatsangehöriger arbeitet, gegen deren Verwendung die zuständigen Abwehrstellen keine Bedenken hatten. Die zuständigen Münchener Behörden haben sich bisher allen Einbürgerungsanträgen gegenüber vollkommen ablehnend verhalten. Die Frage betrifft im Übrigen eventuell Herrn Popp persönlich, der die deutsche Staatsangehörigkeit noch nicht erworben hat."[687]

Die Vermutung liegt nahe, dass das RLM die BMW-Geschäftsführung mit dieser Bestimmung massiv unter Druck gesetzt hat und dass Popp seinen Posten in der Geschäftsführung der BMW Flugmotorenbau GmbH in Erwartung des erwähnten neuen Wehrwirtschaftgesetzes vorzeitig räumte. Mit dieser vorweggenommenen Ausführung einer angekündigten Reichsanordnung versuchte die BMW-Unternehmensleitung, Popp einerseits vor Sanktionen der RLM-Beamten in Schutz zu nehmen, ihn andererseits jedoch im Beirat der Flugmotorenbau GmbH zu halten.[688] Letztendlich wehrte sich BMW erfolgreich gegen die vollständige Beseitigung von Popp aus dem Verantwortungsbereich der Flugmotorenbau GmbH. In Folge der durch die allgemeine Vertrauenskrise im RLM ausgelösten ständigen Angriffe gegen Popp verlor dieser zwar vorübergehend seinen Titel als BMW-Generaldirektor und seinen Posten in der Geschäftsführung der Flugmotorenbau GmbH[689], er blieb jedoch gleichberechtigtes Vorstandsmitglied der BMW AG und beeinflusste die Geschicke der Flugmotorenfertigung durch seine Mitgliedschaft im Beirat der Münchener GmbH auch weiterhin.[690]

Kurz nach dem erzwungenen Personalwechsel in der Geschäftsführung der BMW Flugmotorenbau GmbH zum Jahreswechsel 1935/36 machte das RLM

686 Aktennotiz Rummel vom 13.12.1935, in: BArch R 8119 F/P 3106, Bl. 252.

687 Franz Josef Popp war in Wien geboren und aufgewachsen und besaß daher die österreichische Staatsbürgerschaft. Vgl. Oelze, Popp 2001, S. 623.

688 Nach Angaben von Merkel trat die gesamte Unternehmensführung für den Verbleib von Popp im Unternehmen ein. Vgl. Hille an Merkel vom 31.03.1942, in: BArch R 8119 F/P 3108, Bl. 78, S. 1-11, hier S. 7 und Aktennotiz an von Stauß und Rummel vom 08.01.1936, in: BArch R 8119 F/P 3106, Bl. 257.

689 Vgl. von Stauß an von Rintelen vom 02.01.1936, in: BArch R 8119 F/P 3065, Bl. 16.

690 Vgl. von Stauß an RdL vom 05.12.1935, in: BArch R 8119 F/P 3106, Bl. 251 und Erklärung von Popp vom 20.01.1936, in: BMW-Arch UA 1.

einen weiteren Versuch, durch die gezielte Einmischung in die personellen Angelegenheiten des BMW-Konzerns die Herauslösung des BMW-Flugmotorenbaus aus der Unternehmensstruktur zu erreichen.

Der Chef des D-Amtes Kesselring warf Hille bereits Anfang 1936 in dessen Eigenschaft als Geschäftsführer der Münchener Flugmotoren GmbH vor, mehr die Interessen der AG als die Interessen der GmbH zu vertreten. Da die Vorwürfe gegen Hille im Prinzip die gleichen waren, mit denen man Popps Rücktritt erzwungen hatte, wurde im Ministerium erwogen, ob „der Konflikt zwischen der Geschäftsführerverantwortung [der Flugmotorenbau GmbH] und der Verantwortung als Vorstandsmitglied [der BMW AG] wohl nur dadurch zu lösen sei, dass eine persönliche Trennung dieser beiden Funktionen in Aussicht zu nehmen sei“.[691] Da Hille jedoch im Sinne der Vertragstreue zum Gemeinschaftsvertrag zwischen der AG und der Münchener GmbH den Weg ging, der ihm handelsrechtlich bestimmt war, um einen Gesamterfolg für die Firmen zu erreichen, forderte Kesselring am 14.01.1936, dass der Gemeinschaftsvertrag geändert werden müsste. Als Drohung erwähnte er überdies gegenüber dem Treuhänder der Arbeit von Bayern, Kurt Frey, dass er aus der BMW Flugmotorenbau GmbH eine selbstständige und unabhängige AG machen wolle.[692]

Die RLM-Forderung, die Positionen der Geschäftsführung der GmbH und des Vorstandes der Aktiengesellschaft zu trennen, konstituierte nicht nur eine Einmischung in BMW-interne Personalentscheidungen, sondern auch in die Unternehmensstruktur. Das RLM hatte gegenüber der Flugmotorenindustrie Mitte der 1930er Jahre eine derart umfassende Machtposition erlangt, dass seine Vertreter der Ansicht waren, direkte Eingriffe in die Souveränität eines Privatunternehmens vornehmen zu können, ohne mit entsprechendem Widerstand rechnen zu müssen. Kesselrings Forderungen bewiesen, dass man die BMW Flugmotorenbau GmbH im RLM in erster Linie als Befehlsempfängerin betrachtete. Jedoch waren die Freiheiten und Handlungsspielräume der Privatwirtschaft im Jahre 1936 keineswegs abgeschafft. Hille positionierte sich bei der Wahrnehmung der Interessen der BMW-Betriebsgemeinschaft fest auf der handelsrechtlichen Plattform seiner Rechte und Pflichten und erhielt dabei weitgehende Rückendeckung vom BMW-Aufsichtsrat, so dass die Forderungen des RLM folgenlos blieben.

Interessant ist, dass ein Vermerk im BMW-Konzernarchiv auch Popp bereits seit dem 22.07.1937 wieder als ordentlichen Geschäftsführer der BMW Flugmotorenbau GmbH ausweist.[693] Überdies übertrug die Geschäftsordnung für die Geschäftsführung der BMW Flugmotorenbau GmbH vom

691 Hille an von Stauß vom 18.04.1936, in: BArch R 8119 F/P 3145, Bl. 88, S. 1–10, hier S. 3.

692 Vgl. ebd., S. 5.

693 Vgl. Auflistung der Geschäftsführer der BMW Flugmotorenbau GmbHs in München und Eisenach vom 17.08.1943, in: BMW-Arch UA 555.

21.09.1938 Popp die gesamte Repräsentation der Gesellschaft, insbesondere dem RLM, der Wirtschaftsgruppe und anderen Körperschaften gegenüber. Er trug die generelle technische Verantwortung dem RLM gegenüber und war zuständig für die Verkaufsorganisationen. Diese Hinweise verdeutlichen, dass Popp seit 1937 tatsächlich wieder ordentlicher Geschäftsführer der BMW Flugmotorenbau GmbH war. Zwei Umstände hatten diesen neuerlichen Personalwechsel in den Führungsgremien des Unternehmens möglich gemacht. Erstens hatte Udet die Leitung des Technischen Amtes im RLM übernommen.[694] Außerdem gab Popp dem öffentlichen Druck nach und erwarb nach eigenen Angaben „etwa 1936/37" die deutsche Staatsbürgerschaft.[695]

Tatsache ist, dass das RLM in den Jahren 1935/36 massiv in die personelle Besetzung der BMW-Führungspositionen im Flugmotorenbau eingriff. Es stützte sich dabei auf seine Machtposition als Monopsonist und als Behörde, die ihre Legitimation direkt von Hitler ableitete. Außerdem hatte die Diskussion des Sommers 1934 um das neue „Gesetz über die deutsche Luftfahrtindustrie" gezeigt, mit welchem Anspruch die RLM-Führungsspitze gegenüber den Industriellen in personellen Fragen auftrat. Paragraph 5 des zweiten Gesetzentwurfs sah vor: „Der Reichsminister der Luftfahrt kann die Beschäftigung bestimmter Personen in einem Betrieb der Luftfahrtindustrie untersagen, wenn Personen nicht zuverlässig sind." Gemäß Paragraph 6 hätte die Betriebserlaubnis eines Unternehmens zurückgezogen werden können, wenn: „1.) der Betriebsinhaber gegen die ihm obliegenden gesetzlichen Pflichten verstösst oder die ihm erteilten Auflagen nicht erfüllt; [...] 3.) der Betriebsinhaber Personen im Betrieb beschäftigt, deren Beschäftigung der Reichsminister der Luftfahrt gemäss § 5 untersagt hat [...]".[696] Da der Inhalt dieses Gesetzentwurfs in das bereits 1922 erlassene Luftverkehrsgesetz eingearbeitet wurde, stand die Beschäftigung jedes Mitarbeiters in der Luftfahrtindustrie unter dem Vorbehalt des RLM.[697]

7.6.2. Ausblick: Die Popp-Krise

Eingriffe des RLM in Personalentscheidungen der BMW-Flugmotorenbau-Gesellschaften hat es bis zum Ende des Krieges gegeben. Im Sommer 1939 ging Udet in seiner Eigenschaft als Generalluftzeugmeister beispielsweise gegen die Entlassung von Sachse aus dem Entwicklungsbereich der BMW Flug-

694 Zu den Auswirkungen vgl. Kapitel 6.9.3.

695 Vgl. Popps Angaben im Fragebogen der Military Government of Germany vom 19.09.1946; Carl Schramm an Sonderspruchkammer für Industrielle, München, vom 01.08.1946 und Popps Lebenslauf vom 13.05.1946, alle in: StAM SpKa Karton 1341: Popp.

696 Zweiter Entwurf eines Gesetzes über die Deutsche Luftfahrtindustrie (o.D.), in: BA-MA RH 8/I/942.

697 Vgl. Notizen aus der Abteilung WaWi über eine Besprechung am 21.08.1934 vom 22.08.1934, in: BA-MA RH 8/I/942. Vgl. hierzu auch Kapitel 7.2.2.

motorenbau GmbH vor. Die Auflösung des Vertragsverhältnisses von Sachse war von Popp, Hille und Wrba übereinstimmend beschlossen worden.[698] Udet müsse jedoch darauf bestehen, so sein Beschwerdeschreiben, dass im Rahmen der Rechte des Auftraggebers die Betreuung der Entwicklungsarbeiten am Motor BMW 801 von Sachse durchgeführt werde, um Störungen, die erfahrungsgemäß mit einem Personalwechsel verbunden seien, zu vermeiden.[699] Zur Lösung des Problems der bereits vollzogenen und bekannt gegebenen Entlassung und um einen Prestigeverlust für die Geschäftsleitung der Flugmotorenbau GmbH zu vermeiden, wurde Wolff mit der Gesamtverantwortung für beide Entwicklungsanstalten München und Spandau betraut. Sachse wurde ihm unterstellt. Um Sachse die Annahme dieser Lösung zu ermöglichen, musste er sogar zum stellvertretenden Geschäftsführer bestellt werden.[700] Das RLM konnte als Monopsonist demnach Personalforderungen durchsetzen, die unter privatwirtschaftlichen Marktbedingungen nicht möglich gewesen wären.

Der folgenschwerste und weitreichendste ministerielle Eingriff in die Personalpolitik von BMW erfolgte in der so genannten Popp-Krise der Jahre 1941/42. Sie führte im Frühjahr 1942 zur erzwungenen Entlassung von Popp aus dem BMW-Vorstand. Daher markierte sie einen Wendepunkt nicht nur hinsichtlich der unternehmensinternen Auseinandersetzungen um die Führungsverantwortung und die Konzernstrategie, sondern auch in der wechselseitigen Beziehung des Unternehmens zum RLM. Die Popp-Krise fiel zeitlich zusammen mit der Gründung des Industrierats des Reichsmarschalls für die Fertigung von Luftwaffengerät und die Übernahme des Postens des Generalluftzeugmeisters durch Milch. Beide Ereignisse waren Ausdruck einer neuen staatlichen Luftrüstungssteuerung, die die Handlungsspielräume der einschlägigen Unternehmen maßgeblich veränderte. Die Ereignisse der Jahre 1941/42 läuteten nicht nur das Ende der Ära Popp ein, sondern wandelten auch die privatwirtschaftliche Eigenständigkeit von BMW. Außerdem verdichteten sich viele der bereits in den 1930er Jahren angelegten Probleme des BMW-Konzerns – z. B. im Entwicklungs- und Produktionsbereich sowie die schwelenden Strategiedebatten der Unternehmensführung – unter dem externen Druck des Krieges derartig, dass sie schließlich in der Popp-Krise eskalierten. Da sie durch das rigorose Durchgreifen der Behörden 1942 aber auch teilweise gelöst wurden und dadurch eine ganze Reihe von Entwicklungslinien

698 Aus dem vorhandenen Material lässt sich der aktuelle Grund, der zur Entlassung Sachses führte, nicht herauslesen. Im Protokoll der Präsidialsitzung der BMW AG und der BMW Flugmotorenbau GmbH wurde lediglich festgestellt, dass Popp, Hille und Wrba ihn aus charakterlichen Gründen für die Führung der Entwicklungsarbeiten nicht für geeignet hielten. Vgl. Protokoll der Präsidialsitzung der BMW AG und der BMW Flugmotorenbau GmbH, München, 15.06.1939, in: BArch R 8119 F/P 3155, Bl. 95.

699 Vgl. ebd., Bl. 94.

700 Vgl. ebd., S. 95.

Grafik 11: Der Generalluftzeugmeister im Reichsluftfahrtministerium 1939–1941

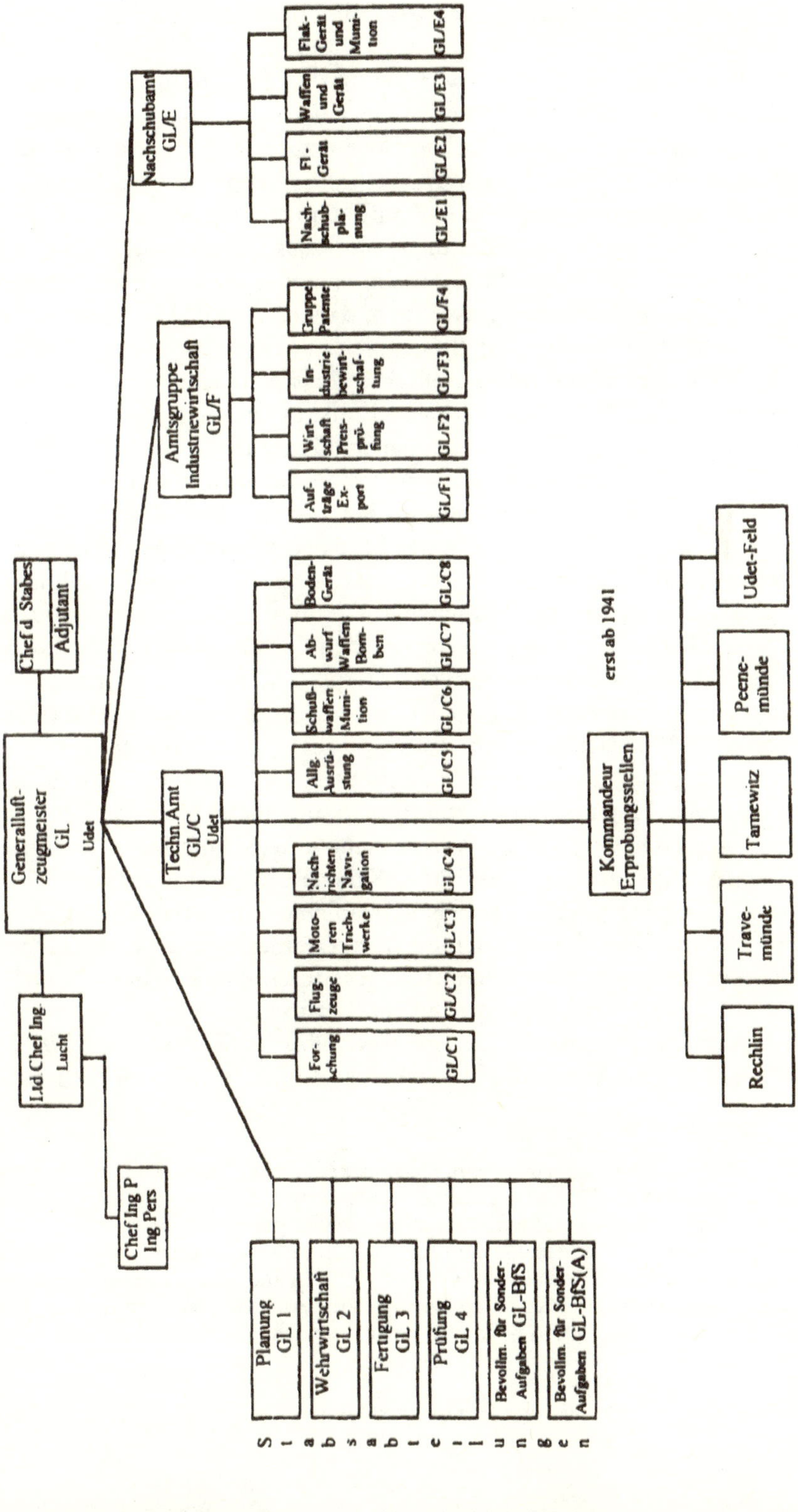

Quelle: Übernommen aus Budraß, Flugzeugindustrie 1998, S. 513.

einen gewissen Abschluss fanden, wird die Popp-Krise im Folgenden untersucht.[701]

Die Krise des Jahres 1942 war demnach der Kulminationspunkt einer ganzen Reihe von sich überlagernden Ursachen mit zum Teil jahrelanger Vorgeschichte. Im Zentrum der Auseinandersetzungen der Jahre 1941/42 stand Popps eigenwilliger Führungsstil. Dass er mit seiner privatwirtschaftlich orientierten Einstellung immer wieder in Konflikt mit der nationalsozialistisch-ideologisierten Wirtschafts- und Rüstungspolitik des Führungspersonals im RLM geriet, verdeutlichen beispielhaft die Auseinandersetzungen des Jahres 1935. Allerdings zeigten diese Ereignisse auch, dass es dem BMW-Vorstand gelang, eigene unternehmerische Handlungsspielräume zu bewahren, solange die BMW-Chefetage fest auf der Basis ihrer handelsrechtlichen Grundrechte agierte und sich nach außen als geschlossene Einheit präsentierte.

Diese Eintracht vor allem der beiden Schlüsselakteure bei BMW, Popp und Hille, zerbrach jedoch daran, dass sie vollkommen unterschiedliche Unternehmertypen repräsentierten, verschiedene Auffassungen vom BMW-Konzern vertraten und ab der Krise in der Luftrüstung des Jahres 1937 zusätzlich diametrale Konzernstrategien verfolgten. Die relativ großen Handlungsspielräume, die das RLM dem Münchener Flugmotorenunternehmen in gesellschaftsrechtlichen Fragen gewährte, wurden vor allem nach 1937 sukzessive durch die desolate Corporate Governance im Unternehmen verengt.[702]

Für Popp wurde diese Konstellation zunehmend existenzgefährdend. Er hatte nach 1937 im RLM durch seine Vorbehalte und seine schließlich aktive Opposition gegen die von Hille betriebene einseitige Festlegung auf die kriegswichtige Flugmotorenproduktion immer mehr Unwillen, Misstrauen und Animositäten gegen seine Person, seine unternehmerischen Maßnahmen und damit auch gegenüber dem BMW-Konzern insgesamt entfacht.[703] Angesichts der gleichzeitigen erheblichen Probleme im Entwicklungssektor bei BMW und vor allem hinsichtlich der Programmerfüllung der Flugmotorenfabrikation wirkte Popps eigenmächtiges unternehmerisches Handeln aus Sicht des Ministeriums zunehmend als bewusste Sabotage der staatlichen Rüstungsanstrengungen. Da der innerbetriebliche Konflikt im BMW-Vorstand nicht nur zunehmend öffentlich ausgetragen wurde, sondern auch die

[701] Die Popp-Krise wird auch von Constanze Werner thematisiert. Vgl. Werner, Zwangsarbeit 2006, S. 77–85. Ihre Zusammenfassung der Ereignisse folgt im Wesentlichen den Darstellungen und Stellungnahmen Hilles gegenüber dem Aufsichtsrat und ordnet die Krise nicht in den Gesamtkontext ein. Sowohl die jeweiligen Handlungsmotivationen der Protagonisten als auch die Hintergründe der Krise bleiben dabei unklar. Zentrale Ursachen der Konflikte, wie etwa die Auseinandersetzungen um die Verlegung des Motorradbaus von München nach Eisenach, tauchen nur als Nebenaspekte oder gar nicht auf.

[702] Vgl. hierzu Kapitel 6.9.

[703] So von Stauß in der Niederschrift der AR-Sitzung vom 29. 07. 1942, in: BMW-Arch UA 5.

Bild Nr. 25: V.l.n.r.: Ernst Udet, Erhard Milch, Franz Josef Popp und Fritz Hille im BMW-Werk München-Allach am 06. 08. 1941

Leistungsfähigkeit des Konzerns zu lähmen drohte, mussten die Verantwortlichen des RLM einschreiten.

Die Untersuchungen von William Werner im BMW-Konzern im Frühjahr 1941 signalisierten, dass das Unternehmen unter strenger Beobachtung der RLM-Verantwortlichen stand.[704] Außerdem wussten alle Beteiligten, dass die Werner-Berichte eine enorme Firmenblamage konstituierten. Immerhin war der technische Direktor der Auto Union seit der Gründung der Mitteldeutschen Motorenwerke im Flugmotorenbau ein direkter Konkurrent von BMW. Dementsprechend lösten seine Untersuchungen im Münchener Unternehmen große Unruhe aus. Es war nicht klar, wie das RLM auf die Probleme bei BMW reagieren würde, alle Optionen waren offen.[705]

Udet forderte am 11.03.1941 letztendlich nicht nur die Verbesserung der Binnenorganisation des BMW-Konzerns, sondern auch die Einsetzung eines „technisch und fabrikatorisch hervorragenden Produktionsfachmannes" als Geschäftsführer von BMW, um die fortwährenden Lieferrückstände in den Griff zu bekommen.[706] Der Generalingenieur im RLM, Wolfram Eisenlohr,

[704] Vgl. hierzu Kapitel 7.2.4.
[705] Hille an Rummel vom 07.03.1941, in: BArch R 8119 F/P 3105, Bl. 256–161, hier Bl. 256.
[706] Manuskript der Ansprache Udets vor der Geschäftsführung der BMW AG vom 11.03.1941, in: BA-MA RL 3/52, Bl. 1634–1636.

präzisierte, was für BMW zurzeit gesucht werde, sei „eine Kanone in Fabrikation und Konstruktion; es müsste ein Mann sein, der die Position des Herrn Popp so ausfüllen könnte, wie es an sich wünschenswert wäre."[707] Hille griff den Wunsch Udets sofort auf. Es fehlte bei BMW Hilles Meinung nach der „zusammenfassende Techniker", der Entwicklung und Fabrikation aufeinander abstimmen könne.[708] Auf Empfehlung von Udet bemühte sich Hille mit Unterstützung des RLM intensiv um die Abwerbung von Karl Frydag von den Henschel Flugzeug-Werken. Als Arbeitsgebiet sah Hille für Frydag die Gesamtverantwortung für die BMW-Flugmotorenfertigung vor.[709]

Hille verfolgte mit seiner raschen Reaktion auf Udets Forderung zwei Ziele. Erstens wollte er die Probleme im BMW-Flugmotorenbau mittels einer hochkarätigen Personalbesetzung beseitigen und damit das große Misstrauen im Ministerium gegenüber dem Unternehmen zerstreuen.[710] Zweitens versuchte Hille mit diesem Schachzug, Popp aus dem Flugmotorenbau herauszudrängen und in technischen Angelegenheiten weitgehend zu entmachten. Da Popp die generelle technische Verantwortung des BMW-Konzerns trug, wäre die vom RLM erzwungene Installierung eines neuen Produktionschefs einer absoluten Degradierung des BMW-Generaldirektors gleichgekommen.

Die Suche von BMW nach einem prominenten Techniker und anerkannten Produktionsfachmann verlief jedoch ergebnislos, sowohl Frydag als auch der anschließend von Udet ins Gespräch gebrachte Vorstand der Adam Opel AG, Stieler von Heydekampf, lehnten das BMW-Angebot aus Loyalität zu ihren Unternehmen ab.[711] Daher behielt Popp zunächst offiziell die generelle technische Verantwortung des BMW-Konzerns. Allerdings hatte Udets Initiative klar gezeigt, dass die RLM-Führung den BMW-Generaldirektor mittlerweile als Hauptursache für die Lieferschwierigkeiten bei BMW verantwortlich machte. Außerdem dokumentierte Udet, dass das Ministerium zu tiefgreifenden Interventionen in die Personalstruktur von BMW bereit war und Popp

[707] Notiz Wörner an von Stauß vom 22.05.1941, in: BArch R 8119 F/P 3105, Bl. 293.

[708] Hille an von Stauß vom 26.03.1941, in: ebd., Bl. 273–175, hier Bl. 274.

[709] Vgl. Hilles Ausarbeitung für die Präsidialsitzung am 21.03.1941, in: BArch R 8119 F/P 3155, Bl. 183–184, hier Bl. 184 und Entwurf der Verfügung der Konzern-Leitung (wahrscheinlich von Hille) vom 05.07.1941, in: BArch R 8119 F/P 3105, Bl. 320–321, hier Bl. 321.

[710] Frydag galt als ausgewiesener Produktionsfachmann, der seine Erfahrungen in Massenumsatz und in der Massenproduktion wiederholt bewiesen hatte.

[711] Vgl. Frydag an Hille vom 19.03.1941, in: BArch R 8119 F/P 3155, Bl. 193; Entwurf eines Schreibens Hille an Henschel (o.D.), in: ebd., Bl. 197; Hille an Udet vom 21.03.1941, in: ebd., Bl. 190–192; Notiz Wörner an von Stauß vom 26.03.1941, in: ebd., Bl. 202–205 und Hille an von Stauß vom 26.03.1941, in: BArch R 8119 F/P 3105, Bl. 273–175. Zu den Verhandlungen mit Stieler von Heydekampf vgl. die Notizen Wörner an von Stauß vom 02.04.1941 und vom 03.07.1941, in: BArch R 8119 F/P 3155, Bl. 212 und 232; Entwurf der Verfügung der Konzern-Leitung (wahrscheinlich von Hille) vom 05.07.1941, in: BArch R 8119 F/P 3105, Bl. 320–321 und Hille an von Stauß vom 01.03.1941, in: ebd., S. 250–255, hier Bl. 251.

spätestens seit dem Frühjahr 1941 nicht nur unter besonderer Beobachtung stand, sondern seinen Posten nur auf Bewährung behielt.

Auch Popp erkannte die für BMW gefährliche Verstimmung der RLM-Verantwortlichen. Daher bedauerte Popp auch, dass Frydag das Angebot abgelehnt hatte, allerdings in erster Linie „aus taktischen Gründen dem RLM gegenüber. Fachlich hätte der Mann uns keinesfalls irgendwie helfen können, da er ja nicht aus dem Motorenbau stammt, aber er hätte stimmungsmässig im RLM die Schwierigkeiten beseitigen können."[712] Popp bemerkte zwar die tiefgreifenden Irritationen auf Seiten des Ministeriums, erkannte jedoch deren Implikationen auf die Eigenständigkeit des Unternehmens und vor allem auf seine eigene Person nicht. Er glaubte, als Generaldirektor der BMW AG sei er dem Einflussgebiet des RLM ohnehin teilweise entzogen, da die Aktiengesellschaft mit seinem Heeresgeräte-, dem Kfz- und dem Motorradbau vor allem für das Heer und nicht die Luftwaffe produzierte und somit eine andere Behörde als Aufsichtsorgan fungierte.[713] Daher hielt Popp auch gegen die Widerstände im eigenen Vorstand an der Strategie fest, BMW auf mehrere Produktionsstandbeine zu stützen und gegen die einseitige Ausrichtung auf den Flugmotorenbau zu opponieren.

Auf Grund dieser von Popp befürworteten Diversifikationsstrategie waren neue Konfrontationen mit dem RLM vorprogrammiert, als Milch im Sommer 1941 die Einschaltung sämtlicher Kapazitätsreserven der BMW AG für die Flugmotorenprogramme forderte.[714] Um die Lieferprogramme erfüllen zu können, hielten auch Hille und der stellvertretende Geschäftsführer der BMW Flugmotorenbau GmbH, Zipprich, die Einbindung der Münchener Motorradkapazitäten für dringend notwendig. Sie schlugen vor, die BMW-Motorradfertigung von München in die nicht ausgelastete Automobilfabrik nach Eisenach zu verlagern.[715] Am 30.09.1941 setzten sie auf einer Gesamtsitzung des BMW-Vorstandes mit den Geschäftsführungen der BMW-GmbHs nicht nur diese Verlagerung durch, sondern auch, dass der BMW-Heeresgerätebau langfristig aufgegeben werden sollte.[716] Ferner sollten sämtliche freien Kapazitäten der Automobilfabrikation an Flächen, Maschinen, Einrichtungen und Arbeitskräften beschleunigt in das Fertigungsprogramm der Flugmotorenbau GmbHs eingeschaltet werden. Bei den erforderlichen umfangreichen Verlage-

[712] Popp an Rummel vom 30.05.1941, in: ebd., Bl. 297–300, hier Bl. 299.

[713] Vgl. von Stauß an Popp vom 16.02.1942 und Popp an von Stauß vom 09.03.1942, beide in: BArch R 8119 F/P 3108, Bl. 50, S. 1–5, hier S. 2 und Bl. 64–65, hier Bl. 65.

[714] Vgl. u.a. Rückblick der RüIn IX, Kassel, auf die Zeit vom 29.09.–28.12.1941 (o.D.), in: BA-MA 21-17/9, Bl. 31.

[715] Vgl. Hille an von Stauß vom 21.01.1942, in: BArch R 8119 F/P 3105, Bl. 358–371, hier Bl. 363.

[716] Vgl. Beschluss des Vorstandes der BMW AG und der Geschäftsführung der BMW Flugmotorenbau GmbH, München am 10.11.1941, in: BArch R 8119 F/P 3144, Bl. 220, S. 1–4, hier S. 1.

rungsaktionen sei „auf die Wirtschaftlichkeit dieser Vorgänge keine Rücksicht zu nehmen."[717]

Popp stemmte sich vehement gegen die beschlossene einseitige Ausrichtung von BMW zu einem reinen Flugmotorenbauer und warf Hille indirekt die Schädigung der Firmeninteressen vor.[718] Popp befürchtete, dass auch der Motorradbau nicht nur organisatorisch aus dem Zentrum an den Rand des BMW-Konzerns verlegt, sondern – wie im Jahre 1940 beim Automobilbau bereits geschehen und beim Heeresgerätebau gerade beschlossen – aus „kriegswichtigen Gründen" stillgelegt werden würde. Da sowohl der Kraftrad- als auch der Heeresgerätebau das Unternehmen in den Krisenzeiten am Ende der Weimarer Republik über Wasser gehalten hatten, hielt Popp es für fahrlässig, diese beiden relativ krisenresistenten Sparten aus Opportunitäts- und Profitgründen zu opfern. Dass Popp die Entscheidungen gegen die Motorrad- und Heeresgerätefertigung nicht verhindern konnte, verdeutlicht, dass seine Machtposition auch innerhalb des Unternehmens stark gelitten hatte. Es entsprach jedoch nicht seinem Naturell, sich Entscheidungen, die er für falsch und gefährlich hielt, ohne Widerspruch zu beugen. Daher versuchte er mit allen Mitteln, die Verlegung des Motorradbaus doch noch zu verhindern bzw. zu verschleppen.[719]

Anlass der von Hille und Zipprich aufgegriffenen und mit Nachdruck verfolgten RLM-Initiative war, dass der BMW-Flugmotorenbau im Hauptwerk München zur Steigerung der Ausbringungszahlen dringend zusätzliche Fertigungsflächen benötigte.[720] Die unerlässlichen großen Umstrukturierungen und die Verlegung einer ganzen Produktionsabteilung mitten im Krieg – d.h. zu denkbar ungünstigen Bedingungen – widersprachen jedoch jeglichen Wirtschaftlichkeitserwägungen. Für die Motorradfertigung bedeuteten sie einen massiven Produktionsausfall und einen enormen Aufwand an Arbeit, Zeit, Transportmitteln und Treibstoff. Etwa gleichzeitig hatte die BMW-Heeresgeräteabteilung in Eisenach auf Grund akuten Waggonmangels Schwierigkeiten, fertige und an der Front dringend benötigte Heeresgeräte auszuliefern.[721] In Eisenach standen für die aufzunehmende Produktionsabteilung weder ausreichend Räume, Einrichtungen, Energie noch Arbeitskräfte zur Verfügung.[722] Da sich die meisten Münchener Angestellten des Motorradbaus weigerten, nach Eisenach zu wechseln, wurden sie wie auch viele Facharbeiter vom Flug-

[717] Ebd., Bl. 220, S. 1–4, hier S. 2.

[718] Vgl. Hille an von Stauß vom 21.01.1942, in: BArch R 8119 F/P 3105, Bl. 358–371, hier Bl. 364.

[719] Vgl. ebd.

[720] Vgl. ersten Bericht über die Verlegung des Motorradbaus vom 02.12.1941, in: BMW-Arch XA 4.

[721] Vgl. Eintrag in das Kriegstagebuch der RüIn IX, Kassel, vom 28.01.1942, in: BA-MA 21-17/10, Bl. 17.

[722] Vgl. Einträge in das Kriegstagebuch der RüIn IX, Kassel, vom 20.11.1941, in: BA-MA 21-17/9, Bl. 20 und vom 02.03.1942, in: BA-MA 21-17/10, Bl. 31.

motorenbau in München übernommen. In Eisenach entstand daher die während des Krieges fast unlösbare Aufgabe, einige Hundert Angestellte und bis zu Tausend Facharbeiter zu beschaffen.[723]

Popps Auflehnung gegen die Verlagerung der Motorradfertigung basierte demnach auf der begründeten Befürchtung, dass die Kraftradproduktion künftig nur noch ein Rumpfgeschäft darstellen würde. Auf Grund von Hilles Prioritäten war es aus Popps Sicht absehbar, dass auch die Motorradherstellung eingestellt werden würde.[724] Deshalb wollte er sie nicht aus seinem direkten Einflussbereich im Münchener Stammwerk verlagern. Beispielhaft erschien ihm die BMW-Automobilsparte. Während der Konzern die Kfz-Produktion in Eisenach im Jahre 1940 auf staatliche Anordnung stilllegen musste, um sich ganz auf die kriegswichtigen Güter zu konzentrieren, arbeitete in München eine kleine Automobil-Entwicklungsabteilung weiter.[725] Popp wusste in seiner Opposition gegen die Verlagerung nicht nur das mittlere Management der BMW-Kraftfahrzeug- und Motorradabteilungen wie Fritz Fiedler, Wilhelm Schaaf und August Fattler hinter sich, sondern auch die Rüstungsinspektion IX, Kassel, das Oberkommando des Heeres (OKH) und den Reichsminister für Rüstung und Kriegsproduktion.[726]

Popps aktive Opposition gegen die Motorradverlagerung verzögerte die Transaktion monatelang.[727] Da die Flugmotorenfertigung in München den Platz jedoch dringend brauchte, mussten der Endzusammenbau des Motorradbaus, das Fahrgestellzwischenlager, die Fertig- und Ersatzteilprüfstelle, die Einfahrabteilung sowie die Serienreparatur in München sogar zwischenverlagert werden. Dazu wurden umfangreiche Umbauten in Einrichtungen und Installationen notwendig. Erst am 18.12.1941 zog die erste Motorrad-Abteilung nach Eisenach um.[728] Der Umzug der kompletten Motorrad-Serienfertigung dauerte bis Ende 1942, während die Ersatzteillager erst Anfang 1943 nach Eisenach verlegt werden konnten.[729] Gleichzeitig wurde Ende

[723] Vgl. ersten und zweiten Bericht über die Verlegung des Motorradbaus vom 02.12.1941 und vom 03.01.1942, beide in: BMW-Arch XA 4.

[724] Nachdem der Motorradbau in Eisenach einige Zeit auf stark reduziertem Niveau betrieben worden war, wurde er 1944 tatsächlich eingestellt.

[725] Vgl. Fernsprech-Verzeichnisse der BMW Flugmotorenbau GmbH vom 01.01.1941 und des Jahres 1942, in: BMW-Arch UU 89 und UU 1062.

[726] Vgl. Einträge in das Kriegstagebuch der RüIn IX, Kassel, vom 20.11.1941, 09.12.1941 und den Rückblick der RüIn auf die Zeit vom 29.09–28.12.1941, (o.D.), alle in: BA-MA 21-17/9, Bl.20, 27 und 31; vom 02.03.1942, in: BA-MA 21-17/10, Bl.31. und vom 31.03.1943, in: BA-MA 20-9/14, Bl.12.

[727] Vgl. Bericht über die Programmerfüllung des BMW 801 von Anfang 1945, in: BMW-Arch UA 968, S.1–18, hier 2 und die Niederschrift der BMW-internen Besprechung über die Verlegung des Kraftradbaus nach Eisenach vom 14.01.1942, in: BMW-Arch XA 4.

[728] Vgl. zweiten Bericht über die Verlegung des Motorradbaus vom 03.01.1942, in: ebd.

[729] Vgl. Bericht von Hille und Zipprich an den Arbeitsausschuss des AR der BMW AG über das dritte Quartal des Geschäftsjahres 1942 vom 26.11.1942, in: BArch R 8119 F/P 3098, Bl.61.

1942 ein Vertrag mit den Gustloff-Werken in Weimar geschlossen, nachdem die gesamte BMW-Heeresgerätefertigung an diese Firma überging. Die dadurch im BMW-Werk Eisenach frei werdenden Kapazitäten wurden für die Flugmotorenfertigung herangezogen.

Die durch Popps Obstruktionshaltung gegenüber der Motorradverlagerung sowohl in der BMW-Führung als auch im Verhältnis zum RLM hervorgerufenen neuerlichen starken Spannungen eskalierten, als Popp dem Industrierat des Reichsmarschalls für die Fertigung von Luftwaffengerät in einem Schreiben vom 14.01.1942 ohne Absprache mit seinen Vorstandskollegen offenbarte, dass BMW die von den staatlichen Stellen geforderte Stückzahl des Flugmotors BMW 801 nicht werde liefern können.[730] Popp beschuldigte die Behörden für diesen Lieferrückstand verantwortlich zu sein, da BMW die ursprünglich zugesagten Produktionskapazitäten und vor allem das große Arbeitskräftereservoir der Rüsselsheimer Opel-Werke[731] und des Volkswagenwerks[732] nicht erhalten habe.[733] Indem Popp jedoch die Verantwortung für die Programmerfüllung auf die staatlichen Dienststellen abwälzte, überspannte er die Geduld der RLM-Verantwortlichen. Er lieferte damit dem im Ministerium für die Industriekontakte mittlerweile zuständigen Milch „das letzte Stichwort“ für eine grundsätzliche „Misstrauenserklärung“ gegen den BMW-Generaldirektor.[734]

Im RLM wurde Popps Brief als Affront aufgenommen. Popp wurde Leistungsverweigerung und Sabotage vorgeworfen.[735] Von den Rüstungsunternehmen verlangte das Ministerium während des Krieges in erster Linie unternehmerische Selbsthilfe im uneingeschränkten Kampf um eine fristgerechte Programmerfüllung. Milch bekundete seit Monaten, dass er den „vollen tatkräftigen Einsatz“ in der BMW-Spitze vor allem bei Popp vermisste.[736] Das

[730] Vgl. Popp an den Industrierat vom 14.01.1942, in: BArch R 8119 F/P 3105, Bl. 380–382.

[731] Zu Popps Plänen der Einschaltung der Opel-Werke für die BMW-Flugmotorenproduktion siehe: Popp an Udet vom 16.04.1940 und Popp an Lahs vom 19.04.1940, beide in: BArch R 8119 F/P 3146, Bl. 288–291 und 301–303.

[732] Zu der geplanten Einschaltung des Volkswagenwerks siehe: Bericht Planung und Ausbauten der Werksanlagen des BMW-Konzerns und der im Ring angeschlossenen Werke (Speer Collection FD 4969/45), in: BA-MA RL 3/1752, Bl. 5–58, hier Bl. 44.

[733] Das überlieferte Quellenmaterial gibt widersprüchliche Antworten zu der Frage, inwieweit die behördlichen Zusagen hinsichtlich der Einschaltung von Opel und dem Volkswagenwerk in den BMW-Fabrikationsring konkret waren. Vgl. dazu u.a.: Popp an den Industrierat vom 14.01.1942, in: BArch R 8119 F/P 3105, Bl. 380–382 und Hille an von Stauß vom 21.01.1942, in: ebd., Bl. 358–371.

[734] So von Stauß in dem Entwurf eines Schreibens an Popp vom 09.02.1942, in: BArch R 8119 F/P 3108, Bl. 35–37, hier Bl. 36.

[735] Vgl. Notiz Wörner an von Stauß vom 17.01.1942, in: BArch R 8119 F/P 3146, Bl. 454 und Hille an von Stauß vom 21.01.1942, in: BArch R 8119 F/P 3105, Bl. 358–371, hier Bl. 359.

[736] Vgl. Ausführungen von von Stauß in der Niederschrift der AR-Sitzung der BMW AG vom 20.03.1942, in: BMW-Arch UA 5.

Bild Nr. 26: Erhard Milch (l.) und Generaloberst Ernst Udet (r.) im BMW-Werk München-Milbertshofen am 06. 08. 1941

Münchener Unternehmen habe die Möglichkeiten der Selbsthilfe durch die Einschaltung der AG-Kapazitäten in den Flugmotorenbau, die Verlagerung der Motorradproduktion und die Stilllegung aller anderen Fertigungen nicht ausgenutzt. Popp habe diese notwendigen Maßnahmen sogar bewusst blockiert. Dass er nun die Schuld für die Lieferrückstände bei den staatlichen Behörden suchte, betrachtete Milch als vollkommen unakzeptabel. Er betonte, „nur mit Rücksicht auf die grauen Haare des Herrn Popp werde er von den schärfsten Massnahmen absehen".[737]

Aus Sicht des RLM musste Milch eingreifen, da der technische Generaldirektor eines kriegswichtigen Flugmotorenlieferanten die dringlichsten Belange des Ministeriums nicht nur nicht mit dem durch die Kriegsverhältnisse gegebenen Nachdruck behandelte, sondern bewusst behinderte. Milch ließ sich die Gelegenheit nicht nehmen, Popp endgültig aus der operationellen Führungsebene von BMW zu beseitigen. Milch griff in Folge des neuerlichen Konfliktes tief in die Souveränität von BMW ein und beseitigte im Frühjahr 1942 einen Großteil der unternehmerischen Handlungsspielräume der Unternehmensführung.

[737] Notiz Wörner an von Stauß vom 17. 01. 1942, in: BArch R 8119 F/P 3146, Bl. 454.

Milch forderte vom BMW-Aufsichtsrat, Popp als Generaldirektor auszuschalten und Hille und Zipprich die volle Befehlsgewalt zu übertragen.[738] Das Ministerium nutzte eine ganze Reihe von Druckmitteln, um dieser Anweisung Nachdruck zu verleihen. Milch drohte mit der Einsetzung eines staatlichen Kommissars in die BMW-Führung und machte unmissverständlich klar, dass von nun an der gesamte BMW-Vorstand auf Bewährung arbeitete.[739] Seine Verstimmung ging so weit, dass er sowohl dem BMW-Aufsichtsrat als auch dem Vorstand mit einem Tantiemenentzug drohte.[740] Außerdem diskutierte man im Industrierat darüber, die Fusion von BMW und der Bramo wieder rückgängig zu machen und letztere an die Henschel-Werke zu übergeben.[741] Das gewichtigste Sanktionsmittel, das Milch gegen die BMW-Führung einsetzte, nutzte er gleichzeitig auch gegen eine Reihe anderer Luftfahrtfirmen. Im Januar 1942 leitete er kriegsgerichtliche Vernehmungen der technischen Führungskräfte von BMW ein.[742] Milch nutzte die Ermittlungen des Reichskriegsgerichts, die er im Einvernehmen mit Göring gegen eine Reihe prominenter deutscher Luftfahrtindustrieller initiierte, bewusst, um die Manager unter Druck zu setzen.[743] Bei BMW erzielte er damit durchaus seine Wirkung. Hille berichtete, dass durch das Erscheinen des Kriegsgerichtsrats im Werk München eine „ziemliche Unruhe“ entstanden sei, „ein normales Arbeiten ist praktisch nicht mehr möglich“.[744]

Hille unterstützte die RLM-Forderung, Popp als Generaldirektor und Vorstandsmitglied abzusetzen. Er unterstrich in seinen Korrespondenzen mit dem Aufsichtsrat wiederholt, dass das Unternehmen angesichts des massiven externen Drucks ernsthaft Schaden nehmen würde, sollte der Aufsichtsrat die Konzernführung nicht von Popps Einfluss befreien. Durch die kriegsgerichtlichen Ermittlungen seien inzwischen alle leitenden Angestellten von BMW

[738] Vgl. Hille an von Stauß vom 21.01.1942 und vom 18.02.1942, beide in: BArch R 8119 F/P 3105, Bl. 358–371, hier Bl. 370–371 und Bl. 394–403, hier Bl. 394 und die Niederschrift der Präsidialsitzung am 29.01.1942, vom 03.02.1942, in: BArch R 8119 F/P 3108, Bl. 40.

[739] Vgl. Ausführungen von von Stauß, in der Niederschrift der AR-Sitzung der BMW AG vom 20.03.1942, in: BMW-Arch UA 5.

[740] Eine entsprechende Anweisung war erst in letzter Minute zurückgezogen worden. Vgl. Niederschrift der AR-Sitzung der BMW AG vom 29.06.1942, in: ebd. und Bericht über die Amtschef-Besprechung am 09.06.1942, in: BMW-Arch UA 368.

[741] Vgl. Notiz Wörner an von Stauß vom 17.01.1942, in: BArch R 8119 F/P 3146, Bl. 454 und Popp an von Stauß vom 22.01.1942, in: BArch R 8119 F/P 3108, Bl. 24–25.

[742] Vgl. Hille an von Stauß vom 23.01.1942, in: BArch R 8119 F/P 3105, Bl. 372–374 und Niederschrift der AR-Sitzung vom 29.06.1942, in: BMW-Arch UA 5.

[743] Anklagen oder gar Verurteilungen als Folge des auswuchernden Kriegsgerichtsverfahrens sind nicht belegt. Jedoch wies Milch Heinkel im Nov. 1942 auf das „Beispiel von 2 Industrieführern und 1 RLM-Ingenieur hin, die zum Tode verurteilt wurden und demnächst im Hof des RLM gehängt werden“. Zitiert nach Budraß, Flugzeugindustrie 1998, S. 736.

[744] Hille an von Stauß vom 23.01.1942, in: BArch R 8119 F/P 3105, Bl. 372–374.

in Gefahr.[745] Popp war auf Grund des massiven Eingreifens des RLM Anfang 1942 in der direkten Unternehmensführung nicht mehr zu halten. Von Stauß versuchte, zwischen den Konfliktparteien zu vermitteln und Popp, der erst im Juli 1941 sein 25-jähriges Dienstjubiläum gefeiert hatte[746], einen Abschied zu ermöglichen, bei dem er sein Gesicht wahren konnte. In Verhandlungen mit Milch und Lahs einigte man sich schließlich darauf, dass Popp widerstrebend selber um seine Beurlaubung bat und im Gegenzug in den BMW-Aufsichtsrat gewählt wurde.[747] In diesem Gremium konnte er jedoch keinen direkten Einfluss mehr auf die Geschicke des Konzerns ausüben.[748] Nach Popps Ausscheiden avancierte Hille am 30.06.1942 zum Vorstandsvorsitzenden von BMW.[749] Milch gab der neuen Führungsriege des Unternehmens eine unmissverständliche Warnung mit auf den Weg. Lahs berichtete, dass Milch auf einer Besprechung im RLM etwa Folgendes sagte: „Ich wende mich zunächst an die Herren Hille, Zipprich und Bruckmann; ‚Vertragen Sie sich gut.' Einen Generaldirektor will ich nicht mehr haben. Beweist, dass Ihr den Laden schmeissen könnt. Ich gebe Euch eine Bewährungsfrist von einem Jahr. Sonst behalte ich mir vor, am 1. Januar Herrn von Stauss vorzuschlagen, dass er noch einen drübersetzt [...]."[750]

Popps erzwungener Rücktritt fiel zeitlich etwa zusammen mit einem Wechsel der staatlichen Rüstungssteuerung sowie einem entscheidenden Personalwechsel auf dem Posten des Generalluftzeugmeisters. Im Frühjahr 1941 hatte der Industrierat das Konzept der unternehmerisch gesteuerten Luftrüstung des Ju 88-Programms abgelöst. Nachdem sich die Luftfahrtindustrie seit

745 Vgl. z.B. Hille an von Stauß vom 21. und 23.01.1942 und Hille an Rummel vom 06.02.1942, alle in: ebd., Bl. 358–371 und 372–374.

746 Vgl. Artikel „Ein Pionier der Technik. 25 Jahre Bayerische Motorenwerke und ihr Gründer", in: Völkischer Beobachter Nr. 211 vom 30.07.1941.

747 Vgl. Hille an von Stauß vom 18.02.1942, in: BArch R 8119 F/P 3105, Bl. 394–403, hier Bl. 395–396; Niederschrift der AR-Sitzung der BMW AG vom 29.01.1942, in: BMW-Arch UA 5 und Vorstand der BMW AG an Mitglieder des AR vom 28.01.1942, in: BArch R 8119 F/P 3107, Bl. 24.

748 Unmittelbar nach Kriegsende wurde Popp im Mai 1945 noch einmal in den Vorstand des Unternehmens delegiert. Am 20.06.1945 wurde er von den Alliierten jedoch verhaftet, da er als Leiter eines großen Rüstungsindustrieunternehmens verdächtig wurde, ein Kriegsverbrecher zu sein. Vgl. Carl Schramm an Militärregierung/Property Control vom 03.07.1946, in: BMW-Arch UA 322. In seinem Entnazifizierungsverfahren 1947 wurde er zunächst als „Mitläufer" und in einem Berufungsverfahren abschließend als „unbelastet" eingestuft. Vgl. Akten zu seinem Spruchkammerverfahren, in: StAM SpKa Karton 1341: Popp. Popp versuchte anschließend mehrmals, wieder ein Vorstandmandat bei BMW zu übernehmen. Seine Bemühungen scheiterten jedoch.

749 Vgl. Niederschrift der AR-Sitzung der BMW AG vom 29.01.1942, in: BMW-Arch UA 5. Zu Hilles Wirken als Vorstandsvorsitzender des Unternehmens vgl. Werner, Zwangsarbeit 2006. Betr. der neuen Führungsverantwortungen bei BMW vgl. Beschluss des AR, der Beiräte und des Vorstandes über die Ordnung der Führungsverantwortung im BMW-Konzern vom 02.06.1942, in: DAG/HIC Kissel Fremdfirmen 11.3.

750 Mitteilung von Lahs über eine Besprechung bei Milch am 13.04.1942, in: von Stauß an Rummel vom 14.04.1942, in: BArch R 8119 F/P 3105, Bl. 413.

1937/38 durch die neue Industriefinanzierung und die neue Rüstungssteuerung des Ju 88-Programms „aus der Umklammerung durch das RLM gelöst hatte", signalisierten die Gründung des Industrierats, dass sich Udet nicht mehr scheute, Zwangsmaßnahmen einzusetzen, wie sie gegen Hugo Junkers 1933/34 zur Wirkung gekommen waren.[751] Im Sommer 1941 löste Milch dann Udet als Generalluftzeugmeisters ab.[752] Ersterer verschärfte die Vorgehensweise gegenüber den Luftfahrtindustriellen erheblich. Milch ging es in erster Linie um eine strikte staatliche Kontrolle und Lenkung der Luftfahrtindustrieunternehmen. Die Gründung des Industrierates sowie die Übernahme der Industriekontakte durch Milch bot die Gelegenheit, Führungskräfte, die wie Popp partikulare Interessen verfolgten, zu entmachten bzw. zu ersetzen. Das RLM griff in Folge beider Ereignisse verstärkt in die Personalpolitik der Luftfahrtunternehmen ein.

Der Junkers-Chef Heinrich Koppenberg war der erste Luftfahrtindustrielle, der den neuen staatlichen Machtanspruch zu spüren bekam. Im Sommer 1941 drängte Milch Koppenberg aus der Junkers-Flugzeug- und Motorenwerke AG heraus.[753] Auch der Konflikt zwischen Popp und dem Ministerium verschärfte sich im Laufe des Jahres 1941 zusehends. In beiden Auseinandersetzungen ging es letztendlich darum, prominente Luftfahrtindustrielle zur Unterordnung unter die staatliche Rüstungssteuerung und Kontrolle zu zwingen und ihre Macht und oft demonstrierte privatwirtschaftliche Eigenständigkeit zu brechen. Bei BMW sollte dies anfangs mit der staatlich verordneten Bestellung eines neuen Produktionschefs erfolgen.

Da sich die Bestellung eines hochkarätigen Produktionsfachmannes jedoch zerschlug, schwelte der Konflikt zwischen Popp und dem Ministerium weiter, bis der BMW-Generaldirektor Milch einen neuen Anlass zur Intervention bot. Dem RLM kam dabei zu Gute, dass durch den sich kontinuierlich zuspitzenden Streit im BMW-Vorstand weitere Gelegenheiten vorprogrammiert waren, an dem bisher unbeugsamen, unabhängigen und daher politisch unzuverlässigen Popp ein Exempel zu statuieren. Da Popp sich seiner stark gefährdeten Position spätestens nach der Entmachtung Koppenbergs und der Angriffe gegen ihn selbst durchaus bewusst sein musste, zeugte sein Festhalten an der Diversifizierungs- und Unabhängigkeitsstrategie gegen alle internen und externen Widerstände angesichts der politischen Rahmenbedingungen einerseits von bemerkenswerter privatwirtschaftlicher Standfestigkeit und Charakterstärke. Sein Schreiben an den Industrierat vom 14.01.1942 erwies sich andererseits jedoch als ausgesprochene unternehmenspolitische Naivität,

[751] Budraß, Flugzeugindustrie 1998, S. 714.

[752] Ende Aug. wurde Udet von Göring zunächst beurlaubt und die sukzessive Reorganisation des Amtsbereichs des Generalluftzeugmeisters eingeleitet. Udet beging im Nov. 1941 Selbstmord. Zu den Vorgängen um die Absetzung von Udet vgl. Irving, Tragödie 1970, S. 194–199.

[753] Vgl. zu diesen Vorgängen Budraß, Flugzeugindustrie 1998, S. 725–735.

die Popp aus seiner patriarchalischen Überheblichkeit und einer gravierenden Fehleinschätzung der tatsächlichen Machtkonstellationen beging.

Milch nutzte Popps politische Unbedachtheit, um hemmungslos autoritär gegen ihn vorzugehen. Milch nahm trotz der Unterstützung von Hille sowohl die gesamte Führungsetage als auch den BMW-Aufsichtsrat in Sippenhaft, indem er sie ausnahmslos kriegsgerichtlichen Untersuchungen unterzog. Für den Fall, dass sich Popp gegen seine Demontage zur Wehr setzen sollte, drohte Milch ihm sogar mit der Deportation bzw. Einweisung in das Konzentrationslager Tilsit.[754] Quintessenz des ministeriellen Vorgehens gegen Popp war die Erklärung, die Milch gegenüber von Stauß geäußert haben soll: „Was die Gesellschaft mit Herrn Popp macht, ist mir wurscht, ich will den Kerl nicht mehr sehen."[755]

Popps vom RLM erzwungene Absetzung verdeutlicht, dass BMW seine personalpolitische Souveränität im Krieg weitgehend verloren hatte. Alle weiteren Vorstandsmitglieder standen unter intensiver ministerieller Beobachtung und arbeiteten auf Bewährung. Milch hatte unmissverständlich klar gemacht, dass er keine weiteren Eigenheiten und Autonomiebestrebungen in der BMW-Unternehmensführung dulden würde. Dadurch wurden einerseits die unternehmerischen Handlungsspielräume des Konzerns gravierend eingeschränkt. Andererseits übernahmen mit Hille und Zipprich zwei technokratische Manager die Macht im Konzern, die aus Opportunitätsgründen ohnehin wesentlich linientreuer gegenüber der nationalsozialistischen Rüstungs- und Kriegspolitik agierten, als es Popp je getan hatte.

Popps Entmachtung stand in einer Reihe mit anderen massiven staatlichen Eingriffen in die Personalpolitik einflussreicher Unternehmen der Luftrüstung. Im Januar 1942 drohte zunächst Focke-Wulf eine behördliche Intervention wegen organisatorischer Mängel, die für den Rückstand in der Ausbringung der Firma verantwortlich gemacht wurden.[756] Im März 1942 schloss sich die Bereinigung der seit Mitte 1941 schwelenden Krise bei Messerschmitt an. Auch hier ging es letztendlich darum, die Macht eines dem Ministerium zu eigenständigen Unternehmers zu beschneiden. Willy Messerschmitt wurde auf den Posten eines Entwicklungschefs in seinem eigenen Konzern ab-

[754] Werner bezeichnet diese Tatsache als „völlig frei erfunden". Vgl. Werner, Zwangsarbeit 2006, S. 82, FN 84. Das scharfe Vorgehen Milchs gegen Popp lässt sich jedoch durch Quellen aus unterschiedlichen Provenienzen belegen. Hille benutzte die Drohung Milchs sogar als Druckmittel in der sich zuspitzenden Popp-Krise. Vgl. Hille an von Stauß vom 18. 02. 1942, in: BArch R 8119 F/P 3105, Bl. 394–403, hier Bl. 399; Popps Lebenslauf vom 13. 05. 1946, in: StAM SpKa Karton 1341: Popp, S1-23, hier S. 23; Schramm an Sonderspruchkammer für Industrielle, München, vom 01. 08. 1946, in: ebd., S. 1-26, hier S. 6; Popp an Hans-Karl von Mangold-Reibold, ab März 1946 von der Militärregierung ernannter Generaltreuhänder und Vermögensverwalter für BMW, vom 06. 08. 1946, in: BMW-Arch UA 322 und Merkel an die BMW AG vom 13. 09. 1946, in: ebd.

[755] Ebd.

[756] Vgl. Budraß, Flugzeugindustrie 1998, S. 736.

geschoben.[757] Auf Grund finanzieller und technischer Schwierigkeiten des Heinkel-Konzerns beschloss das RLM Anfang November 1942, Frydag als Leiter der Heinkel-Werke einzusetzen, das Unternehmen in eine AG umzuwandeln und Ernst Heinkel in die Entwicklungsabteilung abzuschieben.[758] Im Gegensatz zu Messerschmitt blieb Heinkel jedoch Aufsichtsratsvorsitzender im eigenen Unternehmen. Durch die Gründung der Ernst Heinkel AG und die Einsetzung Frydags als Vorstandsvorsitzender gelang es dem RLM, einen der letzten Gründerunternehmer der deutschen Luftfahrtindustrie zu beugen. Die anderen Luftfahrtindustriellen mussten durch die wiederholten RLM-Eingriffe in die Führungsetagen und Personalpolitik der einzelnen Unternehmen auch das Schicksal Hugo Junkers vor Augen haben.[759]

7.6.3. Zwischenfazit: Eingriffe in das Personalwesen der Flugmotorenwerke

Während der nationalsozialistischen Herrschaft hat es immer wieder Eingriffe des RLM in die Personalangelegenheiten der Flugmotorenwerke gegeben. In all diesen Auseinandersetzungen ging es dem Ministerium letztendlich darum, das jeweilige Management zur Unterordnung unter die staatliche Rüstungssteuerung zu zwingen. Die Konfrontationen mit Hugo Junkers in den Jahren 1933–1934 und die ständigen Konflikte mit der BMW-Führung sind prominente Beispiele für diese ministeriellen Beweggründe.

Bereits die Interventionen des RLM bei BMW im Jahre 1935 waren gekennzeichnet durch das staatliche Bestreben, den eigenwilligen und dadurch für die Behörde unbequemen BMW-Generaldirektor aus dem Flugmotorengeschäft herauszudrängen und diesen Geschäftsbereich gleichzeitig aus der festen Verankerung des BMW-Konzernverbunds herauszulösen, um den staatlichen Einfluss auf die BMW-Flugmotorenbau GmbH zu erweitern. Trotz der erheblichen Machtfülle des Ministeriums in Personalfragen wehrte sich das BMW-Management jedoch insgesamt relativ erfolgreich gegen die externe Einmischung. In den Jahren 1935/36 erreichte man, dass Popp den Konzern nicht verlassen musste und die Geschäftsführungsverantwortungen von GmbH und AG nicht getrennt wurden. Dass Popp überdies bereits anderthalb Jahre nach seinem Rückzug schon wieder in der Geschäftsführung der BMW Flugmotorenbau GmbH saß und 1939 seinen Titel als Generaldirektor zurückerwarb, muss angesichts der damaligen Entscheidungslage und den von außen beeinflussten Machtverhältnissen als beachtlicher Erfolg in der Erhaltung der privatwirtschaftlichen Handlungsfähigkeit des BMW-Konzerns gewertet werden.

Der folgenschwerste und weitreichendste ministerielle Eingriff in die Personalpolitik von BMW erfolgte in der so genannten Popp-Krise der Jahre 1941/42. Auch in dieser Auseinandersetzung ging es letztendlich darum, die

[757] Vgl. zu den Vorgängen bei Messerschmitt: ebd., S. 736–737.
[758] Vgl. zu Heinkel: ebd., S. 758–760 und Erker, Industrieeliten NS-Zeit 1993, S. 60–65.
[759] Vgl. Groehler, Luftkrieg 1977, S. 339.

Macht und die privatwirtschaftliche Eigenständigkeit der BMW-Führung zu brechen und an dem unbeugsamen, unabhängigen und aus Sicht des RLM politisch unzuverlässigen Popp ein Exempel zu statuieren.

Zwischen den ministeriellen Interventionen der Jahre 1935 und 1941/42 gab es jedoch zwei wichtige Unterschiede, die letztendlich zu unterschiedlichen Ergebnissen der Konfrontationen führten. Erstens traten Aufsichtsrat und Vorstand des Unternehmens im Jahr 1935, nachdem Klebe das Unternehmen verlassen hatte, den Bestrebungen des RLM in geschlossener Eintracht entgegen. 1941/42 dagegen lieferten insbesondere die Streitigkeiten in der BMW-Unternehmensführung den RLM-Verantwortlichen einen willkommenen Anlass, gegen die Geschäftsführung vorzugehen. Dem RLM kam somit zu Gute, dass der sich kontinuierlich zuspitzende Streit im BMW-Vorstand zunehmend auf einer bedrohlich persönlichen Ebene ausgetragen wurde. Für die Unabhängigkeit von BMW war es außerdem verhängnisvoll, dass sowohl Popp als auch Hille ihren Streit ins RLM getragen hatten. Dadurch, dass sich Hille mit der Führungsspitze des RLM gegen Popp verbündete, übertrug er das Mandat des Handelns praktisch auf das Ministerium.

Der zweite Unterschied beider Konfrontationen war, dass das RLM sein Vorgehen gegen nichtkonforme Firmen während des Krieges mit der Gründung des Industrierates und dem Aufstieg von Milch zum Generalluftzeugmeister erheblich verschärft hatte. In seinem Bemühen, die einschlägigen Führungsspitzen der Luftfahrtindustrie zu kontrollieren, scheute Milch vor einschneidenden Zwangsmaßnahmen nicht zurück.

Da Popps aktive Opposition gegen die Verlagerung der BMW-Motorradabteilung die Transaktion monatelang verzögerte, bezichtigte Milch ihn der Sabotage und bewussten Leistungsverweigerung. Milch ließ sich diese Gelegenheit nicht nehmen, Popp endgültig aus der operationellen Führungsebene von BMW zu entfernen. Das Ministerium griff in Folge des Konfliktes tief in die unternehmerische Eigenständigkeit der Firma ein und beseitigte im Frühjahr 1942 einen Großteil der unternehmerischen Handlungsspielräume der Geschäftsführung. Popps erzwungene Absetzung verdeutlicht, dass BMW seine personalpolitische Souveränität während des Krieges weitgehend verloren hatte. Alle Vorstandsmitglieder standen nun unter strikter ministerieller Beobachtung und arbeiteten auf Bewährung. Milch hatte unmissverständlich klar gemacht, dass er keine weiteren Eigenheiten und Autonomiebestrebungen in der BMW-Unternehmensführung dulden würde.

7.7. Staatliche Regulierung der Preispolitik und daraus resultierende Gewinne des BMW-Flugmotorenbaus

Ein bedeutendes Steuerungselement der nationalsozialistischen Wirtschaftspolitik war der Eingriff in die Mechanismen der Preispolitik. Die Nationalsozialisten setzten gleich eine ganze Reihe von Preisverordnungen durch. Die

Preisstoppverordnung vom 26.11.1936 war nur eine von vielen Maßnahmen.[760] Generell verlor der wettbewerblich gebildete Preis im Laufe der 1930er Jahre seine marktwirtschaftliche Lenkungsfunktion.[761] An seine Stelle trat der staatlich bzw. gemischt staatlich-privat festgesetzte Preis. Die Umgestaltung der Preispolitik im Dritten Reich wurde offensichtlich, als die Kompetenzen des im Dezember 1931 eingeführten Reichskommissars für die Preisüberwachung mit der Verkündung des Vierjahresplans von 1936 und der damit einhergehenden Umbenennung zum „Reichskommissar für die Bildung der Preise" wesentlich erweitert wurden.[762] Anstelle der Preisüberwachung war das Ziel des Regimes jetzt die aktive staatliche Preisbildung.[763] Hauptanliegen der Staatsmacht war dabei die Preisstabilität. Mit dem staatlichen Eingreifen in die wirtschaftlichen Preismechanismen versuchte die NS-Führung, inflationäre Tendenzen, die sowohl aus der gewachsenen Kaufkraft als auch aus dem allein nachfrageinduzierten Rüstungsboom entstanden, einzuschränken, um die Aufrüstung nicht zu gefährden. Daher wurde im Interesse der staatspolitischen Aufgaben als Richtschnur für die Preispolitik „die verhältnismäßige Stabilität der Preise" proklamiert.[764] Diese staatliche Zielsetzung steht symptomatisch für die äußerst „schwammige Preispolitik" des NS-Regimes.[765]

Zwei Charakteristika der staatlichen Preispolitik zeichneten sich in der Luftfahrtindustrie bereits sehr früh ab. Erstens beanspruchte das RLM bereits 1933 weitreichende Einfluss- und Mitspracherechte in der Preisfestsetzung der einschlägigen Industrieunternehmen. Die Nationalsozialisten betrachteten die markt- und privatwirtschaftliche Preisbildung gleich nach ihrer Machtübernahme für obsolet. Bereits am 16.06.1933 teilte Milch Popp mit, dass sich die derzeitigen Preise der BMW-Flugmotoren nicht annähernd halten ließen. Unter den neuen Bedingungen umfangreicher Serienbestellungen müsste auch die deutsche Flugmotorenindustrie die niedrigeren Preise des Auslandes errei-

[760] Es galt der Preis nach dem Stichtagsprinzip vom 17.10.1936. Verboten waren nicht nur unmittelbare Preiserhöhungen, sondern auch alle Handlungen, die als eine Umgehung der Verordnung anzusehen waren, wie z.B. eine ungünstigere Gestaltung der Zahlungs- und Lieferbedingungen. Vgl. Verordnung über das Verbot von Preiserhöhungen vom 26.11.1936 und deren Begründung vom 28.11.1936, beide in: BayHStA StK 6722 und in: RGBl. 1936 I, S. 955; Erläuterungen zu den Gewinnpunkten der Wirtschaftsgruppe Fahrzeugindustrie (o.D.), in: BArch R 13 IV/23 und Puppo, Gesetzgebung 1988, S. 221.

[761] Vgl. Bopp, Wolfgang: The Evolution of the Pricing Policy for Public Orders during the Third Reich. In: Buchheim/Garside (Hrsg.), Slump 2000, S. 149–160, hier S. 149 und Ambrosius, Wirtschaftsordnung 2001, S. 133.

[762] Vgl. Gesetz zur Durchführung des Vierjahresplans – Bestellung des Preiskommissars für die Preisbildung vom 29.10.1936, in: RGBl. 1936 I, S. 927f.

[763] Vgl. Petzina, Autarkiepolitik 1968, S. 163–164 und Barkai, Wirtschaftssystem 1988, S. 177–185.

[764] Meinhold, Wilhelm: Volkswirtschaftliche Grundsätze der Preispolitik im Vierjahresplan. In: Jahrbücher für Nationalökonomie und Statistik 150 (1939), S. 568–591.

[765] Petzina, Autarkiepolitik 1968, S. 164.

chen.[766] Schon wenige Wochen nach Gründung des RLM versuchten dessen Beamte, das Preisniveau der für den Aufbau der Luftwaffe wichtigen Unternehmen unter Druck zu setzen. In den Folgejahren sollten zwischen BMW und den zuständigen ministeriellen Dienststellen auf Grund diametraler Positionen hinsichtlich der Preisbildung immer wieder Konflikte auftreten.

Das zweite Charakteristikum der RLM-Preispolitik in den frühen Jahren der nationalsozialistischen Herrschaft war deren Unausgereiftheit. Grundsätzlich regelten die ministeriellen Richtlinien für die Preisprüfung, dass diese Prüfung vor Vergabe der Aufträge abgeschlossen sein und die Aufträge dementsprechend zu Festpreisen vergeben werden sollten.[767] Da auf Grund der Neuartigkeit der Flugmotoren-Serienfertigung wesentliche Konstruktionsunterlagen fehlten, konnten zunächst keine Festpreise definiert werden, sodass die RLM-Beschaffungsstelle die ersten Aufträge als Vorbescheide erteilte. Die Aufträge beinhalteten vorläufige Richtpreise, die auf Basis von Überschlagsrechnungen ermittelt wurden. Gemäß den allgemeinen Lieferbedingungen war der Auftraggeber berechtigt, während der laufenden Fertigung bzw. nach Auftragsbeendigung Preiskorrekturen „zwecks Vermeidung unangemessener Rüstungsgewinne" vorzunehmen und die Richtpreise in gemeinsamen Verhandlungen in Festpreise umzuwandeln.[768] Die Richtpreise bildeten dementsprechend lediglich einen vorläufigen Anhaltspunkt ohne Wirkung auf die endgültige Preisfestsetzung. Erst die vom Ministerium endgültig fixierten Festpreise galten für alle BMW-Flugmotorenbau-Gesellschaften nicht nur gegenüber dem RLM, sondern auch für andere Abnehmer wie z. B. die Deutsche Lufthansa.[769]

Das RLM war zur endgültigen Preisfestlegung befugt, eine Gesamtwirtschafts- bzw. Bilanzprüfung bei den Lieferanten durchzuführen. Zur Beurteilung der jeweiligen Geschäftsführung sollte die tatsächliche betriebliche Kostenentwicklung monatlich bzw. mindestens vierteljährlich von den zuständigen ministeriellen Dienststellen ermittelt werden.[770] Für diese Prüfungen musste die Lieferfirma dem RLM sämtliche relevanten Unterlagen – wie Nachkalkulationen des betreffenden Auftrages, Bilanzen, Gewinn- und Verlustrechnungen – vorlegen, alle gewünschten Auskünfte erteilen und vollständigen Einblick in ihre Fertigung gewähren.[771] Dies bedeutete für die Firmen

[766] Vgl. Milch an Popp vom 16.06.1933, in: BArch R 8119 F/P 3128, Bl. 22–23, hier Bl. 23.

[767] Vgl. Mob-Plans Rüstung: Richtlinien für die Preisprüfung, Fassung vom 15.09./21.11.1935, in: BA-MA RL 3/328, Bl. 377–389, hier Bl. 387.

[768] Vgl. Lieferbedingungen für Flugmotoren und Flugmotorenteile vom 15.05.1935, in: BArch R 2/5415, Bl. 25–30, hier Bl. 29 und die Stellungsnahme des Technischen Amtes zur Preisprüfungsfrage vom 12.12.1936, in: BA-MA RL 3/169.

[769] Vgl. Bericht Rummel vom 02.12.1935, in: BArch R 8119 F/P 3144, Bl. 18.

[770] Vgl. Mob-Plans Rüstung: Richtlinien für die Preisprüfung, Fassung vom 15.09./21.11.1935, in: BA-MA RL 3/328, Bl. 377–389, hier Bl. 377.

[771] Vgl. Stellungnahme des Technischen Amtes zur Preisprüfungsfrage vom 12.12.1936, in: BA-MA RL 3/169.

oft einen erheblichen bürokratischen Aufwand. Hille beklagte 1936 beispielsweise, dass die BMW-Verrechnungsabteilung durch die Treuhandrevision, die Buchprüfung der Finanzbehörde und nicht zuletzt die auf Wunsch des Preisprüfungsamtes des RLM laufend vorzunehmenden Sonderfeststellungen so stark belastet war, dass sie ihre eigentlichen Aufgaben fast nicht mehr wahrnehmen konnte.[772] Allerdings hatte nicht nur die BMW-Buchhaltung permanent die Preisprüfung im Haus. Auf einer Tagung des RDLI beschwerte sich der Betriebsstatistiker des Verbandes, Herbert Antoine, dass das RLM den Unternehmen bei diesen Vorgängen sehr viel unnötige Arbeit mache, insbesondere durch verschiedenste Doppelbefragungen.[773]

Diese Praxis verdeutlicht, dass das RLM nicht nur die endgültige Entscheidungsmacht über die tatsächlichen Selbst- bzw. Herstellungskosten bei den Flugmotorenwerken beanspruchte. Das Ministerium besaß auch einen vollständigen Einblick in die wirtschaftlichen Verhältnisse einer Lieferfirma. Die endgültigen Gesamtpreise wurden auf Grund des betriebenen bürokratischen Aufwands meist erst mitten im jeweiligen Haushaltsjahr bekannt gegeben. Zwischen dem umfassenden Entscheidungsanspruch des Ministeriums und der tatsächlichen Praxis der Preisfestsetzung gab es jedoch gravierende Diskrepanzen. Als volkswirtschaftlich gerechtfertigt galten Preise, die sich an den Kosten orientierten. Da die zuständigen Dienststellen im RLM jedoch nicht in der Lage waren, die Kostensituation der Firmen adäquat zu überwachen, versuchten die meisten Industriellen, Kapital aus der enormen staatlichen Nachfrage nach Luftfahrtmaterial zu schlagen und verlangten oft hohe Preise vom RLM. Und je schneller eine aus dem Boden gestampfte Luftfahrtindustrie gezwungen wurde, ihre Produktionskapazitäten zu erweitern und den ständig wechselnden Anforderungen des staatlichen Auftraggebers sowie den bürokratischen Überwachungstätigkeiten gerecht zu werden, um so mehr wurden die Kosten der Unternehmen in die Höhe getrieben. Die Flugmotorenbauer versuchten daher recht erfolgreich, ihre Risiken über die Preise zu kompensieren. Popp verständigte sich z. B. im November 1933 mit dem RLM, dass die Investitionskosten für die Neubauten bei BMW durch Preiserhöhungen bei den Flugmotoren amortisiert wurden.[774] Ein weiteres Beispiel dafür, dass es dem RLM nicht gelang, die Kostenstruktur der Flugmotorenfirmen zu beeinflussen bzw. zu überwachen, war der Vertrag zwischen Daimler-Benz und dem RLM Mitte 1934 über die Lizenz-Fertigung des BMW VI-Flugmotors in Marienfelde. Beide Seiten stimmten überein, dass Daimler-Benz

[772] Vgl. Hille an von Hellingrath im RLM vom 04.08.1936, in: BArch R 8119 F/P 3145, Bl. 134; siehe hierzu auch: Diskussionsgrundlage der Wirtschaftsgruppe Luftfahrtindustrie zu den neuen Richtlinien über Preisbildung und Finanzierung vom 02.04.1937, in: DAG/HIC Kissel 9.34 Behörden und Institutionen, S. 1-32, hier S. 15.

[773] Vgl. Aktenvermerk über eine Tagung des RDLI am 18.-19.03.1937 vom 19.04.1937, in: BArch R 8119 F/P 3065, Bl. 80-84, hier Bl. 81.

[774] Vgl. Notiz von Lewinski an von Stauß vom 16.11.1933, in: BArch R 8119 F/P 3128, Bl. 57.

die Montage dieses Motors so schnell wie möglich beginnen sollte. Daher mussten viele Motorenteile von Zulieferern bezogen werden. Das Ministerium offerierte dem Unternehmen einen Preis pro Motor von 28 000 RM. Dieser setzte sich zusammen aus 12 000 RM Material und zugelieferten Teilen, 2 000 RM Lohnkosten sowie einer pauschalen Summe für andere Kosten des Flugmotors, die sich auf 500% der Lohnkosten belief, d.h. 10 000 RM. Die gesamten veranschlagten Kosten des Flugmotors beliefen sich demnach auf 24 000 RM plus einen Gewinn von 4 000 RM, d.h. rund 15%. In einem internen Firmenpapier wurde die sich ergebende Kostendeckung als „außerordentlich reichlich" bezeichnet, da im RLM normalerweise mit 300% sonstigen Kosten und einem Gewinnzuschlag von 10% gerechnet werde.[775]

Das vom RLM implementierte Preissystem erwies sich langfristig auch als äußerst rationalisierungsfeindlich. Das System der Preisfestlegung beinhaltete keinerlei Anreiz, sich für eine zielgerichtete, aber kapitalintensive Fertigungsrationalisierung einzusetzen, da dies die Pauschale, die für andere generelle Kosten bezahlt wurde, verringert hätte.[776] Hinzu kam, dass die Zulieferer und Unterlieferanten von der ministeriellen Preisprüfung weitgehend verschont blieben. Die Preise der Zulieferer wurden demnach in die Kalkulation der Endfertigung übernommen. Auf den höheren Produktionsstufen bemühten sich die Unternehmen daher nicht, die Preise zu drücken, wie es in einer funktionierenden Privatwirtschaft üblich gewesen wäre.[777] Stattdessen versuchten die Industriellen, ihre Gewinne durch höhere Preisforderungen zu steigern. Das Prinzip der Kostenrückzahlung schwächte somit den unternehmerischen Geist und führte letztendlich nicht nur zu einer Kostensteigerung, sondern auch zu einer produktionstechnischen Rückständigkeit in der Flugmotoren- und Luftfahrtindustrie, die die spätere Expansion der Kriegsproduktion stark behinderte.[778]

Die Schwierigkeiten bei der Ersatzteil- und Festpreisbildung der Bayerischen Motoren Werke standen symptomatisch für die regelmäßigen Querelen, mit denen die Unternehmen der Flugmotorenindustrie hinsichtlich der Preisbildung zu kämpfen hatten. Daher werden sie im Folgenden skizziert.

7.7.1. Ersatzteil- und Festpreisbildung bei der BMW Flugmotorenbau GmbH

Am 21.11.1933 hatten RLM und BMW vereinbart, dass die Motoren- und Ersatzteilpreise für 1934 gemäß der gängigen Praxis Richtpreise sein würden.

[775] Vgl. Bericht an den Vorstand der DB AG vom 02.08.1934 über die vom RLM erteilte Richtlinie zur Entwicklung der Flugmotoren-Fabrikation sowie der DB erteilten Projektierungsaufgabe, in: Pohl/Habeth/Brüninghaus, Daimler-Benz AG 1987, Dok.-Nr. 39, S. 272–281, hier S. 276–278.
[776] Vgl. Bopp, Pricing Policy 2000, S. 156.
[777] Vgl. Boelcke, Kosten 1985, S. 45f.
[778] Vgl. Boelcke, Stimulation 1993, S. 100.

Der endgültige Preis sollte in gemeinsamen Verhandlungen zu einem späteren Zeitpunkt fixiert werden, sobald die tatsächlichen Herstellungskosten des Jahres 1934 feststanden.[779] Bei den Besprechungen im Ministerium war allerdings nur der Richtpreis des Gesamtmotors festgelegt worden. Vereinbarungen, wie aus den Kalkulationen für die Preise des ganzen Motors die Richtpreise für jedes einzelne Ersatzteil berechnet werden sollten, gab es nicht. Gemäß den Absprachen mit dem RLM erhielt jedes Ersatzteilangebot der BMW Flugmotorenbau GmbH folgenden Zusatz: „Alle Preise sind Richtpreise. Die Richtpreise sind zu verstehen gemäß den in den Besprechungen vom 21. XI. 1933 getroffenen Vereinbarungen. Der endgültige Preis, welcher die tatsächlichen Aufwendungen zuzüglich eines noch festzusetzenden Gewinnsatzes umfassen soll, wird in einem späteren Zeitpunkt auf Grund einer Prüfung der Selbstkosten durch das RLM noch festgelegt werden.“[780]

Im Frühjahr 1935 entstanden zwischen dem RLM und der BMW Flugmotorenbau GmbH ernsthafte Probleme hinsichtlich der Ersatzteilpreisbildung. Das Ministerium beschuldigte die Firmenvertreter, die Interessen des Reiches zu gefährden, da sie die Ersatzteilpreisbildung zur Erzielung von so genannten Übergewinnen benutzt hätten. Ein Schreiben des RLM vom 16. 04. 1935 konkretisierte die Vorwürfe: „Es bestand Einverständnis darüber, dass die Ersatzteilpreisbildung nach denselben Grundsätzen wie die Richtpreise des Motors zu berechnen sind. Trotzdem wurde von Seiten der Bayerischen Motoren Werke A.G. Anweisung gegeben, die Ersatzteile mit erhöhtem Zuschlag für diejenigen Teile zu berechnen, die starkem Verschleiss unterliegen. Dieser Anweisung entsprechend wurden Richtpreise festgesetzt, die bei Teilen geringen Verschleisses sogar Verluste, bei gängigen Teilen Zuschläge bis zu mehr als 700% ergaben [...].“[781] Die Untersuchungen des Ministeriums hätten ergeben, dass diese Preisfestsetzungen seitens des Münchener Unternehmens nur deshalb vorgenommen worden waren, da man unterstellt hatte, dass die Preisprüfer eine nicht ins Detail gehende Prüfung vornehmen würden.

Das RLM gewährte den Unternehmen in der Regel einen Zuschlag unter anderem für Versand- und Lagerkosten auf die Beschaffungspreise von außen bezogener Teile. Das RLM warf BMW im April 1935 allerdings vor, von den erlaubten Grundsätzen abgewichen zu sein und in Einzelfällen wesentlich höhere Zuschläge berechnet zu haben. Das Ministerium beschuldigte den Münchener Flugmotorenbauer, mit ihren Ersatzteillieferungen Beträge von etwa zwei Mio. RM an Übergewinnen erwirtschaftet zu haben, und erstattete Anzeige.[782] Außerdem forderten die zuständigen Beamten im RLM, abge-

[779] Vgl. Aktennotiz betr. Ersatzteilpreisbildung vom 05. 04. 1935, in: BArch R 8119 F/P 3123, Bl. 14.
[780] Ebd., Bl. 15.
[781] Treuhandbericht über die Preisuntersuchungen betr. Flugmotoren-Ersatzteile der BMW AG vom 09. 07. 1935, in: ebd., Bl. 113, S. 1–16.
[782] Vgl. Popp an von Stauß vom 25. 04. 1935, in: ebd., Bl. 71–77, hier Bl. 72.

sehen von den etwaigen noch zu ergreifenden amtlichen Maßnahmen, die Schuldigen bei BMW sofort zu entlassen.[783]

Unabhängig von der Stichhaltigkeit dieser Vorwürfe, reagierte die BMW-Geschäftsführung umgehend auf die Anweisung, die Verantwortlichen zur Rechenschaft zu ziehen. Der Leiter der Flugmotoren-Verkaufsabteilung, Direktor Franz Brenner, wurde seines Postens enthoben, „weil wir ihn vor persönlichen Angriffen in Schutz nehmen wollen", wie Popp intern betonte.[784] Popp deutete dem Aufsichtratsvorsitzenden von Stauß an, Brenner später wieder einsetzen zu wollen.[785] Die Geschäftsleitung hielt es jedoch zunächst für geboten, dem Ministerium ein Opfer zu präsentieren, um die konfliktträchtige Situation nicht eskalieren zu lassen.

Außerdem beauftragte der BMW-Vorstand die Deutsche Treuhand-Gesellschaft, Berlin, mit einer Prüfung der Angelegenheit, um den Sachverhalt durch eine neutrale Stelle einwandfrei klären zu lassen.[786] Diese konstatierte vorab, dass für die zu bauenden Motorentypen im Rahmen des BMW-Lieferprogramms 1934/35 laut Abmachungen zwischen dem RLM und der Flugmotorenbau GmbH, München, Richtpreise festgelegt waren, die als vorläufige Vergütung für die Leistungen von BMW zu betrachten seien. Die von BMW in Rechnung gestellten Preise wären demnach lediglich vorläufige Preise. Das Unternehmen müsste daher mit einer Berichtigung dieser Preise rechnen.

Überdies bestätigte die Treuhand-Gesellschaft im Großen und Ganzen die BMW-Position. Zwar gäbe es keine schriftlichen Vereinbarungen über die endgültige Berechnung der einzelnen Ersatzteile und die von BMW berechneten Richtpreise für Ersatzteile würden unter Anwendung gestaffelter Zu- bzw. Abschläge ermittelt. Die Gesamtsummen ergäben jedoch, wie mit dem RLM am 21.11.1933 vereinbart, den Richtpreis des gesamten Motors. Während die Berechnungen der Preisprüfungsorgane des RLM einen Übergewinn von rund 2 Mio. RM ergaben, errechnete die Deutsche Treuhand-Gesellschaft einen Mehrbetrag von rund 528000 RM. Die Geschäftsleitung der BMW Flugmotorenbau GmbH begründete diese Abweichungen mit privatwirtschaftlichen Methoden der Preissetzung, gegen die laut Treuhand von einem allgemein kaufmännischen Standpunkt aus gesehen, nichts einzuwenden sei und die auch in anderen Industrieunternehmen Anwendung fänden. Auch in dieser Auseinandersetzung zeigte sich demnach wieder einmal, dass die

783 Vgl. Treuhandbericht über die Preisuntersuchungen betr. Flugmotoren-Ersatzteile der BMW AG vom 09.07.1935, in: ebd., Bl. 113, S. 1–16.

784 Popp an von Stauß vom 25.04.1935, in: ebd., Bl. 71–77, hier Bl. 76.

785 Popp hielt sich an diese Ankündigung. Im Jahre 1938 erhielt Brenner die Prokura für die BMW Flugmotorenbau GmbH, München. 1941 wurde er Leiter des Technischen Dienstes und technischer Vertreter der Bereichsleitung „Verkauf Kraftwagen und Krafträder". 1943 wurde er schließlich Abteilungsdirektor im Werk München-Milbertshofen. Über seine Tätigkeit zwischen 1935 und 1938 ist nichts bekannt.

786 Die folgenden Informationen aus dem Urteil der Berliner Treuhand-Gesellschaft entstammen alle dem Treuhandbericht über die Preisuntersuchungen betr. Flugmotoren-Ersatzteile der BMW AG vom 09.07.1935, in: ebd., Bl. 113, S. 1–16.

BMW-Verantwortlichen noch Mitte der 1930er Jahre bewusst versuchten, das RLM als privatwirtschaftlichen Geschäftspartner und nicht als Befehle erteilenden Prinzipal zu behandeln, um sich somit einen möglichst großen Teil ihrer souveränen Eigenständigkeit zu erhalten.

Auch in der Frage der Zuschläge auf von außen bezogene Teile entlastete der Bericht der Deutschen Treuhand-Gesellschaft den Münchener Flugmotorenbauer vollständig. Das RLM gewährte in der Regel Zuschläge von 17–18%. In den von der BMW Flugmotorenbau GmbH in Rechnung gestellten Preisen waren dagegen bei einer Reihe von auswärts bezogenen Teilen lediglich 6% auf die Beschaffungspreise hinzugerechnet worden. Hätte BMW die RLM-Sätze von 17–18% konsequent übernommen, so hätte dies zur Folge gehabt, dass das Unternehmen für die im Jahr 1934 gelieferten Zubehörteile auf der Basis der vorläufigen Richtpreise rund 500000 RM mehr hätte berechnen dürfen. Die zum Teil sehr hohen Zuschläge der BMW Flugmotorenbau GmbH seien durchweg nur bei kleinen Objekten angewandt worden, die in der Summe nicht wirklich ins Gewicht fielen.

In der Frage, ob BMW vorsätzlich höhere Preise berechnet habe, um damit unzulässige Übergewinne zu erzielen, kam die Berliner Treuhand-Gesellschaft zu dem Ergebnis, dass die Geschäftsführung der Münchener Gesellschaft damit rechnen musste, dass bei der endgültigen Preisfestsetzung lediglich die tatsächlich entstandenen Kosten und nur ein Gewinn, der den Grundsätzen des RLM entsprach, Berücksichtigung finden würde. „Wir halten es nicht für möglich, bei einem Betrieb, der seine Kosten und Erlöse so weitgehend aufgliedert und dessen Rechnungswesen einen derartigen Einblick in seine Verhältnisse gewährt, im Zusammenhang mit Reichsaufträgen Manipulationen vorzunehmen, die dem Gebaren oder den Grundsätzen eines achtbaren Kaufmanns widersprechen“[787], so der Treuhand-Bericht. Die bestehenden Mehreinnahmen hätten sich nicht dadurch ergeben, dass die Preiserhöhungen einseitig bei den gängigen Teilen vorgenommen worden waren. Im Übrigen wirkten sich die vorläufigen Mehreinnahmen in der Betriebsrechnung der BMW Flugmotorenbau GmbH auch als Mehrgewinn aus. Dieser Mehrgewinn trat auch auf dem Erfolgskonto für Flugmotorenersatzteile in Erscheinung, wurde also nicht mit anderen Ergebnissen vermischt. Da BMW annehmen musste, dass die Preisprüfung des RLM auch in die Ergebnisrechnung Einblick nehmen würde, konnte das erwirtschaftete Ergebnis bei der Berichtigung der vorläufigen Preise nicht übersehen werden.

Die Auseinandersetzungen um die Ersatzteilpreisbildung scheint im Wesentlichen eine allgemeine Machtprobe zwischen dem RLM und der BMW Flugmotorenbau GmbH gewesen zu sein, in der es weniger um die Sache an sich ging, als vielmehr um eine Machtdemonstration seitens des Ministeriums.[788]

[787] Ebd., Bl. 113, S. 1–16, hier S. 15.

[788] Die fehlende Logik der Vorwürfe des RLM zeigt, dass nicht in erster Linie die Höhe der von BMW erhobenen Richtpreise im Fadenkreuz der Behörde stand.

Das RLM beanspruchte ohnehin das Recht, die Flugmotorenpreise in seinem Sinne zu verändern und festzusetzen. Das heißt, selbst wenn BMW überhöhte Forderungen gestellt hätte, wäre es für das RLM problemlos möglich gewesen, Berichtigungen in der Gewinnsituation des Unternehmens vorzunehmen.

Vielmehr liegt die Vermutung nahe, dass die privatwirtschaftlichen und von einer großen Eigenständigkeit geprägten kaufmännischen Grundsätze, mit denen die Münchener Gesellschaft ihre Ersatzteilpreise berechnete, den massiven Widerstand des RLM provozierten. BMW verdeutlichte mit ihrem Vorgehen, dass es die eigene Position nicht als amorphes, gleichgeschaltetes Rädchen in der nationalsozialistischen Aufrüstungsmaschinerie sah. Vielmehr war es eines der wichtigsten Ziele des BMW-Managements, den privatwirtschaftlichen Charakter des Flugmotorenbaus auch gegen die Widerstände des RLM, so weit es die gegebenen wirtschaftlichen und politischen Rahmenbedingungen zuließen, zu verteidigen. Dies musste auch hinsichtlich der Preisbildung zu Konflikten mit den staatlichen Behörden führen. Die Tatsache, dass die Geschäftspraktiken des Unternehmens von der Deutschen Treuhand-Gesellschaft für rechtmäßig und systemkonform erklärt wurden, verdeutlicht, dass BMW mit seiner Strategie durchaus Erfolg hatte. Beide Konfliktparteien scheinen den „Schlichterspruch“ aus Berlin akzeptiert zu haben. Der Ersatzteilstreit des Frühjahrs 1935 wurde nicht fortgesetzt. Die Entlassung des Direktors Brenner von seinem Posten als Leiter der Flugmotoren-Verkaufsabteilung schien angesichts des übergeordneten Ziels, die eigenen Handlungsfreiheiten zu bewahren, als konziliante Geste gegenüber dem RLM ein durchaus hinnehmbarer Preis zu sein. Außerdem wurde Brenner bereits bei seiner Absetzung die Weiterbeschäftigung auf einem neuen lukrativen Posten in Aussicht gestellt. Das RLM hatte den Streit um die Ersatzteilpreise und damit den Versuch, Stärke zu demonstrieren und die BMW Flugmotorenbau GmbH zu maßregeln, in den entscheidenden Punkten verloren.

Bereits die Festpreisbildung des Jahres 1936 verdeutlichte allerdings, dass der Teilerfolg der BMW-Unternehmensführung hinsichtlich der Ersatzteilpreise nicht bedeutete, dass das RLM zukünftig vor direkten Eingriffen in die Preisgestaltung zurückschrecken würde. Auf Grund schlechter Erfahrungen der BMW-Verantwortlichen aus den Vorjahren wurde bereits im November 1935 mit dem Leiter des Prüfungsamtes im RLM vereinbart, dass die Preisbildung, die die Grundlage für die wirtschaftliche Betätigung für das Jahr 1936 bilden sollte, bereits Anfang Januar in Angriff zu nehmen und möglichst schnell zum Abschluss zu bringen sei.[789] Letztendlich konnte die Geschäftsführung der BMW Flugmotorenbau GmbH ihrem Beirat jedoch erst am 30.11.1936 berichten, dass die endgültigen Festpreise für das laufende Geschäftsjahr vereinbart worden waren.

[789] Vgl. Hille an Volkmann im RLM vom 10.11.1936, in: BArch R 8119 F/P 3145, Bl. 144.

Hintergrund für diese enorme Verzögerung, mit der das Ministerium im Übrigen auch gegen seine hausinternen Richtlinien verstieß[790], war die Auseinandersetzung um die Gewinnsituation der Vorjahre. Die Preise für die Verrechnungsjahre 1934 und 1935 waren von den Preisprüfungsorganen des RLM im Jahre 1935 eigenmächtig festgesetzt worden, ohne dass bei der Kalkulation die Mitwirkung der Firma zugelassen worden war. Im Frühjahr 1936 hatte jedoch der Reichsrechnungshof den Gewinn der Vorjahre gerügt. Die Diskussionen um die Gewinnsituation der Haushaltsjahre 1934 und 1935 bei der Flugmotorenbau GmbH drängten daraufhin die Frage der Preisbildung für das Jahr 1936 in den Hintergrund. Hille beklagte sich im RLM: „Wir konnten uns des Eindrucks nicht erwehren, dass durch das Eingreifen des Reichsrechnungshofes im Frühjahr des Jahres die ganzen Anstrengungen und Feststellungen des Preisprüfungsamtes sich darauf richteten, die von ihm selbst gebildeten und festgesetzten Preise und das darin enthaltene Ergebnis zu rechtfertigen bzw. Anfechtungsmaterial zu sammeln."[791] Außerdem bemängelte Hille Anfang November 1936, dass das Ministerium auch nach wiederholtem Anmahnen der verschiedensten staatlichen Stellen die zugesagte Einsicht in das Memorandum des Reichsrechnungshofes immer noch nicht ermöglicht hatte. BMW bekam generell nur sehr wenige Informationen über die Ergebnisse der Preisprüfungen und wurde in Verhandlungen immer wieder unvermittelt mit neuen Zahlen konfrontiert.[792]

Offensichtlich verfolgte das RLM eine bewusste Verzögerungstaktik. Die zuständigen Beamten wollten nicht erneut die Beanstandung der festgesetzten Preise durch den Reichsrechnungshof riskieren. Fixierte die RLM-Preisprüfung die Preise allerdings erst Ende des Jahres, so konnte sie die Um- und Rückrechnung des Jahresergebnisses noch mit einfließen lassen. Diese Praxis hatte mit zu Beginn des Jahres festgelegten Festpreisen nichts zu tun und sollte aus Sicht des Regimes zu hohe Gewinne der Unternehmen verhindern. Letztlich determinierten das rechnerische Jahresergebnis und der daraufhin vom RLM zugestandene Gewinn für die Firma die Flugmotorenpreise. Da BMW ihre Aufträge an die Lieferanten mit der Klausel: „Vorbehaltlich der Preisprüfung durch das RLM" erteilten, waren von der späten Preisprüfung auch die Zulieferer betroffen.[793] Außerdem stand auch die Festlegung der entsprechenden Lizenzgebühren monatelang aus.

[790] So regelten z. B. die Richtlinien für die Preisbildung: „Das Bestreben muß sein, vorläufige Preise so schnell als möglich in angemessene Festpreise umzuwandeln und nicht erst nach weit vorgeschrittener oder beendigter Fertigung." Vgl. Mob-Plans Rüstung: Richtlinien für die Preisprüfung, Fassung vom 15.09./21.11.1935, in: BA-MA RL 3/328, Bl. 377–389, hier Bl. 386.

[791] Hille an Volkmann im RLM vom 10.11.1936, in: BArch R 8119 F/P 3145, Bl. 144.

[792] Vgl. Hille an von Hellingrath vom 04.08.1936, in: ebd., Bl. 133.

[793] Vgl. Stellungnahme von LC zu Preisprüfungsfrage vom 12.12.1936, in: BA-MA RL 3/169.

Hille betonte zwar im Nachhinein, dass die endgültigen Preise des Jahres 1936 durchaus angemessen waren. Als problematisch erwiesen sich jedoch der Zeitpunkt Ende des Jahres sowie die Methoden, mit denen sie zustande gekommen waren. Letztendlich hatte das Ministerium allein über die Preise entschieden. Verhandlungen unter gleichberechtigten Partnern, die vom BMW-Konzern immer wieder gefordert worden waren, hatten nicht stattgefunden. Das späte Zustandekommen einer Preisfixierung hatte jegliche Planungssicherheit für den Konzern verhindert. Es war den Firmen weder möglich, für die Zukunft einen einwandfreien Finanzplan aufzustellen, noch einen endgültigen Rechnungsabschluss der vergangenen Jahre zeitnah zu machen. Die für jede rationale Geschäftsführung unbedingt notwendige fortlaufende Wirtschaftlichkeitskontrolle konnte nicht erfolgen. Diese Unsicherheit der Preisgestaltung störte demnach nicht nur die Betriebsabrechnung der Industrie, sondern verhinderte auch im RLM eine geordnete Haushaltsaufstellung und -überwachung.

Das RLM hemmte so nicht zuletzt den Leistungs- und Erfolgswillen der BMW Flugmotoren GmbH. Ein umsatz- und erfolgsorientiertes Verhalten machte für die Firma wenig Sinn, solange das RLM die Möglichkeit hatte, erzielte Gewinne durch eine Senkung der Preise nachträglich zu eliminieren. Lediglich fest fixierte Preise waren Anreiz dafür, wirtschaftlichen Erfolg anzustreben. Die vom RLM angewandte Preisbildungsmethode schaffte in der Industrie dagegen weit verbreitete Unzufriedenheit, einen augenfälligen Mangel an Vertrauen und gab immer wieder Anlass zu scharfer Kritik und langwierigen Auseinandersetzungen. Außerdem bestanden bei den Flugmotorenbaufirmen vor der Umstellung auf Festpreise erhebliche Anreize zur Kostenaufblähung, da Kosten generell auf die staatlichen Beschaffungsstellen abgewälzt werden konnten.

7.7.2. Gewinnsituation im BMW-Flugmotorenbau

Eng verknüpft mit der Preisbildung im Flugmotorenbau war die Frage nach den Gewinnen der einschlägigen Unternehmen. Analog zu den häufigen Auseinandersetzungen um die Preisbestimmung vertraten die Vertreter des RLM auch in dieser Hinsicht diametrale Positionen zu denen der Luftfahrtindustriellen. Während man im Ministerium streng darauf bedacht war, durch eine rigide Preispolitik und nachträgliche Preiskorrekturen als volkswirtschaftlich „unsozial" interpretierte Rüstungsgewinne bzw. das Abschöpfen von Kapitalmitteln aus dem Finanzierungskreislauf der Luftwaffe zu verhindern, verfolgten die Flugmotorenbauer privatwirtschaftliche Profitinteressen.[794] Die NS-Behörden versuchten in den ersten Jahren nach der Machtübernahme, die Rüstungsfirmen davon zu überzeugen, dass Letztere sich mit einer „angemes-

[794] Vgl. z.B. Popp an Rummel vom 23.09.1937, in: BArch R 8119 F/P 3065, Bl. 95–96.

senen" Verzinsung ihres Anlagen- und Betriebskapitals begnügten.[795] So regelten die RLM-Richtlinien für die Preisprüfung: „Durch den Nutzenaufschlag wird dem Lieferer im Lieferpreis eine angemessene Verzinsung des für Wehrmachtaufträge eingesetzten Eigen-Kapitals vergütet. [...] Unter dieser Voraussetzung beträgt der Nutzenaufschlag 3% bis 10% der Selbstkosten. [...] Er ist umso niedriger anzusetzen, je größer die ständigen Wehrmachtlieferungen des Betriebes, je höher der Anteil der Werkstoffkosten an den Selbstkosten und je rascher der Kapitalumschlag des Betriebes durch Wehrmachtlieferungen ist."[796] Auf dieser Grundlage forderte das RLM vom Betriebsgewinn der BMW Flugmotorenbau GmbH der Jahre 1934/35 eine Rückvergütung von 3,5 Mio. RM, da das Ergebnis auf der Basis der vertraglich vereinbarten Festpreise nach ministerieller Lesart zu hoch ausgefallen war.[797] Gegen diese Rückzahlung konnte sich das Unternehmen nicht wehren.

Außerdem begrenzten die NS-Behörden die Ausschüttungen von Kapitalgesellschaften mit dem Gesetz über die Gewinnverteilung bei Kapitalgesellschaften auf 6%, in Sonderfällen auf 8%.[798] Das RLM stellte sich sogar auf den Standpunkt, dass die BMW Flugmotorenbau GmbH auf ihr von der BMW AG gehaltenes Grundkapital von 7,5 Mio. RM so lange keine Ausschüttungen vornehmen dürfte, bis die erheblichen Investitionsvorschüsse des Reiches getilgt seien.[799] Im Jahr 1934 verhinderte diese Haltung der RLM-Verantwortlichen, dass die BMW-GmbH wie vorgesehen eine Dividende von 6% ihres Grundkapitals – d.h. 450000 RM – an die BMW AG ausschütten konnte.

Da die vollständige Amortisation der Reichsvorschüsse jedoch erst Jahre später zu erwarten war, entwickelten sich zwischen der BMW-Unternehmensleitung und den Verantwortlichen im RLM schwierige und langwierige Verhandlungen über den Gewinn des Unternehmens. Popp und Klebe protestierten vehement gegen die vom RLM verfolgten Grundsätze der Preis- und Dividendenpolitik. Es liege auf der Hand, so die BMW-Vorstände im Oktober 1934, „dass die Aufzwingung einer derartigen Preispolitik eine sehr schnell fortschreitende Aushöhlung der Substanz unseres Unternehmens bedeute und vor allen Dingen jede Möglichkeit nimmt, die bei dem RLM einge-

[795] Vgl. Entwurf des Schreibens RKM an das Reichsministerium für Volksaufklärung und Propaganda vom Aug. 1936, in: BA-MA RW 19/649.

[796] Mob-Plans Rüstung: Richtlinien für die Preisprüfung, Fassung vom 15.09./21.11.1935, in: BA-MA RL 3/328, Bl. 377–389, hier Bl. 382.

[797] Vgl. den Bericht über die Entwicklung des finanziellen Verhältnisses der BMW AG zur BMW Flugmotorenbau GmbH und der BMW Flugmotorenbau GmbH zum RLM in den Jahren 1934 bis 1937 (o.D., wahrscheinlich Febr. 1938), in: BArch R 8119 F/P 3065, Bl. 176–187, hier Bl. 183.

[798] Vgl. Barkai, Wirtschaftssystem 1988, S. 186 und Petzina, Autarkiepolitik 1968, S. 171, FN 51. Siehe hierzu auch: Notiz von Lewinski an von Stauß vom 24.03.1934, in: BArch R 8119 F/P 3074, Bl. 5.

[799] Vgl. Notiz von Stauß vom 04.06.1935, in: BArch R 8119 F/P 3065, Bl. 9.

gangenen erheblichen Schulden in absehbarer Zeit abzutragen".[800] Außerdem wehrte sich die Unternehmensführung dagegen, dass das Ministerium BMW keinen Gewinn, sondern lediglich eine Verzinsung des im Flugmotorenbau eingesetzten Eigenkapitals zugestand. „Es ist für uns beschämend, dass das Wort Leistung und Arbeit als Maßstab für die Gewinnfestsetzung in den Grundsätzen [des RLM für die Preisbildung] überhaupt nicht gebraucht wird [...]", beschwerten sich Popp und Klebe.[801]

Da jedoch auch im RLM immer wieder der Wunsch geäußert wurde, die öffentlich gezahlten Gelder durch Privatkapital abzulösen, gelang es der BMW-Spitze in den Verhandlungen schließlich, die RLM-Verantwortlichen zum Einlenken zu bewegen. Bereits im Jahre 1935 schüttete die Flugmotorenbau GmbH an die BMW AG den vollen 6%igen Gewinnanteil des Jahres 1935 und rückwirkend 6% Dividende für das Jahr 1934 aus. Nachdem das RLM vom Ergebnis der Jahre 1934/35 noch 3,5 Mio. RM durch nachträgliche Preiskorrekturen zurückgefordert hatte, durfte das Unternehmen seine erwirtschafteten Gewinne ab 1935 sowohl zur Ausschüttung von Dividenden als auch zur Schuldentilgung verwenden. Damit erweiterte sich die Eigenkapitalbasis der AG und der GmbH.[802] Die schwierigen Verhandlungen mit dem Ministerium hatten für BMW demnach zu bedeutenden Erfolgen geführt. Diese Fortschritte in der Gewinnsituation führten jedoch noch nicht dazu, dass das RLM der Flugmotorenindustrie hinsichtlich der Betriebsergebnisse generell entgegenkam. Dies geschah erst im Zuge der Krise der Luftrüstung im Jahre 1937.

7.7.2.1. Bilanzbereinigung zwischen der BMW Flugmotorenbau GmbH und der BMW AG

Die erfolgreiche Position, die die BMW Flugmotoren GmbH sowohl in der Ersatzteilpreisbildung als auch hinsichtlich der Dividendenzahlungen gegenüber dem RLM errungen hatte, wurde im Frühjahr 1936 erneut auf die Probe gestellt. Das RLM wollte sich mit dem selbstbewussten Auftreten der Münchener Flugmotorenbauer auch weiterhin nicht abfinden. Willkommener Anlass für eine weitere Auseinandersetzung bot die vom BMW-Konzern Anfang 1936 angestrebte Bilanzbereinigung, der das RLM zustimmen musste.

Das Problem bestand darin, dass die Bilanz der BMW Flugmotorenbau GmbH in ihrer detaillierten Aufstellung den Posten „Forderungen an Konzerngesellschaften" in Höhe von rund 3,6 Mio. RM aufwies. Dieser Posten wurde von Hille als unbegründete Belastung der AG bzw. ungerechtfertigter

800 Popp und Klebe an von Stauß vom 31.10.1934, in: BArch R 8119 F/P 3074, Bl. 98–100, hier Bl. 99.

801 Ebd., Bl. 98.

802 Diese Regelungen ermöglichten dem BMW-Konzern auch die rasche Übernahme der Reichsanteile an der Flugmotorenfabrik Eisenach.

Aktivposten der GmbH bezeichnet. BMW strebte daher seine nachträgliche Auflösung an.[803]

Bei der Gründung der BMW Flugmotorenbau GmbH im Jahre 1934 hatte es sich lediglich um eine rein buchmäßige Ausgründung gehandelt. Die AG stellte der GmbH über den Betriebsgemeinschaftsvertrag sämtliche für das selbstständige Rechtsleben notwendigen Voraussetzungen und Mittel zur Verfügung. Die AG war dazu ohne Festlegung bestimmter Vergütungen deshalb in der Lage, weil sie als alleinige Gesellschafterin der GmbH den Rechtsanspruch auf den gesamten bilanzmäßig sich ergebenden Reingewinn der GmbH besaß.

Der Posten „Konzernforderungen" über 3,6 Mio. RM in der GmbH Einbringungsbilanz hatte seinen formalen Ursprung darin, dass als angemessener Annahmewert des Kapitals die Hälfte des Nominalkapitals der AG von 15 Mio. RM, d.h. 7,5 Mio. RM, festgesetzt wurde. Der in der Gründungsbilanz festgelegte Buchwert der damaligen Anlagewerte betrug jedoch nur 3,9 Mio. RM.[804] Wie die Geschäftsführungen beider Firmen betonten, lag dem Posten „Konzernforderungen" in Wirklichkeit keine materielle Forderung zugrunde. Dies wäre nur der Fall gewesen, wenn bei der Gründung eine Einzahlungsverpflichtung der AG an die GmbH hätte erklärt werden sollen, was jedoch nicht gegeben war. Dass dies nicht der Fall war, ergibt sich auch aus der Tatsache, dass die Geschäftsführung der GmbH gleich nach der Gründung überlegte, durch eine Kapitalreduktion der neuen Gesellschaft den als unberechtigt empfundenen Posten aus der Bilanz zu eliminieren. Auf Grund rechtlicher Vorschriften war dies allerdings nicht möglich.[805]

Bilanzbereinigungen, wie sie die BMW-Verantwortlichen vorhatten, waren nur mit ausdrücklicher Genehmigung des RLM möglich. Daher begannen Vertreter von BMW und des RLM Anfang 1936 Verhandlungen über die Bereinigung der Gründungsdifferenz. Aufgrund der unterschiedlichen Interessen beider Seiten gestalteten sich die Debatten äußerst schwierig. Hille resümierte, dass man sich zeitweise geradezu in „Kampfesstimmung" gegenüber saß.[806] Das vordergründige Ziel des BMW-Managements war es, das gesamte ausgewiesene Kapital der GmbH in vollem Umfang gewinnanteilberechtigt zur freien Verfügung zu haben. Man strebte an, die angemessene Kapitalhöhe endgültig festzulegen, um diesen Betrag als Ertragsbasis zu verankern, was offiziell nicht möglich war, solange noch Geldforderungen sei-

803 Vgl. Bericht Merkel zur Begründung der Berichtigung der Bilanzen der BMW AG und der BMW Flugmotorenbau GmbH vom 27.04.1936, in: BArch R 8119 F/P 3145, Bl. 102, S. 1–9.

804 Vgl. Erklärung der BMW AG und der Flugmotorenbau GmbH über die Bereinigung der Bilanzen vom 30.06.1936, in: ebd., Bl. 117, S. 1–27, hier S. 2.

805 Vgl. Bericht Merkel zur Begründung der Berichtigung der Bilanzen der BMW AG und der BMW Flugmotorenbau GmbH vom 27.04.1936, in: ebd., Bl. 102, S. 1–9, hier S. 6.

806 Notiz an von Stauß vom 29.05.1936, in: BArch R 8119 F/P 3075, Bl. 18–19, hier Bl. 19.

tens der GmbH bestanden.[807] Tatsächlich strebte Hille eine umfangreiche „Gewinntransferierung“ von der GmbH auf die AG an, da die weitreichenden Einflussnahmen des RLM im vom Reichskriegsministerium betreuten Mutterkonzern nicht in dem Maß möglich waren wie im BMW-Flugmotorenbau, der vollständig vom staatlichen Monopsonist abhängig war. Hille begründete die angestrebte verdeckte innerbetriebliche Gewinnausschüttung intern: „[...] grundsätzlich müsse die Einstellung die sein, dass die AG als Muttergesellschaft, welche die Lasten und das Risiko der schweren Vorjahre getragen habe, dabei zu ihrem Rechte komme.“[808] Auf diese Weise versuchte der BMW-Vorstand, die unternehmerischen Handlungsspielräume sowie den privatwirtschaftlichen Charakter des Unternehmens an den strikten Kontrollen des RLM vorbei zu bewahren.

Im Ministerium weigerte man sich allerdings, dem BMW-Ansinnen einer Bilanzbereinigung ohne weiteres stattzugeben. Der sachliche Grund lag in erster Linie darin, dass das RLM den Abfluss von dringend benötigten Geldern aus dem Flugmotorenbereich verhindern wollte. Zur damaligen Zeit musste noch das Gros der Finanzmittel, die die Unternehmen der Luftfahrtindustrie nicht eigenständig aufbrachten, aus dem Haushalt des Ministeriums bezahlt werden. Daher war es aus fiskalischer Sicht verständlich, dass die Beamten des RLM den Forderungen der BMW AG reserviert gegenüber standen. Unter dem der nationalsozialistischen Bewegung nahestehenden kaufmännischen BMW-Vorstand Klebe war es dem Luftwaffenverwaltungsamt sogar gelungen, die leitenden BMW-Mitarbeiter zu der schriftlichen Erklärung zu zwingen, „dass bei allen Maßnahmen, die auf das Wirtschaftsergebnis der einzelnen Fabrikationszweige Einfluss haben, in erster Linie die Interessen des Reiches [d.h. in diesem Fall des RLM] und nicht die des Auto- und Motorradbaus zu wahren“ seien.[809]

Jedoch beeinflussten auch andere Beweggründe die beharrliche Weigerung des RLM zur BMW-Bilanzbereinigung. Die RLM-Vertreter verknüpften mit der Zustimmung zur Bereinigungsaktion einmal mehr die Forderung, das System der Reichsbeteiligung auf das Flugmotorenbau-Stammwerk in München auszudehnen. Hille war der Meinung, dass es dem RLM offensichtlich um eine Machtfrage ging, die nicht nur BMW, sondern die gesamte Industrie schwer treffen würde. Er schrieb am 18.04.1936 an von Stauß: „Falls hier nicht eine ganz korrekte Trennung zwischen den Funktionen des Auftraggebers und den handelsrechtlichen Verantwortungen und Verpflichtungen gezogen wird, ist die Plattform für die weitere Aufarbeitung im Interesse der Firmen zerstört.“[810]

[807] Von Stauß an das RLM vom 24.07.1936, in: BArch R 8119 F/P 3145, Bl. 123.
[808] Aktennotiz Deutsche Bank vom 17.12.1935, in: BArch R 8119 F/P 3065, Bl. 15-16, hier Bl. 15.
[809] Ebd.
[810] Vgl. Hille an von Stauß vom 18.04.1936, in: BArch R 8119 F/P 3145, Bl. 88, S. 1-10, hier S. 10.

Erneut führte ein Gutachten der Deutschen Treuhand-Gesellschaft in Berlin zur Beilegung des Streits. Sie erklärte, dass eine Berichtigung der Bilanzen erforderlich sei, da der Posten „Forderungen an Konzerngesellschaften" mit dem Rechtsbegriff der „Forderung" nichts zu tun habe und keine wirklich materiellen Forderungen an die AG darstelle. Die Berichtigung stelle dementsprechend keine Berichtigung der Bilanz als solcher, sondern nur die Berichtigung der Kennzeichnung eines Bilanzpostens dar. Den Gesellschaftern einer GmbH stehe grundsätzlich das Recht zu, Bilanzen, die sie als unrichtig erkannt haben, nachträglich zu ändern. Die BMW AG sei alleinige Gesellschafterin der BMW Flugmotorenbau GmbH. Da ihr auf Grund dessen die Feststellung der Jahresbilanz und die Verteilung des sich daraus ergebenden Reingewinns zustünden, könne sie die Geschäftsführer der GmbH verpflichtend anweisen, die Bilanzbereinigung vorzunehmen.[811]

Am 24.07.1936 meldete von Stauß die Bereinigungsaktion als vollzogen.[812] Der Schiedsspruch der unabhängigen Treuhand-Gesellschaft hatte erneut zur Beilegung des Streites geführt. Hille betonte, dass insbesondere zwei Faktoren zum Erfolg des Unternehmens beigetragen hatten.[813] Erstens hatten die Firmenvertreter konsequent die Bezeichnung „Gewinntransfer" vermieden und darauf hingewiesen, dass es sich vielmehr um eine „Bereinigung" handelte. Auf diese Weise hatten sie systematisch den tatsächlichen Zweck der Bilanzbereinigung verschleiert. Zweitens hatte die Finanztransaktion die Kreditwürdigkeit der BMW AG nachhaltig verbessert. Hille wies in den Verhandlungen wiederholt darauf hin, dass von dieser Tatsache vor allem der BMW-Flugmotorenbau profitieren würde, da die BMW Flugmotorenbau GmbH regelmäßig Bürgschaften von der BMW AG erhielt. Die Verknüpfung der Bereinigungsfrage mit der Inaussichtstellung von neuen Geldern für die RLM-Aufgaben wirkte sich im Endeffekt günstig aus.

Das Ergebnis der Verhandlungen mit dem RLM offenbarte eindrucksvoll, dass das BMW-Management finanziell in erster Linie für die BMW-Holdinggesellschaft wirtschaftete. Hille nutzte die Gunst der Stunde und die Rückendeckung der Treuhand-Gesellschaft, um der BMW AG neben der Bereinigung der GmbH-Gründungsdifferenz im Rahmen des Verrechnungsverhältnisses der Betriebsgemeinschaft weitere namhafte Beträge aus dem Flugmotorenbau zuzuführen.[814] Durch die Geltendmachung sämtlicher berechtigter Ansprüche an die Flugmotorenbau GmbH gelang es Hille, den finanziellen Sta-

[811] Vgl. Bericht Merkel zur Begründung der Berichtigung der Bilanzen der BMW AG und der BMW Flugmotorenbau GmbH vom 27.04.1936, in: ebd., Bl. 102, S. 1–9, hier S. 8.

[812] Vgl. von Stauß an das RLM vom 24.07.1936, in: ebd., Bl. 123.

[813] Vgl. Notiz an von Stauß vom 29.05.1936, in: BArch R 8119 F/P 3075, Bl. 18–19, hier Bl. 19.

[814] Vgl. Bericht über die Entwicklung des finanziellen Verhältnisses der BMW AG zur BMW Flugmotorenbau GmbH und der BMW Flugmotorenbau GmbH zum RLM in den Jahren 1934 bis 1937 (o.D., wahrscheinlich Febr. 1938), in: BArch R 8119 F/P 3065, Bl. 176–187, hier Bl. 178.

Grafik 12: Entwicklung des ausgewiesenen Bilanzgewinns der BMW AG (inkl. Ausschüttungen der GmbHs, nach Steuern)

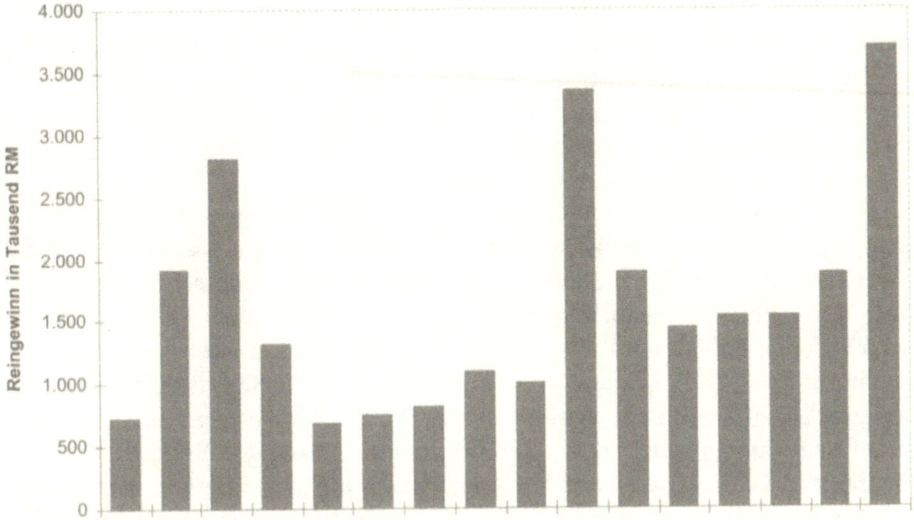

Alle Angaben jeweils nach Ausschüttung des Gewinnanteils der GmbHs an die BMW AG.
Quelle: Vgl. Tabelle 21, S. 479.

tus der BMW AG bis 1937 mit Erträgen aus dem Flugmotorenbau um netto ca. 8 Mio. RM zu verbessern.[815] Dass Hille seine Strategie, Gewinne aus dem BMW-Flugmotorenbau für die BMW AG abzuschöpfen und damit dem direkten Einfluss des RLM zu entziehen, Mitte der 1930er und Anfang der 1940er Jahre besonders erfolgreich verfolgte, verdeutlicht Grafik 12 über die Entwicklung des Reingewinns der BMW AG.

Die Geschäftsfelder der BMW AG – Motorrad-, Automobil- und Heeresgerätebau – erholten sich in den Jahren ab 1932 nur langsam vom starken Gewinneinbruch der Weltwirtschaftskrise. Dagegen erwirtschaftete der BMW-Flugmotorenbau bereits in den ersten Jahren nach seiner gesellschaftsrechtlichen Ausgründung 1934 hohe Erträge. Der Großteil der von Hille im Jahre 1936 ausgehandelten Bilanzbereinigung wurde der BMW AG rückwirkend für das Jahr 1935 gut geschrieben und der Rest auf die Jahre 1934–1937 verteilt.[816] Während sich der Gewinn der BMW AG-Erzeugnisse bis 1940 in etwa auf dem Niveau von 1933 und 1934 hielt, wurde er von 1935 bis 1940 jährlich von der 6%igen Dividendenzahlung der BMW Flugmotorenbau GmbH – 450000 RM, immerhin 3% des AG-Grundkapitals – gestärkt.

[815] Vgl. ebd., Bl. 181 und Notiz Wörner an von Stauß vom 22.02.1938, in: BArch R 8119 F/P 3075, Bl. 356.

[816] Vgl. Geschichte des BMW-Konzerns – Die finanzielle Entwicklung (o. D.), in: BMW-Arch UA 2.

Im Jahre 1940 wurde zwar einerseits der BMW-Automobilbau stillgelegt. Andererseits ereichte Hille durch die Gewinn- und Verlustübernahmeklauseln, die in die neue Organverfassung integriert wurden, dass das jeweilige Jahresergebnis der BMW-Flugmotorenbau-Gesellschaften ab 1940 unmittelbar für oder gegen die Aktiengesellschaft wirkte. Aus dieser Regelung resultierte, dass die BMW AG in ihrem Jahresergebnis 1940 nicht nur den Verlust der Automobilabteilung ausgleichen, sondern ab 1941 erhebliche Erträge aus dem Flugmotorenbau abschöpfen konnte.

Sowohl die Bilanzbereinigung Mitte der 1930er Jahre als auch die Organschaft des BMW-Konzerns 1940 sowie deren finanzielle Auswirkungen auf das Ergebnis der BMW AG belegen, dass sich der Anspruch des Ministeriums, den BMW Flugmotorenbau GmbHs gegenüber als legitimer Prinzipal aufzutreten, der sowohl deren Preise als auch deren Gewinnsituation determinierte, nicht mit der rechtlichen und tatsächlich praktizierten Beziehung deckte. Auf die gesellschaftsrechtliche Positionierung des BMW-Konzerns als privatwirtschaftliches und profitorientiertes Unternehmen hatte die Behörde lediglich begrenzten Einfluss. Die BMW-Geschäftsführung verteidigte ihre rechtliche Eigenständigkeit in Preis- und Gewinnausschüttungsfragen wiederholt vehement und wurde dabei rechtlich von der unabhängigen Treuhand-Gesellschaft legitimiert. Dass es dem RLM außerdem nur bedingt gelang, den Gewinn der Flugmotorenbau-Gesellschaften zu begrenzen, zeigt der folgende Abschnitt.

7.7.2.2. Gewinn-Neuregelungen im Zuge der Krise der Luftrüstung 1937

Die nationalsozialistische Propaganda bewertete das Ziel der Privatwirtschaft, Gewinne zu erzielen, meist als Tendenz der illegitimen persönlichen Bereicherung und als bedauerliche persönliche Entgleisung.[817] „Es sind ja sogar Firmen trotz ihrer hohen Verschuldung, trotzdem sie noch in keiner Weise genügend Reserven hatten, Gewinne wieder entzogen worden, nur weil man den industriellen Firmengewinn in der moralischen Wertung mit dem persönlichen Kapitalistengewinn gleichsetzte“, empörte sich Hille.[818] Die Aussagen der NS-Wirtschaftsfunktionäre sowie die erklärte Politik des RLM zur strikten Preiskontrolle und Gewinnbegrenzung der Luftfahrtindustrie erwiesen sich allerdings schon sehr bald als reine Rhetorik. Seit Ausgründung der BMW-Flugmotorenbau-Aktivitäten im Jahre 1934 war die Profitabilität dieser Konzernsparte sehr hoch.[819] Der Gewinn und die Umsatzrendite der Flugmotoren-

[817] Vgl. z.B. Reichswirtschaftsminister Funk auf einer Tagung des Gauwirtschaftsamtes des Gaus München/Oberbayern am 14.11.1941, in: Bayerische Wirtschaftszeitung, Amtliches Organ der Wirtschaftskammer Bayern, 71.Jg., Nr. 24 vom 26.11.1941, in: BayHStA MWi 57.

[818] Denkschrift Hilles über die Bereinigung der Bilanzen der deutschen Luftfahrtindustrie, 28.06.1937, in: BArch R 8119 F/P 3144, Bl. 49.

[819] Zum Thema Profitabilität der Wirtschaft unter nationalsozialistischer Herrschaft siehe u.a.: Boelcke, Kosten 1985, S. 43–50; Buchheim, Christoph: Zur Natur des Wirtschaftsaufschwungs in der NS-Zeit, in: Ders./Hutter, Michael/James Harold: Zerissene

Grafik 13: Ausgewiesener Bilanzgewinn BMW-Konzern, BMW AG und BMW-Flugmotorenbau-Gesellschaften (jeweils vor Gewinnausschüttungen der GmbHs an die Muttergesellschaft)

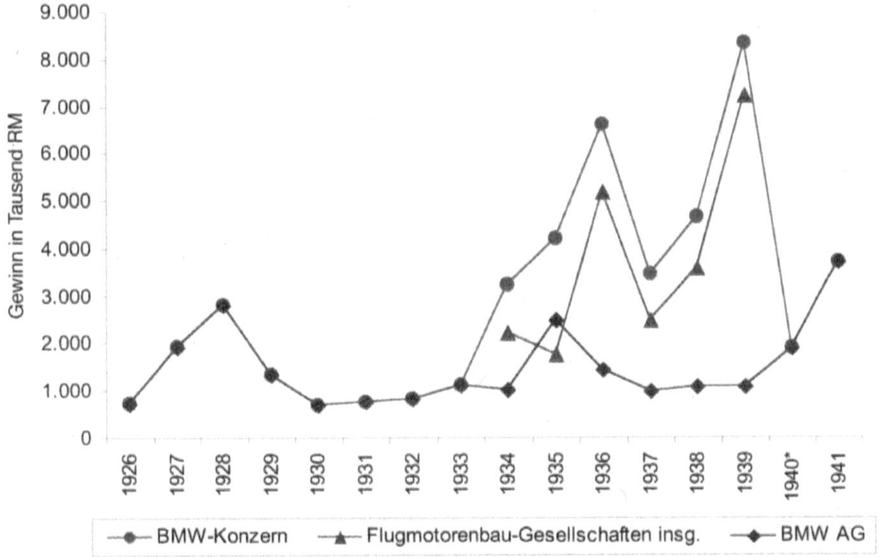

*Die Ertragsangaben des BMW-Konzerns für die Jahre 1939 und 1940 sind nur bedingt miteinander vergleichbar. Die BMW-GmbHs schlossen ab dem Geschäftsjahr 1940 ohne Gewinn und Verlust ab, da der Jahresgeschäftsertrag gemäß dem seit 1940 bestehenden Organvertrag mit der BMW AG vor Feststellung des Jahreabschlusses an die BMW AG übertragen wurde. Dementsprechend betrug der Jahresbeteiligungsertrag der BMW AG für das Jahr 1940 6,242 Mio. RM. Allerdings wurden auf Weisung des OKH im gleichen Jahr der Automobilbau und Teile der Heeresgerätefertigung eingestellt. In diesem Zusammenhang verbuchte die BMW AG außerordentliche Verluste durch „Lagerhüterbewegungen" in Höhe von 5,398 Mio. RM. Zusammen mit kriegsbedingten Rückstellungen für ungewisse Schulden in Höhe von 1,375 Mio. RM, wurde der Ertragszuwachs auf Seiten der BMW AG aus den Gewinnausschüttungen der Flugmotorenbau-GmbHs weitgehend neutralisiert und ist demnach in der Gewinnstatistik nicht sichtbar. Vgl. Vorbericht des Vorstandes über das Geschäftsjahr 1940, in: BArch R 8119 F/ P 3085, Bl.72, S. 1-8; Bericht der BMW AG über das Geschäftsjahr 1940, in: ebd., Bl. 82-92 und Schreiben Vorstand der BMW AG an von Stauß vom 17.06.1941, in: ebd., Bl. 100-107.

Quelle: Vgl. Tabelle 24, S. 481.

bau GmbHs lagen kontinuierlich wesentlich höher als die der BMW AG. Eine Ausnahme bildete lediglich das Jahr 1935, in dem die Bilanzbereinigung das Ergebnis der AG wesentlich verbesserte und das der GmbH München entsprechend deutlich verschlechterte (Vgl. Grafik 13 und 14).

Auf Grund der herausragenden Bedeutung des Flugmotorenbaus für die Bayerischen Motoren Werke zeigen die Werte der Eigenkapitalrendite des BMW-Gesamtkonzerns einen sehr ähnlichen Verlauf wie die Gewinn- und

Zwischenkriegszeit. Wirtschaftshistorische Beiträge. Knut Borchardt zum 65. Geburtstag. Baden-Baden 1994, S. 97-119; Ders., Upswing of German Industry 2000, S. 33-52; Spoerer, Eigenkapitalrentabilität 1996 und Ders.: Industrial Profitability in the Nazi Economy. In: Buchheim /Garside (Hrsg.), Slump 2000, S. 53-80.

Grafik 14: Umsatzrendite BMW-Konzern, BMW AG und BMW-Flugmotorenbau-Gesellschaften

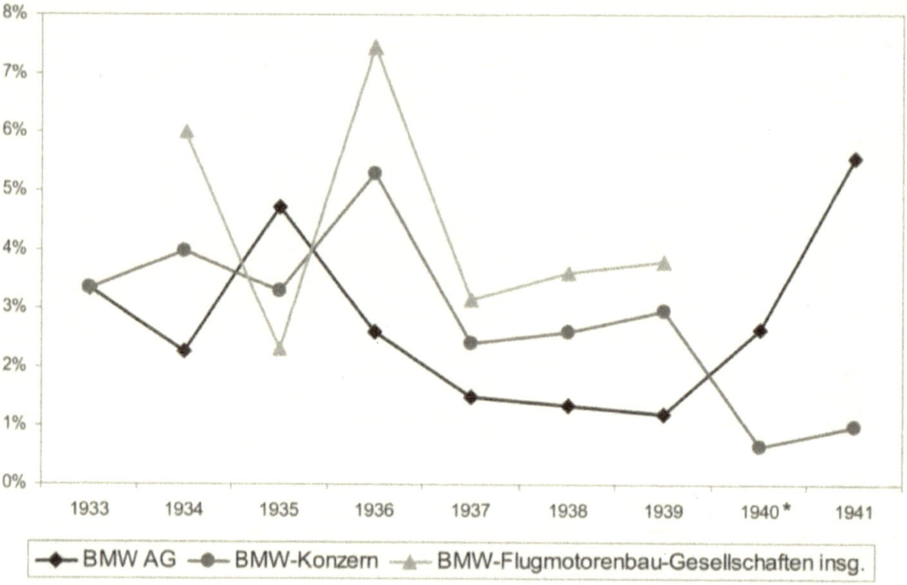

*Hinsichtlich der Werte ab dem Jahr 1940 vgl. die Anmerkung zur Grafik 13.
Quelle: Vgl. Tabelle 25, S. 482.

Umsatzrenditekurven der Flugmotorenbau GmbHs. Da die GmbH München stark unterkapitalisiert und die GmbH Spandau stark überkapitalisiert war, ergeben die Daten zur Eigenkapitalrendite allein der BMW-Flugmotorenbau-Sparte keine repräsentativen Werte. Außerdem bestanden zwischen der BMW-Holdinggesellschaft und den Flugmotorenbau-Tochtergesellschaften in den 1930er Jahren eine Reihe von Kapitalverflechtungen, die eine separat betrachtete Eigenkapitalrentabilität der GmbHs stark verfälschen würden. Daher werden im Folgenden die Daten des BMW-Konzerns verwendet (Vgl. Grafik 15 und Tabelle 20, beide S. 451).

Auffällig sind vor allem die sehr hohen Eigenkapitalrenditen des BMW-Konzerns der Jahre 1934 bis 1936. Sie zeigen deutlich, dass die Praxis der vom RLM vorläufig vergüteten Richtpreise und die Möglichkeit, so genannte Übergewinne im Nachhinein wieder einzuziehen, die hohe Profitabilität des BMW-Konzerns im Allgemeinen und des BMW-Flugmotorenbaus im Besonderen nicht verhindern konnte. Einerseits erlaubten die Bilanzierungsregeln den Firmen die Unterbewertung von Vermögenswerten in Boom-Zeiten – ungeachtet dessen, wer an der politischen Macht war. Industrieunternehmen betrieben in den 1930er Jahren zum Teil massive Bilanzmanipulationen.[820] Außerdem war

[820] Vgl. Spoerer, Profitability 2000, S. 56–62. Siehe hierzu auch: Ders.: ‚Wahre Bilanzen!' Die Steuerbilanz als unternehmenshistorische Quelle. In: Zeitschrift für Unternehmensgeschichte 40 (1995), S. 158–179.

Grafik 15: Entwicklung der Eigenkapitalrendite des BMW-Konzerns 1926–1941

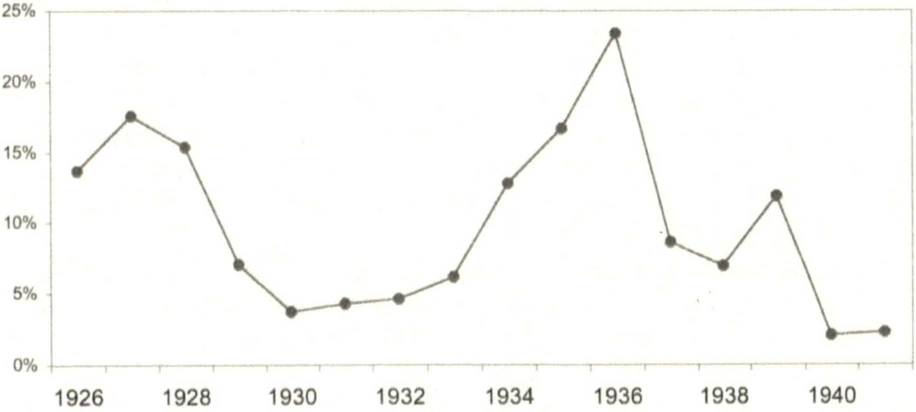

* Hinsichtlich des Rückgangs der Eigenkapitalrendite 1940 vgl. die Erklärung in Grafik 13, S. 449.

Tabelle 20: Entwicklung der Eigenkapitalrendite des BMW-Konzerns 1926–1941 (in Prozent)

Jahr	Eigenkapitalrendite	Jahr	Eigenkapitalrendite
1926	13,57	1934	12,75
1927	17,51	1935	16,68
1928	15,27	1936	23,31
1929	7,07	1937	8,55
1930	3,65	1938	6,89
1931	4,22	1939	11,86
1932	4,59	1940	2,01
1933	6,15	1941	2,25

Quelle: Errechnet aus den Bilanzen in: Spezial-Archiv der deutschen Wirtschaft – Verlag Hoppenstedt & Co. (Hrsg.): Handbuch der deutschen Aktiengesellschaften. Berlin 1926-2 – 1942-5, sowie den Bilanzen in: BArch R 8119 F/P 3131, P 3102 und P 3104. Alle Angaben jeweils nach Ausschüttung des Gewinnanteils der GmbHs an die BMW AG.

man sich im Technischen Amt bewusst, dass es der ministeriellen Preisprüfung nicht gelingen würde, den Industrieunternehmen nachzuweisen, dass die von ihnen berechneten Lohn- und sonstigen Kosten für einen Flugmotor zu hoch waren und daraus unangebrachte Gewinne resultierten.[821]

Neben den Unzulänglichkeiten des staatlichen Überwachungs- und Richtpreissystems ist angesichts der umfangreichen Einblicksmöglichkeiten der einschlägigen RLM-Abteilungen in die Buchführung des BMW-Konzerns andererseits allerdings auch anzunehmen, dass das Ministerium die entsprechenden Gewinnbeschränkungsmaßnahmen bewusst nur halbherzig anwen-

821 Vgl. Stellungnahme von LC zu Preisprüfungsfrage vom 12.12.1936, in: BA-MA RL 3/169.

dete. Obwohl die RLM-Verantwortlichen danach strebten, alle relevanten Ressourcen für ihre Aufrüstungsziele zu usurpieren, hatten sie trotz der offiziellen Rhetorik nur wenig Interesse daran, die steigende Profitabilität des Münchener Flugmotorenbauers zu stoppen. Im Gegenteil tolerierte das Ministerium die Tatsache, dass sich die Eigenkapitalrentabilität von BMW von 1933 bis 1936 fast vervierfachte. Für das Unternehmen war die Partizipation am Aufbau der Luftwaffe und dem damit einhergehenden Rüstungsboom auf Grund der Relevanz seiner Produkte für die politischen Ziele des Ministeriums demnach äußerst lukrativ.

Die Grafiken zur Gewinnentwicklung, Umsatz- und Eigenkapitalrendite[822] von BMW verdeutlichen ferner sehr anschaulich die immensen Auswirkungen der Krise in der Luftrüstung des Jahres 1937 und die damit einhergehenden unvermittelten staatlichen Haushaltskürzungen.[823] Während sich der Gewinn der BMW-Flugmotorenbau-Gesellschaften von 5,16 Mio. RM im Jahr 1936 auf 2,46 Mio. RM im Folgejahr halbierte, sank die Umsatzrendite von 7,44% auf 3,45% und die Eigenkapitalrendite stürzte sogar von 23,31% auf 8,55%.

Die Krise des Jahres 1937 demonstrierte den Behörden, dass ein Richtungswechsel in der bisherigen Kapitalmarkt-, Preis- und Renditepolitik des RLM unumgänglich war. Im Luftwaffenverwaltungsamt des RLM setzte sich langsam die Einsicht durch, dass die ex-ante Festlegung von Fixpreisen nicht nur den Interessen der Unternehmen, sondern auch den Aufrüstungsbestrebungen des Ministeriums diente. Nur dadurch, dass der Staat nicht mehr jeden nachgewiesenen Preis bezahlte, konnten das Leistungsprinzip und ein gesunder Wettbewerb aktiviert werden. Allein klare Festpreisregelungen konnten die Unternehmen zu allgemeiner Sparsamkeit, verbilligtem Materialeinkauf, Minderung der Lohnkosten sowie zur Verkürzung von Fertigungszeit und -prozess motivieren, was die Kosten insgesamt reduzierte. Diese Effizienzsteigerung im Produktionsprozess diente gleichzeitig auch dem staatlichen Beschaffungsprogramm.[824] Durch adäquate Gewinnaussichten mussten den Unternehmen auch offiziell Anreize zu privatwirtschaftlicher Investition gegeben und der Kapitalmarkt aktiviert werden. Die Krise stieß somit letztendlich einen Politikwechsel an, mit dem das RLM den Interessen der Unternehmen der Luftfahrtindustrie ein großes Stück entgegenkam. Die „Beschlüsse zum zukünftigen Verhältnis zur Privatwirtschaft", die das RLM am 16.08.1937 veröffentlichte, sahen u.a. folgende Bestimmungen vor: „Alle Serienaufträge sind [...] unverzüglich zu Festpreisen abzuschließen. Diese Festpreise sind endgültig. Die Prüfungsbefugnisse des Amtes werden in keiner Weise beschränkt. Der Gewinn stellt das Er-

822 Vgl. Grafik 15, S. 451; Grafik 13, S. 449 und Grafik 14, S. 450.
823 Vgl. hierzu Kapitel 6.6., ab S. 174.
824 Vgl. hierzu Streb, Jochen/Streb, Sabine: Optimale Beschaffungsverträge bei asymmetrischer Informationsverteilung. Zur Erklärung des nationalsozialistischen „Rüstungswunders" während des Zweiten Weltkrieges. In: Zeitschrift für Wirtschafts- und Sozialwissenschaften 118 (1998), S. 275–294.

gebnis einer erfolgreichen kaufmännischen, technischen und fabrikatorischen Leistung privater Initiative dar. Der Gewinn muss sich unter Berücksichtigung reiner Staatsaufträge und der großen nationalen Aufgabe in bescheidenen und vom Reich gesteuerten Grenzen halten. Er darf als Höchstgrenze den Betrag von brutto 10% vom Umsatz nicht übersteigen."[825]

Die offizielle Neudefinition einer kaufmännischen Gewinnmarge, die Umstellung von Richtpreisen auf Festpreise, der gleichzeitig beschlossene Kapitalschnitt sowie die Gründung der Luftfahrtkontor GmbH als kreditgebendes Institut bedeuteten für die Unternehmen der Flugmotorenbau-Industrie in der zweiten Hälfte der 1930er Jahre eine erhebliche wirtschaftliche Verbesserung.[826] Das Ziel des RLM war es, angesichts der Krise in der Investitionsfinanzierung und der prekären Verschuldungssituation der Unternehmen neue Privatinitiativen innerhalb klar vorgegebener Rahmenbedingungen zu ermutigen. Die neuen Regelungen halfen den Luftfahrtunternehmen, ihre Eigenkapitalsituation zu verbessern, stille Reserven zu bilden und dadurch den Rückgang ihrer hohen Verschuldung einzuleiten.[827] Nach den Einbrüchen des Jahres 1937 stieg der Gewinn der BMW-Flugmotorenbau-GmbHs 1938 auf 3,56 Mio. RM und 1939 sogar auf 7,23 Mio. RM. Angesichts des Ende der 1930er Jahre rasch steigenden Umsatzes im BMW-Flugmotorenbau sprechen auch Umsatzrenditen von 4,90% 1938 und 4,77% 1939 sowie Eigenkapitalrenditen des Gesamtkonzerns von 6,89% 1938 und 11,86% 1939 für eine hohe Profitabilität des BMW-Kerngeschäftes.

Auch wenn sich die Festpreisabschlüsse auf Flugmotoren immer wieder verzögerten[828], war der im Sommer 1937 eingeschlagene Weg auch dazu angetan, eine vergleichsweise belastbare Vertrauensbasis der Industrie gegenüber dem Ministerium zu schaffen. Preiskonflikte mit dem RLM scheinen ab 1937 nicht mehr in dem bisherigen Ausmaß aufgetreten bzw. im gegenseitigen Einvernehmen beigelegt worden zu sein. Fehlendes Quellenmaterial zu diesem Themenkomplex für die Jahre nach 1937 stützt diese Vermutung.

Um die Profitabilität des BMW-Konzerns und des BMW-Flugmotorenbaus besser einordnen zu können, ist eine ungefähre Abschätzung der Rentabilität im Vergleich zu anderen Industrie- bzw. Rüstungsunternehmen interessant. Dafür wird im Folgenden zunächst die Umsatzrendite der BMW-Flugmotorenbau-GmbHs mit den entsprechenden Daten ausgesuchter Aktiengesellschaften verglichen (Vgl. Grafik 16, S. 454). Sowohl Daimler-Benz als

825 Beschlüsse des RLM über das zukünftige Verhältnis zur Privatwirtschaft vom 16.08.1937, in: BArch R 8119 F/P 3145, Bl. 189.

826 Vgl. RLM an RFM betr. Luftfahrtkontor GmbH vom 20.06.1938, in: BArch R 2/5550, Bl. 26–28, hier Bl. 28.

827 Vgl. hierzu die Diskussionsgrundlage der Wirtschaftsgruppe Luftfahrtindustrie zu den neuen Richtlinien über Preisbildung und Finanzierung vom 02.04.1937, in: DAG/HIC Kissel 9.34 Behörden und Institutionen, S. 1–32.

828 Vgl. hierzu u.a. Lahs an Kissel betr. Preisbildung vom 30.11.1939 (und gleichlautendes Schreiben an Hille), in: ebd. und Bopp, Pricing Policy 2000, S. 159.

Grafik 16: Umsatzrenditen der Daimler-Benz AG, der Siemens & Halske AG, der MAN AG und der BMW-Flugmotorenbau-GmbHs im Vergleich 1934–1940

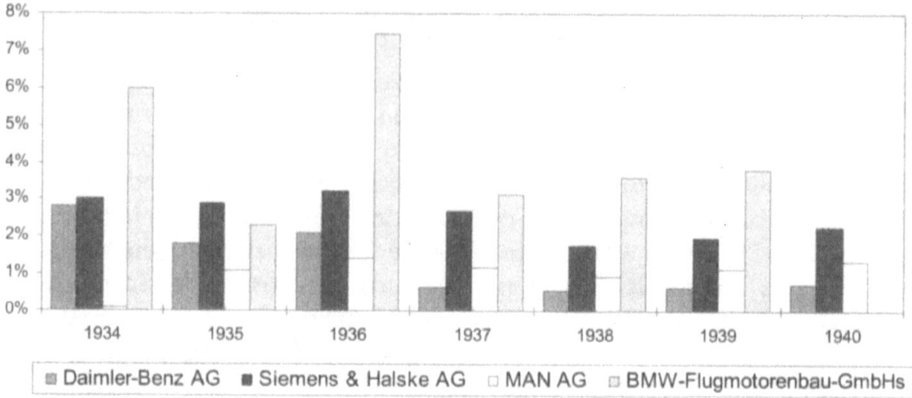

Quelle: Vgl. Tabelle 27, S. 484.

Grafik 17: Eigenkapitalrenditen der Branchen Maschinen und Apparatebau, Elektrotechnische Industrie, Feinmechanische und optische Industrie, der Industrie insgesamt und des BMW-Konzerns im Vergleich

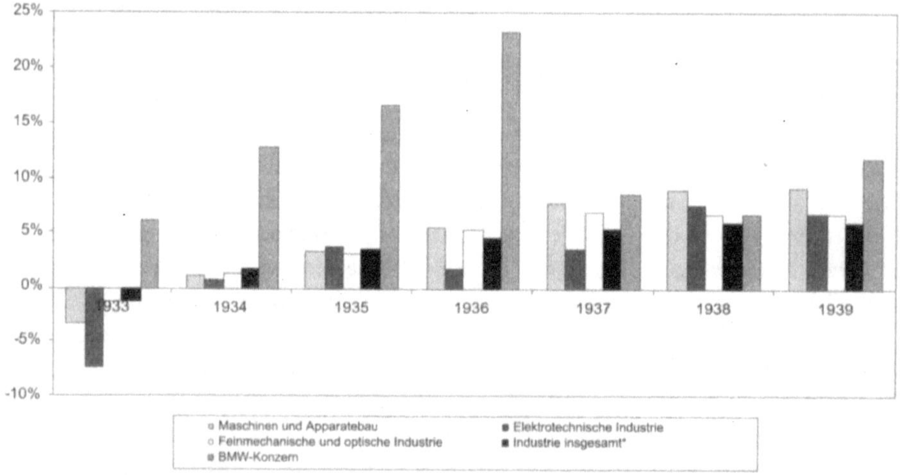

Quelle: Vgl. Tabelle 28, S. 485.

auch Siemens & Halske fertigten ähnlich wie BMW neben Flugmotoren andere rüstungsrelevante Erzeugnisse – Daimler-Benz den Fahrzeugbau und Siemens die Elektrotechnik – wenn auch z. T. mit sehr unterschiedlicher Bedeutung im Produktportfolio der Firmen. Die MAN AG, die neben BMW in München in den 1930er Jahren einer der wichtigsten Arbeitgeber war, produzierte vor allem Nutzfahrzeuge, Panzer und Großdieselmotoren. In einem zweiten Schritt wird die Eigenkapitalrendite des BMW-Konzerns mit denen der Industrie insgesamt und mit drei Branchen, die strategische Güter herstellten und damit für die Rüstungsanstrengungen des NS-Regimes bedeutend waren – der Maschinen und Apparatebau, die Elektrotechnische Industrie sowie die Feinmechanische und optische Industrie –, verglichen (Vgl. Grafik 17, S. 454).

Beide Vergleiche sind insofern problematisch, da das verfügbare Datenmaterial unsauber und unzuverlässig ist. Beispielsweise mussten Geschäftsjahre z.T. in Kalenderjahre umgerechnet werden. Außerdem ist ausdrücklich zu betonen, dass vor allem auf veröffentlichte, sprich manipulierte Bilanzen zurückgegriffen werden musste, so dass u.a. stille Reserven nicht berücksichtigt und die tatsächlichen Gewinne der Unternehmen daher unterbewertet sind.[829] Es kann hier demnach nicht um die Gegenüberstellung exakter Rentabilitätswerte bzw. deren quantitative Veränderungen, sondern lediglich um die Abschätzung ungefährer Tendenzen gehen. Die Rentabilitätskennziffern sind nominal sowie nach Abzug der Steuern berechnet.

All dieses Datenmaterial deutet in die gleiche Richtung. Für die dieser Arbeit zugrunde liegende Fragestellung ergeben sich folgende Ergebnisse: Erstens war die industrielle Profitabilität der rüstungsrelevanten Unternehmen und Branchen insgesamt sehr hoch. Dies deckt sich im Übrigen mit den Untersuchungen von Spoerer, der nachwies, dass der Anstieg der industriellen Rentabilität in Deutschland vor allem ab 1935 als Gewinnexplosion bezeichnet werden kann. Außerdem verdienten Unternehmen der stark in die Rüstung eingebundenen Produktionsgüterindustrie wesentlich besser als solche der Konsumgüterindustrie.[830] Zweitens lagen die Rentabilitätswerte des BMW-Flugmotorenbaus und des BMW-Konzerns z.T. deutlich über dem Durchschnitt. Und drittens erholte sich das Münchener Unternehmen, mutmaßlich aber auch die Flugmotorensparten anderer Unternehmen wesentlich schneller und nachhaltiger von der Weltwirtschaftskrise als andere Rüstungsunternehmen außerhalb der Flugzeugindustrie. Die insgesamt hohe Profitabilität der Bayerischen Motoren Werke revidiert außerdem die Aussage von Budraß, dass das RLM den Unternehmen bei der Preisberechnung nur „extrem niedrige Gewinnsätze" zugestand.[831] Budraß suggeriert mit dieser Angabe, dass die einschlägigen Unternehmen der Luftfahrtindustrie im weitgehend geschlossenen und planwirtschaftlich organisierten Luftrüstungsblock deutlich weniger unternehmerische Handlungsspielräume hatten als Firmen anderer Branchen der Rüstungsindustrie. Die Ergebnisse zu BMW – mutmaßlich aber auch für andere Unternehmen der Flugmotorenindustrie – zeigen jedoch, dass die Verhältnisse trotz der stärkeren Eingriffe auf der operativen Ebene nicht so viel anders waren als in den übrigen Unternehmen der Rüstungsindustrie. Die

829 Zum Unterschied von Handels- und Steuerbilanz vgl. Spoerer Wahre Bilanzen 1995, S. 158–179 und Ders., Eigenkapitalrentabilität 1996.

830 Vgl. ebd., S. 169.

831 Budraß, Flugzeugindustrie 1998, S. 361.

Rentabilität der Flugmotorenindustrie scheint eher höher gewesen zu sein als in anderen Rüstungsbranchen.

Dass die hohen Gewinne sowohl der BMW AG als auch der Daimler-Benz AG vom Markt auch als solche angesehen wurden, zeigt die Entwicklung ihrer jeweiligen Börsenkurse in den 1930er Jahren.

Grafik 18: Börsenkursentwicklung der BMW AG und der Daimler-Benz AG 1926–1940

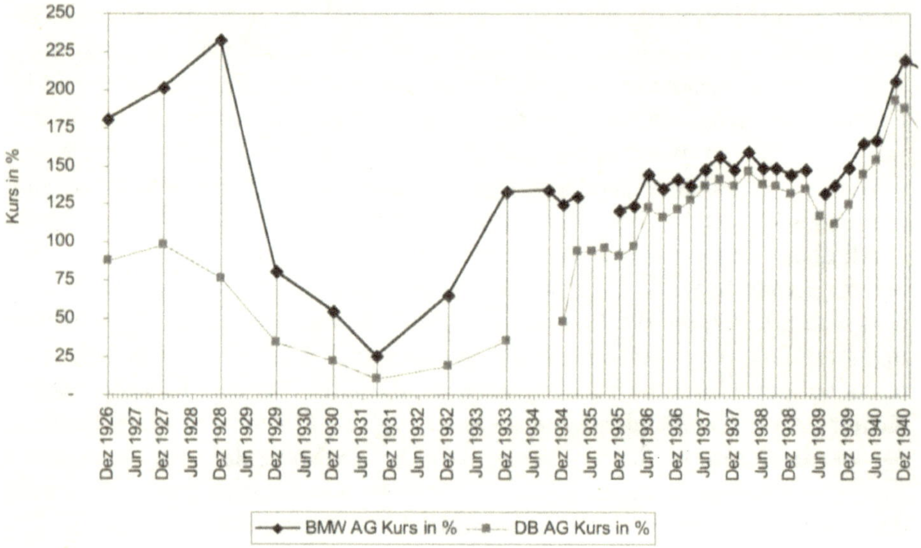

Quelle: Vgl. Tabelle 29, S. 485.

Börsenkurse spiegeln allgemein die Erwartungen der Märkte auf der Basis der vorhandenen Unternehmensinformationen. Der enorme Anstieg am Anfang der nationalsozialistischen Herrschaft sowie die von 1934 bis 1939 erreichte relative Stabilität der Aktienkurse beider Gesellschaften sind als Zeichen eines soliden Wirtschaftsoptimismus den Unternehmen gegenüber zu interpretieren. Die Angst, dass die beiden Firmen, nach Ende des staatlichen induzierten Rüstungsbooms schnell zusammenbrechen könnten oder dass sie auf Grund der Interessen des NS-Regimes eventuell doch noch verstaatlicht werden könnten, scheint an den Börsen keine wesentliche Rolle gespielt zu haben. Allerdings beinhaltet der Aktienkurs der BMW AG nur bedingt Informationen hinsichtlich der Flugmotorenbau-Aktivitäten des Konzerns. Immerhin wurde die Flugmotorenproduktion 1934 u. a. auf Grund der strikten Veröffentlichungsauflagen für Aktiengesellschaften aus der BMW AG ausgelagert, um die wirtschaftliche Dynamik dieser Fertigungssparte bewusst zu verschleiern. Seit Gründung der BMW Flugmotorenbau GmbH floss zwar auch deren vermeintliche Leistung in die Bewertung der Börsenkurse der BMW AG mit ein. Da der Konzern jedoch keine Informationen über die

Flugmotorenbau-Aktivitäten mehr publizierte, wurden die Anteile des Flugmotorenbaus an der Entwicklung der Aktienkurse hoch spekulativ.

Der empirische Befund einer ab 1933 außerordentlich gut verdienenden Flugmotorenindustrie lässt sich mit der vielfach aufgeworfenen These, dass das RLM in den 1930er und 1940er Jahren die Gefolgschaft der einschlägigen Firmen überwiegend mit ministeriellem Druck erzwungen hat, nicht vereinbaren, zumal dem Regime die gute Ertragslage bekannt war. Die hohe Rentabilität der Flugmotorenbau-Aktivitäten des Unternehmens zeigt, dass es dem BMW-Management auch unter der nationalsozialistischen Herrschaft in wichtigen Kernbereichen unternehmerischen Handelns weitgehend gelang, wesentliche Handlungsspielräume zu bewahren. Trotz der ministeriellen Regulierungen blieben das langfristige Gewinn- und Wachstumsstreben extrem wichtige Entscheidungsdeterminanten des BMW-Vorstands. Buchheim betont, dass diese Tatsache ein essenzielles Kennzeichen von in Privateigentum befindlichen Unternehmen ist.[832] Ihr Überleben als eigenständige Organisationen hängt schließlich davon ab, dass sie auf lange Sicht rentabel arbeiten und sich ihr Eigenkapital regelmäßig verzinst und nicht durch Verluste aufgezehrt wird. Auch wenn die liberale Marktsteuerung besonders hinsichtlich der freien Preisbildung in den 1930er Jahren mehr und mehr zurückgedrängt wurde, blieb sie in den Erwartungen der Privatunternehmer dennoch präsent und handlungsleitend.

Zwei Sachverhalte bewirkten, dass sich das BMW-Management vom RLM niemals vollständig instrumentalisieren ließ. Erstens waren sich die BMW-Verantwortlichen rasch darüber im Klaren, dass es den staatlichen Behörden nicht möglich war, die Firma lückenlos zu überwachen. Diesen Umstand nutzte die BMW-Spitze nicht nur in ihrer Buchführung, sondern auch in den komplizierten Verhandlungen mit den Ministeriumsvertretern über die Preis- und Gewinnfestlegungen. Zweitens gewann der Münchener Flugmotorenbauer gegenüber den staatlichen Dienststellen relativ große Handlungs- und Verhandlungsspielräume durch die Tatsache, dass das RLM auf die Kooperation und Partizipation von BMW weitgehend angewiesen war. Ohne die Flugmotoren sowie das langjährige technische und organisatorische Knowhow des Münchener Unternehmens war die Realisierung der rüstungswirtschaftlichen Ziele des Ministeriums nicht bzw. nur mit erheblichen Zeitverzögerungen zu erreichen. Dem NS-Regime war es zwar grundsätzlich möglich, unternehmerische Aufgaben durch die Gründung von Reichswerken zu übernehmen. Jedoch setzte sich in den einschlägigen Institutionen sehr schnell die Überzeugung durch, dass vollkommen neu gegründete, rein staatliche Unternehmen privaten Firmen hinsichtlich ihrer Effizienz unterlegen waren.[833]

832 Vgl. Buchheim, Unternehmen 2006, S. 365.

833 Vgl. hierzu auch Buchheim, Christoph/Scherner, Jonas: The Role of Private Property in the Nazi Economy: The Case of Industry. In: Journal of Economic History 2 (2006), S. 390–416, hier S. 405f.

Daher war es aus Sicht des RLM pragmatisch, die einzelnen Flugmotorenbauer dazu zu bewegen, sich am staatlichen Aufrüstungsprojekt zu beteiligen. Es war in diesem Zusammenhang ein erheblicher Unterschied, ob die Unternehmen gezwungen oder bereitwillig partizipierten.[834] Auch das Ministerium konnte sich Konflikte mit privaten Unternehmen demnach nur bedingt leisten.

Rein machtpolitisch besaßen die RLM-Vertreter viele Mittel, behördlichen Druck bzw. Zwang gegenüber den Flugmotorenherstellern anzuwenden. Sie taten es in den 1930er Jahren vor allem auf der operativen Ebene, d.h. im Entwicklungs- sowie im Produktionssektor. Die Ergebnisse des Kapitels 6.8. sowie die in diesem Kapitel gezeigte hohe Profitabilität von BMW verdeutlichen jedoch, dass die unternehmerischen Rahmenbedingungen weitgehend im Konsens ausgehandelt werden mussten. Die staatlichen Instanzen konnten zwar maßgeblich in die Produktion eingreifen, dabei jedoch nicht einseitig die zentralen finanziellen Komponenten unternehmerischen Handelns – sprich das Risiko und den Ertrag – von BMW bestimmen. Vielmehr sah sich das RLM offenbar veranlasst, auf die einzelwirtschaftlichen Interessen des Unternehmens Rücksicht zu nehmen. So gelang es der BMW-Spitze einerseits das finanzielle Risiko der Kapazitätserweiterungen der 1930er Jahre weitgehend auf das Reich abzuwälzen. Andererseits sah sich das Ministerium gezwungen, das Unternehmen für die vielen ministeriellen Regulierungen, aber auch für das mit dem allein staatlich induzierten Rüstungsboom einhergehende wirtschaftliche und politische Risiko mit dem zu kompensieren, was es ohnehin anstrebte – nämlich Gewinne. Mit anderen Worten erkaufte sich das RLM in den 1930er Jahren die Kooperation von BMW am Aufbau der Luftwaffe, indem es die sehr hohe Rentabilität der BMW-Flugmotorenbau-Aktivitäten tolerierte. Wenn Spoerer in Bezug auf die hohe Rentabilität der deutschen Industrieunternehmen feststellt, dass sich das Verhältnis zwischen dem NS-Regime und der Industrie in den 1930er Jahren weitaus besser durch „Verführung“ als durch „Gewalt“ kennzeichnen lässt, so gilt dies auch für die Beziehung von BMW zum RLM sowie mutmaßlich auch den anderen Flugmotorenbaufirmen.[835]

7.7.3. Zwischenfazit: Preispolitik und Gewinnsituation

Zusammenfassend ist festzuhalten, dass in der Preis- und Gewinnpolitik des RLM zumindest bis 1937 die behördliche Lenkung der Unternehmen dominierte. Staatliche Preispolitik trat an die Stelle der Marktpreise. Dadurch wurden die Preise ihrer volkswirtschaftlichen Funktion als Regulator der Angebots- und Nachfrageströme entledigt. Mit Hilfe staatlicher Dekrete wurde

[834] Vgl. Scherner, Jonas: Das Verhältnis zwischen NS-Regime und Industrieunternehmen – Zwang oder Kooperation? In: Zeitschrift für Unternehmensgeschichte 2 (2006), S. 166–190, hier S. 185.
[835] Vgl. Spoerer, Eigenkapitalrentabilität 1996, S. 170.

somit der entscheidende Mechanismus der Marktwirtschaft außer Kraft gesetzt.

Das im vom RLM implementierten Preissystem integrierte „Cost-plus-Pricing"-Prinzip erwies sich als äußerst rationalisierungsfeindlich. Es schwächte den unternehmerischen Geist, begünstigte Kostensteigerungen und führte daher zur produktionstechnischen Rückständigkeit. Die Geschäftsführung der BMW Flugmotorenbau GmbH versuchte wie alle Unternehmen der Flugmotorenindustrie in erster Linie, ihre Risiken und Kosten über die Preise zu kompensieren. Ein umsatz- und erfolgsorientiertes Verhalten machte für die einschlägigen Firmen nur bedingt Sinn, solange das RLM offiziell die Möglichkeit hatte, erzielte Gewinne durch eine nachträgliche Senkung der Preise abzuschöpfen. Die späte Festlegung der Preise verhinderte nicht nur jegliche Planungssicherheit für die Unternehmen, sondern schuf auch eine in der Industrie weit verbreitete Unzufriedenheit, einen augenfälligen Mangel an Vertrauen gegenüber dem Ministerium und gab immer wieder Anlass zu scharfer Kritik. Insgesamt setzte die Preisbildung die autonome Gesamtsteuerung der Märkte außer Kraft. Diese Feststellung scheint eine weitere Analyse überflüssig zu machen und die These zu stärken, dass die staatliche Preisfestlegung und Gewinnabschöpfung zur Aufhebung der Marktwirtschaft in einem ihrer zentralen Bereiche und damit einhergehend der wichtigsten unternehmerischen Handlungsspielräume geführt hat.

Die Ausschaltung der Preise als zentraler Mechanismus für den Markt bedeutete jedoch nicht, dass die privatwirtschaftliche Grundstruktur vollkommen außer Kraft gesetzt war. Auch Mitte der 1930er Jahre versuchten die BMW-Verantwortlichen noch ganz bewusst, das RLM als privatwirtschaftlichen Geschäftspartner und nicht als Befehle erteilenden Prinzipal zu behandeln, um sich somit einen möglichst großen Teil ihrer Eigenständigkeit zu erhalten. Auf Grund ihrer diametralen Positionen hinsichtlich der Preisbildung traten zwischen BMW und den zuständigen ministeriellen Dienststellen folglich immer wieder Konflikte auf. Dabei handelte es sich in diesen Auseinandersetzungen mindestens so sehr um allgemeine Machtproben zwischen dem Ministerium und dem Unternehmen. Beispielsweise provozierte das von einer großen Eigenständigkeit geprägte, privatwirtschaftliche Vorgehen der Münchener Gesellschaft bei der Berechnung der Ersatzteilpreise den massiven Widerstand des RLM.

Die Tatsache, dass die Deutsche Treuhand-Gesellschaft die Geschäftspraktiken von BMW für rechtmäßig und systemkonform erklärte, verdeutlicht, dass das Unternehmen mit seiner Strategie, den privatwirtschaftlichen Charakter des Flugmotorenbaus auch gegen die Widerstände des RLM zu verteidigen, durchaus Erfolg hatte. Das heißt, BMW konnte sich in bestimmten Grenzen auch unter nationalsozialistischer Herrschaft weiterhin marktgemäß verhalten.

Eng verknüpft mit der Preisbildung war die Frage nach den Gewinnen der Unternehmen im Flugmotorenbau. Während man im RLM offiziell streng darauf bedacht war, durch eine rigide Preispolitik, nachträgliche Preiskorrekturen und erzwungene Gewinnrückzahlungen hohe Rüstungsgewinne bzw. das Abschöpfen von Kapitalmitteln aus dem Finanzierungskreislauf des Aufbaus der Luftwaffe zu verhindern, verfolgten die Flugmotorenbauer selbstverständlich privatwirtschaftliche Profitinteressen. Sowohl in der Bilanzbereinigung Mitte der 1930er Jahre als auch durch die Organschaft des BMW-Konzerns 1940 verfolgte Hille seine Strategie erfolgreich, Gewinne aus dem BMW-Flugmotorenbau für die BMW AG abzuschöpfen und damit dem Einfluss des RLM teilweise zu entziehen.

Angesichts der sehr hohen Rentabilität des BMW-Konzerns im Allgemeinen und des BMW-Flugmotorenbaus im Besonderen erwiesen sich die strikten ministeriellen Gewinnbeschränkungsmaßnahmen sehr schnell als Rhetorik. Einerseits war allen Beteiligten klar, dass es den staatlichen Dienststellen unmöglich war, die Buchführung des Unternehmens lückenlos zu überwachen. Dieser Umstand gewährte der BMW-Geschäftsführung wichtige privatwirtschaftliche Handlungsspielräume in der Bilanzierung sowie in den komplizierten Verhandlungen mit Ministeriumsvertretern über Preis- und Gewinnfestlegungen.

Andererseits zeigt der Umstand, dass das RLM die außerordentlich hohe Profitabilität des BMW-Flugmotorenbaus in den 1930er Jahren tolerierte, dass die Beamten im Ministerium auf die weitgehende Kooperation des Unternehmens angewiesen waren. Machtpolitisch standen ihnen zwar viele Mittel zur Verfügung, behördlichen Zwang gegenüber den Flugmotorenherstellern anzuwenden. Sie nutzten diese Druckmittel insbesondere auf der operativen Unternehmensebene. Es gelang der BMW-Spitze jedoch, die finanziellen Konditionen ihrer Partizipation am Rüstungsboom weitgehend mitzubestimmen. Den Grad der Übernahme wirtschaftlichen Risikos sowie die Ertragssituation des Unternehmens wurden weitgehend im Konsens ausgehandelt. Um BMW freiwillig zur Kooperation im Rüstungsgeschäft zu bewegen, sah sich das RLM offenbar veranlasst, auf privatwirtschaftliche Interessen des Unternehmens in diesen zentralen Bereichen unternehmerischen Handelns Rücksicht zu nehmen. Diese Handlungsspielräume nutzte BMW nicht nur, indem es die wirtschaftlichen Risiken des Kapazitätsausbaus weitgehend auf das Reich abwälzte. Die Unternehmensführung sicherte sich im Flugmotorenbau gleichzeitig üppige Gewinne. Mit anderen Worten erkaufte sich das RLM in den 1930er Jahren die Kooperation des Unternehmens am Aufbau der Luftwaffe, indem es die sehr hohen Renditen der BMW-Flugmotorenbau-Aktivitäten tolerierte. Die Entwicklung bei den anderen Flugmotorenherstellern wie z. B. der Mimo bestätigen diese BMW-spezifischen Beobachtungen.[836]

[836] Vgl. z. B. Kohl/Bessel, Auto Union 2003, S. 21.

8. Schlussbetrachtung: Handlungsspielräume des BMW-Konzerns in seinem Verhältnis zum Staat

In der vorliegenden Arbeit wurden die Handlungsspielräume der BMW-Flugmotorenbau-Gesellschaften unter staatlichem Einfluss untersucht. Auf die Frage nach den unternehmerischen Handlungsspielräumen der Bayerischen Motoren Werke in den 1920er und 1930er Jahren pauschal zu antworten, würde die Realitäten sehr ungenau abbilden. Vielmehr hat die Untersuchung gezeigt, dass der BMW-Geschäftsführung in den verschiedenen Aufgabenbereichen sehr unterschiedliche Entscheidungsspielräume zur Verfügung standen. Außerdem trifft die oft angenommene lineare Entwicklung der zunehmenden Einengung unternehmerischer Handlungsspielräume über die Jahre sowohl in der Weimarer Republik als auch unter nationalsozialistischer Herrschaft hinweg bis hin zum weitgehenden Verlust unternehmerischer Souveränität während des Krieges die Realitäten nicht wirklich. Im Flugmotorenbau ist eher eine wellenartige Dynamik zu konstatieren. Abhängig vom politischen und wirtschaftlichen Kontext griffen RVM und RLM mal weniger, mal mehr in die unternehmerischen Handlungsspielräume der Firmen ein.

Bereits lange vor Beginn des Zweiten Weltkrieges war BMW Teil eines Systems der gelenkten Marktwirtschaft mit planwirtschaftlichen Elementen geworden. In der Deformation der privatwirtschaftlichen Ordnung drückte sich die aggressive Zielsetzung des totalitären Staates auf ökonomischem Gebiet aus. Dementsprechend verringerten sich die Handlungsspielräume und der Einfluss des einzelnen privaten Marktteilnehmers. Vor allem auf das operative Geschäft der einschlägigen Flugmotorenbau-Gesellschaften hatte das RLM mittels zahlreicher staatlicher Lenkungsmaßnahmen große Einflussmöglichkeiten. Durch Rationierungen und Kontingentierungen, durch ministerielle Vorgaben für das unternehmerische Handeln und durch das allmähliche Einfrieren der wirtschaftlichen Rechnungssysteme wie die Preisbildung wurde die Lenkungsfunktion des Marktes zunehmend außer Kraft gesetzt. Nach und nach war eine staatlich verwaltete und gelenkte Wirtschaft entstanden, die zum Teil tief in die unternehmerischen Belange eingriff.[1]

Wie die vorliegende Untersuchung jedoch gezeigt hat, standen die enge Verbindung, die Abhängigkeit sowie die Eingriffe der Reichsbehörden in die Souveränität der Flugmotorenhersteller unter nationalsozialistischer Herrschaft in direkter Kontinuität zu den Verhältnissen in der Weimarer Republik. Bereits in den 1920er Jahren bedeutete die Rolle des Reiches als wichtigster Abnehmer in einem hoch politisierten deutschen Luftfahrtmarkt erhebliche Einschränkungen der unternehmerischen Handlungs- und Entscheidungsoptionen. Hinsichtlich der politischen Interventionen waren viele Maßnahmen,

[1] Vgl. Erker, Industrieeliten 1999, S. 1–18, hier S. 4–5.

die das RLM nach 1933 zur Beeinflussung, Steuerung und Kontrolle der einschlägigen Luftfahrtfirmen ergriff, bereits in der Zeit der Weimarer Republik erprobt worden. Sowohl die Reichswehr als auch das RVM hatten die Flugmotorenfirmen mit einem Netz strategischer Vorgaben und Lieferbedingungen überzogen. Beispielhaft dafür stand der Anspruch der militärischen und zivilen Reichsbehörden, mittels der staatlichen Bedarfsplanung sowohl die Entwicklungsaktivitäten als auch die Produktion der einschlägigen Unternehmen in die gewünschte Richtung zu lenken, zu kontrollieren und gegebenenfalls durch massiven staatlichen Druck zu sanktionieren. Der Schlüssel der staatlichen Dienststellen zur Einflussnahme auf die einzelnen Unternehmen war sowohl vor als auch nach dem politischen Machtwechsel im Jahre 1933 deren finanzielle Abhängigkeit.

Bereits Mitte der 1920er Jahre machten RVM-Vertreter unmissverständlich klar, dass das Ministerium nicht davor zurückschrecken würde, die eigene Machtposition durch Auftragsentzug durchzusetzen. Dementsprechend konnten die BMW-Verantwortlichen bereits in der Weimarer Zeit wichtige Entscheidungen nur noch bedingt eigenständig treffen, ohne sie mit staatlichen Repräsentanten bzw. politisch beeinflussten Institutionen absprechen oder sich gegenüber diesen rechtfertigen zu müssen. Die für die Luftfahrt und Luftrüstung zuständigen Weimarer Reichsbehörden griffen somit detailliert in unternehmerische Entwicklungs- und Produktionsabläufe ein. Überdies wurden durch die Interventionen des RVM in die Preismechanismen des Flugmotorenmarktes wesentliche Kernkompetenzen und Handlungsspielräume der Flugmotorenindustriellen in Bezug auf ihre Ertragssituation beseitigt. Und die Reichsvertreter schränkten den Bewegungsspielraum der Bayerischen Motoren Werke teilweise bereits in den 1920er Jahren ein, indem sie wiederholt massiv in unternehmensinterne Personalentscheidungen und die Besitzstrukturen des Unternehmens eingriffen.

Trotz dieser staatlichen Einflussnahme ist jedoch ausdrücklich zu betonen, dass die Beziehung von BMW zu den Ministerien der Weimarer Zeit kein eindimensionales Abhängigkeitsverhältnis darstellte. Im Gegenteil trat vor allem der BMW-Generaldirektor gegenüber den staatlichen Dienststellen im Allgemeinen sehr selbstbewusst auf. Die Gewissheit, nicht nur für das Streben der Reichswehr nach einer eigenständigen Luftwaffe, sondern auch für den zivilen Flugverkehr in Deutschland unverzichtbar zu sein, gewährte der BMW-Geschäftsführung gegenüber den Ministerien Handlungsspielräume, die anderen Unternehmen der Branche nicht zur Verfügung standen. Popp verstand es, diese relative Machtposition in regelmäßige staatliche Aufträge umzumünzen.

Ähnliche Sanktionsmechanismen wie zu Weimarer Zeiten beschränkten die Handlungsspielräume der Flugmotorenindustrie auch unter dem RLM nach 1933, wenn auch mit anderer Intensität. Die Luftfahrtindustriellen mussten in den 1930er Jahren bei Auseinandersetzungen mit den staatlichen Dienststellen immer das Beispiel von Hugo Junkers vor Augen haben, den die RLM-

Vertreter auf Grund seiner demonstrativ eigenständigen Unternehmensführung nicht nur entmachteten, sondern gleichzeitig auch enteigneten. Dieses Ereignis mussten alle anderen Luftfahrtindustriellen fortan als implizite Drohung verstehen.

Außerdem musste die BMW-Geschäftsführung unter nationalsozialistischer Herrschaft eine entscheidende Veränderung gegenüber der Weimarer Zeit einkalkulieren. Das Unternehmen hatte seine herausragende Sonderstellung im deutschen Flugmotorenbau und dadurch auch seine besonderen Beziehungen zu den Reichsbehörden gegen Ende der 1930er Jahre vor allem durch Versäumnisse im Entwicklungssektor weitgehend eingebüßt. Die staatliche Unterstützung bescherte dem Unternehmen in den 1920er Jahren nicht nur mehr Auftragsgelder als sämtlichen anderen Unternehmen der Luftfahrtindustrie, sondern erweiterte die Handlungsoptionen des Unternehmens in Auseinandersetzungen mit Konkurrenten, anderen staatlichen Körperschaften und nicht zuletzt der öffentlichen Meinung und gestattete, behördliche Druckmittel auszunutzen, die dem Konzern ansonsten nicht zur Verfügung gestanden hätten. Nach der Gründung des RLM galt BMW nicht mehr als das „Rückgrat der deutschen Flugmotorenindustrie".[2] Zwar war das Unternehmen immer noch ein wichtiger Flugmotorenlieferant, hatte die eigene Exklusivität der 1920er Jahre allerdings weitgehend verloren und war dementsprechend den gleichen Handlungsbeschränkungen und staatlichen Interventionen ausgesetzt wie jedes andere deutsche Flugmotorenunternehmen auch.

Die Interaktion der Flugmotorenhersteller mit dem RLM prägte in den 1930er Jahren eine paradoxe Situation. Einerseits blieben sowohl das Privateigentum an Produktionsmitteln als auch die unternehmerische Entscheidungsautonomie formalrechtlich unangetastet. Andererseits war die direkte Verfügungsgewalt der schon zeitgenössisch als „gelenkte Unternehmer" bezeichneten Industriellen über die Produktionsfaktoren jedoch stark eingeschränkt.[3] Damit waren auch die Entscheidungsspielräume der Unternehmensführungen eingeengt, sei es, dass bestimmte Handlungsvarianten von den zuständigen Reichsbehörden verboten oder extrem restriktiv behandelt, sei es, dass erwünschte Handlungsweisen vom Regime ökonomisch prämiert wurden.

Unternehmerische Handlungsspielräume hinsichtlich autonomer Entwicklungsentscheidungen sowie betrieblicher Produktionsplanungen blieben den Flugmotorenproduzenten unter der Herrschaft des RLM nur wenige. Vielmehr bestimmte das Ministerium durch seine Position als Finanzier die grundsätzlichen Entwicklungslinien in der privaten Flugmotorenindustrie. Entwicklungstätigkeiten wurden unter dem Einfluss des RLM mehr und

[2] Von Stauß an Hergt vom 10.07.1930, in: BArch R 8119 F/P 3070, Bl. 18.

[3] Vgl. Winschuh, Josef: Der gelenkte Unternehmer. In: Der praktische Betriebswirt 18 (1938), S. 547–551, hier S. 547 und Seeliger, Karl: Der Unternehmer in der gelenkten Wirtschaft. Leipzig/Berlin 1941.

mehr zu einer Frage der militärischen Aufgabenstellung. Die RLM-Funktionäre beanspruchten in diesem Zusammenhang das letztendliche Entscheidungsmonopol und machten bereits 1933 unmissverständlich klar, dass sie Sonderwege und Partikularinteressen im Entwicklungssektor in Zukunft nicht mehr dulden würden. Entwicklungsaktivitäten standen unter der Ägide des RLM ausschließlich unter unmittelbarem Verwertungsvorbehalt der staatlichen Geldgeber. Wichen die Unternehmen mit ihren Konstruktionen von den Vorgaben des Ministeriums ab, mussten sie nicht nur damit rechnen, aus den militärischen Beschaffungsplänen gestrichen und gegenüber den Konkurrenzunternehmen benachteiligt zu werden, es drohte ihnen im schlimmsten Fall sogar die zwangsweise Degradierung zur Lizenzfabrik. Durch das vom Technischen Amt praktizierte Prinzip der Parallelentwicklungen besaß das RLM nicht nur monetäre Anreiz- und Sanktionsmittel gegenüber den Flugmotorenherstellern, sondern auch die glaubwürdige Drohung mit den Entwicklungsfortschritten der innerdeutschen Konkurrenten. Die Machtposition des RLM als Monopsonist veranlasste die meisten Flugmotorenindustriellen, ihre Entwicklungsplanungen mit den Ansichten der RLM-Verantwortlichen in Einklang zu bringen. Auch bei BMW war dies zu beobachten.

Analog zum Entwicklungssektor hatte das RLM auch den radikalen Anspruch, die gesamte Produktionsplanung der Flugmotorenindustrie in eigener Regie zu bestimmen. Die Beschaffungsstelle des RLM verplante die formell privatwirtschaftlichen Unternehmen, als ob sie staatseigene Firmen seien. Die Flugmotorenwerke waren nach 1933 in der Regel in vielfältiger Hinsicht von behördlichen Planvorgaben, die oft detailliert in den betrieblichen Produktionsprozess eingriffen, und der Machtstellung des RLM als Monopsonist abhängig. Autonome privatwirtschaftliche Produktionsentscheidungen waren für das BMW-Management in den 1930er Jahren äußerst schwierig geworden. Die vom RLM aufgestellte industrielle Großplanung war für die Unternehmen verbindlich. Wollten die einzelnen Firmen im Geschäft und in der Branche bleiben, waren die ihnen übermittelten Pläne keine Vertragsangebote, sondern eher verbindliche Vorgaben. Praktisch galt im Produktionsbereich, dass nur eine Entscheidung im Sinne des Regimes die Bestandswahrung bzw. den Profit eines Unternehmens wahrscheinlich machte. Mittels der Projektierungs- und Mobilmachungsaufgaben reglementierte das RLM sogar die Fertigungstiefe der Flugmotorenhersteller, was einen tiefen Eingriff in die Unternehmensautonomie bedeutete. Die Flugmotorenfabrikanten hatten Handlungsspielräume im Hinblick auf ihre Produktion im Wesentlichen nur noch im Binnenverhältnis der Betriebe, hauptsächlich hinsichtlich der wirtschaftlichen Organisation und Führung der eigenen Werke.

Auch die Abhängigkeit der Unternehmen bei der Zuteilung von Rohstoffen, Zulieferbetrieben und Arbeitskräften dokumentiert, in welchem Umfang die Verfügungsgewalt der Industriellen über die Produktionsmittel beschnitten worden und wie eng die unternehmerischen Handlungsspielräume in einigen Bereichen geworden waren. Auch wenn die Flugmotorenfabrikanten auf Grund ihrer Sonderstellung als Luftrüstungskonzerne und ihres Engpassprodukts Flugmotoren in allen drei Bereichen wesentlich besser versorgt wurden als andere wichtige Industrieunternehmen, so war doch das unternehmerische Tagesgeschäft der Firmen zunehmend beherrscht von den ständigen Spannungen zwischen ihrem Bedarf und den Deckungsmöglichkeiten. Das Beschaffen von Rohstoffen und Arbeitskräften verursachte den Firmen erhebliche unnötige Kosten und Zeitverluste. Das staatliche Kontingentierungs- und Bewirtschaftungssystem lief überdies auf ein indirektes Produktionsverbot hinaus, da für unerwünschte Fertigungen keine Mittel vom Staat zur Verfügung gestellt wurden. Das bedeutet, die Kontingentierung zwang die unternehmerischen Aktivitäten in eine bestimmte Richtung, ohne ausdrücklich Gebot zu sein.

Sowohl der Rohstoff- als auch der Arbeitskräftesektor offenbarten jedoch auch, dass die staatlichen Dienststellen mit ihrem umfassenden Lenkungsanspruch weitgehend scheiterten und dass sich den Industriellen dadurch Bewegungsspielräume eröffneten. Die Unternehmen traten in einen harten Konkurrenzkampf mit anderen Bedarfsträgern. Alle Firmen der Flugmotorenindustrie meldeten beispielsweise deutlich überhöhte Rohstoffkontingente an, um wenigstens die wichtigsten Lieferungen zu erhalten. Außerdem führten die Flugmotorenhersteller ihren Kampf um qualifizierte Arbeitskräfte zunehmend mit verdeckten Lohnerhöhungen, hohen Leistungszulagen und der systematischen Gewährung von geldwerten Leistungen. Damit umgingen sie bewusst die staatlichen Bemühungen, Lohnstabilität im Sinne niedriger Löhne zu gewährleisten. Die Kontroll- und Überwachungsmechanismen des Ministeriums blieben angesichts der vom weit verbreiteten Facharbeitermangel entfachten Dynamik der kompensatorischen Ausweichstrategien der Industriellen im weiten Feld der betrieblichen Sozialpolitik weitgehend wirkungslos. Die ministeriellen Unzulänglichkeiten führten demnach zu bedeutsamen Handlungsspielräumen der Konzerne.

Um die Beziehung von BMW zum RLM in den 1930er Jahren beurteilen zu können, ist es wichtig zu betonen, dass staatlicher Zwang bei der prinzipiellen Partizipation des Unternehmens am Rüstungsgeschäft allenfalls eine untergeordnete Rolle spielte. Das NS-Regime setzte in seiner Wirtschaftspolitik zunächst weniger auf die Ausübung von Macht und Gewalt als vielmehr auf Anreize, indem es das privatwirtschaftliche Gewinnmotiv und den Wettbewerb unter den Unternehmen für seine Zwecke zu instrumentalisieren verstand. Die Erweiterung der eigenen Produktionskapazitäten ermöglichte es BMW, in großem Stil vom einsetzenden Rüstungsboom zu profitieren. Das heißt, die Interessen der RLM-Beschaffungsstellen und des Münchener Flugmotorenherstellers verliefen nach 1933 zunächst weitgehend parallel. Wenn sich der BMW-Vorstand bei der Erweiterung der Fertigungskapazitäten zu einem größeren Tempo gezwungen sah, als ihm eigentlich lieb war, war dafür weniger der ministerielle Druck bzw. Zwang verantwortlich, als vielmehr die Gefahr, im Wettbewerb mit der Flugmotorenkonkurrenz Nachteile zu erleiden. Letztendlich waren demnach in erster Linie längerfristige Gewinn- und Wachstumsinteressen sowie der von den einschlägigen staatlichen Dienststellen bewusst geschürte Wettbewerb innerhalb der Flugmotorenindustrie die wesentlichen Mechanismen, die zur Bereitschaft von BMW führte, sich am Rüstungsgeschäft zu beteiligen. Dabei spielte für das Unternehmen die eigenständige Abwägung zwischen der Übernahme unternehmerischer Risiken und dem privatwirtschaftlichen Gewinnstreben auch unter NS-Herrschaft eine zentrale Rolle.

Auch wenn das RLM auf der operativen Ebene der Flugmotorenfabrikation – d.h. vor allem im Entwicklungs- sowie im Produktionssektor – zum Teil tief in die unternehmerische Selbständigkeit eingriff, verdeutlichen die strategischen Konzernerweiterungen sowie die hohe Profitabilität des BMW-Flugmotorenbaus, dass sich das Unternehmen in den 1930er Jahren nicht in einem einseitigen Abhängigkeitsverhältnis befand. Trotz der ministeriellen Machtposition mussten die RLM-Verantwortlichen akzeptieren, dass die zentralen finanziellen Komponenten unternehmerischen Handelns – das Ausmaß der Risikoübernahme und der Gewinn des Unternehmens – im Konsens ausgehandelt wurden. In diesen komplizierten und langwierigen Verhandlungen gewann die Münchener Konzernspitze gegenüber den staatlichen Dienststellen relativ große Handlungs- und Entscheidungsspielräume durch die Tatsache, dass das Ministerium auf die Flugmotoren und das langjährige technische und organisatorische Know-how von BMW bei der Realisierung der rüstungswirtschaftlichen Ziele weitgehend angewiesen war.

Aus diesem Grund sah sich das RLM offenbar veranlasst, auf die privatwirtschaftlichen Interessen des Unternehmens Rücksicht zu nehmen. So respektierte die Behörde in der Regel die Präferenzen der BMW-Geschäftsführung, wie die gesellschaftsrechtliche Ausgestaltung eines neuen Flugmotorenwerks aussehen sollte. Die BMW-Unternehmensleitung nutzte diese Handlungsspielräume konsequent aus. So gelang es ihr, das finanzielle Risiko der Kapazitätserweiterungen der 1930er Jahre weitgehend auf das Reich abzuwälzen. Und die vehementen und letztendlich erfolgreichen Bemühungen des BMW-Vorstands, eine Reichsbeteiligung an der BMW Flugmotorenbau GmbH, München, zu verhindern, die Verschuldungssituation des Konzerns so schnell wie möglich auf ein wirtschaftlich erträgliches Maß zurückzuführen sowie die Finanzerträge aus dem unter vergleichsweise strenger politischer Überwachung stehenden Flugmotorenbau abzuschöpfen und damit für den Gesamtkonzern zu sichern, manifestierten überdies den Status als privatwirtschaftliches und gewinnorientiertes Unternehmen.

Außerdem zeigt die ausgesprochen hohe Rentabilität der BMW-Flugmotorenbau-Aktivitäten, dass es dem BMW-Management auch unter der nationalsozialistischen Herrschaft in wichtigen Kernbereichen unternehmerischen Handelns gelang, essenzielle Handlungsspielräume zu bewahren. Die RLM-Verantwortlichen mussten BMW für die bereitwillige Partizipation am Aufbau der Luftwaffe und das mit dem allein staatlich induzierten Rüstungsboom einhergehende wirtschaftliche und politische Risiko kompensieren. Dadurch konnte sich das Unternehmen im Flugmotorenbau sehr hohe Renditen sichern, die die Behörde trotz aller gegenteiligen Rhetorik bis in den Zweiten Weltkrieg hinein durchweg tolerierte. Die BMW-Unternehmensleitung nutzte ihre Verhandlungsspielräume demnach in erster Linie, um die zentralen unternehmerischen Profitinteressen gegenüber dem staatlichen Anspruch, die Gewinne der einschlägigen Flugmotorenfirmen zu begrenzen, erfolgreich durchzusetzen. Nicht umsonst resümiert Buchheim, dass das Verhältnis zwischen Staat und Unternehmen in der NS-Zeit durch eine sehr komplexe Interaktion gekennzeichnet war, wobei beide Seiten – auch die staatliche – enorme Anreize zur Kooperation hatten, die jedoch nur zustande kam, wenn die Interessen beider Seiten – auch die der Unternehmer – in den Resultaten Berücksichtigung fanden.[4] Der komplexe Aushandlungsprozess zwischen BMW und RLM hinsichtlich des BMW-Flugmotorenbaus in den 1930er Jahren ist hierfür ein anschauliches Beispiel.

Während der nationalsozialistischen Herrschaft hat es auch immer wieder Eingriffe des RLM in die Personalangelegenheiten der Flugmotorenwerke gegeben. In all diesen Auseinandersetzungen ging es dem Ministerium letztendlich darum, das jeweilige Management zur Unterordnung unter die staatliche Rüstungssteuerung zu zwingen. Vor allem Popp nutzte jedoch die sich bietenden Handlungsspielräume, sein Unternehmen aus rein politisch definierten Sachzwängen herauszuhalten. Mit dieser Haltung demonstrierte er gegenüber dem RLM ein bemerkenswertes Maß an privatwirtschaftlicher und persönlicher Eigenständigkeit. Trotz der erheblichen Machtfülle des Ministeriums wehrte sich das BMW-Management in Personalfragen in den 1930er Jahren insgesamt erfolgreich gegen die behördliche Einmischung. Die BMW-Unternehmensleitung reagierte auf die externe Einflussnahme mit partiellen Zugeständnissen, versuchte allerdings gleichzeitig, sich die unternehmenspolitischen Entscheidungsspielräume zu erhalten. Dies zeigt erneut, dass das RLM auf einen reibungslosen Fertigungsablauf in den einzelnen Flugmotorenunternehmen angewiesen war. Wollten die Ministeriumsvertreter nicht zu ultimativen Sanktionsmitteln greifen, die immer auch Lieferausfälle hätten bedeuten können, verschaffte die Abhängigkeit des Ministeriums vom Mitwirken der Produzenten den Industriellen Handlungsspielräume, die sie geschickt zu nutzen wussten. Das RLM stieß vor allem an Einflussgrenzen, solange die BMW-Chefetage sich nach außen als geschlossene Einheit präsentierte.

Erst als Popp die Auseinandersetzungen mit dem RLM während des Krieges auf die Spitze trieb und das RLM folglich erhebliche Lieferverzögerungen fürchten musste, griff Milch tief in die unternehmerische Eigenständigkeit der Firma ein und beseitigte im Frühjahr 1942 einen Großteil der unternehmerischen Handlungsspielräume der Geschäftsführung. Popps vom RLM

[4] Vgl. Buchheim, Unternehmen 2006, S. 387–388.

erzwungene Absetzung verdeutlicht, dass BMW seine personalpolitische Souveränität während des Krieges weitgehend verloren hatte. Milch hatte unmissverständlich klar gemacht, dass er keine weiteren Eigenheiten und Autonomiebestrebungen in der BMW-Unternehmensführung dulden würde.[5]

Im Folgenden werden abschließend noch einmal die Gemeinsamkeiten und Besonderheiten der Verhältnisse von BMW im Hinblick auf die Flugmotorenbau-Konkurrenz und andere Rüstungsunternehmen resümiert. Die unternehmerischen Aktivitäten und Interessenlagen sämtlicher Flugmotorenhersteller waren wie wohl bei sonst nur wenigen anderen Unternehmen durchgehend von den Zwängen und Handlungsspielräumen ihrer traditionell subventionsabhängigen Branche bestimmt.[6] Wie kaum eine andere Industriebranche waren die Flugmotorenfirmen in ihrem Entstehen und in ihrer Entwicklung mit den jeweiligen ordnungspolitischen Bemühungen der staatlichen Stellen und der staatlichen Industriepolitik verbunden und damit einer starken Politisierung unterworfen. Die von der Branche her dominierte Position in der Rüstungswirtschaft ließ vielfach gleichförmige Interessenlagen entstehen und konfrontierte die jeweiligen Unternehmen zumindest mit weitgehend gleichartigen Handlungsspielräumen. In der gesamten Flugmotorenindustrie war zu beobachten, dass die Entscheidungsprozesse der Unternehmen zum Teil stark von politischen Vorgaben und den Ergebnissen des politischen Aushandlungsprozesses beeinflusst wurden. Die durch die Wirtschaftspolitik der Nationalsozialisten geschaffenen Rahmenbedingungen wie der Rohstoff- und Arbeitskräftemangel, die Arbeitsmarktzwangsbewirtschaftung, die direkten Eingriffe in die Kapazitäten rüstungsunwichtiger Industrien sowie die vielfachen Regulierungen wie z.B. Preis- und Lohnkontrollen wurden sukzessive in die Entscheidungsprozesse der Unternehmen übernommen. Dabei verblieben ihnen insgesamt sehr ähnliche Handlungsspielräume.

Die deutschen Flugmotorenhersteller bewahrten sich in den 1930er Jahren ein ausgesprochen privatwirtschaftliches Denken, begünstigt durch den Umstand, dass das Privateigentum vom NS-Regime in der Regel formalrechtlich nicht angetastet wurde.[7] Sie agierten gegenüber dem RLM in einem Spannungsfeld von staatlichem Zwang, langfristigen Profitinteressen und der Skepsis gegenüber den mit dem Rüstungsboom einhergehenden wirtschaftlichen und politischen Risiken. Trotz der vielfältigen ministeriellen Regularien spielte Zwang eine eher untergeordnete Rolle, die Flugmotorenbau-Fabrikanten zur Partizipation am Rüstungsgeschäft zu bewegen. Vielmehr gelang es den RLM- Verantwortlichen, die Renditeinteressen der einschlägigen Kon-

[5] Zu der Beziehung von BMW zum RLM während des Krieges vgl. Werner, Zwangsarbeit 2006.

[6] Vgl. Erker, Industrieeliten NS-Zeit 1993, S. 65.

[7] Trotz der Enteignung von Hugo Junkers galt dies in wichtigen unternehmerischen Bereichen mit Einschränkungen auch für den Junkers-Konzern.

zernvorstände sowie deren Angst, im Wettbewerb mit den Konkurrenten Nachteile zu erleiden, geschickt zu instrumentalisieren. Dabei gab es vor allem in den ersten Jahren unter nationalsozialistischer Herrschaft eine weitgehende Interessenkongruenz zwischen den Profitinteressen der Industriellen und den Produktionsinteressen des RLM. Die Erfahrungen der Weltwirtschaftskrise und die damit verbundenen gewaltigen Umsatzeinbußen schufen für die meisten Unternehmen hinreichende Anreize, Rüstungsaufträge bereitwillig anzunehmen und die eigene wirtschaftliche Lage zu konsolidieren.

Dennoch zeigten auch Daimler-Benz, die Auto Union und Siemens ähnlich wie BMW hinsichtlich der Expansion der eigenen Betriebe deutliche Bedenken gegen die Risiken von Überkapazitäten, die in der Regel vom RLM auch respektiert wurden. Unterschiedliche Handlungsspielräume ergaben sich in diesem Bereich vor allem dadurch, dass die Unternehmen auf Grund ihres Produktportfolios unterschiedlich intensiv auf den Flugmotorenbau angewiesen waren. Beispielsweise schied Siemens lieber aus diesem Fertigungsfeld aus, anstatt den unwirtschaftlichen RLM-Expansionswünschen zu entsprechen. Auch Daimler-Benz scheint verhältnismäßig weitreichende Handlungsmöglichkeiten gehabt zu haben, da das Unternehmen mit seinen alternativen Produktionsstandbeinen gegenüber dem RLM Druckpotenzial aufbauen konnte. Letztendlich folgte der Industrieausbau sämtlicher Konzerne dem gleichen Entwicklungsmuster: Nach eiliger Gründung formal eigenständiger Flugmotorenbau-Gesellschaften folgte der schnelle und kostenträchtige Auf- und Ausbau der Werke, der sehr bald Kapitalaufstockungen notwendig machte. Je weiter die Wünsche und Ausbauforderungen des RLM von privatwirtschaftlich rentablen Unternehmensstrukturen unter Friedensbedingungen fortführten, umso höhere Risikogarantien forderten die beteiligten Unternehmensvorstände im komplizierten Aushandlungsprozess über die gesellschaftsrechtliche Ausgestaltung der neuen Werke vom Staat. Letzterer berücksichtigte in diesem Zusammenhang die unternehmerischen Präferenzen und wahrte somit das Prinzip der Vertragsfreiheit. Wie das Beispiel des Siemens-Konzerns zeigt, schloss dies auch das Recht mit ein, einen Ausbau der eigenen Werksanlage prinzipiell abzulehnen. Trotz der Machtposition des RLM blieben den Flugmotorenbauern somit bedeutende autonome Entscheidungs- und Handlungsspielräume erhalten.

Auch von den restriktiven Entwicklungs- und Programmplanungen waren alle Flugmotorenproduzenten gleichermaßen betroffen. Kein Unternehmensvorstand konnte bedeutend Einfluss auf die Programmentwicklung und damit auf das ministerielle Programmchaos ausüben. Die einzige wichtige Ausnahme bildete der Junkers-Konzern. Durch die Einbindung des Junkers-Konzerns in die Steuerung des Luftrüstungsprozesses nahm das Dessauer Unternehmen von Anfang an eine herausragende Ausnahmestellung in der deutschen Luftfahrtindustrie ein. Mittels weitreichender persönlicher Vollmachten Görings gewann der Junkers-Vorstand nicht nur hinsichtlich der eigenen Produktions-, sondern auch der staatlichen Programmgestaltung einzigartige Handlungsspielräume, mit denen er die Luftrüstung viele Jahre lang dominierte. Beispielsweise ignorierte die JFM lange Zeit einfach die Vorgaben der wechselnden ministeriellen Programme und verfolgte eigene Planungen. Allerdings hatte der Junkers-Konzern die Partizipation an der Rüstungssteuerung mit dem Wandel seiner Besitzverhältnisse und Führungsstrukturen bei der Enteignung Hugo Junkers bezahlt und befand sich seit diesem Ereignis mehrheitlich in Reichsbesitz. Junkers hielt demnach eine Ausnahmestellung, die nicht repräsentativ für die Zustände in der privatwirtschaftlichen Flugmotorenbau-Industrie war.

Wie BMW waren auch alle anderen Flugmotorenhersteller von der ministeriellen Rohstoff-, Zuliefer- und Arbeitskräftebewirtschaftung in ähnlicher Weise betroffen. Die einschlägigen Gesellschaften waren in den 1930er Jahren gezwungen, am ungehemmten Kampf um die wenigen Rohstoff- und Zulieferkapazitäten sowie um die wenigen qualifizierten Arbeitskräfte zu partizipieren. Dabei arbeiteten sie mit übertriebenen Bedarfsanmeldungen, versuchten, Fachkräfte auch bei der direkten Konkurrenz zu rekrutieren, verhinderten somit letztendlich teilweise selber eine rationelle Ausnutzung der Ressourcen und paralysierten einen Großteil der behördlichen Allokationsanstrengungen. Alle Flugmotorenbauer litten bis 1937 unter dem rationalisierungs- und vor allem planungsfeindlichen Preissystem und nutzten die sich bietenden neuen Möglichkeiten nach der Kapitalschnittaktion aus. Die Übernahme der Reichsbeteiligungen an den einzelnen Werken durch die Privatwirtschaft war Ende der 1930er und Anfang der 1940er Jahre eine gängige Praxis. Auf diese Weise wurde eine ganze Reihe von Flugmotorenwerken privatisiert.

Es ist überdies anzunehmen, dass alle Flugmotorenfirmen in den 1930er Jahren ähnlich profitabel arbeiteten wie BMW. Zumindest zeigt das Beispiel Daimler-Benz, dass die Daimler-Benz-Unternehmensführung finanzielle Risiken auf die Preise ihrer Flugmotoren aufschlug und sich insgesamt hohe Ertragsmargen sichern konnte. Es ist daher sehr wahrscheinlich, dass das RLM die gesamte Flugmotorenindustrie für die ministeriellen Regulierungen und die wirtschaftlichen und politischen Risiken des allein durch die staatliche Nachfrage induzierten Rüstungsbooms mit hohen Gewinnen kompensierte. Dass die Flugmotorenfirmen in den 1930er Jahren ihr zentrales privatwirtschaftliches Streben weitgehend durchsetzen konnten, verdeutlicht, dass ihre unternehmerischen Handlungs- und Verhandlungsspielräume unter NS-Herrschaft bei weitem nicht so stark eingeschränkt waren, wie die NS-Rhetorik allgemein vermuten lässt und wie von vielen einschlägigen Managern nach 1945 aus apologetischen Gründen immer wieder behauptet wurde.

Letztlich zog das NS-Regime trotz der eingeräumten unternehmerischen Selbstverantwortung zwar einen Rahmen, innerhalb dessen sich unternehmerisches Agieren und Reagieren aller einschlägigen Firmen abspielte. Die Bezeichnung „gelenkter Unternehmer“ bringt indessen nicht zum Ausdruck, dass sich die Anpassung der Industrie an die Ziele des Staates und ihre Unterwerfung unter die Bürokratie in Abstufungen vollzog. Popp geriet spätestens ab 1937 immer mehr in Konflikt mit dem RLM. Er hielt während der gesamten nationalsozialistischen Herrschaft wie andere Industrielle auch an der privatwirtschaftlichen Maxime der Gewinnerzielung und Marktorientierung auch gegenüber dem staatlichen Monopsonist im Flugmotorenbau fest. Sein unternehmerisches Selbstverständnis als Patriarch in „seinem" Unternehmen war jedoch unvereinbar mit den ministeriellen Vorstellungen einer staatlich beeinflussbaren bzw. gelenkten Luftfahrtindustrie. Popp agierte den RLM-Verantwortlichen ähnlich wie Hugo Junkers zu unabhängig und autonom. In den daraus resultierenden Auseinandersetzungen spielte auch eine Rolle, dass Popp die Notwendigkeit nicht erkannte bzw. es bewusst ablehnte, bei den staatlichen Behörden aktiv Lobbyismus für BMW zu betreiben.

Sowohl die Unternehmensführungen von Daimler-Benz als auch von Junkers entschieden sich für eine andere Strategie im Umgang mit dem NS-Regime. Beide hatten wesentlich weniger Berührungsängste gegenüber den staatlichen Dienststellen und suchten bewusst den Kontakt zu führenden Funktionären von Partei- und Reichsinstitutionen. Koppenberg versuchte z.B. die unternehmerischen Handlungsspielräume der JFM zu erweitern, indem er seine persönlichen Beziehungen zu Göring nutzte und dadurch die Rüstungssteuerung in einem zentralen Bereich der Luftwaffenrüstung in die eigene Konzernstruktur integrierte und selber leitete. Koppenberg und der an ihn gebundene Apparat übten an der Nahtstelle von Unternehmen und Wirtschaftsverwaltung somit eine neue Form von Symbiose zwischen Unternehmerhandeln und staatlichen Funktionen aus. Auch die Führungsetage von Daimler-Benz agierte während der 1930er Jahre wesentlich linientreuer als Popp. Beispielsweise stand Kissel öffentlich und ausdrücklich hinter den Nationalsozialisten und ihrer Politik. Oberstes Ziel der regimefreundlichen Führung von Daimler-Benz war es, sukzessive zu einem der wichtigsten Rüstungspartner des Regimes aufzusteigen, was sie aktiv und letztendlich auch erfolgreich betrieb.

Ein weiteres entscheidendes Element unterschied die Zustände bei BMW von seinen Konkurrenten im Flugmotorenbau: die Corporate Governance des Konzerns. Die relativ großen Handlungsspielräume, die der Staat der Flugmotorenindustrie z.B. in gesellschaftsrechtlichen Fragen gewährte, wurden bei BMW durch eine desolate Corporate Governance-Verfassung im Unternehmen zunehmend eingeengt. Kern der Auseinandersetzungen bei BMW in der NS-Zeit war nicht nur, dass die zwei Protagonisten im BMW-Vorstand vollständig unterschiedliche Unternehmertypen repräsentierten, sondern insbesondere auch, dass sie sehr verschiedene Auffassungen über die BMW-Konzern-Verfassung hatten und überdies diametrale Konzernstrategien verfolgten. Diese drei sich überlagernden und gegenseitig beeinflussenden Faktoren führten dazu, dass bei BMW über Jahre hinweg immer wieder Führungs- und Personalkrisen auftraten, die Anfang der 1940er Jahre schließlich in einem erbittert geführten Machtkampf zwischen Popp und Hille kulminierten. Letzterer ließ sich in seinem Streben, die ministeriellen Programmvorgaben unter allen Umständen zu erfüllen, sukzessive in die Geschicke der Rüstungsrationalität hineinziehen und wurde dadurch mehr und mehr zum ausführenden Organ des RLM. Während sich Hilles unternehmerische Strategien und Ziele damit denen des Ministeriums immer weiter anglichen, wehrte sich Popp zunehmend gegen die Deformation des von ihm gegründeten Unternehmens. Letztendlich versagte jedoch auch der BMW-Aufsichtsrat in seiner Eigenschaft als Aufsichts-, Schlichtungs- und Sanktionsinstanz und trug daher erhebliche Mitverantwortung an der schlechten Corporate Governance der Gesellschaft. Das Chaos im BMW-Vorstand sowie die Undiszipliniertheit der Protagonisten, die ihren Führungsstreit immer öfter öffentlich vor RLM-Beamten austrugen, waren schließlich der entscheidende Auslöser dafür, dass Milch sich zu einem grundlegenden Eingreifen bei BMW gezwungen sah. Die BMW-Unternehmensspitze hatte demnach wesentlich selber dazu beigetragen, dass das RLM im Zuge der Popp-Krise große Teile der unternehmerischen Handlungsspielräume beseitigte.

Ähnliche Konflikte über die richtige Konzernstrategie wie im BMW-Vorstand gab es in vielen Unternehmen der Flugmotorenindustrie. Das Beispiel von Daimler-Benz zeigt, dass selbst ein Konzern, der sich stark mit dem Regime identifizierte und von der ersten Stunde an in großem Umfang am Rüstungsprogramm teilgenommen hatte, den Stand der Rüstungsproduktion und der wirtschaftlichen Lage allgemein in den Vorkriegsjahren mit erheblichem Misstrauen betrachtete und unsicher war, wie die Unternehmensstrategie für die Zukunft aussehen sollte. Der entscheidende Unterschied der permanenten Strategie-Auseinandersetzungen in den Vorständen bei BMW und Daimler-Benz war, dass er sich im Stuttgarter Konzern erstens nicht durch unterschiedliche Unternehmertypen und -philosophien überlagerte und potenzierte. Außerdem trugen die Daimler-Benz-Vorstände ihre Meinungsverschiedenheiten intern aus und achteten strikt darauf, gegenüber den zuständigen Behörden als geschlossene Einheit aufzutreten. Der Daimler-Benz-Konzern offenbarte somit eine wesentlich intaktere Corporate Governance als BMW. Überdies scheinen sie ihre Anliegen im RLM wesentlich diplomatischer, subtiler und dadurch auch erfolgreicher vertreten zu haben als Popp. Sowohl Daimler-Benz als auch der Junkers-Konzern vermieden den zum Teil offenen Konfrontationskurs von Popp. Somit lieferten sie den Ministeriumsvertretern deutlich weniger Anlässe, in die betriebsinternen Angelegenheiten einzugreifen, sicherten sich ihre unternehmerischen Handlungsspielräume und hatten daher wesentlich weniger Probleme mit dem RLM als der BMW-Vorstand.

Die Ergebnisse hinsichtlich der unternehmerischen Handlungsspielräume der Bayerischen Motoren Werke im Besonderen sowie der Flugmotorenbranche im Allgemeinen decken sich im Übrigen weitgehend mit den jüngsten Publikationen von Buchheim und Scherner, die in anderen Rüstungsbranchen untersuchten, ob das Verhältnis des NS-Regimes zur Industrie eher durch

Zwang oder durch Kooperation gekennzeichnet war.[8] Die vorliegende Arbeit deckt sich im Hinblick auf den Flugmotorensektor auch mit Aussagen von Spoerer über die hohe Profitabilität der Rüstungsindustrie unter NS-Herrschaft.[9] Die Frage, inwieweit es den Flugmotorenherstellern auch unter dem nationalsozialistischen Regime gelang, erfolgreich Gewinne zu erwirtschaften, berührt den Kern unternehmerischen Handelns und ist somit im Zusammenhang mit privatwirtschaftlichen Handlungsspielräumen sehr interessant.

Überdies revidieren die Ergebnisse der vorliegenden Arbeit teilweise die Bewertungen von Budraß aus seiner Untersuchung über die deutsche Flugzeugindustrie.[10] Während sein Fokus auf der staatlichen Luftfahrt- und Luftrüstungspolitik liegt, betont er, dass das RLM die einschlägigen Unternehmen vor allem in den Jahren 1933 bis 1937 im weitgehend geschlossenen und planwirtschaftlich organisierten Luftrüstungsblock mehr und mehr in ein militärisches Befehlsverhältnis hineinzog und damit die unternehmerischen Freiheiten „scharf" einschränkte. Laut Budraß war der Ausbau der Luftrüstung insbesondere durch die Dominanz der bürokratischen Rüstungsverwaltung geprägt, die im Endeffekt in eine weitreichende staatliche Regulierung der Flugzeugindustrie mündete. Dabei suggeriert er im Hinblick auf die Beziehung zwischen Industrie und RLM ein weitgehend eindimensionales Abhängigkeitsverhältnis, in dem den Konzernen – mit Ausnahme von Junkers – nur noch sehr wenige privatwirtschaftliche Handlungsspielräume verblieben. Budraß schreibt, dass sich die ministerielle Bevormundung der Luftfahrtindustrie erst im Zuge der krisenhaften Entwicklungen des Jahres 1937 lockerte. Diese Interpretation übersieht jedoch, dass den Firmen in den verschiedenen unternehmerischen Bereichen bereits in den frühen Jahren der nationalsozialistischen Herrschaft sehr unterschiedliche privatwirtschaftliche Handlungsspielräume zur Verfügung standen, und bedarf auf der Basis der neuen Erkenntnisse zumindest für den Flugmotorenbau einer deutlich differenzierteren Betrachtung.

Aus den vielen einschlägigen unternehmenshistorischen Studien kristallisiert sich immer deutlicher das Bild heraus, dass private Industrieunternehmen, die während der NS-Zeit im Rüstungsgeschäft tätig waren, keineswegs ihre Autonomie verloren hatten, wie lange Zeit angenommen worden war. Das Regime war zwar imstande, die Produktion mittels selektiver Anreize, der Beschränkung von Alternativen sowie eines massiven staatlichen Dirigis-

[8] Vgl. Buchheim, Unternehmen 2006, S. 351–390 und Scherner, Verhältnis 2006, S. 166–190. Vgl. auch Buchheim/Scherner, Wirtschaftssystem 2003, S. 81–97 und Schneider, Unternehmensstrategien 2005.

[9] Vgl. Spoerer, Eigenkapitalrentabilität 1996; Ders., Industrial Profitability 2000, S. S. 53–80 und Ders., Wirtschaftswunder 2005, S. 415–438. Vgl. hierzu auch Buchheim, Upswing 2000, S. 33–52.

[10] Vgl. zum Folgenden Budraß, Flugzeugindustrie 1998, z. B. S. 313, 331–335, 338, 340–344, 354–355, 393, 492 und 503.

mus, der zum Teil tief in die privatwirtschaftliche Selbständigkeit der einzelnen Firmen eingriff, weitgehend in seinem Sinne zu lenken. Dies wurde den Behörden vor allem durch den auch weiterhin existierenden Wettbewerb der Unternehmen untereinander erleichtert, den die staatlichen Dienststellen geschickt für ihre Zwecke zu instrumentalisieren wussten. Andererseits waren die betroffenen Unternehmen zu keiner Zeit willenlose Objekte in den Händen des Regimes. Vielmehr agierten sie auch weiterhin wie privatwirtschaftliche Organisationen innerhalb einer kapitalistischen Wirtschaftsordnung. Trotz der vielfältigen staatlichen Regulierungen blieben das langfristige Gewinninteresse, die Beobachtung der Konkurrenten im „Markt" sowie die vorsichtige Abwägung des wirtschaftlichen und politischen Risikos handlungsleitende Determinanten der Unternehmen. Auf der Basis dieser Grundorientierung gelang es ihnen in der Regel, im Hinblick auf die Interaktion mit dem NS-Regime erhebliche autonome Entscheidungs- und Handlungsspielräume – wie unterschiedlich sie auch in einzelnen Bereichen ausgeprägt waren – zu bewahren und dadurch die Bedingungen, zu denen sie letztendlich zur Kooperation bereit waren, aktiv mit zu gestalteten.

Vor allem in den Jahren nach dem politischen Machtwechsel 1933 verliefen die Produktionsinteressen des Staates und die Profitinteressen der Industrie in vieler Hinsicht parallel. Daher mussten die Behörden im Allgemeinen auch nur in Ausnahmefällen direkten Zwang anwenden, um ihre Ziele zu verwirklichen. Sie agierten vielmehr erfolgreich mit der Gewährung entsprechender Anreize, kompensierten die Unternehmen mit hohen Gewinnen und der Übernahme der finanziellen Investitionsrisiken. Zwar scheinen die Regulierungen des RLM im von der restlichen Industrie weitgehend abgeschotteten, hoch politisierten Flugmotorensektor, der seit seinem Bestehen von staatlichen Subventionen abhängig war, wesentlich tiefer in privatwirtschaftliche Belange eingegriffen zu haben als in anderen Branchen. Allerdings lässt der Vergleich der Eigenkapitalrendite der Bayerischen Motoren Werke mit anderen Rüstungssektoren vermuten, dass die Ertragsmöglichkeiten der einschlägigen Flugmotorenindustrie auch noch höher lagen als bei der ohnehin bereits sehr hohen Profitabilität der deutschen Rüstungsindustrie. Mit anderen Worten forderten die Firmen von den staatlichen Dienststellen erfolgreich Kompensation für die Zumutungen, die sie durch die Wirtschaftspolitik erfuhren. Dass es der Industrie gelang, ihr zentrales Anliegen – die unternehmerischen Profitinteressen – im komplizierten Aushandlungsprozess mit den Behörden durchzusetzen, verdeutlicht, dass sich auch das Regime Konflikte mit der Privatwirtschaft nur bedingt leisten konnte. Das Bewusstsein, dass der Staat auf die Partizipation und Kooperation der privaten Unternehmen zur Realisierung seiner Politikziele angewiesen war und es sich somit nicht um ein eindimensionales Abhängigkeitsverhältnis handelte, verschaffte der Industrie insgesamt große Handlungs- und Verhandlungsspielräume.

Zusammenfassend ist zu konstatieren, dass alle deutschen Flugmotorenbauer in den 1930er Jahren in erster Linie am wirtschaftlichen Überleben sowie an der Partizipation am vom RLM forcierten Rüstungsboom interessiert waren. Diese Ziele verfolgten sie beharrlich und der jeweiligen Situation angepasst. Dazu gehörte auch die Überlegung, für die Zeit nach dem Krieg zu planen. Folglich waren die Unternehmen bemüht, ihre finanzielle Selbständigkeit zu wahren und nach 1937 z.B. die Reichsbeteiligungen möglichst schnell zurückzuführen. Dabei nutzten sie ihre ökonomischen und politischen Handlungsspielräume geschickt aus. Für die Flugmotorenindustriellen ging es darum, innerhalb des staatlich gesetzten Fixierungsrahmens wirtschaftlich klug und situationsorientiert zu agieren. Aus der Retrospektive kann man selbstverständlich einwenden, dass sich z.B. Popp und Hille aus den Geschäften mit dem RLM hätten heraushalten sollen oder zumindest aktiv hätten versuchen können, das Regime zu beeinflussen. Ein solcher Einwand übersieht jedoch die Tatsache, dass ihr Alltagsgeschäft darin bestand, die Bayerischen Motoren Werke unter den gegebenen Umständen voran zu bringen. Weder Popp noch Hille erwogen ernsthaft, sich zurückzuziehen. Dazu waren beide zu ehrgeizig. Außerdem sprach vor allem in den Anfangsjahren die weitgehende Interessenkongruenz der unternehmerischen Profit- und der staatlichen Produktionsinteressen dagegen.

Lediglich die Kooperation im Rahmen des Systems konnte ein Offenhalten von Handlungsspielräumen ermöglichen, die der Unternehmensleitung auch weiterhin das Verfolgen eigener Ziele erlaubte. Daher arrangierte man sich und machte mit. Das „Mitmachen" und, wie die Beispiele von Junkers und zum Teil auch Daimler-Benz zeigen, das Pflegen der politischen Kontakte zur Bürokratie der Nationalsozialisten schienen dabei das angemessene Mittel, da nur funktionierende Unternehmen, d.h. Firmen, die Zugriff unter anderem auf Geldquellen, Rohstoffe, Vorprodukte und Arbeitskräfte hatten, überhaupt noch autonome Handlungsspielräume besaßen. Auch wenn Popp und Hille unterschiedliche Ansichten hinsichtlich der richtigen Konzernstrategie verfolgten, war das unternehmerische Handeln beider Protagonisten von ökonomischer Zweckrationalität geprägt. Kritik an den Verhältnissen kam von ihnen immer nur dann, wenn sie das eigene Unternehmen bzw. die eigene Person in Gefahr sahen.

Das Mitmachen erstreckte sich dabei nicht nur auf die Übernahme von Rüstungsaufträgen und die Veränderung des Investitionsverhaltens zugunsten einer ausgedehnten Rüstungs- und Kriegsproduktion. Es umfasste auch die Bereitschaft, die Arisierung von Unternehmen zu betreiben und nicht zuletzt auch die Bereitschaft, Zwangsarbeiter einzusetzen und deren unmenschliche Behandlung zumindest zu tolerieren. Indem die BMW-Unternehmensleitung innerhalb des Systems agierte und entschlossen war, auch die sich unter der Herrschaft des Regimes ergebenden neuen Möglichkeiten zu nutzen, trug sie gleichzeitig zum Funktionieren der wirtschaftlichen, staatlichen und militärischen Ordnung bei. So war es letztlich die trügerische Hoffnung, die scheinbar rationalen Reste der privatwirtschaftlichen Ordnung retten zu können, die Popp und Hille sich nur noch tiefer in die Rüstungspolitik des

Regimes verstricken ließ und sie letztendlich zu Komplizen gerade einer Deformierung dieser privatwirtschaftlichen Ordnung machte. Während Popp ab 1937 nach Exit-Strategien suchte, geriet Hille immer tiefer in die Rüstungsrationalitäten des NS-Systems. Sowohl die Arisierungen als auch der Zwangsarbeitereinsatz erschienen der BMW-Geschäftsführung lediglich als legitime Erweiterung der eigenen unternehmerischen Handlungsspielräume. Damit machten sie sich mitschuldig am menschenverachtenden Ausbeutungssystem unter den Nationalsozialisten.

9. Danksagung

Allen, die am Zustandekommen dieser Arbeit beteiligt waren, möchte ich an dieser Stelle herzlich danken. Zu erwähnen sind in diesem Zusammenhang zunächst die vielen hilfsbereiten Mitarbeiter der von mir besuchten Archive, die mich bei der Quellensuche unterstützt und meine Recherchen durch zahlreiche Hinweise sehr erleichtert haben. Insbesondere gilt mein Dank dem Team des Historischen Archivs der BMW Group, vor allem seinem Leiter Johann Raiger und dem für die Unternehmensgeschichte zuständigen Dr. Florian Triebel, die die vorliegende Untersuchung durch den uneingeschränkten Zugang zu allen vorhandenen Materialien, hervorragende Arbeitsbedingungen und unermüdliche Unterstützung ermöglicht haben. Dr. Florian Triebel begleitete meine Recherchen als kritischer Diskussionspartner und bereicherte die Arbeit mit seinen zahlreichen hilfreichen Anregungen und konstruktiven Hinweisen sehr. Ein besonderer Dank gilt auch Eva Melzer-Hollederer der MTU Aero Engine GmbH, die den Anstoß für das Forschungsprojekt gab und durch deren ausdauernden Einsatz es verwirklicht werden konnte. Den beiden Firmen BMW Group und MTU Aero Engine GmbH danke ich dafür, dass sie mich während der Entstehung der Arbeit großzügig finanziell unterstützt haben und mir die Publikation im Rahmen der Schriftenreihe „Perspektiven“ der BMW Group – Konzernarchiv im Oldenbourg Verlag ermöglicht haben.

Bedanken möchte ich mich überdies bei den Mitgliedern des wissenschaftlichen Beirats, Dr. Andreas Heusler, Priv. Doz. Dr. Mark Spoerer und Prof. Dr. Helmuth Trischler, die den Fortschritt der Untersuchung konstruktiv begleiteten. Darüber hinaus bin ich allen Mitgliedern des Beirates sowie Dr. Dirk Lück, Christian Pierer, Rainer Heid und Helmuth Schubert sehr dankbar dafür, dass sie meine Manuskriptfassungen korrekturgelesen haben und redaktionelle Hilfen leisteten. Hervorzuheben ist im Hinblick auf die Korrekturen diverser Rohfassungen auch und vor allem Christian Lorenzen, der mir mit unermüdlicher Geduld sprachliche Ungenauigkeiten verbesserte, hilfreiche Hinweise zu Inhalt und Struktur gab und der Endfassung den letzten Schliff verlieh. Ferner danke ich der mit den Verlagsaufgaben betrauten Mitarbeiterin des Oldenbourg Verlages Gabriele Jaroschka.

Mein Dank gilt ebenfalls und insbesondere meinem Doktorvater, Prof. Dr. Lothar Burchardt, für seine Anregung zur Bearbeitung des Themas wie auch für die engagierte Betreuung, seinen Rat und den unermüdlichen Zuspruch während der gesamten Entstehungszeit der Studie. Ich danke ihm auch für das mir entgegengebrachte Vertrauen und die freundschaftliche Unterstützung während der interessanten und sehr anregenden Zusammenarbeit an seinem Lehrstuhl. Professor Lothar Burchardt ist für mich während meiner Studienzeit das vorbildliche Beispiel eines Professors gewesen, dem die Betreuung seiner Studenten Freude bereitet, der ihre Sorgen und Probleme ernst nimmt und der jedem Einzelnen stets geduldig mit fachlichem Rat und wenn nötig aufmunternder Tat zur Seite steht.

Große Dankbarkeit empfinde ich gegenüber Carolin Lorenzen. Sie war eine ausdauernde Beraterin in ökonomischen Spezialfragen sowie in allen statistischen und computertechnischen Angelegenheiten. Vor allem gab sie mir in den schwierigen Phasen der Promotion Halt und half mir in Diskussionen über manche Probleme hinweg. Ohne ihren unermüdlichen Einsatz und geduldigen Beistand wäre die Arbeit in der vorliegenden Form nicht zustande gekommen.

Die wichtigste Danksagung gilt meinen Eltern, Heike und Christian Lorenzen, denen ich dieses Buch widme. Sie haben diese Arbeit durch ihr großes Vertrauen und ihre hervorragende immaterielle und materielle Unterstützung während meiner Ausbildung, des Studiums und der Dissertationsphase erst ermöglicht.

Till Lorenzen

10. Anhang

Tabellen

Tabelle 21: Entwicklung des ausgewiesenen Bilanzgewinns der BMW AG (inkl. Ausschüttungen der GmbHs, nach Steuern, in RM)

Geschäftsjahr	Gewinn	Geschäftsjahr	Gewinn
1926	725 956	1934	1 005 528
1927	1 911 925	1935	3 353 227
1928	2 809 384	1936	1 894 224
1929	1 321 547	1937	1 433 884
1930	683 345	1938	1 532 256
1931	747 541	1939	1 534 342
1932	812 255	1940	1 872 975
1933	1 089 334	1941	3 702 710

Quelle: Zusammengestellt aus: Spezial-Archiv der deutschen Wirtschaft – Verlag Hoppenstedt & Co. (Hrsg.): Handbuch der deutschen Aktiengesellschaften. Berlin 1926-2 – 1942-5, sowie den Bilanzen in: BArch R 8119 F/P 3131, P 3102 und P 3104. Alle Angaben jeweils nach Ausschüttung des Gewinnanteils der GmbHs an die BMW AG.

Tabelle 22: Börsenkursentwicklung der Bayerischen Motoren Werke Ende 1926–1933 (in Prozent)

Zeitpunkt	Kurs	Zeitpunkt	Kurs	Zeitpunkt	Kurs
31.12.26	180,000	31.08.29	103,500	30.09.30	56,000
31.12.27	200,750	30.09.29	93,000	31.12.30	54,000
30.06.28	275,000	31.10.29	82,000	31.03.31	79,000
31.12.28	232,000	30.11.29	83,000	30.06.31	48,750
31.01.29	211,500	31.12.29	81,000	18.09.31	25,000
28.02.29	200,000	31.01.30	79,500	30.04.32*	28,000
31.03.29	192,000	28.02.30	77,875	30.06.32	32,500
30.04.29	172,750	31.03.30	81,875	30.09.32	61,875
31.05.29	122,500	30.04.30	86,000	31.12.32	64,750
30.06.29	107,000	31.05.30	86,000	30.06.33	125,000
31.07.29	100,125	30.06.30	83,500	31.12.33	133,250

* ab April 1932 sind die genauen Datumsangaben unleserlich. Annahme: Kursangabe immer zum Monatsende; Ausnahme April 1932, in dem die Daten am 02. oder 12.04.1932 erhoben wurden.

Quelle: Aufstellung Kursentwicklung der Bayerischen Motoren Werke Ende 1926–1934, in: BArch R 8119 F/P 3127, Bl. 127-128.

Tabelle 23: Umsatz BMW AG, GmbH München, GmbH Eisenach, Bramo (in RM)

Jahr	BMW AG	GmbH München	GmbH Eisenach	Bramo	Summe Flumo-Gesell-schaften	BMW Konzern
1926	9100000					9100000
1927	17700000					17700000
1928	27200000					27200000
1929	40000000					40000000
1930	36500000					36500000
1931	27500000					27500000
1932	19700000					19700000
1933	32600000					32600000
1934	44400000	36800000			36800000	81200000
1935	52000000	75900000			75900000	127900000
1936	55500000	69400000			69400000	124900000
1937	65600000	52000000	26100000		78100000	143700000
1938	80600000	71600000	27500000		99100000	179700000
1939	89800000	93200000	35600000	61700000	190500000	280300000
1940	70700000	96400000	38900000	81800000	217100000	287800000
1941	66600000	185800000	43800000	80300000	309900000	376500000

Quelle: Aufstellung der Unternehmensumsätze von 1924–1944 in der „Geschichte des BMW-Konzerns", in: BMW-Arch UA 15.

Tabelle 24: Ausgewiesener Bilanzgewinn BMW AG, GmbH München, GmbH Eisenach, Bramo (in RM)

Jahr	BMW AG*	GmbH München**	GmbH Eisenach***	Bramo***	Summe Flumo-Gesell-schaften	BMW Konzern
1926	725956					725956
1927	1911925					1911925
1928	2809384					2809384
1929	1321547					1321547
1930	683345					683345
1931	747541					747541
1932	812255					812255
1933	1089334					1089334
1934	1005528	2207929			2207929	3213457
1935	2453227	1750871			1750871	4204098
1936	1444224	5164713			5164713	6608937
1937	983884	1327708	1136273		2463981	3447865
1938	1082256	1410071	2154644	*****	3564715	4646971
1939	1084342	1420942	2841589	2964356	7226887	8311229
1940****	1872975					******1872975
1941	3702710					3702710

* Gewinn ohne die Dividenden der GmbHs.
** Gewinn jeweils vor Ausschüttung an die BMW AG
*** Gewinn jeweils vor Ausschüttung an GmbH München
**** Die GmbHs schlossen ab dem Geschäftsjahr 1940 ohne Gewinn und Verlust ab, da der Jahresgeschäftsertrag gemäß dem seit 1940 bestehenden Organvertrag mit der BMW AG vor Feststellung des Jahreabschlusses an die BMW AG übertragen wurde.
***** Bramo noch nicht im Konzern konsolidiert.
****** Die Ertragsangaben des BMW-Konzerns für die Jahre 1939 und 1940 sind nur bedingt miteinander vergleichbar. Die BMW-GmbHs schlossen ab dem Geschäftsjahr 1940 ohne Gewinn und Verlust ab, da der Jahresgeschäftsertrag gemäß dem seit 1940 bestehenden Organvertrag mit der BMW AG vor Feststellung des Jahreabschlusses an die BMW AG übertragen wurde. Dementsprechend betrug der Jahresbeteiligungsertrag der BMW AG für das Jahr 1940 6,242 Mio. RM. Allerdings wurden auf Weisung des OKH im rgleichen Jahr der Automobilbau und Teile der Heeresgerätefertigung eingestellt. In diesem Zusammenhang verbuchte die BMW AG außerordentliche Verluste durch „Lagerhüterbewegungen" in Höhe von 5,398 Mio. RM. Zusammen mit kriegsbedingten Rückstellungen für ungewisse Schulden in Höhe von 1,375 Mio. RM, wurde der Ertragszuwachs auf Seiten der BMW AG aus den Gewinnausschüttungen der Flugmotorenbau-GmbHs weitgehend neutralisiert und ist demnach in der Gewinnstatistik nicht sichtbar. Vgl. Vorbericht des Vorstandes über das Geschäftsjahr 1940, in: BArch R 8119 F/ P 3085, Bl. 72, S. 1-8; Bericht der BMW AG über das Geschäftsjahr 1940, in: ebd., Bl. 82-92 und Schreiben Vorstand der BMW AG an von Stauß vom 17.06.1941, in: ebd., Bl. 100-107.

Quelle: Zusammengestellt aus: Spezial-Archiv der deutschen Wirtschaft – Verlag Hoppenstedt & Co. (Hrsg.): Handbuch der deutschen Aktiengesellschaften. Berlin 1926-2 – 1942-5, sowie den Bilanzen in: BArch R 8119 F/P 3131, P 3102, P 3104, P 3132, P 3150, P 3152, P 3153, P 3160, P 3161, P 3162, P 3163, P 3170, P 3171 und BMW-Arch UA 173. Alle Angaben jeweils vor Ausschüttung der Gewinnanteile an die Muttergesellschaft.

Tabelle 25: Umsatzrendite BMW AG, GmbH München, GmbH Eisenach, Bramo (in Prozent)

Jahr	BMW AG	GmbH München	GmbH Eisenach	Bramo	Summe Flumo-Gesell-schaften	BMW Konzern
1926	7,98					7,98
1927	10,80					10,80
1928	10,33					10,33
1929	3,30					3,30
1930	1,87					1,87
1931	2,72					2,72
1932	4,12					4,12
1933	3,34					3,34
1934	2,26	6,00			6,00	3,96
1935	4,72	2,31			2,31	3,29
1936	2,60	7,44			0,07	5,29
1937	1,50	2,55	4,35		3,15	2,40
1938	1,34	1,97	7,84		3,60	2,59
1939	1,21	1,52	7,98	4,80	3,79	2,97
1940	2,65					0,65
1941	5,56					0,98

Quelle: Zusammengestellt aus: Spezial-Archiv der deutschen Wirtschaft – Verlag Hoppenstedt & Co. (Hrsg.): Handbuch der deutschen Aktiengesellschaften. Berlin 1926-2 – 1942-5, sowie den Bilanzen in: BArch R 8119 F/P 3131, P 3102, P 3104, P 3132, P 3150, P 3152, P 3153, P 3160, P 3161, P 3162, P 3163, P 3170, P 3171, BMW-Arch UA 173 und Aufstellung der Unternehmensumsätze von 1924–1944 in der „Geschichte des BMW-Konzerns“, in: BMW-Arch UA 15. Umsatzrendite berechnet auf Grundlage der Reingewinne, die sich vor der Ausschüttung der Gewinnanteile an die Muttergesellschaften ergeben.

Tabelle 26: Eigenkapital BMW AG, GmbH München, GmbH Eisenach, Bramo (in RM)

Jahr	BMW AG	GmbH München	GmbH Eisenach	Bramo	Summe Flumo-Gesell-schaften	BMW Konzern
1926	5350000					5350000
1927	10917709					10917709
1928	18400000					18400000
1929	18700000					18700000
1930	18700000					18700000
1931	17700000					17700000
1932	17700000					17700000
1933	17700000					17700000
1934	17700000	7500000			7500000	25200000
1935	17700000	7500000			7500000	25200000
1936	20000000	8350000			8350000	28350000
1937	22500000	12832928	5000000		17832928	40332928
1938	22500000	14344000	5500000	25101284	44945284	67445284
1939	22500000	16144000	6000000	25443059	47587059	70087059
1940	33000000	26024291	7852295	26133616	60010202	93010202
1941	81000000	49314464	7900272	26133616	83348352	164348352

Quelle: Zusammengestellt aus: Spezial-Archiv der deutschen Wirtschaft – Verlag Hoppenstedt & Co. (Hrsg.): Handbuch der deutschen Aktiengesellschaften. Berlin 1926-2 – 1942-5, sowie den Bilanzen in: BArch R 8119 F/P 3131, P 3102, P 3104, P 3132, P 3150, P 3152, P 3153, P 3160, P 3161, P 3162, P 3163, P 3170, P 3171, BMW-Arch UA 173.

Tabelle 27: Umsatzrenditen der Daimler-Benz AG, der Siemens & Halske AG, der MAN AG und der BMW-Flugmotorenbau-GmbHs im Vergleich 1934–1940

	Daimler-Benz AG			Siemens & Halske AG*			MAN AG			BMW Flugmotorenbau GmbHs		
Jahr	Umsatz (in Mio. RM)	Reingewinn (in Mio. RM	Umsatzrendite (in Prozent)	Umsatz (in Mio. RM)	Reingewinn (in Mio. RM	Umsatzrendite (in Prozent)	Umsatz (in Mio. RM)	Reingewinn (in Mio. RM	Umsatzrendite (in Prozent)	Umsatz (in Mio. RM)	Reingewinn (in Mio. RM	Umsatzrendite (in Prozent)
1926	68,0	0,48	0,71	224,0	k.A.		85,35	1,635	1,92			
1927	121,4	0,86	0,71	251,0	16,40	6,53	103,30	2,180	2,11			
1928	130,8	0,88	0,67	300,0	15,90	5,30	122,70	2,730	2,22			
1929	130,4	1,07	0,82	339,5	16,00	4,71	125,45	2,475	1,97			
1930	99,0	–7,50	–7,58	330,0	13,60	4,12	120,65	1,705	1,41			
1931	69,0	–8,43	–12,22	265,5	8,60	3,24	88,00	0,610	0,69			
1932	65,0	–13,39	–20,60	189,0	7,00	3,70	54,50	–0,370	–0,68			
1933	100,9	–10,92	–10,82	185,0	6,10	3,30	55,20	–0,680	–1,23			
1934	146,8	4,13	2,81	230,0	6,90	3,00	79,10	0,055	0,07	36,8	2,21	6,00
1935	226,1	4,11	1,82	287,0	8,30	2,89	105,80	1,140	1,08	75,9	1,75	2,31
1936	295,1	6,23	2,11	349,0	11,20	3,21	131,80	1,850	1,40	69,4	5,16	7,44
1937	399,1	2,52	0,63	431,5	11,60	2,69	160,35	1,890	1,18	78,1	2,46	3,15
1938	462,0	2,52	0,55	528,5	9,40	1,78	182,65	1,695	0,93	99,1	3,56	3,60
1939	527,6	3,25	0,62	591,0	11,60	1,96	196,35	2,195	1,12	190,5	7,23	3,79
1940	540,0	3,76	0,70	689,0	15,50	2,25	213,45	2,855	1,34	217,1		

* inkl. 100%iger Töchter ohne die Siemens-Schuckertwerke (SSW), nach den Geschäftsberichten

Quelle: Angaben zur Daimler-Benz AG in: Gregor, Stern 1997, S. 58–59 und S. 124–125 und zusammengestellt aus: Spezial-Archiv der deutschen Wirtschaft – Verlag Hoppenstedt & Co. (Hrsg.): Handbuch der deutschen Aktiengesellschaften. Berlin 1927-1 – 1942-5; Angaben zur Siemens & Halske AG in: Feldenkirchen, Siemens 1995, S. 664 und S. 718–719; Angaben zur MAN AG aus dem Historischen Archiv der MAN AG und zusammengestellt aus: Spezial-Archiv der deutschen Wirtschaft – Verlag Hoppenstedt & Co. (Hrsg.): Handbuch der deutschen Aktiengesellschaften. Berlin 1927-1 – 1942-1 und Angaben zu BMW in: Tabelle 25, S. 482.

Tabelle 28: Eigenkapitalrenditen der Branchen Maschinen und Apparatebau, Elektrotechnische Industrie, Feinmechanische und optische Industrie, der Industrie insgesamt und des BMW-Konzerns im Vergleich (in Prozent)

Jahr	Maschinen- und Apparatebau*	Elektrotechnische Industrie*	Feinmechanische und optische Industrie*	Industrie gesamt*	BMW-Konzern
1933	-3,37	-7,39	-1,18	-1,34	6,15
1934	1,22	C,74	1,40	1,79	12,75
1935	3,46	3,71	3,20	3,65	16,68
1936	5,57	1,69	5,48	4,51	23,31
1937	7,76	3,51	6,96	5,32	8,55
1938	8,97	7,63	6,79	6,00	6,89
1939	9,24	6,84	6,81	6,07	11,86

* Werte für 1940/41 fehlen, daher keine Angaben für 1940ff. zu errechnen

Quelle: Statistisches Reichsamt (Hrsg.): Statistisches Jahrbuch für das Deutsche Reich 1933–1941/42. Berlin. Zu BMW vgl. Tabelle 20, S. 451.

Tabelle 29: Börsenkursentwicklung der BMW AG und der Daimler-Benz AG 1926–1940 (in Prozent)

Zeitpunkt	BMW AG*	DB AG*	Zeitpunkt	BMW AG*	DB AG*
Dez 26	180,00	88,00	Sep 37	155,50	141,50
Dez 27	200,75	98,00	Dez 37	148,00	136,63
Dez 28	232,00	76,00	Mär 38	158,63	146,00
Dez 29	81,00	34,88	Jun 38	148,25	137,88
Dez 30	54,00	22,00	Sep 38	148,25	137,13
Sep 31**	25,00	10,75	Dez 38	144,25	132,25
Dez 32	64,75	19,25	Mär 39	147,50	135,25
Dez 33	133,25	36,00	Jun 39	k.A.	117,13
Sep 34	133,75	k.A.	Jul 39	132,00	k.A.
Dez 34	124,25	48,38	Sep 39	137,00	111,63
Mär 35	129,75	93,63	Dez 39	148,50	124,75
Jun 35	k.A.	93,75	Mär 40	163,75	144,13
Sep 35	k.A.	95,88	Jun 40	166,00	154,00
Dez 35	120,00	91,13	Okt 40	205,25	192,00
Mär 36	123,00	97,38	Dez 40	219,00	187,00
Jun 36	144,00	122,00	Mär 41	213,50	173,00
Sep 36	135,00	115,75	Jun 41	264,00	199,25
Dez 36	141,00	121,50	Sep 41	194,00	187,00
Mär 37	137,50	127,25	Dez 41	191,25	199,50
Jun 37	147,25	137,50			

* Kurse der Berliner Börse
** keine Kursangabe zum Jahresende, Kurs entspricht dem Wert vom 18.09.1931

Quelle: Zusammengestellt aus: Spezial-Archiv der deutschen Wirtschaft – Verlag Hoppenstedt & Co. (Hrsg.): Handbuch der deutschen Aktiengesellschaften. Berlin 1926-2 – 1942-5.

Tabelle 30: Verteilungsplan des Reichskommissars für die Luftfahrt über die Verwendung der im Rahmen des Arbeitsbeschaffungsprogramms vorgesehenen Reichsmittel für Luftfahrtzwecke im Jahr 1933 (Beschaffung und Entwicklung)

Firmen	Beschaffungsgelder (in RM)	Entwicklungsgelder (in RM)	Gesamt
Flugmotoren-Unternehmen			
BMW	7606100	–	7606100
Siemens & Halske	5330000	470000	5800000
Junkers Motorenbau	2946143	774000	3720143
Argus	3446608	480000	3926608
Hirth Motorenbau	413000	–	413000
Daimler-Benz	249000	354000	603000
Andere	–	400000	400000
Flugzeugzellen-Unternehmen			
Heinkel	9012902	1520000	10532902
Arado	5504938	380000	5884938
Dornier	7125600	1674000	8799600
Junkers	2827000	915000	3742000
Focke-Wulf	2751000	133000	2884000
Leichtflugzeugbau Klemm	884000	–	884000
BFW	745000	–	745000
Unternehmen mit sonstigem Luftfahrtgerät			
Schröder & Co. GmbH	516000	–	516000
Telefunken Gesellschaft für drahtlose Telegraphie	402000	–	402000
C. Lorenz AG	948000	–	948000
Andere	270000	–	270000

Quelle: Zusammengestellt aus den „Übersichten über die beabsichtigten Arbeiten auf dem Gebiete der Luftfahrt" Abschnitt I-II, in: Schreiben Reichsminister der Luftfahrt (RdL) an Reichsminister der Finanzen (RdF) vom 30.06.1933 in: BArch R 2/5600, Bl. 37–41 und den Übersichten über die beabsichtigten Arbeiten auf dem Gebiete der Luftfahrt" Abschnitt III-IV, in: Schreiben des RdL an den Reichskommissar für Arbeitsbeschaffung vom 15.06.1933, in: BArch R 2/5600, Bl. 34–36.

Tabelle 31: Werkstoffanteil am Gesamtwert der im Flugmotorenbau verarbeiteten nicht montagefertigen Werkstoffe (Stand 1938, in Prozent)

	Motorenbau	Zellenbau
Eisen und Stahl	27,4	8,7
Nichteisenmetalle	65,0	60,2
Holz	–	4,0
Glas	–	2,4
Leder	–	0,6
Chemikalien	1,8	2,7
Leim	–	0,1
Anstrichmaterial	0,6	7,6
Textilien	–	1,6
Kabel und Drähte	0,4	0,9
Gummi	–	0,5
Sonstige Werkstoffe	4,8	10,7
Gesamt	100,0	100,0

Quelle: 12. Bericht der Wirtschaftsgruppe Luftfahrtindustrie über die deutsche Luftfahrtindustrie, Verhältniszahlen der Produktionserhebung 1937 vom 10. 10. 1938, in: BArch R 13 XXV/5.

Abkürzungsverzeichnis

AdR	Akten der Reichskanzlei
AEG	Allgemeine Elektricitäts-Gesellschaft
AOG	Gesetz zur Ordnung der nationalen Arbeit
AR	Aufsichtsrat
As	Typenabkürzung der Produkte von Argus
AU	Auto Union AG
BA-MA	Bundesarchiv Militärarchiv Freiburg
BArch	Bundesarchiv Berlin
BayHStA	Bayerisches Hauptstaatsarchiv
BBC	Brown, Boveri & Cie
BfL	Bevollmächtigte des RLM für das Luftfahrtindustriepersonal
BFW	Bayerische Flugwerke AG
BMW	Bayerische Motoren Werke
BMW-Arch	Konzernarchiv der BMW Group
Bramo	Brandenburgische Motoren Werke
DAF	Deutsche Arbeitsfront
DAG	Daimler AG, Stuttgart
DAG/HIC	Daimler AG, Stuttgart/Heritage Information Center
D-Amt	Luftwaffenverwaltungsamt im RLM
DB	Daimler-Benz
DD/DDP	Deutsche Demokratische Partei
DLH	Deutsche Luft Hansa , ab 1933 Deutsche Lufthansa
DMG	Daimler-Motoren-Gesellschaft
DMM/ASD	Deutsches Museum München / Archive, Sondersammlungen, Dokumentation
DMM/ASD HeA	Heinkel Archiv im Deutsches Museum München
DMM/ASD JA	Junkers Archiv im Deutsches Museum München
DMM/LRD	Deutsches Museum München/Luft- und Raumfahrt-Dokumentation
DNVP	Deutschnationale Volkspartei
DVL	Deutschen Versuchsanstalt für Luftfahrt
GBV	Generalbevollmächtigter
HAS	Haushaltsausschuss-Sitzung des Reichstages
H.i.O.	Hervorhebung im Original
IFA	Junkers Flugzeugwerk AG
IfZ	Institut für Zeitgeschichte
I.G.-Ausschuss	Interessengemeinschaftsausschuss Daimler-Benz
IHK	Industrie- und Handelskammer
IIC	International Investment Company
In 1	Inspektion 1 der Reichswehr
IRG 38	Industrierüstungsgrundlagen 01.04.1938
JFM	Junkers-Flugzeug- und -Motorenwerke AG
Ju	Typenabkürzung der Junkers-Produkte
Jumo	Junkers-Motorenbau GmbH
Kfz	Kraftfahrzeug
KHD	Klöckner-Humboldt-Deutz
KP / KPD	Kommunistische Partei Deutschlands
LA	Luftkommandoamt bzw. Generalstab der Luftwaffe
LC	Technisches Amt im RLM

LC I	Forschungsabteilung des Technischen Amt im RLM
LC II	Entwicklungsabteilung des Technischen Amtes im RLM
LC III	Beschaffungsabteilung des Technischen Amtes im RLM
LD	Luftwaffenverwaltungsamt im RLM
LFM	Luftfahrtforschungsanstalt München-Ottobrunn
MAN	Maschinenfabrik Augsburg-Nürnberg AG
MGFA	Bibliothek des Militärgeschichtlichen Forschungsamtes, Potsdam
Mimo	Mitteldeutsche Motorenwerke GmbH
Mob-Fall	Mobilmachungsfall
MTU	MTU Aero Engines GmbH, München
MTU-Arch	Unternehmensarchiv der MTU Aero Engines GmbH, München
MWi	Bayerisches Staatsministerium für Wirtschaft
NAG	Nationale Automobil-Gesellschaft
NFW	Niederbarnimer Flugmotoren Werke
NSBO	Nationalsozialistische Betriebszellen Organisation
NSDAP	Nationalsozialistische Deutsche Arbeiterpartei
NSF	Nürnberger Schraubenfabrik
NSFK	Nationalsozialistisches Fliegerkorps
NSKK	Nationalsozialistisches Kraftfahrerkorps
o. D.	ohne Datumsangabe
OKW	Oberkommando der Wehrmacht
OKH	Oberkommando des Heeres
o. V.	ohne Verfasserangabe
Pkw	Personenkraftwagen
RAD	Reichsarbeitsdienst
RAM	Reichsarbeitsministerium
RAV	Reichsanstalt für Arbeitsvermittlung und Arbeitslosenversicherung
RdF	Reichsminister der Finanzen
RdL	Reichsminister der Luftfahrt
RDLI	Reichsverband der Deutschen Luftfahrtindustrie
RfA	Reichskommissar für die Arbeitsbeschaffung
RGBl	Reichsgesetzblatt
RFM	Reichsfinanzministerium
RKM	Reichskriegsministerium
RLM	Reichsluftfahrtministerium
RüIn	Rüstungsinspektion
RVE	Reichsvereinigung Eisen
RVM	Reichsverkehrsministerium
RWM	Reichswehrministerium
RWiM	Reichswirtschaftsministerium
RM	Reichsmark
SA	Sturmabteilung
SAM	Typenabkürzung der Produkte der Siemens Apparate & Maschinen GmbH
Sh	Typenabkürzung der Siemens & Halske-Produkte
Sopade-Bericht	Deutschland-Berichte der Sozialdemokratischen Partei Deutschlands im Exil
SpKa	Spruchkammer
SPR	Sitzung des Plenums des Deutschen Reichstages
SSW	Siemens-Schuckertwerke
StAM	Staatsarchiv München
Stamag	Stahl- und Maschinenbau GmbH

StK	Staatskanzlei
Stuka	Sturzkampfflugzeug
TA (L)	Luftschutzreferat des Truppenamtes
ThHStA	Thüringisches Hauptstaatsarchiv
UK	Unabkömmlichkeit
VDMA	Vereinigung deutscher Maschinenbau-Anstalten
VDR	Verhandlungen des Reichstages
VW	Volkswagen
Wa.1.	Beschaffungsdienststelle im Heereswaffenamt
Wa.B.6	Beschaffungsdienststelle im Heereswaffenamt, im Jahr 1927 hervorgegangen aus der Wa.1.
Wa.Prw8	Abteilung Prüfwesen im Heereswaffenamt (Luftdepartement)
WP	Wirtschaftspartei des deutschen Mittelstandes
W.Wi-In	Wehrwirtschaftsinspektion
Z	Zentrums-Partei
Zündapp	Zünder- und Apparatebaugesellschaft, Nürnberg
ZWB	Zentralstelle für das Wissenschaftliche Berichtswesen der DVL in Berlin, Teile der Bestände befinden sich heute im Archiv des Deutschen Museums

Verzeichnis der Tabellen

Verzeichnis der Grafiken

Verzeichnis der Abbildungen

Alle Abbildungen stammen aus dem Konzernarchiv der BMW Group.

Quellen- und Literaturverzeichnis

A. Archivalien

1. Unternehmensarchive

1.1. Konzernarchiv der BMW Group (BMW-Arch)

FA: Flugmotorenakten
Nr. 3, Nr. 4, Nr. 5.

MA: Motorradakten
Nr. 2.

UA: Unternehmensakten
Nr. 1, Nr. 2, Nr. 3, Nr. 5, Nr. 6, Nr. 7, Nr. 8, Nr. 10, Nr. 11, Nr. 12, Nr. 13, Nr. 15, Nr. 16, Nr. 17, Nr. 18, Nr. 19, Nr. 21, Nr. 22, Nr. 26, Nr. 27, Nr. 38, Nr. 39, Nr. 40, Nr. 44, Nr. 48, Nr. 58, Nr. 59, Nr. 93, Nr. 97, Nr. 116, Nr. 121, Nr. 133, Nr. 138, Nr. 139, Nr. 140, Nr. 141, Nr. 151, Nr. 160, Nr. 169, Nr. 173, Nr. 177, Nr. 178, Nr. 192, Nr. 196, Nr. 197, Nr. 204, Nr. 205, Nr. 210, Nr. 242, Nr. 259, Nr. 285, Nr. 290, Nr. 322, Nr. 368, Nr. 421, Nr. 449, Nr. 526, Nr. 544, Nr. 551, Nr. 553, Nr. 555, Nr. 559, Nr. 565, Nr. 566, Nr. 567, Nr. 568, Nr. 595, Nr. 608, Nr. 621, Nr. 701, Nr. 702, Nr. 706, Nr. 741, Nr. 743, Nr. 744, Nr. 755, Nr. 793, Nr. 810, Nr. 840, Nr. 842, Nr. 924, Nr. 968, Nr. 1274, Nr. 1275.

UU: Unternehmenspublikationen
Nr. 85, Nr. 89, Nr. 1059, Nr. 1062.

Personendatenbank des Historischen Archivs der BMW AG

1.2. Unternehmensarchiv der MTU Aero Engines GmbH, München (MTU-Arch)

1. Ordner Triebwerksfirmen
2. Ordner
3. Ordner

Ordner Diverses
Ordner Lohn-, Gehaltstabellen
U 1.1.6.0
U 2.5.6.0
U 2.5.6.8.

1.3. Heritage Information Center der Daimler AG, Stuttgart (DAG/HIC)

Bestand Flugmotoren Produktion und Absatz 1917–1942
Bestand Fremdfirmen 11.3
Bestand Fremdfirmen Inland 13-14 BMW 1224–40
Ordner 14 + 15 Lizenzangelegenheiten
Kissel 6.22 Werke
Kissel 8.41 Flugmotorenentwicklung
Kissel 8.42 Flugmotorenentwicklung
Kissel 9.34 Behörden und Institutionen
Kissel 9.35 Behörden und Institutionen
Kissel Protokolle 1/1 1926
Kissel Protokolle 1/6 1931–31
Kissel Protokolle 1/7 19. 1. 1933–20. 6. 1934.

2. Staatliche Archive

2.1. Bundesarchiv Berlin (BArch)

NS 3: SS-Wirtschafts-Verwaltungshauptamt
Nr. 668.

NS 19: Persönlicher Stab – Reichsführer SS
Nr. 57, Nr. 488, Nr. 830, Nr. 1197, Nr. 1966, Nr. 2598, Nr. 2708, Nr. 3652, Nr. 3711, Nr. 3821.

R 2: Reichsfinanzministerium
Nr. 2584, Nr. 2585, Nr. 5406, Nr. 5407, Nr. 5408, Nr. 5409, Nr. 5410, Nr. 5412, Nr. 5415, Nr. 5456, Nr. 5550, Nr. 5551, Nr. 5593, Nr. 5600, Nr. 26712, Nr. Anh. 37, Nr. Anh. 38, Anh. 39, Nr. Anh. 79, Nr. Anh. 82, Nr. Anh. 83.

R 3: Reichsministerium für Rüstung und Kriegsproduktion
Nr. 281, Nr. 289 Heft 1, Nr. 289 Heft 3, Nr. 452, Nr. 460, Nr. 516, Nr. 1501, Nr. 1570, Nr. 1583, Nr. 1627, Nr. 1722, Nr. 1749, Nr. 1752, Nr. 1756, Nr. 1757, Nr. 1775, Nr. 1793, Nr. 1796, Nr. 1802, Nr. 1827, Nr. 1837, Nr. 3127, Nr. 3172, Nr. 3282, Nr. 3448.

R 5: Reichsverkehrsministerium
Nr. 8020.

R 10 III: Reichsvereinigung Eisen (RVE)
Nr. 12, Nr. 75.

R 13 XXV: Wirtschaftsgruppe Luftfahrtindustrie
Nr. 3, Nr. 5, Nr. 7, Nr. 18.

R 101: Reichstag
Nr. 1392, Nr. 1404, 1406.

R 3101 (R 7): Reichswirtschaftsministerium
Nr. 32166, Nr. 32234, Nr. 32235, Nr. 32238, Nr. 32251, Nr. 32471, Nr. 32474, Nr. 32496.

R 3901 (R 41): Reichsarbeitsministerium
Nr. 20224, Nr. 20241, Nr. 21351, Nr. 21353, Nr. 21365, Nr. 21379, Nr. 21380.

R 8119 F: Deutsche Bank
P 14, P 57, P 351, P 3065, P 3066, P 3067, P 3069, P 3070, P 3071, P 3072, P 3073, P 3074, P 3075, P 3076, P 3077, P 3080, P 3087, P 3098, P 3099, P 3100, P 3102, P 3104, P 3105, P 3106, P 3107, P3108, P 3111, P 3112, P 3118, P 3123, P 3124, P 3125, P 3127, P 3128, P 3130, P 3131, P 3132, P 3133, P 3143, P 3144, P 3145, P 3146, P 3147, P 3148, P 3149, P 3150, P 3151, P 3152, P 3153, P 3155, P 3158, P 3159, P 3160, P 3161, P 3162, P 3163, P 3164, P 3166, P 3167, P 3169, P 3170, P 3172, P 3173, P 3175, P 3204, P 3205, P 3197, P 11821, P 24449.

R 8121: Bank der Deutschen Luftfahrt (Aerobank)
Nr. 20, Nr. 154, Nr. 305, Nr. 306.

R 8135: Deutsche Revisions- und Treuhand AG
Nr. 5013, Nr. 5247, Nr. 6407, Nr. 6408, Nr. 6409.

2.2. Bundesarchiv Militärarchiv Freiburg (BA-MA)

N 179: Nachlass Erhard Milch

Nr. 57, Nr. 59, Nr. 60, Nr. 66.

RL 1: Reichsminister der Luftfahrt und Oberbefehlshaber der Luftwaffe
Nr. 17, Nr. 18, Nr. 41.

RL 3: Generalluftzeugmeister
Nr. 13, Nr. 30, Nr. 51, Nr. 52, Nr. 54, Nr. 169, Nr. 276, Nr. 280, Nr. 283, Nr. 293, Nr. 296, Nr. 315, Nr. 328, Nr. 331, Nr. 435, Nr. 482, Nr. 504, Nr. 592, Nr. 595, Nr. 865, Nr. 938, Nr. 1127, Nr. 2265, Nr. 2276, Nr. 2279, Nr. 2290, Nr. 2320, Nr. 2449, Nr. 2619, Nr. 2621, Nr. 2694, Nr. 2695, Nr. 2697, Nr. 2699, Nr. 2714, Nr. 4268, Nr. 4460.

RH 2: OKH/Generalstab des Heeres
Nr. 2228.

RH 8 I: OKH/Heereswaffenamt
Nr. 893, Nr. 897, Nr. 908, Nr. 918, Nr. 923, Nr. 942, Nr. 991, Nr. 3593, Nr. 3601, Nr. 3604.

RH 12-1: Inspektion der Waffenschulen
Nr. 39, Nr. 40.

RW 19: OKW/Wehrwirtschafts- und Rüstungsamt
Nr. 42, Nr. 324, Nr. 505, Nr. 512, Nr. 559, Nr. 590, Nr. 649, Nr. 1279, Nr. 1289, Nr. 1446, Nr. 1486, Nr. 1503, Nr. 1510, Nr. 1520, Nr. 1609, Nr. 1806, Nr. 1915, Nr. 1966, Nr. 2045, Nr. 2078, Nr. 2079, Nr. 2083, Nr. 2123, Nr. 2443.

RW 20-3: Rüstungsinspektion III (Berlin)
Nr. 1.

RW 20-7: Rüstungsinspektion VII (München)
Nr. 1, Nr. 2, Nr. 3, Nr. 5, Nr. 6, Nr. 7, Nr. 8, Nr. 9, Nr. 10, Nr. 11, Nr. 12, Nr. 13, Nr. 14, Nr. 15.

RW 20-9: Rüstungsinspektion IX (Kassel)
Nr. 3, Nr. 4, Nr. 7, Nr. 14, Nr. 15, Nr. 17, Nr. 19.

RW 21-1: Rüstungskommando Augsburg
Nr. 20.

RW 21-2: Rüstungskommando Berlin I
Nr. 1, Nr. 2, Nr. 3, Nr. 4, Nr. 7, Nr. 8.

RW 21-17: Rüstungskommando Eisenach
Nr. 3, Nr. 8, Nr. 9, Nr. 10, Nr. 11, Nr. 12, Nr. 14, Nr. 15, Nr. 16.

RW 21-47: Rüstungskommando München
Nr. 3, Nr. 4.

2.3. Bayerisches Hauptstaatsarchiv München (BayHStA)

MWi: Bayerisches Staatsministerium für Wirtschaft
Nr. 57, Nr. 3088, Nr. 5614, Nr. 5615, Nr. 5638, Nr. 5839, Nr. 5840, Nr. 5843, Nr. 5879, Nr. 6886, Nr. 8170.

Reichsstatthalter Epp
Nr. 471/4, Nr. 475, Nr. 491.

StK: Staatskanzlei
Nr. 5402, Nr. 6712, Nr. 6720, Nr. 6721, Nr. 6722.

2.4. Thüringisches Hauptstaatsarchiv Weimar (ThHStA)

BMW Werk Eisenach 5.

2.5. Staatsarchiv München (StAM)

Spka: Spruchkammerakten
Karton 406 Fiedler Fritz
Karton 460 Friz Emil
Karton 1341 Popp F. J.
Karton 2012 Wrba Max
Karton 2050 Zipprich Erich
Karton 4589 Hille Fritz.

3. Sonstige Archive

3.1. Stadtarchiv München

Datenbank zum Biographischen Gedenkbuch der Münchener Juden 1933–1945

3.2. Deutsches Museum München / Archive, Sondersammlungen, Dokumentation (DMM/ASD)

JA: Junkers-Archiv
Nr. 0021, Nr. 0201/T10/M11, Nr. 0301/T27/M46, Nr. 0502/T6/M39, Nr. 1152, 1168.

FA: Heinkel-Archiv
Nr. 001/0797, Nr. 001/ 0985.

ZWB: Zentralstelle für das Wissenschaftliche Berichtswesen
LG 159.

3.3. Institut für Zeitgeschichte (IfZ)

Db 68.18
Fa 732
Fd 40/1
MA 190/2, MA 216, MA 273, MA 327
MS 621/1
ZS 124.

B. Periodische Publikationen

Berliner Börsen Kurier
Berliner Tageblatt
BMW Group Mobile Tradition live
Frankfurter Zeitung
Hannoversche Zeitung
Kölnische Volkszeitung
Kölnische Zeitung
Der Metallmarkt
Motor
Motor-Kritik
Münchner Neueste Nachrichten
Münchener Zeitung
Neue Badische Landes-Zeitung
Reichsgesetzblatt
Reichshaushaltsplan
Der Spiegel

Statistisches Jahrbuch für das Deutsche Reich
Stenographische Berichte des Reichstags
Der Vierjahresplan
Völkischer Beobachter
Vorwärts
Vossische Zeitung

C. Literatur

Abelshauser, Werner: Germany: Guns, Butter and Economic Miracles. In: Harrison, Mark (Hrsg.): The Economics of World War II. Six Great Powers in International Comparison. Cambridge 1998, S. 122-176.

Ders.: Kriegswirtschaft und Wirtschaftswunder. Deutschlands wirtschaftliche Mobilisierung für den Zweiten Weltkrieg und die Folgen für die Nachkriegszeit. In: Vierteljahrshefte für Zeitgeschichte 47 (1999), S. 503-538.

Ders. (Hrsg.): Die BASF. Eine Unternehmensgeschichte. München 2002.

Ders.: Rüstungsschmiede der Nation? Der Kruppkonzern im Dritten Reich und in der Nachkriegszeit 1933-1951. In: Gall, Lothar (Hrsg.): Krupp im 20. Jahrhundert. Die Geschichte des Unternehmens vom Ersten Weltkrieg bis zur Gründung der Stiftung. Berlin 2002, S. 400-431.

Ders./Hesse, Jan-Otmar/Plumpe, Werner (Hrsg.): Wirtschaftsordnung, Staat und Unternehmen. Neue Forschung zur Wirtschaftsgeschichte des Nationalsozialismus. Essen 2003.

Ambrosius, Gerold: Staat und Wirtschaftsordnung. Eine Einführung in Theorie und Geschichte. Stuttgart 2001.

Andres, Christopher M.: Die bundesdeutsche Luft- und Raumfahrtindustrie 1945-1970: Ein Industriebereich im Spannungsfeld von Politik, Wirtschaft und Militär. Frankfurt am Main 1996.

Appel, Bernd-Marian: Entwicklungsbedingungen für Luftfahrtunternehmen in Deutschland 1919-1926. Frankfurt am Main 1993.

Bach, Martin: Luftfahrtindustrie im Ersten Weltkrieg. Mobilisierung und Demobilisierung der britischen und der deutschen Luftfahrtindustrie im Ersten Weltkrieg. Allershausen 2003.

Bagel-Bohlan, Anja E.: Hitlers industrielle Kriegsvorbereitungen 1936-39. Koblenz/Bonn 1975.

Bähr, Johannes: „Corporate Governance" im Dritten Reich. Leitungs- und Kontrollstrukturen deutscher Großunternehmen während der nationalsozialistischen Diktatur. In: Abelshauser, Werner u. a. (Hrsg.): Wirtschaftsordnung 2003, S. 61-80.

Barkai, Avraham: Vom Boykott zur „Entjudung". Der wirtschaftliche Existenzkampf der Juden im Dritten Reich 1933-1943. Frankfurt am Main 1988.

Ders.: Das Wirtschaftssystem des Nationalsozialismus: Ideologie, Theorie, Politik 1933-1945. Frankfurt am Main 1988.

Ders.: Die deutschen Unternehmer und die Judenpolitik im Dritten Reich. In: Geschichte und Gesellschaft 15 (1989), S. 227-247.

Bartz, Werner: Deutsche Luftrechtspolitik seit Versailles. Berlin 1927.

Baumann, Angelika/Heusler, Andreas (Hrsg.): München arisiert. Entrechtung und Enteignung der Juden in der NS-Zeit. München 2004.

Behnken, Klaus (Hrsg.): Deutschland-Berichte der Sozialdemokratischen Partei Deutschlands (Sopade) 1934-1940. Salzhausen/Frankfurt am Main 1980.

Benz, Wolfgang: Vom freiwilligen Arbeitsdienst zur Arbeitsdienstpflicht. In: Vierteljahrshefte für Zeitgeschichte 16 (1968), S. 317-347.

Berenice, Carroll A.: Design for Total War. Arms and Economics in the Third Reich. Den Haag 1968.

Berrar, Carsten: Die Entwicklung der Corporate Governance in Deutschland im internationalen Vergleich. Baden-Baden 2001.

Blaich, Fritz: Wirtschaftpolitik und Wirtschaftsverfassung im Dritten Reich. In: Aus Politik und Zeitgeschichte 8 (1971), S. 3–18.

Ders.: Wirtschaftssysteme zwischen Zwangsläufigkeit und Entscheidung. Stuttgart 1971.

Ders.: Die bayerische Industrie 1933–1939. Elemente von Gleichschaltung, Konformismus und Selbstbehauptung. In: Broszat, Martin/Fröhlich, Elke (Hrsg.): Bayern in der NS-Zeit II. Herrschaft und Gesellschaft im Konflikt. Teil A. München/Wien 1979, S. 237–281.

Ders.: Wirtschaft und Rüstung in Deutschland 1933–1939. In: Bracher/Funke/Jacobsen (Hrsg.), Diktatur 1986, S. 285–316.

Ders.: Wirtschaft und Rüstung im Dritten Reich. Düsseldorf 1987.

Boelcke, Willi A.: Probleme der Finanzierung von Militärausgaben. In: Forstmeier, Friedrich/Volkmann, Hans-Erich (Hrsg.): Wirtschaft und Rüstung am Vorabend des Zweiten Weltkriegs. Düsseldorf 1975, S. 14–38.

Ders.: Die deutsche Wirtschaft 1930–45. Interna des Reichswirtschaftsministeriums. Düsseldorf 1983.

Ders.: Die Kosten von Hitlers Krieg. Kriegsfinanzierung und finanzielles Kriegserbe in Deutschland, 1933–1948. Paderborn 1985.

Ders.: Die Finanzpolitik des Dritten Reiches. Eine Darstellung in Grundzügen. In: Bracher, Deutschland 1992, S. 95–117.

Ders.: Stimulation und Verhalten von Unternehmern der deutschen Luftrüstungsindustrie während der Aufrüstungs- und Kriegsphase. In: Boog (Hrsg.), Luftkriegsführung 1993, S. 81–107.

Boog, Horst (Hrsg.): Luftkriegsführung im Zweiten Weltkrieg. Ein internationaler Vergleich. Herford/Bonn 1993.

Bopp, Wolfgang: The Evolution of the Pricing Policy for Public Orders during the Third Reich. In: Buchheim /Garside (Hrsg.), Slump 2000, S. 149–160.

Borchardt, Knut: Wirtschaftliche Ursachen des Scheiterns der Weimarer Republik. In: Erdmann, Karl D./Schulze, Hagen (Hrsg.): Weimar. Selbstpreisgabe einer Demokratie. Eine Bilanz heute. Düsseldorf 1980, S. 211–249.

Bosch, Margarete: Gelenkte Marktwirtschaft. Die geschichtliche Notwendigkeit einer Gestaltung der Wirtschaft. Stuttgart 1939.

Bracher, Karl-Dietrich/Funke, Manfred/Jacobsen, Hans-Adolf (Hrsg.): Nationalsozialistische Diktatur 1933–1945. Eine Bilanz. Bonn 1986.

Ders. (Hrsg.): Deutschland 1933–1945. Neue Studien zur nationalsozialistischen Herrschaft. Bonn 1992

Ders.: Die deutsche Diktatur. Entstehung, Struktur, Folgen des Nationalsozialismus. Köln 1993.

Braun, Hans-Joachim: Aero-engine Production in the Third Reich. In: Hollister-Short, Graham/James, Frank A.: History of Technology. London/New York 1992.

Bräutigam, Petra: Mittelständische Unternehmer im Nationalsozialismus. Wirtschaftliche Entwicklungen und soziale Verhaltensweisen in der Schuh- und Lederindustrie Badens und Württembergs. München 1997.

Dies.: Südwestdeutsche Unternehmer der Mittelständischen Industrie während des Nationalsozialismus. In: Großbölting/Schmidt, Markt und Lenkung 2002, S. 121–140.

Brealey, Richard A./Myers, Stewart C.: Principles of corporate finance. Boston 2003.

Broszat, Martin/Fröhlich, Elke (Hrsg.): Bayern in der NS-Zeit II. Herrschaft und Gesellschaft im Konflikt. Teil A. München/Wien 1979.

Ders.: Grundzüge der gesellschaftlichen Verfassung des Dritten Reiches. In: Ders./ Möller, Horst (Hrsg.): Das Dritte Reich. Herrschaftsstruktur und Geschichte. München 1986, S. 38-63.

Ders. (Hrsg.): Die deutschen Eliten und der Weg in den Zweiten Weltkrieg. München 1989.

Buchheim, Christoph: Zur Natur des Wirtschaftsaufschwungs in der NS-Zeit, in: Ders./Hutter, Michael/James Harold: Zerissene Zwischenkriegszeit. Wirtschaftshistorische Beiträge. Knut Borchardt zum 65. Geburtstag. Baden-Baden 1994, S. 97-119.

Ders./Garside, Redvers (Hrsg.): After the Slump. Industry and Politics in the 1930s Britain and Germany. Frankfurt am Main 2000.

Ders.: The Upswing of German Industry in the Thirties. In: Ders./Garside (Hrsg.), Slump 2000, S. 33-52.

Ders.: Die Wirtschaftsentwicklung im Dritten Reich – mehr Desaster als Wunder. Eine Erwiderung auf Werner Abelshauser. In: Vierteljahrshefte für Zeitgeschichte 49 (2001), S. 653-664.

Ders./Scherner, Jonas: Anmerkungen zum Wirtschaftssystem des „Drittes Reichs". In: Abelshauser, Werner u. a. (Hrsg.): Wirtschaftsordnung 2003, S. 81-97.

Ders.: Das Verhältnis von Staat und Wirtschaft in der NS-Zeit. In: Siegenthaler, Wirtschaftsgeschichte 2004, S. 237-239.

Ders.: Unternehmen in Deutschland und NS-Regime 1933-1945. Versuch einer Synthese. In: Historische Zeitschrift 282 (2006), S. 351-390.

Ders./Scherner, Jonas: The Role of Private Property in the Nazi Economy: The Case of Industry. In: Journal of Economic History 2 (2006), S. 390-416.

Budraß, Lutz: Unternehmer im Nationalsozialismus: Der Sonderbevollmächtigte des Generalfeldmarschalls Göring für die Herstellung der Ju 88. In: Plumpe, Werner/ Kleinschmidt, Christian (Hrsg.): Unternehmen zwischen Markt und Macht. Aspekte deutscher Unternehmens- und Industriegeschichte im 20. Jahrhundert. Essen 1992, S. 74-89.

Ders.: Rüstung und Rationalisierung. Zur Geschichte der deutschen Flugzeugindustrie zwischen dem Ende des Ersten und dem Ende des Zweiten Weltkriegs. Bochum 1995.

Ders.: Flugzeugindustrie und Luftrüstung in Deutschland 1918-1945. Düsseldorf 1998.

Ders.: Sackgasse oder Zwischenspeicher? Die deutsche Luftfahrtindustrie und die Führungsschicht der deutschen Wirtschaft, 1930-1960. Paper für die Tagung „Die deutsche Wirtschaftselite im 20. Jahrhundert: Kontinuität und Mentalität", Bochum 11.-13. 10. 2001.

Ders.: Zwischen Unternehmen und Luftwaffe. Die Luftfahrtforschung im „Dritten Reich". In: Maier, Helmut (Hrsg.): Rüstungsforschung im Nationalsozialismus. Organisation, Mobilisierung und Entgrenzung der Technikwissenschaften. Göttingen 2002, S. 142-182.

Busse, Rudolf: Luftrecht. Einschließlich Luftverkehrsgesetz und Pariser Luftverkehrsabkommen. Berlin 1928

Childers, Thomas: Big Business, Weimar Democracy and Nazism: Turner's German Big Business and the Rise of Hitler. In: Business History Review 62 (1988), S. 128-134.

Constant, Edward W.: The Origins of the Turbojet Revolution. Baltimore/London 1980.

Del Fabbro, René: Internationaler Markt und nationale Interessen. Die BMW AG in der Ära Castiglioni 1917-1930. In: Sozial.Geschichte 2 (2003), S. 35-62.

Deist, Wilhelm (Hrsg.): Das Deutsche Reich und der Zweite Weltkrieg. Ursachen und Voraussetzungen der deutschen Kriegspolitik. Stuttgart 1979.
Ders.: Zum Problem der deutschen Aufrüstung 1933–1936. In: Ders.: Militär, Staat und Gesellschaft. Studien zur preußisch-deutschen Militärgeschichte. München 1991, S. 293–315.
Deutsche Gesellschaft für Wehrpolitik und Wehrwissenschaften (Hrsg.): Die Luftwaffe. Handbuch der neuzeitlichen Wehrwissenschaften. Berlin 1939.
Diehl, Markus A.: Von der Marktwirtschaft zur nationalsozialistischen Kriegswirtschaft. Die Transformation der deutschen Wirtschaftsordnung 1933–1945. Stuttgart 2005.
Dornier, Claude: Aus meiner Ingenieurslaufbahn. Zug 1966.

Eckerlin, Fritz: Von der Überwachungsstelle zur Reichsstelle, in: Die Deutsche Volkswirtschaft 8 (1939), S. 1040–1042.
Edgerton, David: England and the Aeroplane: An Essay on a Militant and Technological Nation. Houndmills/Basingstoke/Hamshire/London 1992.
Eiber, Ludwig: Frauen in der Kriegsindustrie. Arbeitsbedingungen, Lebensumstände und Protestverhalten. In: Broszat, Martin/Fröhlich, Elke/Grossmann, Anton (Hrsg.): Bayern in der NS-Zeit III. Herrschaft und Gesellschaft im Konflikt. München/Wien 1981, S. 570–644.
Eichholtz, Dietrich/Gossweiler, Kurt: Noch einmal: Politik und Wirtschaft 1933–1945. In: Das Argument 10 (1968), S. 210–227.
Ders.: Geschichte der deutschen Kriegswirtschaft. Berlin 1985.
Erfurth, Helmut: Hugo Junkers. Ein politischer Essay. Berlin 1989.
Erker, Paul: Industrieeliten in der NS-Zeit. Anpassungsbereitschaft und Eigeninteressen von Unternehmern in der Rüstungs- und Kriegswirtschaft 1936–1945. Passau 1993.
Ders.: Einleitung: Industrieeliten im 20. Jahrhundert, in: Ders./Pierenkemper, Toni: Deutsche Unternehmer zwischen Kriegswirtschaft und Wiederaufbau. Studien zur Erfahrungsbilanz von Industrie-Eliten. München 1999, S. 1–18.

Falter, Jürgen W.: Hitlers Wähler. München 1991.
Fear, Jeffrey: Die Rüstungsindustrie im Gau Schwaben. In: Vierteljahrshefte für Zeitgeschichte 35 (1987), S. 193–216.
Feldenkirchen, Wilfried: Siemens 1918–1945. München/Zürich 1995.
Feldman, Gerald D.: Vom Weltkrieg zur Weltwirtschaftkrise. Studien zur deutschen Wirtschaft- und Sozialgeschichte 1914–1932. Göttingen 1984.
Ders.: Die Deutsche Bank vom Ersten Weltkrieg bis zur Weltwirtschaftskrise. In: Gall u. a., Deutsche Bank 1995, S. 138–314.
Ders.: Die Deutsche Bank und die Automobilindustrie. In: Zeitschrift für Unternehmensgeschichte 44 (1999), S. 3–14.
Ders.: Unternehmensgeschichte im Dritten Reich und Verantwortung der Historiker. Raubgold und Versicherungen, Arisierung und Zwangsarbeit. München 2000.
Ders.: Die Allianz und die deutsche Versicherungswirtschaft 1933–1945. München 2001.
Ders.: The Economic Origins and Dimensions of European Fascism. In: James, Harold/Tanner, Jakob (Hrsg.): Enterprise in the Period of Fascism in Europe. Aldershot 2002, S. 3–13.
Ders.: Financial Institutions in Nazi Germany: Reluctant or Willing Collaborators? In: Nicosia, Francis R./Huener, Jonathan (Hrsg.): Business and Industry in Nazi Germany. New York/Oxford 2004, S. 15–42.
Ferguson, Robert G.: One Thousand Planes a Day: Ford, Grumman, General Motors and the Arsenal of Democracy. In: History and Technology 21 (2005), S. 149–175.

Fisch, Stefan: Automobilisierung in der Weimarer Republik. Zwangslagen und Handlungsspielräume am Beispiel der Bayerischen Motoren-Werke AG München. (Vortrag, gehalten am 11.07.1994 in München, unveröffentlichtes Manuskript).

Fischer, Albert: Luftverkehr zwischen Markt und Macht (1919-1937). Lufthansa, Verkehrsflug und der Kampf ums Monopol. Wiesbaden 2003.

Forstmeier, Friedrich/Volkmann, Hans-Erich (Hrsg.): Wirtschaft und Rüstung am Vorabend des Zweiten Weltkrieges. Düsseldorf 1975.

Frei, Norbert: Der Führerstaat. Nationalsozialistische Herrschaft 1933 bis 1945. München 1987.

Ders.: Wie Modern war der Nationalsozialismus? In: Geschichte und Gesellschaft 19 (1993), S.367-387.

Frese, Matthias: Betriebspolitik im „Dritten Reich". Deutsche Arbeitsfront, Unternehmer und Staatsbürokratie in der westdeutschen Großindustrie 1933-1939. Paderborn 1991.

Ders.: Sozial- und Arbeitspolitik im „Dritten Reich". Ein Literaturbericht. In: Neue Politische Literatur 38 (1993), S.403-446.

Gall, Lothar/Feldman, Gerald D./James, Harold/Holtfrerich, Carl-Ludwig/Büschgen, Hans: Die Deutsche Bank 1870-1995. München 1995.

Ders./Pohl, Manfred (Hrsg.): Unternehmen im Nationalsozialismus. München 1998.

Ders. (Hrsg.): Krupp im 20. Jahrhundert. Die Geschichte des Unternehmens vom Ersten Weltkrieg bis zur Gründung der Stiftung. Berlin 2002.

Gaul, Claus-Martin: Die industriellen Anlageinvestitionen und ihre Steuerung in Deutschland von 1933 bis 1939. Ein Beitrag zur wirtschaftshistorischen Analyse des Verhältnisses von Politik und Ökonomie im Nationalsozialismus. Hamburg 2004.

Geary, Dick; The Industrial Elite and the Nazis in the Weimar Republic. In: Stachura, Peter D. (Hrsg.): The Nazi Machtergreifung. London 1983, S.85-100.

Gehrig, Astrid: Nationalsozialistische Rüstungspolitik und unternehmerischer Entscheidungsspielraum. Vergleichende Fallstudie zur württembergischen Maschinenbauindustrie. München 1996.

Dies.: Zwischen Betriebsinteressen und Lenkungswirtschaft: Drei mittelständische Unternehmer im „Dritten Reich". In: Großbölting/Schmidt, Markt und Lenkung 2002, S.69-118.

Gehrisch, Wolfgang: Die Entwicklung der Luftfahrtindustrie im imperialistischen Deutschland bis 1945. Berlin 1974.

Gersdorff, Kyrill von/Grasmann, Kurt: Flugmotoren und Strahltriebwerke. Entwicklungsgeschichte der deutschen Luftfahrtantriebe von den Anfängen bis zu den europäischen Gemeinschaftsentwicklungen. München 1981.

Geyer, Michael: Das Zweite Rüstungsprogramm (1930-1934). In: Militärgeschichtliche Mitteilungen 17 (1975), S.125-172.

Ders.: Rüstungsbeschleunigung und Inflation. Zur Inflationsdenkschrift des Oberkommandos der Wehrmacht vom November 1938. In: Militärgeschichtliche Mitteilungen 30 (1981), S.121-186.

Ders.: Deutsche Rüstungspolitik 1860-1980. Frankfurt am Main 1984.

Gilles, Jakob A.: Flugmotoren 1910 bis 1918. Frankfurt am Main 1971.

Gossweiler, Kurt: Der Übergang von der Weltwirtschaftskrise zur Rüstungskonjunktur in Deutschland 1933-1934. In: Jahrbuch für Wirtschaftsgeschichte 2 (1968), S.55-116.

Gregor, Neil: Stern und Hakenkreuz. Daimler-Benz im Dritten Reich. Berlin 1997.

Groehler, Olaf: Geschichte des Luftkriegs 1910 bis 1970. Berlin 1977.

Großbölting, Thomas/Schmidt, Rüdiger (Hrsg.): Unternehmerwirtschaft zwischen Markt und Lenkung. Organisationsformen, politischer Einfluß und ökonomisches Verhalten 1930-1960. München 2002.

Dies.: Unternehmerwirtschaft in Deutschland zwischen 1930 und 1960 – Stand und Perspektiven der Forschung. In: Dies. (Hrsg.): Großbölting/Schmidt, Markt und Lenkung 2002, S. 9–38.

Grossmann, Anton: Fremd- und Zwangsarbeiter in Bayern 1939–1945. In: Vierteljahrshefte für Zeitgeschichte 34 (1986), S. 481–521.

Hachtmann, Rüdiger: Industriearbeit im Dritten Reich. Untersuchungen zu den Lohn- und Arbeitsbedingungen 1933–1945. Göttingen 1989.

Ders.: Die rechtliche Regelung der Arbeitsbeziehungen im Dritten Reich. In: Gosewinkel, Dieter (Hrsg.): Wirtschaftskontrolle und Recht in der nationalsozialistischen Diktatur. Das Europa der Diktatur. Frankfurt am Main 2004.

Haffner, Sebastian (Hrsg.): Der Vertrag von Versailles. München 1978.

Hansen, Ernst W.: Reichswehr und Industrie. Rüstungswirtschaftliche Zusammenarbeit und wirtschaftliche Mobilmachungsvorbereitungen 1923–1932. Boppard 1978.

Hayes, Peter: Industry and Ideology: IG Farben in the Nazi Era. Cambridge 1987.

Ders.: Industrie and Ideologie: Die IG Farben in der Zeit des Nationalsozialismus. In: Zeitschrift für Unternehmensgeschichte 32/33 (1987/88), S. 124–135.

Ders.: Big Business and Arianisation in Germany 1933–1939. In: Jahrbuch für Antisemitismusforschung 3 (1994), S. 254–181.

Ders.: Industry under the Swastika. In: James, Harold/Tanner, Jakob (Hrsg.): Enterprise in the Period of Fascism in Europe. Aldershot 2002, S. 26–40.

Ders.: Die Degussa im Dritten Reich. München 2004.

Ders.: The Chemistry of Business-State Relations in the Third Reich. In: Nicosia, Francis R./Huener, Jonathan (Hrsg.): Business and Industry in Nazi Germany. New York/Oxford 2004, S. 66–80.

Heinemann, Klaus: Elemente einer Soziologie des Marktes. In: Kölner Zeitschrift für Soziologie und Sozialpsychologie 28 (1976), S. 48–69.

Heinkel, Ernst: Stürmisches Leben. Stuttgart/Zürich/Salzburg 1955.

Helmis, Sven: Corporate Governance in Deutschland. Eigentums- und Kontrollstrukturen und rechtliche Rahmenbedingungen in der „Deutschland AG". Witten 2002.

Henke, Klaus-Dietmar (Hrsg.): Die Dresdner Bank im Dritten Reich. München 2006.

Henning, Friedrich-Wilhelm (Hrsg.): Probleme der Nationalsozialistischen Wirtschaftspolitik. Berlin 1976.

Hentschel, Volker: Wirtschafts- und sozialhistorische Brüche und Kontinuitäten zwischen Weimarer Republik und Drittem Reich. Zeitschrift für Unternehmensgeschichte 28 (1983), S. 39–80.

Herbert, Ulrich: Fremdarbeiter. Politik und Praxis des ‚Ausländereinsatzes' in der Kriegswirtschaft des Dritten Reiches. Bonn 1999.

Ders.: Arbeiterschaft im „Dritten Reich". Zwischenbilanz und offene Fragen. In: Geschichte und Gesellschaft 15 (1989), S. 320–360.

Ders. (Hrsg.): Europa und der „Reichseinsatz". Ausländische Zivilarbeiter, Kriegsgefangene und KZ-Häftlinge in Deutschland 1938–1945. Essen 1991.

Herbst, Ludolf: Die Krise des nationalsozialistischen Regimes am Vorabend des zweiten Weltkriegs und die forcierte Aufrüstung. Eine Kritik. In: Vierteljahrshefte für Zeitgeschichte 26 (1978), S. 347–392.

Ders.: Der Totale Krieg und die Ordnung der Wirtschaft. Die Kriegswirtschaft im Spannungsfeld von Politik, Ideologie und Propaganda 1939 bis 1945. Stuttgart 1982.

Ders.: Der Krieg und die Unternehmensstrategie deutscher Industrie-Konzerne in der Zwischenkriegszeit. In: Broszat, Martin (Hrsg.): Die deutschen Eliten und der Weg in den Zweiten Weltkrieg. München 1989, S. 72–134.

Ders.: Die nationalsozialistische Wirtschaftspolitik im internationalen Vergleich. In: Benz, Wolfgang/Buchheim, Hans/Mommsen, Hans: Der Nationalsozialismus. Studien zur Ideologie und Herrschaft. Frankfurt am Main 1993, S. 153–176.

Ders.: Das nationalsozialistische Deutschland 1933–1945: die Entfesselung der Gewalt, Rassismus und Krieg. Darmstadt 1997.

Ders.: Nationalsozialistische Wirtschafts- und Beschäftigungspolitik. In: Sösemann, Bernd: Der Nationalsozialismus und die deutsche Gesellschaft. Einführung und Überblick. Stuttgart 2002, S. 172–187.

Ders. (Hrsg.): Die Commerzbank und die Juden 1933–1945. München 2004.

Hertel, Walter: Die Flugzeugbeschaffung in der Deutschen Luftwaffe, 2 Bde. Unveröffentlichtes Manuskript. In: MGFA Lw 16/1 und 2.

Heusler, Andreas: Ausländereinsatz. Zwangsarbeit für die Münchener Kriegswirtschaft 1939–1945. München 1996.

Heyl, Bernd/Neugebauer, Andrea (Hrsg.): „...ohne Rücksicht auf die Verhältnisse". Opel zwischen Weltkrise und Wiederaufbau. Frankfurt am Main 1997.

Hildebrandt, Alfred: Die Begriffsbestimmungen für die Luftfahrt. In: Fischer von Poturzyn, Friedrich A./Jurinek, Josef M. (Hrsg.): Jahrbuch für Luftverkehr 1924. München 1924.

Hildebrand, Klaus: Monokratie oder Polykratie? Hitlers Herrschaft und das Dritte Reich. In: Bracher/Funke/Jacobsen (Hrsg.), Diktatur 1986, S. 73–96.

Ders.: Das Dritte Reich. München ^{6}2003.

Hirschfeld, Gerhard/Jersak, Tobias: Karrieren im Nationalsozialismus. Funktionseliten zwischen Mitwirkung und Distanz. Frankfurt am Main/New York 2004.

Hitler, Adolf: Denkschrift über die Aufgaben eines Vierjahresplans. In: Vierteljahrshefte für Zeitgeschichte 3 (1955) Nachdruck, S. 204–210.

Homze, Edward L.: Arming the Luftwaffe. The Reich Air Ministry and the German Aircraft Industry 1919–1939. Lincoln/London 1976.

Ders.: German Military Aviation. A Guide to the Literature. New York/London 1984.

Ders.: Die deutsche Flugzeugproduktion von 1918 bis 1939. In: Boog (Hrsg.), Luftkriegsführung 1993, S. 145–162.

Horn, Norbert: Aktienrechtliche Unternehmensorganisation in der Hochindustrialisierung (1860–1920). Deutschland, England, Frankreich und die USA im Vergleich. In: Ders./Kocka, Jürgen (Hrsg.): Recht und Entwicklung der Großunternehmen im 19. und 20. Jahrhundert. Göttingen 1979, S. 123–189.

Höschle, Gerd: Die deutsche Textilindustrie zwischen 1933 und 1939. Staatsinterventionismus und ökonomische Rationalität. Stuttgart 2004.

Hopmann, Barbara/Spoerer, Mark/Weitz, Birgit/Brüninghaus, Beate: Zwangsarbeit bei Daimler-Benz. Stuttgart 1994.

Hüttenberger, Peter: Nationalsozialistische Polykratie. In: Geschichte und Gesellschaft 2 (1976), S. 417–442.

Irving, David: Die Tragödie der deutschen Luftwaffe. Aus den Akten und Erinnerungen von Feldmarschall Milch. Frankfurt am Main/Berlin/Wien 1970.

Ittner, Stefan: Dieselmotoren für die Luftfahrt. Innovation und Tradition im Junkers-Flugmotorenbau bis 1933. Oberhaching 1996.

Jakobs, Fred: Motorräder aus München 1923–1969. BMW Profile Bd. 1. München 1997.

James, Harold: Die Deutsche Bank und die Diktatur. In: Gall, Lothar u. a. (Hrsg.): Die Deutsche Bank 1870–1995. München 1995, S. 315–408.

Ders.: Die Deutsche Bank und die „Arisierung". München 2001.

Ders./Tanner, Jakob (Hrsg.): Enterprise in the Period of Fascism in Europe. Aldershot 2002.

Ders.: The Nazi dictatorship and the Deutsche Bank. Cambridge 2004.

Kay, Antony L.: German Jet Engine and Gas Turbine Developement 1930-1945. London 2002.
Kershaw, Ian: Der NS-Staat. Geschichtsinterpretationen und Kontroversen im Überblick. Reinbek 1999.
Kesselring, Albert/Suchenwirth, Richard: Das Werden der Luftwaffe. Unveröffentlichtes Manuskript, entstanden 1957-1965. In: IfZ MS621/1, S. 1-170.
Killy, Walther/Vierhaus, Rudolf: Deutsche Biographische Enzyklopädie. Band 9. München 1998.
Klein, Burton H.: Germany's Economic Preparations for War. Cambridge (Mass.) 1959.
Kocka, Jürgen: Unternehmer in der deutschen Industrialisierung. Göttingen 1975.
Ders.: Großunternehmen und der Aufstieg des Manager-Kapitalismus im späten 19. und frühen 20. Jahrhundert. In: Historische Zeitschrift 232 (1981), S. 39-60.
Köhler, Henning: Arbeitsdienst in Deutschland. Pläne und Verwirklichungsformen bis zur Einführung der Arbeitsdienstpflicht im Jahre 1935. Berlin 1967.
Kohl, Peter/Bessel, Peter: Auto Union und Junkers. Die Geschichte der Mitteldeutschen Motorenwerke GmbH Taucha 1935–1948. Stuttgart 2003.
Koppenberg, Heinrich: Deutschlands Luftfahrtindustrie ist Großindustrie. In: Der Vierjahresplan 3 (1939), S. 74–76.
Kopper, Christopher: Zwischen Marktwirtschaft und Dirigismus. Bankenpolitik im ‚Dritten Reich' 1933-1939. Bonn 1995.
Kranig, Andreas: Lockung und Zwang. Zur Arbeitsverfassung im Dritten Reich. Stuttgart 1983.
Ders.: Arbeitnehmer, Arbeitsbeziehungen und Sozialpolitik unter dem Nationalsozialismus. In: Bracher, Karl-Dietrich/Funke, Manfred/Jacobsen, Hans-Adolf (Hrsg.): Deutschland 1933-1945. Neue Studien zur nationalsozialistischen Herrschaft. Bonn 1992, S. 135–152.
Kube, Alfred: Pour le Mérite und Hakenkreuz. Hermann Göring im Dritten Reich. München 1986.

Lange, Bruno: Typenhandbuch der deutschen Luftfahrttechnik. Ein Nachschlagewerk über die deutschen Motorflugzeuge, Luftschiffe, Flugmotoren, Turbo- und Raketentriebwerke, Flugkörper, Luftschrauben, Bordinstrumente, Bordfunkanlagen und Bordwaffen von den Anfängen bis heute. Koblenz 1986.
Lange, Karlheinz: Geschichte des Motors Motor der Geschichte 1916–1945. München 1999.
Lindner, Stephan H.: Hoechst. Ein I.G. Farben Werk im Dritten Reich. München 2005.
Longolius, Fritz: Flugzeugbau für Deutschland. Die Luftfahrtindustrie im Lebenskampf des deutschen Volkes. Berlin 1940.
Lorentz, Bernhard: Industrieelite und Wirtschaftspolitik 1928–1950. Heinrich Dräger und das Drägerwerk. Paderborn/München 2001.
Ders./ Erker, Paul: Chemie und Politik. Die Geschichte der Chemischen Werke Hüls 1938 bis 1979. Eine Studie zum Problem der Corporate Governance. München 2003.
Ludwig, Karl-Heinz: Technik und Ingenieure im Dritten Reich. Düsseldorf 1974.
Lutter, Marcus: Vergleichende Corporate Governance. Die deutsche Sicht. In: Zeitschrift für Unternehmens- und Gesellschaftsrecht 30 (2001), S. 225–237.

Mai, Gunther: "Warum steht der deutsche Arbeiter zu Hitler?" Zur Rolle der Deutschen Arbeitsfront im Herrschaftssystem des Dritten Reiches. In: Geschichte und Gesellschaft 12 (1986), S. 212–234.
Maier, Helmut (Hrsg.): Rüstungsforschung im Nationalsozialismus. Organisation, Mobilisierung und Entgrenzung der Technikwissenschaften. Göttingen 2002.

Mason, Tim: Der Primat der Politik – Politik und Wirtschaft im Nationalsozialismus. In: Das Argument 8 (1966), S. 473–494.
Ders.: Primat der Industrie? – Eine Erwiderung. In: Das Argument 10 (1968), S. 193–209.
Ders.: Sozialpolitik im Dritten Reich. Arbeiterklasse und Volksgemeinschaft. Opladen 1977.
Meier-Welcker, Hans (Hrsg.): Handbuch zur deutschen Militärgeschichte 1648–1939. Frankfurt am Main 1978.
Meinhold, Wilhelm: Volkswirtschaftliche Grundsätze der Preispolitik im Vierjahresplan. In: Jahrbücher für Nationalökonomie und Statistik 150 (1939), S. 568–591.
Milward, Alan S.: Die deutsche Kriegswirtschaft 1939–1945. Stuttgart 1966.
Mollin, Gerhard T.: Montankonzerne und „Drittes Reich". Der Gegensatz zwischen Monopolindustrie und Befehlswirtschaft in der deutschen Rüstung und Expansion 1936–1944. Göttingen 1988.
Mommsen, Hans: Die Realisierung des Utopischen: die „Endlösung der Judenfrage" im Dritten Reich. In: Geschichte und Gesellschaft 9 (1983), S. 381–420.
Ders.: Hitlers Stellung im nationalsozialistischen Herrschaftssystem, in: Ders.: Der Nationalsozialismus und die deutsche Gesellschaft. Ausgewählte Aufsätze. Reinbek 1991, S. 67–101.
Ders./Grieger, Manfred: Das Volkswagenwerk und seine Arbeiter im Dritten Reich. Düsseldorf 1996.
Ders.: Konnten Unternehmer im Nationalsozialismus apolitisch bleiben? In: Gall, Lothar/ Pohl, Manfred (Hrsg.): Unternehmen im Nationalsozialismus. München 1998, S. 69–72.
Ders.: Erfahrungen mit der Geschichte der Volkswagen GmbH im Dritten Reich. In: Gall, Lothar/Pohl, Manfred (Hrsg.): Unternehmen im Nationalsozialismus. München 1998, S. 45–54.
Ders.: Der Mythos von der Modernität. Zur Entwicklung der Rüstungsindustrie im Dritten Reich. Essen 1999.
Mönnich, Horst: BMW. Eine deutsche Geschichte. Wien/Darmstadt 1989.
Morrow, John H.: German Air Power in World War I, Lincoln 1982.
Ders.: Die deutsche Flugzeugindustrie im Ersten und Zweiten Weltkrieg. Ein Vergleich. In: Boog (Hrsg.), Luftkriegsführung 1993, S. 51–80.
MTU (Hrsg.): Erinnerungen. 1934–1984. Flugtriebwerksbau in München, München 1984.
Müller, Rolf-Dieter: Das Tor zur Welt. Die Bedeutung der Sowjetunion für die deutsche Wirtschafts- und Rüstungspolitik zwischen den Weltkriegen. Boppard 1984.
Ders.: Die Mobilisierung der deutschen Wirtschaft für Hitlers Kriegführung. In: Kroener, Bernhard R./Müller, Rolf-Dieter/Umbreit, Hans: Organisation und Mobilisierung des deutschen Machtbereichs. Kriegsverwaltung, Wirtschaft und personelle Ressourcen 1939–1941. Stuttgart 1988.
Ders.: Der Manager der Kriegswirtschaft. Hans Kehrl: Ein Unternehmer in der Politik des Dritten Reiches. Essen 1999.

Neebe, Reinhard: Großindustrie, Staat und NSDAP 1930–1933. Göttingen 1981.
Ders.: Die Verantwortung der Großindustrie für das Dritte Reich. Anmerkungen zu H. A. Turners Buch „Die Großunternehmer und der Aufstieg Hitlers". In: Historische Zeitschrift 244 (1987), S. 353–363.
Nicosia, Francis R./Huener, Jonathan (Hrsg.): Business and Industry in Nazi Germany. New York/Oxford 2004.
Nippa, Michael: Alternative Konzepte für eine Corporate Governance. In: Nippa, Michael/ Petzold, Kerstin/Kürsten, Wolfgang (Hrsg.): Corporate Governance: Herausforderungen und Lösungsansätze. Heidelberg 2002, S. 3–40.

Ders./Grigoleit, Jens: Corporate Governance ohne Vertrauen? Ökonomische Konsequenzen der Agency-Theorie. In: Freiberger Arbeitspapiere 1 (2006).
Nussbaum, Manfred: Wirtschaft und Staat in Deutschland während der Weimarer Republik. Berlin 1978.
Nuß, Karl: Militär und Wiederaufrüstung in der Weimarer Republik. Zur politischen Rolle und Entwicklung der Reichswehr. Berlin 1977.

Oelze, Patrick: Popp, Franz Josef. In: Neue deutsche Biographie 20 (2001), S. 623–624.
Oesterheld, Alfred: Die deutsche Kriegswirtschaft. Leipzig 1940.
Overy, Richard J.: The German pre-war aircraft production plans: November 1936-April 1939. In: English Historical Review 90 (1975), S. 778–797.
Ders.: The Nazi Economic Recovery 1932–1938. London 1982.
Ders.: Goering. The Ironman. London 1984.
Ders.: Hermann Göring. Machtgier und Eitelkeit. München 1986.
Ders.: Luftmacht im Zweiten Weltkrieg: historische Themen und Theorie. In: Boog (Hrsg.), Luftkriegsführung 1993, S. 23–50.
Ders.: War and Economy in the Third Reich. Oxford 1994.

Peter, Roland: Rüstungspolitik in Baden. Kriegswirtschaft und Arbeitseinsatz in einer Grenzregion im Zweiten Weltkrieg. München 1995.
Petzina, Dietmar: Der Nationalsozialistische Vierjahresplan von 1936. Entstehung, Verlauf, Wirkungen. Mannheim 1965.
Ders.: Hauptprobleme der deutschen Wirtschaftspolitik 1932/33. In: Vierteljahrshefte für Zeitgeschichte 15 (1967), S. 18–55.
Ders.: Autarkiepolitik im Dritten Reich. Der nationalsozialistische Vierjahresplan. Stuttgart 1968.
Ders.: Vierjahresplan und Rüstungspolitik. In: Forstmeier, Friedrich/Volkmann, Hans-Erich (Hrsg.): Wirtschaft und Rüstung am Vorabend des Zweiten Weltkrieges. Düsseldorf 1975, S. 65–80.
Ders.: Die deutsche Wirtschaft in der Zwischenkriegszeit. Wiesbaden 1977.
Pierer, Christian: BMW als Produzent wassergekühlter Flugmotoren. Der BMW VI. Ein Fallbeispiel zur Unternehmensgeschichte der Weimarer Republik. Magisterarbeit. Passau 2004.
Pinner, Felix: Camillo Castiglioni. In: Ders.: Deutsche Wirtschaftsführer. Berlin 1924, S. 217–223.
Plumpe, Gottfried: Die I.G. Farbenindustrie AG. Wirtschaft, Technik und Politik 1914 bis 1945. Berlin 1990.
Plumpe, Werner/Kleinschmidt, Christian (Hrsg.): Unternehmen zwischen Markt und Macht. Aspekte deutscher Unternehmens- und Industriegeschichte im 20. Jahrhundert. Essen 1992.
Ders.: Unternehmen im Nationalsozialismus. Eine Zwischenbilanz. In: Abelshauser, Werner u. a. (Hrsg.): Wirtschaftsordnung 2003, S. 244–266.
Ders.: Die Wirtschafts- und Unternehmensgeschichte des Nationalsozialismus. Überlegungen aus systemtheoretischer Perspektive. In: Siegenthaler, Wirtschaftsgeschichte 2004, S. 241–244.
Pohl, Hans (Hrsg.): Die Daimler-Benz AG in den Jahren 1933 bis 1945. Eine Dokumentation. Stuttgart 1986.
Ders./Habeth, Stefanie/Brüninghaus, Beate: Die Daimler-Benz AG in den Jahren 1933 bis 1945. Eine Dokumentation. Stuttgart 1987.
Pongratz, Hans J.: Subordination. Inszenierungsformen von Personalführung in Deutschland seit 1933. München/Mering 2002.
Pophanken, Hartmut: Gründung und Ausbau der „Weser" Flugzeugbau GmbH 1933

bis 1939. Unternehmerisches Entscheidungshandeln im Kontext der nationalsozialistischen Luftrüstung. Bremen 2000.

Popp, Franz Josef: Die Automobilisierung Deutschlands. In: Motor 12 (1924), S.192 und 220; auch in: BMW-Arch UA 924.

Prinz, Michael/Zitelmann, Rainer (Hrsg.): Nationalsozialismus und Modernisierung. Darmstadt 1991.

Prollius, Michael von: Das Wirtschaftsystem der Nationalsozialisten 1933-1939. Steuerung durch emergente Organisation und Politische Prozesse. Paderborn 2003.

Puppo, Rolf: Die wirtschaftsrechtliche Gesetzgebung des Dritten Reiches. Konstanz 1988.

Quick, Reiner: Die Entstehung der aktienrechtlichen Pflichtprüfung in Deutschland. In: Zeitschrift für Unternehmensgeschichte 35 (1990), S.217-236.

Radkau, Joachim: Technik in Deutschland. Vom 18. Jahrhundert bis zur Gegenwart. Frankfurt am Main 1989.

Rauh-Kühne, Cornelia: Unternehmer und die Entnazifizierung der Wirtschaft in Württemberg-Hohenzollern. In: Dies./Ruck, Micheal (Hrsg.): Regionale Eliten zwischen Diktatur und Demokratie. Baden und Württemberg 1930-1952. München 1993, S.305-331.

Dies.: Hitlers Hehler? Unternehmerprofite und Zwangsarbeiterlöhne. In: Historische Zeitschrift 275 (2002), S.1-55.

Rebentisch, Dieter: Führerstaat und Verwaltung im Zweiten Weltkrieg. Stuttgart 1989.

Redlich, Fritz: Der Unternehmer. Wirtschafts- und Sozialgeschichtliche Studie. Göttingen 1964.

Reichelt, Harald: Die Institution des Aufsichtsrats in der deutschen Aktiengesellschaft. Reformüberlegungen aus historischer Perspektive. Stuttgart 1998.

Riedel, Matthias: Die Rohstofflage des Deutschen Reiches im Frühjahr 1936. In: Tradition 14 (1969), S.310-334.

Ritchie, Sebastian: Industry and Air Power. The Expansion of British Aircraft Production, 1935-41. London 1997.

Roth, Karl Heinz: Der Weg zum guten Stern des „Dritten Reichs“: Schlaglichter auf die Geschichte der Daimler-Benz AG und ihrer Vorläufer (1890-1945). In: Das Daimler-Benz-Buch. Ein Rüstungskonzern im ‚Tausendjährigen Reich‘, hrsg. von der Hamburger Stiftung für Sozialgeschichte des 20. Jahrhunderts. Nördlingen 1987, S.27-373.

Ders./Schmid, Michael: Die Daimler-Benz AG 1916-1948. Schlüsseldokumente zur Konzerngeschichte. Nördlingen 1987.

Rubbert, Hans-Heinrich: Die „gelenkte Marktwirtschaft“ des Nationalsozialismus. Ein Literaturbericht. In: Ortlieb, Heinz-Dietrich: Hamburger Jahrbuch für Wirtschafts- und Gesellschaftspolitik. Tübingen 1963, S.215-234.

Rudloff, Wilfried: Münchens Wirtschaft zwischen zwei Weltkriegen. In: Münchener Wirtschaftschronik. Wien 1993, S.169-209.

Sachse, Carola/Siegel, Tilla/Spode, Hasso (Hrsg.): Angst, Belohnung, Zucht und Ordnung. Herrschaftsmechanismen im Nationalsozialismus. Opladen 1982.

Dies.: Hausarbeit im Betrieb. Betriebliche Sozialpolitik unter dem Nationalsozialismus. In: dies. u.a. (Hrsg.), Herrschaftsmechanismen 1982, S.209-274.

Sarholz, Thomas: Die Auswirkungen der Kontingentierung von Eisen und Stahl auf die Aufrüstung der Wehrmacht von 1936 bis 1939. Darmstadt 1983.

Schabel, Ralf: Die Illusion der Wunderwaffen. Die Rolle der Düsenflugzeuge und Flugabwehrraketen in der Rüstungspolitik des Dritten Reiches. München 1994.

Scherner, Jonas: „Ohne Rücksicht auf Kosten"? Eine Analyse von Investitionsverträgen zwischen Staat und Unternehmen im „Dritten Reich" am Beispiel des Förderprämienverfahrens und des Zuschussvertrages. In: Jahrbuch für Wirtschaftsgeschichte 2 (2004), S. 167–188.
Scherner, Jonas: Das Verhältnis zwischen NS-Regime und Industrieunternehmen – Zwang oder Kooperation? In: Zeitschrift für Unternehmensgeschichte 2 (2006), S. 166–190.
Schmitt, Günter: Hugo Junkers und seine Flugzeuge. Stuttgart 1986.
Ders.: Hugo Junkers. Ein Leben für die Technik. Planegg 1991.
Schmoll, Peter: Die Messerschmitt-Werke im Zweiten Weltkrieg. Die Flugmotorenproduktion der Messerschmitt GmbH Regensburg von 1938 bis 1945. Regensburg 1998.
Schneider, Michael: Unterm Hakenkreuz. Arbeiter und Arbeiterbewegung 1933 bis 1939. Bonn 1999.
Schneider, Michael C.: Unternehmensstrategien zwischen Weltwirtschaftskrise und Kriegswirtschaft: Chemnitzer Maschinenbauindustrie in der NS-Zeit 1933–1945. Essen 2005.
Scholtyseck, Joachim: Robert Bosch und der liberale Widerstand gegen Hitler 1933 bis 1945. München 1999.
Ders.: Robert Bosch und der 20. Juli 1944. Stuttgart 1999.
Schubert, Helmut: Deutsche Triebwerke, Flugmotoren und Strahltriebwerke von 1934 bis 1999. München 1999.
Schwerin von Krosigk, Lutz Graf: Die große Zeit des Feuers. Der Weg der deutschen Industrie. Bd. 3. Tübingen 1959.
Seeliger, Karl: Der Unternehmer in der gelenkten Wirtschaft. Leipzig/Berlin 1941.
Seidl, Jürgen: Die Bayerischen Motoren Werke (BMW) 1945–1969. Staatlicher Rahmen und unternehmerisches Handeln. München 2002.
Seldte, Franz: Sozialpolitik im Dritten Reich. Berlin 1937.
Shleifer, Andrei/Vishny, Robert W.: A survey of corporate governance. In: The Journal of Finance 52 (1997), S. 737–778.
Siegel, Tilla: Lohnpolitik im nationalsozialistischen Deutschland. In: Sachse u. a. (Hrsg.), Herrschaftsmechanismen 1982, S. 54–139.
Dies.: Leistung und Lohn in der nationalsozialistischen „Ordnung der Arbeit". Opladen 1989.
Dies.: Rationalisierung statt Klassenkampf. Zur Rolle der Deutschen Arbeitsfront in der nationalsozialistischen Ordnung der Arbeit. In: Mommsen, Hans/ Willems, Susanne (Hrsg.): Herrschaftsalltag im Dritten Reich. Studien und Texte. Düsseldorf 1988, S. 97–224.
Dies./ Freyberg, Thomas von: Industrielle Rationalisierung unter dem Nationalsozialismus. Frankfurt am Main 1991.
Siegenthaler, Hansjörg: Beiträge der Wirtschaftsgeschichte zum Verständnis des Nationalsozialismus. In: Jahrbuch für Wirtschaftsgeschichte 2 (2004), S. 225–227.
Siegrist, Hannes: Deutsche Großunternehmen vom späten 19. Jahrhundert bis zur Weimarer Republik, in: Geschichte und Gesellschaft 6 (1980), S. 60–102.
Sobolew, Dimitri A.: Deutsche Spuren in der sowjetischen Luftfahrtgeschichte. Die Teilnahme deutscher Firmen und Fachleute an der Luftfahrtentwicklung in der UdSSR. Hamburg 2000.
Sörgel, Werner: Metallindustrie und Nationalsozialismus. Eine Untersuchung über Struktur und Funktion industrieller Organisation in Deutschland 1929 bis 1939. Frankfurt am Main 1965.
Speidel, Helm: Reichswehr und Rote Armee. In: Vierteljahrshefte für Zeitgeschichte 1 (1953), S. 9–45.
Spoerer, Mark: ‚Wahre Bilanzen!' Die Steuerbilanz als unternehmenshistorische Quelle. In: Zeitschrift für Unternehmensgeschichte 40 (1995), S. 158–179.

Ders.: Von Scheingewinnen zum Rüstungsboom. Die Eigenkapitalrentabilität der deutschen Industriegesellschaften 1925–1941. Stuttgart 1996.

Ders.: Profitierten Unternehmen von KZ-Arbeit? Eine kritische Analyse der Literatur. In: Historische Zeitschrift 268 (1999), S. 61–95.

Ders.: Industrial Profitability in the Nazi Economy. In: Buchheim /Garside (Hrsg.), Slump 2000, S. 53–80.

Ders.: Zwangsarbeit unter dem Hakenkreuz. Ausländische Zivilarbeiter, Kriegsgefangene und Häftlinge im Deutschen Reich und im besetzten Europa 1939–1945. Stuttgart/München 2001.

Ders.: NS-Zwangsarbeit im Deutschen Reich. Eine Statistik vom 30. September 1944 nach Amtsbezirken. In: Vierteljahrshefte für Zeitgeschichte 49 (2001), S. 665–684.

Ders.: Demontage eines Mythos? Zu der Kontroverse über das nationalsozialistische „Wirtschaftswunder". In: Geschichte und Gesellschaft 31 (2005), S. 415–438.

Spohn, Wolfgang: Betriebsgemeinschaft und innerbetriebliche Herrschaft. In: Sachse u. a. (Hrsg.), Herrschaftsmechanismen 1982, S. 140–208.

Ders.: Betriebsgemeinschaft und Volksgemeinschaft. Die rechtliche und institutionelle Regelung der Arbeitsbeziehungen im NS-Staat. Berlin 1987.

Spree, Reinhard: Stichworte zum Herrschaftssystem des Nationalsozialismus. In: Siegenthaler, Wirtschaftsgeschichte 2004, S. 229–232.

Stegmann, Dirk: Zum Verhältnis von Großindustrie und Nationalsozialismus 1930–1933. Ein Beitrag zur Geschichte der sogenannten Machtergreifung. In: Archiv für Sozialgeschichte 13 (1973), S. 399–482.

Steinberg, Jonathan: Die Deutsche Bank und ihre Goldtransaktionen während des Zweiten Weltkrieges. München 1999.

Stokes, Raymond G.: Von der I.G. Farbenindustrie AG zur Neugründung der BASF (1925–1952). In: Abelshauser, Werner (Hrsg.): BASF 2002, S. 221–358.

Streb, Jochen/Streb, Sabine: Optimale Beschaffungsverträge bei asymmetrischer Informationsverteilung. Zur Erklärung des nationalsozialistischen „Rüstungswunders" während des Zweiten Weltkrieges. In: Zeitschrift für Wirtschafts- und Sozialwissenschaften 118 (1998), S. 275–294.

Stucken, Rudolf: Deutsche Geld- und Kreditpolitik 1914–1963. Tübingen 1964.

Stupp, Matthias: GmbH-Recht im Nationalsozialismus. Anschauungen des Nationalsozialismus zur Haftungsbeschränkung, Juristischen Person, Kapitalgesellschaft und Treupflicht. Untersuchungen zum Referentenentwurf 1939 zu einem neuen GmbH-Gesetz. Berlin 2002.

Süß, Peter: „Ist Hitler nicht ein famoser Kerl?" Graetz. Eine Familie und ihr Unternehmen vom Kaiserreich bis zur Bundesrepublik. Paderborn 2003.

Swatek, Dieter: Unternehmenskonzentration als Ergebnis und Mittel nationalsozialistischer Wirtschaftspolitik. Berlin 1972.

Teichert, Eckart: Autarkie und Großraumwirtschaft in Deutschland 1930–1939. Außenwirtschaftspolitische Konzeptionen zwischen Wirtschaftskrise und Zweitem Weltkrieg. München 1984.

Temin, Peter: Soviet and Nazi Economic Planing in the 1930s. In: Economic History Review 44 (1991), S. 573–593.

Tenfelde, Klaus: Stadt und Land in Krisenzeiten. München und das Münchener Umland zwischen Revolution und Inflation 1918 bis 1923, in: Hardtwig, Wolfgang/Tenfelde, Klaus (Hrsg.): Soziale Räume in der Urbanisierung. Studien zur Geschichte Münchens im Vergleich 1850–1933, München 1990, S. 37–57.

Thomas, Georg: Breite und Tiefe der Rüstung. In: Militärwissenschaftliche Rundschau 2 (1937), S. 189–197.

Ders.: Geschichte der deutschen Wehr- und Rüstungswirtschaft (1918–1943/45). Boppard 1966.

Tooze, Adam: Wages of Destruction. The Making and Breaking of the Nazi Economy. London 2006.
Ders.: Ökonomie der Zerstörung. Die Geschichte der Wirtschaft im Nationalsozialismus. München 2007.
Treue, Wilhelm: Hitlers Denkschrift zum Vierjahresplan 1936. In: Vierteljahrshefte für Zeitgeschichte 3 (1955), S. 184–203.
Ders./Frede, Günther (Hrsg.): Wirtschaft und Politik 1933–1945. Braunschweig 1964.
Ders.: Wirtschaft im Dritten Reich. Anmerkungen zu einigen Neuerscheinungen. In: Zeitschrift für Unternehmensgeschichte 29 (1984), S. 131–149.
Ders.: Widerstand von Unternehmern und Nationalökonomen. In: Smädeke, Jürgen/ Steinbach, Peter (Hrsg.): Der Widerstand gegen Hitler. München 1985, S. 917–937.
Ders.: Eduard Schulte. Ein Unternehmer in der Zeit des Nationalsozialismus. In: Zeitschrift für Unternehmensgeschichte 33 (1988), S. 118–122.
Triebel, Florian: Der Eugen Diederichs Verlag 1930–1949. Ein Unternehmen zwischen Kultur und Kalkül. München 2004.
Trumpp, Thomas: Zur Finanzierung der NSDAP durch die Großindustrie. Versuch einer Bilanz. In: Bracher/Funke/Jacobsen (Hrsg.), Diktatur 1986, S. 132–154.
Turner, Henry A.: Faschismus und Kapitalismus in Deutschland. Studien zum Verhältnis zwischen Nationalsozialismus und Wirtschaft. Göttingen 1971.
Ders.: Großunternehmer und der Aufstieg Hitlers. Berlin 1985.
Ders.: Unternehmen unter dem Hakenkreuz. In: Gall, Lothar/Pohl, Manfred (Hrsg.): Unternehmen im Nationalsozialismus. München 1998, S. 15–25.

Ufermann, Paul/Hüglin, Carl: Stinnes und seine Konzerne. Berlin 1924.
Uziel, Daniel: Between Industrial Revolution and Slavery. Production in the German Aviation Industry in World War II. In: History and Technology 22 (2006), S. 277–300.

Vajda, Ferenc A./Dancey, Peter: German aircraft industry and production 1933–1945. Shrewsbury 1998.
Vogelsang, Walther C.: Die Zweite Etappe. Die Geschichte der Flugzeugturbine und des Turbinenflugzeuges. Lahr/Schwarzwald 1955.
Volckart, Oliver: Die Wirtschaftsordnung des Dritten Reiches. Jena 2000.
Völker, Karl-Heinz: Die Entwicklung der militärischen Luftfahrt in Deutschland 1920–1933. Planung und Maßnahmen zur Schaffung einer Fliegertruppe in der Reichswehr. In: Militärgeschichtliches Forschungsamt (Hrsg.): Beiträge zur Militär- und Kriegsgeschichte, Band 3. Stuttgart 1962, S. 121–292.
Ders.: Die deutsche Luftwaffe 1933–1939. Aufbau, Führung und Rüstung der Luftwaffe sowie die Entwicklung der deutschen Luftkriegstheorie. Stuttgart 1967.
Ders.: Dokumente und Dokumentarfotos zur Geschichte der deutschen Luftwaffe. Aus den Geheimakten des Reichswehrministeriums 1919–1933 und des Reichsluftfahrtministeriums 1933–1939. Stuttgart 1968.
Volkmann, Hans-Erich: Zur Interdependenz von Politik, Wirtschaft und Rüstung im NS-Staat. In: Militärgeschichtliche Mitteilungen 1 (1974), S. 161–172.
Ders.: Politik, Wirtschaft und Aufrüstung unter dem Nationalsozialismus. In: Funke, Manfred (Hrsg.): Hitler, Deutschland und die Mächte. Materialien zur Außenpolitik des Deutschen Reiches. Kronberg 1978, S. 269–291.
Ders.: Zur nationalsozialistischen Aufrüstung und Kriegswirtschaft. Bericht aus der Forschung. In: Militärgeschichtliche Mitteilungen 1 (1990), S. 133–177.
Ders.: Die NS-Wirtschaft in Vorbereitung des Krieges: Von der Weltwirtschaft zur Großraumwirtschaft. In: Chiari, Bernhard (Hrsg.): Ökonomie und Expansion. Grundzüge der NS-Wirtschaftspolitik. Ausgewählte Schriften von Hans-Erich Volkmann. München 2003, S. 45–73.

Voss, Gerhard: Die Subventionierung des deutschen Luftverkehrs. Königsberg 1934.

Wagenführ, Rolf: Die deutsche Industrie im Kriege 1939–1945. Berlin 1955.
Wagner, Wolfgang: Hugo Junkers, Pionier der Luftfahrt – seine Flugzeuge. Bonn 1996.
Wagner-Kyora, Georg: „Menschenführung" in Rüstungsunternehmen der nationalsozialistischen Kriegswirtschaft. In: Echternkamp, Jörg (Hrsg.): Die Deutsche Kriegsgesellschaft 1939 bis 1945. Ausbeutung, Deutungen, Ausgrenzung. München 2005. S. 383–474.
Weil, Paul: Krieg und Wirtschaft. Wirtschaftskrieg – Kriegswirtschaft – Wehrwirtschaft. Berlin 1938.
Werner, Constanze: Kriegswirtschaft und Zwangsarbeit bei BMW. BMW Perspektiven Bd. 1. München 2006.
Winkler, Dörte: Frauenarbeit im „Dritten Reich". Hamburg 1977.
Winschuh, Josef: Der gelenkte Unternehmer. In: Der praktische Betriebswirt 18 (1938), S. 547–551.
Ders.: Gerüstete Wirtschaft. Berlin 1939.
Witt, Peter: Grundprobleme der Corporate Governance und international unterschiedliche Lösungsansätze. In: Nippa, Michael/ Petzold, Kerstin/Kürsten, Wolfgang (Hrsg.): Corporate Governance: Herausforderungen und Lösungsansätze. Heidelberg 2002, S. 41–72.
Wrba, Max: Arbeits-, Berufs- und Leistungseinsatz in der Luftfahrtindustrie. In: DAF, Fachamt Eisen und Metall (Hrsg.): Steigerung der nationalen Produktionskraft. Luftfahrtindustrie. Mensch – Wirtschaft – Technik. Stuttgart/Berlin 1939, S. 31–38.
Wrba, Max: Industrielle Betriebswirtschaft und praktische Betriebsführung. München 1949.

Zeidler, Manfred: Reichswehr und Rote Armee 1920–1933. Wege und Stationen einer ungewöhnlichen Zusammenarbeit. München 1993.
Zindel, Ernst: Die Geschichte und Entwicklung des Junkers Flugzeugbaus von 1910 bis 1945 und bis zum endgültigen Ende 1970. Köln 1979.
Zdenek, Zofka: Allach – Sklaven für BMW. Zur Geschichte eines Außenlagers des KZ Dachau. In: Dachauer Hefte 2 (1986), S. 68–78.
Zorn, Wolfgang: Unternehmer und Unternehmensverflechtungen in Bayern im 20. Jahrhundert. In: Zeitschrift für Unternehmensgeschichte 3 (1979), S. 180–188.
Zumpe, Lotte: Wirtschaft und Staat in Deutschland 1933–1845. Vaduz 1980.

Sachregister

Personenregister

www.ingramcontent.com/pod-product-compliance
Lightning Source LLC
LaVergne TN
LVHW091039021026
849161LV00002BA/148
* 9 7 8 3 4 8 6 5 8 1 5 5 3 *